羅斯柴爾德家族

THE HOUSE OF ROTHSCHILD

歐洲金融帝國
橫跨三世紀的神祕傳奇

Money's Prophets
1798-1848

金錢預言家 1798-1848

NIALL FERGUSON

尼爾·弗格森——著　徐立妍——譯

致

蘇珊、菲利克斯和芙蕾雅（Susan, Felix and Freya）

目錄

第三部
叔姪之間

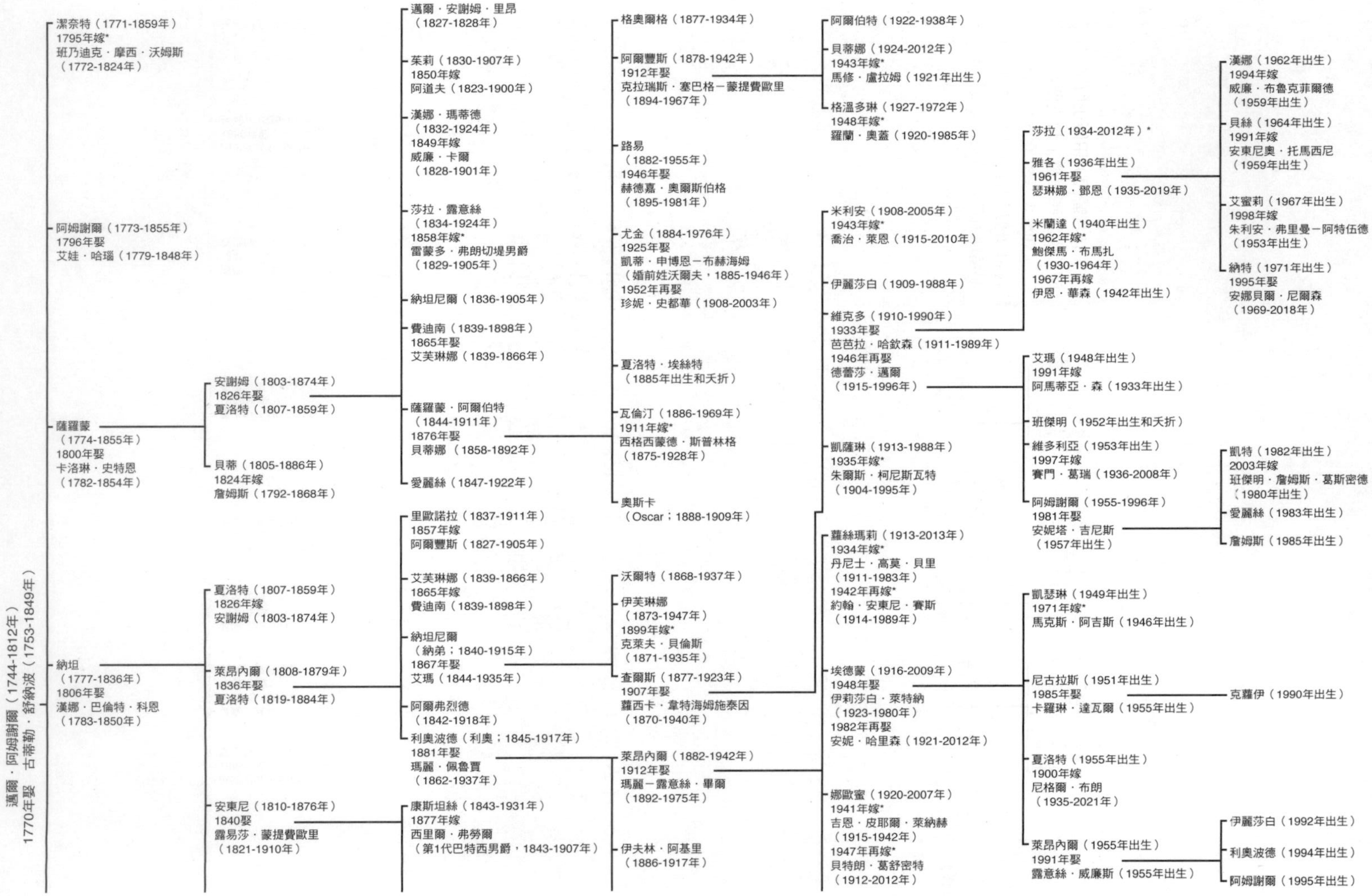

邁爾．阿姆謝爾（1744-1812年）
1770年娶　古蒂勒．舒納波（1753-1849年）
潔奈特（1771-1859年）1795年嫁* 班乃迪克．摩西．沃姆斯（1772-1824年）
阿姆謝爾（1773-1855年）1796年娶 艾娃．哈瑙（1779-1848年）
薩羅蒙（1774-1855年）1800年娶 卡洛琳．史特恩（1782-1854年）
納坦（1777-1836年）1806年娶 漢娜．巴倫特．科恩（1783-1850年）
安謝姆（1803-1874年）1826年娶 夏洛特（1807-1859年）
貝蒂（1805-1886年）1824年嫁 詹姆斯（1792-1868年）
夏洛特（1807-1859年）1826年嫁 安謝姆（1803-1874年）
萊昂內爾（1808-1879年）1836年娶 夏洛特（1819-1884年）
安東尼（1810-1876年）1840娶 露易莎．蒙提費歐里（1821-1910年）
邁爾．安謝姆．里昂（1827-1828年）
茱莉（1830-1907年）1850年嫁 阿道夫（1823-1900年）
漢娜．瑪蒂德（1832-1924年）1849年嫁 威廉．卡爾（1828-1901年）
莎拉．露意絲（1834-1924年）1858年嫁* 雷蒙多．弗朗切堤男爵（1829-1905年）
納坦尼爾（1836-1905年）
費迪南（1839-1898年）1865年娶 艾芙琳娜（1839-1866年）
薩羅蒙．阿爾伯特（1844-1911年）1876年娶 貝蒂娜（1858-1892年）
愛麗絲（1847-1922年）
里歐諾拉（1837-1911年）1857年嫁 阿爾豐斯（1827-1905年）
艾芙琳娜（1839-1866年）1865年嫁 費迪南（1839-1898年）
納坦尼爾（納弟；1840-1915年）1867年娶 艾瑪（1844-1935年）
阿爾弗烈德（1842-1918年）
利奧波德（利奧；1845-1917年）1881年娶 瑪麗．佩魯賈（1862-1937年）
康斯坦絲（1843-1931年）1877年嫁 西里爾．弗勞爾（第1代巴特西男爵，1843-1907年）
格奧爾格（1877-1934年）
阿爾豐斯（1878-1942年）1912年娶 克拉瑞斯．塞巴格－蒙提費歐里（1894-1967年）
路易（1882-1955年）1946年娶 赫德嘉．奧爾斯伯格（1895-1981年）
尤金（1884-1976年）1925年娶 凱蒂．申博恩－布赫海姆（婚前姓沃爾夫，1885-1946年）1952年再娶 珍妮．史都華（1908-2003年）
夏洛特．埃絲特（1885年出生和夭折）
瓦倫汀（1886-1969年）1911年嫁* 西格西蒙德．斯普林格（1875-1928年）
奧斯卡（Oscar；1888-1909年）
沃爾特（1868-1937年）
伊芙琳娜（1873-1947年）1899年嫁* 克萊夫．貝倫斯（1871-1935年）
查爾斯（1877-1923年）1907年娶 蘿西卡．韋特海姆施泰因（1870-1940年）
萊昂內爾（1882-1942年）1912年娶 瑪麗－露意絲．畢爾（1892-1975年）
伊夫林．阿基里（1886-1917年）
阿爾伯特（1922-1938年）
貝蒂娜（1924-2012年）1943年嫁* 馬修．盧拉姆（1921年出生）
格溫多琳（1927-1972年）1948年嫁* 羅蘭．奧蓋（1920-1985年）
米利安（1908-2005年）1943年嫁* 喬治．萊恩（1915-2010年）
伊麗莎白（1909-1988年）
維克多（1910-1990年）1933年娶 芭芭拉．哈欽森（1911-1989年）1946年再娶 德蕾莎．邁爾（1915-1996年）
凱薩琳（1913-1988年）1935年嫁* 朱爾斯．柯尼斯瓦特（1904-1995年）
蘿絲瑪莉（1913-2013年）1934年嫁* 丹尼士．高莫．貝里（1911-1983年）1942年再嫁* 約翰．安東尼．賽斯（1914-1989年）
埃德蒙（1916-2009年）1948年娶 伊莉莎白．萊特納（1923-1980年）1982年再娶 安妮．哈里森（1921-2012年）
娜歐蜜（1920-2007年）1941年嫁* 吉恩．皮耶爾．萊納赫（1915-1942年）1947年再嫁* 貝特朗．葛舒密特（1912-2012年）
莎拉（1934-2012年）*
雅各（1936年出生）1961年娶 瑟琳娜．鄧恩（1935-2019年）
米蘭達（1940年出生）1962年嫁* 鮑傑馬．布馬扎（1930-1964年）1967年再嫁 伊恩．華森（1942年出生）
艾瑪（1948年出生）1991年嫁 阿馬蒂亞．森（1933年出生）
班傑明（1952年出生和夭折）
維多利亞（1953年出生）1997年嫁 賽門．葛瑞（1936-2008年）
阿姆謝爾（1955-1996年）1981年娶 安妮塔．吉尼斯（1957年出生）
凱瑟琳（1949年出生）1971年嫁* 馬克斯．阿吉斯（1946年出生）
尼古拉斯（1951年出生）1985年娶 卡羅琳．達瓦爾（1955年出生）
夏洛特（1955年出生）1900年嫁 尼格爾．布朗（1935-2021年）
萊昂內爾（1955年出生）1991年娶 露意絲．威廉斯（1955年出生）
漢娜（1962年出生）1994年嫁 威廉．布魯克菲爾德（1959年出生）
貝絲（1964年出生）1991年嫁 安東尼奧．托馬西尼（1959年出生）
艾蜜莉（1967年出生）1998年嫁 朱利安．弗里曼－阿特伍德（1953年出生）
納特（1971年出生）1995年娶 安娜貝爾．尼爾森（1969-2018年）
凱特（1982年出生）2003年嫁 班傑明．詹姆斯．葛斯密德（1980年出生）
愛麗絲（1983年出生）
詹姆斯（1985年出生）
克蘿伊（1990年出生）
伊麗莎白（1992年出生）
利奧波德（1994年出生）
阿姆謝爾（1995年出生）

- 伊莎貝拉（1781-1861年）1802年嫁* 貝納德・猶大・西歇爾（1780-1862年）
- 芭貝特（1784-1869年）1808年嫁* 西格蒙德・拜弗斯（1786-1845年）
- 卡爾（1788-1855年）1818年娶 阿德海特・賀茲（1800-1853年）
  - 夏洛特（1819-1884年）1836年嫁 萊昂內爾（1808-1879年）
  - 邁爾・卡爾（1820-1886年）1842年娶 露意絲（1820-1894年）
    - 愛黛兒（1843-1922年）1862年嫁 薩羅蒙・詹姆斯（1835-1864年）
    - 艾瑪（1844-1935年）1867年嫁 納坦尼爾（1840-1915年）
    - 克萊門汀（1845-1865年）
    - 蘿拉・泰蕾斯（1847-1931年）1871年嫁 詹姆斯・愛德華（1844-1881年）
    - 漢娜・露意絲（1850-1892年）
    - 瑪格麗塔（1855-1905年）1878年嫁* 阿格諾（格拉蒙公爵，1851-1925年）
    - 貝爾塔・克拉拉（1862-1903年）1882年嫁* 亞歷山大・貝爾蒂埃（瓦格拉姆王子，1836-1911年）
  - 阿道夫（1823-1900年）1850年娶 茱莉（1830-1907年）
- 茱莉（1790-1815年）1811年嫁* 邁爾・拜弗斯（1790-1860年）
- 漢莉耶塔（1791-1866年）1815年嫁* 亞伯拉罕・蒙提費歐里（1788-1824年）

- 納坦尼爾（納特；1812-1870年）1842年娶 夏洛特（1825-1899年）
  - 娜塔莉（1843年出生和夭折）
  - 詹姆斯・愛德華（1844-1881年）1871年娶 蘿拉・泰蕾斯（1847-1931年）
    - 亨利（1872-1947年）1895年娶 瑪蒂德・魏斯威勒（1874-1926年）
      - 潔奈特・畢夏普（1940-1982年）1973年再娶 維多利亞・当特（1949-2021年）2000年再娶 琳・安・佛瑞斯特（1954年出生）
        - 潔西卡（1974年出生）2012年嫁 亞歷山大・西蒙・葛瓦希（1965年出生）
        - 安東尼（1977年出生）2005年娶 坦妮亞・梅倫・史翠克（1973年出生）
        - 大衛（1978年出生）
      - 詹姆斯（1896-1984年）1923年娶 克勞蒂・杜邦（1904-1964年）1966年再娶 伊薇特・喬奎特（1939年出生）
        - 妮可（1924年出生）
        - 莫妮克（1925年出生）1945年嫁* 尚－弗朗索瓦・德拉赫（1924年出生）1950年再嫁 喬治・哈爾芬（1912年出生）
      - 娜丁（1898-1958年）1919年嫁* 阿德里安・蒂埃里（1885-1961年）
      - 菲利普（1902-1988年）1935年娶 伊莉莎白・尚伯爾（1907-1945年）1954年再娶 寶琳・費爾法克斯・波特（1908-1976年）
        - 菲利皮娜（1935年出生）1961年嫁* 雅克・塞雷（1928年出生）
        - 查爾斯（1937年出生和夭折）
    - 珍妮（1874-1929年）1896年嫁 大衛・萊奧尼諾（1867-1911年）
  - 邁爾・艾伯特（1846-1850年）
  - 亞瑟（1851-1903年）
- 漢娜・邁爾（1815-1864年）1839年嫁* 亨利・費茲羅伊（1807-1859年）
- 邁爾（1818-1874年）1850年娶 茱莉安娜・科恩（1831-1877年）
  - 漢娜（1851-1890年）1878年嫁* 菲利普・阿奇巴爾德・普里姆羅斯（羅斯伯里伯爵，1847-1929年）
- 露意絲（1820-1894年）1842年嫁 邁爾・卡爾（1820-1886年）

- 安妮（1844-1926年）1873年嫁 艾略特・約克（1843-1878年）
- 安東尼（1887-1961年）1926年娶 伊馮・卡亨・丹佛斯（1899-1977年）
  - 利奧波德（1927-2012年）
  - 芮妮（1927-2015年）1955年嫁 彼得・羅伯森（1929-2018年）
  - 安妮（1930-1971年）
  - 伊夫林（1931年出生）1966年娶

羅斯柴爾德家族的8個世代：簡式族譜

說明

1. 羅斯柴爾德家族的女性成員若未嫁給家族內的其他男性成員，則不列出其後代姓名，而以星號表示省略。
   *意即不姓「羅斯柴爾德」的人均不列出（配偶除外）
2. 表中列出的姓名是目前所能確定個別成員常被稱呼的名字（通常是首名，但也不盡然如此）。

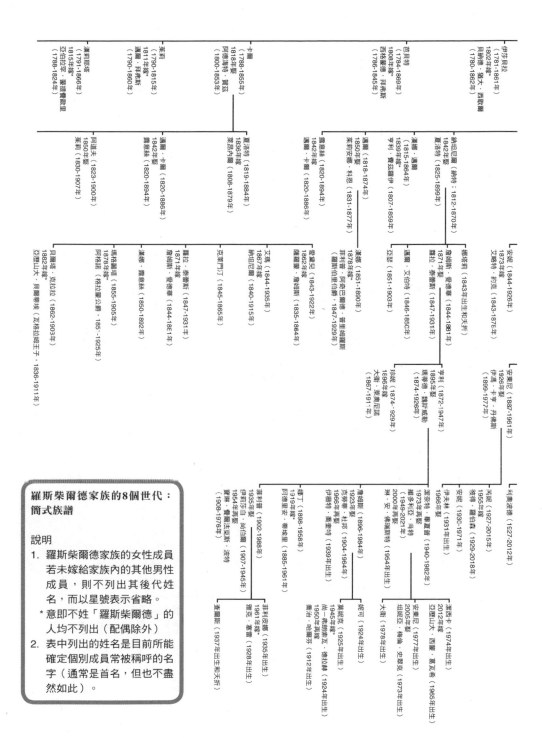

- 詹姆斯（1792-1868年）1824年娶 貝蒂・馮・羅斯柴爾德（1805-1886年）
  - 威廉・卡爾（1828-1901年）1849年娶 漢娜・瑪蒂德（1832-1924年）
    - 喬吉妮・莎拉（1851-1869年）
    - 阿德海特（1853-1935年）1877年嫁 埃德蒙（1845-1934年）
    - 米娜・卡羅琳（1857-1903年）1878年嫁* 馬克斯・葛舒密特（1843-1940年）
  - 安謝姆・亞歷山大（1835-1854年）
  - 夏洛特（1825-1899年）1842年嫁 納坦尼爾（1812-1870年）
  - 阿爾豐斯（1827-1905年）1857年娶 里歐諾拉（1837-1911年）
    - 貝蒂娜（1858-1892年）1876年嫁 薩羅蒙・阿爾伯特（1844-1911年）
    - 瑞尼（1861年出生和夭折）
    - 碧翠斯（1864-1934年）1883年嫁 莫里斯・埃夫魯什（1849-1916年）
    - 愛德華（1868-1949年）1905娶 吉爾曼娜・哈爾芬（1884-1975年）
      - 阿爾豐斯（1906-1911年）
      - 蓋伊（1909-2007年）1937年娶 阿里克斯・謝伊・馮・柯羅姆拉（1911-1982年）1957年再娶 瑪麗－伊蓮娜，尼古拉伯爵夫人（婚前姓祖伊倫・德・尼維特，1927-1996年）
        - 大衛（1942年出生）1974年娶 奧林皮婭・阿爾多布蘭迪尼（1955年出生）
          - 拉維尼亞（1976年出生）
          - 史蒂芬妮（1977年出生）2005年嫁 奧古斯丁・布費馮（1975年出生）
          - 亞歷山大（1980年出生）2009年娶 奧莉維亞・波爾多・格魯特（1983年出生）
          - 路易斯（1989年出生）
        - 愛德華（1957年出生）1981年娶 瑪蒂德・阿卜迪（1952年出生）1991年再娶 阿里爾・瑪麗・馬拉德（1963年出生）
      - 賈桂琳（1911-2012年）1930年嫁 羅伯特・卡爾曼－列維（1899-1982年）1937年再嫁* 格雷戈爾・皮亞季戈斯基（1903-1976年）
      - 貝特莎比（1914-1999年）1948年嫁 唐納・布魯明黛（1913-1954年）
  - 古斯塔夫（1829-1911年）1859年娶 賽西兒・安斯帕赫（1840-1912年）
    - 奧克塔夫（1860年出生和夭折）
    - 柔伊・露西（1863-1916年）1882年嫁* 利昂・蘭伯特男爵（1851-1919年）
    - 艾琳（1867-1909年）1887年嫁* 愛德華・沙遜爵士（1855-1912年）
    - 貝爾塔・茱莉葉特（1870-1896年）1892年嫁 伊曼紐爾・萊奧尼諾男爵（1864-1936年）
    - 安德烈（1874-1877年）

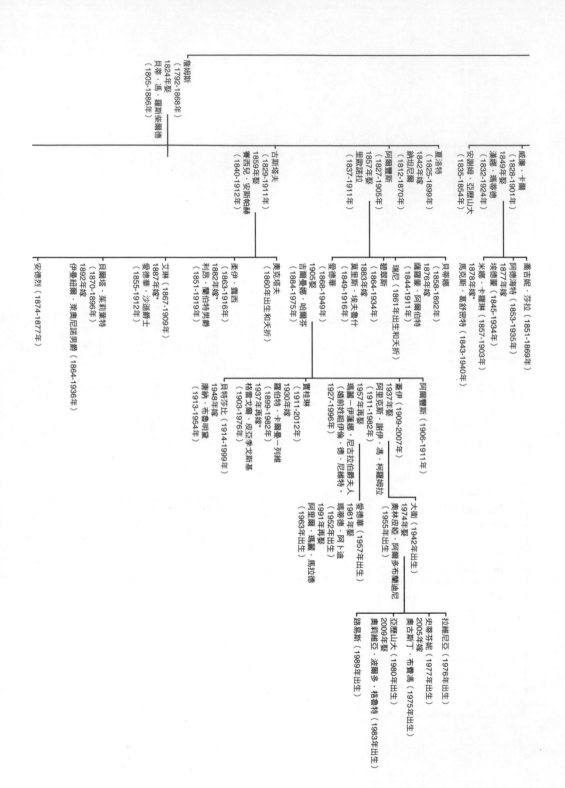

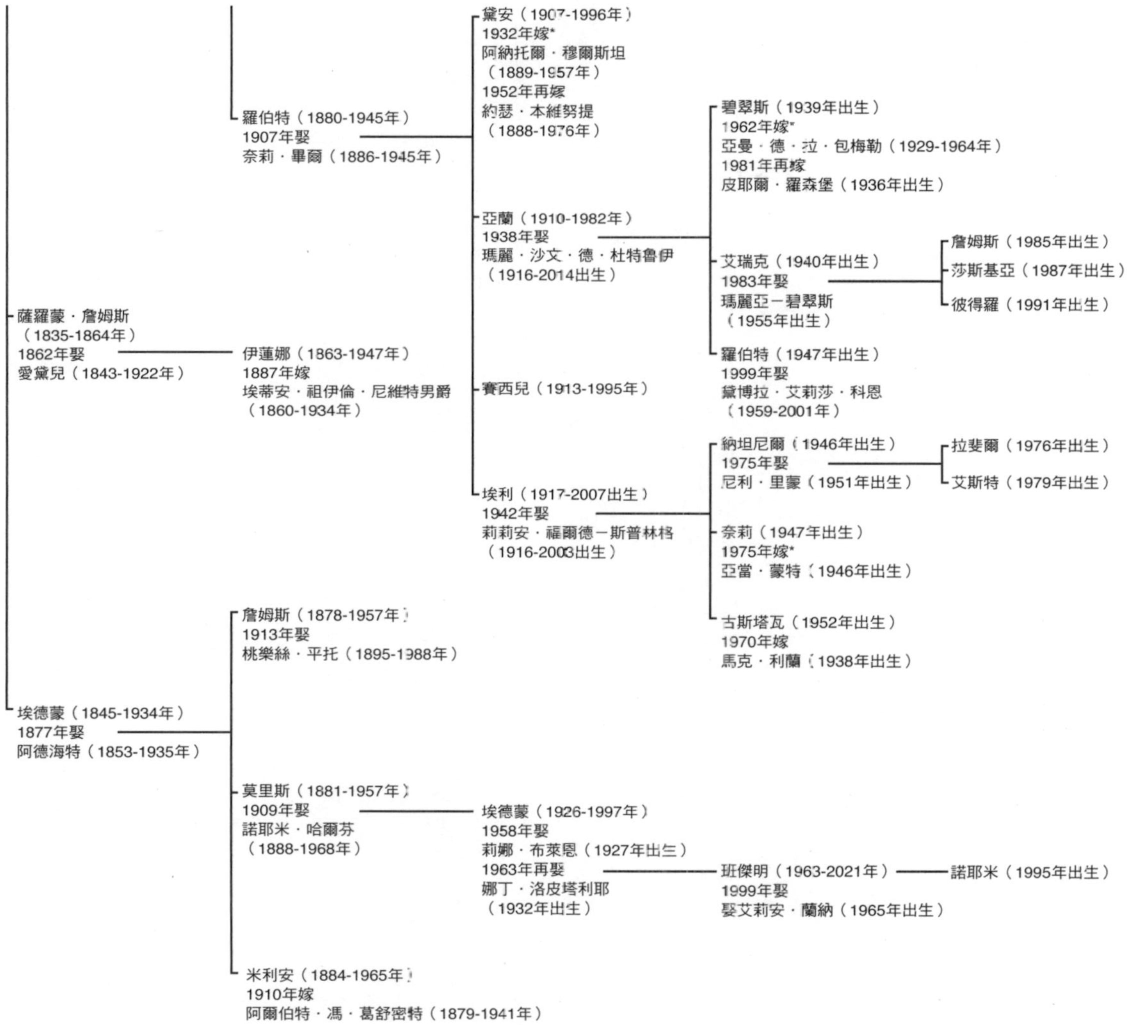
薩羅蒙・詹姆斯
（1835-1864年）
1862年娶
愛黛兒（1843-1922年）
羅伯特（1880-1945年）
1907年娶
奈莉・畢爾（1886-1945年）
黛安（1907-1996年）
1932年嫁*
阿納托爾・穆爾斯坦
（1889-1957年）
1952年再嫁
約瑟・本維努提
（1888-1976年）
碧翠斯（1939年出生）
1962年嫁*
亞曼・德・拉・包梅勒（1929-1964年）
1981年再嫁
皮耶爾・羅森堡（1936年出生）
亞蘭（1910-1982年）
1938年娶
瑪麗・沙文・德・杜特魯伊
（1916-2014出生）
艾瑞克（1940年出生）
1983年娶
瑪麗亞－碧翠斯
（1955年出生）
詹姆斯（1985年出生）
莎斯基亞（1987年出生）
彼得羅（1991年出生）
羅伯特（1947年出生）
1999年娶
黛博拉・艾莉莎・科恩
（1959-2001年）
伊蓮娜（1863-1947年）
1887年嫁
埃蒂安・祖伊倫・尼維特男爵
（1860-1934年）
賽西兒（1913-1995年）
埃利（1917-2007出生）
1942年娶
莉莉安・福爾德－斯普林格
（1916-2003出生）
納坦尼爾（1946年出生）
1975年娶
尼利・里蒙（1951年出生）
拉斐爾（1976年出生）
艾斯特（1979年出生）
奈莉（1947年出生）
1975年嫁*
亞當・蒙特（1946年出生）
古斯塔瓦（1952年出生）
1970年嫁
馬克・利蘭（1938年出生）
埃德蒙（1845-1934年）
1877年娶
阿德海特（1853-1935年）
詹姆斯（1878-1957年）
1913年娶
桃樂絲・平托（1895-1988年）
莫里斯（1881-1957年）
1909年娶
諾耶米・哈爾芬
（1888-1968年）
埃德蒙（1926-1997年）
1958年娶
莉娜・布萊恩（1927年出生）
1963年再娶
娜丁・洛皮塔利耶
（1932年出生）
班傑明（1963-2021年）
1999年娶
娶艾莉安・蘭納（1965年出生）
諾耶米（1995年出生）
米利安（1884-1965年）
1910年嫁
阿爾伯特・馮・葛舒密特（1879-1941年）

前言 現實與神話

I

「銀行的運作，」第三代羅斯柴爾德男爵曾經說道，「基本上就是將金錢從原本所在的A點搬運到所需要的B點。」如此簡單的解釋某種程度上說明了基本事實，也確實反映出維克多・羅斯柴爾德（Victor Rothschild）本人對金融興趣缺缺。然而，若是說這間由他高祖父在兩世紀前創立的公司歷史不過是將錢從A點運到B點，那麼讀起來一定很無趣，但它不該如此。

所有銀行都有歷史，但並非每家銀行的歷史都經過研究和書寫，而且只有羅斯柴爾德的銀行衍生出了神話。自一八二〇年起，便有人開始揣想這個家族何其龐大的財富從何而來、他們如流星般迅速向上竄升的社會影響、他們不只在羅斯柴爾德家族所在的五個國家，而是在整個世界的政治影響力，以及他們的猶太色彩，最後形成的神話傳說竟然就如NM羅斯柴爾德集團本身一樣流傳千秋。「羅斯柴爾德」這個名字（原始德文翻譯為「紅盾」）或許在今日不如一百年前那麼為人所知，但俄國短篇小說大師契訶夫（Anton Chekhov）曾經寫道，連垂死的俄國棺材工匠都可能諷刺地用這個名字來稱呼貧困的猶太音樂家。[1]不過大多數讀者應該都認得這個家族，畢竟這個名字還是經常出現在媒體上。該集團的銀行或許不再是一八一五年後那個世紀的金融巨人，家族也更廣擴分散而疏離，但這個姓氏仍然持續吸引人們的注意力，有時甚至是癡迷。即使是對金

[1] 契訶夫，〈羅斯柴爾德的小提琴〉（Rothschild's Fiddle）：推薦給想要了解十九世紀絕大多數歐洲人生活的讀者，所謂絕大多數人也就是不同於羅斯柴爾德家族，生活在貧困破敗環境中的人們。

融一無所知也毫不在乎的人，一生之中至少也可能遇到這個姓氏一次，這顯然多虧了這個家族遺傳的動物學及園藝學天賦。至少有一百五十三種昆蟲種類或亞種被命名為「羅斯柴爾德」，另外還有五十八種鳥類、十八種哺乳類（包括羅氏長頸鹿〔Giraffa camelopardalis rothschildi〕）以及十四種植物（包括一種罕見的拖鞋蘭〔Paphiopedilum rothschildianum〕與一種嘉蘭〔Gloriosa rothschildiana〕），更別提還有三種魚類、三種蜘蛛及兩種爬蟲類。這個家族也對飲食樂趣抱有熱情，因此他們的姓氏也出現在某種舒芙蕾（製作時要加入蜜餞、白蘭地和香草）和某種餐後小點上（吐司上擺蝦子、干邑白蘭地和葛瑞爾起司）。以色列有以這個家族成員命名的城鎮及許多街道，世界各地都能喝到羅斯柴爾德家族擁有的木桐堡（Mouton）及拉菲堡（Lafite）酒莊所生產的紅酒，從英國的艾爾斯伯里谷（Vale of Aylesbury）到法國蔚藍海岸（French Riviera）有數處由羅斯柴爾德家族興建的房屋，在南極洲甚至還有一個羅斯柴爾德島（Rothschild Island）。蕭邦（Frédéric Chopin）和羅西尼（Gioachino Rossini）為羅斯柴爾德家族譜寫了幾首樂曲，巴爾札克（Honoré de Balzac）和海涅（Heinrich Heine）也為他們寫書，這個家族還因為眾多收藏品而在藝術界享有盛名（其中有些可以在美術館中觀賞），而他們過去的德比賽馬冠軍戰績仍響遍賽馬界。撰寫本書期間，我遇見的每個人幾乎都聽說過至少一個羅斯柴爾德家族的故事，最常見的傳說是納坦・邁爾・羅斯柴爾德靠著推測滑鐵盧戰役的結果而大發利市。另一個同樣出名的故事是購買蘇伊士運河的股份[1]，畢竟當時的英國首相迪斯瑞利（Benjamin Disraeli）極力將這個故事說得人盡皆知。即使是對歷史了解不多的人，也可以在許多記錄猶太笑話的書中看到跟羅斯柴爾德有關的笑話，甚至還有兩部關於羅斯柴爾德家族的電影、一齣舞台劇❷，還有一齣詭異，不過還算成功的百老匯音樂劇。

我必須馬上澄清，這本書對長頸鹿、蘭花、舒芙蕾、陳年紅酒或者南極洲的島嶼沒什麼著墨。書中的主要內容是關於銀行業，這點也必須解釋，因為可能有些讀者更想知道這個富裕家族如何運用財富而非如何賺取財富，請這些讀者放心。

其實嚴格說起來，NM羅斯柴爾德集團根本不算是一家銀行，至少就英國維多利亞時代的傑出金融記者華特・白芝浩（Walter Bagehot）的定義而言並不是，他在著作《倫巴底街》（*Lombard Street*，一八七三年出版）中寫道：「外國人很容易認為他們（羅斯柴爾德家族）確實就是銀行家，不過這只是說明了我們英國人對銀行業的認知跟歐陸的認知有根本上的不同。」

> 羅斯柴爾德家族的先生們都是鉅額資本家，他們手上無疑握有大量借來的金錢。不過他們不會收下見票即付的一百英鎊然後再以每張面額五英鎊的支票償還，那是我們英國銀行的運作方式。他們擁有大量借貸而來的金錢，借款期限大抵上都比較長期；英國銀行家所處理的則是一大堆小額貸款，都可以在接到通知後不久或者根據要求還清。而且兩者使用金錢的方式也不一樣，外國人認為「匯兌業務」（也就是購入及賣出外國貨幣）是銀行的主要業務……不過英國國內大多數的銀行……不會知道如何完成大規模的「匯兌行動」……他們還不如考慮轉行做絲綢商人。匯兌交易是由一小群特殊的外國匯票經紀人執行，而羅斯柴爾德的先生們就是其中的佼佼者……無論從他們借貸的條件或者是運用貸款的方式來看，這個家族都不算是英國銀行家。

納坦・邁爾・羅斯柴爾德在英國以出口織品開創了他的事業，基本上他就是一位專精於各種金融服務的商人，他自己在一八一七年說：「我的事業……完全以政府交易與銀行業務組成。」不過他提及的後者可能是指與英格蘭銀行往來的業務，並非白芝浩所稱「我們英國銀行」的存款業務，這種業務時至今日仍然是商業區

---

1 譯注：班傑明・迪斯瑞利於一八七四年再度受維多利亞女王任命為英國首相，當時他知道蘇伊士運河對英國的對外貿易至關重要，但公司股份卻大多握在法國手中，因此他派遣時任議員的納坦・邁爾・羅斯柴爾德去打探股份出售的消息，後來由羅斯柴爾德家族的銀行貸款給英國政府，買下了運河百分之四十四的股份，讓英國擁有了控制權。

❷ 劇情主軸圍繞著一八二二年家族兄弟在法蘭克福猶太巷（Judengasse）的老家聚會，薩羅蒙（Salomon）押錯寶，未能將自己的獨生女（劇中將名字誤植為夏洛特〔Charlotte〕）嫁給一位貴族（陶努斯公爵〔Duke of Taunus〕），她反而愛上了詹姆斯（James）。

大型銀行的主要活動。

NM羅斯柴爾德家族集團其實也不能算是一間獨立的公司：直到一九〇五至〇九年間的某個時間點以前，這間公司一直是羅斯柴爾德家族合夥經營的系列羅斯柴爾德「家族企業」之一，不過倫敦家族是唯一延續至今未曾中斷的公司（法國羅斯柴爾德銀行〔Rothschild & Cie Banque〕是唯一從原始巴黎家族間接傳承下來的公司，於一九八一年國有化）。這個集團在一八二〇年代至六〇年代間的鼎盛時期有五個各自獨立的事業分支，除了納坦在倫敦的公司外，還有法蘭克福原始的MA羅斯柴爾德父子公司（M. A. Rothschild & Söhne，一八一七年後改名為MA馮羅斯柴爾德父子公司〔M. A. von Rothschild & Söhne〕），在他們的父親邁爾・阿姆謝爾（Mayer Amschel Rothschild）過世後由長子阿姆謝爾（納坦的大哥）接班；巴黎的德羅斯柴爾德兄弟公司（de Rothschild Frères）由納坦最年幼的弟弟詹姆斯（James Rothschild）創立；另外法蘭克福家族還有兩個子公司，即兄弟中的老四卡爾（Carl Rothschild）在那不勒斯經營的CM馮羅斯柴爾德公司（C. M. von Rothschild），以及由老二薩羅蒙（Salomon Rothschild）在維也納管理的SM馮羅斯柴爾德公司（S. M. von Rothschild）。直到一八六〇年代以前，這五間公司的合作非常密切，若是要討論其一的歷史就不得不一併提起這五間公司的歷史。不管怎麼看，他們就是一家跨國銀行的一部分組成。甚至到了二十世紀的最初十年，這個合夥制度仍持續運作，亦即「英國」羅斯柴爾德能夠透過巴黎家族獲利，「法國」羅斯柴爾德也能透過倫敦家族獲利。然而，這個集團跟現代跨國企業的不同之處在於，他們始終是家族企業，合夥人完全由羅斯柴爾德家族的男性成員擔任（直到一九六〇年皆如此），營運的各種決策也嚴格地由合夥人壟斷。

或許在這段跨國合作關係中只要知道最重要的一點，就是在一八一五年至一九一四年這一百年間的多數時候，他們絕對是世界上最龐大的銀行。嚴格來說，羅斯柴爾德家族資產加總後的數字早在一八八〇年代之前就已經鶴立雞群，二十世紀時更無可並駕齊驅者，即使是當今最大的國際銀行集團也無法像羅斯柴爾德家族全盛時期那般享有相對優勢，正如今日又有誰能比得上納坦與詹姆斯在一八二〇年代中期至六〇年代那般握有全世界財富中的一大部分（參見附錄一）。因此，若是不先試著解釋羅斯柴爾德家族究竟如何能富可敵國，就無法寫出完整的資本主義經濟史。他們無可匹敵的成功背後有何「祕密」？有不少可疑的商業格言號稱與羅斯柴爾德家族有關，例如財富持有要分配為三分之一證券、三分之一房地產、三分之一珠寶及藝術品，然後處理股票買賣就像沖冷水澡（「快進快出」），又或者要將最後百分之十的財產留給別人；但是這些實在沒什麼說明的價值。

羅斯柴爾德家族做的到底是什麼生意？他們如何運用自己所能掌握的巨大經濟影響力？要正確回答這些問題，就必須先理解一些十九世紀的公共財政狀況，因為羅斯柴爾德家族就是靠著向政府提供借貸，或者以現有的政府債券進行投機買賣，得以累積一大部分的龐大家產。

II

十九世紀的所有國家不時都會出現預算赤字，有些國家幾乎一直處在赤字狀態，也就是說他們的稅收通常不足以應付開銷。當然，這點跟十八世紀的國家沒什麼不同。而且和一八〇〇年以前一樣，戰爭及備戰過程的開銷通常增加最多；農田歉收（或者景氣循環陷入低谷）也會讓稅收減少，進而造成週期性的收益短缺。這些赤字雖然與國家總收入相比來說通常相對較小，但缺口並不容易找到資金補上。當時的國家資本市場發展尚未成熟，國際整合的資本市場才逐漸形成，荷蘭阿姆斯特丹是當時第一個真正的中心。對大多數國家而言，借貸成本高昂，亦即他們必須為貸款支付的利息相對很高，因為他們在投資者眼中屬於不可靠的債權人。因此，支應預算赤字的資金通常來自販賣王室資產（土地或公署），或者如果政府能夠將貨幣貶值的話，也可以透過通貨膨脹來達成。當然，第三種可能就是徵收新稅，不過從十七世紀的情況以及整個十九世紀的經驗來看，稅制的重大變革大多需要透過代議機構進行某種政治協商後同意。法國大革命之所以發生就是因為所有其他嘗試改革財政的作為都無法因應王室軍事活動的開銷，最後由三級會議（Estates General）提出了新稅收的命令。這條規則的一個例外是英國，自十七世紀後期，英國便發展出相對複雜的公共借貸（公債）以及貨幣管理（英格蘭銀行）制度。另外一個例外是神聖羅馬帝國中的一個小邦國黑森－卡塞爾（Hesse-Kassel），其統治者藉由讓其他國家雇用自己的人民為傭兵，進而有效地創造收益。爾後邁爾・阿姆謝爾・羅斯柴爾德開始管理自己龐大的投資組合，這就是他從換匯商人（本業）發展成銀行家所跨出的第一步。

一七九三至一八一五年間戰亂頻仍，對財政造成的影響甚鉅。首先，前所未有的高昂開支讓所有參戰國家的經濟都陷入通貨膨脹，其中最極端的狀況就是法國的指券貨幣（assignat currency）崩盤，歐洲的貨幣（包括一七九七年後的英鎊）都陷入震盪不穩定。第二，戰爭動亂（例如法國占領阿姆斯特丹以及拿破崙的大陸封鎖政策〔Continental System〕）也創造了藉由高風險交易賺取高收益的機會，例如走私織品、金塊以及為流亡統治者管理他們的投資。第三，要從英國轉移大筆補貼資金給歐陸盟國就必須開創新穎的跨國支付制度，而這種制度過去從未處理過如此大筆的資金。正是在如此高度動盪的背景之下，羅斯柴爾德家族決定放手一搏，從經營兩間小公司（一間在法蘭克福的小型商業銀行以及一間在曼徹斯特的布料出口公司）一躍轉為經營跨國的金融合夥關係。

拿破崙最終遭到擊敗也未中止國際金融服務的需求，反而是戰爭過後處理債務及賠款等業務在一八二〇年代拖宕了大半時間。此外，這段時間困擾著西班牙及鄂圖曼帝國的政治危機很快又產生了新的財務需求。同一時間，英國的財務緊縮及貨幣穩定創造出對新投資形式的需求，畢竟人們在戰爭年月中已經習慣將錢投資在高報酬的英國債券裡，而納坦和他的兄弟成功滿足了這樣的需求，他們發展出的系統讓英國投資人（與西歐其他富有的「資本家」）能夠將資金投入那些國家的債務中，購買能在國際間交易、利息固定的不記名債券（也就能夠轉讓）。這套制度對十九世紀的重要性再怎麼強調都不為過，因為這個不斷成長的國際債券市場將歐洲真正的「資本家」聚集在一起。這一小群菁英份子足夠富有到將錢綁進這類資產中，頭腦又相當精明，知道這類資產相對傳統的財富持有形式（土地、公署等等）有其優勢。債券是流動性的，一週七天內有五天半（假日除外）能在歐洲各大交易所買賣，在其他時間與地點也能進行非正式交易，而且還能產生高額的資本收益。當然，唯一的缺點就是也可能造成高額的資本損失。

是什麼決定了十九世紀債券市場的起伏？要了解羅斯柴爾德銀行的歷史，這個問題的答案就是核心關鍵。顯然經濟因素扮演了重要角色，尤其是短期借貸的條件與其他私募證券的吸引力，不過最為重要的因素則是政治信心：投資人（特別是像羅斯柴爾德家族這樣的大造市商投資者）是否信任發行債券的政府有能力繼續盡到自己的義務，也就是支付債券的利息。實際上只有兩件事情可能導致他們無法這樣做：一是戰爭，這會增加開銷並減少稅收；二是國內情勢不穩定，小自政府職位變動，大至全面展開的革命，不只可能減損國家收益，也可能讓輕忽財政運作的新政府掌權。市場（尤其是羅斯柴爾德家族）會緊盯著這些國家是否出現這些可能危機的徵兆，以及其中是否有違約的可能。

這點解釋了投資者極其重視握有最新政治與經濟消息的重要性。有三件事能讓投資者面對競爭對手時擁有優勢：接近政治生活中心與消息來源、接收關於遠近各國事件消息的速度、操控這些消息傳遞到其他投資者耳中的能力。這解釋了為什麼羅斯柴爾德家族花費這麼多時間、心力與金錢與當時的政治領袖人物盡可能保持最良好的關係，同時說明了他們為什麼費盡心思在其他重要的金融市場中派員建立網絡，這些代理人的工作不只代表羅斯柴爾德家族進行交易，還要隨時提供最新的金融與政治消息。同時，這也解釋了為什麼他們不斷努力加快代理人傳遞訊息給他們的速度，他們很早就開始依靠自己的信使系統，並享受自己能夠比歐洲外交機構早一步獲知政治消息的能力，偶爾也會使用信鴿在各個市場間傳遞最新的股價及匯率訊息。電報（以及後來的電話）發展起來之後讓訊息能夠更快散播到各地，似乎也「民主化」了訊息傳送。在這之前，羅斯柴爾德家族的傳訊網絡讓他們比競爭對手更具重要優勢，即使後來他們失去了這份優勢，仍然能夠影響財經媒體上刊登的訊息，而這些訊息能藉此傳播給更多大眾。

關於國際間或國內不穩定的可能性訊息直接餵進了債券市場，導致投資者密切關注價格與收益的每日波動。然而，政治與債券市場的關係也可能相反，因為現有政府股份（過去財政政策下的產物）的價格變動對於現下及未來的政策有重大影響。簡單來說，如果政府希望透過發行更多債券來借貸更多錢，那麼現有債券的價格下滑（報酬提升）就會成為嚴重的阻礙。出於這個原因，債券價格具有一個歷史學家甚少提及的重要性，或許可以說債券就像某種日常民調，表達了人民對某個政權的信心。當然，以現代民主的標準來說，這種民調依據的母群體非常不具代表性，只有有錢的「資本家」才能夠投票；不過十九世紀的政治生態本來就不是民主的。雖然那些主要持有土地或建築等資產的業主，以及資產組合多半是書面證券的債券持有人之間，有時存在著緊張關係，但持有公債的那群人確實大多有政治人物能為其發聲。因此，這些資本家很大程度上是歐洲的參政階級，他們的意見在階級分明又非民主的社會中便相當重要。如果投資者哄抬公債的價格，政府就會覺得有保障；如果他們拋售股票，那麼政府很可能就只能靠借來的錢苟延殘喘。

債券市場的獨特之處在於，基本上每個國家（也包括在這個世紀中一一出現的所有新興國家與殖民地）遲早都會發展出來，而且大部分國家都流通著相當大量的可交易債券。公債的價值變動對研究那段時期的政治史來說是一個重要的切入點，同時也是了解像羅斯柴爾德這類銀行權力極限的關鍵，因為這些銀行在十九世紀大部分時間都是這類債券的主要造市商。確實可以這麼說，羅斯柴爾德家族修改了現有的政府借貸制度，讓債券交易變得更容易，他們打造出了現代形式的國際債券市場。早在一八三〇年，有一位德國作家觀察到，由於羅斯柴爾德家族自一八一八年提出的創新債券形式，

> 每個握有公債證券的人（都可以）……不費吹灰之力按自己方便在幾個不同的地方收取利息。法蘭克福的羅斯柴爾德家族會支付奧地利金屬債券的利息、那不勒斯租稅，以及倫敦、那不勒斯或巴黎等地的英國—那不勒斯合約利息，就看哪裡比較方便。

因此，這本書的核心便是羅斯柴爾德家族戮力發展的國際債券市場，不過當然也會討論到羅斯柴爾德家族經手的其他許多金融事業：金條買賣經紀人與精煉、商業票據的承兌與貼現、商品的直接交易、外匯交易與套利，甚至還有保險。除了這些活動不可避免地與其他公司建構起借貸網絡之外，羅斯柴爾德家族也為特定一群客戶提供服務，通常是他們想要培植的王室貴族，這些「個人銀行服務」內容五花八門，從大筆的個人借款（例如奧地利總理梅特涅親王〔Klemens von Metternich〕）到頂級私人郵遞服務（例如維多利亞女王）都有。與白芝浩認知的出入之處在於，他們有時候也會接受這群頂級客戶的存款。羅斯柴爾德家族也是主要的工業建設投資人，世人經常低估了這部分業務的重要性。一八三〇及四〇年代的鐵路發展提高了讓歐洲的交通系統改頭換面的可能，此時羅斯柴爾德家族正是許多鐵路路線的主要金主，路線起始點遍布法國、奧地利及德國。事實上，到了一八六〇年代，詹姆斯·德·羅斯柴爾德已經建立起類似於泛歐洲的鐵路網，從法國往北延伸到比利時，往南延伸至西班牙，往東進入德國、瑞士、奧地利及義大利。從初期階段開始，羅斯柴爾德家族也握有主要的礦業利益，從一八三〇年代收購西班牙阿爾馬登（Almadén）汞礦開始，在一八八〇及九〇年代積極擴張，陸續投資了出產金、銅、鑽石、紅寶石及石油等礦區，就像他們原本的金融業務一樣。他們的礦業投資業務實際上遍布全球，從南非至緬甸，從蒙大拿到巴庫（Baku）。

因此，這本書的主要目的是想解釋現代資本主義歷史上最大、最非比尋常的企業是如何開始與發展。不過本書想寫的不僅止於經濟史。一來，這個企業的歷史與家族史密不可分，過去的歷史學家（以及電影製片人）經常使用「羅斯柴爾德家族」一詞，現代歷史學家也沿用，包括羅斯柴爾德家的人自己也用此一詞彙來代表這個整體。除了定期修改及更新規範羅斯柴爾德家族管理自家企業業務營運與企業營利分配的合夥條例之外，同等重要的還有婚姻協議，也就是在家族最強盛之際刻意安排的羅斯柴爾德各家聯姻，藉此讓家族的資本能夠結合在一起，以防被「外人」奪走。若是羅斯柴爾德家族的女性成員嫁給家族以外的人，她們的丈夫會被禁止直接涉入家族事業，女性成員本身亦然。這些合夥人的遺囑也經過精心安排，將一個世代的願望加諸於下一世代，以確保企業永續及發展。無可避免地，家族的集體目標與碰巧生於羅斯柴爾德家族的成員個人願望存在著衝突（邁爾．阿姆謝爾．羅斯柴爾德在去世前便已清楚提及這點，令人不得不信），很少有人心中所願和創辦人一樣，對工作與獲利有著無窮無盡的愛好。兒子令父親失望、兄弟鬩牆，還有無法公開或者遭到禁止的愛情、表親堂親之間被迫接受不情願的婚姻、夫妻爭吵不休。這一切看上去，羅斯柴爾德家族與十九及二十世紀初眾多小說中所描寫的大家族有許多共通點：薩克雷（William Makepeace Thackeray）的紐孔家族（the Newcomes）、特洛普（Anthony Trollope）的帕利瑟家族（the Pallisers）、高斯華斯（John Galsworthy）的佛賽特家族（the Forsytes）、托爾斯泰（Leo Tolstoy）的羅斯托夫家（the Rostovs）以及托瑪斯．曼（Thomas Mann）的布登布洛克家族（the Buddenbrooks），幸好不包括杜斯妥也夫斯基（Fyodor Dostoevsky）的卡拉馬佐夫家族（the Karamazovs）[2]。當然，大家族在十九世紀很常見，因為出生率高而且死亡率下降（至少對富人是如此），或許從這個角度來看，羅斯柴爾德家族並不是（如海涅曾稱的）「非比尋常的家庭」。

因為羅斯柴爾德家族實在太有錢了，基本上可以稱自己在物質上與歐洲貴族無異，而且他們成功克服眾多法律及文化障礙，成為完全等同貴族的**階級**，這是十九世紀社會史中最引人注目的研究案例之一。羅斯柴爾德五兄弟的父親住在法蘭克福狹窄且髒亂的猶太巷中，被禁止擁有此地以外的房產，因此可以理解他們為何渴望擁有土地與寬闊的居所，不過家族中大部分令人嘆為觀止的華麗宮殿與別墅等重要處所是由第三代❸完成。同時，羅斯柴爾德家族積極追求並獲取勳章、頭銜及其他榮譽，並於一八八五年獲得最大獎：英國貴族爵位。第三代也投入狩獵與賽馬這些屬於貴族的消遣娛樂。另外，在他們的文化參與中也能嗅到社會同化的類似過程，詹姆斯與他的外甥們相當熱衷於蒐集藝術品、飾品與家具，也將之傳承給眾多後代。他們還將贊助對象的範圍擴大至作家（班傑明．迪斯瑞利、巴爾札克與海涅）、音樂家（著名的有蕭邦和羅西尼）、建築師和藝術家。從許多面向來看，他們就像是十九世紀的梅迪奇家族（the Medicis）[3]。

不過，如果將他們視為「封建制度下」資產階級家庭的原型，說他們在「模仿」鄉村仕紳的舉止，那就不對了。因為羅斯柴爾德帶進貴族生活裡的行為舉止都相當具有商業色彩，首先他們將購買土地當成投資，希望藉此賺取經濟利益；至少就某部分功能而言，他們認為自己建造的大房子是提供公司招待的私人旅館。納坦的兒孫甚至將購買馬匹當成一種有趣的投機性投資，他們賽馬下注時的方法差不多就跟他們投資股市的「規矩」一樣。說得勢利一點，擁有治理權的貴族都必須與他們來往，透過私人社交場合獲得的政治訊息幾乎就和與部會首長的正式會面所知道的一樣多。

與此同時，羅斯柴爾德家族在某種意義上更像是王室，而非貴族或者中產階級。這不只是因為他們有意識地模仿了從過去到現在認識的眾多王室成員，就像組成歐洲眾多王室的大家族般，羅斯柴爾德家族極度偏好族內通婚，享受著自己「舉世無雙」的感覺，至少在歐洲的猶太菁英中是如此。據此看來，當時的人會以「猶太人之王」這類詞彙來稱呼他們，在相當程度上的確為事實，羅斯柴爾德家族正是這樣看待自己並依此行事（在他們的信件中也能看到「我們的王室」等詞語），許多其他沒那麼富裕的猶太人也是這樣對待他們。

這種與猶太教以及歐洲與中東等地猶太社群的關係，無疑是該家族歷史中最引人入勝的主題之一。對羅斯柴爾德家族以及眾多在十九世紀西遷的猶太家族而言，社會同化或融入自己落腳國家之於他們的信仰是個挑戰；不過帶有歧視性的法規鬆綁後，讓他們不只能夠積累金錢，也能買到許多想要的東西。但是無論他們的房屋多麼奢華、孩子受了多麼好的教育，還是經常要面對反猶太的情緒，從法蘭克福暴民的攻擊尋釁到貴族與非

---

2 譯注：描寫這些家族的小說依序為《紐孔家族：最高貴家族的回憶錄》（*The Newcomes: Memoirs of a Most Respectable Family*）、《帕利瑟家族》（*The Pallisers*，系列小說共六本）、《佛賽特傳奇》（*The Forsyte Saga*，系列小說共三本）、《戰爭與和平》（*War and Peace*）、《布登布洛克家族》（*The Buddenbrooks*）以及《卡拉馬佐夫兄弟》（*The Brothers Karamazov*）。

3 譯注：梅迪奇家族在十四至十八世紀間是歐洲的名門望族，從義大利佛羅倫斯發跡，透過經商致富後跨足金融業務，並與貴族及天主教廷維持密切關係，家族曾出過四任教宗，也與歐洲王室聯姻，躋身貴族。

❸ 為了清楚起見，我將邁爾．阿姆謝爾及妻子視為第一代，他們的兒子（和女兒）則是第二代，以此類推。本書附有家族族譜。

猶太裔銀行家對「猶太人」流露出隱約的輕蔑，許多其他富裕的猶太家庭選擇改信基督教，一部分也是為了應對這樣的壓力。不過羅斯柴爾德家族並未如此，他們仍然篤信猶太教，在所屬的各個猶太社群事務中扮演重要角色，而且打從家族剛發跡起，他們便努力運用自己在各國的金融影響力改善當地猶太人的法律及政治地位。他們不只在自己的家鄉法蘭克福這樣做，在有生意往來的每個國家都是如此，即使是之於他們沒有經濟利益的一些國家（例如羅馬尼亞和敘利亞）亦然。至少家族中有部分成員認為，這種利他行為某種程度上與自家成功致富有關係：他們依然忠於祖先的信仰，並且心繫自己「較為貧困的教友」。羅斯柴爾德家族不但展現出他們對自己的好運心存感激，更確保好運能持續下去。

最後，或許也是最重要的一點，這本書不僅是一部金融史，也是一段政治史：十九世紀的重要政治人物幾乎都出現在這本書之中。羅斯柴爾德家族很早就明白接近政治人物的重要性，因為這些人不只決定了預算赤字的大小，也決定了影響金融市場的內政及外交政策。政治人物也很快意識到接近羅斯柴爾德家族的重要性，有時候這些政治人物治理的國家要償付借款就必須仰仗這個家族，而且他們也一定能夠提供最新的政治消息。邁爾・阿姆謝爾培植了黑森－卡塞爾選帝侯的首席金融顧問卡爾・布德魯斯（Carl Friedrich Buderus），後來則有卡爾・席爾多・安東・瑪利亞・馮・達爾伯格（Karl Theodor Anton Maria von Dalberg），他是拿破崙萊茵邦聯（Rhenish Confederation）的首席總主教侯，這種關係的原型造就了他的兒子們在歐洲各地培植政治人物所牽起的無數關係。自一八一三年起，納坦與英國的軍糧總管約翰・查爾斯・何瑞斯（John Charles Herries）來往密切，何瑞斯負責為威靈頓公爵（Arthur Wellesley, Duke of Wellington）入侵法國的行動挹注資金。羅斯柴爾德早期在英國還有一位名為查爾斯・史都華（Charles William Stewart）的「朋友」，他的兄弟是外交大臣卡斯爾雷子爵（Lord Castlereagh），並且代表英國出席維也納（Vienna）、特拉波（Troppau）、萊巴赫（Laibach）以及維羅納（Verona）等會議。一八二〇年代初期，納坦也與英國首相利物浦伯爵（Robert Jenkins, Lord Liverpool）以及他的財政大臣尼可拉斯・范西塔特（Nicholas Vansittart）有直接往來，並且在一八三〇至三二年國會改革危機期間給予威靈頓公爵重要的財務建議。

羅斯柴爾德的觸角也延伸至王室。納坦首次與英國王室的接觸是因為他父親買下了攝政王喬治（後來的喬治四世〔King George IV〕）及其兄弟所積欠的驚人債務。此時家族與王室的連結尚為薄弱，但後來也逐步強化。他們謹慎地扶植了薩克森－科堡的利奧波德（Leopold of Saxe-Coburg），他迎娶喬治四世的女兒夏洛特（Princess Charlotte of Wales），後來成為比利時國王利奧波德一世（King Leopold I of the Belgians）。他的外甥亞伯特（Albert）成為英國維多利亞女王的王夫後，雖然未向羅斯柴爾德家族尋求財務上的協助，但維多利亞和亞伯特的長子和家族中的許多成員保持友好關係，在他繼承母親的王位成為愛德華七世（Edward VII）前後的日子皆然。在維多利亞時代和羅斯柴爾德家族來往密切的政治人物可以列出長長的清單：萊昂內爾（Lionel Nathan de Rothschild）在一八四〇及五〇年代爭取進入下議院時，不只受到約翰・羅素勛爵（Lord John Russell）等輝格黨人與威廉・格萊斯頓（William Gladstone）等皮爾黨人的大力支持，就連抱持保護主義的托利黨迪斯瑞利與喬治・本廷克勛爵（Lord George Bentinck）都提供協助。後來，萊昂內爾的兒子們對格萊斯頓的幻想破滅，他們不僅受迪斯瑞利吸引，同時也走向倫道夫・邱吉爾勛爵（Lord Randolph Churchill）、喬瑟夫・張伯倫（Joseph Chamberlain）以及亞瑟・貝爾福（Arthur Balfour）等人。在一八八〇及九〇年代，薩里斯伯瑞侯爵（Marquess of Salisbury）與接任格萊斯頓成為自由派首相的羅斯伯里伯爵都會尋求羅斯柴爾德對王室事務的建議，事實上羅斯伯里還娶了羅斯柴爾德的家族成員，即邁爾的女兒漢娜（Hannah de Rothschild）。

法國的羅斯柴爾德家族也直接參與了政治。他們在一八二〇年代早期與維萊爾伯爵（Joseph de Villèle, comte de Villèle）相當親近；一八三〇年時又巧妙地轉而效忠路易－菲利普一世（Louis Philippe I），因為培植了共和派的領導人物得以在一八四八年革命動亂中生存下來；接著又暗中阻撓了拿破崙三世（Napoleon III）的統治，因為他們不喜歡他在外交上的冒險主義。他們在法蘭西第三共和國也有堅定的朋友，也就是四度擔任法國財政部長的利昂・賽伊（Léon Say）。在德國及奧地利，薩羅蒙與梅特涅親王的密切關係在一八一八至四八年間至關重要，不過也非獨一無二。家族成員們在保皇時期[4]還有其他朋友，包括駐巴黎的奧地利大使亞龐尼伯爵（Count Antal Apponyi）以及匈牙利埃施特哈齊家族（the Esterházys）；同時還有（普魯士的）總理哈登貝格親王（Prince Hardenberg）、教育改革家兼外交家威廉・馮・洪堡（Wilhelm von Humboldt）與財政官員克里斯提安・羅特（Christian Rother），後來他成為普魯士皇家銀行總裁。與普魯士首相俾斯麥（Otto von Bismarck）確實較難建立關係，不過到了一八七〇年代，邁爾・卡爾（Mayer Carl von Rothschild）已經能夠擔任「老俾」與倫敦、巴黎等政府之間的外交溝通管道。德意志帝國皇帝威廉二世（William II）因為阿爾弗烈德・德・羅斯柴爾德（Alfred de Rothschild）的外交事務表現而授勳給他，並且將他的兄弟納弟視為「一位非常敬重的老朋友」。

本書的核心目標就是闡明這些關係。正如歷史學家弗里茲・史特恩（Fritz Stern）在他對於俾斯麥與猶太銀行家格森・馮・布萊希羅德（Gerson von Bleichröder）之間關係的開創性研究中所言，歷史學家過去甚少認知到金融因素在十九世紀重要政治家的政策中扮演何種角色。奇怪的是，有這麼多曾經舉足輕重的歷史學家描述過馬克思主義的信念，卻幾乎未曾糾正過這個觀點，大多是直陳己見，而不去解釋統治階級的利益與「金融資本」的利益基本上是相同的（或者附屬其下）。近年來，研究英國帝國主義的歷史學家費了相當多工夫，讓我們更加了解倫敦市與帝國之間的關係，不過彼得・坎恩（Peter J. Cain）與安東尼・霍普金斯（Anthony Gerald Hopkins）提出的「紳士資本主義」模型並不太適合套用在羅斯柴爾德的例子上，而且考慮到羅斯柴爾德家族在十九世紀金融活動中扮演的角色實在太多元，或許不僅是能夠證實規則的例外。羅斯柴爾德家族從第二代以後的成員，或許在倫敦西區或鄉間的舉止像個仕紳，不過進到「會計室」裡，他們就是不折不扣的資本家，遵從著源自法蘭克福猶太巷的經商規矩與準則。

III

前面大略描述了這本書會詳細敘寫的所謂真實的羅斯柴爾德家族史。這段歷史本身非常引人入勝，自從這個家族開始受旁人關注並稱之「非比尋常」起，就有許多奇異的傳說圍繞著這個家族應運而生，因而使這段家族史更加有趣。

羅斯柴爾德神話的起源（就現存的公開紀錄而言）可以回溯至一八一三年，也就是企業創辦人過世後一年。德籍猶太裔學者科恩（S. J. Cohen）撰寫了回憶錄《不朽銀行家邁爾・阿姆謝爾・羅斯柴爾德先生的典範人生》（*The Exemplary Life of the Immortal Banker Mr Meyer Amschel Rothschild*），雖然書名和文筆都滿懷稱頌之意，但這本回憶錄未經授權。儘管如此，書中對羅斯柴爾德家族金融成功的描述大抵可以定調為充滿理解（即使不是官方形象也差不多了），基本上就是寫成了一段行美德終能得到獎賞的道德故事。科恩表示，邁爾・阿姆謝爾不僅是一位虔誠且觀察敏銳的猶太人，他的人生「也完全消除了人們的疑慮，證明了猶太人身為猶太人既能維持虔誠信仰，同時也能成為傑出的人士、良善的公民」。後來還有許多作者寫了對邁爾・阿姆謝爾表達崇敬之意的作品，他們都和科恩一樣幾乎不談他的從商生涯，卻都強烈暗示，他身為一名成功的銀行家是受到神認可的標誌。

大約十三年後，出版了一本更為詳實但同樣帶有說教意味的書來解釋這個家族的成功，這本由德國萊比錫出版商布羅克豪斯（F. A. Brockhaus）出版的《有識階級的德國大眾百科》（*General German Encyclopaedia for the Educated Classes*）是畢德麥爾時期[5]典型的大眾工具書，非常受歡迎，銷售約八萬本。不過這本書雖

4 譯注：原文稱這段時期是「Restoration」，應是指此時當政的梅特涅親王立場保皇，希望維持奧地利帝國的統一，不過他的眾多鎮壓手段也引發抗爭，最終一八四八年爆發的三月革命讓他辭職下台。

5 譯注：畢德麥爾時期（Biedermeier era）是指一八一五至四八年的德意志邦聯諸國時代。

然形式上類似於與法國大革命前啟蒙運動相關的法國百科全書，但內容卻受到保守勢力的監控。事實上，在一八二七年版本的百科中首次出現了「羅斯柴爾德」的條目，作者是弗德里希·馮·根茨（Friedrich von Gentz），他是梅特涅的秘書，內容正面肯定的語氣反映出了羅斯柴爾德對奧地利公共財政與根茨私生活日益增加的影響力。這篇文章不只得到家族的認可，家族也付了錢。出版前，根茨大聲地將內容唸給為維也納家族工作多年的資深職員利奧波德·馮·韋特海姆斯坦（Leopold von Wertheimstein）聽，十天後根茨便收到薩羅蒙·馮·羅斯柴爾德親自贈與的「實際獎賞」。

雖然在布羅克豪斯出版的百科全書四個專欄中，根茨並未多提羅斯柴爾德出身於法蘭克福貧民窟之事，實際上他根本沒提到他們的宗教信仰，卻暗示他們直到最近才成為「所有公司企業中最強大的一個」。他認為這樣的成功根植於邁爾·阿姆謝爾的「辛勤工作與節儉……知識與經過考驗的正直」，而邁爾的五個兒子也同樣備受讚譽，因為「他們的要求總是合情合理……克盡職責時也仔細謹慎……他們的計畫簡單而清楚，付諸行動時的手段也相當高明」。除了他們經營生意的技巧，根茨也花了相當篇幅描述「這五兄弟個個都具備道德品性」，認為「這對他們事業的成功是相當關鍵的因素」：

> 要自成一黨並不困難，只要你的力量夠大便足以號召許多對你有利的人；不過要集結各方的支持並且……贏得不分貴賤眾人的尊敬，需要擁有的不僅僅是物質資源，更要擁有某種精神特質，而這種特質並不常在有錢有勢的人身上看到。在各處行善、從不拒絕幫助有需要的人、總是願意滿足前來求助之人的要求並且不顧自己的階級，而且以最高尚的精神做最為重要的服務：透過這些方式，家族中的這五個兄弟各自都受到真正的歡迎，而且不憑算計，而是發自內心的博愛與仁慈精神。

這樣的描述自然聽來都有些千篇一律，自古以來，收了錢的寫手一直都是用這種華麗詞藻來描寫自己有錢的金主。根茨私底下的說法相對矛盾，他最早對這家人的評論（於一八一八年回應朋友亞當·穆勒〔Adam

Müller〕言論而寫的一篇文章）隱約有批評之意，他同意，他們的確「就像某種獨特的植物物種，具有特殊的特色」，說得更明確一些，他們是「平庸而無知的猶太人，相當得心應手地（即順應直覺）運用自己的手段，全然不曉事物之間還有更為高尚的關係」。另一方面，他們也「天生具備十分了不起的敏銳直覺，讓他們永遠能夠選擇對的道路，若兩條路都是對的，也能選到比較好的」，他們的龐大財富「完全就是這種直覺運作下的結果，大眾則習慣稱之為運氣」。根茨在他過世後才出版的《羅斯柴爾德家族的傳記注釋》中的一段內容裡，以馬基維利的權謀觀點深入解釋了最後一個論點，亦即能力（「美德」）與環境（「運氣」）之間的關係：

有一件事實雖然不算新穎，但一般大眾卻不甚理解。在名人望族的歷史傳記中經常會使用「運氣」一詞，當我們試圖將這個詞從每個案例中的個人或重要因素中完全抽離出來，這個詞也就失去了所有意義。人生中總有些情況或事件，無論是好運或壞運都可能是決定性的因素，雖然命運不見得完全就靠這單一因素。但是，若要一直成功下去或者經常失敗，那麼一定……與個人的美德或者個人的失誤及缺點有關，端看那人是有幸具備前者又或是遭遇後者的詛咒。不過，最出類拔萃的個人特質或許有時候也需要非比尋常的環境以及舉世震驚的事件才能產出成果。開創王朝的王者便是據此才建立了權座，羅斯柴爾德家族也是據此才成就偉大。

布羅克豪斯的百科全書讀者不必讀到這些有點陳腐的哲學思考。根茨的編輯加了一條注腳，反而讓讀者讀到一段在此之前未曾公開的特殊事件，用意正是要闡述根茨真正想表達的美德與運氣的關係：

黑森－卡塞爾的選帝侯在一八〇六年法國攻入時不得不逃離國家，他的大筆私人財富幾乎就要成為拿破崙的囊中物，羅氏以自己的膽魄和機智救回了相當大部分，雖然自己當然也冒了極大風險，但仍是秉持良心小心翼翼地保護著這份財富。

在一八三六年的版本，這個故事又有了更多細節，現在據說選帝侯：

> 囑託羅斯柴爾德負責救回自己的私人財產，其價值高達好幾百萬荷蘭盾。羅斯柴爾德得犧牲自己的所有財產，自己也很有可能小命不保，費盡心力才能保住交付到自己手上的財產。眾所皆知，羅斯柴爾德的一切都被法國人沒收了，所以流亡的選帝侯也以為自己的財產已經不保，事實上他好像根本沒想過應該先問一問。
>
> 不過他卻低估了人格高尚的邁爾．阿姆謝爾：
>
> 當一切塵埃落定，羅斯柴爾德馬上著手以自己挽救下來的財產恢復生意……選帝侯在一八一三年回到自己的國家時，羅斯柴爾德家族不僅立即表示要將自己受託保管的資本總額全數返還，同時還要一併歸還按往常利率從他們拿回財產那刻起計算的利息。選帝侯自然對他們如此誠實及公正的交易非常震驚，於是又將自己所有的資產交給該公司管理了數年，並且拒絕先前那段時間所產生的利息，只從自己回國那刻起以較低的利率計算。選帝侯（向其他人）推薦了羅斯柴爾德家族，尤其是在維也納會議上，這絕對對於拓展他們的人脈關係大有幫助。

於是這便成為「決定性的因素，成就了龐大的……（邁爾．阿姆謝爾的）商業帝國」。這段故事在金融史上被提及的頻率大概是最高的，而羅斯柴爾德家族自己也幫忙宣傳了一番。納坦在一八三四年出席英國自由派議員湯瑪斯．福威爾．巴克斯頓（Thomas Fowell Buxton）的晚宴時，說了一個比較簡單的版本；卡爾．馮．羅斯柴爾德也讀過一八三六年的布羅克豪斯版本，他兒子的家教舒萊默博士（Friedrich Schlemmer）或許也增添了故事的篇幅。這段故事甚至還成為兩幅小型畫作的主題，畫家是家族在一八六一年資助過的莫里茲．丹尼爾．歐本海姆（Moritz Daniel Oppenheim）。

但是根茨並未單純以選帝侯財富的這段道德故事作為羅斯柴爾德家族後來成功的唯一解釋，他也針對羅斯柴爾德的經營之道提出了一些具有啟發性的見解。「能成功完成所有重要交易，」他認為，「不僅僅是仰賴在有利時機做出的選擇與把握機會，更多依靠的是運用有意為之的基本準則。」除了他們「精明的管理以及處於有優勢的環境」，多虧這些「準則」，羅斯柴爾德家族才得以成就他們最大的成功，其中一條準則就要求：

五兄弟必須組成關係緊密的（利益）群體來執行共同的業務……任何提案，無論是從哪裡來的，都必須經過共同討論。即使是無關緊要的經營方式，每次執行都要依據眾人同意的計畫並且共同努力完成，每位兄弟都能平分其成果。

就像在選帝侯財富的故事裡，所謂兄弟和諧無間的概念很可能就是受到五兄弟的啟發。他們在一八一七年提出了家族盾徽的設計圖樣（就在奧地利皇帝授予他們貴族爵位之後），第四象限的圖樣就是一隻手握著五把箭，象徵五兄弟的團結，而ＮＭ羅斯柴爾德集團時至今日仍在信箋紙上使用這個徽章。五兄弟後來選用的座右銘為「和諧、正直、勤奮」（Concordia, integritas, industra），旨在精準描述於布羅克豪斯百科全書中列舉的美德。

根茨首開先河後，還有許多作家寫過關於羅斯柴爾德家族的故事，基本上語氣都相當友善（有時可能太諂媚了）。有些對羅斯柴爾德家族的描述或許更為親暱，其中的佼佼者可能是班傑明．迪斯瑞利的小說內容，他剛好跟這個家族過從甚密（他也跟根茨一樣，對他們的財富不無興趣）。例如，在迪斯瑞利的小說《康寧斯比》（*Coningsby*, 1844）中，席多尼亞（Sidonia）這個角色就和萊昂內爾．德．羅斯柴爾德非常相像（也不完全一樣），內容描述席多尼亞的父親在半島戰爭（Peninsular War）中致富，然後他「決定要移民至英國，憑著自己所有的一切，在短短幾年間便建立起可觀的商業網路。他在一八一四年的巴黎和約後帶著他的龐大資金來到這裡，將一切都壓在滑鐵盧借款上，而此一事件讓他成為歐洲最重要的資本家之一」。戰後他和他的兄弟們把錢借給歐洲各國，讓他「成為全世界貨幣市場的霸主」。年輕的席多尼亞同樣具備銀行家所需的一切技藝：他是一名傑出的數學家，並且「完全精通主要的歐洲語言」。在《坦可里德》（*Tancred*, 1847）中，帶著羅斯柴爾德家族影子的猶太女子艾娃（Eva）問：「誰是巴黎最富有的人？」對此，坦可里德回答：「我想應該是倫敦最富有的人的兄弟。」當然，他們和她是「同種族、同信仰」。誠然，迪斯瑞利筆下依照羅斯柴爾德家族創造的角色通常扮演著傳聲筒的角色，傳達出作者自己對於猶太人在現代世界的處境某種特殊的想法，不過在任何意義上絕對不能將此視為個別羅斯柴爾德的「真實」描寫。話雖如此，在他的原始模特兒身上也能找到足夠的跡證，讓這些小說對歷史學家而言具有實際價值。

其他「正面的」小說敘述就沒那麼可靠了。例如一八五〇年代一部奧地利出版的中篇小說，內容將薩羅蒙・馮・羅斯柴爾德描繪得如維也納聖誕老人般，親切地支持一名木匠的女兒，因為她想要嫁給一名師事富裕父親的天才但貧窮的學徒。之後還有一部作品也屬於同一類型，即王爾德（Oscar Wilde）的短篇故事〈當模特兒的富豪，表達欽慕之意〉（The Model Millionaire, a note of admiration, 1887），描寫一名窮困潦倒的名流仕紳受到慷慨的「豪斯伯格男爵」（Baron Hausberg）幫助，得以娶回他所愛的女子。在這樣的童話故事中，受羅斯柴爾德家族啟發的角色都扮演著大方散財的慈善家，二十世紀某些描寫這個家族的知名作品也帶有這樣的影子，尤其是巴拉（Ignatius Balla）、羅斯（Cecil Roth）、莫頓（Frederic Morton）、考爾斯（Virginia Cowles）與威爾森（Derek A. Wilson）等人的著作，這類作品刻意營造出正面（有時好過頭了）的基調，從書名就能看得出來：《羅斯柴爾德家族羅曼史》（*The Romance of the Rothschilds*）、《偉大無比的羅斯柴爾德家族》（*The Magnificent Rothschilds*）、《家族肖像畫》（*A Family Portrait*）、《財運之家》（*A Family of Fortune*）、《財富與權力的故事》（*A Story of Wealth and Power*）。一九六九年，描述邁爾・阿姆謝爾與他兒子們的音樂劇便是透過歸謬法呈現出這種慣於阿諛奉承的作品手法，這齣劇將家族的早年歷史變成一段感傷的故事，敘述一群善良的猶太男孩在德國南部的地獄廚房（Hell's Kitchen）[6]長大，克服了種種苛待與貶低。簡單來說，就是媚俗之作。

但是這樣正面形象的呈現只占羅斯柴爾德傳說相對較小的部分。確實，要說每位作家都願意將羅斯柴爾德家族在金融業至少一部分成功歸功於品德高尚，這話並不算過分，但仍有兩、三位作家採取了相反的觀點。

起初，在一八二〇及三〇年代要用文字攻擊羅斯柴爾德家族不如後來那般容易，尤其是在德國，因為弗德里希・根茨為他的「朋友」做的其中一件好事便是對《人眾報》（*Allgemeine Zeitung*）這類報紙下達不應批評羅斯柴爾德家族的指示。即使在一八四三年，激進共和派人士弗德里希・史坦曼（Friedrich Steinmann）寫了一本詳細且極言批評的歷史書籍：《羅斯柴爾德家族：歷史與交易》（*The House of Rothschild, Its History and Transactions*），卻仍舊很難找到人願意出版，結果又等了十五年才得以問世。能夠安心放手書寫的內容頂多就像一八二六年德國經濟學家兼記者弗德里希・利斯特（Friedrich List）出版的那種小小挖苦，他簡短地報導了巴黎家族發生的一起竊案，莫名插入一段描述詹姆斯・德・羅斯柴爾德的文字，說「這位至高無上的霸主統御著舊世界所有鑄成或未鑄成錢幣的金銀，就連國王和皇帝在他的錢箱前也得恭敬彎腰，簡直是王中之王」。即使在相對自由的英國，最早對羅斯柴爾德家族的批評也是以諷刺漫畫的形式出現，就像庫魯克襄克（Robert Cruikshank）的《猶太人與醫師》（*The Jew and the Doctor*）；又或是必須躲在國會特權的保護傘下，例如英國議員湯瑪斯・鄧孔（Thomas Duncombe）差不多在一八二八年語帶暗示地說，他們是「一股新興而強大的力量，在這段日子以前於歐洲仍鮮為人知；掌握著無可限量的財富，自詡為和平與戰爭的仲裁者，而各個國家的信用端賴他一個點頭」。

因此，最早一本批評羅斯柴爾德家族的作品在法國以小說形式出版也不足為奇了。在《紐沁根家族》（*The House of Nucingen*, 1837-8）中，巴爾札克描寫一名作風霸道、出身德國的銀行家，藉由一連串偽裝成破產的行為累積財富，迫使他的債權人只得接受貶值後的貨幣作為還款。這位霸道無情又無禮的紐沁根與詹姆

6 譯注：地獄廚房是用來稱呼美國紐約曼哈頓的一個社區，早期是愛爾蘭移民聚居之地，居民普遍貧困而犯罪頻傳，也因為治安問題而得名。近年經過建設與發展，逐漸擺脫貧民窟的色彩。

斯・德・羅斯柴爾德之間的相似之處實在多到不能說是巧合。在《交際花盛衰記》（*Splendours and Sorrows of Courtesans*, 1838-47）中，巴爾札克寫下了知名的結論，不只能套用在紐沁根身上，也同樣暗指詹姆斯：「所有快速累積起來的財富，若非好運或者有所發現的成果，就是合法盜竊而來。」

或許也是從巴爾札克開始，或者至少是他散播出去的，這很快就成為反羅斯柴爾德教派最喜歡的一個故事：在《紐沁根家族》中，他描述紐沁根經商所發的第二大筆橫財是源於他推測滑鐵盧之役結果而押上的巨大賭注。九年後，喬治斯・達恩維爾（Georges Dairnvaell）寫了一本語帶詆毀的小書：《啟發人心又有趣的歷史：猶太人之王羅斯柴爾德一世》（*The Edifying and Curious History of Rothschild I, King of the Jews*, 1846），書中也提到這個故事，聲稱納坦收到拿破崙在滑鐵盧戰敗的第一手消息後，藉此在股票交易上豪賭並賺取大筆利益。這個故事後來的版本中，據說納坦自己親眼見到了戰場的狀況，冒險在暴風雨中渡過英吉利海峽，趕在官方發布威靈頓大勝的消息之前抵達倫敦，因此賺進了兩千萬至一億三千五百萬英鎊不等。其他的版本則描述他賄賂法國將領格魯希（Emmanuel Grouchy）以確保威靈頓獲勝，然後刻意向倫敦回報了錯誤的結果，藉此造成股市出現恐慌性拋售。

當然，現代作家有可能藉由重新講述這段滑鐵盧傳說來說明納坦敏銳的商業直覺，而現今大多數人聽到這段故事確實似乎是這麼想的，後來的美國銀行家柏納・巴魯克（Bernard Baruch）便說過這個故事甚至啟發了他，讓他賺進自己的第一個一百萬。然而，能提前掌握戰爭結果而獲得巨大投機獲利的說法，對許多當時的人來說相當驚人；實際上，這個故事大概可以呈現那種「不道德」又「不健康」的經濟活動，而當時的保守派和激進派人士在思考股市交易時都不喜歡這類行為。格萊斯頓請求讓萊昂內爾・德・羅斯柴爾德封爵時，維多利亞女王拒絕了，並且明確提出質疑：「一個人擁有如此大量的財富皆是透過與外國政府訂立合約、借貸，或者投資在股市交易的大筆資金成功獲利，這樣的人如何能夠堂堂正正獲得英國爵位？」女王似乎認為，這「並非只是小小的賭博，因為其規模龐大，而且跟她樂意表揚的合法交易行為差了十萬八千里……」

當代另一種詮釋滑鐵盧故事的觀點是描述羅斯柴爾德家族的政治中立：意即，假如拿破崙贏了，納坦就會賣掉英國債券而非大量買進。不過有些作家認為納坦的投機投資證明他絕對支持攻打拿破崙的聯軍，尤其是對法國評論家而言，滑鐵盧故事象徵這個家族「非關愛國」的情感（有時德國、有時英國），正如達恩維爾所說：「羅斯柴爾德家族只有從我們的災難中獲利過，法國獲勝時，羅斯柴爾德就輸了。」羅斯柴爾德家族給予拿破崙對手財務支持的作為，同樣可以視為他們在政治上保守主義的象徵，這也能夠從他們在一八一五年以後願意借款給奧地利、普魯士與法國波旁王朝為證。確實，對於激烈反對在維也納會議中恢復波旁王朝政權的人士而言，羅斯柴爾德家族作為「神聖同盟〔Holy Alliance〕的主要盟友」可是惡名昭彰。對德國作家路德維希・柏爾納（Ludwig Börne）而言，他們是「國家最可怕的敵人，他們破壞自由基礎的行徑比任何人都過分，若不是像羅斯柴爾德這樣的人……以他們的資金支持獨裁者，此時的歐洲多數人無疑早已能夠完全獲得自由」。

儘管如此，人們卻很難堅持說羅斯柴爾德在政治上偏向保守派政權，最早在一八二三年，拜倫勛爵（Lord Byron）在詩作《唐璜》（*Don Juan*）的第十二段頌歌中就問了：「誰掌握天下錢財？誰統領國會議事，無論保皇派或自由派？」接著回答：「猶太人羅斯柴爾德，以及和他同路的基督教巴爾林[7]。」值得注意的重點在於，拜倫認為「羅斯柴爾德」能夠影響保皇派及自由派的政權，力量最遠能觸及拉丁美洲的共和國。甚至在一八三〇年的革命浪潮之前，眾人便已經逐漸意識到羅斯柴爾德家族不僅為保王派提供資金，而且在有意無意間獲取令自己足以和王室及皇帝抗衡的權力，或許還可能取而代之。一八三〇年的一連串事件中，法國查理十世（Charles X）遭到推翻，不過詹姆斯・德・羅斯柴爾德卻安然無恙，似乎證實了這個新金融王室的

7 譯注：巴爾林家族（The Barings）同樣是以商業及銀行業發跡的大家族，分處於德國及英國，在英國創立的銀行也是相當重要的商人銀行，不過在一九九五年倒閉後賣給ＩＮＧ集團，並於二〇〇九年於上海成立霸菱投資管理公司。但「霸菱」一詞恐讓讀者聯想到「霸凌」之意，所以在書中提到該家族仍譯為巴爾林，只有提到銀行及公司時才改稱霸菱。

說法。「如果我們趕走所有國王，讓羅斯柴爾德家族坐上王位，對這世界不正是一大福音嗎？」柏爾納在一八三二年語帶諷刺地問道。威廉．梅克彼斯．薩克雷開玩笑地說：「N．M．羅斯柴爾德先生……擺弄著新上位的國王，就像年輕小姑娘玩娃娃一樣。」海涅形容納坦坐下時就像坐在王座上，說話時「就像國王，身邊圍繞著臣子」。海涅描寫過薩羅蒙為孩子們舉辦的一場扮裝舞會，文字中也暗示著相同的論點：

> 孩子們穿著可愛的扮裝，玩起互相借貸的遊戲。他們打扮得像國王般，頭上戴著王冠，不過其中一個年紀較大的孩子打扮得完全就像是老納坦．羅斯柴爾德，他把自己的角色演得非常好，雙手插在長褲口袋裡，玩弄著錢幣發出聲響，若是哪位小國王過來想向他借錢便會大發雷霆。

在另外一篇作品中，海涅又更詳細分析了羅斯柴爾德家族權力中矛盾的本質，他知道這樣的手段從短期來看足以支撐傾向保守的政權，因為「革命大多是因為缺乏金錢而爆發」，而「羅斯柴爾德系統……能避免這類缺乏」；不過，他仍然表示羅斯柴爾德的「系統」本身也可能導致革命：

> 沒有人比羅斯柴爾德自己更努力推動革命……而且，儘管這聽起來可能更加奇怪，這些羅斯柴爾德，他們是國王們的銀行家、高貴的守財奴，他們的生存可能因為歐洲國家體系崩盤而陷入極度的危險，但是他們心中卻總意識到自己革命般的任務。

「我眼中的羅斯柴爾德，他們是建立現代民主最重要的一群革命家。」他繼續說。

> 羅斯柴爾德……藉由將公債系統提升到至高無上的權位而摧毀了土地優勢，因此讓財產和收入得以流通，同時讓金錢擁有先前屬於土地的特權。由此，羅斯柴爾德創造了新的貴族社會，確實如此，不過卻是建構在最為不可靠的元素上，也就是金錢，相較於先前的貴族社會是根植於土地、建構在這個世界上，絕對不會扮

演同樣不斷退步的角色。

羅斯柴爾德家族不僅取代了舊貴族，同時也代表了新興的物質主義信仰。「金錢就是我們這個時代的神，」海涅在一八四一年三月如是說，「而羅斯柴爾德就是先知。」

若要說到羅斯柴爾德家族之於革命的意義，似乎就不得不提他們身為鐵路建設商的角色。當羅斯柴爾德資助興建從法國奧爾良（Orléan）至羅恩（Rouen）的鐵路於一八四三年開通，海涅震懾不已地提筆寫下這波社會「震盪」中帶有無法預見的意涵。然而，此時從他的文字中已經能察覺到一絲不同，對於「統治社會的金錢貴族」權力日漸壯大，以及他們的利益與舊時代土地貴族的利益顯然趨於一致，他產生了新的懷疑。在一八四〇年代期間，越來越多新聞記者開始表現出更為明顯的敵意，這是海涅過去所不敢做的，畢竟他還需要（也希望能保持）羅斯柴爾德家族的資助。尤其當詹姆斯確切掌握了連接巴黎與比利時的鐵路特許營運權，激怒了更多強烈抨擊七月王朝（July Monarchy）[8]的評論者，因此法國新聞記者阿爾豐斯・圖斯內爾（Alphonse Toussenel）寫了《當代之王猶太人：金融封建制度史》（*The Jews, Kings of the Epoch: A History of Financial Feudalism*, 1846），內容主要就是劍指這份特許營運權下的財務條款。

在某個層面上，圖斯內爾有點像社會主義者，他認為法國的鐵路網應該是國有國營，但是他對羅斯柴爾德家族作為資本家的批評不免會連結到他們是猶太人的論點：法國被「賣給了猶太人」，鐵路則是明裡暗裡都受制於「金融之王羅斯柴爾德男爵，一個由篤信基督教的國王封爵的猶太人」。圖斯內爾書中的此一面向啟發了最多的模仿，有位無名作家仿效圖斯內爾寫了《對於羅斯柴爾德及喬治斯達恩維爾的評論》（*Judgement*

8 譯注：七月革命結束了法國的波旁王朝復辟，之後成立了七月王朝，由奧爾良家族路易－菲利普即位，是為路易－菲利普一世，也是七月王朝唯一一任君王。

Passed against Rothschild and Georges Dairnvaell），書中將猶太教與資本主義畫上等號：詹姆斯是「猶太羅斯柴爾德，他是世界之王，因為如今整個世界都屬於猶太人」，羅斯柴爾德這個姓氏「代表了整個種族，它是一個觸手遍布整個歐洲的權力象徵」。與此同時，羅斯柴爾德家族「利用了一切能夠利用的資源」，不過就是「所有資產階級與商業道德的模範」。這種論述與後來發展成馬克思主義的言論之間有明顯的關聯。一八四四年，卡爾．馬克思（Karl Marx）發表了惡名昭彰的文章〈關於猶太人的問題〉（On the Jewish Question），親自明白說出自己對「真正猶太人」的觀點，這裡他指的是資本家，無論其宗教背景為何。在一八四八至四九年的革命揭開序幕之時，即使大多數政權都暫時遭到推翻，羅斯柴爾德家族似乎仍毫髮無損地存活了下來，馬克思認為這件事的教訓很清楚：「每位暴君背後都有個猶太人，就像每位教宗背後都有耶穌會士的支持。」

於是到了一八五〇年代，海涅所謂稱羅斯柴爾德在某種程度上是革命變革盟友的說法已經普遍受到蔑視，取而代之的是對羅斯柴爾德家族的批評，指他們不僅保衛著政治現狀，也是資本主義者的原型，因此是經濟剝削者。一八四〇年代，通常是支持革命的左派作家最熱衷將這種形象與他們的猶太教信仰畫上等號，只是他們從來沒有真正解釋過，**為什麼**猶太人跟非猶太人會對經濟活動抱持著如此不同的態度。（要對羅斯柴爾德經商成功是得利於他們的宗教與種族進行連貫的解釋，就必須回頭去看迪斯瑞利的《康寧斯比》與《坦可里德》，只是內容大多是空想、自圓其說。）

其實是可以進一步區分的。在法蘭西第二帝國（Second Empire）時期，有些人會把羅斯柴爾德家族與其他猶太人分開討論，也就是由羅斯柴爾德家族擬人化經營的保守派私人銀行（haute banque）以及「新」銀行，後者的代表是由奉持聖西門主義[9]的佩雷爾兄弟（the Pereire brothers）創立的動產信貸銀行（Crédit Mobilier）。因此，許多作家都將動產信貸銀行描述成是一股主要的政治挑戰力量，意圖撼動羅斯柴爾德家族對法國公共財政的主導權，也是拿破崙三世努力想要「掙脫」羅斯柴爾德監護的孤注一擲。與大部分針對羅斯柴爾德家族帶有明顯反猶太意思的批評不同，這反而是一個比較像樣的論點：動產信貸銀行有時還是會被描述成是革命性的新類型銀行，將工業化作為發展的策略，相對羅斯柴爾德家族私人銀行的「老舊」、隱約寄生的意味。不過當時的人（其中值得注意的是金融家朱爾・伊薩克・米雷斯〔Jules Isaac Mirès〕）有時會把這樣的型態差異歸因於兩個家族不同的文化背景（佩雷爾家族是來自西班牙的塞法迪猶太人〔Sephardic Jews〕，羅斯柴爾德則是源自德國萊茵蘭的阿什肯納茲猶太人〔Ashkenazi Jews〕）。其他人則是以比較傳統的政治角度來看待這樣的差異：羅斯柴爾德代表的是「金錢貴族」與「金融封建制度」，而他們的對手代表的是「金融民主」以及經濟上的「一七八九年大革命」。據此看來，動產信貸銀行在一八六〇年代的衰落似乎不只是一場金融事件，還預告了第二帝國本身的崩潰。即使從現代史學觀點看來，詹姆斯的知名警語「帝國，此乃衰敗」經常被引用為波拿巴政權的喪鐘，並且重申了私人銀行體系在法國的政治優越性。

但是，一八七〇年共和體制的來臨並未阻斷在法國源源不絕抨擊羅斯柴爾德的文章，只是現在的攻擊來自右派而非左派。對於那些沙龍聚會上勢利眼的保守派以及龔固爾兄弟（the Goncourt brothers）[10]而言，羅斯柴爾德家族似乎像是「遭到社會排斥的世界之王……覬覦著一切也控制著一切」。君主專制披著共和主義的面紗復興，不過卻是一種腐敗而陌生的君主專制，和過去實行的君主帝國制度大相逕庭。一八八二年聯合興業銀行（Union Générale）倒閉，觸發了新一波出版品群起攻伐羅斯柴爾德家族，因為該銀行創辦人咬牙怪罪於「猶太金融」和與之結盟的「政府共濟弟兄」。埃米爾・左拉（Émile Zola）在小說《金錢》（*L'Argent*）中將這件事描寫成是昆德曼（Gundermann）的勝利，這個角色正是以羅斯柴爾德為本，他寫道：「銀行家之王，統領著股票交易所、統領全世界……這個男人知道（所有）祕密，隨心所欲控制股市的漲跌，正如神降下

9 譯注：聖西門主義（Saint-Simonianism）是十九世紀上半在法國發起的一種政治社會運動，其信念是工業進步與科學發現將會對社會造成重大影響，因此應該拋棄傳統觀念，透過革命以建立真正平等的社會。

10 譯注：艾德蒙・德・龔固爾（Edmond de Goncourt）與朱爾・德・龔固爾（Jules de Goncourt）兩兄弟是法國自然主義派作家，不僅共同寫作，生活上也密不可分，兩人留下的《龔固爾日記》（*Journals des Goncourt*）是研究十九世紀後半法國社會的重要史料。

閃電……黃金之王。」不過左拉至少明白，反猶太人的天主教徒曾明確意圖要打倒昆德曼，要像埃杜華．德呂蒙（Édouard Drumont）這樣思想扭曲的人才會在他的作品《猶太人的法國》（*Jewish France*, 1886）中寫道，聯合興業銀行本來就是猶太人創立的，目的是要搶走天主教徒的儲蓄。杜魯蒙結論道，「神一般的羅斯柴爾德」是法國真正的「主人」。這類誹謗之語還有另一個來源，便是奧古斯特．席哈克（Auguste Chirac），他在《共和國之王》（*Kings of the Republic*, 1883）與《一八七〇至一八八四年的投機買賣》（*The Speculation of 1870 to 1884*, 1887）兩本書中譴責共和國臣服於「名為羅斯柴爾德的王，身邊還跟著一個叫做**猶太金融的交際花或者女僕**」。

這類抨擊羅斯柴爾德家族掌握的社會及政治權力的激烈言論可能在法國最多，不過在其他地方也能聽到。例如在德國，許多書籍中都有攻擊羅斯柴爾德家族的言論，包括「日耳曼尼庫斯」（Germanicus）於一八八〇年出版的《法蘭克福的猶太人以及人民福祉的掠奪》（*The Frankfurt Jews and the Mulcting of the People's Well-being*）、馬克斯．鮑爾（Max Bauer）表達激烈種族主義的小冊書《俾斯麥與羅斯柴爾德》（*Bismarck and Rothschild*, 1891），以及弗德里希．馮．薛伯（Friedrich von Scherb）在一八九三年出版的《羅斯柴爾德家族史》（*History of the House of Rothschild*）。這些作品的用字聽起來像是在反猶太「人民」以及「基督教社會」團體中會使用的詞彙，這些團體在德國及奧地利部分地區的選舉中能成功取得相當席位，另外社會民主主義者有時也會這麼說話。事實上，認為羅斯柴爾德家族手握大權的想法實在太過普遍，就連學術地位崇高（不過之後就蒙了塵）的德國經濟學家維爾納．桑巴特（Werner Sombat）也在著作《猶太人與經濟生活》（*The Jews and Economic Life*, 1911）中斷言：「現代股市交易就是羅斯柴爾德的天下（因此屬於猶太人）。」

在英國也能找到例子。就像在歐陸一樣，這裡的「反羅斯柴爾德主義」可能來自左派或右派，英國博物學家約翰．里夫斯（John Reeves）的著作《羅斯柴爾德家族：萬國金融領袖》（*The Rothschilds: The Financial Rulers of Nations*, 1887）就是一個絕佳例子，書中提出了一個典型結論：「羅斯柴爾德家族不屬於任何國家，他們四海為家……他們不屬於任何黨派，無論是朋友或敵人，只要為了賺錢都能出賣。」

里夫斯認為羅斯柴爾德無論在國際間或者在國內都能發揮影響力，這個論點並不新奇。早在一八三〇年代，一本美國雜誌就曾讚嘆：「內閣無論做什麼都要聽取他們的建議，他們伸長了手，去到哪裡都輕鬆自在，從聖彼得堡到維也納、從維也納到巴黎、從巴黎到倫敦，再從倫敦到華盛頓。」根據英國日記作家湯瑪斯·雷克斯（Thomas Raikes）的說法，他們是「金屬鑄造出來的歐洲君主」。法國記者亞歷山卓·維爾（Alexandre Weill）的文章〈羅斯柴爾德與歐洲金融〉（Rothschild and the Finances of Europe, 1841）更進一步闡述（由里夫斯翻譯成英文）：

> 歐洲只有一個強權，那就是羅斯柴爾德，其衛星國就是十幾個其他銀行組織，他的士兵與護衛都是商界與交易行業中受人敬重的仕紳，而投機性投資就是他的寶劍。羅斯柴爾德是必然會出現的結果，就算不是羅斯柴爾德，也會有其他人占據同樣的位置。但是他作為這個結果卻絕非偶然，而是主要的結果，是從一八一五年起就引導著歐洲各國的準則讓這個家族得以崛起，羅斯柴爾德需要這些國家才能成為羅斯柴爾德，而這些國家本身也需要羅斯柴爾德。不過，如今他不再需要國家了，而國家卻還對他有所求。

一位匿名的德國卡通漫畫家於一八四五年提出了相同論點（只是更生動一些），他畫了一個滑稽古怪的猶太人（顯然是綜合了羅斯柴爾德的特徵）並取名為「大幫浦」（Die Generalpumpe），巨獸般的幫浦引擎不斷把錢輸送到世界各地，伸出長長的觸角控制著各國君王與首相，最遠達到西班牙和埃及。類似的形象也出現在一八五〇年威廉·馬爾（Wilhelm Marr）的《梅菲斯托費勒斯》（*Mephistopheles*），描繪出被歐洲君王圍繞的「羅斯柴爾德」，所有人都伸出手向他要錢。一八七〇年，萊昂內爾在《時期》（*Period*）中也被描述成同樣的形象。二十四年後，美國民粹份子「硬幣」哈維（William Hope "Coin" Harvey）把「羅斯柴爾德」想像成一隻龐大的黑色章魚，伸長了觸手遍及全世界。法國卡通漫畫家雷昂德（Charles Lucien Léandre）同樣把阿爾豐斯・德・羅斯柴爾德（Alphonse de Rothschild）畫成身形龐大的吸血鬼，張開爪子緊抓著全世界。

然而，最關鍵的問題在於羅斯柴爾德家族如何**利用**這份無處不在的金融權力？權力本身是否只是一個目標，是他們病態追求利益與佣金的結果？當時最常用來回答這個問題的答案是，或許如此能讓羅斯柴爾德家族得以避免戰爭。早在一八二八年，普魯士的普克勒－穆斯考親王（Hermann, Fürst von Pückler-Muskau）便稱「羅斯柴爾德……若是沒有他們，今日在歐洲似乎沒有哪個國家有開戰的能耐」。三年後，柏爾納確切表示，因為羅斯柴爾德兜售奧地利公債，讓梅特涅親王未能介入查證在義大利及比利時散播開來的革命浪潮，同時他強烈暗示，羅斯柴爾德家族迫切希望讓法國對奧地利能採取比較溫和的政策。政治圈的人士也提過類似的看法，例如奧地利外交官普洛凱許・馮・歐斯登伯爵（Graf Prokesch von Osten）在一八三〇年十二月曾說：「這完全只是手段、方法還有羅斯柴爾德怎麼說的問題，而他不會為了戰爭掏出一塊錢。」在一八六三年波蘭起義的危機之後，迪斯瑞利稱「世界保住了和平，但不是政治家的功勞，而是資本家」。就連圖斯內爾這樣抱持敵意的作家也站在同一立場：「猶太人**大筆投資在和平上**，而和平正在看漲，這可以解釋為什麼歐洲和平已經維持了十五年。」後來許多作家都一再回應、認同這個論點，席哈克聲稱自己引述某位羅斯柴爾德成員的話說：「不會有戰爭，因為羅斯柴爾德家族不希望發生。」根據莫頓所言，邁爾・阿姆謝爾的五個兒子是「有史以來最激進的和平主義者」，很少有作家忽略下列這則軼事，即邁爾的妻子古蒂勒・羅斯柴爾德（Gutle Rothschild）曾宣稱：「不會開戰的，因為我兒子不會給金援。」

對現代讀者而言，不必多做解釋也知道避免戰爭是件好事，只是我們或許會懷疑銀行家是否有能力實現這個目標。然而，在克里米亞戰爭（Crimean War）爆發至普法戰爭（Franco-Prussian War）結束的這段軍事衝突時期中，經常有人質疑羅斯柴爾德維護和平的動機。在（眾人相信羅斯柴爾德家族亟欲避免）義大利統一的戰事期間，英國的沙夫茨伯里伯爵（Earl of Shaftesbury）發現事態「怪異、可怕且可恥」，「這個國家的命運竟然被一個異教徒猶太人玩弄於股掌間！」羅斯柴爾德家族在紐約的代理人奧古斯特・貝爾蒙（August

Belmont）於美國南北戰爭期間飽受北方的攻擊，因為他傾向與南方議和，並且在一八六四年支持喬治・麥克萊倫將軍（George McClellan）成為民主黨的總統候選人。普魯士政府也有差不多的反應，對於羅斯柴爾德家族在「統一戰爭」期間努力避免軍事衝突相當惱火，畢竟俾斯麥非常積極一戰。十九世紀結束前後，眾多強權之間的外交及政治往來中都能發現這類對於羅斯柴爾德「和平主義」的批評。最後再舉一個顯露敵意的例子，《泰晤士報》的外地採訪編輯（後來成為編輯）亨利・威克漢姆・史迪德（Henry Wickham Steed）曾寫過報導，描述納弟在一九一四年七月努力避免德國及英國開戰：「一個下流的德裔猶太人透過國際金融手段，試圖威逼我們支持中立。」

不過其他評論者（左派及右派都有）經常抱持著相反的論點：羅斯柴爾德家族積極煽動戰事。一八九一年，英國報紙《勞工領袖》（*Labour Leader*）便譴責羅斯柴爾德家族，說他們是

> 一群吸血鬼，在過去這個世紀引起了歐洲數不盡的惡行與苦痛，並且累積了驚人的財富，主要就是透過煽動各國之間原本根本不必要的戰爭。只要歐洲有了麻煩、只要流傳起即將開戰的謠言，人們因為害怕變化與災難而苦惱不已，大概就能肯定某個掛著鷹勾鼻的羅斯柴爾德傢伙正待在這處紛擾之地附近，玩著他的遊戲。

英國的左傾自由派經濟學家約翰・霍布森（J. A. Hobson）所寫的《帝國主義》（*Imperialism: A Study*, 1902）是經典之作，他在書中也微妙地提及此事，霍布森和當時許多激進作家一樣，認為波爾戰爭（Boer War）源於「一小群國際金融家，主要是來自德國的猶太種族」。在他看來，羅斯柴爾德家族是這群人的核心，他在《帝國主義》中便問道：「真的有人會以為哪個歐洲國家或者認購了貸款的大國，能夠在羅斯柴爾德家族及其黨羽明白反對的情況下，還發起大規模戰爭嗎？」薛伯也從德國民族主義者的角度，在著作《羅斯柴爾德家族史》中表達了類似觀點：「羅斯柴爾德家族自各國的紛爭中崛起，戰爭壯大、成就了這個家族，而各國與人民的不幸卻是他們的財富。」

戰爭或和平？然而，還有另一種可能性：羅斯柴爾德家族將自己的金融權力視為促進猶太人同胞利益的一種手段。對歐洲各地較貧窮的猶太人來說，納坦．羅斯柴爾德躍升為富人的非凡成就有一種近乎神祕的重要意義，因此在猶太人民間故事中便傳說他擁有「希伯來法寶」，能夠為他帶來神奇的好運。在納坦．羅斯柴爾德過世僅四年後，倫敦便有位匿名的作家寫下這個故事並出版。這段超乎尋常的故事想像納坦在金融業的成功是因為握有神奇的法寶，而他賺取的財富其實還有更崇高的目的：「為以色列所受的委屈平反。」他要確保自己能夠「重新建立猶大（Judah）的王國，重新建造起汝之塔樓，喔！耶路撒冷！」並且「讓猶地亞（Judea）回歸到我們古老的種族手中」。

認為羅斯柴爾德家族意圖為猶太人收復聖地的說法經常以更為嚴肅的方式進行討論。早在一八三〇年，一本美國期刊便暗示，「蘇丹對金錢的煩惱」可能會讓他把耶路撒冷賣給羅斯柴爾德家族。法國社會主義者傅立葉（Charles Fourier）於一八三六年的著作《錯誤的產業》（*The False Industry*）中也提出相同的可能性。迪斯瑞利則是在一八五一年提及，在羅斯柴爾德提供的金錢協助下，猶太人會「回到……他們自己的土地」。在俄羅斯允許猶太人永久居住的隔離屯墾區（Pale of Settlement）中也流傳著各種故事，例如〈羅斯柴爾德城堡裡的沙皇〉（The Czar in Rothschild's Castle）中就提到相同的概念。

其他的可能性（這篇故事也有提到）則是說，羅斯柴爾德家族可能利用自己的金融影響力逼迫沙皇停止迫害在俄羅斯的猶太人。這點說明了東歐猶太人在整個十九世紀必須反覆考慮的選擇：應該遷移到某個遙遠的應許之地，還是留下來尋求法律前的平等？十九世紀早期，西歐猶太人也面臨了相同的兩難抉擇。值得注意的是，《希伯來法寶》（*Hebrew Talisman*）的作者在這篇短篇故事的最後，指控納坦貪圖融入英國社會後的舒服日子，未能為自己神聖的任務全力以赴，事實上他聲稱納坦的死是因為他決定在英國追求政治上的自由權利以及爭取自己的爵位，而不是持續為了拿回耶路撒冷而努力。

羅斯柴爾德家族面臨的核心難題就在這裡：因為他們的財富，其他猶太人期待他們領導眾人追求平等的公民及政治權利。正如我們之後會討論到的，這種領導能力自相當早期便逐漸成形，從邁爾・阿姆謝爾於拿破崙時代努力為法蘭克福的猶太人爭取公民權利開始，一直持續到他的孫子萊昂內爾於一八四〇及五〇年代參與英國議會選舉，希望確保猶太人能夠進入下議院。這樣的策略相當符合羅斯柴爾德家族的路線，讓他們不必背棄猶太教信仰，便得以追求家族成為社會及政治菁英所需要的滲透，同時能夠為與自己「同教信仰者」行善事，還能獲得在其他猶太人眼中近似王室的地位。但是，羅斯柴爾德家族越是致力於尋求國際間政治平等的目標，諸如以猶太人社群的身分介入敘利亞、羅馬尼亞及俄羅斯等地的事務，同時介入自己所居住國家的事務，這些作為也越是激起了反猶太的論點，認為猶太人四海為家，對國家沒有真正的認同。於此同時，其他猶太人對於融入社會感到無望，於是開始要求以某種方式回到聖地，致使羅斯柴爾德家族的處境更加尷尬，因為他們並不想放棄自己富麗堂皇的城鎮及鄉間別墅，回到荒蕪的巴勒斯坦。而這正是他們反猶太的敵人想要的結果。在一八四〇與九〇年代的諸多抨擊漫畫中，都畫出了羅斯柴爾德家族加入一群猶太人離開德國前往聖地，雖然攜帶頂級的旅行行頭，但終究還是要離開。蘇格蘭評論家湯瑪斯・卡萊爾（Thomas Carlyle）在評論萊昂內爾競選爭取進入下議院時便問：「一個真正的猶太人，一切思想、行動和心力都是為了自己可憐的巴勒斯坦，又怎麼可能試圖想要成為哪個國家的參議員，甚至是公民呢？」

這大概就是西奧多・赫茨爾（Theodor Herzl）等早期猶太復國主義者的論點（只是用字遣詞不同），他們逐漸相信唯一「能夠解決猶太人問題的方法」就是讓猶太人離開歐洲，找到屬於自己的**猶太國度**（Judenstaat）。赫茨爾進行了一連串的嘗試，試圖贏得羅斯柴爾德家族的支持，因為他相信他們將會「清算」龐大的資產來回應反猶太的攻擊。他寫了一份六十六頁致「羅斯柴爾德家族議會」的書信，不過一直沒有寄出，因為他從最初遭到的回絕中得出結論，認為他們是「一群粗俗、傲慢又自私自利的傢伙」。他後來稱羅斯柴爾德家族是「猶太人民族的不幸」，甚至威脅道，若是他們反對自己的行動，就要予以「肅清」，或是「發起兇猛的宣傳活動」來對付他們。

如果一個猶太復國主義者在一八九〇年代就使用了這樣的語言，那麼在第一次世界大戰後，中歐戰敗國中興起的激進反猶太份子同樣用詞嚴厲，或許也不讓人意外，只是背後的原因相當不同。確實，早期國家社會主義者（即納粹前身）或攻擊羅斯柴爾德家族的民族宣傳（völkisch Propaganda）中最有趣的特色就是，他們非常缺乏原創性，德國納粹詩人迪特里希·埃卡特（Dietrich Eckart）在一九一九年的講稿〈致所有勞動的人們〉（To All Working People）就是很好的例子：

> 羅斯柴爾德家族擁有四十億！……（他們）只需要管理自己的財富，確認安置得宜，根本不需要工作，至少不是我們所了解的工作方式。不過是誰供養他們和他們這類人，讓他們能夠擁有如此巨量的金錢？……是誰？是你們，沒有別人，就是你們！沒錯，是你們的錢，勞心勞力辛苦賺來的，結果卻像是被磁鐵吸走一般落入了這些貪得無厭之人的金庫裡。

這番話與一八四〇年代以來法國及德國等地激進份子所說的沒什麼兩樣。早期還有一位國家社會主義者以羅斯柴爾德作為他發誓要「解決」的「猶太人問題」的例子，那個人就是希特勒（Adolf Hitler）。例如，他於一九二一年五月在納粹報紙《人民觀察家報》（*Völkische Beobachter*）上發表了一篇文章，稱有一群猶太「資本家」控制了社會主義媒體，並點名羅斯柴爾德家族為其中之一。一九二二年，他至少在兩場演講中提到：「有一種人的成就像是艾弗瑞·克魯伯（Alfred Krupp），身為發明家努力不懈地工作才得以積累出巨大的全國性成就；還有一種人的貪婪像是羅斯柴爾德，藉由戰爭和革命獲利，以貸款讓人們成為利息的奴隸，這兩種人明顯是完全不一樣的。」納粹黨成員阿爾弗雷德·羅森堡（Alfred Rosenberg）在他的著作《二十世紀的神話》（*The Myth of the Twentieth Century*）中也有類似的論點。

希特勒在演講中使用過去式並非偶然，因為到了一九二〇年代，法蘭克福已經沒有羅斯柴爾德家族經營的銀行了，就連僅存在倫敦、巴黎和維也納的三個羅斯柴爾德家族分支也不再扮演德國經濟中的重要角色。不過這並未阻止納粹掌權之後仍不斷將羅斯柴爾德家族作為反猶太政治宣傳中的主角，將古老的神話回收再利用還加油添醋，以誇大希特勒最厭惡的各種種族特質。例如，在艾博哈・穆勒（Eberhard Müller）的劇作《羅斯柴爾德在滑鐵盧的勝利》（*Rothschild Wins at Waterloo*, 1936）中，演出納坦站在戰場上莊嚴鄭重地唸出以下台詞，如「無處不是我的錢財，我的錢財很友善，這是世界上最友善的力量，又胖又圓像顆子彈，還帶著微笑」、「我的祖國就是倫敦股市交易所」以及「英國的財富盡在我手中」。一九三八年五月，尤利烏斯・史特萊徹（Julius Streicher）沿用類似的主題策劃了一場反猶太展覽，所有展品寄到維也納之後，有一整個房間完全用於擺放羅斯柴爾德家族的展品。後來同樣的展覽搬到了法蘭克福，展示品中包括偽造的邁爾・阿姆謝爾「書信複本」，信件是寫給「一位英國銀行家」，看來是在解釋「他如何計劃將自己的五個兒子送到歐洲各地，目的是要統管所有非猶太人的商業及金融」。

納粹反羅斯柴爾德的宣傳高潮是埃里希・瓦施奈克（Erich Waschnek）的電影《羅斯柴爾德家族》（*Die Rothschilds*），一九四〇年七月首度播映，一年後經過進一步剪輯重新發行，加上了副標題〈滑鐵盧分紅〉（Aktien auf Waterloo）。當時有三部電影是為了讓德國民眾做好接受對猶太人採取更嚴厲手段的心理準備，另外兩部電影是《猶太人蘇斯》（*Jud-Süss*）以及惡名昭彰的「紀錄片」《永恆的猶太人》（*Der ewige Jude*）。然而，滑鐵盧戰役的傳說確實也為納粹的政治宣傳部帶來麻煩，畢竟當時的時局不明，不確定對英國的描述該採取何種「語言」才對，雖然有些英國人物（威靈頓公爵與「財政部長」何瑞斯）被描述為腐敗且道德淪喪，但其他人（尤其是銀行家「透納」及他的愛爾蘭妻子）被同情地描繪為羅斯柴爾德權謀下的犧牲品。關於羅斯柴爾德成員的刻畫則完全沒有模糊空間，正如同盟國在戰後所擬的情節大綱所示：

> 一八〇六年，逃離拿破崙入侵的黑森「方伯」（Landgraf）[11]不得不將自己的六百萬英鎊財產交付給某人妥善保管，他把錢存入猶太人銀行家，也就是在法蘭克福的邁爾・阿姆謝爾・羅斯柴爾德手裡，而這筆資金被

濫用成為羅斯柴爾德的權力基礎。阿姆謝爾．羅斯柴爾德將錢寄給兒子納坦，納坦並不受生意對手敬重，不過卻用自己的機敏以無情的手段贏過所有人。他在巴黎的弟弟的幫助下，把錢送到在西班牙的威靈頓手上，因為納坦是第一個收到消息，知道拿破崙已經逃離了厄爾巴島（Elba），也是唯一將一切財產都賭在奧爾良的路易（原文錯誤照引）復位上的人。他在社會上就是個笑話，除了他的猶太夥計和英國財政部，沒人把他當一回事。威靈頓「公爵」又被派去攻打拿破崙的時候，實在沒什麼時間備戰，因為他正在花叢裡忙著呢！不過他還是有時間（就像巴黎的富歇〔Joseph Fouché〕一樣）和羅斯柴爾德商談，羅斯柴爾德暗示說，只要自己能夠得到戰爭結果的第一手消息，就會給威靈頓送上重金酬謝。羅斯柴爾德一聽說拿破崙戰敗，便散布消息說英國輸了，隨即造成恐慌，眾人紛紛賣出公債，羅斯柴爾德便將之買下。窮人因此損失錢財，少數值得敬重的英國富人（其中一位在電影中的形象非常高尚，因為他娶了一位愛爾蘭妻子！）也失去了自己的所有。大衛之星就此籠罩英國，籠罩著納粹德國所攻打的世界一方。

這裡包含了所有納粹反猶太主義的主題。猶太人不會忠於自己所居住的國家，只會想著從其他人的苦難中獲利：「只有流大量的血，你才能賺進大量的錢！」邁爾．阿姆謝爾（埃里希．龐托〔Erich Ponto〕飾演）這樣告訴納坦（卡爾．庫爾曼〔Karl Kuhlmann〕飾演）。在他們的指導下，「國際猶太人組織」（International Jewry）進行了「鉅額投機交易」，而此時「士兵在戰場上流血至死」。猶太人的外表相當不同且令人厭惡：邁爾．阿姆謝爾穿著寬鬆的長袍、留著長鬈髮，而他油嘴滑舌的兒子對自己亞利安種族的對手妻子懷著可笑的欲望，這完全是典型的戈培爾（Joseph Goebbels）手法。雖然政治宣傳部長對這部電影顯然不甚滿意，不過似乎還算受歡迎：電影在柏林及周邊地區首次上映時，祕密警察回報了人民的興奮之情，同時影片在法國占領區播映時也有許多觀眾。一九四五年一月，一名英國戰俘翻閱德國報紙後，發現頭版刊登著這個故事的改寫版，他感到十分有趣，於是將其翻譯並在戰爭結束後帶回國。

瓦施奈克的電影其實有一個美國前導和範本，即達諾爾·柴納克（Darryl Zanuck）於一九三四年執導的《羅斯柴爾德家族》（*The House of Rothschild*），由喬治·亞利斯（George Arliss）一人分飾邁爾·阿姆謝爾及納坦兩角，將三者相比相當有啟發性。較早的電影版本對羅斯柴爾德家族的描繪比較有同情心：他們從貧困的環境中發跡致富就是一種「美國夢」（電影中還包括了一段美好的羅曼史，描述羅斯柴爾德的女兒和一名帥氣的英國軍官相戀，滑鐵盧勝利的消息正是由這位軍官帶回），當然他們也要面對重重阻礙，包括邪惡的普魯士首相雷德蘭茨男爵（Baron Ledrantz，由波利斯·卡洛夫〔Boris Karloff〕飾演）以及在法蘭克福製造動亂的暴民，同時片中也隱約展現出德國的當代發展。然而，即使是美國版本的羅斯柴爾德故事大多依然是根據傳說，其中大部分都能以比較不帶憐憫的觀點解說。邁爾·阿姆謝爾或許是個雙眼發亮的可愛老先生，也是孩子們崇拜的偶像，但是他仍心懷統領全世界的計畫。事實上，兩部電影在某些地方有不少如鏡像般的畫面。在瓦施奈克的版本中，納坦畫了一幅點出羅斯柴爾德勢力中心的歐洲地圖，以及一張族譜，將其分支連結起來之後就會形成一個大衛之星。接著這顆熊熊燃燒的星星被疊放在一幅英國地圖上，伴隨一行字出現：「在這部影片完成之際，羅斯柴爾德家族最後的成員正以難民的身分離開歐洲，逃往英國盟友的懷抱。對抗英國金權政治的鬥爭仍要繼續下去！」柴納克的電影中使用了類似的畫面：邁爾·阿姆謝爾臨死前躺在床上，告訴自己五個兒子要前往不同的歐洲城市，然後在地圖上標示出這些地點，同樣在畫面上疊加了大衛之星，不過在電影結束前的一連串畫面中，強調了納粹的反猶太政策能夠比擬為一八一八年攻擊法蘭克福猶太人的「嘿喝」暴動（Hep-Hep riots）。因此，這兩部電影在本質上講的是同一個故事，卻有著完全相反的道德教訓。

電影作品對羅斯柴爾德家族早期歷史的描寫立場有好也有壞，這種雙重特性代表眾人普遍對這個家族有一種模稜兩可的認知。因為在某種意義上，可以將羅斯柴爾德的各種傳說想成單一神話，這樣的神話包括家財

11 譯注：方伯也是諸侯的稱呼，比較準確的稱謂應是前面提過的選帝侯。

萬貫、社會地位迅速上升、無限的政治及外交權力，以及某個與家族宗教信仰有關的神祕最終目標。通常提起這個神話時總帶著貶抑：他們賺的是不義之財、未能順利擠進社會上流、透過腐敗手段才取得權力，而且懷抱著邪惡的目標。但它同樣可以用好萊塢的方式陳述，當成一個超乎預期的經濟成就故事，包括社交的成功、合法的權力及合乎道德的目標。而納粹為了政治宣傳而濫用的其他觀點自然已經成為禁忌話題，在某些國家中甚至是非法的。不過，羅斯柴爾德傳說的這種矛盾特性似乎使這些故事一再被不斷重製、修改，這點在法國可能最為明顯。一九五一年，諷刺雜誌《壕溝砂漿》（*Le Crapouillot*）發行了特刊，其中一部分的內容無疑抱持著反猶太主義，重製了十九世紀激進右翼文學的故事（與漫畫），不過雜誌中提到的其他「大人物」都非猶太裔，而且文字的語調整體看來也相對溫和。如寇斯頓（Henry Coston）與佩雷菲特（Alain Peyrefitte）等作家的作品呈現的那樣，在法蘭西第四共和國的氛圍下，幾乎或多或少能重複陳述關於「統治法國的兩百大家族」的古老傳說，只需要稍微調整語氣。德羅斯柴爾德兄弟公司的前董事喬治・龐畢度（Georges Pompidou）於一九六二年四月成為法國總理（後來於一九六九年成為總統），專門諷刺政治的《鴨鳴報》（*Le Canard enchaîné*）不意外地發表了簡單評論：「ＲＦ＝法蘭西共和國（République française）＝羅斯柴爾德兄弟（Rothschild frères）。」不過，在英國媒體上也能看到隱約提及羅斯柴爾德傳說的類似文章。一九八○年代，因為幾名保守黨政治人物曾經在從政前後任職於ＮＭ羅斯柴爾德集團，而這間公司當時正經手幾件重要的國營企業私有化業務，所以引起了一些不懷好意的推論。事實上，工黨的影子內閣財政大臣羅伊・哈特斯利（Roy Hattersley）甚至在羅斯柴爾德第一次進行私有化之後指控：「對托利黨（保守黨俗稱）的貢獻有多少，跟政府做生意賺進的錢就有多少。」而他後來被迫撤回這項指控。

羅斯柴爾德的傳說發展越來越瘋狂，而且熱度有增無減，最明顯的跡象就在大衛・艾克（David Icke）的文章中。艾克過去是環保人士，後來成為「新世紀」靈性信仰的傳教者，據艾克所說，羅斯柴爾德家族是「全球菁英組織或兄弟會」（Global Elite or Brotherhood）的成員，這個組織也稱為「全知之眼邪教」（All-

Seeing Eye Cult）以及「獄吏會」（Prison Warders），他們祕密統治著全世界。自邁爾．阿姆謝爾的時代起，他們便「操控著各國政府並透過兄弟會網絡以引起戰爭及革命」，他們是隱身幕後的力量，「控制」著如沃伯格（Warburgs）、施羅德（Schroders）與拉札德（Lazards）等知名銀行，同時也在「背後」支持著幾家美國金融業者，諸如JP摩根公司（J. P. Morgan）、洛克斐勒家族（the Rockefellers）、庫恩雷波公司（Kuhn, Loeb & Co.，「顯然是羅斯柴爾德的前鋒」）、斯派爾家族（the Speyers）以及雷曼家族（the Lehmans），更別提英格蘭銀行以及美國聯邦準備系統（Federal Reserve system，通稱聯準會）。透過這樣的全球權力網絡，他們成為許多事件的背後推手，包括林肯總統遇刺、波爾戰爭、以色列建國（這記高招是為了控制中東地區的石油）、俄國革命（「藉由全球青英組織給予美國的金融協助在俄羅斯煽動政變，而該組織主要就是由羅斯柴爾德家族掌控」）、金援希特勒，甚至還有尼克森總統時代的浮動匯率制。艾克指控，今日他們及其保守黨與媒體界的同夥正密謀要壟斷全世界的能源供應，因此他們才會對電力、煤礦及天然氣私有化有興趣。

稍微在網路上搜尋一下就能發現大量同樣離奇的陰謀論。唐．艾倫（Don Allen）的〈企業及銀行影響研究〉（Study of Corporate and Banking Influence）旨在顯示羅斯柴爾德家族、英格蘭銀行以及聯準會之間的「線性關聯」；詹姆斯．多赫提（James Daugherty）的〈非阿爾伯恩每週研究〉（A-Albionic Research Weekly）據稱確認了「『世界貨幣合作社』或者『（倫敦）城市帝國』的存在，由『傳說中』英格蘭銀行的商人銀行業者為『王室』經營，這些業者包括沃伯格家族、羅斯柴爾德家族以及巴爾林家族」。艾克聲稱在羅斯柴爾德家族支持猶太復國主義背後有一套經濟運作原理，認為其中的「單一目的」應該就是「要確保能永久並完全擁有遠東地區龐大的自然資源」；立場較極端的「美國聖經」（Scriptures for America）教派對此則提出了更複雜的版本。類似的表述還包括謝爾曼．史柯尼克（Sherman H. Skolnick）在〈陰謀國度〉（Conspiracy Nation）一文中重述了羅斯柴爾德家族「安排了林肯總統遇刺案」的論點，原因是林肯總統「戰後的政策會阻撓他們進行商品投機買賣」，史柯尼克也再次指控「羅斯柴爾德家族……金援了希特勒的崛起，藉此築起阻擋蘇聯的堡壘」，同時還「解釋」了一番，指出「羅斯柴爾德家族與天主教廷有錯綜複雜的關係，與傳統黑手黨及美國中情局聯手合作，又跟支持納粹的梵蒂岡銀行（Vatican Bank）有勾結」。

如此超現實的詆毀之詞不僅限於在網路上傳播。電視佈道家兼共和黨政治人物帕特·羅伯森（Pat Robertson）著有《新世界秩序》（*The New World Order*, 1991）一書，他在書中就提出羅斯柴爾德家族「受到污染……受害於光明共濟會的神祕學」，而且「保羅·沃伯格（Paul Warburg）一手打造了聯邦準備系統，他就是羅斯柴爾德的代理人」。哈立德·阿卜杜勒·穆罕默德（Khalid Abdul Muhammad）則來自完全不同的政治環境，他曾經是非裔美國人激進組織伊斯蘭國度（Nation of Islam）領袖路易斯·法拉堪（Louis Farrakhan）的助理，也同樣認為「羅斯柴爾德家族……金援希特勒」並且「協助了」他的反猶太政策，同時（當然還有）「掌控了」英格蘭銀行以及聯邦準備系統。或許會有人認為，一本正經的銀行業歷史應該盡力避免提到這類胡說八道，不過如果只是天真地假裝這類傳說並不存在，便不會知道我們在這個主題上有多麼需要經過學者考究的歷史著作。

IV

因此，撰寫本書的一部分目的便是以歷史事實取代羅斯柴爾德神話，至少是從現存文獻證據能夠「重新建構」起來的事實。或許會有人好奇，為什麼過去沒有人進行這件事？為什麼在所有聲稱羅斯柴爾德家族歷史的書籍中，只有極少數依據嚴謹的文獻檔案研究而成？一部分當然是因為，富有且成功的家族對受雇寫手來說一直都很有吸引力，這些寫手總是能夠靠著重新改編已經出版過的傳說軼事來賺取微薄稿酬。另一個原因是，過去實在很不容易獲得相關文獻資料，一直到最近才有所改變。令人惋惜的是，法蘭克福家族的龐大檔案庫中原本也包含了所有先前收藏在那不勒斯家族的文件，但是大多數於一九一二年遭到摧毀，只有極少數早期送到巴黎的文件還留著。❹維也納家族檔案的一部分於一九三八年被納粹沒收，並且在二戰結束之際交給蘇聯，其中包括在德國占領時期被沒收、原本屬於法國家族成員的多份文件，這份資料在冷戰期間埋藏在蘇聯國安會（KGB）的莫斯科「戰利品」檔案庫中，直到一九九〇年才移到歷史紀錄收藏保存中心，並對外來研究者開放。❺寇提伯爵（Count Egon Caesar Corti）於一九二七至二八年間撰寫了自己共兩卷的研究，講述羅斯柴爾德家族的「崛起」與「統治」，當時他主要只能依賴奧地利的國家檔案庫，以及十九世紀政治人物已出版的書信、回憶錄和日記。倫敦家族的檔案庫於一九七八年之前尚未普遍對學者開放，不過家族成員以及如盧西安·沃夫（Lucien Wolf）這樣的「自己人」利用那裡的文件撰寫過幾本重要的專論。

另一方面，法國家族的檔案庫是貝特朗·吉勒（Bertrand Gille）於一九六〇年代出版的兩卷研究巨著的基礎，不過在一九八一年法國羅斯柴爾德銀行國有化之後，檔案庫中的文件便轉而存放到國家檔案庫。自從家族開始放寬對資料取得的限制之後，在巴黎和倫敦都能獲得非常豐富的資料，考慮到這點，在這之後並沒有出現嚴謹的歷史研究很令人驚訝。這些重要並且確實從許多方面來說也很獨特的紀錄藏品，卻只產出了一份主要描述英國家族的社會及政治史以及幾份文章與專論，產量相對較低。一九九四至九五年間，法蘭克福猶太博物館舉辦了一場成功的展覽，主題為《羅斯柴爾德：生於歐洲的家族》（*The Rothschilds: A European Family*），同一時間剛好出現了許多相關論文，不過即使在這些作品當中也相對少有根據新檔案庫的研究所產出的成果。目前為止，法國藝術史教授寶琳·普雷佛斯－馬希爾西（Pauline Prevost-Marcihacy）關於羅斯柴爾德建築的

❹ 詹姆斯的兒子阿爾豐斯反對保留在法蘭克福的卡爾·馮·羅斯柴爾德男爵的書房文件，同時堅持銷毀與一八一五年法國賠償款項相關的文件，他擔心這些文件有一天可能會被人用來抨擊他父親的愛國心。

❺ 法國的文件現已歸還家族，並存放於倫敦的羅斯柴爾德檔案庫，希望奧地利的文件在不久的將來也能歸還回來。

著作是唯一使用了倫敦、巴黎及莫斯科所有主要羅斯柴爾德文獻的書籍。

然而，這個相對缺乏學術研究的現象還有更深一層的解釋，那就是這些資料相當難處理，數量實在太龐大了。夏洛特．德．羅斯柴爾德（Charlotte de Rothschild）在一八七四年寫給孩子的信上說：「我們羅斯柴爾德家的人天生就愛寫東寫西，要是沒有魚雁往返就活不下去。」實在是太貼切了。倫敦檔案庫中最重要的信件是銀行合夥人之間所謂的「私人信件」（XI/109系列），從一八一二年跨越至九八年，總共裝滿了一百三十五個箱子，我在本書中大概提及了其中的五千封信。（為了讓各位了解這個系列的相對重要性，我和研究同伴有一個包含我們完整或部分抄錄信件的信件資料庫，總共約有一萬三千筆資料。）所謂的私人通信意指只有合夥人與偶爾協助的抄寫員看過這些信（除了少數例外狀況），他們通信的頻率差異非常大，依據業務量、政治新聞、各個辦公處所的合夥人數量以及一年中的時節而有所不同。有時，巴黎的合夥人在平靜的一週可能只會寄出兩、三封信；不過到了旺季，三名合夥人可能一天就會寫一封信，有時還會寫兩封。舉一個例子，一八四八年三月，倫敦合夥人就收到歐陸合夥人寄來的至少六十封的重要私人信件，這些信件通常很長，尤其是在剛建立合夥關係的早年，阿姆謝爾和薩羅蒙會定期寄送寫滿五、六面內容的信件給他們的兄弟，內容參雜了政治新聞、金融資訊、業務洽詢以及對家族流言和私怨的答覆，或許可以說這些是十九世紀的電話交流，他們藉此保留了今日商人很少以紙張記錄下來的這類資訊。同時要強調的是，這些信件以十九世紀的標準來看也很不尋常。首先，即使有哪個羅斯柴爾德的競爭對手同樣經常以這種方式通信，但他們合夥人所在的地理位置並沒有如此分散，因此在其他銀行檔案庫中不可能會有堪可比擬的信件數量；第二，因為羅斯柴爾德家族的人脈非常廣泛緊密，所以他們信件中所寫到的政治情報通常相當可靠。一八四〇年代時，詹姆斯說自己能夠「天天」面見路易斯－菲利普國王可不是誇大其詞，在政治危急的時刻，他確實能夠做到。他寫到倫敦的信件（這是我使用最徹底的系列）構成了十九世紀金融與外交史中一個最為重要的資料來源。

只有兩點遺憾。XI/109系列在一八五四至六〇年間有一段明顯且無法解釋的斷層，而且於一八七九年之後的信件數量也越來越少（不過XI/101系列中來自巴黎的信件持續到一九一四年都有紀錄）。更嚴重的是，幾乎所有從倫敦合夥人**寄出去**的信件複本（至少是有製作複本的那些）都在接連幾位資深合夥人的命令下銷毀了，留存下來的只有八箱引人遐思的信件，時間從一九〇六年橫跨到一九一四年。因此我們只擁有極少數納坦所寫的珍貴信件，相較之下，來自他兄弟的幾千封信件則都得以留存；而納坦長子萊昂內爾所寫的信件數量也少得可憐，一九〇六年之前由他的孫輩所寫的信件幾乎一封不留。另外要說明的是，合夥人寫的非商業相關信函同樣甚少保存下來，事實上，第一代羅斯柴爾德男爵堅持在他死後燒毀自己所有的私人信件（不過在與他通信的政治人物檔案庫中我還是找到了幾封）。如果說有時NM羅斯柴爾德集團的歷史讀起來似乎都是以他們歐陸親戚的觀點書寫，考慮到資料來源的不平均，這也是無可避免的結果。相當幸運的是，納坦的兒子們（尤其是納特〔Nat〕）在歐陸生活了很長一段時間，他們寄給家鄉父母兄弟的信件都保留下來了，然而這些都無法取代從倫敦寫來的信。相較之下，來自各個羅斯柴爾德代理人的一般及私人通信數量更為龐大，尤其來自馬德里、布魯塞爾、聖彼得堡、紐約、墨西哥及舊金山等主要辦事處的信件，我只能從中抽取部分來看。另外還有一批同樣數量龐大的信件，大部分是來自比較不重要的公司的定期往來商業書信，這些公司大概只是「提供消息的管道」，或者偶爾與羅斯柴爾德家族有生意往來，同樣地，我的時間只夠稍微瀏覽這些信件，其中還有遠從加爾各答、上海、墨爾本及智利的瓦爾帕萊索（Valparaíso）寄來的。

另一個麻煩的難題是（這也解釋了為什麼歷史學家過去從來沒有完整利用過XI/109系列），直到一八六〇年代晚期，所有第二代合夥人以及一些第三代的重要人物（還有少數幾位公司代理人）通信時主要都使用古意第緒語（Judendeutsch），即以希伯來文書寫的德文。有一部分是因為這是家族的母語，另一部分也是為了確保意圖窺探之人讀不懂公司內部的私人通信。即使是希伯來文讀者都很難解讀這個家族兄弟們所使用的古老文字，也因此讓之前的學者都打退堂鼓。一九五〇年代有一群來自德國的難民受雇研究這些文件，他們從中擷取了部分大略翻譯成英文（所謂的「T」檔案），許多學者滿足於這些非常偏頗的譯文或是納坦的孩子以簡單易讀的英文所寫的信件。但是多虧了莫德凱・札克（Mordechai Zucker）的英勇之舉，他翻譯了原始信件、將之朗讀錄成錄音帶，為我移除了這個障礙，讓這片非常重要的「處女」歷史資源首度得以使用。

最大的好處是，或許是因為外人難以讀懂這些信件，羅斯柴爾德家族成員在通信時相對坦誠，所以他們的信件中有一種獨特的直接及親密的性質，合夥人對彼此說話非常坦白，有時甚至有些霸道，而且毫不隱瞞自己對於必須往來的君主和政府首長有何看法，通常不是什麼好聽話。他們信中的語調很白話，有時也不加修飾，比起羅斯柴爾德家族之間往返的正式、有目的性的商業書信，或者是他們寄給合夥人、家族緊密關係圈以外的政壇友人及商界同伴的謹慎信件，兩者實在天差地遠。若是與參考書目中列出的其他檔案庫資料一起比照使用，羅斯柴爾德書信顯露出的真實在許多方面比最奇幻的神話更引人入勝。

V

學術界的歷史學家都喜歡參與史學辯論。羅斯柴爾德家族和許多辯論題目都有關聯，若要一一探究則顯得乏味，不如就讓我現在盡責地詳列出來。羅斯柴爾德家族的五個兄弟構成了後來被稱為「跨國企業」的前身，商業史學家在更進一步了解該公司如何以跨國私人夥伴關係的形式運作後，或許會有所啟發。經濟史學家多年來都努力試圖評估銀行對工業化的貢獻，而這裡就有關於這個問題的充足資料，尤其是針對羅斯柴爾德家族在歐陸鐵路發展所扮演的角色。羅斯柴爾德家族的歷史也有助於釐清長久以來的論辯：到底英國、法國和德國銀行業有何差異，顯然正是因為羅斯柴爾德各家在每個國家以相似但並非完全相同的方法營運。相關研究也能為備受爭議的歐洲資本輸出問題提供一些新觀點，那些仍糾結於霍布森／列寧範式（指帝國主義）的人或許會想要跟這本書呈現的事實相比較。我也希望這本書能有所貢獻，雖然是間接的影響，但能夠為幾個在剛萌芽金融史專業研究中相當複雜的爭論提供觀點。這本書恐怕不會是一本「標準的」銀行史，我很清楚自己完全沒有寫到關於「資訊不對等」、「信貸配給」和「投資組合管理」等議題，不過希望對這些主題有興趣的讀者讀到書中專門探討利潤、損失和損益表等部分時不會太過失望。即使不說別的，現在這些資料也非常實用，可以與其他已出版的銀行史互相比較，而這本書只能算是為這項任務起了頭。

我希望社會歷史學家會覺得這本書提供了實用的資訊，不只能夠處理針對階級的傳統爭辯，也能回答比較新穎的爭議問題，也就是在富裕菁英階級中家庭結構與性別關係：雖然銀行中的合夥人全部都由男性擔任，我也注意不要忽略他們的母親、妻子及女兒，她們通常（正如米利安・羅斯柴爾德最近提出的那樣）和羅斯柴爾德家的男人一樣能幹，或許還更加出色。

猶太史專家或許會懷疑這不過又是一本描寫羅斯柴爾德家族的著作，這個家族總是在自己的領域中罩下令人不安的龐大身影。我只能希望身為一個來自喀爾文教派背景的無神論者，並未太過誤解這個「非凡家族」與他們「共同信仰者」之間極度複雜的關係。我認為自己並未高估羅斯柴爾德家族在現代猶太歷史中扮演的非常重要的角色，雖然這並非我的專長，但是我仍致力於滿足文化歷史學家的要求，確實注意經典及通俗文學作品中描寫到羅斯柴爾德家族的當代典故，並盡力概述這個家族身為藝術收藏家、同時資助了十九世紀幾位最為傑出的建築師、作家及作曲家的貢獻。這本書對政治歷史學家應該也會有所幫助，尤其是對法國、英國及德國有興趣的學者。我知道自己在詹姆斯與其外甥的通信中，對於十九世紀法國的高級政治（即國際與國安等議題）中比較隱諱不明的意涵，可能有部分錯誤的詮釋，但是我希望法國歷史學家針對相關通信往來進行自己的研究之後，能夠指正我所寫的內容。認真想來，或許對於那些仍然對外交歷史深感興趣但不是那麼主流的學者而言，這本書最能滿足他們的期待。關於比利時的中立性、什勒斯維希－霍爾斯坦（Schleswig-Holstein）、近東問題（Eastern Question），以及在滑鐵盧戰役與一九一四年馬恩河戰役（Battle of the Marne）之間爆發（或者避免）的大小戰爭起源，在書中提及的篇幅比我原本預期的還要長。不過在金融事務以外（或者應該說兩者密不可分），外交也是羅斯柴爾德家族自己十分重視的部分。

對於所有來自不同領域的讀者，我要為自己的省略之處致上歉意，因為這本書原本應該在三年內寫成（我花了將近五年），有很多信我沒有讀，很多書我只是大略讀過，也有些檔案庫我沒有去。為了決定哪些事要不要做，我試著優先處理在此之前不為世人所知或者只有部分了解的文件，若是某個檔案庫顯然已經由之前的歷史學家細細淘選過了，我便選擇不再從中篩選資料，即使這麼做可能會一再犯錯。因此，應該把這本書當成某個有待繼續研究的題目，尤其是倫敦檔案庫非常需要有人繼續研究，我希望接下來的年月裡能夠看到源源不斷的研究專題，糾正我的粗略詮釋以及顯然還有許多細節的疑點。

這本書至少可以假裝與如此多元的專門學問有關，這件事應該能夠讓非學術目的的讀者感到安心，我希望這些讀者讀到書中顯露出並非作者專業的段落時能夠諒解，也希望本身就是銀行家或猶太人的讀者能夠原諒書中無疑仍然存在的錯誤與不實解釋。如果這本書有助於重新整合了經濟、社會、文化、政治及外交歷史，並且在過程中讓十九世紀的世界與這個「非凡家族」更容易理解，那麼作者就可以算是完成任務，從他開始的A點到達自己希望抵達的B點了。

第 1 部

父與子

一、「蒙福的父親」：起源

沒錯，親愛的朋友們，這一切都意味著：為了成就大事，便必須成為大人物。我們認為但丁（Dante Alighieri）很偉大，不過他身後有著好幾百年的文明支持；羅斯柴爾德家族很富裕，而這需要不只一個世代才能積累出這樣的財富。這樣的事情背後的因素都比一般人所想的還要深。

——歌德（Johann Wolfgang von Goethe），一八二八年十月

一名旅人抵達了十八世紀的法蘭克福，在他走過顯眼的薩克森豪瑟橋（Sachsenhäuser Bridge）前往法爾托城門（Fahrtor Gate）時，絕對不會忽略《猶太人的母豬》（*Judensau*，參見圖1.i）。這幅畫在牆上的猥褻塗鴉描繪著一群猶太人匍匐在一頭模樣激動的母豬面前，或者更確切地說，是伏在母豬身下及身後，其中一人吸吮著母豬的乳頭，另一人（穿著拉比才會穿的長袍）舉起了母豬的尾巴，讓第三人（也是位拉比）喝下母豬的排泄物，而「猶太人的惡魔」讚許地看著。如果旅人抬頭看，還會看見第二幅更加令人作嘔的畫面：是一名死嬰，四肢攤平的身體上布滿了無數刀刃刺穿的小傷口，底下還有九把匕首。圖畫下有一行字：「一四七五年復活節前的星期四，年僅兩歲的幼童賽門遭到猶太人殺害。」這幅畫指的是特倫特的賽門（Simon of Trent），據稱他是「獻祭儀式」的受害者，人們捏造出這種說法，認為猶太人會謀殺非猶太人的孩童以將他們的血加入無酵餅裡。

如此生動呈現出的反猶太情緒並不罕見：猶太人崇拜豬的形象出現在無數木雕及平面作品上，最早可以回溯至十四世紀，而獻祭儀式的傳說則是於十五世紀在德國流行起來。讓法蘭克福的這些圖畫特別值得注意

（至少在出身於這座城市中最出名的詩人歌德眼中看來是如此）的原因是，這些圖畫「並非私人敵意的產物，而是作為公共紀念建物而立」，《猶太人的母豬》以及遭到殺害的孩童都是官方認可的象徵物，用以表現在這座自由的帝國城鎮中長久以來對某個敵人的敵意。❶

法蘭克福最早的猶太人社群紀錄可以追溯至十二世紀中期，當時的數量介於一至兩百，其歷史便是一段遭到非猶太人迫害的歷史。一二四一年，有超過四分之三的法蘭克福猶太人在所謂的「猶太人戰役」（Judenschlacht）中遭到屠殺；社群在接下來的幾十年間又重新建立起來，不過一百多年後的一三四九年又發生了第二次屠殺。在這兩次事件中，信徒眾多的千禧年主義都參與其中：在第一次「戰役」中，他們害怕猶太人會跟蒙古部落結成同盟；第二次則是一群鞭笞自己作為苦修的成員煽動人民的恐懼，讓他們害怕猶太人會把瘟疫引到城鎮中。

不過在一二三六年，神聖羅馬帝國的皇帝[12]宣稱猶太人是「吾等的奴僕，亦是吾等財庫的奴僕」，同時市府官員也傾向鼓勵猶太人在此定居，這兩件事背後其實都帶著世俗的目的。猶太人是稅收及信貸的來源（因為他們不受禁止高利貸的法律

圖1.i：十八世紀初期無名氏版畫，特倫特的賽門與猶太人的母豬

12 譯注：指腓特烈二世（Friedrich II），他曾表示德國的所有猶太人都屬於皇帝的財產。

❶ 法蘭克福是神聖羅馬帝國中的五十一個自治城鎮之一（這個帝國同時由九十四名君主與親王、一百零三位伯爵以及四十一位教會教長所組成）。

管轄），只要拿錢出來就能換取「保護」及有限的特權。不過保護和限制總是一體兩面。一四五八年，皇帝腓特烈三世下令限制猶太人居住在聚居區中（英文的ghetto來自義大利文的borghetto，意即都市外圍）：位於城鎮東北角的一條狹窄的街道，兩頭都豎立起柵門。對於住在這個鎮上的一百一十名猶太人而言，這處後來被稱為「猶太巷」的拘禁之地就像是「新的埃及」。另一方面，猶太人經常面臨遭其他人施暴的威脅，這也讓聚居區有一種庇護所的味道。一五〇四年，說猶太人為了獻祭而謀殺的指控以及在五年後宣稱猶太人為異端的意圖，都一再提醒他們這個社群的地位有多麼脆弱。一五三七年更是雪上加霜，有鑑於路德（Martin Luther）對猶太人明顯的仇視，城鎮中大部分的人口都改信路德宗。在這個充滿惡意的世界裡，猶太巷成了某種庇護所。在一五四二至一六一〇年間，這裡的人口從約四百人成長至一千三百八十人，這段增長時期正好遇上信奉喀爾文教派的胡格諾派（Huguenot）從荷蘭移民至法蘭克福。這波人口移入潮剛好碰上了經濟與（或因移入而引起的）社會壓力，積累的結果導致另一波針對猶太人社群而來的群眾暴力事件爆發：「費特米爾希」暴動，以領導這場動亂的店主文森茨．費特米爾希（Vincenz Fettmilch）命名。但是這次人們只是在猶太巷裡大肆劫掠，倒是沒有發生大屠殺（猶太人被驅逐出城鎮），在短暫的人民統治過後，帝國軍隊鎮壓了這起暴動，費特米爾希與其他領導叛亂的人遭處絞刑，猶太人又昂首闊步回到聚居區，重新確立他們受到皇帝庇護的地位。

實際上就像過去一樣，「保護」意味著特別嚴格的管制，議會頒布的限居法（Stättigkeit）中擬定了相關細節，每年都會在主要的猶太教堂中朗誦該法令。這條法令直到十八世紀最後幾年都仍有效力。根據其規定，猶太人人口被限制僅能組織五百個家庭；一年只能舉辦十二場婚禮，而且必須年滿二十五歲才可成婚；每年獲准定居在聚居區的外來猶太人不超過兩名；猶太人不得從事農耕或者交易武器、香料、酒和穀物等生意。他們被禁止居住在猶太巷以外的地方，而且必須配戴特殊的標記（男人配戴兩個黃色的同心圓，女人則戴著有條紋的面紗）。晚上只能待在聚居區裡，每逢週日和基督教節慶時也是如此，而其他時間則禁止超過兩人以上在城鎮裡同行。他們不得進入公園、旅館、咖啡廳以及城鎮美麗城牆周圍的長廊下，他們甚至不能接近鎮上的古老大教堂，也必須從後門進入市政廳。他們可以去城鎮裡的市集，不過僅限於規定的時段，而且不得觸碰那裡的蔬菜水果。如果猶太人上法庭，必須進行特別宣誓，提醒在場所有人「上帝在受詛咒的猶太人身上降下的處罰與咒罵」。若是猶太人在街上聽見了「猶太人盡你的本分！」（Jud, mach mores!），就算喊話的只是個小男孩，也必須脫帽站到一旁。如果猶太人必須出法蘭克福一趟（必須持有特別通行證），回來時要付的過路費是非猶太人的兩倍。同時，為了這種所謂的「保護」，每位猶太人也得付「人頭稅」（或稱「人身稅」）。

這一切代表法蘭克福的猶太人一生中的大部分時間都待在猶太巷的高牆與柵門內，現今這處有如牢籠的街道基本上已經不留一點痕跡，法蘭克福官方於十九世紀拆除了大部分房屋，剩下的幾棟屋子也在一九四四年五月遭到美國轟炸機夷平。不過最近挖掘出一部分舊街道的地基，至少能夠讓我們大概了解聚居區的生活環境多麼過分狹窄。從北部的伯恩海默門（Börnheimer Gate）往南蜿蜒至猶太人墓地，全長只有約四百公尺且不超過三．六五公尺寬，有些地方甚至不到三公尺寬。最早規劃出這個聚居區的時候，猶太人人口只有略超過一百人，當時這條巷道早已人滿為患；到了一七一一年，住在這裡的猶太人不少於三千零二十四人，要將所有人擠在這麼小的區域中需要相當高度的建築創意，房屋都只有二．四公尺寬，最多有四層樓高，每一排房屋後面又蓋了一排。因此火災是無可避免的危險，事實上在一七一一年、二一年及七四年都曾發生大火，摧毀了整個或部分猶太巷。這意味在那裡的生活既昂貴又不值錢：昂貴是因為對住房的需求遠遠超過供給，因此在猶太巷北邊一棟四房的房屋價格與歌德父親在赫希格拉本大街（Großer Hirschgraben）買下有二十個房間的宅邸價格差不多；而不值錢則是因為衛生條件不良、缺乏光線和新鮮空氣縮短了平均壽命，據估計，一七八〇年代的猶太人平均死亡率比非猶太人高出百分之五十八。一七九五年的一位旅人就觀察到，為何「在法蘭克福的猶太人當中，即使是正值盛年的人，大多數看起來也有如行屍走肉……他們死屍般的蒼白面色與其他所有居民實在有著令人憂心的天壤之別」。後來部分猶太巷周圍的高牆被拆除，猶太巷在安東．伯格（Anton Burger）這類藝術家的筆下似乎披上了某種程度的浪漫色彩。事實上，這裡在維多利亞時代也成了某種觀光景點（日記作家查爾斯．葛萊維爾〔Charles Greville〕和小說家喬治．艾略特〔George Eliot〕便是曾造訪此地的其中兩名英國遊客）。當時，年輕的歌德認為這裡是有如地獄般的貧民窟：

狹小的空間、髒污、擁擠的人群、難以入耳的聲音腔調，這一切種種都成了最令人不悅的印象，就算只是在路經此處時往門裡瞧了一眼也難以忍受。過去有很長一段時間，我一直不敢獨自進入此處，而在逃離如此密集的人群之後也未再輕易涉足，這裡的人總在叫賣著什麼，所有人不是在買東西就是在賣東西。

對此地認識更深的是詩人路德維希．柏爾納（出生時名為猶大．洛夫．巴魯赫〔Juda Löw Baruch〕），他於一七八〇至九〇年代間在此長大，日後回想起來總帶著怒氣而非懷念，他記得

一個又長又黑暗的牢獄，十八世紀時已經相當重要的燈火還無法照亮此處……在我們眼前的是一望無際的長長街道，近在身旁的卻是只足以讓我們被希望淹沒時還得以轉身的窄小空間。在我們頭頂上的不再是天空，有天空才足以讓太陽延展開來，但這裡看不見天空，只能看見陽光。我們四周到處飄散出可怕的氣味，本應保護我們不受感染的衣料也只能接住同情的淚水，或者藏起惡意的微笑不讓旁邊看守著的猶太人發現。辛苦踩過泥濘的道路，讓我們不得不放慢腳步，正好讓我們能夠仔細觀察。我們放下腳時既害怕又謹慎，這樣才不會踩到孩子，這些孩子在陰溝裡游泳、在污泥中匍匐，數量多如從糞堆裡在陽光下孵化出的害蟲。誰不願意滿足這些小男孩的小小願望呢？……如果有人認為童年時期的遊戲是在模仿生活的現實，那麼這些孩子的搖籃必定是個墓園，埋葬了生命中每一份鼓勵、每一份活力、每一段友誼和每一份歡樂。你害怕這些高聳的房屋會倒塌在我們身上嗎？喔，莫害怕！這些房屋從頭到腳都經過強化，這些牢籠中關著剪去羽翼的鳥兒，建築在永恆敵意的基石上，勤勉的貪婪之手扶起了堅固的圍牆，用受盡折磨的奴隸汗水混成的砂漿鞏固。別躊躇不前，這些房屋穩如磐石，永不傾倒。

正如柏爾納的評論，即使德國其他城市在所謂的「啟蒙時期」都逐步鬆綁加諸在猶太人身上的限制，法蘭克福仍不為所動，拒絕執行皇帝約瑟夫二世（Joseph II）頒布的宗教寬容令（Edict of Toleration, 1782），並且沒收了埃弗拉伊姆·萊辛（Gotthold Ephraim Lessing）筆下尊重猶太文化的劇本《智者納坦》（*Nathan the Wise*）。猶太人社群在一七六九年及一七八四年兩度請願希望准許他們在星期天離開聚居區，但是這個要求遭到拒絕，認為他們意圖「將自己與基督徒居民置於平等的地位」。❷和過去一樣，這項政策在某個程度上由大多數非猶太人鎮民強迫議會通過，因此不意外的是，一七八八年一名猶太數學教師獲准在聚居區以外的地方居住並教學，結果引起強烈抗議，以至於該教師的許可證遭到撤銷；而一七九五年一名猶太醫生提出類似的請求，同樣遭到斷然拒絕。基於相同的理由，市政府於一七八七年引入了一套複雜的身分證明卡片系統，針對猶太人在假日及週日造訪猶太巷以外地方的相關規定不但沒有鬆綁，反而更加嚴格。七名重要的猶太商人共同簽署了一份抱怨信，信中清楚表明：

> 身而為人，每位猶太人都擁有與任何人相同的權利，也同樣值得受到政府的保護。不幸的是，較低階層的人仍然固守著父執輩的偏見，認為猶太人和他們應該是不同的人種。他們以各種方式苛待（猶太人），而且許多老人看到自己的兒子苛待猶太人似乎感到欣慰，就連士兵也縱容這種應該受罰的暴政。難道他們不認為（新規定）就是同意他們進行各種無數的騷擾？他們會站在城門口，把衣著、頭髮、鬍鬚等最細微的差異當成藉口，進行最嚴格的檢查，就算是再細微不過的差異也會讓他們決定逮捕猶太人，將他們當成一般的小偷押送到主要的看守所裡。

然而，這種長久不衰、有組織性的歧視不僅僅是祖先流傳下來的偏見，其中一個重要因素是因為非猶太

---

❷ 這條規定在一七九〇年稍微鬆綁，不過只允許單獨一人行動。

人的商人社群非常害怕，他們相信一旦猶太人解放了身上的箝制，將會成為挑戰他們的經濟力量。像猶太巷這樣的貧民窟居然能培養出數學教師和醫生，這件事本身便能說明猶太文化中的重要特點：這裡並不如表面上那般封閉。歌德終於鼓起勇氣走進聚居區之後，發現猶太人「其實也是人，既勤勞又隨和，讓人實在忍不住佩服他們，即使他們堅持固守傳統的生活方式也一樣」。雖然他們生活在艱苦的環境中（或許這也是一部分原因），法蘭克福的猶太人在文化上卻絕非下層階級。

當然，猶太巷的文化對於像歌德這樣的非猶太人而言並不熟悉，這裡的文化與宗教息息相關，生活的步調依然奉行著《哈拉卡》（*Halakha*）的宗教律法，每天早晚猶太教會的執事（Schulklopper）會拿著槌子敲響家家戶戶的門，召喚人們到猶太教堂做禮拜。一名英國訪客回想，他們「用祈禱書中如畫般的詞彙來形容，安息日就像『新娘』，他們週復一週以完全像是迎接新娘般的姿態迎接她，鋪上白色布料，為了照亮她而點起燈，即使是最破舊的住所也披上了慶祝的氣氛」。猶太巷中有三所小學（稱為黑德〔heder〕）和一所拉比授業大學（稱為葉史瓦〔yeshivah〕），這些學校的教育以當時的標準看來相當保守，孩童要學習閱讀《妥拉》（*Torah*），即摩西教法的基礎，接著要學習中世紀的拉比辣什（Rashi）的經典評述，最後則是《塔木德》（*Talmud*），這本經典中整理了所有拉比的評述與有關遵守教法的辯論。社區中有自己的消防隊和醫院、自己的墓地，也有救助貧窮的義工組織。

儘管周圍聳立著高牆，猶太啟蒙運動對這個社群的影響相對有限（與柏林受到的影響相比），但猶太巷中的文化卻一點也不狹隘。雖然非猶太人有時會譏笑他們說話的方式，不過後來海涅堅稱，法蘭克福的猶太人說著一口「完全是漂亮的法蘭克福語言，行過割禮的人說得和未行過割禮的人一樣出色」。這麼說有些誇大其詞，不過可以理解，那些能夠接受普通教育與宗教教育的猶太人（如上述提過的醫生）會說標準德語，讀寫也沒問題。不過邁爾❸．阿姆謝爾．羅斯柴爾德留下的信件中也證實，他使用的德文並不嚴謹且經常出現文法錯誤，同時還和希伯來文混用，而且他寫信給兒子時會使用希伯來文字，正如他的兒子們互相通信時也這麼做。

儘管如此，猶太巷中的猶太德文並非波蘭和俄羅斯猶太屯墾區中使用的古意第緒語，而且很有可能法蘭克福許多非猶太商人也會寫出不符文法的德文。法蘭克福猶太人離開猶太巷去做生意時（這是他們最容易從事的活動），他們與街上遇到的非猶太商人之間並沒有無法跨越的語言障礙。

相較於十八世紀大多數的德國城鎮，法蘭克福是個商業重鎮，位處幾條主要貿易路線的交叉口，連接起德國南部的城鎮（史特拉斯堡、烏姆〔Ulm〕、奧格斯堡〔Augsburg〕和紐倫堡〔Nuremberg〕）與北部漢薩同盟的港口（漢堡、不萊梅和呂貝克），並且將整個德國和大西洋沿岸、波羅的海與近東地區的各經濟體連結在一起，而它的繁榮與中世紀以來於秋春兩季在此舉辦的年度市集緊密相關。另外，由於在十九世紀末之前歐洲流通的貨幣種類繁多，城鎮中的商業運作必須和銀行業攜手合作，尤其是貨幣匯兌及匯票交易（買賣由更複雜交易所產生的借據）。此外，就某方面來說更為重要的一點是，法蘭克福是統治這個區域眾多小領地的親王、大公、選帝侯等的金融中心，來自領地和人民的收益（租金與稅收等等）與宮廷的支出（富麗堂皇的居所、花園及娛樂活動）讓這些統治者成為德國經濟在工業化前的最大客戶，只是與和他們地位相當的英國貴族相比，他們的日子可沒那麼舒服，尤其是他們大多數人的花費都超過收入，這一事實為德國銀行家製造了許多有利可圖的機會，當然有時也伴隨著風險。

在一八〇〇年以前，這個領域最成功的公司可能是賽門・莫里茲・貝特曼（Simon Moritz Bethmann）與約翰・菲利普・貝斯曼（Johann Philipp Bethmann）這兩兄弟，他們從阿姆斯特丹引進「拆分債」制度（Partialobligationen），也就是將一筆高額貸款拆分成更容易管理的小部分，接著繼續賣給更多投資者。其中

❸ 這裡必須談談邁爾・阿姆謝爾名字的拼寫。在他的墓碑上以希伯來文寫著「Mosche Meir, Sohn Anschels, genannt Meyer Amschel Rothschild（摩西・邁爾，安謝爾之子，名為邁爾・阿姆謝爾・羅斯柴爾德）」，為他寫傳記的三位作家也都使用「Meyer」這個拼寫，但是他一生中顯然更傾向「Mayer」這個寫法；以他命名的後代子孫也傾向使用這個拼寫。因此為了省去麻煩，整本書我都使用「Mayer」。

一筆典型的交易就是貝特曼兄弟在一七七八年貸款給神聖羅馬帝國皇帝兩萬荷蘭盾（約為兩千英鎊），接著他們將之拆分成二十張價值一千荷蘭盾的債券賣給投資人，然後把因此賺得的現金（扣掉他們的可觀佣金）交給位於維也納的帝國財政部，藉此確保維也納會定時支付利息給債券持有者。一七五四至七八年間，貝特曼兄弟借出的貸款總額將近兩百萬荷蘭盾，而且在接下來五年中又有至少五十四筆不同的貸款，總額將近三千萬荷蘭盾。其他法蘭克福的銀行家也開始涉足同樣的生意，其中最值得注意的就是雅各・弗德里希・龔塔（Jakob Friedrich Gontard）。

貝特曼與龔塔都不是猶太人。到了十八世紀後半，猶太人在貨幣匯兌及各種借貸業務方面無疑已經成為最具企圖心的生意人，針對這個主題經過了一百多年的學術研究，仍然很難確切說明為什麼會是如此。若說猶太人相較於非猶太的金融業者有什麼優勢，也只有可能是他們教育體系間接影響的結果。邁爾・阿姆謝爾・羅斯柴爾德曾經回想道：「在我年輕時，我是個……非常活躍的商人，但毫無章法，因為我學習（塔木德）時並沒有學到（商業知識）。」或許在建立信用網絡時，作為關係緊密的「局外人」團體中的一員有所幫助，又或許猶太教義中也衍生出了某種商業行為準則。不過這些論點套用到其他少數宗教信仰上同樣有力，就像德國社會學家馬克斯・韋伯（Max Weber）便曾經將「清教徒的行事準則」與猶太教思想中「政治與投機導向的……賤民資本主義」相比，但不甚有說服力。最不差強人意的答案是，當時的猶太人無法從事大部分經濟活動，因此別無選擇只能專心在貿易和金融上。與此同時，在這些領域中的非猶太人競爭對手或許傾向誇大生意上面臨的「猶太威脅」，早在一六八五年，法蘭克福就有非猶太銀行家抱怨「猶太人從他們手中奪走了匯票交易的生意」，這個說法導致禁止猶太人投入股票交易的禁令。十二年後，議會仍試圖阻止猶太人租用位於法爾街（Fahrgasse）這條城鎮主要幹道上的倉庫，這也不是最後一次。

這類爭端中最為人所知的大概是約瑟夫・蘇斯・歐本海默（Joseph Süss-Oppenheimer）的角色，他一開始是為符騰堡卡爾・亞歷山大公爵（Karl Alexander of Württemberg）處理財務的宮廷代理人（Hoffaktor），接著晉升到更具政治性的樞密院委員，然後一七三三年成為法蘭克福特使，這樣的特權地位讓他得以離開猶太巷，住進舒服的黃金天鵝旅館（Golden Swan Inn）。四年後，歐本海默遭到處決，罪名是手上握有過多政治權力並且貶低了符騰堡階級的地位。不過，歐本海默（也就是後來反猶太傳說中的《猶太人蘇斯》）還只是最惡名昭彰的猶太宮廷代理人。到了十八世紀中，法蘭克福的猶太人已經擔任起巴拉丁（Palatinate）、梅因斯選侯國（Electorate of Mainz）、黑森－達姆斯塔特大公國（Grand Duchy of Hesse-Darmstadt）、普魯士王國、維也納帝國宮廷，以及黑森－卡塞爾與薩克森－威瑪（Saxe-Weimar）等地的代理人，例如洛夫・比爾・伊薩克（Löw Beer Isaak）在一七五五年便是拿騷－薩爾布呂肯親王（Prince of Nassau-Saarbrücken）的宮廷代理人，而大衛・邁爾・庫波（David Meyer Kupl）大約在同一時間成為帝國宮廷代理人，挑戰了坎恩家族（the Kanns）的優勢地位。這些人在猶太巷內形成了富裕且握有特權的菁英階級。

邁爾・阿姆謝爾

就在這樣一個部分但並非完全隔離的世界中，邁爾・阿姆謝爾・羅斯柴爾德出生於一七四三年或者一七四四年，我們對於他的父母、祖父母以及更為久遠的祖先所知甚少。班傑明・富蘭克林（Benjamin Franklin）曾經表示，人生中唯有死亡和稅賦是不可避免的，基本上這也是最早的羅斯柴爾德家人唯一能留下的紀錄。值得一提的是，這家人在過去的姓氏可能根本就不是「羅斯柴爾德」（意為「紅盾」），我們知道艾肯能（Elchanan）之子伊薩克（Isak）在一五六〇年代建造了一棟房子，稱之為「紅色之盾」（zum roten Schild），大概是因為在房屋前方經常掛著某種這樣的盾牌，而猶太巷居民經常會以彼此的居所來稱呼彼此。可是伊薩克的孫子納夫塔里・賀茲（Naftali Herz，於一六八五年過世）離開了掛著紅盾的屋子，搬進另一間稱為「熱鍋」（zur Hinterpfann）的房子，因此可以想見，羅斯柴爾德家人也會被稱做「熱鍋」。確實，雖然納夫塔里・賀茲的兒子、孫子與曾孫仍持續使用「羅斯柴爾德」這個姓氏，但他們也會被冠上「包爾」

（Bauer），很可能直到下一個世代，也就是邁爾·阿姆謝爾這一代，才固定以羅斯柴爾德作為家族姓氏，不過在他搬到另一間叫做「綠盾」（zum grünen Schild）的房子後還是有可能再改姓。

我們對於早先羅斯柴爾德家族的認識不深，最多只能說他們很虔誠，經營著買賣布料等其他東西還算成功的小生意。紅盾家的伊薩克在一五八五年（他死前五年）的應稅所得有兩千七百荷蘭盾，而他過世時，墓碑上緬懷他的字句是他的「美德」、「公正」與「誠實」。一百年後，他的曾孫卡爾曼（Kalman）從事貨幣匯兌之餘也買賣羊毛及絲綢，應稅所得多出兩倍，而且他的兒子（就是邁爾·阿姆謝爾的祖父摩西〔Moses〕）顯然成功拓展了父親的事業，他先是娶了稅務員的女兒，後來又娶了醫師的女兒，繼續穩定提升自己社會地位。可惜我們對邁爾·阿姆謝爾的父親阿姆謝爾·摩西（Amschel Moses）的經濟成就幾乎一無所知，不過這一家人仍然住在熱鍋這間簡陋的房子裡，一樓作為辦公室，二樓是廚房，臥室則擠在樓上，這個情況說好聽一點是持成，難聽的話就是停滯不前。從他墓碑上銘刻著長篇且華麗的讚詞看來，這家人到他過世時，除了在聚居區中確實贏得眾人的敬重以外並無其他特殊之處。

阿姆謝爾·摩西顯然十分好學，根據他的墓誌銘，他「會遵守規定時間研讀妥拉」。這或許可以解釋為什麼他在邁爾·阿姆謝爾於法蘭克福完成了小學教育後，就將兒子送到福爾特（Fürth）的拉比學校，無論背後的原因為何，都不是因為（有些歷史學家錯誤地推斷）邁爾·阿姆謝爾打算成為拉比。在邁爾·阿姆謝爾過世後不久，科恩為他寫了一篇簡短而語帶褒揚的傳記，科恩應該也認識他，科恩表示他只是「研究自己的信仰以……成為一名好猶太人」。但是邁爾·阿姆謝爾在福爾特的學業因為父母分別在一七五五年及五六年早逝而中斷，他們皆因感染不時橫掃德國城鎮的流行病而過世。他當時只有十二歲。

此時他應該回家和姊姊古特雪（Gutelche）及兩個兄弟摩西和卡爾曼相聚，但是他卻被送到漢諾威，在沃夫·雅各·歐本海姆（Wolf Jakob Oppenheim，可能是他父親的生意夥伴）的公司裡學習經營生意的基礎。這段經驗讓他獲益良多，因為這是他第一次直接接觸到宮廷代理人的特權世界。當然，邁爾·阿姆謝爾幾乎可以肯定已經對這個世界有所了解，畢竟蘇斯．歐本海默遭到處決只是他出生前六年的事情，不僅如此，我們知道蘇斯曾經與邁爾．阿姆謝爾的祖父至少進行過一次票據交易。現在，這名男孩可以更近距離觀察身為「宮廷猶太人」是怎麼一回事，畢竟歐本海姆的祖父薩姆耶爾（Samuel）曾經是奧地利皇帝的宮廷代理人，而他的叔伯也是科隆主教的代理人。邁爾．阿姆謝爾在漢諾威開始學習專業知識，計劃藉此讓自己也能當上宮廷代理人。他成為交易稀有貨幣及勳章的商人，這種生意接觸到的客戶幾乎都是有貴族身分的收藏家，而且這一行所最不可或缺的就是熟知大衛．山謬爾．馮．馬岱（David Samuel von Madai）複雜的錢幣分類系統。

邁爾．阿姆謝爾在一七六四年左右回到法蘭克福（他在實習結束後遵照限居法的規定），很快便充分運用起這份專業，在他回來不到一年內便成功把幾副稀有的勳章賣給一名出身高貴的客戶，而這名客戶在未來對羅斯柴爾德家族相當重要。確實，邁爾．阿姆謝爾和黑森－卡塞爾王儲威廉（William IX）的第一筆交易只是小菜一碟，如果他就是威廉財庫於一七六五年六月紀錄中的「猶太人邁爾」，那麼相關金額不過就是三十八荷蘭盾加上三十克羅斯（kreuzer），這點錢微不足道，不過是王儲在一七六三年後幾年為了打造時髦的勳章與錢幣收藏[4]，跟眾多商人做過的小額交易的其中一筆。儘管如此，這筆交易（還有未留下紀錄的「多筆送貨來往」）已經足以讓邁爾．阿姆謝爾在一七六九年提出請求，讓他獲得宮廷代理人的職銜，而這個請求也及時在該年九月獲准。一年後，他鞏固了自己的新職位，一七七〇年八月（他這年二十六歲）娶了十六歲的古蒂勒，她是薩克森－邁寧根（Saxe-Meiningen）親王的宮廷代理人沃夫．薩羅蒙．舒納波（Wolf Salomon Schnapper）的女兒。這門親事除了有和她父親搭上關係的益處，也為邁爾．阿姆謝爾帶來一筆重要的新資

[4] 到了一七八五年，王儲的收藏已經多到必須由他的書庫管理員維格納（Wegener）編纂十二卷的目錄。我們或許可以忽略下面這則杜撰的傳言，稱邁爾．阿姆謝爾早期由一位叫做馮．埃斯托夫（von Estorff）的將領引薦給威廉；還有人編撰了一則故事，說邁爾．阿姆謝爾靠著棋藝讓王儲對他刮目相看（據說威廉向馮．埃斯托夫說：「你介紹給我的人並不蠢。」）。

產，即價值兩千四百荷蘭盾的嫁妝。羅斯柴爾德家族從此時開始了後來不斷藉由仔細籌謀的聯姻打下親族繁盛的基礎，其重要性不亞於宮廷代理人職銜代表皇家庇護的基礎。

邁爾．阿姆謝爾最初與他的兄弟卡爾曼合夥，在卡爾曼於一七八二年過世後的接下來幾年，他成功確立自己作為法蘭克福數一數二商人的地位，領域不只在於錢幣及勳章買賣，還涉及各種古董交易。我們可以藉由他編列的詳細目錄在不斷擴大的貴族客戶間流通，了解他如何經營他的生意。到了一七八〇年代，目錄列出的項目包括古希臘、羅馬與德國的錢幣，也有各種其他古董以及如雕像、奇石的「稀奇珍品」，都是有錢的收藏家可能會擺在錢幣收藏品旁邊一同展示的物品。每本目錄中待售的商品總值從兩千五百荷蘭盾至五千荷蘭盾不等，如果客戶對某項商品有興趣，邁爾．阿姆謝爾就會將商品送至客戶那裡檢視，若客戶想要購買便協商售價，價格通常低於目錄上的建議售價。根據威廉王儲現存的財庫紀錄，王儲直到一七九〇年才成為常客，此後他幾乎每年都會買些東西。其他客戶包括資助歌德的威瑪公爵（Karl August, Duke of Saxe-Weimar）。

羅斯柴爾德家族的財富竟然始於與貴族錢幣收藏家進行郵購古董的交易，這件事或許令人吃驚。不過毫無疑問的是，若沒有邁爾．阿姆謝爾透過買賣「珍品」所積累的資產，他絕對沒有能耐進入銀行業。他作為古董交易商的成就並不容易衡量：在一七七三至九四年間，他的財產稅估算平均都在兩千荷蘭盾上下。不過他在什一奉獻書（Maaserbuch / Zehentbuch）中一絲不苟地記錄下自己的慈善捐獻（依照猶太律法要捐出自己十分之一的年度收入），後來為他作傳的伯格霍弗（Christian Wilhelm Berghoeffer）據此推斷，邁爾．阿姆謝爾在一七七〇年代的年收入必定落在兩千四百荷蘭盾上下，大約跟歌德家族的收入差不多，同時也比當時如稅收結算官（Schultheiss）的地方官員賺得還多。依據這些資料和其他可取得的數據，伯格霍弗估計邁爾．阿姆謝爾在一七八〇年代中期的總財產大約是十五萬荷蘭盾（約為一萬五千英鎊）。

我們也知道，邁爾．阿姆謝爾的財產足以讓他在一七八七年搬家。回到法蘭克福後不久，他和兩個兄弟買下父母遠親手上擁有的共享房屋產權，拿到了完整的熱鍋房屋所有權。大約二十年後，邁爾．阿姆謝爾將自己八分之三的熱鍋房屋產權賣給兄弟摩西（以三千三百荷蘭盾售出），接著在一七八三年買了一間更為寬敞的大房子「綠盾」，購買的價格超過一萬一千荷蘭盾。❺以歌德家這種非猶太家庭的標準來看，這間房子仍是破舊又擁擠不堪：寬度不到四公尺半，房間也十分狹小，床鋪只能沿著邊牆擺放，與街道方向垂直。從下一代羅斯柴爾德家族的標準來看也相當破舊，邁爾・阿姆謝爾的兒子們日後回想起來，一點也不懷念「我們一起睡在一間小小閣樓房間」的那段日子。不過以猶太巷的標準看來，這是眾人夢寐以求的房子，位於街道中央（大概正對著中間的西大門），一七一一年發生火災後經過重建，特別的是還有自己的水泵。主建築物有三層樓，每層都有一間可以俯瞰街景的窄小房間，每間房都有三扇小窗、一口爐子和壁櫥，另外每層還有一間類似的房間，只是推開窗看見的是向內的庭院。穿過後門有一片小後院，蓋了一間兩層樓的小房子，其中一部分是單人廁所。特別（也很實用）的地方是，房子有兩個地窖，其中一個由門口玄關處明顯的活門進入，另一個較大的地窖與隔壁鄰居共用，只能從樓梯下的隱蔽門口進入，而且與另一個地窖不相連。❻地面上的新空間或許看起來很有限，卻有其用處：因為邁爾・阿姆謝爾與他的妻子顯然子嗣甚多，即使以十八世紀末的標準來看亦然。古蒂勒・羅斯柴爾德從她婚後的一七七一年至九二年間，幾乎每年都有生產，其中十九名孩子中只有十名存活下來：松雪（Schönche，一七七一年生）、阿姆謝爾・邁爾（一七七三年生）、薩羅蒙・邁爾（一七七四年生）、納坦・邁爾（一七七七年生）、伊莎貝拉（Isabella）又名貝蒂（Betty，一七八一年生）、布茵勒（Breunle）又名芭貝特（Babette，一七八四年生）、卡爾曼又名卡爾（一七八八年生）、嘉敦（Gotton）又

---

❺ 邁爾・阿姆謝爾不需要一次付清熱鍋產權的差價以及綠盾房屋的價格。他分成兩次購買房屋，分別在一七八三年十二月與一七八五年十一月。按照當時的慣例，每次都是先付三分之一，接下來每半年付款一次，分六或八次付完。

❻ 這棟房子直到一九四四年仍多少維持著邁爾・阿姆謝爾居住時的樣貌。在他的遺孀過世後，房子日漸失修，不過家族在一八八〇年代決定保留房屋作為歷史紀念，因此房子得以逃過猶太巷中其他房子遭到強制拍賣及拆除的命運。房屋與隔壁「同在金拱門處」的房屋（兩棟房子共享一片屋頂與地窖）都完整保存下來並且對外開放，有兩個羅斯柴爾德慈善基金會在此設立辦公室。

名茱莉（Julie，一七九〇年生）、潔婣（Jettchen）又名漢莉耶塔（Henrietta，一七九一年生），以及雅各又名詹姆斯（一七九二年生）。[7]

直到邁爾·阿姆謝爾最小的孩子出生後，他才開始從事可以稱得上是銀行業的生意。就某些方面說來，這樣的轉變很自然，一名擁有越來越多供應商與客戶的古董商自然會不時延長某些人還款的時間。我們目前找到的資料最早是在一七九〇年，邁爾·阿姆謝爾是鄰近城鎮道依茨（Deutz）的喬瑟夫·凱索（Joseph Cassel）的債權人之一，不過他只欠了三百六十五荷蘭盾。同理可見，錢幣與勳章的生意不免讓他和黑森－卡塞爾的鑄幣廠有所往來，尤其是他最想留住的客戶威廉王儲經常委託他製作新的勳章，例如在一七九四年，羅斯柴爾德便提議將一批銀塊「以最佳的可能售價」賣給黑森的戰時國庫。

邁爾·阿姆謝爾的財產在一七九〇年代迅速增長，代表他經營的事業已經完全不同於早期的生意。一七九〇年代初，邁爾·阿姆謝爾·羅斯柴爾德不再是生意興隆的古董商了。到了一七九七年，他已經成為法蘭克福最富有的猶太人之一，而他的生意核心無疑是銀行業務，有相當明確的證據能夠說明這段進展。一七九五年，邁爾·阿姆謝爾的應稅財產官方數據已經翻倍為四千荷蘭盾；一年後，他的身家價值超過一萬五千荷蘭盾，達到最高稅率；同年他名列猶太巷中最富裕人士的第十位，應稅財產價值超過六萬荷蘭盾。羅斯柴爾德家族於一八〇〇年已經成為猶太巷中最富裕家庭的第十一位，這多半歸功於邁爾·阿姆謝爾。大約在同一時間，他在猶太巷外租了一間四房的大倉庫，另外從賓根（Bingen）雇了一位能幹且精通多種語言的會計師，名叫謝利格曼·蓋森海默（Seligmann Geisenheimer）。邁爾·阿姆謝爾的財富增長還有另一項證據，便是他的孩子準備結婚時都能夠拿出豐厚的嫁妝。他的長女在一七九五年嫁給班乃迪克·摩西·沃姆斯（Benedikt Moses Worms），她收到了五千荷蘭盾的嫁妝，並且保證在她父母過世後能獲得一萬荷蘭盾的遺產。隔年，邁爾·阿姆謝爾的長子娶了艾娃·哈瑙（Eva Hanau），也得到了價值三萬荷蘭盾的部分經營權。

最近開放的莫斯科「戰利品」檔案庫中發現了非常重要的文件，其中一份便能說明這樣一部分的股權意味著什麼。邁爾・阿姆謝爾・羅斯柴爾德公司的第一份已知損益表可以回溯至兩百多年前的一七九七年夏天，文件列出他的公司在這個階段的總資產是四十七萬一千兩百二十一帝國元（Reichsthaler），相當於八十四萬三千四百八十五荷蘭盾，總負債是七十三萬四千九百八十一荷蘭盾。用邁爾・阿姆謝爾自己的話來說，這十萬八千五百零四荷蘭盾（約為一萬英鎊）「就是我資產的結餘，感謝上帝」。這份重要文件還需更詳盡地檢視，因為這表示此時的邁爾・阿姆謝爾遠比先前認知到的更像國際商業銀行家。損益表上的「資產」部分顯然不包括邁爾・阿姆謝爾的個人財產，因為上頭並未出現家族的房屋，他所說的「我的資產」已經是指公司的資產。文件列出的大部分資產若不是各種不同的國債，就是與其他公司往來的個人借貸，各行各業都有；而在另一面的負債上則包含了邁爾・阿姆謝爾欠款的總額，債權人同樣來自各種不同領域的公司與個人。

邁爾・阿姆謝爾這個早期的借貸生意網絡就地理位置來看分布甚廣，損益表顯示跟他做生意的公司不僅位於法蘭克福附近（例如卡塞爾〔Kassel〕和哈瑙〔Hanau〕），還有位處更遠的德國城市，從漢堡和不萊梅到雷根斯堡（Regensburg）、奧格斯堡、萊比錫、柏林及維也納，還包括阿姆斯特丹、巴黎與倫敦。而且在這一長串債務人及債權人名單中，除了幾個不怎麼讓人意外的名字之外（例如邁爾・阿姆謝爾的女婿沃姆斯以及未來的女婿西歇爾〔Bernhard Sichel〕），還有幾個重要的非猶太人公司名稱，包括貝特曼家族、德・紐夫維爾家族（the de Neufvilles）和布倫塔諾家族（the Brentanos，他欠他們一大筆錢）；知名的藝術品收藏家約翰・弗德里希・施泰德（Johann Friedrich Städel）也在羅斯柴爾德那裡放置了總額一萬七千六百荷蘭盾的存款。最後，這份損益表還證明邁爾・阿姆謝爾與黑森－卡塞爾政府建立了一種新關係，他欠黑森－卡塞爾政府

❼ 邁爾・阿姆謝爾之後世代的家族成員名字經過了一段令人困惑的轉變過程，因為他的兒子們發現自己身處的國家環境有所變化。阿姆謝爾有時候會被稱為安謝姆（Anselm），薩羅蒙經常被叫做薩拉蒙（Salamon）或甚至所羅蒙（Solomon）。大約在一八一二年之後，卡爾曼幾乎以卡爾稱呼，而雅各搬到巴黎之後成了詹姆斯。在家族大多數的私下通信中，姊妹和妻子通常還是以古意第緒語的名字稱呼，通常是簡稱後的小名，只有潔娳嫁到英國之後成了「漢莉耶塔姑姑」。為了簡單起見，我在書中使用的都是最常用的名字：阿姆謝爾、薩羅蒙、納坦、卡爾及詹姆斯。

大約兩萬四千零九十三荷蘭盾。其中值得玩味的一點是，有兩名黑森官員的姓名以個人名義作為債權人出現，分別是路易斯·哈尼爾（Louis Harnier）與卡爾·布德魯斯（Karl Buderus）。

無論以何種標準來看，這都是一次快速的經濟成長。確實，邁爾·阿姆謝爾的成功來得如此迅速又順利，一定在某種程度上超出了他本身的能力。一七九七年，發生了一件令他十分震驚的事，他手下一個資歷尚淺、名叫赫希·利柏曼（Hirsch Liebmann）的年輕員工，竟然在他眼皮下挪用了大量金錢。接下來的訴訟程序有部分紀錄留存下來，讓我們得以清楚了解他在這段期間迅速擴張的生意版圖處於何等混亂的狀態。根據邁爾·阿姆謝爾的說法，利柏曼在他的公司任職約三年，從他的辦公室偷取了約一千五至兩千卡羅林金幣（gold carolin，相當於三萬荷蘭盾）。這起竊案能夠發生有三個原因：第一，邁爾·阿姆謝爾准許利柏曼以個人名義買賣貨物，藉此補貼他微薄的薪資（他一個月只領一·五荷蘭盾，還得支付與人同住的房租）。事實上，羅斯柴爾德甚至一度借給他一筆小錢好償付這些開銷，因此當利柏曼顯然為自己補貼了不少薪水時並無人感到驚訝，就算他補貼得特別多也一樣。第二，公司內沒有放房貴重物品的保險箱，辦公室也幾乎沒有保全措施，主要辦公室的櫃子在上班時間經常開著，員工和客戶似乎也是來去自如，所以沒有人注意到錢幣、紙鈔和其他貴重物品從什麼時候開始消失的。第三，邁爾·阿姆謝爾的記帳系統實在原始得可憐，當他打算對利柏曼提起告訴的時候，幾乎找不到文件能證明他到底被偷了多少東西，因此利柏曼的偷竊行為持續了好一陣子之後才有人發現錢不見了。當時一位當地的經紀人商出現在辦公室，說利柏曼想跟他購買種子，此時邁爾·阿姆謝爾才起了疑心。那人經過逼問後坦承這是利柏曼編造出來用以掩飾的藉口，其實他是來買利柏曼答應要賣給他的一張奧地利匯票，價值約一千兩百二十荷蘭盾。邁爾·阿姆謝爾這才明白他這位員工是哪來的錢買金錶和手工訂製襯衫。進一步的詢問證實了他的懷疑：利柏曼不僅把錢花在自己身上，還把錢寄給住在博根海姆（Bockenheim）的父母，這家人原本「說有多窮就多窮」，窮到眾人皆知，卻突然能拿出五百荷蘭盾給利柏曼的姊妹當嫁妝。這名小偷遭到逮捕後，在他的所有物中發現了八枚塔勒錢幣（thaler coin）以及一張帝國財政部的國庫券，另外還有幾支銀湯匙、一個金鹽罐、一個金杯和七面勳章，直接戳破了他力陳清白的辯詞。利柏曼的父親無意間也提供了更多罪證，他說只要羅斯柴爾德願意撤銷告訴，就會歸還兒子給他的一千荷蘭盾，還願意再加五百荷蘭盾。雖然經過一番漫長的訊問，最終利柏曼還是認罪了。

利柏曼對於偷竊的自白互相矛盾，一下說他每次只拿少量的錢，如此進行了很長一段時間，後來又說他趁著邁爾・阿姆謝爾的二兒子薩羅蒙在跟幾個客戶說話時，直接從辦公室的櫃子偷走兩袋錢幣。無論如何，這起案件都顯示出，最晚到一七九七年時，羅斯柴爾德的生意已經賺進了大筆金錢，數量多到他自己都記不清楚：他自己在法庭上陳述，辦公室裡到處放著一袋袋的錢，有些放在櫃子裡、有些放在地上。他說自己家裡也總是放著很多錢，因為「生意的來往實在太多了」。接下來十年間，這些交易範圍變得更為廣闊。

兩場革命

弗德里希・馮・根茨在邁爾・阿姆謝爾過世很長一段時間後才寫了《羅斯柴爾德家族的傳記註釋》（*Biographical Notes on the House of Rothschild*），他在其中極力吹捧邁爾・阿姆謝爾的商業頭腦。「儘管如此，」他明智地補充道，「即使擁有最出類拔萃的個人能力，有時或許也需要特殊的情境與撼動世界的事件才能結出果實。」這句話具有雙重的真實性。

一七八九年，法國國王路易十六召開三級會議後引發了劃時代的法國大革命，不過這件事還需要一點時間才會影響到邁爾・阿姆謝爾・羅斯柴爾德和其家人等德國猶太人的生活。但是當革命終於傳到了法蘭克福時，影響卻是十分深遠，甚至可以說是驚天動地。早在一七九二年十月先鋒部隊就已經抵達，當法國軍隊暫時占領法蘭克福時，最後一位神聖羅馬帝國皇帝法蘭茲二世（Francis II）的加冕儀式才結束十週。當然，我們不必誇大這段無關緊要、只是象徵性的政權轉換有何重要性。法蘭克福過去也曾經被法國軍隊占領（在七年戰爭〔Seven Years' War〕期間），而且猶太人社群對於外國勢力再次入侵的反應似乎沒有比鎮上其他人開心多少。

確實，雖然一七九一年的國民議會（National Assembly）解放了法國猶太人，這樣的法國影響力或許具有潛在益處，但是法國軍隊的存在所造成的立即、具體影響顯然相當負面。一七九六年六月，隨著奧地利軍隊在義大利洛迪（Lodi）戰敗，法蘭克福遭到勝利的法國軍隊大肆轟炸，以至於猶太巷中有將近一半的房屋都毀於大火之中。[8]

另一方面，戰爭造成的動亂也有好處。猶太巷的損毀迫使法蘭克福議會放寬居住限制，准許因大火失去家園的兩千多人能夠住在猶太巷之外的地方（雖然只有六個月）。一般認為是因為政令鬆綁，邁爾・阿姆謝爾才得以在舒諾巷（Schnurgasse）租用倉庫。後來法國入侵讓法蘭克福猶太人的法律地位有了真正的提升，儘管只是短暫的，但這樣的改善預示了如今附屬於法國萊茵蘭（Rhineland）區域的猶太人也將得到自由。（其中一位獲益者便是蓋森海默，也就是邁爾・阿姆謝爾雇用的記帳人員。）更重要的是，戰爭為邁爾・阿姆謝爾提供了能夠大賺一筆的新商機。他和另外兩名合夥人沃夫・洛伯・肖特（Wolf Loeb Schott）及畢爾・奈姆・林德斯科夫（Beer Nehm Rindskopf）拿下一份合約，在奧地利軍隊於萊茵美茵區（Rhine-Main）活動時負責提供糧草及金錢。

法國大革命並非唯一改變邁爾・阿姆謝爾人生及事業的革命。英國工業革命在一七八〇年代或許更早進入第一階段，發揮了同樣重要的影響力。雖然邁爾・阿姆謝爾在一七九〇年代後期已經開始發展銀行業務，但不代表他結束了先前貨幣交易的生意，即使在他去世後仍持續有少量的交易，也不排除擴展到其他可能有利可圖的商業領域。其中在十八世紀後期利潤最高的就是工業革命帶動的紡織製造業，尤其是在蘭開夏（Lancashire）迅速成長的（部分）機械化紡棉、編織及染布工廠，顯示出經濟生活的步調將出現前所未有且極具革命性的改變。雖然這種工業化僅限於某些區域，而且只集中應用在某個行業（以至於從現代經濟史學家推斷的全國總收入數據根本看不出有何影響），不過其影響遠至提供棉花田勞動奴隸的非洲、棉花生長的美國，還有本土紡織工業發展健全的印度，這些地方很快就感受到來自蘭開夏及拉納克郡（Lanarkshire）小屋與工廠的致命威脅。紡織廠也對德國產生強大的吸引力，因為德國需要更便宜但品質更好的英國紡織品，包括披肩、手帕、格紋布、紗布、平紋布、平紋厚布、刺縫布、麻紗、棉絨布、薩蘭波彩紋布以及薄棉布等等，這類需求在一七九〇年代快速增長，當時有許多德國商人嗅到這個獨特且高獲利的商機，而邁爾・阿姆謝爾只是其一。在世紀更迭之際，光是在法蘭克福就有大約十五間猶太人公司在進口英國紡織品，其中有一間大約在此時於英國設立了固定的代理商。一七九九至一八〇三年間，為此在曼徹斯特落腳的德國商人至少就有八名。

在這樣的背景下，我們必須關注納坦（羅斯柴爾德兄弟中的老三）於十九世紀前夕的某個時間點來到英國的這個決定。長久以來，他離開法蘭克福的時間以及離開的原因一直都令歷史學家困惑不已，雖然有些人說納坦是在一七九七年、九九年或一八〇〇年抵達英國，但大部分人認為是一七九八年，只是沒有證據能支持最後這個時間點。我們從上述討論過的損益表中知道，邁爾・阿姆謝爾至少早在一七九七年就開始跟倫敦的公司有生意往來，不過規模相當有限。直到一八〇〇年二月，他首次寫信給倫敦的哈曼銀行（Harman & Co.），請求他們同意提供資源，他才開始拓展他的英國業務。納坦在英國生活的最早書面證據也來自於一八〇〇年。沃夫引述了一封納坦於五月二十九日寄來的信，他在信中請求一位熟人幫他與他的「業務經理」預訂「一間有兩張床鋪的房間，找間像樣的旅社」。我們還有另一封邁爾・阿姆謝爾寫給哈曼的信件，日期是六月十五日，當中提到納坦「很快就會到你們那裡」；另一封八月十五日的信是納坦從倫敦地址（康希爾〔Cornhill〕三十七號）寄出的。歷史學家威廉斯就此推論納坦確實於一八〇〇年抵達英國，在倫敦度過夏天後動身前往曼徹斯特。但這不可能，不只是因為納坦寫給哈曼的第一封信就是**從**曼徹斯特寄出，我們還有好幾封後來的信件，納坦在信中明確表示自己在前一年即一七九九年第一次來到曼徹斯特。因此，可以合理推論納坦直到一七九九年

---

❽ 幸好無人傷亡，因為所有居民（包括羅斯柴爾德一家）都逃走了。不幸的是，正如歌德母親寫給兒子的信上所言，這表示「當大火發生時，沒有人能進入上鎖的房屋，也沒有猶太人在場能撲滅火勢」。

才抵達曼徹斯特，不過他和他的父親隔年才開始大規模進行英國業務。所以納坦可能是在一七九八年首次渡過英吉利海峽，在倫敦待了幾個月後繼續往北前進，不過這也只是可能的推測。

納坦為什麼要去英國？在沒有確切的證據下，大部分歷史學家都依據納坦自己對這段遷徙過程的敘述（他在一八三四年向英國國會議員湯瑪斯・福威爾・巴克斯頓講過），他自述離開是自己的決定：

「在那個城市裡，」他說，「沒有足夠的空間容納我們所有人。我負責處理英國貨品，某天來了一個大老闆，整個市場都是他的，他就是這樣的大人物，若他把貨品賣給我們就是對我們有恩。但是我不知怎地冒犯了他，他不願意讓我看他的式樣，那天是星期二。我對父親說：『我要去英國。』但我只會說德語。星期四我便開始……」

我們沒有理由懷疑這個版本故事的真實性。納坦是一個野心勃勃、好勝心強的人，在處理業務時很容易被人惹惱也很容易冒犯別人，所以不難想像他遇到這種紛爭時會做出輕率的反應。然而，他回憶起的這段過往卻有幾處錯誤，可能他忍不住想為自己從貧困發跡致富的故事增添幾分浪漫色彩，又或許他為了晚餐後的聽眾著想，把挖苦自己的話說過頭了（後者的可能性比較高）。無論如何，他父親似乎不太可能（又或者確實可以）只憑著他一股剛萌芽不久的衝動就將這麼一大筆錢交付給他。據納坦對巴克斯頓所言，總額有兩萬英鎊，大約是一七九七年損益表上所記淨資產的兩倍。無論納坦的「新創」資本有多少，他的運作決策大概不太可能踰越父親的命令太多。

基於政治因素，他們必須隱瞞納坦是法蘭克福公司代理人的事實，這也讓一些歷史學家主張，納坦一到英國後便有效率地獨立於父親與兄弟來開展業務。但是公司檔案庫在這段時間的證據則清楚顯示，最初納坦是按照法蘭克福的指令行事，事實上他哥哥薩羅蒙在一八〇一年還被派來協助他，之後他才逐漸開始依自己的意思進行交易。納坦最早從倫敦和曼徹斯特寄出的信件中，有幾封都署名「代表邁爾・阿姆謝爾・羅斯柴爾德」。父子之間顯然會定期通信（只是留下來的非常少），納坦也經常代表父親寫信給薩羅蒙・薩羅蒙斯（Salomon Salomons）以及哈曼銀行等在倫敦的公司，後者負責處理羅斯柴爾德公司在倫敦的保險及銀行業務。這些早期的信件開頭不乏下列這些句子，像是「我父親希望我寫信給您」或者「我剛接獲我父親的指示是這樣說的」。有一次，一間公司讓納坦心生不滿，他便警告他們若還有「這類的抱怨……我很肯定我父親會要求我另尋他人，找一個更能準時完成交辦任務的人」。還有一次，他告知薩羅蒙斯公司：「今早我收到家裡來信，寫道我父親非常不滿意你們的包裝，信中叫我絕對不能再繼續寄貨到倫敦去，因為你們運送時有所輕忽。」而且在這段期間的大部分時候，納坦寄了一箱又一箱的布料到歐陸去，數量越來越多，箱子上都印著MAR的徽章代表邁爾・阿姆謝爾・羅斯柴爾德。納坦在一八〇二年夏天病了短短幾天，不過他並未告知父親，並不是因為不想讓父親擔心，而是他不想讓父親認為自己沒辦法照顧生意（不管出於什麼原因）。他病後不久，寫信給一名頑固的法國客戶，信中內容讓後人得以一窺他父親的性格以及他自己對此的觀點：「你認為我父親會賣出……他掏錢買下的貨物……而不求獲利？你大錯特錯，我父親的煙囪若賺不了錢就不會冒煙。」十天後他收到父親的信，信中疾言厲色責怪他沒有「規律」記帳。

納坦對文書工作的草率態度顯然經常引起爭執。這是邁爾・阿姆謝爾第一次訓斥他這件事，三年後仍然在嘮叨同一件事，這也非常明顯顯示出兩人關係中是誰握有決定權。這是邁爾・阿姆謝爾少數保留下來的私人書信，非常值得花些篇幅引述這封難得的信件，從中一窺早期羅斯柴爾德父子的通信狀況：

> 首先，所有跟我們往來的人都在抱怨你，親愛的納坦。他們都說你在寄送託運貨物的時候太過雜亂無章，例如有時候你寫信說自己寄了某個數量的箱子，然後後來（送抵的）是另一個數量；或是你今天寄出了一個箱子，卻在六個月後才讓埃斯瑞爾・瑞斯（Esriel Reiss）知道，他的一個員工跟我說你做事實在太草率了。我親愛的朋友，如果你寄出箱子之前沒有把所有數量都寫下來、如果你一直等到知道箱子送達了才寫下來、如

果你不多加注意、如果你發現來往的對方沒有回覆，你也（不）問問箱子去哪裡了、如果你這麼雜亂無章，身邊又沒有人或者朋友幫忙，那麼你就會受騙。這樣有什麼好處？只要時機（恰當），人人都能成為百萬富翁。我在法蘭克福就已經罵過你特別不知節制又草率行事，親愛的納坦，我不喜歡這樣。

這種不斷重複又長篇大論的書信風格（邁爾．阿姆謝爾最大的兩個兒子阿姆謝爾和薩羅蒙也有乃父之風）在今日讀來並不容易，納坦讀了肯定也不會太高興。不過這名父親決意要一棒敲醒兒子，讓他改變自己的行事做法，這也提供了一個十分有趣的觀察角度，能夠知道當時的經營方式：

我看過赫克歇爾（Heckscher）與商人巴瑞許（Baresch）寄送及退回託運貨物時多麼井然有序，他們特別雇人來看管一切。他們說，若是不懂得條理分明，那麼百萬富翁做的生意多了就會破產，因為這整個世界並不是，或者說不是非常誠實。人們看到你寄送的貨物雜亂無章，那麼跟你做生意就只是為了騙你……大部分情況下，他們會為了欺騙你而與你挑起爭端，若是看到你託運貨物有多麼隨便，就更會這麼做。總之，他們跟你做生意就是要利用你的混亂。法蘭克福有個叫伊路澤．埃爾菲特（Eluzer Elfelt）的人賺了非常多錢，但是因為他太過雜亂無章，所以全世界都在賺他的錢，結果他因為他自己做事實在太草率，最後只能自食惡果。親愛的納坦，別生你父親的氣，你實在不太擅長文書工作。找個員工來管理託運物品的寄送，聽我的話，寄貨的時候要更有條理，不然我不會給你的生意太多機會。如果你不懂得整理，賣得越多情況就越糟糕。親愛的兒子，別因為我這樣寫信就生氣……你必須謹慎，而且阿姆謝爾說他匯款給你時你也沒有做好妥當紀錄，這樣不對……你真的必須確實記錄下每一筆你寄給我們以及我們寄給你的東西，你真的一定要好好記帳。如果你是因為記帳員的問題才沒辦法井然有序地記下所有帳目，寫信回家，或許我們能提供建議……如果你能好好記帳，文書資料都要整理妥當，也要注意你讓人賒帳的方式，那麼想必你能有一番成就。

這封父親的教誨書信還沒就此結束，邁爾・阿姆謝爾繼續指責納坦未能計算出淨利（相對於毛利），責怪他跟林德斯科夫做起珍石交易的生意（「但你又不是珠寶商」），還罵他未能扣除呆帳：

我親愛的兒子，你千萬不能生氣，一個父親心裡總是記掛著所有孩子的幸福，所以才會詢問，想要知道你的財務真實狀況如何，因為如果你的呆帳太多，求上帝保佑不會如此，而且還一副這些帳有好處似地記下，那只是在假裝你很有錢……親愛的兒子，你很努力工作，乖乖做你該做的事，你所做的已經夠多了。我只是想激勵你更有條理一些……你的頭腦真的很好，卻不知道條理（的重要性），我在這裡所見到的，有條理的商人們都能夠變得非常富裕，而雜亂無章的人則會破產。所以，親愛的兒子，不要不把我在信中告訴你我的意見當一回事。

從這封信中可以清楚地看出，在邁爾・阿姆謝爾眼中，納坦仍然只是這間父系家族企業中的五間子公司其中之一。如果納坦改善自己做生意的方式，那麼一旦他的姊妹嫁人之後，他可望拿到「跟你兄弟拿到的一樣大的生意股份」，不過在那之前還是由邁爾・阿姆謝爾發號施令。

有人提出納坦離開法蘭克福的另一種可能，是為了逃離猶太人聚居區中的宗教限制。猶太人在經過三個半世紀的禁令之後，在一六五六年得以再次進入英國。確實，在一八〇〇年代早期，英國猶太人比德國猶太人享有更多自由，此時的猶太人在英國幾乎不受什麼經濟管制[9]，不過（和天主教徒、不信奉新教者以及無信仰者一樣）他們仍然不得進入國會、地方政府和大學，而且身為外國人，隨著英法之間的戰爭越演越烈，新移民也要面對越來越嚴格的監管（在英國出生的猶太人就是英國人）。倫敦在十八世紀期間發展出自信且繁榮的猶太人社群，包括如莫卡塔家族（the Mocattas）的塞法迪猶太人以及如商人列維・巴倫特・科恩（Levi Barent

[9] 猶太人無法正式獲得在倫敦這個金融重鎮的自由，不過這項限制實際上不妨礙他們在這裡做生意。

Cohen）的阿什肯納茲猶太人，科恩的父親是一名成功的阿姆斯特丹亞麻布商。一七九〇年代晚期，班傑明・葛斯密德（Benjamin Goldsmid）及亞伯拉罕・葛斯密德（Abraham Goldsmid）兩兄弟已經積極在從事金融業務，後來納坦便是模仿他們行事，而葛斯密德的事業無比成功，威脅到巴爾林兄弟以及他們於阿姆斯特丹的代理銀行霍普銀行（Hope & Co.）在市場的主導地位，過程中導致了某種憎惡，雖說隱約帶著宗教色彩，不過基本上是經濟因素使然，這是我們在法蘭克福已經看到的。我們知道納坦透過他父親與薩羅蒙斯公司的生意往來得以進入這個世界，但是他初到英國時顯然在倫敦只待了短短幾個月，然後就北往到曼徹斯特這個社交不甚友善的環境，這裡有才剛成形不久的小型猶太人社群，絕大部分都是貧窮的小店主，買賣舊衣服、便宜的珠寶首飾、雨傘以及成藥。雖然納坦在曼徹斯特感受到的歧視相比起在法蘭克福時算是輕微很多，但仍很難相信那裡有生意以外的因素吸引他。

當時的人有時會貶損納坦所做的生意，說他是「賣衣服的」。他的生意有多麼成功呢？非常成功，根據他自己的描述，主要都多虧了他機靈的商業頭腦：

> ……我越是深入英國，商品就越便宜。我一到曼徹斯特就花掉了所有的錢，那裡的東西實在太便宜了，而我賺了不少錢。我很快就發現這裡有三個獲利來源：原料、印染和製造。我跟製造商說：「我會提供你原料和染料，你就提供我製造好的商品。」於是我能賺到三方來源的錢而不只是一個，而且還能用比別人更便宜的價錢賣出商品。很快我就把自己的兩萬英鎊變成六萬英鎊，我的成功完全奠基於一句格言，我說：其他人能做到的我也能做到，因此我能夠與那個帶著布樣的人並肩競爭，還能跟其他所有人競爭！我還有一項優勢，就是我做事不講客氣，一有機會就會討價還價。

這對納坦的經營手法是個不錯的總結，不過這同樣將事情太過簡單化了。納坦抵達蘭開夏的時候帶著父親想購買的英國紡織品的訂單，並且繼續透過郵件接單。他評估市場後，掌握自己能夠買到手的衣料品質與價錢，接著開始跟各個製造商下訂單，不只是那些在曼徹斯特附近營運的工廠，同時還有遠方的公司，最遠可到諾丁罕、里茲、斯托克波特（Stockport），甚至到了格拉斯哥（Glasgow），然後衣料開始進入製造流程（通常分包給紡織工在他們的房舍裡工作），最後由染工及印花工匠「完成」，大多也是交給曼徹斯特及其周邊的小公司。納坦為了壓低買進的商品價格，盡可能地「以目前的票據條件」預先付款，這表示要向他的倫敦銀行「預支」（也就是借貸）「三個月」（三個月後償付）。他在一八〇一年十二月便解釋道：

每個週二、週四，住在曼徹斯特周圍三十多公里外鄉間的紡織工就會把他們的貨品拿過來，大概有二、三十件，有些人比較多、有些人比較少，他們把東西賣給這裡的商人，兩、三個月或者六個月後收款。不過通常其中有些人很需要錢，願意犧牲一點利潤好賺取現金，所以用現金購買的人有時候或許能以便宜百分之十五或二十的價錢買到。

納坦其實只要在商品運送到歐陸後再付款給比較大的製造商就好，另一方面，他必須等上一段時間（通常是兩個月）才能收到法蘭克福的付款。顯然這種生意能賺取的利潤相當微薄。當時紡織業的淨利率最高可達百分之二十，但納坦的收費卻相當低廉，從他倉庫中以現金購買貨物的價格為百分之五，若是必須運送到歐陸的商品，收取的利率最低可以到百分之九。這是他刻意為之的策略，好吸引客戶增加自己的市占率：納坦在寫給潛在客戶的信件中，經常強調自己作為經銷商的售價加成比起其他競爭對手收取的都要低。正如他在一八〇二年九月對他父親所說：「曼徹斯特其他家族採購的價格再低也沒有我這麼低，而且其他人也不會像我們這樣不嫌麻煩地努力搜羅商品好獲利。」「您在曼徹斯特絕對找不到第二個能像我以如此微薄利潤提供商品，」他如此向一位新客戶保證，「我有幸能夠直接告訴您我的意思，若是您在未來要與我做生意，必定能夠安心，因為我送上的商品是全世界任何人所能提供中最便宜的。」不僅如此，隨著納坦的生意版圖擴展，他開始向父親以外的公司出口商品，納坦不僅提供低廉的價格，還有合理的賒帳條款。他告訴同一位買家，他認為自己的錢

「放在您手中就和放在自己口袋裡一樣安全」。他在歐陸上的客戶通常都會在付款日延遲三個月後才結清，實際上就是納坦運送出商品（也付了錢）的五個月後。納坦越是能以現金或「即期票據」付款，付給供應商的價錢就越少；而他能讓客戶賒的帳越多，也越能吸引越多客戶。這似乎一直都是他的基本原則。

正如這段時期的信件複本顯示的那樣，這套系統的實際影響十分令人煩心。首先，納坦本人必須經常四處旅行好建立起供應商及客戶的關係網。早在一八〇〇年十一月，他便離開曼徹斯特前往蘇格蘭，顯然他在那裡找到了品質更好的布料或者更漂亮的價格，後來他分別在一八〇一年及一八〇五年回到那裡。同時，他也必須經常去倫敦（就像他在一八〇〇或〇一年走的那趟一樣），才能和銀行家保持良好的關係，因為他仰賴銀行透支給他的能力。雖然有些買家會派代表前往曼徹斯特，納坦卻喜歡直接與歐陸公司談生意，他至少進行過兩趟重要的遠行，跨過英吉利海峽以招攬新生意。一八〇二年春天，他去了法國、荷蘭、巴黎、南錫（Nancy）、里昂、列日、梅斯（Metz）、布魯塞爾、馬斯垂克（Masstricht）、安特衛普與阿姆斯特丹等城市，與那裡的公司建立關係；在回到英國之前，他還去了德國與瑞士以確保自己拿到位於漢堡、紐倫堡、海德堡（Heidelberg）、科隆、慕尼黑、梅明根（Memmingen）、薩爾茨堡（Salzburg）、萊比錫、柯尼斯堡（Königsberg）與巴塞爾（Basel）等城市公司的訂單，他在一八〇三年的客戶名單中甚至包括了一間位於莫斯科的公司。有一本他在這些旅行中攜帶的型錄留存下來，每一頁都釘著一小方塊、一小方塊的布料，展示英國製造商能夠製作出各種不同花紋及質感的布料，簡直超乎尋常。[10]不過這樣的遠行也表示有相當多工作都落在他員工的肩頭上，主要是喬瑟夫・巴柏（Joseph Barber），納坦剛到曼徹斯特不久便雇用了這位英國人來記帳。

然而，再怎麼奔波也無法保證供應商能按時交貨，又或是交付實際訂購的貨品，因此納坦的信件中大多都是在勸哄製造商要確實完成他的訂單。同時，沒有人能保證客戶每次都會滿意自己所收到的貨品，所以他也經常回頭就商品的價格及品質討價還價，他跟蓋森海默提起這件事就懊悔不已：「如果一批貨物的付款日期可以延遲三個月，而我在兩個月前就寄送出去，那麼……我可能要等五、六個月才能拿到錢……要拿到委託的訂單很容易，要賺到錢可就沒那麼簡單了。」納坦也經常和他在倫敦的銀行針對收取的利息以及他們所負責的高昂保險費用爭執。這三重壓力似乎讓納坦決定要更多元化經營，看來在一八〇一年對供應商的不滿促使他決定自己直接從事製造，因此他向博頓瓦特公司（Boulton & Watt）購買了一台導紗機。接著在一八〇五年，他和同樣來自法蘭克福的另一位移民奈姆·畢爾·林德斯科夫（Nehm Beer Rindskopf，邁爾·阿姆謝爾的生意夥伴畢爾·奈姆的兒子）合夥，讓林德斯科夫負責客戶的銷售業務。林德斯科夫很快就讓納坦更進一步多元經營，不只是以他的名義訂購布料，同時也購買靛青染料，以及後來的珍珠、龜殼以及象牙（這些所謂的殖民地商品都是由大英帝國的海外殖民地進口到本土）。最後，納坦開始投入更多心力專注於自家生意帶來的眾多信貸交易，他經常四處比價，尋找更好的借貸與票據貼現的公司，並和一連串倫敦銀行家都有往來，包括萊昂·德·西蒙斯（Lyon de Symons）、葛斯密德與德伊利亞森（Goldsmid & D'Eliason），以及丹尼爾·莫卡塔（Daniel Mocatta），同時還有歐陸上的銀行家，尤其是帕里許銀行（Parish & Co.）以及施羅德兄弟（the Schröder brothers）。納坦也和他父親一樣，逐漸從商人轉型成為商人銀行家。

這段發展成形的歲月充滿了狂熱且忙碌的氛圍，從目前僅存的納坦書信錄中便能身歷其境感受到當時的境況。在這個擠滿無數小公司的市場裡，很容易受到價格及利率快速波動的影響，而且又幾乎完全沒有管制，因此需要擁有熾熱的野心和冷靜的算計才能生存繁盛，納坦·羅斯柴爾德便是兩者兼具，而且十分有餘裕。他

⑩ 一筆常見的訂單委託如下：「來自美茵河畔法蘭克福的西契爾與希爾德斯罕先生們的大部分商品或許會在八月抵達，剩下則在九月抵達，馬上要將貨物送至漢堡的維特莫公司，貨物送抵漢堡後便能付清四分之三款項，剩餘四分之一則於貨物抵達法蘭克福時付清，帳單記在倫敦於兩個半月後，不含折扣，由N·M·羅斯柴爾德擔保：30又⅓匹天鵝絨……54又⅓匹棉製天鵝絨……30又⅓匹藍色天鵝絨……221又⅓匹藍色棉製天鵝絨……21又⅓條素面棉製天鵝絨……42又⅓條高及棉製天鵝絨……42又⅓素面粗棉布……33又⅓條高級燈芯絨……12又⅓條藍色高級粗棉布，最新款式……30又⅓條白色被單，素面及緞面條紋……69又⅓印花粗棉布……24又⅓條黃色印花粗棉布，最新款式……24又¼條倫敦印花被單，最新款式及高品質；40條羊毛混紡布，格紋及條紋；4條絲棉紡布，流行款式；27又⅓條印花粗棉布，同款式。」

最早開始經營時也準備好逢迎拍馬，還曾經送了一箱紅酒給薩羅蒙．薩羅蒙斯公司，希望能夠拿到更好的保險費率[11]，但很快地，那股似乎天生的傲慢、甚至惡霸般的語調自然而然開始主導了一切。早在一八〇〇年十二月，他就滿懷自信地寫信給一名他下了訂單的蘇格蘭製造商：「只要您盡一切努力來取悅我，而且交貨迅速，那麼您可以安心，我一定能定期讓您有源源不絕的訂單。」兩週後，他特別強調了這段訊息：「我想歐陸隨時都可能有訂單過來，我當然可以優先交給您，但是希望您能先交付……先前的訂單，然後我再給您新的。您要求再多三週工作時間，但若您能夠越快交貨、價錢越低，就能指望拿到更多訂單。」而後續並未收到回覆的時候，納坦就發怒了：「我很驚訝先前這段時間居然都沒有收到您的消息。我在格拉斯哥的時候，您給了我可靠的承諾，說會馬上處理我的訂單，但那已經是很久以前的事，我竟然連一點消息都沒有。如果您能夠盡快做好訂單，那麼就有機會拿到大訂單，畢竟若您無法按照承諾的時間交貨，我給您訂單也沒用。」另一間蘇格蘭公司也延遲交付他訂購的貨品，他更是嚴厲責備：

想必您是留著這批貨當做保險，要等到我付清您那非常大筆的帳單吧！我認為此舉十分不入流……我想您以為我再也不會去格拉斯哥或者佩斯利（Paisley）了，但我以我的名聲保證，我在兩個月內就會再度造訪，而且相信以我的付款方式，應當能夠買到許多商品。

一年後，他豪不猶豫地指責一位笨拙的法國買家「使詐」。

有時納坦覺得自己幾乎就像在跟他的競爭對手打仗，有一次他感到「意料之外的驚訝，因為得知我的敵人正在法蘭克福努力散播謠言，內容盡是誹謗又毫無根據」。他告訴他父親：「這個國家有很多人非常樂意打擊我的信用及人格，好顯得他們更為優秀。但我感謝上帝讓我有如此健全的人格，因此他們那些邪惡又無用的意圖達不成目的。」他的對手無疑想要擊倒他，不過這也讓人不免得出結論，認為他有時候實在控制不好自己爭強好勝的脾氣。「您實在有夠無賴。」漢堡一位銀行家貝倫斯（Behrens）在一次小爭吵中這樣告訴他：

我……實在忍不住要表達我對（您信件中的）音調（錯字照引，應為語調）以及內容的震驚。確實，您希望讓我相信您就像加圖（Cato）那般善良，而且像雷古魯斯（Regulus）那般信守承諾，但我究竟能否達成您在這方面的願望仍是個問題，我既沒有空閒也沒有興趣去深究……您時常瘋瘋癲癲的，這就是我的想法。您是不是以為我會因為您的錢就怕了？我擁有的和您一樣多，而且我甚至還不住在英國。

他的合夥人林德斯科夫在兩人合作早期也犯過批評納坦的錯誤，後來在林德斯科夫所寫的一封信中顯示納坦對此並不高興：「我開誠布公對你說出我心裡的想法是因為我對你懷抱著真正的友誼，如果你聽了覺得言詞輕率，那也是出於我當下失望的無心之過，不過對我已經將一切淡忘了，我希望也期盼你可以這麼做，而且認為現在我正在寫信的對象仍是我的老朋友羅斯柴爾德先生。」而倫敦一名商人指控他做生意的對象「盡是偷拐搶騙的家族」，納坦對此大發雷霆：

我可以向您保證，先生，和我交易的家族和您一樣都高貴可敬又腳踏實地。倫敦、漢堡和歐陸其他地方上最富有、最強大的家族並非宵小之輩，他們都是我生意往來的對象……我可以向任何人證明，我從未拖欠帳款或者從哪位無償付能力的朋友手中損失一毛錢，若說我總是跟那些偷拐搶騙的傢伙做生意，我想也不會是如此……沒有人比我更痛恨欺詐與抱怨。

確實，十九世紀早期的紡織業總是瞬息萬變，維持個人的良好商譽極為重要，畢竟一個人在他人眼中的信譽也仰賴於此。儘管如此，還是有人在信件中表露出對另一名代表的同情，後者顯然很難忍受納坦總是極端

⓫ 納坦在一八〇〇年十二月二十一日寫信給薩羅蒙．薩羅蒙斯公司：「各位每天喝著這些酒的時候就會想起我，各位會發現這些酒的品質又好又便宜；而哈爾曼先生提供的保險費率比各位還低了百分之一。」

好戰的個性：

最棘手的是，只要你在某一處得到了答案，你豐富的想像力便會讓你提出另一個可能性。經營生意的人如果有其他更好的事情可做而非不斷駁回各種徒勞無益的固執念頭，自然一定不願意跟著你穿越由誤解或者錯誤陳述組成的迷宮。身在其中，你腦中不斷浮現的想法會不斷催促著你，這對你自己並沒有什麼意義，也只是讓其他人不滿。

問題還是一樣，這位好鬥的年輕人到底成功賺了多少錢？從間接證據看來，納坦確實表現得很好。當他於一八〇四年拿到居留證時，已經在亞德威克（Ardwick）這個城鎮中相當繁榮區域的唐寧街（Downing Street）擁有一棟房屋，並且在布朗街（Brown Street）上也有一間倉庫。五年後，他在莫斯里街（Mosley Street）二十五號擁有一個「廣大又寬敞」的倉庫，旁邊緊鄰著一棟「寬闊、現代又建造精良的」別墅住宅，而這條街是「曼徹斯特最為上流的街道」。這類資料讓我們得以推測出納坦的生意在一八〇〇至一一年（這一年他關閉了曼徹斯特的辦公室）間的營業額，印證了對他經濟狀況快速提升的猜想（參見圖表1.ii）。事實上，如果我們保守一點估計，假設他在這整段期間的獲利達到總銷售額約八十萬英鎊的百分之五，那麼他後來向巴克斯頓聲稱自己做紡織品買賣賺了四萬英鎊，似乎也沒錯。但是，他的生意進展完全不如他後來所說的那樣一帆風順，正如圖表1.ii所示，從一八〇四年初起一直到一八〇五年秋天算是相當順利，不過接下來卻有近兩年陷入低潮；然後這個循環重複了一次，他的生意版圖在一八〇八年及〇九年急速擴張，卻在一八一〇年瞬間下滑。

我們對於這樣突然的起落應該不會感到意外。納坦經營的生意即使在情勢大好的時候也很容易受到突如其來的季節性及景氣循環漲跌影響，而且他還得處理不時爆發的戰爭所帶來的干擾，同時要面對拿破崙時期特別在英國及歐陸間施加的交易限制。即使在一八〇三年英法兩國再次開戰以前，他就已經收到英吉利海峽

圖表1.ii：納坦・羅斯柴爾德的紡織出口業發展起伏，1801－1811（英鎊）

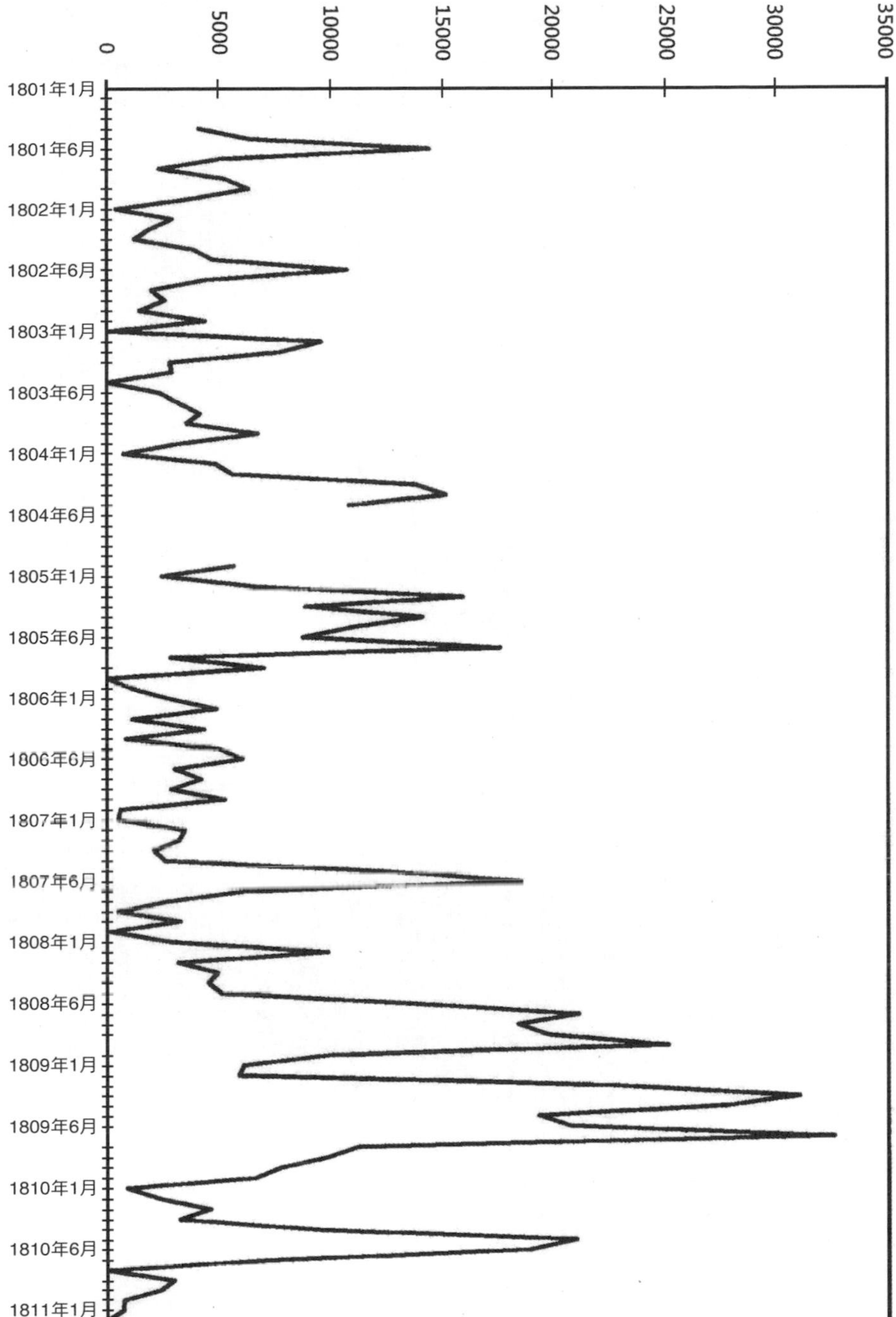

兩岸交易可能會實施禁運的警告。[12]經商環境在一八〇五年已經逐漸惡化，而拿破崙頒布的柏林法令（Berlin Decree）禁止英國出貨到法國控制的歐陸領土（一八〇六年十一月），因此正式實施封鎖只是確定了經濟慘烈崩盤的結局。早在一八〇五年十一月就有一名外派員工哀嘆道：「現在是歐陸最艱困、最不開心的時刻……什麼生意都沒有，市場上的貨品多到過頭了，而且也沒有人償付債務。」一八〇六年的最初幾個月，至少有三間跟納坦來往公司倒閉，其中包括漢堡的MM大衛公司（M. M. David），此時距離六月實施的封鎖令還有一段時間。此後，像納坦經營的這類型公司只能選擇停止活動或者違反禁令，並且承擔起相關的一切風險。一八〇六年五月，英國海軍部在赫爾（Hull）沒收了五艘船，查獲三名猶太商人於曼徹斯特購買的價值約兩萬英鎊的禁運品；還有另一名猶太商人只是來跟納坦結算帳務，也在斯托克波特遭到逮捕。於此同時，法國也在做同樣的事，他們逮捕了納坦在漢堡的新代理人帕里許（Parish），導致他被迫拋售自己的商品以免遭到沒收，賠了一大筆錢。目前留存下來的書信錄透露出這段時間對納坦尤其困難，因為林德斯科夫越來越難貼現他的票據。早在一八〇六年四月，帕里許就向邁爾．阿姆謝爾抱怨他的兒子挪用了兩千英鎊的貸款，已經超過了信用額度，到了八月底，他似乎已經欠林德斯科夫超過兩萬八千英鎊，償付的年利率是百分之四．二。情況在拿破崙與俄羅斯沙皇簽訂提爾西特條約（Treaty of Tilsit）之後有了改善，一八〇七年七月，納坦從兄長阿姆謝爾那裡得知了該條約的報告；但是海峽兩岸之間的交易限制仍然有效。

在這樣的情況下，納坦別無選擇，只能繼續非法進行他的出口生意，換句話說，他成了走私犯。一八〇七年十月，他利用一艘在美國註冊的船隻及偽造的荷蘭文件，經由阿姆斯特丹將一批託售的咖啡送到瑞典；其他比較常用的禁運品運送路線是取道德國黑爾戈蘭（Heligoland）以及波羅的海國家的港口。當然，這些運送出去的貨物無法合法保險，因此涉及的風險非常巨大，不過可以想見潛在的報酬也是如此。到了一八〇八年，多虧納坦高超的「管理、判斷、預測等能力以及人脈關係」為他贏得名聲，他成為經常「成功將貨品送到歐陸」的那個男人，只是「沒有人知道……貨品是**怎麼**送出去的」。他的生意在一八〇八年及〇九年有所好轉，但卻如曇花一現。一八〇九年九月，有一大批運送往拉脫維亞里加（Riga）的貨物被查獲，只能透過「賄賂，還有確實要付出沉重的稅金」才能夠取回貨物；另一批貨品在柯尼斯堡也遭遇相同的命運。

最後一擊發生在一八一〇年十月，就落在法蘭克福。諷刺的是，這個時候，八月五日頒布的特里亞農法令（Edict of Trianon）已經多少鬆綁了對進口的禁制，合法化進口所謂的「殖民地商品」，但是法蘭克福大多數的公司仍持續走私，一部分是為了避免根據新規定徵收的高額進口關稅，另一部分則是為了繼續買賣定義為純英國的商品。例如邁爾·阿姆謝爾光是在一八一〇年六月就收到至少七批從英國運送過來的貨品，總價值四萬五千英鎊。十月十四日，政府頒布楓丹白露法令（Edict of Fontainebleau），下令沒收所有走私到法國控制的領地及殖民地商品。兩支步兵團占領了法蘭克福，並且根據名叫提亞德（Thiard）的間諜回報，大約有兩百三十四間公司的營運廠房遭到搜查。邁爾·阿姆謝爾被抓到持有價值六萬荷蘭盾的禁運品，其中約有一半是納坦寄過來的靛藍染料，依據特里亞農法令，不僅要回溯徵收這些商品的關稅（罰金花了邁爾·阿姆謝爾近兩萬法郎），而且所有遭到沒收的商品（總價值約十萬荷蘭盾）也要公開燒毀。一名旁觀者表示：「到處都是一片混亂，嚴重程度簡直超乎人所能形容。」雖然邁爾·阿姆謝爾算是相當輕易就脫身（貝斯曼家族得付超過三十六萬法郎的罰金），不過這場危機可以說是一個轉捩點，自此以後，這類商品交易在羅斯柴爾德家族的生意中便慢慢減少了。[13]

對納坦來說，這樣的轉變始於一八〇六年十月，因為他娶了倫敦大商賈列維·巴倫特·科恩的女兒漢娜（Hannah），此舉不僅增加了納坦的資本，妻子帶來的嫁妝總額達到三千兩百四十八英鎊，加上他自己的父親提供了很大一筆錢，結婚也讓他成為倫敦猶太人社群中知名人士的夥伴。一八〇七年，納坦大部分的走私

⓬ 戰爭爆發讓納坦必須趕緊更新自己的護照，以確保自己在英國的居留權不會遭到質疑。

生意都和科恩一同進行，而且科恩也和納坦先前的合夥人林德斯科夫一樣，鼓勵這位新女婿開發更多出口到歐陸的商品種類，包括印度和波羅的海地區的產品，當然還有英國紡織品。不過這只是為納坦鋪了一塊墊腳石，因為此時他已經下定決心要成為成熟的銀行家。至少有一個在他曼徹斯特的合夥人認為，他最早在一八〇八年便已經達到這個目標，儘管他在那年夏天只是在這座城市中拿到一個地址（大聖海倫區〔Great St Helens〕十二號），在倫敦還不為人所知。雖然納坦最早的倫敦分類帳目中顯示，他最晚在一八一〇年就開始從事銀行業務，不過從曼徹斯特搬到倫敦的過程卻拖宕甚久，他一直到一八一一年七月初才能夠正式宣布：

> 我過去經營生意時簽署的身分都是納坦．邁爾．羅斯柴爾德於曼徹斯特，隸屬於「羅斯柴爾德兄弟」公司，不過從今天起就不再如此進行，任何與這間公司有生意往來的人都必須告知要求，付款的對象改成N．M．羅斯柴爾德，地址是他在倫敦聖史威辛斯巷（St Swithin's Lane）新廷（New Court）的會計室。⓮

自十二年前納坦．羅斯柴爾德離開法蘭克福猶太巷那塊擁擠的聚居區，以及猶太人的母豬這種形象所象徵的歧視，他經過了長途跋涉才達到此時的成就。不過他搬進倫敦市的這個時機可以說是占盡天時地利之便。

⓭ 事實上納坦又吃了一次虧，有一批送往俄羅斯的貨品下場悽慘，顯然是拿破崙侵略之下的犧牲品。

⓮ 如今這個享有盛名的地址（譯者按：今日羅斯柴爾德集團的倫敦總部仍設於此處）在當時位於一個專業人士聚集的繁榮地區，建有五棟三層樓房屋，納坦擁有其中一棟，他的鄰居包含一位外科醫師及一名保險經紀人。

二、選帝侯的財寶

老爺子……讓我們賺了大錢。

——卡爾・羅斯柴爾德

納坦・羅斯柴爾德在工業革命早期的核心地區取得成功，絕對對他父親在法蘭克福的生意有相當的重要性，從這個角度看來，羅斯柴爾德家族實實在在是工業時代的孩子。然而，邁爾・阿姆謝爾扮演傳統「宮廷猶太人」的角色同樣非常成功，當代學者認為這對家族的經濟崛起更為重要。確實，就連邁爾・阿姆謝爾的兒子們也都傾向認為，他和黑森－卡塞爾威廉九世的關係才是他們財富的真正基礎，威廉九世一路從王儲成為方伯，在一八〇三年後成為選帝侯（Kurfürst）。自從這個說法在一八二六年起開始廣為流傳，選帝侯財寶的傳說便經常被提及，同時加油添醋，卻從來沒有人認真質疑過這個故事。不過只要細細檢視現存的紀錄，便會發現這個說法其實誇大了選帝侯的重要性，或者至少是被誤解了。

黑森－卡塞爾的威廉和邁爾・阿姆謝爾差不多是同一個年紀，不但和他一樣對古錢幣有興趣，也同樣對各種錢財有興趣。不過從其他各個層面看來，這兩個人說有多不一樣就有多不一樣，尤其是兩人的宗教背景。威廉的父親於一七六〇至八五年間成為黑森－卡塞爾的方伯，在年輕時便改信天主教，讓新教親戚們相當錯愕，不只是他父親，他岳父英王喬治二世（George II）亦然，於是年幼的威廉便完全被帶離了他的照護。七年戰爭期間，他和弟弟卡爾（Karl）被送到丹麥，兩人在那裡受到另一位新教君王的影響，也就是丹麥的弗雷德里克五世（Frederick V of Denmark，同樣是喬治二世的姻親），他的女兒在一七六三年嫁給了威廉。威廉在他父親過世之前獨自統治著哈瑙－明岑伯格（Hanau-Münzenberg）這個小伯國，位置正好就落於法蘭克福的西北方。儘管宗教在威廉的人生中具有強大的政治意義，但他卻不是那麼遵守摩西頒布的十誡，也不如與他生活在同時代的卑微猶太人那樣謹慎。他至少和三名情婦生下了至少十二名私生子，其中四個孩子的母親是黑森的貴族女子卡洛萊・馮・施洛泰姆（Caroline von Schlotheim），而至少有七個孩子的母親是名叫蘿莎莉・朵洛西亞・瑞特（Rosalie Dorothea Ritter）的瑞士女子。威廉完全不打算掩蓋自己通姦的結果，還給了所有私生子恰當的高貴頭銜及姓氏，包括馮・黑森斯坦（von Hessenstein）、馮・海姆羅德（von Heimrodt）以及馮・黑瑙（von Haynau）。

不過他長久以來的罪惡是貪婪，而且只有他這樣的身分地位才能犯下這樁罪，因為黑森－卡塞爾和十八世紀歐洲絕大部分王國及諸侯國不同，這個國家非常富有，威廉登基時的財產達到三千萬至四千萬荷蘭盾之間，而且這裡也跟西歐其他地方不同，並未發展出任何禁止統治者隨意花用國家財產的政治限制，因此國家的資產基本上與親王的個人財富不可分割。這裡之所以能夠累積起如此可觀的資產，主要是靠出售黑森軍隊為出價最高者服務（通常都是英國），這套系統在美國獨立戰爭期間達到鼎盛。甚至在尚未承襲父親的王位之前，威廉就已經開始進行這種交易，出售了一支約兩千人的哈瑙軍團幫喬治三世攻打叛亂的殖民地居民。出售的條件非常優渥：威廉出售一名士兵能收取七十六荷蘭盾（約七英鎊），每傷一人則額外收取二十五荷蘭盾，戰死一人可再收七十六荷蘭盾。這筆錢並非以現金付款，而是以（不計息的）匯票支付，先支付到威廉在倫敦凡諾登父子銀行（Van Notten & Son）的帳戶，當他想在匯票到期前兌現時，就將之賣給德國的經紀人。雖然他的花費確實相當多，例如為自己蓋了一座新的威廉高地宮殿（Wilhelmshöhe），但他兌現這些匯票的目的通常是將自己的資產進行投資，以賺取最高的利息。而且因為其他大部分的德國親王經常都需要錢，所以他只要借錢出去就能輕鬆達成目的。

因此，黑森－卡塞爾的財務狀況跟一般小國家的狀況並不相像，更像是一家大型銀行。財政部

（Kammerkasse）從王室資產與間接稅中收取固定收益，接著以這些錢支付經常性的民用支出，而戰爭財庫（Kriegskasse）的獲益不僅來自國家的財產稅，同時也來自提供傭兵聘雇與管理方伯投資所產生的利息。威廉在一八〇六年的總資產（將各個財務項目的資產加總起來）超過四千六百萬荷蘭盾（四百萬英鎊以上），其中有超過半數（兩千八百八十萬）是以借貸給其他德國親王的貸款形式存在，尤其是梅克倫堡－施特雷利茨公爵（Duke of Mecklenburg-Strelitz）與利珀－戴特莫爾德親王（Prince of Lippe-Detmold），另外還有四百六十萬投資在英國年金上。扣除所有開支後，他的淨收入大約是九十萬荷蘭盾，這很好地證明了為何當時的人們認為他是歐洲最富有的「資本家」之一，這話並不算太離譜。在如邁爾．阿姆謝爾這樣懷有理想與抱負的銀行家眼中看來，威廉有著如磁鐵般的吸引力，不只能藉由購買、轉售他的英國匯票來賺錢，若將他這筆龐大且不斷成長的資金投入有保障的投資當中，也能大賺一筆。從邁爾．阿姆謝爾的角度來說，唯一的問題在於其他人已經在賺這樣的錢了。

事實是，雖然邁爾．阿姆謝爾在威廉仍居於在哈瑙時便努力要在他的宮廷站穩腳步，不過一七八五年威廉在父親過世後繼任方伯、往北遷居到卡塞爾時，邁爾．阿姆謝爾還只是個無名小卒。我們從邁爾．阿姆謝爾於一七八三年要求能於週日離開猶太巷的特殊通行證以及後來的通信中得知，他此時已經開始接觸英國匯票的生意，但一直要到一七八九年，才藉由支付比當地根基穩固的公司更低的價格擠進卡塞爾交易這些匯票的主要市場。即使如此，他獲得的信用額度也僅有最低的八百英鎊，相較之下，主要的卡塞爾經紀人費德．大衛（Feidel David）則有兩萬五千英鎊的額度。邁爾．阿姆謝爾隔年要求更高的信用額度，原本希望能有一萬英鎊，但最後只得到兩千英鎊。❶不過此時的邁爾．阿姆謝爾結交了一位特別重要的朋友，這兩人的關係建立在

❶ 因為黑森的現金在兩年一度的商會之間的這段時間相當稀少，若是此時兜售英國匯票來換取現金會壓低它們的價格，所以經紀人會賒帳購買，等到之後市場流動性較大時再付款給戰爭財庫。

共有的益處上，此舉將成為他兒子們（與孫子們）的代表性「辦事手法」。卡爾．弗德里希．布德魯斯已經開始為威廉工作，負責教導他和朵洛西亞．瑞特的私生子；一七八三年他轉而進入哈瑙的財政部門工作；一七九二年，他在三十三歲的這一年遷居卡塞爾為非常重要的戰爭財庫工作，在公職上的階級迅速攀升。

布德魯斯和羅斯柴爾德之間最初顯現出合作默契是在一七九四年。當時布德魯斯明確建議讓邁爾．阿姆謝爾加入其他五間固定來往的公司競爭，出價購買十五萬英鎊的英國匯票。顯然，沒有人理會他的推薦，但布德魯斯於一七九六年再度嘗試，這次成功了。呂佩爾與哈尼爾（Rüppell & Harnier）與普雷耶與卓迪斯（Preye & Jordis）這兩間非猶太人的合夥經營銀行，向戰爭財庫提出價值一百萬荷蘭盾的法蘭克福地方政府債券，財庫買下了其中的九十萬，然後布德魯斯將消息透露給邁爾．阿姆謝爾，建議他應該表示願意用比其他銀行更優惠的價格（百分之九十八）將剩下的十萬荷蘭盾賣給財庫（票面價值的百分之九十七．五）。這麼做幾乎賺不了錢，因為這些債券在法蘭克福證券交易所是按票面價值標價（也就是百分之一百），不過邁爾．阿姆謝爾稍微優惠的折扣終於讓他如願以償站穩腳跟。一七九八年總共賣出了價值三萬七千英鎊的英國匯票，其中大多數都由他、呂佩爾或者卓迪斯付現買下。在接下來幾年裡，邁爾．阿姆謝爾也穩定增加自己參與威廉的投資生意的程度。在一八〇一至〇六年間，他總共參與了至少十一筆重要借貸，其中最重要的貸款是借給丹麥、黑森－達姆斯塔特、巴登（Baden）以及聖約翰騎士團（Order of St. John）。另外他也開始代表威廉購買房地產，同時持續提供他最愛的勳章交易。

促成各筆丹麥借貸的協商過程尤其值得注意，因為我們能藉此觀察到邁爾．阿姆謝爾如何擠掉他的商業競爭對手。最初在一八〇〇年及〇一年間，威廉的貸款都是由呂佩爾與哈尼爾以及貝特曼家族的銀行安排，邁爾．阿姆謝爾只要能占上一份就很滿足了，不久後他們便將他視為平等的夥伴。最終大約在一八〇四年前後，他得以建立起相當於壟斷丹麥業務的生意規模，一部分要多虧他為吝嗇成性的威廉提供不少「謝酬」和折扣，另一部分則歸功於他和德國漢堡銀行家拉瓦茨（J. D. Lawätz）建立起良好的關係，拉瓦茨扮演了在卡塞爾和哥本哈根之間居中協調的角色。這段期間，邁爾．阿姆謝爾總共賣給威廉總計至少四百五十萬荷蘭盾（大約四十五萬英鎊）的丹麥債券；向黑森－達姆斯塔特的方伯提供三筆貸款，總共一百三十萬荷蘭盾，其中約有一半由威廉收下；另外還有一筆一百四十萬荷蘭盾的款項借給了巴登。這些數字相當驚人，可想而知邁爾．阿姆謝爾的成功引起了其競爭者相當大的嫉妒與怨恨。一八〇六年，呂佩爾與哈尼爾便忿忿不平地（但徒勞地）抱怨「猶太商業對手」散布中傷他們品格的謠言，這些散播者似乎認為「羅斯柴爾德這個姓氏」在黑森－卡塞爾的信用額度比丹麥政府更高。

這樣的厭惡之情也不僅限於非猶太人的公司才有。一八〇二年，卡塞爾的猶太人社群對邁爾．阿姆謝爾提出控訴，認為他實際上就住在這個城鎮裡（也在這裡進行上述提到的大部分業務），但並未具備「受保護的猶太人」身分，也沒有繳稅的義務。邁爾．阿姆謝爾被迫付了一百八十荷蘭盾才不必再支付相關會費，於是他決定要為長子阿姆謝爾取得受保護的身分。他在申請時虛情假意地說道，卡塞爾有一個羅斯柴爾德家族的人，「無論如何都不會妨礙了當地商人的活動，而且那些進行匯票生意的人還可因此獲益，畢竟這類交易的競爭越多就越有利可圖」。因為有來自本地猶太人社群的反對，邁爾．阿姆謝爾心裡也猶豫這份居住許可究竟要登記自己還是兒子的名字，所以這份許可一直到一八〇六年六月才正式發放。❷

然而，雖然邁爾．阿姆謝爾在一八〇三年得到了資深宮廷代理人（Oberhofagent）的職銜，但要強調的重點是，此時真正的銀行家與其說是邁爾．阿姆謝爾，不如說是威廉才更為恰當。羅斯柴爾德在許多層面來說，

❷ 除了支付法定的款項之外，邁爾．阿姆謝爾還付了四百塔勒幣給新城教堂運用，並且表示願意付錢給猶太人社群，金額和卡塞爾最有錢的猶太資深宮廷代理人摩西．喬瑟夫．比丁（Moses Joseph Büding）一樣高，不過猶太人社群很堅持要他永遠定居於卡塞爾。最終，那份最後登記阿姆謝爾名字的居住許可也沒什麼用處。一八〇九年以後，羅斯柴爾德家族便不再向卡塞爾的社群捐款，此舉導致了一八一五年至二九年之間曠日費時的法律糾紛，直到阿姆謝爾同意支付社群兩千五百塔勒幣的罰金才得以了結此事。

比較像是迎合客戶喜好的經紀人，此時的威廉比起個人借貸更偏好投資不記名債券。❸通常情況下，邁爾．阿姆謝爾幫威廉購買債券的佣金不超過大約百分之一．七五或百分之二，因此他從這項業務門獲取的總收益可能不超過三十萬荷蘭盾，而且邁爾．阿姆謝爾至少有兩次跟威廉借錢的紀錄。同時要記得的重點是，雖然威廉是邁爾．阿姆謝爾這個時期最重要的客戶，但絕對不是他唯一的客戶。在這個大小邦國林立的時代，目標是盡可能多和各個親王宮廷建立關係，而納坦為黑森－卡塞爾進行借貸業務讓這件事變得容易。到了一八〇三年，他已經被指定為聖約翰騎士團（憑著一筆顯然是有去無回的借款）、圖恩與塔克西斯親王（Prince of Thurn und Taxis，神聖羅馬帝國的世襲郵政局長）、黑森－達姆斯塔特方伯、比丁根伯爵（Count of Büdingen），以及伊森堡的卡爾．弗德里希．路德維希．莫里茨（Karl Friedrich Ludwig Moritz zu Isenburg）等貴族的宮廷代理人，而其中最為尊貴的任命則是在一八〇〇年，邁爾．阿姆謝爾穩穩地當上了奧地利皇帝的皇家宮廷代理人，藉此他不僅能在早期成為戰時軍需的供應商，同時也負責收取皇帝向黑森－卡塞爾所借的高額貸款利息。他唯一的失敗是在一八〇二年，巴伐利亞王室的宮廷並未理會他申請成為代理人的要求。

當然，我們不該誇大這類職銜的重要性。例如，一八〇三年，黑森－達姆斯塔特的海關官員就拒絕承認邁爾．阿姆謝爾身為宮廷代理人的特權地位。無論如何，因為十八世紀出現了眾多弱小的親王國以及互有重疊的管轄權，讓宮廷代理人這樣的工作顯得相當重要，不過這整套系統正面臨著前所未有及革命性的動盪不安，這樣的局勢改變了羅斯柴爾德家族與他們的王室庇護者之間的關係。一直到一八〇六年之前，他們一直仰賴著選帝侯與其他王公貴族讓他們有生意可做，也仰仗貴族給予的特權；不過一八〇六年之後，威廉卻發現是他自己一點一點地開始依賴著邁爾．阿姆謝爾和他的兒子們。

傳說的起源

我們先前已經提到，黑森－卡塞爾與法國大革命的勢力在一七九〇年代便有過一次重大的衝突，最終導致一七九六年轟炸法蘭克福，摧毀了猶太巷。這讓卡塞爾與倫敦之間長久以來的聯繫更加緊密，這也不是威廉第一次派出軍隊上戰場對抗法國，藉此換取英國的金錢。確實，他後來接受了一八〇一年的《呂內維爾和約》（Peace of Lunéville），條約中將萊茵河左岸轉讓給法國。不過當一八〇三年英法兩國之間再度爆發戰爭，他便不得不表明立場。威廉和英國的關係實在太深厚，因此當德國十六個邦國於一八〇六年夏天退出不再有實權的神聖羅馬帝國，另組親法的萊茵邦聯時，他並未加入；同時，各方勢力努力尋求他的支持時，他又太熱衷於討價還價，結果沒有意識到自己的處境也岌岌可危。拿破崙答應將漢諾威的領地交給他；另一方面，此時已經成為選帝侯的威廉曾經借錢給奧地利及普魯士，而這兩國於一八〇五年加入了對抗法國的聯軍，當普魯士軍隊在一八〇六年秋天兵敗耶拿（Jena）及奧爾斯塔特（Auerstadt），威廉欲安全躲藏的希望全無。無論他急忙讓軍隊復員，或者終於要求加入萊茵邦聯，甚至慌張吩咐在自家邊境立起哀怨的標語「黑森選侯國：中立國」，這些都無法轉移拿破崙的怒火。在拿破崙眼中，威廉不過就是「一個為普魯士效力的軍隊元帥」，他毫不客氣地宣示道：「我的目標就是要拔掉黑森－卡塞爾家族的統治權，並將之驅逐出強權之列。」威廉除了逃離也別無選擇，他先是前往他兄弟在霍爾斯坦（Holstein）戈托普（Gottorp）的莊園（當時屬於丹麥的領地）。❹同年十一月二日，法國的拉格朗日將軍（Joseph Lagrange）進駐威廉在卡塞爾的居所，成為總督，兩天後又正式頒布公告，沒收了威廉的所有資產，並且威脅任何意圖掩藏這些財物的人都要接受軍法審判。

據傳，就在這千鈞一髮之際，威廉求助於自己忠實的宮廷代理人羅斯柴爾德，急忙將自己全部的動產託付給他：

❸ 威廉的官員們越來越喜歡購買不記名債券，他們認為這些債券比起個人借貸更有法律保障，而且自己只是數名投資者其中一名，這樣又更安全。不記名債券的流動性比其他形式的借貸更高，而且是一種相對匿名投資的形式，這樣選帝侯的總財產就比較不容易暴露。

❹ 威廉的兄弟在當時是什勒斯維希及霍爾斯坦的丹麥總督，威廉最初便是前往他在戈托普堡的居處。一八〇七年四月，他又搬到伊策霍爾一棟簡樸的房子。

> 羅斯柴爾德順利將親王的財產埋在自家小花園的一個角落，同時法國軍隊正進入法蘭克福。他並沒有將自己的財產（包括貨品和現金加起來價值約四萬塔勒幣）藏起來，因為他很清楚若是這麼做，軍隊就會徹底搜查，那麼法軍不僅會發現並掠奪他的財產，連親王的寶庫也會不保。共和國軍隊就像古時候的非利士人（the Philistines）一樣盯上了羅斯柴爾德，奪走他自己的錢財產業，一毛也不剩。事實上，他就和其他所有猶太人及公民一樣被搶到身無分文，只有親王的財富仍是安全的……

根據這個耳熟能詳的故事刊登在一八三六年英國報紙上的版本，最後邁爾·阿姆謝爾將這筆錢歸還給威廉時，選帝侯回道：「我既不會收下你誠實提供的利息，也不會將這筆錢從你手中拿走，因為這些利息不足以彌補你為了保全我的財產而損失的一切。而且我還要將我的錢交給你繼續經營二十年，利率不超過百分之二。」

如前言中已經討論過的，這個故事最早於一八二七年出現在布羅克豪斯的《有識階級的德國大眾百科》後便開始流傳。儘管有充分理由相信這個故事最初是受到羅斯柴爾德家族的啟發，但這個故事在廣為流傳後卻有了自己的生命以及各種值得探討的層面。最初它試圖描繪這個家族在保管客戶存款的無比誠信，他們願意冒一切風險，也不會放棄保護客戶的錢財並支付利息。一八六一年，羅斯柴爾德家族委託莫里茲·丹尼爾·歐本海姆繪製了兩幅以此為題的畫作，顯然也是想傳達這個訊息。不過到了十九世紀晚期，這個故事卻開始有了另一種解讀方式：選帝侯的財富是「血腥錢」，因為這是透過出售傭兵賺取的收入，而且邁爾·阿姆謝爾也充分利用了這筆錢，並非單純保管。美國電影《羅斯柴爾德家族》（一九三四年）及德國的同名電影（一九四〇年）分別生動演出了這個傳說的正反兩個版本。

人們早就知道這個故事是虛構的，不過就像眾多羅斯柴爾德家族的傳說一樣，其中也包含了些許事實。其實威廉的動產於法國占領後的期間散布在各個地方，只有少數相對不重要的物品落入了邁爾·阿姆謝爾手中。一些最重要的值錢物品（主要是債券，不過並未附帶息券，而是另外存放）由布德魯斯成功走私運出了卡塞爾，他在十一月初便冒險穿過法國軍隊的戰線抵達伊策霍爾（Itzehoe），但是大部分物品都保存在威廉鄉間房舍的密室內。根據選帝侯自己擬出的詳細清單，有二十四箱藏在威廉高地宮殿北側的樓梯下，當中不只有證券與息券，還有帳本、銀器與衣物；同時另有二十四箱藏在這座宮殿的另一處，包括重要的戰爭財庫文件。鄰近的盧文堡（Löwenburg）地窖中也藏有二十四個箱子，其中有選帝侯情婦的證券、官方文件、瓷器與衣物。最後，在他於薩巴堡（Sababurg）的狩獵屋舍中藏著四十七個箱子，大部分裝滿了銀器。其實大多數都有可能落入法國手中，畢竟法國軍隊很快就奪取了選帝侯的銀塊庫存，不過威廉很可能跟拉格朗日達成了交易，以二十六萬法朗的賄賂（在這個情況下算是小錢）讓他同意任其中四十二口箱子消失無蹤，其他的則盡數沒收。於是，在十一月八日的晚上，選帝侯的一名官員帶著一支裝載著被放行的箱子的車隊，將之運到史托辛格宮（Hof Stölzingen）並在那裡分散，戰爭委員會官員藍內普（Lennep）帶走了幾份最為重要的文件（包括與選帝侯在倫敦投資的相關文件）回到卡塞爾，有十箱存放在明登（Münden）的托爾貝克公司（Thorbecke），其中兩箱送往什勒斯維希，剩下的送到了艾森納赫（Eisenach）；還有十九箱偷偷送進了法蘭克福，託付給普雷耶與卓迪斯銀行。

不過此時拉格朗日已經明白，自己跟選帝侯方收的錢太少了，於是便想辦法再次扣住先前放行的幾個箱子，要求更多金錢。最後雙方達成了協議：拉格朗日答應低報選帝侯資產的總值以交換第二筆更大的報酬。他們擬了一份總值為一千九百八十萬荷蘭盾的清單（大部分是借給其他德國親王的較大筆貸款），而這「正式」納入法國國庫，然後所有與選帝侯其他資產相關的文件（預估有兩千七百萬荷蘭盾）都交給了布德魯斯，當中有些送到人在什勒斯維希的選帝侯手中，有些則由布德魯斯保管。剩下的大部分都是戰爭財庫及選帝侯私人收入的日常文件，被收進四個箱子後交給邁爾．阿姆謝爾。隔年夏天，選帝侯離開伊策霍爾前往奧地利領地時，還將其他幾個裝著勳章和幾份債券的箱子也暫時交給人在漢堡的他保管[5]，不過就只有這些了。

不過如此平淡的敘述低估了羅斯柴爾德對流亡選帝侯的重要性。一方面，威廉還是需要一位熟練的經紀人及投資顧問，因為他至少保住了價值兩千七百萬荷蘭盾的資產，即使流亡在外讓他必須有額外花費，但他投資的收入仍然相當高。（根據伯格霍弗的數據，每年的盈餘約有七十四萬荷蘭盾。）邁爾．阿姆謝爾在這段期間的部分職責便是從相關借款人那裡收取這份收入，同時還得再次投資這筆錢作為新的貸款，例如他安排借出十萬荷蘭盾給哈瑙財政部，還借了一大筆錢給倫普林（Remplin）的卡爾．馮．杭恩伯爵（Graf Karl von Hahn，也就是揮霍無度的「劇場伯爵」，不久後他的家人將他交由法院監管）。邁爾．阿姆謝爾管理著選帝侯託付給布德魯斯的往來金流帳戶，有一次他在布德魯斯的建議之下也向選帝侯借了錢。而選帝侯有許多錢幣收藏遭到變賣並分散各地，他也買回了相當數量，還買回十四箱被人從哈瑙地下室偷走的酒。選帝侯必須為軍事及外交目的進行的數次交易也都由他執行：付錢以交換法國扣留的黑森戰俘、付錢給為了奪權不擇手段的維特根斯坦親王（Prince Wittgnstein）以交換他的外交協助，以及於一八一三年付款給俄羅斯及普魯士。他大約借了十六萬荷蘭盾給選帝侯在柏林的兒子，也幫忙照顧選帝侯的情婦馮．施洛泰姆伯爵夫人的財務狀況，甚至還賣了一只鑽石戒指給選帝侯。

當然，這些業務大部分都無關緊要，其中許多也無利可圖。邁爾．阿姆謝爾在一八〇九年及一〇年浪費了許多時間，試圖將威廉的一部分資產轉移給奧地利皇帝（帳面價值超過一千萬荷蘭盾），藉此協助已經枯竭的奧地利財庫，不過未能成功。不過羅斯柴爾德一家為威廉做的一項工作中讓其他一切都值得了，即管理他在英國的投資。納坦後來表示：「黑森－卡塞爾親王……將他的錢交給我父親，時不待人，父親又將這些錢寄給我。我意外收到六十萬英鎊，並且將之充分運用，因此親王將他所有的酒和亞麻布都送給我當作禮物。」這話就表面上看來甚為合理：法國大革命戰爭其中一個最重要的金融影響便是將大量資金從歐陸轉移到了倫敦。不過關於財寶的傳說故事，真相則是更為複雜。

這有一個表面上的合理性：法國戰爭最重要的財務後果之一是資本從歐洲大陸大量遷移到倫敦。然而，與寶藏的故事一樣，現實要複雜得多。

威廉在流亡之初便已經擁有相當可觀的英國投資，主要是帳面價值六十三萬五千四百英鎊的年金，每年支付的利息就有兩萬零四百二十六英鎊。此外，威爾斯親王及其兄弟也欠了他相當多錢，大約有二十萬英鎊（不過他們通常未能償付利息）。身為英國王室的盟友，他在一八〇七至一八一〇年間也收到了總額十萬零一百五十英鎊的補助。❻關鍵問題在於，這筆利息與補貼進了威廉在凡諾登銀行的現金帳戶之後該怎麼辦。最早在一八〇七年，也就是在納坦從曼徹斯特遷移到倫敦不久之前，他便去見了威廉在倫敦的使者羅倫茨（Lorentz），提出如何投資這筆錢的建議，不過選帝侯明確指示回絕了他。❼直到兩年後，同樣在布德魯斯的鼓勵之下，邁爾·阿姆謝爾才被指示購買百分之三的公債債券（可贖回的政府年金，現在都稱為金邊證券），以七十三·五（意即以帳面價值的百分之七十三·五購買或以此為贖回價格）購買帳面價值十五萬英鎊的債券。在這第一次購買後，接下來直到一八一三年底，至少還有九次這樣的購買，總額達到六十六萬四千八百五十英鎊。這就是納坦後來與巴克斯頓談話間暗指的那筆錢，同時他的弟弟卡爾於一八一四年所說：「老爺子（也就是威廉）讓我們賺了大錢，若不是納坦拿到了選帝侯的三萬英鎊（錯誤照引），他什麼也做不了。」指的還是這筆錢。

為什麼以他人名義買下這些債券對於羅斯柴爾德家族如此重要？答案在於執行這些投資的方式。乍看之下，這門生意並無多少獲利可言，畢竟邁爾·阿姆謝爾每次購買只收取百分之一佣金的八分之一，但是進一步探究會發現，其實當中有更多利益可圖。實際上每次購買債券並不是拿威廉的現金一次性支付，而是由羅斯柴

---

❺ 當時丹麥的艦隊遭到英國俘虜，丹麥便與法國站在同一陣線，威廉也就不得不再次出走。

❻ 一八一二年重整了親王們的欠款，將二十二萬五千三百六十一英鎊的利息算了進來，其中威爾斯親王欠款十四萬英鎊、約克公爵欠款六萬六千六百六十七英鎊，而克萊倫斯公爵則欠了兩萬英鎊。

❼ 納坦於一八〇三年六月首次嘗試進入英國證券市場。

爾德家族購買，雖然是以威廉的名義，但大部分都是用他們借來的錢支付。如果他們想要，大可以只付一小部分的市價，等到之後的結算日期再付清。不過這麼做牽涉雙重風險：一是債券的價格，二是荷蘭盾兌換英國貨幣的匯率。邁爾．阿姆謝爾不希望這麼做，他滿足於從威廉同意的價格和匯率以及兒子在倫敦回報的實際價格與匯率差額中獲利。前三次購買的價格差額大約是百分之二，這反映了在英國對抗拿破崙的低潮期間，債券正貶值。邁爾．阿姆謝爾有可能同樣從匯率差額中獲利（不過無法證明）。

選帝侯可能對這件事情起了疑心：一八一一年夏天，債券價格達到六十二．五的低點後，他便叫停不再購買，並且停止匯款以補足先前購買的花費，直到隔年五月才又開始。不過此舉或許對羅斯柴爾德家族也有好處，因為這批債券在威廉付足款項以前都登記在納坦名下，也就是說即使一直到一八一三年三月，仍有帳面價值十二萬一千英鎊的債券在名義上屬於納坦。當然，這些大多是用借款買來的，而且在選帝侯的匯款到帳一直到股票正式轉移給他或者他的代理人期間，羅斯柴爾德家族還是得付利息。另一方面，這當中還是有一定的操作空間，畢竟要將擁有權證明從倫敦送到在布拉格的選帝侯手上還是有困難。[8]無論納坦能夠從市價及匯率中賺取多少利潤，購買價值超過六十萬英鎊的債券並且實際擁有超過十萬英鎊，這代表一股金融新勢力正在倫敦市崛起，由此看來，正如卡爾後來指出的那樣，這讓納坦有了某種「保證」，也就是營造出他的資金來源遠遠超過家族實際擁有的印象。阿姆謝爾在一八一八年寫給兄弟們的信中指出了這點的重要性：「若不是我們幫他在布拉格拿到選帝侯股票這筆大生意，然後交給他管理……我們的好納坦大概也不能在戰爭期間開出總價十三萬兩千英鎊的票據，也無法好好經營所有業務……在那之前，納坦甚至不知道股票長什麼樣子。」實際上，這場戰爭讓羅斯柴爾德家族得以將威廉的一部分經濟實力化為己用。

另一方面，那份保證的價格在歐陸上高度不安定，因為羅斯柴爾德為威廉工作所冒的風險確實存在。法國當局非常認真要追查出選帝侯的財產，而且準備好盡一切能夠運用的手段來達成目的。例如，根據一八〇八年的《柏林公約》（Berlin Convention），拿破崙向選帝侯的債務人提出誘人的提議，誘使他們將債務償付給法國政府而非選帝侯，如此便能減少欠款。更危險的是，拉格朗日將軍離開之後，原本與他談定的交易也就結束了，邁爾・阿姆謝爾的辦公室遭到法國警方搜索，普雷邱與卓迪斯的也是。大概就是在這個時候，交給邁爾・阿姆謝爾的那四箱內容物便被藏在上述提過的祕密地窖。一八〇八年八月，薩羅蒙被一名法國警官訊問；一家銀行代表因為遭疑為威廉辦事，同樣面臨訊問；隨後一個月，布德魯斯與藍內普被短暫逮捕。隔年夏天爆發了一波反抗法國的小型起義，同樣的情節再度上演，西伐利亞（Westphalia）的特派警察局長名叫沙瓦納（Savagner），他再次逮捕了布德魯斯與藍內普，然後根據羅斯柴爾德一位生意對手提供的情報，派了一位資深的法蘭克福警官去邁爾・阿姆謝爾的辦公室。隨後進行了一次詭異的訊問，法國警方試圖讓邁爾・阿姆謝爾承認自己以威廉的名義提供資金給最近反抗的起義者。

沙瓦納顯然握有豐富的情報，他知道邁爾・阿姆謝爾在一八〇七年曾造訪漢堡及伊策霍爾，他在那裡「和（選帝侯）在他的辦公室裡待了數小時，也一同在花園裡散步、談話」，沙瓦納還知道他和布德魯斯之間的往來。不過邁爾・阿姆謝爾表示抱歉：「因為多年來飽受嚴重病痛所苦，所以久遠一點的事情就記不清楚了。」沒錯，他去過漢堡，但只是因為有幾件貨物被誤當成禁運品扣押；沒錯，他認識布德魯斯與藍內普，但是他「從來沒信任過他們，他們也從來不是他真誠的朋友，只是在世人眼中看來如此罷了」。沒錯，他曾經是選帝侯的宮廷代理人，過去也以他的名義借錢給丹麥……還是埃姆登（Emden）？他不但沒有給過布德魯斯錢財，反而從他手中收到兩萬荷蘭盾，然後用這筆錢償付了多筆款項，只是他記不得付給誰。隔天，沙瓦納再次嘗試訊問薩羅蒙、十五歲的雅各、薩羅蒙的妻子、阿姆謝爾的妻子，甚至還有邁爾・阿姆謝爾的妻子古蒂勒，

---

❽ 有一次他們託付的船長在船隻遇到搜查時把文件都丟下船。一八一二年春天，詹姆斯受命到倫敦接收五張價值十八萬九千五百五十英鎊的證明，接著他跟卡爾在敦克爾克碰面，然後前往巴黎，卡爾再從那裡出發到布拉格，選帝侯直到五月二十日才收到證明文件。一八一二年底，薩羅蒙又接收了另外價值二十五英鎊的證明。

但每個人都像堵石牆密不透風，尤其是古蒂勒，簡直是女子天真無邪的化身：「她一無所知，一年到頭都待在家裡，跟生意完全沒有關係。她從未見過（布德魯斯），只埋頭忙於家務。」最後，沙瓦納似乎認輸了，而且就像羅斯柴爾德交手過的多數拿破崙政府官員，收了一筆小額「貸款」就算完事。直到一八一〇年，法蘭克福搖身一變成了大公國，由卡爾·席爾多·安東·瑪利亞·馮·達爾伯格男爵直接管轄，情況才有所緩解，這位男爵是前美茵茲大主教（Archbishop of Mainz），並且自一八〇六年起就是萊茵邦聯王儲。

大約在提供這筆必要貸款的三年以前，邁爾·阿姆謝爾便已經開始討好達爾伯格，如今他著手促成以四十四萬荷蘭盾確保法蘭克福猶太人的解放，他貼現了總額二十九萬荷蘭盾的債券，並且預付達爾伯格八萬荷蘭盾以資助他前往巴黎參加拿破崙兒子的受洗禮。事實上，邁爾·阿姆謝爾很快就正式成為達爾伯格的「宮廷銀行家」，協助他運用法蘭克福猶太人的付款投資購買土地。達爾伯格顯然逐漸重視起邁爾·阿姆謝爾，才會任命他加入新成立的哈瑙行省選舉人團，團中還有如賽門·莫里茲·貝特曼這類相當傑出的非猶太人。我們並不清楚他是否知情邁爾·阿姆謝爾同時持續為前主子服務，而這位前主子最熱切的願望就是要將他和他的法國保護者趕出黑森－卡塞爾。令人驚訝的對稱性在於，邁爾·阿姆謝爾在幾年前曾安排由選帝侯向奧地利支付約六十二萬荷蘭盾，用於一八〇九年對抗法國戰爭所需的部隊與馬匹；就在邁爾·阿姆謝爾過世後不久，他的兒子阿姆謝爾便預先支付了二十五萬五千荷蘭盾給達爾伯格，部分費用就是要為法國軍隊購買馬匹！

當然，邁爾·阿姆謝爾有可能和布德魯斯一樣都不認為威廉還能夠復位，後者也接受了達爾伯格的正式任命。若是如此，他也從未完全註銷威廉的帳戶，只是兩邊都支持。這樣的策略有明顯的吸引力，而且在未來幾十年間成為羅斯柴爾德家族經常使用的策略。不過雙面討好總要冒著背叛雙方信任的風險，最後無論哪一方贏了，自己都是輸家。因此在選帝侯流亡的年月裡，邁爾·阿姆謝爾自然發展出對保密的偏執，這又是一項他留給後代流傳最久的信念。一開始他並不太在意，他和兒子卡爾在選帝侯剛開始流亡的前幾個月多次前往伊策霍爾附近，其實他們還為此在漢堡建立了常設辦公室，並定期與威廉一位最為高級的官員納茨

（Knatz）公開通信。正如我們所見，法國警方並沒有忽略這點，於是邁爾·阿姆謝爾很快就認知到「這段日子得謹慎行事」。到了一八〇八年中期，羅斯柴爾德與選帝侯官員間的通信大部分由布德魯斯與拉瓦茨轉交，信件內容也以簡單的代碼寫成，布德魯斯被稱為「馮·沃茲舒密特男爵」（Baron von Waldschmidt），納茨則是「約漢·韋伯」（Johann Weber），邁爾·阿姆謝爾是「彼得·亞諾第」（Peter Arnoldi）或者「亞諾」（Arnold），威廉自己也有數個別名，包括「馮·葛斯坦先生」（Herr von Goldstein）、「約翰斯·艾德勒」（Johannes Adler）或者「長官」，選帝侯在英國的投資稱為「乾股魚」（Stockfisch，同為德語的鱈魚的雙關）。為了額外的安全性，畢竟「越小心越好」，信件不會寄給邁爾·阿姆謝爾，而是寄給猶大·西歇爾（Juda Sichel），他的兒子伯恩哈德在一八〇二年娶了伊莎貝拉·羅斯柴爾德。選帝侯從丹麥往南出逃的時候，卡爾和阿姆謝爾便到布拉格去見他，信件會藏在特別打造的祕密容器夾層中，有時羅斯柴爾德家族的人甚至格外謹慎地先將會招來罪名的信件譯寫成希伯來文字，而且這段時間似乎很有可能有兩組帳本，一本為完整紀錄，一本則是為了應付當權者而特別編造。這種預防手段相當合理，除了上述的搜索與訊問以外，法國警方在一八一一年還成功截取了至少一封信件。

在奧地利領土上，羅斯柴爾德的行動同樣受到監視，當然他們比較不必擔心奧地利政府，但是也不能保證威廉與奧地利皇帝的關係能夠維持友好。事實上，在法國於瓦格拉姆（Wagram）一役戰勝奧地利之後，選帝侯看來很有可能再次被迫流亡他處；再者，羅斯柴爾德未能討論金融財務等議題，也就無法討得維也納當權者的歡心。出於這個原因，羅斯柴爾德家族即使在布拉格也仍然得躲在祕密的紗幕後運作，這導致警方對他們的政治角色做出了似乎有點誇大的推斷：

> 這個猶太人（阿姆謝爾）領導著擁護選帝侯的重要政治宣傳行動，其勢力觸角延伸至整片先前屬於黑森的領地……這些假設是有事實根據的：無論我何時進入選帝侯的住處，總是能發現羅斯柴爾德在那裡，通常

還有軍隊參議員舒明克（Schminke）及戰爭部長納茨，接著他們進入自己的房間，而羅斯柴爾德通常都帶著文件。我們或許可以假設他們的目標絕對不是與奧地利為敵，畢竟選帝侯非常焦急地想要收復自己的領地，因此幾乎可以推論，這些大概是由羅斯柴爾德領導的組織與團體完全只關心與論，以及若是奧地利有幸能夠在對抗法國及德國的戰事上有所進展，又該採取哪些措施。由於羅斯柴爾德的生意人脈甚廣，可能他來做這件事會比其他人更容易，還可以假借經營生意的外衣來掩飾詭計。

然而，儘管羅斯柴爾德家族為威廉冒了這一切風險，威廉卻從未完全信任他們。所謂藏起財寶的傳說中與事實最不相符的一部分，就是威廉相當感激邁爾·阿姆謝爾為了他所做的一切；相反地，邁爾·阿姆謝爾必須不斷忍受選帝侯的疑神疑鬼。威廉最早是擔憂邁爾·阿姆謝爾可能會將他出賣給法國，後來則開始擔心他的代理人監守自盜，而這只是在眼紅的對手煽動之下才起了疑心。他指控邁爾·阿姆謝爾使詐吃掉了他英國股票的利息，指控他刻意保留那些在漢堡交由他保管的值錢物品。在這段期間，邁爾·阿姆謝爾必須仰賴布德魯斯一再向選帝侯保證，而布德魯斯對邁爾·阿姆謝爾讚不絕口，他告訴威廉，他將這麼多生意委託給邁爾·阿姆謝爾是因為

> 他能夠最準時付款，而且可以肯定他一定會採用交易當天的官方匯率，堅定相信他絕對不會向任何人透露陛下的交易內容；他是如此謹慎處理將您的資產變現，被派去訊問他的法國官員想知道他是否幫陛下您收取英國的資金，卻也無法從眼前攤開的帳本裡發現金錢的流向。

不過諷刺的是，布德魯斯的保證並非完全無私之舉，因為選帝侯不知道他已經和邁爾·阿姆謝爾達成協議，讓他實際上成為羅斯柴爾德公司的匿名股東。布德魯斯投資了兩萬荷蘭盾（邁爾·阿姆謝爾被沙瓦納質問時承認收到了這筆錢），藉此保證「盡自己最大能力為公司所有生意往來提供建議，並且盡量在可行時為公司

爭取利益」。有鑑於此，更別提邁爾．阿姆謝爾和法國當局以及達爾伯格達成的交易，選帝侯的不信任看起來也就沒那麼神經兮兮了。威廉也逐漸意識到，羅斯柴爾德擅長拉攏新生意的本事讓他們漸漸脫離早期對自己的依賴。一八一二年五月，他要求邁爾．阿姆謝爾派一個兒子搬到布拉格擔任類似流亡宮廷代理人的職位，結果收到了禮貌而堅定的拒絕。

因此，卡爾說是「老爺子」讓他們賺了大錢，其實有些言過其實。一七九七年，邁爾．阿姆謝爾的資本是十萬八千五百零四荷蘭盾（大約一萬英鎊），十年後的資產負債表顯示他的總資本為五十一萬四千五百荷蘭盾（大約五萬英鎊）❾，他在這段期間跟威廉的生意在這些增長中似乎占不了多大部分，比不上在法蘭克福和曼徹斯特間進行的進出口生意。可以肯定的是，到了一八一〇年，公司資本已經成長到八十萬荷蘭盾（約為八萬英鎊），而此一增長的很大一部分或許就是透過管理威廉的投資而產生的收入。不過卡爾和阿姆謝爾曾隱晦地承認，選帝侯財寶真正的重要性在於幫助納坦從曼徹斯特商人轉型成為倫敦銀行家，達成這個目的之後，羅斯柴爾德家族就不那麼需要「老爺子」了。

邁爾．阿姆謝爾的遺緒

大約在這個時候，布德魯斯寫給威廉的一封信中簡要概述了這間公司在創辦人生命最後幾個月裡的活動範圍：

他們的父親年邁病弱，長子阿姆謝爾．邁爾和細心的次子薩羅蒙是他經營廣泛業務不可或缺的幫手。三

❾ 公司的總資產超過九十七萬荷蘭盾，其中七萬是各種債券，十一萬是其他類型的借貸，包括一筆借給威廉兒子的十萬荷蘭盾，還有一筆十二萬七千七百八十四荷蘭盾的帳單屬於英國的喬治王子，也就是當時的攝政王。

子（原文錯誤照引）卡爾仍繼續四處旅行，為選帝侯殿下您服務。而四子（原文錯誤照引）納坦在倫敦建立了相當健全的事業，最年輕的詹姆斯則在倫敦與巴黎兩地間奔波。

到了這個階段，公司權力實際上已經從邁爾．阿姆謝爾手中交給了他的五個兒子，然而僅僅幾年前，這名老人仍扮演著「一家之主」的角色。正如我們已經讀到的，即使是遠在英格蘭、性情反覆無常的納坦，最晚至一八〇五年仍然得聽父親的話行事，而他的兄弟們甚至更像是父親的員工：

> 阿姆謝爾寫信來說卡爾曼（卡爾）希望去你那裡，但去了又有什麼意義？……我目前在法蘭克福還需要卡爾曼在身邊，他跟著你比較幫不上忙……他很急著要去倫敦，但是從家族的角度來看，我認為這麼做並不明智，畢竟薩羅蒙工作很忙碌，他得負責兌現、付清票據，而他也有自己該負責的工作……（如果卡爾曼去了）那麼我所有的貨運生意都得透過謝利格曼、亞伯拉罕．舒納波（Abraham Schnapper）還有他兒子邁爾．舒納波（Mayer Schnapper）來完成，雖然雅各（詹姆斯）已經進辦公室了，但他才剛行過受戒禮[13]，所以卡爾曼真的必須留在我們這裡。他確實很想去倫敦，如果你真的也需要他那我就派他去吧，不過不讓卡爾曼在這裡多留幾年實在太蠢了，總得等雅各長大。別寫信告訴卡爾曼我跟你說過這些話……而且，我親愛的兒子納坦，你寫信給我兒卡爾曼時，建議你大力稱讚他。多虧上帝幫忙，以他這樣的年紀來說他確實相當聰明，不過膽子也太大了點……他真的很想去找你，可是我實在不希望這個親愛的孩子，願他長命百歲，遠渡海洋就只為進行一趟三週的旅行，而我們又不能讓他離開更久，因為我跟你說過了，阿姆謝爾在卡塞爾還有生意要處理。雖然我也很想讓我兒子卡爾曼到倫敦去三週，但最後時間會變成六個月，而我實在不可能教一個自以為是的外人怎麼處理我的靛青染料生意。

邁爾．阿姆謝爾勝出，所以卡爾留下了。三年後，或許是為了稍微安撫納坦，詹姆斯被派去和他待了一段時間。

這封信件也顯示出邁爾・阿姆謝爾的姻親舒納波家族如今參與了公司的生意，伊莎貝拉嫁入的西歇爾家族也是一樣，還有謝利格曼・拜弗斯（Seligmann Beyfus）及邁爾・拜弗斯（Mayer Beyfus）兩兄弟，他們分別在一八〇八年及一八一一年娶了芭貝特與茱莉。同時，他也很清楚納坦的生意與林德斯科夫和他自己的岳父列維・巴倫特・科恩合夥。不過打從一開始，邁爾・阿姆謝爾就讓他的姻親處於公司管理階層之外，他在信中稱舒納波為「外人」將此點顯露無遺。在寫給納坦的同一封信中，他問了一個正是他會問的問題：「親愛的納坦，我們的信件只會直接交到你手上，這樣才能想寫什麼就寫什麼，對嗎？還是你會向所有家人（指納坦的姻親科恩家族）讀出我們的信？讓我知道這點。」即使在這個早期階段，邁爾・阿姆謝爾便已經制定出這個家族嚴格遵守一百多年的規矩：只有他的男性子嗣才能進入公司的營運核心。實務上，這點表現在家族或私人通信（幾乎都是以希伯來文字寫成）以及商務通信的差異上，後者通常由員工以德文、法文或英文書寫。邁爾・阿姆謝爾不只一次責備納坦不能忘記這個差別：「我再說最後一次，你用希伯來文字寫信或許適合家族通信，但是要處理帳戶和生意的問題就必須用德文、法文或英文來寫。我沒辦法把你用希伯來文寫得亂糟糟還混雜著給家人訊息的信件交給辦公室員工處理，所以他們沒辦法記好帳務，也造成了眾多混亂。」當然，對歷史學家而言，雖然這些信件經常語多重複又結構零散，不過目前卻正是更有研究價值的一批。

家族事業在一八一〇年九月轉型成「邁爾阿姆謝爾羅斯柴爾德父子公司」，他和阿姆謝爾、薩羅蒙及卡爾三個兒子發出印製好的通知，宣布從即日起他們將以一間新公司（Gesellschaft）的合夥人（wirkliche Teilhaber，意即真正的股東）身分活動。前一年家族成員接受沙瓦納的訊問時，邁爾・阿姆謝爾仍稱自己是公司唯一的所有人（Inhaber），而他的兒子只是他的「助理」（Gehülfen），不過他也可能是說謊，萬一沙瓦

13 譯注：猶太人年滿十三歲便要行受戒禮，男孩稱「bar mitzvah」，女孩則是「bat mitzvar」。

納決定處分公司時才能保護他們。那年稍早，阿姆謝爾、薩羅蒙及卡爾協商買下了猶太巷的一處空地（在重建工作終於開始時），以便為公司建立一處合適的辦公室。於一八一〇年九月擬定正式的法律合夥合約時，其前言便明確寫著「一間已經存在的貿易公司」，其中邁爾．阿姆謝爾、阿姆謝爾和薩羅蒙是「合夥人」。一八一〇年合約的主要功用是讓卡爾也成為合夥人，並給予他總資本八十萬荷蘭盾當中價值三萬荷蘭盾的股份。相較之下，邁爾．阿姆謝爾的股份價值三十七萬，阿姆謝爾和薩羅蒙各有價值十八萬五千的股份，合約中也確保詹姆斯完全成年後能夠成為合夥人（一樣拿到價值三萬荷蘭盾的股份）。

同樣是合夥人，邁爾．阿姆謝爾不只在資本上居首，在合約期間也只有他有權從公司中撤出自己的資本，只有他有權雇用及開除公司員工，而他未婚的兒子只有經過他同意才能結婚。這份合約立下了明確的基礎，邁爾．阿姆謝爾「在這個他從年輕時便表露興趣的產業中，以他的商業能力及直到晚年仍不懈的努力為這間公司的繁盛打下基礎，藉此為他的孩子累積實際的財富」。

不過從其他角度看來，這份合約也成為五兄弟及其子嗣未來在十九世紀大多數時間的合約範本，利潤按照資本股份比例分配，沒有哪個合夥人能夠獨立於其他人之外經營生意，而合約的效力將持續一段固定時間（以這份來說是十年）。合約中最值得注意的條款中寫明了如果其中一名合夥人過世了該怎麼辦：由剩下的合夥人共同決議過世者資本股份的價值（無論有多少），每個合夥人都要鄭重放棄其妻子、孩子或其監護人出面爭取的權利，也就是說其遺孀與繼承人不得以任何管道接觸公司帳本及信件。這是第一次正式寫明了這條特殊且永久的規矩，有效將羅斯柴爾德家族的女性排除在經營核心之外（包括家族的女兒以及嫁進家族的女性），也就是神聖的帳本及信件之外。

當然，合夥人死亡的可能不再遙不可及，不只是因為如今邁爾．阿姆謝爾垂垂老矣（簽署一八一〇年合約的時候他已經六十六或六十七歲了），他也疾病纏身。他兩年前便生過重病，可能是因慢性痔瘡導致的直腸膿腫，雖然手術成功，但他的健康狀況卻一直沒有完全復原。猶太巷裡經常能聽到這樣的抱怨，無論是因為這裡的居民被迫過著缺乏運動的生活，或者是因為近親通婚而造成的基因缺陷（同樣是限居法的強制規定），住在街上的五百個家庭都感到不滿。邁爾·阿姆謝爾於一八一二年九月十六日發病，僅僅三天後就過世了。即使在他躺於病床上的臨終之際仍急著要修改遺囑，似乎是希望再次強調他在一八一〇年合約中傳達給兒子們的訊息。新的遺囑提早履行了合約中的條款，僅從公司中提出了十九萬荷蘭盾作為他名目上的總資產股份，這顯然是大為低估的數字，同時再次強調了排除女性成員參與公司營運的規矩：

> 我在此宣布並且這也是我所願，我的女兒、女婿及他們的後人都不會得到「邁爾阿姆謝爾羅斯柴爾德父子公司」的資產股份，而且無論出於什麼原因，他們也絕不能、不得表達與此相違背的聲明。該公司只屬於我的兒子，並歸他們所有。因此我的女兒和她們的孩子對於該公司都不具任何權利或所有權，若是我有哪個孩子違背了這份父親的遺願，兀自干擾了我的兒子們和平擁有這份產業的權利，我永遠都不會原諒。

若是他的女兒們這麼做就會失去一切，只能保有《拿破崙法典》（Napoleonic code，後來的《法國民法典》基礎）規定的繼承人最低法定財產分例。兒子與女兒之間的差別實在再清楚不過了。⑩

不只邁爾·阿姆謝爾的兒女們嚴格謹守他的誡律，接下來幾個世代的後代亦然，這點也證實了那些留存給兒子的信件中所呈現的父親形象。對他的近親而言，他是個經常發號施令、或許還有些令人畏懼的人，有趣的是，世間其他人所記得的他卻不是如此。對於跟他做生意的非猶太人來說，他算是相當符合宮廷猶太人的刻板印象，也就是很聰明但態度恭敬。這裡應該強調的是，現代對於邁爾·阿姆謝爾的形象描繪，尤其是喬治·亞利斯與艾瑞克·龐托的螢幕演出，或許誇大了他外表和舉止中的「猶太人性格」：前者留著長長的鬍鬚、戴著像是毯帽的帽子，後者則留著小鬈髮、戴著無邊軟帽。另一方面， 幅最常重製的十九世紀石版印刷肖像

⑩ 然而，這筆十九萬荷蘭盾的財產（除了保留作為卡爾及詹姆斯結婚禮物的數額以外）幾乎都給了他的妻女。

中，呈現的是下巴稜角分明、鬍鬚刮得乾乾淨淨、戴著整齊假髮的男人，這則是藝術家想像之下的產物。一位年輕時曾經見過他的同時代婦人記得，他是「一個相當壯碩的人，戴著未施白粉的圓形假髮[14]，還留著短短的山羊鬍」；另一個人則記得他穿戴著如同時代非猶太裔商人也會穿著的服飾，只是比較破舊。

這點也符合邁爾·阿姆謝爾在猶太巷中有些模稜兩可的名聲，他被認為在宗教議題上相當固守傳統，不過對教育及政治議題的態度則越來越開明。邁爾·阿姆謝爾並不屬於那些受猶太啟蒙運動啟發的啟蒙份子（Maskilim，或音譯為馬斯基爾），他並不期待後來的改革運動能讓猶太教現代化，但他也不是頑固的保守人士。科恩未經授權的回憶錄（在邁爾·阿姆謝爾死後不久出版）將他描述成在新舊之間擺盪的化身：「證明了猶太教的教義中，即使根據塔木德的教誨，其中也並無與道德法則相悖之處。」羅斯柴爾德一直「熱切信仰著塔木德，唯一選擇了這本經典作為自己一切行動的指導準則」。確實，根據科恩所述，他對宗教保守主義的態度是「有些誇張了」，他和他的兄弟摩西（負責管理社群的濟貧基金多年）都是猶太人社群中的活躍成員，不過邁爾·阿姆謝爾也是一位「優良公民」，稍後我們就會知道這個詞彙的重要性。

從邁爾·阿姆謝爾對於慈善的態度可見一斑。如前所述，他和他的兄弟們非常盡責，願意付出十分之一的收入來救濟社群中的窮人。路德維希·柏爾納還記得，過去邁爾·阿姆謝爾走在街道上時總有成群的乞丐靜靜等候著他，而他施捨救貧時也非常有耐心。不過他的善舉並不僅限於猶太人社群，這點就沒那麼傳統。科恩回憶起，曾有一個在街上玩耍的頑皮孩子朝他喊：「猶太人！」邁爾·阿姆謝爾淡然地伸手從皮包裡拿了些錢給這個貧窮的孩子，要求他或許可以經常重複剛剛所說的話。孩子自然比誰都更樂意遵從，他接過錢並使盡力氣大聲叫喊著：「猶太人！猶太人！」另外有幾個孩子也跑過來，玩樂似地一起叫喊。羅斯柴爾德聽著，臉上帶著明顯的喜悅，說出希伯來人的祝福：「讚美歸於上帝，讚嘆祂將律法賜與以色列人民！」

在他的遺囑中，他也留了一百荷蘭盾給「三個值得稱頌的慈善基督教基金會」，甚至他在猶太人社群中進行的慈善工作也越來越世俗。一八〇四年，社群要為較為貧窮的猶太人孩童蓋一所名為人道學校（Philanthropin）的新學校，邁爾．阿姆謝爾主導其中，而這所學校的課程完全是世俗導向。這似乎反映出他受到其他人的影響，包括幫他記帳的蓋森海默以及他為自己小孩雇用的家教麥可．赫斯（Michael Hess），這位教師依循著摩西．孟德爾頌（Moses Mendelssohn）的指導，而這位哲學家後來也成為這所學校的校長。這或許也是受到他比較年幼的兒子所啟發，他至少有一個兒子（薩羅蒙）和蓋森海默是同一個共濟會的成員。⓫重點是，即使當時有越來越多猶太人家庭將孩子送到聚居區以外的非猶太人學校就讀，邁爾．阿姆謝爾仍然偏好公共學校。當時有不少人起身反抗法蘭克福猶太人聚居區中相對保守的氛圍，柏爾納就是其中之一，他最後改信基督教而不是繼續忍受歧視。但是正如海涅後來回憶的那樣，他總忍不住欽佩羅斯柴爾德家族不受動搖的虔誠信仰，他於一八二七年經過猶太巷中的家族老房子時，在一片懷舊之情中注意到邁爾．阿姆謝爾的遺孀古蒂勒用白色窗簾及蠟燭裝飾窗戶，以慶祝歡愉的盛宴（Chanukkah，光明節）：

> 蠟燭的光芒閃爍得多麼歡快啊，那些她親手點上的蠟燭就是為了慶祝猶大．馬加比（Judas Maccabeus）和他的兄弟們成功解救祖國，這番英雄之舉就像我們如今慶賀腓特烈．威廉國王（King Frederick William）、亞歷山大皇帝（Emperor Alexander）與法蘭茲二世皇帝一樣！這位好心的女士看向這些小小光芒時，眼中盈滿淚水，她想起了自己年輕時那段喜悅中帶著憂傷的可貴回憶，想起了邁爾．阿姆謝爾．羅斯柴爾德，那時他還能跟她一起慶祝光之盛宴，她的兒子們都還是小男孩，會將蠟燭放在地上，依著以色列習俗跳躍過燭火這般遊戲

---

14 譯注：自十八世紀起開始流行，男性會在假髮上撲粉，通常顏色都是偏白。

⓫ 根據傳說，最初想蓋這間學校的原因是，邁爾．阿姆謝爾在馬堡聽見一個貧窮的猶太男孩在街上唱歌，於是說服蓋森海默領養這個孩子，讓他成為新學校的第一個學生。

取樂。

不過，邁爾．阿姆謝爾努力為法蘭克福猶太人爭取完整的公民及政治權利，最能表達他對猶太教的忠誠。我們知道他的政治活動早於法國大革命，因為一七八七年針對猶太人在週日及節日出遊到聚居區以外的限制越來越多，他便是簽署抗議陳情信（在第一章有引述）的七個人之一。然而，這裡的猶太人處境卻是一直到由法國支持的政權入侵後，才得到更實質的改善。如果法蘭克福由拿破崙的弟弟傑羅姆（Jérôme Bonaparte）直接管轄，事情的進展或許會快一點，因為傑羅姆作為西伐利亞國王更偏好實行全面解放的政策。相較之下，達爾伯格相當謹慎，部分原因是他不能冒著與當地非猶太人社群疏離的風險，另一部分則是他擔心猶太人社群解放之後，可能會「討回基督教徒對他們的不公不義，只要他們呼吸到自由的空氣便會助長猶太人放肆無理的膽氣」。他在一八〇八年頒布了新限居法，如果真要說有什麼新意，似乎是更往後退了一步。法令再次禁止猶太人居住在（仍是滿目瘡痍的）猶太巷之外，再次徵收人頭稅，並認可傳統上對家庭數量及婚姻的限制。

就是在這個時候，邁爾．阿姆謝爾得以利用自己對達爾伯格的金錢攻勢來推動改變的腳步，這是羅斯柴爾德家族成員首次以這種方式為明確稱為「我們的國家」而採取行動，同時也不是最後一次。我們已經知道，達爾伯格可以被收買：如果能付出足夠大筆的資金，用來彌補公國在解放猶太人之後損失的稅收，他便願意同意。他們透過達爾伯格的猶太警察局長伊策斯坦（Itzstein）進行初步討論，同意支付總額四十四萬荷蘭盾（每年猶太人繳交「保護費」金額的二十倍），其中邁爾．阿姆謝爾代表猶太人社群透過貼現債券籌到二十九萬荷蘭盾。一八一一年十二月，與法蘭克福議會進一步協商之後，邁爾．阿姆謝爾終於能夠告訴他的兒子，語氣中帶著輕描淡寫的滿足：「你現在是公民了。」兩週後，「猶太人社群為法律平等之公民」法令生效。

能夠成為自己本國的公民，同時仍然明確屬於「我們國家」的一員，這個國家指的是傳統猶太教社群，正是邁爾．阿姆謝爾的目標。羅斯柴爾德家族和同時期其他眾多成功的猶太家族之間最關鍵的差異是，雖然他們相當熱切希望得到與非猶太人同等的社會、公民及政治地位，卻也不願意為了達到目的放棄猶太教信仰，因此他們的野心從一開始就和解放猶太人的政治宣傳脫離不了關係，不只是在法蘭克福，更要傳遍全歐洲。

在這件事上，就像其他許多事情一樣，邁爾．阿姆謝爾對其後代的影響十分深遠而長久。在父親過世四天後，他的兒子們向他們最為重視的客戶寄出通知，向他們保證家族事業的經營不會有任何改變：「關於他的記憶在我們這些他剩下的合夥人心中永遠不會消失……我們永遠不會忘記我們蒙福的父親。」通常失怙最初的痛苦過去之後，這種堅定的感傷之念並不是經常能夠付諸實行，不過邁爾．阿姆謝爾的兒子們卻是說到做到。在父親死後的年月裡，他們總是一再回想起父親的話，想起他經營生意的格言、想起他對解放猶太人的觀點，最重要的是想起他對男性後嗣的為父訓誡。過去的歷史學家並未提及這些關於邁爾．阿姆謝爾的許多故事，不過就許多方面而言，這些故事比起其他消息來源更能透露出他的性格。

其中一個典型的例子是，阿姆謝爾在一八一四年十月向納坦要求更完善的股市資訊：「父親曾說：『銀行家必須懂得計算，若是蒙著眼睛進行交易便毫無用處。』」他在一八一七年又說了類似的論點：他們的父親曾告訴他們「猶太家族通常都富不過兩代，這有兩個原因，一是沒有將家務和其他開銷考慮進去，二是因為猶太人的愚蠢」。這似乎呼應了邁爾．阿姆謝爾對納坦有些隨便的帳務管理的不滿，不過其他教誨更多與公司和政府的關係有關。其中有一點相當明顯，畢竟邁爾．阿姆謝爾從他和黑森－卡塞爾的威廉建立關係後確實得到許多利益，薩羅蒙就在一八一八年跟納坦說：「我從我們蒙福的父親（學到？），他總是說：『（比起代理人或者宮廷銀行家的頭銜）宮廷若向我們投以惡意眼神，利益就會越來越少。』」正如阿姆謝爾記得的，只得到如「宮廷代理人」這樣的卑微職銜並不夠：「如今人人都自稱『大人』，但是我還記得父親曾經說過：『有了錢你就是大人。』」關鍵在於要建立某種金融優勢，如阿姆謝爾所言：「跟有困難的政府交易好過跟那些運氣好的往來。這是我們的父親說的。」

不是只有較年長的兄長才會這樣緬懷父親。一八一七年三月，詹姆斯想起自己與競爭對手公司往來時經常使用的一種技巧：「父親曾經說過：『如果不能讓人愛你，那就讓人怕你。』」最晚到了一八四〇年，都還能聽到卡爾回憶「他的父親經常教導他，若是面對位階比自己低下或沒什麼能力協助自己得到想要的東西之人，那麼對那人說話的樣子就要彷彿那人的一切全都仰賴自己，儘管也許他知道自己對這筆生意可能根本沒什麼影響力」。在所有經商建議中，有一條最常被引用的建議或許是薩羅蒙的最愛，也就是培養政客的重要性，他在一八一五年十月寫給納坦的一封信中便引用這一點：「親愛的納坦，你知道父親曾說過要攀上政府的人。」幾天後又提了一次：「不過你記得父親的原則，你必須準備好用盡一切努力才能接近如此厲害的政府官員。」邁爾．阿姆謝爾當然也教導過他們，最好怎麼樣招攬這樣的政客：「先父教導我們，如果身居高位的人跟一名猶太人成為了（金融）合作夥伴，他便屬於那個猶太人了。」

五兄弟相當清楚自己的猶太人身分以及他們對於猶太人社群中其他人的責任，這點也受到他們父親很大的影響。有趣的是，薩羅蒙和卡爾似乎認為他們必須繼承父親解放猶太人的願望，幾乎視為自己的職志，卡爾在一八一七年五月就說：「為猶太人服務是這世界上最好的事，我們的父親這麼做了，我們也看到自己得到多好的回報。」幾個月後，薩羅蒙寫信給納坦時也針對善行與善報之間做了同樣的連結，提醒他要為了歐洲的猶太人對英國政府施加壓力：「如果我們希望我們的孩子有一天能真正快樂，就必須盡自己一切所能……憑藉著我們對父親的緬懷……讓所有為了我們的人民利益設想的工作能有好的結果。」隔年初他又重申了一次：

> 如果一切都要靠上帝相助，確實也是如此，如果我們想要如自己所願的賺取財富，那麼親愛的納坦，（所有猶太人的利益）必須視為和你過去曾做過最重要的生意同樣重要。除了支持父親多年來努力不懈的工作，我們還能怎麼樣表現更多自己對蒙福父親的敬愛呢？

不過在他們父親的所有建議中，最後一條要兄弟團結的訓誡發揮了最大也最久遠的影響力，薩羅蒙曾經將一切都歸功於這點：「我們所有的幸運都來自於父親在他過世前一小時給予我們的祝福。」阿姆謝爾也記得這份祝福：「我記得我們的父親，願他安息，在臨死前告訴我的話：『阿姆謝爾，你們兄弟團結就會成為德國最富有的人。』這話幾乎就要成真了。」每當兄弟間起了爭執便經常會想起這句話，而在邁爾．阿姆謝爾去世後的那段混亂日子裡，他們也確實常有口角。有一次，納坦對卡爾出言尤其不遜，薩羅蒙便提醒納坦：「我們蒙福的父親交代我們要和平相處。」僅僅一週後，他又得再說一次：「我的好弟弟，親愛的納坦，我們蒙福的父親交代我們要和平相處，否則就會失去勇氣。我們握手言和吧。」二十多年後，同樣的原則被特地寫進了新的合夥合約裡，這份合約是在納坦過世後擬定的：

> 我們希望證明我們對父親最神聖的回憶崇敬之心，他這一生所有往來的良善德行是我們最高貴的模範。他虔誠地接受上帝更崇高的願望，堅信上帝的幫助，擁有合乎道德的誠實並努力不懈地工作，透過這一切，這位高貴而博愛的人為我們的大筆財富打下基礎。而將近四十年前，他讓自己的孩子成為生意上的夥伴，告訴他們只有團結一致才能確保一切經營順利成功，並且總是提醒他們要兄弟同心，這是最為神聖的祝福。
>
> 為了遵從他高貴的願望並依循著我們自己心中的想望，因此，我們今日透過這紙更新的合約，希望加強我們相互依賴的關係，並希望藉由兄弟之情的新聯盟來確保家族未來活動的成功。願我們未來的子孫後代也遵循相同目標的指引，能夠時時維持團結，羅斯柴爾德家族便可繁榮興盛並完全成熟……；願他們就如同我們一般時刻不忘，謹記崇高先祖的神聖訓誡，並為後代示範團結同心齊力的神聖形象。

同樣這般父親教誨兄弟團結的主題在合約附錄中還有進一步發展，內容鄭重希望「未來（就如在過往一般）我們蒙福的父親及祖父對家族與家人的祝福」能得以圓滿，他保證他們將會擁有「上帝的保護、事業的成功、家族的興盛，以及後人持續榮耀並景仰我們的聲譽及姓氏」，不過前提是他們「要持續保持和諧、關愛與信仰」來對待彼此。

當然，很容易發現這一切都受到聖經舊約的影響。毫無疑問，無論是在邁爾．阿姆謝爾之前或之後的許多其他猶太（或喀爾文教派）家長都試圖在自己兒子身上灌輸類似的價值觀。而家族團結的理想也不是聖經獨有：希臘作家普魯塔克（Plutarch）就曾講述過斯基盧魯斯（Scilurus）的寓言故事，這位國王讓自己的兒子看到一把箭折不斷，但單一一支箭就能。不過羅斯柴爾德家族的過人之處在於，這五兄弟都十分真誠地聽從父親的教導。根茨在一八二七年為布羅克豪斯出版的《百科》撰文時，也在文章中強調了這一點，他認為羅斯柴爾德家族的首要指導原則便是：

> 要求五兄弟以絲毫不受干擾的（利益）團體身分進行共同的生意，這是他們父親在臨終之際希望他們遵守的規矩。自他過世之後，無論從何而來的生意提案都需要經過共同討論。每一次的行動，即使再微不足道，也都依據有共識的計畫執行，並且共同參與努力，而且每一個兄弟都能平分其成果。

在文章的第一段，根茨其實已經隱約暗示了邁爾．阿姆謝爾對兒子的最後一條訓誡就是保持「堅不可破的團結」，「從來沒有哪位父親的最後訓誡能讓兒女們如此認真對待，也沒有哪條遺訓能帶來更多利益，」他這樣寫道，「這是這個家族的特殊過人之處，所有成員在人生中每個重要階段、評估每筆重要商業合約時，都會仰仗父親留下的遺緒，提醒自己記得他的至理教誨，通常是逐字逐句回想著……提起他的名字時也總帶著深深崇敬。」在一八三六年的版本中，文中甚至表示這五兄弟「十分敬重父親，幾乎可以說是虔誠。他們在所有重要的營運決策過程中都會回想他的做法，事實上，納坦面臨所有疑難問題而必須有所決定時，經常是根據一條他歸功於父親的規則」。

如果這樣的行為很常見，大概也不值得特別寫下來，顯然並非如此。甚至最晚到了一八四一年，在邁爾．阿姆謝爾去世將近三十年後，他的長子仍是滿懷感動地提醒所有其他合夥人，包括那些從來沒有見過他們祖父的後輩，提醒他們記得在團結與成功之間存在著相同而至關重要的交會點：

團結就是我們蒙福的父親所求，他在臨終前叮囑我要保證做到這件事，這是我們最首要、最神聖的責任。我們的父親力求團結，與無所侷限的正直公義、最深遠的洞見、豐富經驗累積的智慧以及如聖人般的虔誠行為團結在一起。我深深相信，而且我肯定各位也如此相信，有了上帝的祝福，不僅僅是我們的財富，同時還有我們在社會上的崇高地位，主要都得歸功於團結以及合作（的精神），將我們所有合夥人、各處銀行和公司團結在一起。因此我要向各位提出最懇切的要求，各位親愛的兄弟與姪子們，請你們一定要用心，同樣將這股協同團結的精神灌輸給你們的繼承人，如此一來，相同團結與合作（的精神）才能夠盡可能地不斷存續下去。這麼做對你們以及你們的後代都有益處，我們公司的利益才能得以不受分裂，也不會讓其他人從我們的孜孜努力、知識與已經累積多年的經驗中分享利益。因此我懇求各位，為了確保我們的團結，若是有什麼可能導致傷害感情的意見分歧，切勿驟下決定，先靜待幾天讓心情冷靜，以免衝動誤事。願羅斯柴爾德在各地的家族能夠永存並永保團結、正直、同情及互信。

我們也將看到，在一八一二至四一年間，阿姆謝爾和他的弟弟們曾多次面臨他們父親曾警告切勿如此的兄弟決裂，正是因此他們總是得以成功避免。即使父親已經過世三十年，他們仍記得他臨終前的訓誡，這也證明了邁爾·阿姆謝爾·羅斯柴爾德這位父親的威嚴如甚，令人折服。

第 2 部

兄弟

三、「總指揮官」（一八一三—一八一五）

我在倫敦的弟弟是總指揮官，我是他的將領……

——薩羅蒙・羅斯柴爾德

我們有條既定的規則，便是任何一人不得對其他人的行事表示不贊同，因為我們身為合夥人，永遠要為了共同的利益行事，因此無論是誰都沒有權利責怪其他人為了最佳利益而行動。

——薩羅蒙・羅斯柴爾德

拿破崙曾說過一句至理名言：「軍隊吃飽了才能行動。」這就讓人要問，該如何填飽軍隊的肚子？英國的威靈頓公爵也說過類似的話：「要達到目的就必須吃飽。」一七九三至一八一五年間在歐洲開戰的所有軍隊有時會採取古老的方法，也就是向平民徵用軍糧，而這些軍隊多少也仰賴自己建立補給線，從安全的地方運送糧食到前線。不過拿槍威脅平民提供補給有其劣處，會讓軍隊不受歡迎，而且食物相當稀少；延伸補給線又可能招致攻擊，像威靈頓公爵在伊比利半島（Iberian Peninsula）那段曠日費時的作戰就需要更為謹慎可靠的補給方法。最重要的是，能夠為軍隊提供補給與軍餉是勝負關鍵。一八〇八至一五年間的戰況讓西塞羅（Cicero）的格言所描述的事實再明顯不過：**無窮的金錢構成了戰爭**（nervos belli, pecuniam infinitam），或者如蘇格蘭政治家亨利・鄧達斯（Henry Dundas）在與法國大革命勢力甫開戰時，與當時的英國首相威廉・

皮特（William Pitt）所言：「所有的現代戰爭就是在比誰的口袋深。」

早在一八〇九年五月，威靈頓公爵便向倫敦政府抱怨錢不夠了。一八一一年三月，他寫信給首相利物浦伯爵，威脅說因為自己苦無現金，恐怕得全面停戰。一年半後，就在法國即將入侵之際，這個問題再度變得棘手。威靈頓公爵的戰爭財庫每個月開銷大約十萬英鎊，不只要付軍餉給自己的軍隊，還得補貼葡萄牙及西班牙（這時他們被迫要與英國並肩作戰）。不過就像他向巴瑟斯特伯爵（Henry Bathurst, 3rd Earl Bathurst）解釋的那樣，他只夠支付自家部隊的津貼。在沒有現金的情況下，他只能支付軍官貶值的紙幣，而軍階較低的士兵（他們拒絕接受紙幣付款）則完全拿不到薪水。「除非這支軍隊能早點得到一大筆錢補助，否則……」他警告政府，

> 部隊上下都瀰漫著最嚴重的沮喪感……而我幾乎什麼也做不了……（西班牙部隊）狀態如此糟糕，實在很難期待他們日後以征服者姿態入侵某個美麗國家時，不會忍不住進行劫掠，尤其是他們自己的國家也飽受入侵者所害，更加深了這份悽慘。因此我不敢冒險將他們帶回法國，除非我能夠餵飽他們、支付他們的軍餉……若是沒有軍餉和食物，他們必定燒殺擄掠，而若是他們燒殺擄掠，將會害慘我們所有人。

情況在一八一三年二月陷入最低潮，威靈頓公爵回報說他「幾乎不敢踏出家門，因為害怕公共債權人就等在門外要求償付自己的欠款」。正是威靈頓公爵陷入的財務困境讓納坦・羅斯柴爾德掌握住自己職業生涯中決定性的商機，這裡值得花點篇幅解釋公爵為何會陷入這般困境。

在所有奉行舊制的國家當中，英國擁有效率最高的金融體系。在光榮革命（Glorious Revolution）之後的一個世紀內便發展出了重要的機制：相對便宜且集中的政府稅收徵收系統、國會中相當透明的預算制定程序、相對穩定且有資金挹注的國家借貸公債系統，還有圍繞著英格蘭銀行演變出同樣穩定的貨幣系統，而且紙幣也可以兌換成黃金。正因如此，英國才有辦法在十八世紀發起六次大型戰爭，卻沒有像法國那樣陷入政治危機；

金融體系比較落後的法國因戰爭造成危機，埋下了政權遭到推翻的隱憂。不過在一七八九年之後，戰爭的成本迅速增加（一部分是因為大革命後上台的政權有辦法召集前所未見的龐大軍隊）：根據估計，拿破崙戰爭期間一年所花費的實際成本是一個世紀前的五倍以上。英國的公共支出在一七九三年至一八一五年間迅速成長，從一年大約一千八百萬英鎊增加到約莫一億英鎊（約占預估全國收入的百分之十六左右）。那段期間和法國打仗的總花費大約是八億三千萬英鎊，其中大概有五千九百萬英鎊是補貼英國較無償付能力的盟國。英國為此必須開徵眾多新稅目，其中所得稅最為重要，但是這些只夠支付大約四分之一的戰爭花費。結果國債從一七九三年的兩億四千萬英鎊飆升至一八一五年的九億英鎊，將近全國收入的兩倍。此外，在一七九七年，英格蘭銀行認為有必要暫停兌換黃金，結果導致國家進入貨幣貶值時期。戰時短缺加上紙幣流通的增加造成了通貨膨脹，物價在一八一五年以前的二十年間大約翻漲了兩倍，而威靈頓公爵的征戰正是在這段前所未有的財政「過度緊繃」時期進行的。

不過這也不能完全解釋公爵的困境，因為其中還關係到後勤補給的問題。即使倫敦財政部的錢多到滿出來，還是很難將錢以西班牙商人願意接受的形式送到威靈頓公爵手上。在一八一三年以前，有兩個方式能夠完成這件任務，一是將金塊（以金幾尼的形式）❶運送到葡萄牙或西班牙，然後在那裡兌換成當地貨幣；二是公爵將倫敦的國庫券賣給當地銀行家以借款。考慮到以船進行大規模黃金運送牽涉到的風險，威靈頓公爵更常使用第二個方法。問題是，到了一八一二年，伊比利半島上的倫敦國庫券市場已經飽和，威靈頓公爵發現自己只能以低到不能再低的折扣才能賣出新的國庫券。他向巴瑟斯特解釋說：「里斯本的愛國仕紳已經無法再給我們錢了，給了也只是杯水車薪，救不了我們乾枯的財庫。」也就是出現了這樣的空隙，才讓納坦・羅斯柴爾德有機可乘。

戰爭與和平

歷史學家從未提出合理的解釋，一個幾年前是走私者、更早前幾年還只是個小小紡織出口商的籍籍無名猶太商人銀行家，為何能成為英國政府的主要金錢輸送管道，將錢送到歐陸戰場上，就此決定一八一四至一五年歐洲的命運。羅斯柴爾德家族崛起所踏出的每一步當中，這步絕對尤為重要，卻也是世人了解最少的部分。

要讓納坦變身成為「總指揮官」，也就是金融界的拿破崙（這是他的兄弟們後來說的，雖說語氣有些挖苦），需要三個特殊條件。第一是缺乏競爭，這完全就是運氣好，因為倫敦市在一八一〇年以前並不乏能幹的銀行家，包括哈曼銀行（前述羅斯柴爾德家最早於倫敦的通訊往來時便已經提過）、雷德爾溫銀行（Reid, Irving & Co.）、史密斯佩恩史密斯銀行（Smith, Payne & Smith），還有最重要的霸菱兄弟銀行（Baring Brothers），這些銀行或許都能夠協助政府度過金融困境。事實上，巴爾林家的霸菱銀行已經參與了將英國資金以借貸給葡萄牙的形式轉移出去。而且納坦也不是唯一想要挑戰這些歷史悠久銀行的猶太商人。亞伯拉罕·葛斯密德與班傑明·葛斯密德兩兄弟自一七九〇年代起便一直致力於此，同時在一八〇二年之後陸陸續續有不少德國銀行家來到倫敦（知名的有施羅德、布蘭特〔the Brandts〕與休斯〔Frederick Huth〕），試圖仿效葛斯密德兄弟而有一番作為。新上任的軍糧總管受託要負責提供資金給威靈頓公爵，這位主管在一八一三年十一月便知道：「有許多家族都已經願意為我服務。」確實，他最初便直覺認為巴爾林家族「在各層面都是最適合為我們轉出金錢的管道」，但是他很快就發現，無論是巴爾林家族或者其他成立多年的公司都無法行動。以巴爾林家族而言，這部分是因為公司的領導權最近從法蘭西斯·巴爾林（Francis Baring，於一八一〇年過世）

---

❶ 十八世紀時，畿尼（guinea）是英國主要使用的黃金鑄貨幣，不過銀鑄的先令（shilling，一金衡磅〔troy pound，約三百七十三公克〕的銀能夠鑄造六十六枚）則被視為貨幣標準。一七一七年，鑄幣價格訂為二十一先令等於一畿尼，不過此時鑄幣廠卻換了新貨幣，也就是英鎊（pound sterling，等於二十先令），而時任鑄幣廠監管的牛頓爵士（Sir Issac Newton）將黃金價格訂為三英鎊十七先令十又二分之一便士。這點顯然是邁向金本位制的第一步：一七七四年，若是總額超過二十五英鎊就不再使用銀幣作為法定貨幣，因此銀的重要性便大大降低了。

傳到他兒子亞歷山大（Alexander Baring）手上，然而主要因為整個倫敦市才剛遭受兩次重大打擊，所以仍處於慌亂之中。第一次是一八一〇年的危機，部分原因是由貴金屬委員會（Bullion Committee）的報告引起，報告中建議（正好與英格蘭銀行的建議相反）早日恢復以黃金支付的方式，這暗示了接下來可能會有一段貨幣緊縮的時期，結果導致政府公債價格暴跌。而巴爾林家及葛斯密德家握有巨量最近的政府借款，巴爾林家損失了大約四萬三千英鎊，亞伯拉罕・葛斯密德自殺了，讓（如新聞記者威廉・柯貝特〔William Cobbett〕帶著厭惡語氣的報導所言）整座城市陷入「警覺與沮喪」，以及越來越濃烈的慌亂。或許同樣重要的因素還有同時因拿破崙併吞荷蘭而造成的阿姆斯特丹市場崩盤，巴爾林家族在歐陸的合作夥伴霍普銀行過去曾一度在俄羅斯金融中扮演主導角色，也因此成了一副「空殼」。

第二個對納坦有利的因素是約翰・查爾斯・何瑞斯於一八一一年十月被任命為軍糧總管。何瑞斯將成為納坦的布德魯斯，也就是他第一個身處高位的「朋友」。何瑞斯自己就是一位小型商人銀行家之子，自從他在一七九八年成為財政部的初級官員後，在政壇的位階便快速攀升。三年後，他被任命為財政部秘書尼可拉斯・范西塔特的私人秘書。在一八〇七至〇九年間，他的職責也包括效力於財政大臣史賓賽・波西沃（Spencer Perceval）。不過，何瑞斯知道納坦・羅斯柴爾德能夠解決自己身為軍糧總管的問題，不僅是因為他的家族有金融背景，更因為何瑞斯有個不太尋常的特點，便是他對德國相當有好感。他除了曾在萊比錫讀書之外，甚至還翻譯過根茨的反法文章〈論法國大革命前後的歐洲情勢〉（On the State of Europe before and after the French Revolution），也可能是他在萊比錫生活時期有的交情讓他想起羅斯柴爾德家族或許有用處。根據某處的記述，何瑞斯在求學時期曾經與一名女性有過感情曖昧，而這位女性後來嫁給了經營菸草生意的萊比錫貴族林柏格男爵（Baron Limburger），何瑞斯甚至還跟她有一個私生子。林柏格家族後來聲稱，是他們向何瑞斯推薦讓納坦參與威靈頓的征戰資金籌措，從他們後來覺得能夠要求納坦以他經營政府生意所賺取利潤的百分之一支付佣金（大約在三萬至四萬英鎊之間），似乎能合理推斷確有類似情事。另一方面，林柏格卻是一直到了一八一四年二月才寫信給何瑞斯（在納坦第一次接受政府委託之後），稱讚羅斯柴爾德家族的「熱忱與謹慎」，不過同時又主動表示願意協助，說自己是個「正直又謹慎的人」，能夠監督他們的運作；而何瑞斯一開始的回覆相當淡然。回想起來，他確實決定雇用林柏格做這樣的工作，不過他很小心地強調自己對納坦有信心，甚至在林柏格介入之前便相信他；納坦一方也有類似的情況，直到同年六月，羅斯柴爾德家族才開始認為林柏格對何瑞斯具有影響力。

在拿破崙時代的歐洲到處都是恣意妄為而投機的狡猾騙子，林柏格有可能只是其中之一，而他不動聲色地以何瑞斯的私生子來勒索他。卡爾在一八一五年初就語帶懷疑地評論林柏格的妻子「十分貪財」，阿姆謝爾則懷疑林柏格這個人只是「假裝自己很厲害」。最後林柏格一家拿到了一萬五千英鎊的酬金，這筆金額看起來更像是恐嚇取財而非合夥人的佣金。儘管如此，就連卡爾也不得不承認林柏格「幫了我們一把」，儘管他只是以貴族的身分在五兄弟與歐陸各國政府間的交易扮演中間人。

納坦能夠參與為英國戰爭籌措資金的第三個也是最重要的因素在於，他和其他對手不同，他有辦法解決將錢送到威靈頓公爵手上的問題。如往常一樣，納坦後來講述自己辦到的事情都彷彿很容易：

我在倫敦落腳後，東印度公司打算出售一批價值八十萬英鎊的黃金，我便去了賣場，將全部黃金都買了下來。我知道威靈頓公爵必須拿到這些黃金，所以我以折扣價買了非常多他的國庫券。政府派人來找我，說他們必須拿到這些黃金，可是拿到手又不知道該怎麼送去葡萄牙。於是我扛下了所有工作並把黃金送到法國，那是我做過最棒的一筆生意。

當然，這個故事也經由編寫傳說的人加油添醋，為納坦增添了愛國的動機，甚至想像詹姆斯穿著女裝越過法國戰線。事實則非常不一樣。大約在一八一一年三月前的某個時間點，羅斯柴爾德家族開始從事將金條從英國走私到法國的生意，這其實是鑽大陸封鎖的漏洞，不過拿破崙卻睜一隻眼閉一隻眼，後來甚至授權許可。

最年幼的羅斯柴爾德小弟負責海峽對岸的法國格拉沃利訥（Gravelines）或敦克爾克（Dunkirk）的生意，將輸入的畿尼兌換成倫敦的國庫券，而這些債券當時在法國的價格自然是非常低，因此拿到倫敦贖回後就能獲利。一八一二年四月，納坦按慣例一連寄了六批船貨給詹姆斯，內容是總額約兩萬七千三百英鎊的畿尼，然後詹姆斯將匯票寄回給納坦，這些票據來自奧廷格（Hottinguer）、達維耶（Davillier）、法柏（Faber）與莫瑞爾（Morell）等巴黎銀行家，面額總共有六萬五千七百八十九英鎊。羅斯柴爾德其他兄弟則繼續從漢堡及法蘭克福將合用的票據送給詹姆斯。

就像更早之前為黑森－卡塞爾選帝侯工作時必須隱蔽行動，這次他們也設計出某種簡單的密碼，多少足以安撫法國的疑心，納坦被稱為「朗班」（Langbein）、倫敦成了「耶路撒冷」，而運送到海峽另一端的金條在密語中稱為「摩西拉比」或「摩什拉比」。有可能犯法的託運貨物則有各種不同代稱，包括「啤酒」、「魚」或「孩子」；還有其他關鍵人物（已經無法辨認身分）被稱為「胖子」和「那個該死的」。另外，為了確保海峽之間的船運往來盡可能安全順暢，他們授權在英國多佛（Dover）的代理人為羅斯柴爾德家的生意租用船隻，其中就有一艘這樣的船偷偷將詹姆斯本人送到海峽彼岸，讓他於一八一三年前去拜訪納坦。與當局「玩捉迷藏」已經成為這五兄弟的第二天性，事實上就連他們的兒子也已經學到要格外重視保密：薩羅蒙的兒子安謝姆（Anselm）才十一歲時便拒絕讓老師修改自己寫給父親的書信。「親愛的母親，」小男孩解釋道，「我怎麼可以將我和父親共享的祕密洩漏給薩克斯老師（Mr. Sachs）知道呢？」

或許最初是納坦在倫敦大舉收購金條的規模引起了何瑞斯的注意，或許也可能是因為，透過羅斯柴爾德家族輾轉回到倫敦的那些國庫券原本屬於威靈頓公爵，由他在西班牙、葡萄牙及馬爾他等地的銀行家賣給了巴黎各個家族。同時很有可能，詹姆斯已經在用納坦寄給他的金條購買西班牙及葡萄牙各家族的國庫券，然後翻過庇里牛斯山（Pyrenees）送到威靈頓公爵手上。雖然沒有多少證據可以證明這個說法，不過並非不可能。畢竟，在一八〇六及〇七年要將金錢從西班牙的美洲殖民地送到法國，運送途徑更是迂迴，要先從墨西哥維拉克魯斯（Vera Cruz）出發，往北送到紐約，然後越過大西洋經由倫敦送至巴黎。事實上，一度有價值超過一千四百萬法郎的墨西哥貨幣皮亞斯特（piaster）被裝上一艘英國戰艦，跨越英吉利海峽送到法國國庫！大抵說來，一般認為這類交易能賺取的利潤大過敵人從這些金錢本身衍生的利益，再說這類金條交易對經濟活動的重要性其實應該還是有些令人困惑，這也能解釋為什麼法國當局願意容忍詹姆斯在巴黎及波爾多（Bordeaux）等地的活動（他們對這些活動相當清楚）。雖然一些法國警方的官員對此有所懷疑，拿破崙卻還是聽從了國庫總管法蘭索瓦·尼古拉·莫里恩（François Nicholas Mollien）的建議，這位總管認為只要是從英國外流金條都是經濟衰弱之兆，因此對法國有利。

這可是一次嚴重失算，因為事實恰好相反，羅斯柴爾德家族將貨物運送到海峽彼岸的能力將成為英國強盛國力的重要源頭。一八一四年一月十一日，納坦正式接受委任，負責為威靈頓公爵進攻法國籌措資金。用范西塔特的話來說，何瑞斯要「以最祕密且最機密的方式雇用那位先生（納坦），在德國、法國與荷蘭籌措最大量的法國金銀幣，價值不亞於六十萬英鎊，他或許能夠在從此時起算的兩個月內籌得」，然後這些金銀將會送到停泊在荷蘭赫勒富茨勞斯（Helvoetsluys）港口的英國船艦上，屆時就能經由比亞里茨（Biarritz）附近的聖讓德呂茲（St Jean de Luz）送到威靈頓公爵處。同時，「羅斯柴爾德先生也要需特別理解……在將貨物送上國王陛下的船艦之前，所有可能發生的風險及損失都必須自己承擔。」如果任務成功，他便有資格領取運送金銀總額的百分之二的佣金，不過必須不惜一切代價保守祕密。這次任務是一大突破，因為這是羅斯柴爾德家族首次接受英國政府的正式委託，並且讓納坦不只能直接接觸到何瑞斯（到三月，他「幾乎不斷」出入何瑞斯的辦公室），還能接觸到范西塔特以及首相利物浦伯爵本人。

誠然，這次行動確實比納坦預期的還要困難。納坦派到阿姆斯特丹的梅爾·戴維森（Meyer Davidson）便不斷抱怨，適合的錢幣在法國占領荷蘭之初便開始短缺，並很快得出結論道，如果納坦要達成合約上的條件就必須壓印成新的拿破崙金幣（用來承繼帝國的舊路易金幣）。到了二月底，戴維森終於籌集了近十五萬英鎊，「不過這就像汪洋中的一滴水，何必呢？因為這是……英國政府的委託，而英國政府會用上歐陸現有的全部現金，但即使如此也滿足不了他們。」戴維森開始害怕無法成功執行交易，也有人說起將目標數字六十萬英鎊減半。

不過儘管有重重困難，何瑞斯仍深感滿意。早在二月二十二日，威靈頓公爵便寫信感謝巴瑟斯特「提供了非常充足的資金」；到了四月，納坦與詹姆斯成功將兩萬多英鎊兌換成荷蘭盾，讓英國軍隊能夠馬上使用。羅斯柴爾德一家直到該年年底都持續為進攻的軍隊提供資金，此時政府恢復了正常的支付方式。就像何瑞斯向英國在阿姆斯特丹負責支付款項的喬治・柏格曼爵士（Sir George Burgman）所說：「這裡的這位羅斯柴爾德確實執行了交付給他的各種戰線任務，而且成果好得令人讚嘆，雖然他是個猶太人，不過我們對他非常有信心。」何瑞斯的滿意其來有自，一個原因是羅斯柴爾德家族在收到政府付款之前便運送了大量現金到赫勒富茨勞斯，這讓有些歷史學家認為納坦用了威廉親王的倫敦股票作抵押，才能在倫敦及巴黎借到大量款項。這是有可能的，不過考慮到其中牽涉到的總額，這不會是兩兄弟唯一的信貸來源。正如尼爾（Neal）所言，納坦「運用歐陸的資源來資助對抗法國的戰爭」：羅斯柴爾德到處收購商人們的倫敦國庫券，兌換成金條後再幫何瑞斯運送給威靈頓的軍隊。到了五月中，政府就欠了納坦最多有一百一十六萬七千英鎊，這筆龐大數額足以嚇壞他哥哥薩羅蒙，而且顯然多到連納坦也承受不了。何瑞斯告訴自己在法國的代表德拉蒙德（Drummond）說，他

> 並不意外，那位在倫敦的羅斯柴爾德會極盡一切努力從你身上撈錢。他們現在之所以為我們工作，有相當程度是憑藉他們的信用額度，若是我們無法提供資金（給他們）以償付這些款項，這筆貸款的壓力將會十分沉重，重到勝過其他貸款，就算再富有的人可能都無法負荷。這位羅斯柴爾德的生意進行得十分順利，似乎再多資金都拿得出來。

一八一四年，不只英國軍隊透過何瑞斯的關係拿到羅斯柴爾德家族提供的資金，其中更重要的是（因為

這些可能更有利益可圖）英國政府必須資助歐陸盟國的款項，因為這些國家的償付能力較低。這些款項先前由霸菱兄弟以及雷德爾溫等銀行負責處理，但如今納坦已經贏得了何瑞斯的信任，正好能夠接手。唯一的困難在於，必須說服接受資金的國家也給予納坦在海峽另一邊的兄弟同樣的信任，其中最容易說服的是俄羅斯，對普魯士的難度高一點，而奧地利的態度鬆動很有限。比較小的盟國也透過羅斯柴爾德家族接受資助，包括梅克倫堡（Mecklenburg），可以想見的也有黑森－卡塞爾，同時還有復位的法國國王路易十八（Louis XVIII）。其中涉及的資金加總起來非常龐大，一八一一至一五年間，英國總共支付了大約四千兩百萬英鎊給盟國。羅斯柴爾德家族參與的時間較晚，但很快就取得主導地位。一八一四年六月，何瑞斯列出了到目前為止他們付給普魯士、奧地利、法國國王及英國軍隊的費用，加上那些尚未支付的款項，總額是一千兩百六十萬法郎，而且持續增加。難怪利物浦伯爵稱「羅斯柴爾德先生」是一位「非常有用的朋友」，他告訴卡斯爾雷子爵：「要是我們去年（一八一四年）沒有他，真不知道我們該怎麼辦。」

事實證明，要在俄羅斯的生意中占到相當比例相對簡單。一八一三年六月，英國、俄羅斯及普魯士在萊辛巴赫（Reichenbach）達成協議，承諾總計支付一百三十三萬三千三百三十三英鎊給俄羅斯、六十六萬六千六百六十六英鎊給普魯士，其中一部分款項以計息國庫券的形式支付。然而現金支絀的英國政府不斷延遲付款，直到一八一四年五月底才達成共識，分成十五次分期付款，每個月支付一百萬普魯士塔勒幣（以計息匯票的形式），其中三分之二給俄羅斯、三分之一給普魯士。俄羅斯外交官賈維斯（Gervais）負責將這些津貼兌換成現金，一開始他找上霍普銀行幫忙，希望能夠以百分之二的折扣預支前七個月的款項，但是霍普銀行的董事拉布雪爾（Pierre-César Labouchère）有所遲疑，於是由精明能幹的薩羅蒙及詹姆斯為代表的羅斯柴爾德家族搶下了這筆生意，他們不只願意將價值四百萬塔勒幣的分期付款兌換成路易金幣及杜卡特幣，還能夠將其中大多數金錢運送至漢堡、德勒斯登（Dresden）及華沙（Warsaw）等地，那裡的俄羅斯軍隊正殷殷企盼著收到付款。

羅斯柴爾德家族的條件顯然相當吸引人，特別是一開始沒有競爭對手。正如詹姆斯所說，賈維斯「需要現金，而且要快」，而且也沒有其他公司願意冒險將這麼多現金送到偏遠的華沙去。同時從英國的觀點來看，讓羅斯柴爾德家族處理這筆交易也有益處，因為他們願意降低英國必須支付的利息，並且確保用比原先雙方同意更有利的匯率將英鎊兌換成塔勒幣。事實上，詹姆斯興高采烈地表示「沒有跟政府做過這麼棒的交易」，他帶著年輕自負的態度告訴納坦：「你可以滿懷自信地告訴利物浦伯爵，這筆交易就是一次傑作。」

這筆交易從很多方面來看都是一次傑作。五兄弟謹記著父親教導過的技巧，他們總是謹慎地提出交易的條件，不只對政府有吸引力，在與他們協商的個別官員看來也很有吸引力。因此，為了確保賈維斯在和羅斯柴爾德家族的交易中能獲得個人利益（藉此讓他成為家族的可靠「朋友」或「幫手」），羅斯柴爾德家族會不著痕跡地提供金錢給他和其他俄羅斯官員，可能是佣金或者是不計息的貸款。五兄弟私底下都明白，這不啻為賄賂。在他們與俄羅斯另外擬定的協議條件下，每筆款項會有百分之一的佣金直接進到賈維斯口袋裡，正如詹姆斯及卡爾所言，「我們買來的朋友」扮演了重要的角色，不只促成交易，還為未來的交易鋪好了路。梅爾．戴維森意有所指地說：「現在俄羅斯人認識了薩羅蒙，薩羅蒙也認識了俄羅斯人。」一如往常，五兄弟對於賈維斯應該收到多少錢各有主張，薩羅蒙早就知道（或者他以為自己早就知道）賈維斯的價碼，回想起來，他認為詹姆斯給了那個俄羅斯人「太多利潤」，而且「顯然不懂多少錢可以賄賂人」，送上一支錶和幾張英國股票就足夠了。但是詹姆斯嗤之以鼻，認為此舉「實在愚蠢」，他向哥哥們保證他能在下一次的俄羅斯交易中賺取更多佣金：「付給賈維斯的錢就是改變一切的關鍵，而我正好知道這個人。」在這場爭論中，卡爾看來是支持詹姆斯的，不過他忍不住指出一開始是他提議要賄賂賈維斯的。

當然，不能用二十世紀末的英國標準來評斷這種付給政治人物及公僕的款項，現今擔任公職的人都被禁止收受賄賂，國會議員更必須揭露自己的私人商業利益、諮詢費，甚至禮物。我們接下來也會看到，賄賂於十九世紀大多時間在大部分歐洲國家中是很常見的手法，羅斯柴爾德家族經常利用金錢來脅誘與之交手、較為貪腐的政客及公僕。當然，要澄清一下，當時也經常有人評論道，所謂「貪腐」的特性與程度在不同地方與不同時間也有所不同。即使在一八一四年（這時距離格萊斯頓等人提倡公職廉潔的概念還很久），一般認為英國官員還是比俄羅斯官員更加嚴謹，或者應該說他們更容易受到國會及媒體監督的影響。出於這個原因，支付給賈維斯的款項必須小心地瞞著何瑞斯進行；何瑞斯自己無疑也收受了差不多的金額，不過可以發現他在考慮個人利益時更加謹慎。一八一四年七月，阿姆謝爾寄了一封林柏格男爵夫人寫來的信給納坦，內容提到她的私生子。他建議弟弟把這封信拿給孩子的父親何瑞斯看，「（如果可以的話）會有好處，」他寫道，「他可能會把普魯士及俄羅斯的生意交給你，畢竟他會非常希望這孩子能多拿到一些錢，如果這孩子能拿到利潤的四分之一，那麼我們也能賺到一份。」

對英國政府和賈維斯而言，俄羅斯的補貼交易確實是一筆「絕妙生意」，最重要的是對羅斯柴爾德家族自己亦然，考慮到他們能夠從英國拿到百分之二的佣金，另外抽取百分之二來負擔成本，還能再從俄國斯政府拿到百分之四，他們在第一批四百萬塔勒幣付款中的利潤總和大約就有百分之八，而稍後的款項（有三百七十萬法郎及五百三十萬塔勒幣）也能賺到相當的利潤。其他國家的政府也同樣願意付出相當優渥的佣金，希望將補貼兌換成可用的現金。詹姆斯從施威林（Schwerin）傳回消息，稱梅克倫堡政府「急需用錢，就像必須有麵包填飽肚子一樣」，而且願意放棄他們應得的一百五十萬塔勒幣補貼的百分之三十，再加上支付百分之五的佣金，只要羅斯柴爾德家能夠安排「即刻付款」。「我們想要他們怎麼做，他們都願意，」詹姆斯喜孜孜地寫道，「只要能快點拿到錢都好。」復位的法國國王路易十八也受惠於羅斯柴爾德家族以巴黎國庫券形式支付的金錢。與黑森－卡塞爾交易也同樣簡單，在達爾伯格離開之後、選帝侯回歸之前，空有骨架的行政單位努力想要償付盟國軍隊過境時的花費，而俄羅斯第二軍團（Russian Second Army Corps）又徵收了本來就稀少的穀物，戰爭財庫已經一毛不剩，威廉的官員在絕望之下只能求助羅斯柴爾德借了一筆二十五萬荷蘭盾的貸款，一開始只打算借六個月，但是因為國內的人民已經飽受「劫掠」與「耗竭」，根本沒辦法上繳足夠的稅賦，這筆貸款部分不得不延遲還款。

相較之下，羅斯柴爾德馬上就發現他們很難確保能跟普魯士做成補貼的生意，利潤也少。一部分是因為普魯士的協商代表沒有賈維斯那麼好收買，羅斯柴爾德兄弟試圖接觸財政部長比洛親王（Prince von Bülow）與哈登貝格親王的顧問克里斯提安・羅特，但是即使有何瑞斯推薦的正面印象，卻也只收到不冷不熱的回覆。詹姆斯想辦法拿到了三次分期付款的生意，總額為一百萬塔勒幣，不過普魯士政府卻認為他要求的百分之二佣金太高。「從俄羅斯可以賺到錢，」詹姆斯猜想，「但從普魯士沒辦法。」六個月後，他認為沒有理由更正他最初的判斷：「基本上跟普魯士人做生意一點意思也沒有。」又一次出價遭拒之後，他如此抱怨道。最後兄弟們只能在完全不收佣金的情況下工作，雖然後來他們靠著這筆交易最終賺到比原本預期高的百分之三利潤，但是在這之前他們只能安慰自己至少能在柏林站穩腳步，這麼一來或許在未來能賺取更多利潤。「無論如何，」詹姆斯回想道，「感謝上帝，我們如今總算能夠擠進這門生意，這對我們接觸普魯士宮廷將會大有用處。」

事實證明，要和奧地利宮廷「建立關係」更加困難。根據一八一三年的《特普利策條約》（Treaty of Töplitz），奧地利政府要支付一百萬英鎊作為補貼；而一八一四年一月的《休蒙條約》（Treaty of Chaumont）將補貼總額增加了三分之二，每月要分期支付十三萬八千八百八十八英鎊。在法國戰敗後，應付總額降為五十五萬五千五百五十五英鎊。羅斯柴爾德同樣出價表示願意處理部分的付款交易，同樣有何瑞斯的支持，而且交易條件刻意設定得非常慷慨：羅斯柴爾德家族不僅願意完全不收佣金，還能夠以八・四八兌一英鎊的匯率將英鎊換成荷蘭盾。不過奧地利財政部副部長巴比爾（Barbier）與他的上級主管，也就是財政部部長烏加特伯爵（Count Ugarte）拒絕了他們的提議，他們認為應該委託維也納的銀行；他們於第二次出價時提議將錢從比利時轉到奧地利（以支付占領時的成本），也失敗了，因為奧地利政府想要在羅斯柴爾德提議的合約上附加他們無法接受的條件。❷

羅斯柴爾德家族於一八一四年成功在各國政府間完成的各類付款交易有一個共通點，就是每一次至少有兩種賺取利潤的方法（有時還有三種）。第一種也最明顯的方法是佣金，正如我們所見，佣金從高自百分之八低至完全沒有。第二種方法可能會獲取更高的利潤，但風險也高，也就是利用這個時期經常快速變動、漲跌幅度又大的匯率，這也是為什麼原本看來毫無吸引力的普魯士匯款生意最終得以獲利，而且在大多數其他交易中似乎也都試圖藉此賺錢。基本上，羅斯柴爾德兄弟能夠從各地不同的匯率中獲利，這反映出歐洲缺乏一個整合的外匯市場，這點在戰爭期間尤其明顯，同時還有政治不確定性造成的影響，這在一八一四至一五年達到高峰。任選某一天的一張匯票或證券，其英鎊計價若是換成荷蘭盾，在倫敦、阿姆斯特丹以及法蘭克福兌換的結果都可能非常不同。套利交易就是希望從這些差異中獲利，先是在一個市場中以低價買進貨幣，然後在另一市場高價賣出。同樣的道理，塔勒幣或杜卡特幣的匯率在短時間內可能劇烈變化，典型的遠期匯兌投資便是抓準支付的時機，這樣就能在特定貨幣匯率最低時買進，等到最高時再賣出。

羅斯柴爾德兄弟特別適合進行這樣的交易，不只是因為他們在法蘭克福及倫敦都有常設基地，在阿姆斯特丹及巴黎也有半固定的辦公室，而且各個兄弟也都持續出差旅行，最遠可以到柏林及布拉格。再者，多虧了他們和何瑞斯的關係，他們比起競爭對手能搶得相當大優勢，因為造成外匯市場波動的其中一個主要**因素**，便是羅斯柴爾德受委託將金錢從英國轉往歐陸的行為。早在一八一四年以前，英國的觀察者便知道以英鎊匯票購買大量外國貨幣，容易造成英鎊貶值，英國國際收支平衡的赤字越高（實際上就是指他們所需支付的無償補貼越多），英鎊的匯率就會下滑越多，而納坦向何瑞斯保證自己能夠處理這些交易，同時盡量將匯率貶值到最低，最初正是這個保證讓他拿下補貼轉帳的生意，而兄弟們也從來沒有失信，不斷讓何瑞斯知道他們確實成功實現諾言。（詹姆斯將第一次俄羅斯的大筆轉帳稱為英國眼中的「傑作」就是想說這個。）不過在此同時，羅斯柴爾德家族也能利用在各個不同貨幣市場中交易的成果，從中為自己賺取可觀的利益。

❷ 這筆生意交給了貝特曼兄弟，條件明顯比羅斯柴爾德提供的還要差，這反映出維也納仍然偏好建立多年的銀行。

關鍵在於控制英鎊的匯率，就許多方面來說這是五兄弟在這段期間最關注的一點。早在一八一一年六月，羅斯柴爾德家族才剛開始進行將金條走私到海峽對岸的生意，阿姆謝爾便指責詹姆斯「將耶路撒冷（指倫敦）的匯率炒得太高」（其實是指英鎊對法郎貶值了），而詹姆斯隔年寫給納坦的信件中也經常提及自己如何努力不讓法郎升值，他向納坦保證：「不可能有人比我更努力這樣盡量壓低（匯率）。」這些早期的經驗解釋了為什麼後來羅斯柴爾德家族替何瑞斯轉帳大筆金額時，還能成功避免大幅貶值的損失。讓何瑞斯大感意外並滿意的是，納坦最多能夠支付「七十萬英鎊購買荷蘭及法蘭克福的國庫券，而且不會對市場造成一點影響或者激起任何反應……現在的匯率比起行動剛開始時要好多了……我相信若是跟某個外國部長或軍需官員談判得到的十萬英鎊，絕對會造成比羅斯柴爾德經手多十倍的影響」。巴黎落入反法盟軍的手中自然讓英鎊走強，不過持續支付的補貼很快又讓英鎊遭遇即將貶值的命運，因此羅斯柴爾德家族便介入推動，讓英鎊更為上漲。如今，各個市場都傾向跟著羅斯柴爾德的動向發展，就像卡爾也發現了：「我們買進的時候，大家都會買。」這反映出眾人普遍相信羅斯柴爾德家族「代表英國政府行事，而這麼做是為了強迫英鎊匯率升值，而且……我們非常成功地達成了任務」。

當然，羅斯柴爾德家族其實維持英鎊不貶值有自己的理由。若是他們多少能夠掌握英鎊的動向，就有可能在大筆補貼轉帳交易的背後進行可獲利的套利。例如在一八一四年五月，薩羅蒙便提醒納坦注意巴黎與倫敦的黃金牌價之間有明顯差距，一個月後，輪到納坦催促詹姆斯在法蘭克福購買價值被低估的英鎊。支付給賈維斯的津貼帶來了一連串得利於匯率差異的利潤，例如阿姆謝爾在七月前往柏林，利用杜卡特幣兌換路易金幣產生的額外費用賺錢，後來在八、九月運送給賈維斯的杜卡特幣是詹姆斯在阿姆斯特丹低價買進的，藉此多賺了大約百分之四的利潤。

在這段關鍵時期中，這類轉匯交易大概占了羅斯柴爾德家族賺取利潤的一大部分，阿姆謝爾在戰後英鎊大漲的期間寫信敦促薩羅蒙：「做好你的工作，讓法蘭克福的家人多賺一百萬法郎、巴黎的家人多賺一百萬路易金幣、倫敦的家人多賺一百萬英鎊，你便能得到獎賞，讓拿破崙大軍團（Grande Armée）乖乖聽話！」這番話雖然是半開玩笑，但必須強調這樣的策略也充滿風險。準時籌募足夠現金以順利將補貼轉帳給俄羅斯及普魯士是一件極其困難的事，在法蘭克福的羅斯柴爾德家族不只一次發現他們幾乎耗盡所有能夠貸款的來源。卡爾和阿姆謝爾經常抱怨納坦咬下的生意太大口，他們根本吞不下去。正如卡爾抱怨的那樣，要籌到大約六十萬荷蘭盾的總額「可不是開玩笑」。同時，牽涉到這些補貼轉帳的各國政府自然也很厭惡羅斯柴爾德藉此賺大錢，即使是何瑞斯和賈維斯有時候也會抱怨這樣的情況，而普魯士政府也設法趁著八月英鎊意外貶值時，將部分成本轉嫁給羅斯柴爾德家族。他們與奧地利政府協商時，匯率也是一塊絆腳石。

此外，套利及遠期匯兌要操作成功也仰賴快速溝通，羅斯柴爾德兄弟之間盡可能努力互通可能影響匯兌市場的消息，包括即將支付的新補貼、採取進一步軍事行動的可能性、簽署和平協議的急迫性等等。正如我們所見，他們已經能夠透過自家的信差傳遞這類訊息，速度比起官方管道或普通郵件還要快上許多。但是時間差仍然可能相當大，納坦經常被催著要加快這套系統的速度，英鎊在阿姆斯特丹上漲了百分之六的時候，詹姆斯匆匆忙忙寫信尋求他的指引：

> 聽著，親愛的納坦，如果你認為補貼會停止，那麼匯率肯定會再上揚，因為國庫券減少了。但若是你認為還會有更多的轉帳，那麼匯率會再下滑……實在已經沒人知道該怎麼面對匯率的問題了，親愛的納坦哥哥，你根本懶得寫信告訴我你的意見，這樣實在很糟糕，因為現在的關鍵重點就是要知道那邊到底發生了什麼事。

阿姆謝爾也焦慮不已，急著想知道倫敦的最新消息，於是要求納坦透過不只一個管道寄出信件，除了透過巴黎和阿姆斯特丹，還有敦克爾克，而且利用不同顏色的信封作為標記，這樣他在郵局的聯絡人看一眼就會知道匯率是上漲（藍色）或下跌（紅色）。

即使有溝通迅速的優勢，還是有可能出錯。一八一四年七月，納坦（「就像瘋了一樣」）意外匯出了超過十萬英鎊給他在法蘭克福的兄弟，此舉造成法蘭克福的英鎊應聲下跌，而且這波下滑之勢一直持續到八月，還影響到阿姆斯特丹。「憂愁的」卡爾開始害怕納坦已經無法再控制市場，薩羅蒙緊張地警告納坦「不要將英鎊操作到低於某個程度」：「若是不謹慎行事，你就無法繼續掌控股票交易。」即使按照目前的情勢發展，歐陸對英鎊的信心仍受到嚴重傷害，但阿姆謝爾依然信心滿滿（或許是因為正如他曾經擔心過的，他未能更早收到壞消息），如此只是更加劇了這些焦慮感。卡爾覺得現在是時候停止投資英鎊了：

> 但是如果你寫信告訴（在柏林的）阿姆謝爾這個消息，他的做法會完全相反，不會多加考慮就馬上買進英鎊。世界上沒有人能夠想像我有多辛苦。他一抵達萊比錫就在一百三十六塊時買進了一萬英鎊，因為他認為英鎊會漲到一百四十塊，但是等英鎊漲到一百四十塊，他仍然無法決定要不要賣掉，還認為可能會漲到一百五十塊，以此類推……因此，如果你寫信給他，先在心裡……想個固定的數字，然後只跟他說一半，這樣他無論如何都絕對不會再買了。

阿姆謝爾發現自己的錯誤時，覺得「十分吃驚」，尤其是知道自己居然要為柏林的英鎊下跌負責！「我還不夠謹慎嗎？」面對兄弟們的指責時，他反擊道，「你們還真以為雨天出門能夠不淋濕。」薩羅蒙鬱鬱不快地得出結論，認為這次是納坦自不量力：「這世上沒有人能夠隨時穩定英鎊匯率，除非是政府能夠在一年內準備好冒著花費五十萬英鎊的風險來執行貨幣政策……我認為沒有必要為了讓英鎊匯率不致下跌而買進英鎊，因為這世界上已經流通太多這種貨幣了。」詹姆斯甚至建議改變策略：基於英鎊會繼續貶值的假設，繼續積欠英鎊債款。一直到五兄弟慢慢將匯率拉起（也是靠著納坦「盡我所能……操作」），他們才恢復對英鎊的信心。到了十一月，詹姆斯發現局面再次恢復到先前的情況，他只要在漢堡股市交易所「露個面」就能讓英鎊上漲，而他在新年一早造訪柏林時也是一樣的情形。[3]到了二月，他可以自信地向納坦報告：「巴黎的英鎊漲跌完全由我掌握。」

從補貼生意中還有另一個（也不無類似）間接獲利的方式：投資在債券價格的波動上。債券價格就和匯率一樣非常容易受到大筆的國際轉匯影響，同時也和政治情勢發展有關。例如，俄羅斯債券的價格在一八一二年二月至十月之間，就從面值的百分之六十五暴跌到只剩百分之二十五，因為當時法國的入侵讓公債暫停付息；軍隊撤出莫斯科的消息則讓價格回穩。十一月三十日在阿姆斯特丹的報價為三十五，到了一八一三年三月就漲到五十，只有在六月傳出拿破崙在薩克森邦（Saxony）勝利的消息時才回跌到四十一。隨著盟軍越來越有機會贏得勝利，俄羅斯債券價格也穩定下來，而英國支付的補貼也明顯表示出公債很快會恢復支息。因此，期待法國會戰敗的人就有可能趁著與英國同盟的國家債券價格還低迷時買進，羅斯柴爾德家族也打算這麼做，只是時機比較晚了。納坦派自己的小舅子摩西・蒙提費歐里（Moses Montefiore）去巴黎，指示他進行一些投資買賣，此時的俄羅斯債券價格已經接近面值。儘管如此，詹姆斯仍然深信債券還會再漲，因為他收到（來自賈維斯的）消息說很快就會恢復支息，同年八月，阿姆謝爾也從鄰近的德國各邦買了少量債券。一八一五年三月，羅斯柴爾德基於類似考量所購買的債券也拉高了奧地利債券的價格。不過從這些交易中所賺得的錢比起套利和外匯投資的利潤要少很多，畢竟後者的投資規模更為宏大。確實，最後這批購買的債券很有可能造成相當的損失，而原因之後就會明朗。

納坦的滑鐵盧

當然，法國一戰敗，拿破崙被流放到厄爾巴島之後，補貼生意的結束之日便迫在眉睫，或者看似如此，眼下也沒有其他重大的賺錢新商機浮現。法國在一八一四年的財務境況似乎無法支付賠償，儘管法國政府在一八〇〇年之前所積累的債務因為指券[15]通膨大多一筆勾銷了，但是拿破崙發起的戰爭又再次積欠了十二億七千

❸ 這次價格回穩之後將普魯士補貼生意的利潤從零提升到可觀的百分之三。

萬法郎的內債，以及價值落在約五十八（也就是比面值低百分之四十二）的永久年金（rentes perpétuelles，相當於英國的無期債券）。拿破崙成功改革了貨幣，讓法蘭西銀行（Banque de France）獨占紙幣發行的生意，並且順利將新法郎訂為雙金屬本位制（金與銀）。但是到了一八一四年，巴黎的貴金屬存量便消耗過甚。因此，勝利的盟軍最多只能要求復辟的波旁王朝負擔軍隊占領法國時的部分花費，以計息的王室債券形式來支付。羅斯柴爾德家族或許希望自己能夠在這些交易扮演重要角色，畢竟他們主導了英國的補貼轉帳生意，但希望卻落空了。雖然他們應該有經手幾筆以法郎支付給俄羅斯的款項，但是他們爭取將奧地利持有的王室債券以百分之〇．五的佣金兌換成現金的提議卻遭到拒絕，後來對其他盟國強權的提案也一樣。

因此，拿破崙在一八一五年三月一日從厄爾巴島回來，羅斯柴爾德家族很容易就將之視為天降大禮的幸運。彷彿這五兄弟顯然過煩了和平的日子，拿破崙的「百日皇朝」（Hundred Days）又讓歐洲陷入戰爭，恢復了羅斯柴爾德家族迄今得以繁盛的金融財務條件。納坦於一八一五年這一連串戲劇性發展中的獲利正是羅斯柴爾德傳說的核心：不斷有人指稱，納坦因為獲得拿破崙在滑鐵盧遭敗的第一手消息，甚至比政府還要早，才能夠從股市交易中賺取大量金錢。傳說中比較神奇的元素，例如納坦本人就在戰場上、他與威靈頓公爵並肩而騎、他披星戴月從奧斯坦德（Ostend）跨海返回多佛、賺取的利潤在兩千至一億三千五百萬英鎊之間等等，這些很早以前就已經證明純為虛構。話雖如此，歷史學家（包括維克多．羅斯柴爾德自己）仍然認為羅斯柴爾德家族一定程度獲益於戰事重啟與盟軍最終獲勝，就算他們在戰役結束後馬上購買的英國政府股票獲利大概只有一萬英鎊再多一點，但是從滑鐵盧戰役中的總獲利估計應該有大約一百萬英鎊。

故事的真相其實非常不同。確實，戰事重啟**看似**有機會讓市場回復到一八一四年商機滿盈的條件，但並不是因為對債券的影響。正如我們所見，債券在當時對納坦來說已經相對不太重要了（是巴爾林家族於一八一五年再次負責發行新一批金邊債券），他現在想要做的其實是重拾先前與何瑞斯的生意往來，他認為拿破崙捲土重來會跟前年一樣，讓英國政府產生將金錢轉匯到歐陸的迫切需求。就某個程度而言，這麼說完全正確，但是從羅斯柴爾德的信件中顯示出，要從再度付款給威靈頓與英國在歐陸的盟國中獲利，比起一八一四年要困難許多。事實上，因為五兄弟一連串的評估失誤，他們的損失有可能在滑鐵盧戰役前後這段關鍵時期比獲利還多。就此看來，事實似乎與傳說完全相反。

首先，以納坦的話來說，拿破崙重返法國對羅斯柴爾德家族完全是「不樂見的消息」，兄弟們在三月初還在買進奧地利股票，因為期待維也納和倫敦的股市行情上揚。當拿破崙逃離厄爾巴島的消息在三月十日送到納坦手上，獲利的希望就破滅了，他告知薩羅蒙：「股市交易陷入停滯……尤其在匯票這一塊，我也無法匯出大筆款項給你。」對巴黎的影響更糟，詹姆斯回報：「目前基本上不可能繼續做生意了。」確實，納坦很快重新調整了自己的營運方向，他認為英國政府很快就會再次需要將現金運往歐陸，於是開始在倫敦購買金條，然後賣給何瑞斯以運送給威靈頓公爵。當中牽涉到的總額非常驚人，光是在四月第一週，納坦就買進了「十萬幾尼金幣、價值五萬英鎊的外幣以及至少有十萬以上的西班牙銀圓，還有……將近二十萬英鎊信用良好的匯票」。為了提供何瑞斯最多的現金，納坦還派遣薩羅蒙到阿姆斯特丹、詹姆斯到漢堡，交代他們「為軍隊購買大量黃金」，並將之送到倫敦。第一批送到歐陸的貨物是三塊價值約三千英鎊的黃金，在四月四日送出；接著在五月一日送出大約兩萬八千英鎊，而到了六月十三日便運出超過二十五萬英鎊的貨物。四月二十二日，納坦賣給何瑞斯價值約八萬英鎊的黃金；到了十月二十日，他已經提供了總價值為兩百一十三萬六千九百一十六英鎊的金幣，足以裝滿八百八十四個箱子及五十五個酒桶。除此之外，他再次表示願意將新一檔的補貼轉交給英國的盟友，此時的補貼金額達到了前所未見的最高點，一個月就有一百萬英鎊。這一次不只是俄羅斯與普魯士，就連先前態度冷淡的奧地利也發現他們別無選擇，只能接受羅斯柴爾德家族的付款，同時也包括了許多其他邦國，例如薩克森邦、巴登、符騰堡（Württemberg）、巴伐利亞（Bavaria）、薩克森－威瑪、黑森、丹麥

15 譯注：指券（assignat）是一種可流通各國的貨幣，特別指法國大革命及法國革命戰爭期間所發行的貨幣。

及薩丁尼亞（Sardinia）。加總起來，何瑞斯在一八一五年交由納坦處理的帳務總額達到九百七十八萬九千七百七十八英鎊。❹

　　假設這些轉帳收取的佣金就像一八一四年那樣，大約在百分之二至六之間，從這個數字似乎可以推估利潤約在三十九萬英鎊上下。但是如此便忽略了匯率波動的角色，就像在一八一四年一樣，這也是轉帳付款能夠獲利的關鍵。納坦在倫敦搜購金條的直接影響就是英鎊走跌，將金價拉高了至少有百分之二十三。這代表一場豪賭，畢竟整個三月時的情勢仍不明朗，仍不確定英國是否會真的再次與拿破崙開戰。（若是延遲開戰，納坦可能會發現自己手上捧著一大堆沒人想買又不斷貶值的金條。）最終確定開戰後，納坦再次打算以歐陸貨幣來提升英鎊匯率，他也確實成功將英鎊兌法郎的匯率從十七．五塊提升到二十二塊。羅斯柴爾德家族的「指揮官」如今對自己控制匯率的能力相當有信心，他對詹姆斯說：「你去到哪裡都無須擔心，我們在這裡的資源取之不盡，面對所有任何要求只會拿出更多，至少能打平。」他在寫給卡爾的信中也同樣樂觀：「我不會受限於匯率的些微差異……這讓我握有掌控市場的大權。」同時，納坦也深信自己與何瑞斯的最新合約基本上毫無風險，因為每筆送到歐陸的付款都能馬上拿到酬金（比起先前的狀況，他必須先借給政府相當大的數額）。

　　但是他錯估了兩個關鍵面向：一是假設要打敗拿破崙得再打一場漫長的戰爭，二是假設去年蔓延歐陸的金融癱瘓現象將很快重演，讓他在此處毫無競爭對手。事實上，從拿破崙自厄爾巴島歸來到兵敗滑鐵盧之間僅僅隔了三個月，而且前兩個月幾乎沒什麼軍事行動，因此羅斯柴爾德在阿姆斯特丹、漢堡及法蘭克福的競爭對手能夠與他們在貨幣市場上較勁，這是他們在一八一四年做不到的事。麻煩的第一波徵兆出現在漢堡，令納坦沮喪的是，詹姆斯發現自己無法在購買金條的同時穩定匯率。然後阿姆斯特丹又傳來消息，威靈頓公爵手上的金條多到他都不知道該怎麼辦，因此在五月五日，納坦「這天接到政府的命令，要我停止運作，因為你已經送出太多金幣」，憤怒之下，他歸咎於詹姆斯：

我確實完全無法理解，為什麼你無法遵照我一直反覆叮嚀你的指示……我很肯定你完全不知道你對我造成的傷害……就是因為你的疏忽，我損失了至少期望中八分之七的生意……你以為這樣會有什麼結果，**畢竟這些不是我的命令而是政府的命令**，我先前就提過了而且還一直挨罵。我懇求你目前什麼也不要做，無論是購買金幣或匯票都不能藉此向倫敦開票據，若是你這麼做，我無論如何都不會支持你的行動也不會接受那些帳單，還會讓他們轉而向你抗議。我希望之後不必再重複這一席話。

然而，這其實不是詹姆斯的錯。正如戴維森所說，只是因為如赫克歇爾這類歐陸銀行家壓低了價格才影響到他，這些銀行家發現羅斯柴爾德家族無謂的營運方式，因為他們把黃金從漢堡及阿姆斯特丹運往倫敦，卻只是為了將之再運回歐陸：

我離開倫敦的時候，包括羅氏、軍糧總管，事實上每個人都很焦急，認為他們或許應該盡量搜購大量金條。為了完成訂單，他們別無選擇只能依靠倫敦。自此，情勢有了不同的發展，而期待已久的戰爭至今仍只是在準備階段，沒有實際開戰，因此從各個地方都能買到金條。而且，在姓波的（指拿破崙）重掌法國的時候，原本各家都不太想要牽連上這門生意，如今卻似乎更急切地想要分一杯羹。

詹姆斯灰頭土臉地被派回巴黎，薩羅蒙此時也到阿姆斯特丹找卡爾，努力想要扭轉英鎊下滑之勢，但傷害已經造成。

就在這個關頭，滑鐵盧的戰況達到了劃時代的高潮。能夠最早收到拿破崙戰敗的消息當然可喜，多虧羅斯柴爾德的信使神速，第五版最確切的特別公報於六月十八日午夜於布魯塞爾發行，信使透過敦克爾克及迪

---

❹ 何瑞斯後來表示，一八一四年及一五年由「單一機密單位」轉帳的總額是一千八百萬英鎊。

爾（Deal）將報紙於十九日晚上送到新廷，此時距離威靈頓公爵得勝之後和普魯士元帥布呂歇爾（Gebhard Leberecht von Blücher）在戰場上碰面只過了二十四小時，更比亨利．波西少校（Major Henry Percy）將威靈頓的官方電訊送到倫敦哈洛比伯爵（Lord Harrowby）宅邸早了將近四十八小時，少校將消息交給正在此處用餐的內閣閣員們（當時為二十一日晚上十一點）。事實上，納坦實在太早收到消息了，甚至他在二十日轉告政府時都還沒人相信，第二名從根特（Ghent）遞來消息的羅斯柴爾德信使也沒人相信。❺但是無論納坦多早收到消息，滑鐵盧的訊息在他看來一點也不好，他並沒有料到戰況會這麼快就有結果。事實上，就在這場戰役的五天前，他才在阿姆斯特丹為英國政府安排了一筆一百萬英鎊的新貸款，甚至在他的信使快要抵達倫敦時，他仍然忙著安排支付給巴登的補貼。如今滑鐵盧的情勢逼著他必須提早結束自己代表反法聯盟進行的財務操作，這實在太不巧了。因為五兄弟不只要面對大量貶值金條的困境，還有價值超過一百萬英鎊的國庫券要在阿姆斯特丹出售，更不用說一連串才執行到一半的補貼合約，這一切在簽下和平協約的那一刻就會失效。當報告傳到新廷確定戰爭即將結束，納坦要面對的並不是傳說中的巨大獲利，而是嚴重且不斷增長的損失。他和英國軍隊來往的代理人約翰．羅沃茲（John Roworth）描述自己如何歷經千辛萬苦，徒步從蒙斯（Mons）走到熱納普（Genappe），白天走在「一團沙塵當中，頭頂著炙燙而熾熱的太陽」，夜晚睡覺時「躺在大砲砲口底下的地上」，但是等到他終於趕上了威靈頓公爵的軍糧總管鄧莫（Dunmore）時，對方卻交回了他們並不需要的普魯士金幣，價值二十三萬英鎊。

雖然納坦告訴兄弟們要繼續將黃金送到威靈頓的戰爭財庫，不過快到七月底時，「心生警覺的」卡爾暫停付款給戰爭財庫；兩個月後，詹姆斯發現自己手頭已無現金可用，於是也同樣停止。阿姆謝爾正好相反，他在法蘭克福的資金多到「泅泳其中」，卻沒有人需要這些錢，正如卡爾所言：「現在我們不需要為軍隊籌資了，因為他們的錢夠了。」到了年底，詹姆斯只能在巴黎提供德拉蒙德存款機制利率，希望藉此拿回一些金幣，不過這個提議遭到草草拒絕。阿姆斯特丹則出現了更大的困難，卡爾發現自己無法以納坦與何瑞斯談好的較適當折扣出售英國國庫券，事實上，和平突然降臨讓阿姆斯特丹的市場完全流動起來，這類長期債券根本賣不出去，結果讓五兄弟之間又是一輪氣急敗壞的互相叫罵。❻法國潰敗對補貼付款的生意也有破壞性的影響，詹姆斯在柏林與普魯士政府之間的協商因為滑鐵盧的消息造成英鎊匯率暴漲而陷入混亂，德國其他各邦很快也開始要求以更優惠的匯率進行他們的補貼付款。讓五兄弟雪上加霜的是此時家中傳來噩耗：他們的妹妹茱莉過世了，得年二十五歲。「我的心情真的十分低落，」滑鐵盧戰役結束兩週後，納坦向卡爾坦白，「無論如何都無法如我想要的那般處理生意。妹妹過世的悲痛訊息讓我的心智完全一片混亂，今天也因此只能做少少的工作。」威靈頓公爵獲勝的後果不但完全沒有讓羅斯柴爾德家族獲得大筆利益，反而讓他們陷入迫切的危機之中。

在倫敦，著急的納坦希望能彌補既定的損傷，也就是在這個情境之下，必須讓人知道公司買進了英國股票。七月二十日，倫敦《信使報》（*Courier*）的晚報便報導納坦「買進大量股票」。一週後，羅沃茲聽說納坦「因為提早捎來的滑鐵盧之役勝利的消息而大發利市」，便要求參與未來購買政府股票的行動，「只要你認為這麼做有好處。」此舉似乎符合納坦確實是因為提早知道戰役結果的優勢才購買債券的觀點，但是這麼做不可能帶來大量獲利。維克多・羅斯柴爾德確切解釋道，債券從五十三的最低點回彈其實比滑鐵盧之役還早了一個多星期，而且就算納坦在六月二十日買了可購買的最大量兩萬英鎊，這時債券的價格落在五十六・五，然後一週後價格漲到六十・五時售出，他的獲利也僅有七千英鎊出頭。擔保證券（Omnium，另一種公債）也是差不多的情形，傳出勝利的消息時漲了八個百分點。其實從五兄弟的通信中可以看出，他們稍晚才開始進行這類大規模購買，就在終於要簽署巴黎和約之前的那段期間，納坦寫過一封異常焦慮的信件，透露出即使是這些投

❺ 納坦收到的電訊並未保留下來，不過有留下一封信證實他收到來自荷蘭的消息，消息來源距離戰場只有不到十公里。

❻ 一如往常，納坦原本打算要流通最多三百萬英鎊的國庫券，於是將阿姆斯特丹市場缺乏興趣怪罪在卡爾頭上。

資也相當令人心煩，因為端看他們的假設是否正確，也就是這一次法國不會打算拒絕和約條件：

一切都很順利，感謝上帝，（甚至）比你能夠想像的還要順利。我相當滿意，去見了何瑞斯，他讓我感覺……很好，他發誓一切都順利進行，我在六十一及六十一又二分之一時買進股票，何瑞斯發誓……一切都順利進行，感謝上帝幫忙……我們的心情都好了許多。我希望你也會有這種感覺。

根據薩羅蒙的說法，納坦同時以一〇七的價格買進大約價值四十五萬英鎊的擔保證券，如果他聽從兄弟的建議，在一二〇時賣出，那麼就能有大約五萬八千英鎊的獲利，但是他顯然不認為這個數字有什麼了不起，只是煩心著自己一開始買太少了，想要留著等待新一年會再漲更高的價錢。事實上，一直到一八一六年相當晚的時候，納坦才真正進行了一次相當重要的股票投資，或許可以說是他目前為止最成功的一次：他購買了六十五萬英鎊的股票，平均價格為六十二；他於一八一七年十一月以八十二．七五的價格出售了大部分，獲利十三萬英鎊。但是這筆錢他不能留下，因為原本的投資是在何瑞斯建議下以政府資金進行。

要補償滑鐵盧之役造成的損失還有第二個也是比較重要的方法，那就是盡可能拖延支付英國盟國補貼的時間。為此，羅斯柴爾德家族在各個盟國當中都有相當重要的朋友，這些人自然也希望在簽署和約、補貼停止之前盡量多賺一些錢。十月，普魯士代表喬丹（Jordan）便私下承認，歐陸列強正在拖延協商好獲得多一個月的補貼，而羅斯柴爾德家族送上了一千一百英鎊的英國股票，確保能由他們來處理付款。就像之前一樣，另一位聽話的官員是俄羅斯的賈維斯，他將補貼生意交給羅斯柴爾德家族，自己則收到了慷慨的分紅（百分之二）。「重點在於，」詹姆斯從巴黎回報道，「感謝上帝，賈維斯被任命為一切事務的總管，昨天他跟我說：『羅斯柴爾德，我們必須大賺一筆！』」先前保持警惕的奧地利政府也一樣（一部分要感謝林柏格的遊說），如今願意將部分補貼生意託付給羅斯柴爾德家族。卡爾發現：「要跟奧地利人做生意不容易……不過只要贏得他們的信任就可以放心了。」另一方面，歐陸日漸增加的競爭對手也減少了他們可收取的佣金，透過套利賺錢就更難了。有些政府，例如薩克森－威瑪，亟欲避免「毫無防備就落入羅斯柴爾德先生的手裡，畢竟他可是猶太人」。五兄弟不斷暗指他們在這段期間的獲利微薄（經常少到只有百分之一），而且阿姆謝爾處理補貼支付的各個德國小邦國（包括法蘭克福、薩克森－科堡以及科堡－薩爾費爾德〔Coburg-Saarfeld〕）是不是值得讓他抱怨感受到「心碎」，這點似乎也存疑。薩羅蒙和阿姆謝爾相當有哲理，「你不可能天天都賺到幾百萬。」這話是薩羅蒙在跟普魯士協商過程冗長時所寫的，「這世界上沒有什麼能硬求而來，盡你所能即可，再多你也無能為力。」這整個世界不可能「屬於羅斯柴爾德」，「這裡的情況和英國的不同，英國每週都會出現價值上百萬的交易，但對德國人來說，十萬荷蘭盾就是大生意了。」這樣的宿命論是否影響了他們在倫敦的兄弟？這就很難說了。

因此，一八一五年夏天對羅斯柴爾德家族而言絕非一帆風順。該年三月擬定的合約似乎顯示，五兄弟的資產總和比起一八一〇年的損益平衡表有了大幅增長，不過在一八一五年的總資產中至少有三分之二要歸功於納坦，而且他並未被納入一八一〇年的合約中；若只考慮到其他四兄弟的股份，歐陸這邊的資產其實可能還減少了。此外，這份合約擬定於百日皇朝的危機之前，因此應該視為先前經營順利的證明（似乎可以合理認定，主要是於一八一四年為何瑞斯進行獲利甚豐的投資生意而來）。確實，到了一八一六年夏天，五兄弟估計他們的總資產達到九十萬至一百萬英鎊之間，意味著他們的資本在一八一五年三月至一八一六年七月間翻了一倍。他們於一八一八年六月同意的數字是一百七十七萬兩千兩百英鎊（兩年間增加了四分之三），這是相當驚人的成長率，不過這筆增加的財富是否累積於滑鐵盧之役剛結束的那段時間，卻是相當值得懷疑。

麻煩在於幾乎無法確認羅斯柴爾德家族在這段期間的金融事業發展如何，因為他們自己也不知道。拿破崙從艾爾巴島歸來所引發的一連串事件導致太多動盪，一八一四至一八一五年間的各項交易周轉金額也相當龐大，讓他們本來就嫌簡單的會計流程完全崩潰。

這個問題首次於一八一四年六月浮現，卡爾東拼西湊地想要籌到所需的現金以支應一筆特別龐大的補貼分期付款，他抱怨自己能夠做到這一點的唯一方法就是「詐騙」（發行融通票據或者與「實際」商品購買無關的票據），當詹姆斯對此抱怨時，卡爾指出「記帳」並不是他的責任。在這個階段，薩羅蒙被認為是家族中的會計師，他總是能夠讓他們的父親開心，讓他「在紙上……一分鐘變有錢」，但即使是他，很快便無法詳細記錄納坦為了他兄弟們所進行的大量生意合約。到了一八一四年八月，薩羅蒙和阿姆謝爾都坦言，他們「完全糊塗了，不知道錢在哪裡」，「總的算起來我們都很有錢，如果將我們五個人全部考慮進去的話，我們的身價都相當不菲」，薩羅蒙焦慮地寫信給納坦，「但是錢在哪裡？」納坦（或許有點酸）的回答是：「（應該）有人記帳，（卡爾）應該寫進企業規則裡。」

同樣的問題於一八一五年九月再次浮現，歐陸上的羅氏兄弟遭遇了嚴重的現金流危機。「可是親愛的納坦，」薩羅蒙寫道，「你那邊一定有一大堆錢，因為我這邊負債，（而且）阿姆謝爾手頭也所剩不多，那麼一定都在你那邊，（可是）你信上卻說你欠了一屁股債。我們的（現金）存款在哪裡？」算一算他光是在巴黎就欠了至少十二萬英鎊，幾天後他又重提這個問題：

> 我們全部的錢一定都在你那邊，我們在這邊窮得不得了，一毛錢也擠不出來。阿姆謝爾剩不到一百萬，因此所有資產肯定都在你手上，包括我們欠的錢……整理一下家裡的錢都在哪裡，我的好納坦，我不知道……我們的錢在哪裡？唉，真是太荒謬了，願上帝垂憐，等到我們春天大掃除的時候錢就會出現！

納坦回信的時候認為阿姆謝爾才是「大富翁」，恐慌的氣氛一觸即發。

問題是，阿姆謝爾在柏林和其他地方有好幾筆補貼付款要進行，手頭上幾乎沒有現金，同時卡爾的資金也幾乎全部綁在阿姆斯特丹的英國國庫券上。巴黎的境況同樣緊張得令人心驚，詹姆斯抱怨說：「這種總是欠債的狀況實在令人開心不起來。」「我們必須進行的付款金額很高，實在太高了，」薩羅蒙也回應道，「親愛的納坦，你寫信說那邊有一、兩百萬，對，你確實一定有這麼多，因為我們的哥哥阿姆謝爾已經空了，我們都空了，卡爾也是，所以我們其中一人肯定有錢。」事實上，這時候在歐陸的羅斯柴爾德兄弟只能靠著短期借貸，進一步運用融通票據才得以避免「破產」，而他們自然將他們的困境怪在納坦頭上。薩羅蒙呼應了父親先前的批評，不滿地指控弟弟管理不善：「我們只能靠奇蹟和運氣了，我再跟你說一次，你信上寫得不夠清楚。以上帝之名，如此重要的交易必須要確切執行，不幸的是你處理這些交易的方式毫無章法可言。」他們有太多帳務是記在「腦袋裡」而非紙上，也難怪奧地利政府會擔心羅斯柴爾德家族可能「破產」。

納坦試圖向他的兄弟們一再保證他們的地位穩固，但是阿姆謝爾仍然很希望能夠看到具體的證明，讓他知道家族資產的多寡。「你說我不需要探問錢到底在哪裡，」他向納坦抱怨，「這麼說來我就跟小安謝姆（薩羅蒙時年十三歲的兒子）一樣了，總是要問錢在哪裡。『人們都說我父親有五百萬。』他這樣說，想要看到這些錢堆成一座小山的樣子。」他要求納坦說明清楚，他們究竟是百萬富翁還是潦倒的破產者？這樣的不確定性讓他生病了：「我必須告訴你，住棚節（Sukkoth，指一八一五年十月）之後我的身體就不太舒服，再也忍受不了了。如果你想讓你哥哥身體健康，那麼就必須努力減輕他對金錢的擔憂。我犧牲了我的健康，現在得放寬心……我已經失去投資生意的力氣。」他抱怨他們「活得像醉漢一樣」，「我們不知道自己是否欠了英國政府的錢。」

雪上加霜的是，這段混亂時期正好遇上何瑞斯面臨下議院對他「執政不善」的指控，因此他向納坦施壓，要求提供詳細的會計紀錄。不消說，向來在議會中大力抨擊他的亞歷山大．巴爾林自然磨刀霍霍。另一方面，他的要求也有些道理，至少羅斯柴爾德家族在跟某一國政府（俄羅斯）往來時，確實拿到了額外的佣金，也有拿錢賄賂，而這些事情何瑞斯並不知曉；另外，在支付補貼的早期階段，他們也徹底利用匯差大賺一筆，因此即使帳務已經有些混亂，他們仍需要在帳簿上動手腳。這點無疑解釋了這幾個月來，面對地位非常特殊的「何瑞斯」不斷要求看帳簿時，他們只能說謊哄騙。就算這表示他們得讓巴黎的員工工作直到半夜，如薩羅蒙所言，他們也必須努力避免毀壞羅斯柴爾德家族在倫敦的名聲，「因為英國是我們的衣食父母。」納坦實在太害怕醜聞曝光，因此在一八一六年初，他寫信給阿姆謝爾，建議他不要在法蘭克福買新房子：

> 我問過何瑞斯，他給我的答覆不太完整，只說我不應該奢華度日，因為報紙會馬上撰文批評我，這裡的官員也會開始問東問西……最好聽我跟何瑞斯的建議，不要買房子，等到我把帳務問題整理清楚了再說。

何瑞斯已經從巴黎的德拉蒙德收到令人不安的報告，內容是關於一筆「模擬交易」，詹姆斯向德拉蒙德保證，必須這麼做才能避免干擾匯率。「這點我敢說絕對無誤，」德拉蒙德緊張地評論道，「但是另一方面從帳務問題來看，稽查員就快要來了，此時最該避免的就是虛構事件，畢竟這麼做一定會啟人疑竇……每個會計師不是都應該知道這條禁止行動的通則，要避免一**切虛構編造**嗎？」德拉蒙德不知道的是虛構的內容有多少，他的同僚鄧莫於一八一六年三月拜訪詹姆斯，詹姆斯便坦承：「我的心臟激烈地跳動著，因為我很怕他會命令我把他的錢送到軍隊。」事實上詹姆斯當時手中的錢不超過七十萬法郎，遠低於鄧莫能夠合法要求的總額。

到最後，五兄弟都沒有辦法將帳務梳理清楚，只能靠班傑明．戴維森（Benjamin Davidson）試圖重新建構出前一年的特殊交易情形，然後努力掩蓋期間發生的諸多異常，他在其中遭遇到的困難實在令人咋舌。首先，這五兄弟還沒有人使用複式簿記系統，正如阿姆謝爾所說，柏林的銀行家孟德爾頌（Mendelssohn）「知道自己每一個（聯合帳戶）的狀況如何，但是我們羅斯柴爾德家族卻只能仰賴會計的說法，加瑟（Gasser）跟我說：『我們跟普魯士的交易獲利不錯。』我也只能相信他。」這件事本身相當驚人，畢竟複式簿記法最早由威尼斯的盧卡．帕西奧利（Luca Pacioli）於一四九四年提出，到了十六世紀末在大多數的歐洲國家都廣泛使用。而羅斯柴爾德很晚才採用這個方法，顯示出法蘭克福猶太巷的資本化基本上相當落後（不過這當然也表示他們相當有經商頭腦，即使沒有會計師也能交易往來，但只能維持一段時間）。第二，紀錄上有許多明顯的空白，反映出他們於法蘭克福與法國占領期間在其他地方所養成的隱匿習慣。第三，利用匯率漲跌賺取的大筆獲利因為沒有取得何瑞斯同意而會有問題。最後也是最尷尬的一點，其中有些發行的融通票據是「虛構」的，總額超過兩百萬英鎊。戴維森有些故作嚴肅地說：「早該有人想到……總有一天何瑞斯（會）想看這些帳本。」

幸好，戴維森總算計算出了給政府看的數字，不會顯示出羅斯柴爾德家族才是補貼及其他付款生意的主要獲益者，而且到最後利物浦伯爵與其同僚似乎也接受了薩羅蒙的意見，認為「即使有一百家銀行，也無法在九個月內就能進行這等規模的商業交易，還能讓政府獲利」。何瑞斯恢復了名譽並獲釋，一八一六年十月軍糧處結束任務後還拿到一筆撫卹，而且下議院要阻止他擔任王室專款稽核員時的動議也未能成功。儘管如此，薩羅蒙直到一八一八年一月仍在擔心帳務問題：

> 我們跟政府的關係還不算明朗……只要政府跟何瑞斯的帳務問題仍懸而未決，我們就還不算結清。（我們到底是）富翁還是過著舒服日子？就我看來，一個打雜的男孩都過得比我們舒服，即使他擁有的少，而我們擁有的多。為什麼？因為他脖子上並未纏著與政府結不清的帳務……

我們可以合理推斷，一八一四年及一五年間的龐大獲利是以比傳統滑鐵盧神話更加神祕的方式取得，而且也相當危險。

兄弟情誼

兄弟情誼的概念在十九世紀的歐洲十分重要，共濟會、自由派以及後來的社會主義者都將兄弟情誼視為理想，創造出各種令人大開眼界的關係組織，希望能夠打造出超越狹義家族血脈的人為兄弟情誼。當然這並不是新發明，宗教組織幾百年來都在做同樣的事，不過「人人皆成兄弟」（Alle Menschen werden Brüder）這句話由德國詩人席勒（Johann Christoph Friedrich von Schiller）寫下，再由貝多芬譜曲，其中卻明顯透露出革命的重要性，就像法國大革命最出名的口號隱含的意思，想像人人成為兄弟的概念就如同想像所有人自由平等一樣激進。

同時代的人經常從羅斯柴爾德家族的空前成功中推論，認為他們正是兄弟情誼這種理想的典範。並不是因為邁爾．阿姆謝爾及古蒂勒．羅斯柴爾德夫婦能生下五個兒子，甚至五個女兒，這即使在今日的歐洲也並不罕見，法蘭西斯．巴爾林也有五個兒子。事實上，最晚到了一八七〇年代，英國有將近五分之一（百分之十八）的女性在婚後生下十個、甚至更多孩子，超過半數則有六個或更多，德國的數據也差不多。讓同時代人最佩服的是，羅斯柴爾德兄弟似乎以難得的和諧態度一起合作，根茨為布羅克豪斯出版的《百科》中寫了一篇相當具影響力的文章，這便是他在文中極力強調的重點：

> 五兄弟盡他們最大的責任心，謹遵他們父親在臨終前的諄諄教誨，在所有生意往來業務上都保持無懈可擊的團結合作……每次（業務）提案都要經過兄弟共同商討，即使不是特別重要的作為，每一次執行也要根據共同同意的計畫並且齊心協力，而且五兄弟平分成果。

他們在法蘭克福的競爭對手賽門．莫里茲．貝特曼也認同這個觀點：「五兄弟的成功有很大部分歸功於他們合作無間，沒有人會想著要找其他人的碴，沒有人會惡意批評其他人的商業交易，即使結果不如預期。」班傑明．迪斯瑞利後來也評論道，「羅斯柴爾德家族的強盛大多歸功於團結的情感，這股情感不僅存在於這個龐大家族的所有分支，也同樣存在於他們的資產及能力，他們就像個阿拉伯部族一樣。」這點很快就融入了「五個法蘭克福人」的傳說，並且根深柢固。一名德國作家在一八三〇年如此寫道：

> 這五兄弟共同形成了一道不屈不撓的方陣……而且他們全心遵從他們的原則，絕不獨自承擔任何事，並且任何行動都要得到所有兄弟的全心同意，一定要遵循相同的系統、追尋相同的目標。

如果兄弟齊心很容易做到，這種評論也就無需贅言了。矛盾的是，與詩人描述的理想情誼不同，反而很少有真正的兄弟能夠好好合作。猶太人與基督徒都知道約瑟（Joseph）與其兄弟的故事，這是聖經中最能描述兄弟鬩牆的故事之一：迦得（Gad）與亞設（Asher）憎恨他們同父異母的弟弟，也就是性格早熟又備受寵愛的約瑟、約瑟與其弟弟便雅憫（Benjamin）之間的強烈情感、長子流本（Reuben）的矛盾情感、激烈的衝突及最後的和解。霍普家與巴爾林家兄弟之間的關係沒有那麼緊繃，但是未能以兄弟團結放下彼此的齟齬。當羅斯柴爾德兄弟在金融業的成績取代他們後，他們似乎被擬人化成一種難以捉摸的理想。

然而，在一八一四年及一五年間混亂的局勢中，要維持兄弟情誼其實並非易事。因為接連進行了幾次重大且高風險的業務，羅斯柴爾德兄弟的資源捉襟見肘，也讓他們之間的個人關係經常惡化，有時甚至發展到完全撕破臉的地步。造成這個情況的主因無疑是納坦態度專橫地對待他這些應該是生意夥伴的兄弟。根據一八一五年的協定，五兄弟基本上應該是平等的：利潤要平分，而納坦因為占了較大部分的資本額，所以給其他兄弟一人一張價值五萬英鎊的本票作為彌補。不過就像薩羅蒙和其他人當時曾提過的那樣，納坦生來衝動的脾氣再加上公司的營運越來越以英國為主，自然讓其他四個兄弟的地位降格成了區區代理人。薩羅蒙就曾半開玩笑地說納坦是「總指揮官」，其他人都是他的「將帥」，而他們能夠運用的「資金資源」總額就是必須「隨時準備好的士兵」。顯然這個說法將納坦暗喻為拿破崙，畢竟這五兄弟的金融操作最終都是為了打敗他。而且並不只有納坦的兄弟們這麼比喻，史雲頓・霍蘭德（Swinton Holland）在一八二四年就對他的合夥人亞歷山大・巴爾林說：「我必須坦承，我沒有膽子像他那樣經營。他們的生意通常都經過完善計畫，執行時又表現出無比的機敏與熟練，但是他操作金錢與基金就像拿破崙操作戰爭一樣，只要出現突然的震盪就會像另一者一敗塗地。」對柏爾納而言，納坦和他的兄弟們都是「金融界的拿破崙」，直到一八七〇年代都還有作家做類似對比的描寫。不過真正成了銀行金融界拿破崙的是納坦，而且他也和這位法國皇帝一樣對風險的胃口超乎常人，而且完全無法容忍無能的下屬。

最早在一八一一年，甚至在他們父親過世之前，納坦的兄弟們便開始抱怨他信件中不時會出現的霸凌語氣。不過直到一八一四年中，他才真正開始成為主導一切、更是盛氣凌人的生意夥伴，關鍵問題在於他想要獨斷決定兄弟們的一舉一動。一八一四年六月，他吩咐薩羅蒙到阿姆斯特丹去協助詹姆斯，並利用這次機會狠狠罵了他在法蘭克福的兄弟一頓：「我告訴你，阿姆謝爾和卡爾真是氣死我了，你不知道他們的信件有多蠢，像瘋子一樣只想依賴我……老天，他們寫給我的信上滿是蠢話，今天我實在很不高興。阿姆謝爾寫信給詹姆斯的樣子，好像他可以自己做好生意。」這話顯然是戳到痛處，雖然戴維森要求納坦停止書寫「貶損的信件」，但為時已晚。憂心忡忡的卡爾臥病在床，警告說「如果再這樣下去」，那麼納坦「很快就會有一個合夥人到另一個世界去了」，他的信件就是讓卡爾如此難受。薩羅蒙也抱怨「我的背上和雙腳都痛得很厲害」，但是信中的語氣更為憤怒：

我完全不敢相信，就算我是見多識廣的納坦．羅斯柴爾德，也不會將其他四個兄弟看成還在上學的笨男孩，以為只有自己才是聰明人……我不想再生氣了，不想讓自己的身體比現在病得更厲害，我要很坦白地說，我們既沒喝醉也不愚笨，我們做到了在倫敦的你顯然做不到的事：我們的帳簿井井有條……如果我的淚水是黑的，那麼寫字不必蘸墨水會輕鬆許多……英國郵件抵達的日子總是讓我擔驚受怕，每天晚上都夢到這些信件……一個人不應該這樣寫信給自己的家人、自己的兄弟、自己的合夥人。

不過他們的抗議僅僅換來了納坦直接了當的威脅要拆夥：

我必須承認，我已經徹底受夠了這些囉哩八嗦的事情以及令人厭煩的後果……從今天開始……我想如果薩羅蒙能夠關閉巴黎的帳戶過來倫敦，這麼做就再好不過了，戴維森可以把阿姆斯特丹的帳簿一起帶來，這樣我們就能結清帳務。我想法蘭克福（也）有一個帳戶……因為我已經受夠這段合夥關係了……我知道你們都是聰明人，這樣感謝上帝，我們五個人都能得到安寧。

這段話收到了預期的效果，自此以後，納坦發號的施令幾乎可以說無人挑戰，就像薩羅蒙於一八一四年八月寫給薩羅蒙・科恩（Salomon Cohen）的信上表示的那樣：

我在倫敦的弟弟是指揮官，我是他戰場上的將領，因此我有責任盡自己所能辦事，所以我必須給指揮官報告及評論等等。或許我說得話重了一些，因為我想讓他知道我對我說的話有多麼認真，不過說我一時怒火攻心的話還是太誇張了……身為一名優秀的將領，就應該知道一名優秀將領必須知道的事，而不是一直只想著進攻，偶爾也應該採取防守姿態才能保全自己的實力。

就像這封信上所言，薩羅蒙仍然擔心納坦眼高手低，不過他現在顯然將自己視為下屬、給予建議的角色：「（我們）視你為總指揮官，自己則是小將領，上帝或許能賜與我們好運、祝福與成功，若然我們（仍）是將領；但願上帝保佑不會如此，那些不得安寧、不得好運的人連士兵都稱不上。」卡爾也接受了由納坦主導一切，不過他的比喻稍有不同：「我只是（馬車的）最後一個輪子，認為自己不過就像機器一樣。」他和薩羅蒙或許並不喜歡阿姆斯特丹，但是如果納坦吩咐他們留下，他們便會留下，即使薩羅蒙要求想回去法蘭克福去見他的妻子或者參加他兒子的成人禮（前三年他只回去了三個星期），這些顯然在納坦看來都是無理的要求。不過納坦有條件地答應了第二次請求，薩羅蒙在法蘭克福待一天就必須回巴黎，同時在法蘭克福期間要處理當地的帳務。納坦只關心一件事，就是生意。「你所寫的內容，」薩羅蒙疲憊地抱怨道，「不是付這個就是付那個、寄出這個寄出那個。」

自一八一一年起……哪裡有生意我就往哪裡去，如果今天我必須去西伯利亞我也……會去西伯利亞……幫我個忙，不要再寄那些口氣暴躁的信件來。我坐在旅館房間裡，通常伴著燭光等待兄弟們的來信，不能抱著愉快的心情上床睡覺，反而充滿憂慮而無法成眠。我們還能擁有什麼樣的快樂？我們都已步入中年，年少時能享受的娛樂已經不在我們手中，不幸的是我們都得向那（一切）道「晚安」，我們的胃已經不管用，所以想暴飲暴食也不可能了，因此幾乎所有一切世俗娛樂都不是我們能享受的，難道我們還得放棄通信時的愉悅嗎？

但是納坦對自己禁欲式的物質主義相當自豪：

我寫信給你說出我的想法，因為寫信給你是我該死的責任……我讀過你的信不只一次，或許讀了一百次，你自己也能想像得到那是什麼樣子。晚餐後我通常無事可做，我不讀書也不玩牌，又不上戲院，唯一的樂趣就是我的生意，因此我會讀阿姆謝爾、薩羅蒙、詹姆斯和卡爾寫來的信……就目前卡爾的信上看來（內容是關於要買一棟更大的房子）……這一切都是一堆廢話，因為只要我們的生意做得好、賺了大錢，每個人都會奉承我們，而那些不打算透過我們賺錢的人則會因此憎恨我們。我們的薩羅蒙心地太過善良、太好說話，什麼人、什麼事都說好，若是一隻寄生蟲在他耳邊說些甜言蜜語，他就以為所有人類都心地高潔，但事實上每個人都只是在追求自己的利益。[7]

私底下，就連根茨也不得不承認納坦實際上是羅斯柴爾德五兄弟之首，是他有「出類拔萃的直覺，讓他們總是能夠做出正確的選擇，若兩者皆正確也能選擇比較好的那一個」：

巴爾林最有力的論述啟發了我，如今我已經近距離見證了一切，不再那麼相信其中一個比較聰明的羅斯柴爾德兄弟所下的可靠判斷，也就是說五兄弟中有一個缺乏聰明才智，還有一個不是那麼聰明。若是霸菱和霍普兩家銀行真的倒閉了，我可以相當有自信地主張，那會是因為他們以為自己比羅斯柴爾德聰明而沒有聽進他的建言。

最後提到的羅斯柴爾德其實只有一個人，這點相當重要，這世上只有一位真正的**金融界拿破崙**。根茨提到「有一個缺乏聰明才智，還有一個不是那麼聰明」時，心中所想的大概是阿姆謝爾和卡爾，這麼說並不公平。更確切描述他們兩人的個性應該是，他們與其他兄弟相比更傾向避開風險。阿姆謝爾是五兄弟中最謹慎的一個，而且一直都很希望能過著「平靜的生活」。「我啊，並不想吞掉整個世界。」他在一封如往常簡樸的信中這樣寫道，他的理想是「平靜地工作」，不必因為納坦如拿破崙出征的手段必然造成的結果憂心忡忡。排行老四的卡爾則生性緊張而且沒有安全感，也和阿姆謝爾一樣沒有太大野心。「我受夠做生意了。」他在一封典型的信件中向大哥坦承，「我希望上帝不必賜與我太多，只要能夠生活，能有衣物蔽體、麵包果腹足矣，我並不希望飛上雲端。」這樣的感覺在阿姆斯特丹的國庫券慘跌期間顯然更加強烈，因為這段紛擾讓他飽受責罵。在這件事之後，就像薩羅蒙所寫的，卡爾是真的「懼怕」納坦，不過他還是能夠在「老闆」背後咕噥說些批評之語。正如我們所見，薩羅蒙自己也相當聰明又有自信，能夠質疑納坦的策略，但是他太過「安靜多思」，而且根據羅斯柴爾德家族中如戴維森及布羅恩（Braun）等資深員工的說法，他有「太多事情都藏在心底」，因此無法抵抗弟弟的好戰性格，若是可能的話，他比較傾向與納坦站在同一戰線來對抗其他人。

但是納坦的主導權從來都不是絕對的，這種合夥關係並未退化為獨裁的原因有幾個。第一，納坦最年幼的弟弟詹姆斯在一八一五年時只有二十三歲，與其他三個兄弟相比明顯比較不願意屈服於納坦。一八一四年六月時，兄弟間的激烈爭吵發展到最高點，詹姆斯仍然保持冷靜，語帶譏諷地告訴薩羅蒙·科恩，他容許納坦「指示他處理那些彷彿只是蘋果和梨子的幾百萬生意」。雖然詹姆斯也幾度考慮離開巴黎，不過他不太可能是因為納坦的吩咐才留在那裡，因為這個最年幼的弟弟在才智和脾氣上都和納坦不相上下，同時他還有接受過較優良教育的優勢，值得注意的是，是詹姆斯敦促哥哥們採用複式簿記系統。真正讓詹姆斯在接下來二十年聽從哥哥的話的原因是兩人之間的年齡差距。即使接受了納坦領導，詹姆斯卻算不上恭敬。「現在的重點在於為英國擬定一套合理的計畫，」他在一八一八年三月寫信給納坦，「你必須要做這件事……我交給你決定。我的責

❼ 納坦聽說詹姆斯騎馬出了意外之後大發雷霆，因為騎馬在他眼裡看來根本就是遊手好閒的行為。

任主要是讓你注意到這件事情，而你身為總指揮官的責任就是要解決一切問題。」早在一八一六年十二月，卡爾便有理由抱怨詹姆斯語帶批評的信件，其中的重擔就在於法蘭克福分公司所賺的錢不夠多，此時詹姆斯已經表現出類似納坦的特質。於此同時，納坦（後來還有詹姆斯）有時得要顧慮到兄弟關係漸不樂觀而有所收斂。戰後期間某次相當嚴重的營運受挫後，阿姆謝爾便對詹姆斯說：

> 一個人永遠都不該衝動行事，這就是夥伴關係的優勢，如果某個合夥人一時失去判斷力，其他人就必須保持冷靜，如果所有人都衝動行事，那就要說再見了。我希望（你收到信的時候）已經冷靜下來，你也要感謝上帝讓我們能夠比其他人更快累積財富。

確實有些時候，納坦相當樂意拖延困難的決定，推託說他需要跟兄弟討論。有時候這些話是種策略，有時候他也真的會聽他們的話。

最後，無論五兄弟之間如何爭執，卻也沒有其他更能夠信任的人。我們知道薩羅蒙偶爾會偽造納坦在票據上的簽名，因為納坦忘記背書了，完全無法想像有其他人能夠這麼做。即使是最優秀的員工也隔著一層：有一名叫做費德爾（Feidel）的員工顯然對阿姆謝爾有超乎尋常的影響力，而卡爾的反應只能用嫉妒形容。同理，他們的姻親兄弟（姊妹的丈夫與妻子的兄弟等等）總是會受到存疑眼光審視，認為他們是對自家生意有所圖謀的外人，詹姆斯尤其擔心納坦對他妻子的親戚薩羅蒙·科恩以及亞伯拉罕·蒙提費歐里（Abraham Montefiore，摩西的兄弟）透露太多訊息，聽到情況並非如此後便鬆了一口氣：

> 很少有人能夠明白，即使是朋友告訴他的話也不過是奉承，其中沒有一句是真話，等他們一離開你，便開始嘲笑你有多好騙。親愛的納坦……你很聰明又誠實，你知道這個世界是怎麼回事……在你的信寄來以前，我心裡的大石頭總算落下了，因為薩羅蒙告訴我倫敦現在不一樣了，不只是（亞伯拉罕）蒙提費歐里和薩羅

蒙・科恩不再能夠閱讀信件並商討所有業務，就連戴維森也不能這麼做了，而你的信件更證實了這說法。

同樣地，其他兄弟也密切關注卡爾想在漢堡物色妻子人選的事情，因為與卡爾結親的家族對他們所有人來說都是最緊要的大事。總而言之，他們之間確實有在猶太巷中締結起來的兄弟情誼羈絆，沒有其他關係能與之匹敵。「當我們一起睡在那小小的閣樓房間時，有誰答應能給我們更多嗎？」有一次納坦嘮叨著某批無期債券賣得太早的時候，薩羅蒙這樣問道。不管五兄弟相隔多遠、不管他們在信件上如何惡言相向，也永遠不會完全忘記這些回憶。

兄弟團結的程度（與極限）在他們討論是否要修改一八一五年的合夥合約時最為明顯。經過一八一四年及一八一五年的大筆轉匯交易，他們明白彼此金融業務相互依賴的程度無法輕易解除。現在的問題是，詹姆斯能不能在巴黎以明顯有集團性質的「德羅斯柴爾德兄弟公司」名稱建立新公司，雖然詹姆斯反對將各個不同辦公室的帳務整合在一起，阿姆謝爾也有他的擔憂，擔心詹姆斯可能會將他捲入高風險的業務，直到詹姆斯同意不應該公開合夥關係的資本額，他和卡爾才答應，這個利於保密的重要決定也設下長久保留的先例。最後他們花了將近兩年才整理出一個妥協後的結果，於是在一八一八年的合約中將五兄弟的合夥關係定義為「前述五名合夥人共同責任下（營運）的三處聯合商業機構」，但同時「**形成唯一的共同聯合目標**」。這樣的區別相當確切概述了這五兄弟如何調和各人間彼此的差異，並且緊扣這個深層且能永存的兄弟齊心目的。

四、「宮廷總能派上用場」（一八一六—一八二五）

你說的確實沒錯，從沒有錢的政府身上還能賺得許多錢，但你必須承擔風險。

——詹姆斯·羅斯柴爾德寫給納坦·羅斯柴爾德

N·M·羅斯柴爾德……有錢、有力也有權。

——納坦·羅斯柴爾德寫給克里斯提安·羅特

一八二三年，拜倫勛爵的長篇詩歌《唐璜》第十二、十三及十四篇在倫敦出版，當時這位作者正深陷希臘爭取獨立的動亂中（最後也確實要了他的命）。拜倫身為貴族的揮霍無度就和他的放蕩行為一樣惡名昭彰，不過這幾篇稍後才出版的詩歌表示他相當清楚金錢的力量，尤其是能夠擬人化成為納坦·羅斯柴爾德的新形態金融權力。「誰掌握天下錢財？」拜倫在第十二篇章中問道，誰統領

國會議事，是保皇派還是自由派？
誰喚醒了西班牙赤裸上身的愛國之人？
（讓舊世界歐洲的新聞媒體嘰嘰喳喳議論著。）
誰讓兩個世界，無論新與舊，在痛苦

或是歡樂之中？誰讓政治變得油嘴又滑舌？
披著波拿巴的崇高追求有如一道陰影？——
猶太人羅斯柴爾德，以及和他同路的基督教巴爾林。❶[16]

過去歷史學者都曾經引用過這些詩句。接下來的詩句也值得一讀，因為其中恰恰描繪出當時的人對於一八二〇年代初景氣大漲的奇觀，抱持著如何矛盾的心情。對拜倫而言，羅斯柴爾德和巴爾林再加上「真正自由派的拉菲特（Jacques Laffitte）」，他們是「真正的歐洲之王」，每一筆貸款

不僅僅是成功的投資，
更能安定國家或推翻王者。
共和國也有所涉入；
哥倫比亞的股票不知落入誰手
操作匯率；甚至是祕魯自家的銀礦土，
也得讓猶太人打折扣。

拜倫接著以高超的洞察力繼續討論禁欲式的物質主義，我們先前提過，這點可以視為早期羅斯柴爾德家族的顯著特色。確實，若說這位詩人對「乾癟的財富緊縮」的思考或許受到納坦本人的啟發，似乎也不是沒有

16 譯注：一九八六年的版本是「Jew Rothschild, and his fellow Christian Baring」，而一九三〇年的版本是「Jew Rothschild, and his fellow-Christian, Baring」；舊版本的標點符號會影響語意，會解釋成羅斯柴爾德也是基督徒，但事實顯然並非如此，因此作者引用了後來更正的一九八六年版。

❶ 各版本的標點符號或有不同。此處引用的文字是一九八六年的牛津版本，一九三〇年的牛津版本是「猶太人羅斯柴爾德，以及和他同樣的基督徒，巴爾林」，不過這似乎不合理，拜倫顯然是想表達這兩位銀行家的地位是平起平坐，只是信仰不同。

道理：

他是你唯一的詩人；——熱情而純粹
閃耀的光芒一堆接著一堆，展現出
執迷，礦石就代表著僅有的希望，吸引著
深深海洋另一端的國家：金色光芒
從不知何處的礦脈中煉出金錠散發而出；
鑽石奪目的閃亮都傾倒在他身上，
綠寶石的柔和光芒讓其他寶石的染料
相形失色，撫慰了守財奴的雙眼。
兩岸的土地皆屬於他：船隻
來自錫蘭、印度或者遙遠的中國，為他
卸下每趟旅程帶來的香料商品；
載滿穀物的馬車在路上嘎吱奔走，
葡萄紅酒艷麗得有如睡美人的雙唇；
而他，卻鄙棄了一切誘他沉淪的呼喚，
指揮若定——以才智主宰著一切。
或許他心中懷有偉大的計畫，
建造學院，或者創建族群，
醫院、教堂——留下

雄偉的穹頂之上是他清瘦的面容：
或許他會欣然解放人類
甚至是用讓人類墮落的金礦：
或許他會是在他國度中最富有的人，
或者陶醉在計算的喜悅中。

「他的國度」一詞或許暗示的是，這段金融權力崛起故事中說的更多是關於羅斯柴爾德，而非巴爾林。拜倫甚至語帶諷刺地暗示納坦．羅斯柴爾德與亞歷山大．巴爾林共同掌握「天下的財富」，不過這也需要進一步解釋。當然，巴爾林家族早已名聲卓著，他們和羅斯柴爾德家族一樣來自德國（法蘭西斯．巴爾林於一七一七年從不萊梅移民至英國），而且法蘭西斯的兒子約翰也和納坦一樣，靠著紡織品的生意致富，在他的兒子們後來於一七七〇年建立霸菱兄弟商人銀行之前，他原本是羊毛織物製造商。不過巴爾林家族信奉新教路德宗，因此能夠輕易加入艾希特（Exeter）的社會菁英階層，後來也順利融入倫敦。約翰的幼子法蘭西斯自一七八四年起便是下議院的議員，自一七七九年起是東印度公司（East India Company）董事會的一員，同時在一七九三年成為從男爵；他的兒子亞歷山大不僅接手了銀行的業務，在一八〇六年也同樣成為議員。相較之下，在《唐璜》出版的短短數年以前，羅斯柴爾德家族在對抗拿破崙戰爭所提供的金融協助大多仍是祕密，只有政界及金融界的局內人知道。在一八一四至二〇年間，就連巴黎銀行家賈克．拉菲特也因為擔任法蘭西銀行總裁而知名，他同時也是拿破崙百日皇朝期間的金主之一。在滑鐵盧之役的動盪過後那些年間發生了什麼事，讓納坦一夕成名，同時也背負惡名，以至於有人說他「統領」了保皇派與自由派、「喚醒」了西班牙的愛國者，同時「讓兩個世界，無論新與舊，或是在痛苦／或是歡樂之中？」

和平的經濟結果

答案一定要從可能被稱為所謂「和平的經濟結果」（借用一百年後類似境況下所使用的詞彙），也就是滑鐵盧之役後要求法國接受的第二次巴黎和約中尋找。第一次巴黎和約並未要求復辟的波旁王朝支付賠償，不過滑鐵盧之役後，勝利國的心情就沒那麼平和了。他們並不是想要懲罰所有法國人，要他們為了那些支持拿破崙百日皇朝的行動負責，而是因為實際上需要有人支付占領法國北部的軍隊費用，這裡的軍隊一度超過百萬人。即使是在十一月簽署和約之前，他們就已經向法國徵收大約五千萬法郎的「貢獻」來支付軍隊開支。和約最終的條件談定，要從一八一六年三月開始在五年內支付完畢總共七億法郎的賠償，同時會派駐一支十五萬人的占領軍隊留守法國領土，這段占領期間的費用也要由法國國庫支出。❷

羅斯柴爾德家族自然希望和約中的款項要求能讓他們有許多補償百日皇朝期間損失的機會，畢竟這些賠付代表要進行一連串新的跨國轉帳生意，這次是從巴黎而非倫敦，或許能從中獲利。起初他們還能保持樂觀，至少就他們當時與接受賠款的國家之間的關係來看是如此，賈維斯照舊保證要將俄羅斯的大部分生意交給羅斯柴爾德，何瑞斯也同樣有望為他們爭取一大部分的英國生意。但是他們很快就發現，因為法國「貢獻」而衍生的所有生意都必須跟其他銀行共同進行，而這些銀行家也趕上來挑戰羅斯柴爾德在國際轉帳付款生意的獨占地位，薩羅蒙和詹姆斯只能夠和其他人建立起簡易的合夥關係才得以參與最初支付給普魯士及奧地利的賠款生意，例如在柏林與孟德爾頌、在法蘭克福與貝特曼及龔塔、在維也納與阿爾斯坦與艾斯可里斯（Arnstein & Eskeles），在漢堡則是與帕里許銀行，就連英國和俄羅斯的賠款也不能視為理所當然的囊中物。

一部分的原因在於影響力日漸下降。何瑞斯在巴黎的代理人鄧莫比起何瑞斯本人就沒有那麼「友善」，同時俄羅斯的外交大臣涅謝爾羅德伯爵（Count Karl Nesselrode）也有偏好龔塔的理由，當賈維斯與何瑞斯先後離開職位更嚴重打擊了羅斯柴爾德。雪上加霜的是，他們發現自己往來的其他幾名官員拒絕收受賄賂，包括俄羅斯的梅利安（Merian）及普魯士的羅特。但是真正的問題在於和平帶來競爭，詹姆斯看著百分之一．五以下的利潤沉思，抱怨道：「賠款的生意不怎麼好玩，因為這裡實在太多人了。」薩羅蒙尤其對奧地利的代理人感到惱火，這人「周旋於各家銀行，只為了多要求一點蠅頭小利」，最後他和詹姆斯幾乎是聽天由命了：「這裡做不成大筆又漂亮的好生意，不過既然我們在這裡了，我們很樂意盡量接收生意，免得落入其他人手上。」唯一令人安慰且他們也一再重複的念頭是，即使宮廷的接觸完全無利可圖，但或許在未來能幫他們招攬生意。兄弟倆從來不拒絕規模較小的交易，並樂意處理支付給較小的德國各邦賠款，以及俄羅斯用來補償俄羅斯軍隊損壞私人財產的比較次要的補償金。

然而，更令他們失望的是詹姆斯未能拿下一部分賠款支付方的生意。一直到了一八一六年晚期，眾人才明白法國只能透過大筆借貸才有辦法支付賠款以及占領軍隊的花費，雖然法國政府努力減少支出並徵稅，卻沒有實際可行的方法達到一年能有超過一億七千萬法郎的盈餘，尤其是極端保皇派組成的「無雙議院」（Incredible Chamber）表現出毫無幫助的態度，因為他們就像大部分十九世紀由所得稅或財產稅納稅人選出的議會一樣，並不是很想開徵直接稅。事實上，一八一六至一七年間的預算顯示赤字超過三億法郎，只能藉由短期借貸勉為其難維持財務運作。另外，巴黎的資本市場實在太過虛弱，根本無法獨力吸收無可避免需要發行的新一波長期公債，當百分之五公債價格跌到只有五十元，政府除了求助外國別無選擇。

拿破崙戰敗後，馬上就讓羅斯柴爾德家族有機會獲得對法國宮廷的影響力，他們不僅負責將英國貸款轉交給復辟的法國君王，同時，過去曾是拿破崙萊茵邦聯親王以及法蘭克福大公的達爾伯格也趁勢崛起，成為

❷在這七億法郎中，約有一億三千八百萬花費在重建法國四周邊境的戰略堡壘。各個強權會收到一億至一億三千九百萬法郎不等，作為賠償他們在百日皇朝期間的花費，另外有比較少的款項支付給其他反法聯盟的邦國。同時，法國還要支付相當金額的私人索賠，經過冗長的來回交涉後，這些金額總數達到兩億四千萬法郎。條約內容也將法國邊境恢復到一七九〇年的狀態，反對一八一四年條約中訂定的一七九二年邊境狀態。這裡也要提到，法國先前已經向荷蘭、奧地利、普魯士和葡萄牙等國支付賠款，只是牽涉的金額較小。

法國臨時政府的成員，他就是這樣一個投機份子[3]（最有名的便是法國第一任首相塔列朗〔Charles Maurice de Talleyrand-Périgord〕），抓準時機倒戈又一次在政權更迭中生存下來。但是塔列朗辭職後，新政府在黎希留公爵（Armand-Emmanuel de Vignerot du Plessis, duc de Richelieu）的領導下成立，這明顯降低了羅斯柴爾德的影響力。詹姆斯用盡一切方法拉攏黎希留公爵的秘書，他顯然也提供了寶貴的內部消息，讓詹姆斯得以知道法國政府的意圖，然而在一八一六年秋冬出現貸款問題時，財政部長柯維托（Louis-Emmanuel Corvetto）選擇將這筆生意交給霸菱銀行以及霍普銀行的拉布雪爾[4]，因為另一位得以從拿破崙帝國時代全身而退的法國金融家嘉布里耶－朱里恩·烏夫拉德（Gabriel-Julien Ouvrard）已經拉攏了這位部長。一八一七年初他們達成協議，霸菱銀行會先提供法國政府一筆兩億九千七百萬法郎的款項購買百分之五國債，條件是百分之二·五的佣金，而在這幾個月內分成三檔發行的債券價格分別為五十二·五、五十五·五以及六十一·五，這表示法國政府增加了大約五億三千四百萬法郎的國債，就為了換取不到三億法郎的現金，或者換句話說，政府支付的利息實際利率大約是百分之九，幾乎是公債債券名目利率的兩倍。與後來的傳說正好相反的是，羅斯柴爾德家族發現自己似乎沒辦法參與這筆龐大資金操作，巴爾林便這麼說道：「這是為了避免市場爭相出售，造成匯率貶值。」

這對詹姆斯是一次苦澀的挫敗，畢竟他在貸款生意的計畫上耗費了相當多心力，直到最後一刻都相信自己至少、至少能夠參與某種合夥計畫。「沮喪」又生氣的他狠狠譴責巴爾林的表裡不一，稱這位競爭對手賄賂法國政府，誇大自己無法付款的能力再藉此獲得六個月的喘息空間。他在一八一七年七月最後放手一搏（與拉菲特和帕里許銀行合作），試圖參與霸菱集團第三次發行公債的生意，但仍舊沒有成功，這讓他更是火上加火。薩羅蒙從倫敦回到巴黎後，忍不住佩服起對手的技高一籌，竟能打敗他的弟弟：

> 這個巴爾林可真是狡猾，今天他要和我們一同晚餐，同席的還有拉菲特……若要對付他，我們當然必須

注意自己的一舉一動。巴爾林那群人從過去到現在都相當了解如何運用影響力，就和我們一樣。政府當局裡只要是有點分量的人，都願意和巴爾林密切合作……俄羅斯大使波佐．迪．博戈（Carlo Andrea Pozzo di Borgo）是支持法國的，也支持與他同一陣線的巴爾林……巴爾林和法國財政部長共享利潤，這個部長被人詬病，說他是最腐敗的一個。

無論這些指控是否屬實，巴爾林的地位確實相當穩固，足以讓他在開始協商最後一筆貸款以付清剩下賠款的時候能再次排除詹姆斯。雖然在一八一八年五月直接公開發行了一筆面值兩億九千萬法郎的公債債券，但政府似乎相當擔心這筆債券會吸引資金瘋狂湧入（超額認購的數量幾乎是發行量的十倍，讓發行價格為六十六．五的債券上漲到八十的最高點），同月第二次發行了名目價值四億八千萬法郎的債券便委託給霸菱銀行操作。詹姆斯以及其他巴黎銀行家，包括巴格諾（Charles Joseph Baguenault de Puchesse）、德萊瑟（Jules Paul Benjamin Delessert）、格里夫勒（Jean-Henry-Louis Greffulhe）、侯廷古耶（Baron Jean-Conrad Hottinguer）及拉菲特等人，僅只拿到一千萬法郎的債券，還要跟大衛．帕里許（David Parish）分享，這讓詹姆斯相當不滿，對自己居然遭到這般「惡劣的」對待大發雷霆。他和其他人只能想辦法安慰自己，共同分享一筆借貸給巴黎市的三千一百萬法郎貸款。正如威靈頓公爵向利物浦伯爵報告的那樣：「事實上，巴爾林掌握著法國的金融，而法國貸款在英國相當受歡迎，因此他在某種程度上掌控了全世界的貨幣市場。他感覺到自己的權力，想成功與他抗衡並非易事。」如果說歷史上有哪個時刻能稱巴爾林家族為「第六強權」（這個可能是捏造出的詞彙來自黎希留的手筆），那麼就是此時了。

❸ 大約在此時，達爾伯格透過詹姆斯的安排投資了兩萬英鎊購買英國股票，不久之後，詹姆斯和薩羅蒙也與達爾伯格一起小額投資法國公債。

❹ 阿姆斯特丹的霍普銀行是由出身波士頓的亨利．霍普（Henry Hope）與康瓦耳人約翰．威廉斯（John Williams）於一七六〇年代創立，法國占領荷蘭之後便一蹶不振，實際上便由霸菱兄弟銀行接收。拉布雪爾原本是霍普銀行的雇員，娶了巴爾林家族的女兒之後也成了霍普銀行的合夥人。

誠然，羅斯柴爾德兄弟間確實有過針對是否要減少直接參與給法國的大筆貸款的爭論。經過百日皇朝的苦果後，納坦有充分理由懷疑波旁政權復辟後的穩定性，薩羅蒙或許在巴黎有很可靠的消息來源，藉此向納坦再三保證「法國不會再有革命」，但是又附加說明了一個重點：「至少在可預見的未來不會，而且若要發生什麼，接下來三個月內絕對不必擔心。」他也承認，畢竟「沒辦法保證法國那些衝動的傢伙不會做什麼事」，因此不能排除未來的預設狀況，這樣的評論表示他對法國基金的信心並沒有比納坦更高。一八一六年五月，詹姆斯在巴黎聽說了「開戰謠言」，更加深了這樣的悲觀想法。幾個月後，他聽說英國政府可能傾向讓奧爾良公爵取代路易十八，詹姆斯警告這可能引發內戰，這則消息讓他更是警覺。另外，一八一七年的田地歉收與食物價格居高不下造成各地社會動盪不安，進一步加劇了這份焦慮感。

另一方面，復辟的波旁政權的金融處境並不如表面上看來如此岌岌可危，這也能夠解釋公債債券的價格在一八一七及一八年上半期間快速上揚，讓負責操作貸款的銀行家因此大發利市。因為一七九〇年代的指券大通膨，法國的做法和英國不同，法國想辦法清償了十八世紀積累的債務，其公債總額在一八一五年僅有十二億法郎，大約是全國收入的百分之十，相對英國的數字實在少太多了，簡直可以說是一筆勾銷。因此，只要霸菱銀行開始動作，法國很容易就能發行更多公債，而且不會因此讓債券價格降低。隨著債券價格上揚，詹姆斯滿心悔恨地發現，巴爾林可以「什麼都不做就能賺錢」。法國的財源事實上「強大到令人難以想像」，政治情勢也很穩定：「如果盟國撤退了，法國仍會保持平靜，請放心，這裡已經沒有政黨會起而反抗政府，至少短期內不會。」

因此，羅斯柴爾德家族未能拿下一八一七年及一八年的賠償金貸款生意，實在是損失慘重。這個涵義很明確：如果他們在一八一四年初比其他銀行家搶占先機，那麼現在面對巴爾林家族及貝特曼家族必須下定決心，堅定努力重拾他們更早之前在歐洲公共財政領域的優勢。同時，許多根基尚淺的人物也成為羅氏的新競爭對手，包括龔塔以及巴伐利亞金融家阿道夫・德希塔（Adolph d'Eichthal）。[5]卡爾在一八一四年便這樣說：

「重點是，人們對我們懷有敵意是因為我們拿到了生意。」詹姆斯一年後哀嘆道：「我們有很多敵人，不過那比較像是嫉妒而非敵意，每過五分鐘就會有人去找（普魯士的）首相問：『為什麼把一切都給了羅斯柴爾德？』」卡爾評論道，因為以前比較簡單，雖然當時的風險比較大，不過競爭也少。確實，詹姆斯甚至發現，維也納的銀行家們為了不讓他們參與賠償付款的生意，在補貼支付的生意上「只做羅斯柴爾德已經做過的事情」。巴爾林家族似乎是這個階段最大的威脅，他和他的同伴「想要讓整個法國依照他們的意願發展，這樣他們想做什麼就能做什麼」，不僅如此，他們也威脅到納坦在倫敦的地位。正如阿姆謝爾所說，納坦似乎「只要有其他人在倫敦進行任何商業交易就會相當不悅，他大概覺得倫敦應該是屬於他的」，聽到有人說「（因為巴爾林家族的關係）你不再是股票交易的第一把交椅，也不能決定股票的價格」，他肯定不高興。然而，即使在像卡塞爾這樣比較小型的金融市場中，也明顯增加了許多競爭對手，因為戰爭結束以及選帝侯的歸來，讓選帝侯想方設法要終結羅斯柴爾德家族在他流亡期間所建立起近乎壟斷他個人財務的狀態，同時要在他們的「金山銀山」分一杯羹。❻詹姆斯在一八一八年初就這麼說了：「全世界都在嫉妒。」

羅斯柴爾德家族並未欣然迎戰，事實上還想出了各式各樣的詞彙來辱罵他們，例如惡棍、流氓和無賴。即使在滑鐵盧之役以前，他們就已經經常討論要「想辦法阻撓」與他們競爭的「惡棍」和「狙擊手」，並且手段就是要「痛擊軟肋」。一八一八年的問題就是如何才能徹底「傷害」巴爾林及拉布雪爾。於是五兄弟依照傳統手段，多方介入了法國公債債券的市場。首先，他們大量投資在巴爾林規劃下發行的新債券；接著，正當列強在亞琛（Aix-la-Chapelle）會面協商最終的賠償金付款事宜時，據說羅斯柴爾德家族讓原先看漲的股市轉而

---

❺ 阿道夫．德希塔是巴伐利亞宮廷銀行家亞朗．埃里亞斯．謝利格曼（Aron Elias Seligmann）的孫子，他改變信仰及姓名後與兒子路易（Louis）搬到了巴黎。

❻ 正是此時，卡塞爾的猶太人社群指控阿姆謝爾未能支付定居費用，因此將他告上法庭。

下跌，在市場上拋售債券，結果讓價格慘跌。他們透過這個方式確實削弱了巴爾林的地位，逼他取消了原本要代表法國進行的最後一筆貸款。我們無疑需要一個解釋，為什麼羅斯柴爾德家族能如此迅速擊敗比他們更有根基的競爭對手？而且巴爾林確實因為債券價格驟跌到六十的最低點而臉面盡失，不過幸好許多出席亞琛會議的各國官員都握有股份，包括俄羅斯外交官涅謝爾羅德、奧地利總理梅特涅親王，以及相當於普魯士總理的哈登貝格親王，因此取消最後一筆貸款對他們來說都有好處。[7]但是，目前並沒有任何書面紀錄能夠說明羅斯柴爾德家族要直接為這場危機負責。

法國債券市場在一八一六年後一路上漲，羅氏兄弟自然也想參與其中。詹姆斯在一八一七年三月初擁有價值三百萬法郎（名目）的公債債券，到了三月底又增加七百萬，都是因為認為市場會持續上揚才購買。很快地，納坦及他在倫敦的親戚也紛紛要求購買法國公債，讓詹姆斯忙到喘不過氣，只是他自己對於這股上揚的氣勢能夠維持多久仍然「摸不著頭緒」。就像烏夫拉德後來所言，詹姆斯似乎也很有可能利用部分支付的制度盡量將投資數量買到最多，不過並沒有證據顯示在一八一八年有什麼時候曾採取過任何出售的一致性策略。為了避免削弱整個市場，詹姆斯確實賺取利潤之後便十分謹慎行事，不讓人注意到他的出售行為。當公債債券在一八一七年夏天真的顯現疲軟時，兄弟們其實還買進了債券以支撐市場運作。事實上，我們可以斷定就是在這段時期，詹姆斯開始認真經營債券的健全運作，也密切注意任何可能影響債券市場的消息，這點在接下來五十年間都是他在信件裡關心的重點。一年後，一八一八年七月，拉菲特與德萊瑟認為債券在該年底就會達到票面價值，詹姆斯也認為沒有理由懷疑這個看法。

我們對此應該也不會感到驚訝，若是羅斯柴爾德家族想要破壞法國賠償款項的最終「結清」，可是要冒著極大的風險。一八一八年二月，薩羅蒙特別提出論點反對攻擊巴爾林：若是讓人說「羅斯柴爾德家族計劃轉移資金，貸款落空了部隊就不能撤離」，那麼對我們毫無益處。再說，巴爾林是國會議員，他針對何瑞斯擔任軍糧總管期間的活動已經問了夠多很難回答的問題，因此他們有充分理由不要與之對抗。亞琛會議期間，法國公債債券價格之所以下跌的最好解釋其實在於法蘭西銀行的政策，他們在五月過後便大量借貸給巴黎各家銀行，過度大方的結果就是助長了債券價格飆漲。當準備金逐漸見底時，法蘭西銀行才驚覺自己的錯誤，想透過緊縮貼現條件來彌補卻又過了頭，正是這段貨幣市場的緊縮暫時停止了投資債券並讓價格下跌。等到法蘭西銀行不得不又放鬆控管之後，債券價格很快就又回升，只是一直要等到一八二一年（價格為八十七），投資人才恢復足夠的信心以進行最後一次賠償金的貸款。此外，如果羅斯柴爾德家族希望能從巴爾林撤出法國市場獲利，他們可要失望了，因為一八二一年的貸款生意交給了侯廷古耶、德萊瑟及巴格諾等巴黎銀行家。

事實上，羅斯柴爾德出售的是英國的無期債券，而非法國公債債券；而且是在一八一七年底進行，並非一八一八年晚期。他們在過程中的獲利不僅彌補了他們在一八一五年夏天可能承受的任何損失，甚至還有盈餘。正如我們所見，納坦於該年底在何瑞斯的建議之下，以六十一．一及六十一．五的價格買進相當大量的百分之三債券，同時也以一〇七的價格買進了總額四十五萬英鎊的擔保證券。一八一六年整年間，他不顧自己兄弟緊張地反覆叮嚀要他獲利回吐，因此在該年底他總共持有（名目）價值一百二十萬英鎊的債券，這肯定幾乎相當於整間公司的全部資產了。家族成員對這項策略的意見不一：阿姆謝爾一如往常地謹慎，認為此舉相當「愚蠢……將一個人的全部身家投資在單一一種證券」，並且不斷催促納坦出售，尤其是他和卡爾發現自己在法蘭克福的現金越來越不夠用了；詹姆斯則是比較興奮，正如他所說，單就這一筆投資便已經讓他們賺了「和一筆貸款一樣多」，但是他不太相信納坦估計這批債券會漲到八十，到了一八一七年四月他也同樣催促納坦停止操作。不過距離新廷區比較近的人，他們的私人儲蓄倒是和納坦的「規格」相當類似。薩羅蒙的妻子卡洛琳（Caroline）在跟小叔同住期間顯然也染上了同樣的毛病：一八一六年八月，她甚至夢想債券價格會達到八十

❼ 巴爾林已經同意先撥出一億六千五百萬法郎給盟國，用以交換總額兩億四千六百萬面額六十七的債券；問題是，盟國在亞琛會議中決定接受最終以一億支付總額一億二千兩百萬的債券，巴爾林衝動下便同意以更高的價格七十四來購買。

六！這也透露出了些許訊息，讓我們發現羅斯柴爾德家族中的女性成員在這期間會間接參與生意。一八一七年五月，債券的上揚之勢稍有收斂，納坦這才聽進了兄弟們的請求而賣出大約六十萬英鎊，但是他顯然非常不情願這麼做，很快又在下個月債券繼續上漲之前再投資了更多錢進去。到了七月，債券上漲到超過八十二，納坦持有的總額達到一百六十萬英鎊（名目），薩羅蒙只能承認他弟弟又一次達成了商業「傑作」。

就在這個時候，納坦開始出售債券，賺取了超過二十五萬英鎊的利潤。有趣的是，債券市場最終在一八一七年十二月上漲到八十四．二五的最高點（參見圖表4.i），而納坦出售的時機則在五個月之前，或許這可以解釋為什麼他先遲疑了一會兒才建議其他人可以出售，就連他的姻親兄弟及市場上合作最久的客戶，也就是黑森－卡塞爾的選帝侯，也是一直到納坦已經出售之後才得到消息。當勢態明顯，市場確實已經過了最高點（價格到了一八二〇年又回到七十以下），摩西．蒙提費歐里便大力讚揚他姊夫的成功：

> 我很高興得知你在熊市期間仍和之前牛市期間的生意一樣好，你跟我兄弟亞伯拉罕相處時肯定有些困難，確實這對你們兩人來說都相當新穎……你能夠如此頻繁地擊敗自己的對手，如果在股市交易這塊領域中還能找到哪個人如此強大，能夠在大筆生意中與你抗衡，我絕對會感到意外。

羅斯柴爾德家族之所以能夠在一八二〇年代力壓他們的對手，實在找不到簡單的解釋，不過這次的成功操作絕對無疑舉足輕重。

是什麼讓納坦決定在一八一七年底賣掉他手中的無期債券？一部分原因可能是他在巴黎的兄弟過早發出預警，認為西班牙可能爆發戰爭：這也不是第一次了，五兄弟會將任何警覺到強權間可能發生武裝衝突的跡象視為出售公債債券的理由。不過更重要的是他收到了相當寶貴的內部消息，知道英國的財政及貨幣政策有所變化，這是納坦與財政大臣尼可拉斯．范西塔特越走越近所收到的成果，再加上他的兄弟們在巴黎與威靈頓公爵這位「固執的老傢伙」開始有了直接接觸。正如羅斯柴爾德家族很快就指出，不只他們，英國政府也因為債券

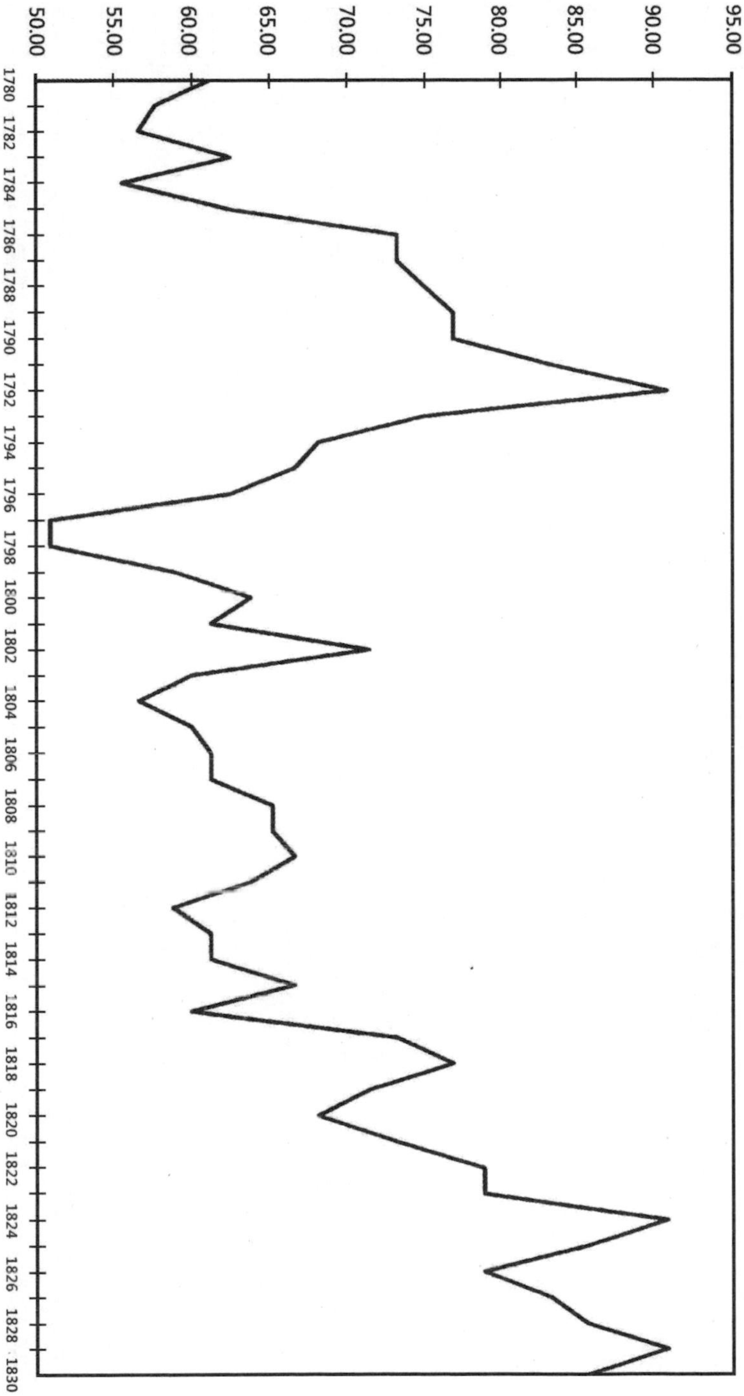

圖表4.i：百分之三債券的平均價格，1780－1830

上漲而獲利。拿破崙戰後留下的軍隊金庫中還有剩餘的基金，這些錢也用來購買（名目）價值六十五萬英鎊的債券，一八一六年時的價格為六十二，如今債券價格上漲到超過八十二，國庫能獲得大約十三萬英鎊的利潤。如此漂亮的獲利顯然讓人想要再如法炮製：納坦收到一次資金操作的消息，其中包括發行總價值兩千七百萬英鎊的新型百分之三．五或百分之三．二五公股，此舉一定會重挫百分之三債券的市場。正如薩羅蒙此時來信寫道，這個內部消息比起其他訊息更能決定納坦的行動：

范西塔特非常好心，甚至願意暗示你這次即將到來的資金操作。他很清楚只有你能夠將股票炒作起來、提升英國的信貸額度，而且股票在你手上非常妥當……現在是時候擬訂計畫了，我們同意你所說的，如果有資金操作的情況……股票就會跌到八十甚至更低一點……我跟你保證，只要新廷的人收到消息，所有人都會在「熊市」裡損失百萬。

詹姆斯表示懷疑時，他是這麼說的：「納坦和（財政部）這些先生的關係就像兄弟一樣……我覺得我們的新廷就像石匠組成的共濟會小屋，能進來的人就能成為操作股票的匠人。」下面我們會回頭來談這段話的重要性。

事實上，范西塔特跟納坦提起的操作後來遇上了麻煩，因為政壇上有越來越多人反對這位大臣的金融政策，批評范西塔特的人指控他「任由貨幣市場擺布」，並且助長了「不恰當的博弈心態」，而納坦在一八一七年底出售債券或許正是這些人心中所認為的弊端行為。如前一章所述，在對抗法國的戰爭結束後，英國公債的占比成長相當龐大，總計有九億英鎊，或者大約是全國收入的百分之兩百。不過在一八一五年，下議院卻無視政府的決定，拒絕恢復戰爭期間的所得稅（以及穀物釀酒稅），讓國家收入馬上就損失超過一千四百萬英鎊。面對每年超過三千萬英鎊的償債金額，更不用說還有維持陸海軍運作持續產生的花費，政府除了加徵間接稅（其中最具爭議的就是針對進口穀物課稅，也就是所謂的穀物法），還有繼續借貸之外，也沒有其他辦法。

范西塔特在一八一八年的策略目的是要掩飾他為了提升債券價格而不斷拉高的赤字額度，做法則是透過發行國庫券獲得短期借貸，這樣才能繼續支付首相皮特的償債基金。這種勉強支撐的系統無疑相當適合像納坦這樣既買賣國庫券、也買賣債券的人。不過因為發行國庫券來贖回債券的方式會造成通貨膨脹，政治經濟學者對此相當不苟同，他們認為紙幣與黃金匯率持續貶值才是戰後的主要問題。政府內有一群人主張英格蘭銀行應該恢復黃金或「現金」支付，帶頭的人是議員威廉・赫斯基森（William Huskisson），而政治家羅伯・皮爾（Robert Peel）也支持（雖然他原先有所疑慮），這些人的聲音逐漸壓過了范西塔特以及銀行董事們。一八一九年成立了「銀行恢復現金支付適宜性之祕密委員會」（Secret Committee on the Expediency of the Bank Resuming Cash Payments），由羅伯・皮爾擔任主席，「金條主義者」確實贏得了勝利。❽納坦在沮喪之際，轉而試圖勸阻利物浦伯爵不要恢復黃金支付，甚至追著大臣們到鄉間去說明他的主張。但是首相的心意已決，因此在一八一九年十月向范西塔特表明：

> 羅斯柴爾德居然跟著你，還打算跟著我到鄉間去，沒什麼比這更愚蠢的事了。如果眾人知道他的行動，當然只會讓大眾對他們更為警覺，讓他所想要得到的一切更加邪惡，他想阻止……這點……最讓我感到焦慮的是羅斯柴爾德提出的想法，他想要持續執行英格蘭銀行的限制。我很高興知道沒有比這個做法更加致命的事，就連要考慮這件事情的想法都會造成傷害……至於要繼續執行限制，若只是害怕他們會減少太多（與英格蘭銀行的）金流，如此便會形成永久限制的理由，這也是去年其他所有人都認為最需要起而反對的事情。因此，我們應該決定要堅持現有的制度，不要讓別人操弄猜忌，讓我們動搖決心。

鑑於金本位制度在十九世紀取得最後的勝利，很容易將納坦的論調視為詭辯。但是納坦反對現金支付的

❽ 一八一九年的黃金價格是四鎊又六角錢，相較之下，金條主義者希望能將價格恢復到戰前的三鎊十七先令又十角半錢。

理由絕非毫無道理，而且金條主義者及激進份子認為他只是為了一己私利而行動的想法也有誤。納坦從來不是在理論層面上反對恢復現金支付：他和其他友好的銀行家提出了相當實際的論點，認為通貨緊縮政策的短期效應將會破壞經濟穩定，很可能會與政府想要維持財政與貨幣穩定的目標背道而馳。財政部官員喬治・哈瑞森（George Harrison）在一八一八年十月的擔憂是有道理的，他擔心在預算仍不平衡的此時推動緊縮貨幣政策的後果，正如他向范西塔特所說：

這件事或許會大大影響到我們的目標及股市，畢竟這樣進行下去會逼得……**我們的**代理人（指納坦）很有可能開始出售他的股票……不免會多少影響到基金……我們於法於理都無法逼迫他對我們再更包容一些，因為銀行又拒絕遷就他想要的折扣，這樣他只能出售更多股票好迎合我們的要求。

事實上就如我們所見，納坦已經完成了大多數出售，不過他在一八一九年夏天為政府發行了一筆一千兩百萬英鎊的新貸款，他的經紀人與其客戶仍能感受到政府通貨緊縮政策的效果。決定緊守著百分之三債券，或多或少就避免新股票在這個時候迅速上漲，畢竟此時的債券價格只比六十九的發行價格高一些，而且久無動靜。納坦想要向利物浦伯爵說明的論點是貨幣緊縮以及政府持續借貸之間的關聯，因為利物浦伯爵傾向相信巴爾林所言，債券價格很快就會「有所反應」（即回升）。類似情況也出現在一八二〇年，納坦提出證據向現金支付委員會說明時，他並未否認有段時間英鎊貶值以及貨幣外流投入外國債券，部分原因是黃金支付的暫停，重點是緊縮貨幣再加上有如山高的政府債務對整體經濟而言相當危險：

能否好心地向委員會詳細說明，你認為若是要求銀行從現在算起的一年期滿後必須恢復現金支付，會有什麼後果？

我認為這麼做一定會對這個國家帶來非常大的困擾，肯定會造成相當大的傷害，而我們自己或許根本不會知道到底造成了什麼傷害。

能否好心解釋一下這種傷害是怎麼回事，又會如何產生？

金錢會變得非常稀缺，國內的各項物品都將嚴重貶值，許多人將因此蒙受損失。

這並非誇大其詞，各起事件將充分展現，若是政府在尚未解決戰後的財務危機時就開始進行貨幣穩定的政策，此舉就如同涉入未知且可能危機四伏的水域。納坦的小舅子亞伯拉罕．蒙提費歐里在一八二一年便提出精準的觀察，幫「可憐又無害的老太太范（西塔特）先生」的紀錄說話：「唯一真正有用的計畫是規劃良好的財產稅，徵收方式要恰當而明智，如此才會只徵收到有錢人，還有那些收入夠多、可以挪出自己一部分收入的人的稅，但是好巧不巧，這些人正好就是立法的人，而他們的愛國心並不足以讓他們掏出口袋裡的錢。」在貨幣通貨緊縮時期，試圖在幾乎不直接徵稅的情況下平衡預算，最後只會證明這導致了不穩定。

「神聖同盟的主要盟友」

對於羅斯柴爾德家族於一八一五至一九年間在倫敦及巴黎面臨的不少困難，他們提出了一種明顯的回應方法：到其他地方尋求新的生意。另一個方案則是去協助其他強權國家的金融穩定：奧地利、普魯士和俄羅斯當時在沙皇亞歷山大一世（Alexander I of Russia）的建議下組成「神聖同盟」的聯盟，同時許多在義大利及德國的較小邦國也在各自的領地發揮影響力。如同法國和英國，戰爭讓中歐及東歐地區的許多國家崛起，而這些國家同樣面臨嚴重的金融問題，只能透過國外資金的協助才能解決。就像迪斯瑞利後來在他的小說《康寧斯比》中寫道：「經過了二十五年的戰爭摧殘，歐洲需要資金才能維持和平……法國需要一些、奧地利需要更多、普魯士一點點，而俄羅斯則需要幾百萬。」再者，神聖同盟的政策一定會創造出更多金融需求，羅斯柴爾德家族也能夠從中獲利，因為神聖同盟的主要目標就是避免革命「流行病」再次復發，畢竟革命在一七八九至一八一五年間造成了太多動亂，若有必要甚至能以軍事手段介入，而這表示又會有更多花費。

五兄弟成功完成的第一筆重大戰後貸款對象是普魯士，普魯士在拿破崙期間累積了大約一億八千八百萬塔勒幣（約三千兩百萬英鎊）的債務負擔，同時一八一五、一六及一七年的財務都持續出現大筆赤字，這筆貸款讓他們得到喘息。雖然在法蘭克福經營的羅斯柴爾德家族已經於一八一七年初安排了大約五百萬荷蘭盾（約四十五萬英鎊）的小筆普魯士貸款（其中大多交給了黑森－卡塞爾選帝侯），但借貸的債務到了秋天已經累積至兩千萬塔勒幣，政府開始考慮在倫敦籌措貸款。這筆貸款的想法其實是來自於普魯士中央銀行（Seehandlung）在倫敦的代理人，一位名叫巴朗登（Barandon）的商人，他在一八一八年一月貿然公布了納坦提出的條件細節，差一點就毀了整項計畫。因為這些條件實在相當嚴苛（發行的價格會落在六十，表示利率是百分之八·三三），所以在柏林引起一陣騷動，當地的銀行家紛紛急著擬出更好的條件。薩羅蒙非常不滿納坦居然找了巴朗登，因為巴朗登在巴黎的名聲就是一個破產的無名小貨販，於是他急忙從巴黎趕到德國的科布林茲（Koblenz）跟普魯士總理哈登貝格親王焦急地討論一番，然後又繼續趕往柏林，他在那裡和卡爾想辦法至少彌補了一部分損失。當時普魯士派駐在倫敦的大臣正是大名鼎鼎的教育及政治改革家威廉·馮·洪堡，在他的默許之下，巴朗登默默地遭到忽略。經過五天持續與財政官員羅特（如今是新普魯士國庫主管）交涉，最後終於於三月底在倫敦簽訂了合約。❾

歷史學家長久以來都聲稱，普魯士政府決定在倫敦籌措貸款是為了避免必須在政治上做出讓步，例如召集各階級集會商討或者設置獨立的司法機關，這樣或許就得求助於國內的財源。但是羅斯柴爾德的信件呈現的卻是另一個故事，打從協商一開始，納坦就認為任一筆貸款都必須要有擔保，要求普魯士國內擁有土地的相關階級保證以皇家土地作為抵押。當哈登貝格親王表示疑慮時，納坦便詳細解釋自己為何希望能有這樣的保證，提出了一份相當值得一讀的備忘錄：

為了誘使英國資本家將錢投資在以合理條件提供給外國政府的貸款上，首先最重要的就是，這樣的貸款計畫應該要盡可能接近英國公共服務中既有的借貸制度，而且最不能少的就是某種擔保，而不僅只是依靠對政府的信心……應該要展示給借款人看……這筆貸款計畫若是沒有一些擔保，想要在英國為另一個國家籌措相當金額的貸款根本不可能；近來英國人民對法國基金的投資能夠持續進行，是因為眾人普遍相信基於那個國家現在已經建立起的代議制度，議會能夠制裁政府造成的國家負債，這便足以形成公共債權人所要的擔保，若是一個主權國家不受行政權的控制，就無法在借貸合約中看到這樣的保證。

也就是說，倫敦認為君主立憲制度比起新絕對君主主義（neo-absolutism）的信用風險更低。這是不是一種隱約的政治壓力呢？就像某種金融自由主義在這段關鍵時期為普魯士改革運動份子提供了助力，這些主張改革的人一直在對當時的國王腓特烈．威廉三世（Frederick William III）施壓，要求他接受某種形式的代議制度；或者，納坦只是要合理化自己提出的條件為何跟法國從霸菱銀行拿到的條件有所不同？詹姆斯曾明確暗指法國代理人（在名義上）能夠進入國庫「查帳」，這表示羅斯柴爾德家族確實認為能夠透過某種憲法效力控制公共金融是件好事，至少能夠讓英國投資人安心。確實在普魯士的這樁生意上，納坦也準備接受比起國會控管更差的條件：最後合約上的第五條僅僅說明，「為了債權人的擔保」要以皇家土地作為特殊抵押，「根據一八〇九年十一月六日，由普魯士國王陛下及王室各族親王在地方各省同意下所通過的王室規範，這些土地完全可

❾ 最後條件是總價值五百萬英鎊的百分之五債券，分成連續三檔發售，價格自七十（兩百五十萬英鎊）提升至七十二．五（一百二十五萬英鎊），然後是七十五（一百二十五萬英鎊）。在羅特的建議下，第一檔中有一百萬英鎊由普魯士政府自己買下，然後在二十五年間陸續還款。從官方資料來看，正如德國統計學家埃倫伯格（Andrew Ehrenberg）所說，其中並無額外的佣金。事實上，納坦拿到了屬於他的百分之四，只是這筆錢必須「保密」以平息柏林的批評聲浪。此外，羅斯柴爾德家族為自己保留了至少一百五十萬英鎊，當債券價格在九月攀升到八十三的高點時為他們賺進大筆淨利，這就解釋了，為何五兄弟在合約談定之後會在信上對羅特表達出如此熱切的情感。薩羅蒙向他保證，他和納坦都是他「真誠、永遠並忠實的好朋友」，如果他被迫放棄佣金便不可能表現出這般情感。

以放棄」。這裡提到的各省同意與否，實在隱晦到不能再隱晦了。另一方面，納坦的語調在幾封寫給羅特的信中相當令人訝異，尤其是羅特試圖在合約簽署後修改條件的時候，這表示納坦並不是相當尊重普魯士政權：

我最親愛的朋友，如今我已經盡了自己對上帝、對你的國王以及財政大臣馮・羅特的義務，我的錢已經全部送到了在柏林的你手上……現在該輪到你盡你的義務了，遵守你的諾言，不要再提出什麼新的條件，一切事項都必須維持我們這些人之間所談妥的那樣，這就是我想要的，相信從我送出的錢財你也能知道。那群小人對付不了N・M・羅斯柴爾德，他有錢、有力又有權，小人們只是一群性無能，而普魯士國王、我敬愛的哈登貝格親王以及羅特大臣應該都相當高興，要感謝羅斯柴爾德，畢竟他送給你這麼多錢（還）提升了普魯士的信用額度。

此外，納坦堅持要有某種政治保證也帶著重要的政治意涵。納坦與羅特之間的協商顯然關係到後來一八一九年一月十七日「公債未來管理法令」的第二條，條文中為公債設了上限，並指定皇家土地的收益要用來償還公債並且宣布：「若國家在未來為了維持運作或是促進人民福祉而需要發行新貸款，必須參考未來的皇家財產總值，並以此為擔保。」這條條文由羅特親自擬定，這表示普魯士政府未來的貸款都自然會以公家財產作為擔保，也就是說讓公共借貸和憲法改革得以連結起來。從此以後，普魯士政府只有間接透過名義上獨立運作的普魯士中央銀行來借貸，才能夠不須抵押土地擔保就能借錢。這也就解釋了為什麼在所有德國邦國中，普魯士在一八二〇及三〇年代借貸的金額最少，以及為什麼緊縮政策在一八四〇年代崩盤時會引發革命。

無論一八一八年的普魯士貸款對其政治有何重要性，現代學者都逐漸認為，這筆錢無疑是歐洲資本市場史上的分水嶺，因為納坦要求某種政治擔保的行為就金融條件來看，可能是他在這筆貸款上所加諸的最不重要的條件中。首先，這筆貸款不是以塔勒幣進行，而是英鎊，可支付的利息（半年一次）也不是在柏林付款，而是在倫敦；第二，必須設立像英國那樣的償債基金來確保貸款能夠攤還（不過羅特想辦法避掉了納坦最初的條件，要求這筆基金以價值十五萬英鎊的英國債券存在）。如此刻意將外國貸款英國化，這在國際資本市場立下了新的里程碑。霸菱銀行的法國貸款在巴黎會以法郎支息，對於英國投資者來說伴隨著不方便以及匯率的風險。現在要投資外國基金就容易多了，綜觀整個十九世紀，所有外國政府發行的債券獲利都比英國公債債券要高，證明了人們確實也相當踴躍投資。《泰晤士報》後來形容納坦是「最早將外國貸款投資引進英國的人」，這話也不誇張：

> 畢竟，雖然這類證券確實一直都在此地流通，不過卻是在國外支付利息，在他之前的各個地方一直都是這麼做的，因此對絕大多數有錢投資的人民來說實在不是很方便。他不只規劃了如何在倫敦支付外國貸款的利息，同時將利率固定為以英鎊計算，排除了所有匯率漲跌的影響，讓這筆投資更加吸引人。

而且，這筆貸款不只在倫敦發行，同時也在法蘭克福、柏林、漢堡、阿姆斯特丹及維也納發行，也就是說這是相當重大的進展，有助於形成完全國際化的債券市場。德國法律專家約翰·海因里希·本德（Johann Heinrich Bender）在他的著作《國家公債的流動》（*On The Traffic in State Bonds*，一八二五年出版）中便指出，這是羅斯柴爾德家族對現代經濟發展最重要的其中一項貢獻：「只要是持有政府公債的人……都能毫不費力在數個不同地方依自己的方便收取利息。」從此之後，投資人可以從任何羅斯柴爾德家族據點收取奧地利金屬債券、那不勒斯租稅，或者其他任何羅斯柴爾德發行的債券利息。納坦訂下了這些條件之後，不只成功讓英國及歐陸投資者對普魯士貸款產生興趣，同時也建立了這類國際債券發行的模範，很快就成了推行準則。[10]

---

[10] 羅斯柴爾德家族很輕易地就將這筆貸款的大部分生意交給巴黎及法蘭克福的大銀行，不過對於他們在柏林的競爭對手就沒這麼大方了。這筆債券最初在一八一八年九月漲到八十三，然後回跌到七十三．五，直到一八一九年晚期才又開始慢慢上漲。一八二〇年會有一筆新貸款的傳言似乎促使羅斯柴爾德家族賣掉自己持有的債券，不過這個說法並無根據。事實上，債券在一八二四年便達到了票面價格（也就是一百）。

雖然柏林對這筆貸款的條件大肆抨擊（尤其那裡的銀行家更是憤慨），卻令洪堡和羅特刮目相看。洪堡對哈登貝格親王回報說，納坦不只是「這裡最為積極進取的商人」，同時在與政府打交道時也「很可靠……公正、耿直又明事理」。羅特說得更誇張：「這個國家的羅斯柴爾德……對倫敦此地的所有金融事務都有非凡的影響力，許多人都這麼說，確實也很接近事實，就是他完全掌控著這個城市的匯率漲跌，這位銀行家擁有巨大的權力。」納坦在柏林穩穩打出了名號，讓他得以在一八二二年拿下第二筆貸款生意（給普魯士中央銀行），價值三百五十萬英鎊。

從某方面來看，羅斯柴爾德在德國的活動完全不算創新之舉。黑森－卡塞爾是少數能夠從拿破崙時期全身而退的國家之一，阿姆謝爾很謹慎地繼續經營他父親與選帝侯發展出的特殊關係，不過如今威廉已經返回自己的國家，也就不那麼需要羅斯柴爾德家族了，而他們在卡塞爾的老對手正急忙趁機恢復自己在宮廷的影響力。羅斯柴爾德家族仍然負責管理親王的部分金融事務，收取法國支付的賠償、出售他的英國股票（如前所述）以賺取可觀利潤、試圖梳理他錯綜複雜的丹麥投資，並且讓他參與他們戰後與普魯士的貸款生意。阿姆謝爾甚至放任選帝侯持續熱衷蒐集硬幣的嗜好。不過無庸置疑的是，他們與選帝侯互相信任的日子已經結束了，尤其是布德魯斯已經不再是卡塞爾政府中的主導力量。不過五兄弟還是借了不少錢給威廉那個敗家的兒子，希望這些幾乎完全沒有利潤可言的交易在他繼承父親的位置之後會帶來更多可獲利的生意。但是在一八二一年威廉二世終於繼位後，卻讓羅斯柴爾德家族大失所望，除了在一八二一及二三年分別有兩筆總價值四百三十萬荷蘭盾（約三十九萬英鎊）的大筆貸款，之後他們在卡塞爾便無生意可做。

另一方面，在拿破崙戰爭的動盪期間崛起了三十九個德國邦國，這些邦國如今共同組成了一個制度鬆散的日耳曼邦聯（German Confederation），黑森－卡塞爾只是其中之一。因為邦聯議會在法蘭克福開會（在圖恩與塔克西斯宮殿租借場地），所以阿姆謝爾和卡爾很容易與所有成員國的高級外交代表建立聯繫，此舉讓他們在一八二〇年代進行了一連串相對小規模的借貸，對象是較小的德國邦國及親王，包括鄰近的黑森－達姆斯塔特大公國，以及紹姆堡（Schaumburg）、洪堡（Homburg）、薩克森－威瑪、安哈特－克滕（Anhalt-Coethen）以及拿騷－烏辛根（Nassau-Usingen）。雖然這些貸款的個別金額幾乎都沒有超過五十萬荷蘭盾（四萬五千英鎊），不過加在一起也是相當可觀的生意。在一八一七至二九年間，由法蘭克福的羅斯柴爾德進行的這類貸款總額達到兩千四百七十萬荷蘭盾以上（兩百二十萬英鎊）。其中有些只是借款給弱勢親王的私人借貸，但也有一些較為成熟的貸款形式，例如黑森－達姆斯塔特在一八二五年的抽籤貸款，這正是這段期間發行的眾多溢價債券的其中一筆貸款形式。羅斯柴爾德家族偶爾也會擔任邦聯本身的銀行家角色，根據巴黎和約中的條件，法國支付了兩億法郎讓德國建造要塞堡壘，這筆錢便於一八二〇年存放在羅斯柴爾德家族，等待邦聯決定繼續建造；而因為法蘭克福的議會針對這類決議的討論進度相當緩慢，結果這筆錢成了長期存款，不過從來沒有人真正確定提款需要多少通知，或者到底誰才有權利要求提款。這為羅斯柴爾德家族造成不少麻煩，或許能夠解釋他們為什麼並未努力再招攬類似的存款。

但是德國真正的權力核心並非法蘭克福，而是維也納，也就是日耳曼邦聯主導成員國的首都：比起其他邦國，羅斯柴爾德家族於一八二〇年代最想經營的就是與奧地利宮廷的關係。正如我們所見，奧地利在對抗法國的戰爭後期就不是很想將英國補貼支付的生意交給羅斯柴爾德，而是傾向與像是阿爾斯坦與艾斯可里斯[11]、弗萊斯銀行（Fries & Co.）和蓋謬勒銀行（Geymüller & Co.）等維也納家族來往；他們在法國賠款的支付生意上也極力討價還價。五兄弟只能和法蘭克福的銀行家龔塔合夥，才能在和平來臨時處理奧地利從俄羅斯及那不勒斯收取的小筆款項。不過維也納如果想要穩固自己大筆的浮動債務，並且穩定其嚴重貶值的貨幣，那麼他

[11] 伊薩克・阿爾斯坦（Issac Arnstein）和伯恩哈德・艾斯可里斯（Bernhard Eskeles）都是薩姆森・魏特海默（Samson Wertheimer）的後代，魏特海默是神聖羅馬帝國皇帝查爾斯六世的宮廷銀行家。阿爾斯坦的兒子納坦娶了芬妮・伊齊格（Fanny Itzig），她在維也納主持的沙龍讓她聞名於世。

們就和其他歐陸國家一樣急需現金，雖然讓羅斯柴爾德惱恨的是，他們第一筆戰後的大筆貸款價值有五千萬荷蘭盾，交給了盎格魯－漢薩同盟背景的帕里許兄弟，同時與他們合夥的還有霸菱、貝斯曼和蓋謬勒等銀行，但是奧地利每年的開支超過一億萊茵盾，因此他們很快就需要更多貸款。一八二〇年迎來了第一次突破，薩羅蒙與大衛．帕里許合夥，參與規劃了兩筆抽籤貸款，價值四千五百萬萊茵盾（約四百八十萬英鎊），這筆交易雖然激起不少抨擊，但利潤卻相當可觀，因此薩羅蒙決定要留在維也納，幾乎是打算永久居留。

讓羅斯柴爾德家族順利崛起成為「神聖同盟銀行家」的最後一記重擊發生在一八二二年，他們貸款給俄羅斯。這裡正如在普魯士與奧地利一樣，戰爭造成了急需解決的財政及貨幣問題，俄羅斯的公共開支在一八〇三至一五年間大概成長了四倍，同時盧布紙幣的流通也增加四倍，不免導致了通貨膨脹及貨幣貶值。儘管俄羅斯允許羅斯柴爾德家族處理絕大部分的戰時補貼付款以及後續的賠款支付，但他們最初也是先找了其他人協助他們穩定金融，例如一八二〇年的貸款便是由霸菱銀行及雷德爾溫銀行處理。不過這還不是最讓他們失望的，因為此時的俄羅斯仍然拒絕仿效普魯士的例子，發行以英鎊為單位的貸款並且允許在倫敦支付利息。但是兩年後，俄羅斯人也像先前的奧地利人一樣想通了。一八二二年夏天，納坦以百分之五債券的形式發行了一筆價值六百六十萬英鎊的貸款，價格為七十七，他輕輕鬆鬆就以八十、甚至更高的價格賣給了自己散布在倫敦各地的經紀人，而負責領導這群人的正是他的小舅子摩西．蒙提費歐里。

因此到了一八二二年底，羅斯柴爾德家族便順理成章被視為神聖同盟的銀行家，原文稱他們為「la haute Trésorerie de la Sainte Alliance」，意為「神聖同盟的最高財庫」。事實上，四處遊歷的德國親王普克勒－穆斯考便在一封寫給妻子的信中提到納坦，將他介紹為「神聖同盟的重要盟友」，這話無疑像是在表示羅斯柴爾德家族讓同盟得以實質存在。當奧地利皇帝對他派往法蘭克福的使者說道，阿姆謝爾「比我還富有」時，並不只是在開玩笑。《泰晤士報》的記者從聖彼得堡報導，光是詹姆斯．羅斯柴爾德現身於證券交易所就能期待俄羅斯債券價格上揚。若是缺乏（尤其是納坦所能提供的）金錢支持，奧地利在一八二〇年代「維安」歐洲的策略就更難有效推行，這項策略的政治批評者意識到了這點，因此納坦在諷刺漫畫裡被描繪成了「虛空同盟」（Hollow Alliance）的保險經紀人，幫助阻止歐洲的政壇野火延燒。一八二一年，他甚至收到死亡威脅，因為「他和外國勢力勾結，尤其是對奧地利伸出援手，幫助該國政府謀劃對付歐洲的自由派」。

金融與革命

當然，神聖同盟的創始者們會認為，要避免歐洲再次掀起革命動盪就必須針對法國執行「圍堵」政策，畢竟這個國家自一七八九年便是革命的起源之地。雖然後來在一八三〇年以及一八四八年時都證明了這個策略沒錯，但是在一八二〇年代時卻很快就得放棄此舉，因為在維也納建立的政治秩序顯然遭受了來自幾乎四面八方的挑戰。當時德國作家奧古斯特．馮．科策布（August von Kotzebue）據說受雇於沙皇的小文膽，在曼海姆（Mannheim）遭到立場傾向激進派的學生卡爾．桑德（Karl Sand）暗殺，正好給了梅特涅一個藉口，得以鎮壓日耳曼邦聯中蔓延的自由派傾向。就像一八二〇年一月在巴黎遇刺的法國國王姪子貝里公爵（Charles Ferdinand, Duke of Berry），一個人的死亡並無法讓人預見激烈革命的到來；不過那年一月在加的斯（Cádiz）港口，原本預計要前往南美洲的軍隊發生叛變，這事可就不容小覷，因為此舉不僅讓西班牙國王斐迪南七世再次實行了一八一二年的科提茲憲法，同時也在六個月後，讓他叔叔那不勒斯的斐迪南四世也實行了同樣的憲法。這樣的「骨牌效應」一直持續到一八二〇年八月，在葡萄牙引發了軍事叛變。一八二一年三月，義大利西北的皮埃蒙特（Piedmont）發生起義，希臘則在整個近東地區出現騷亂，俄羅斯的十二月黨人（Decembrist）在一八二四至二五年間起義未遂也是依循著同樣的模式：通常是由不再對政府抱持期待的士兵引起動亂（他們是戰後削減國防開支的受害者），或者是由像義大利燒炭黨（Carbonari）或西班牙共濟會等祕密會社所發起，事實上這類政治動盪實在蔓延太廣，就連先前遭到排擠的法國都必須將之拉進反革命的聯盟。在特拉波（一八二〇年十月至十二月）、萊巴赫（一八二一年一月）及維羅納（一八二二年九月至十二月）

等地召開的會議中，最重要的問題都是這個聯盟的權力有多大，可以如何干預其他國家的內政以避免地方革命成功，而由此產生的財務問題當然就是他們是否能夠負擔得起這麼做。截至目前為止，羅斯柴爾德家族資助了奧地利干預義大利的革命，以及法國干預西班牙的革命，自然能夠將他們視為「反動」的金融家。

不過從羅斯柴爾德的觀點來看，復辟時期歐洲的不穩定不只有機會為他們帶來新生意，同時也會威脅到金融市場的穩定。若是投資人收到一點風吹草動就打算賣掉手上的債券，那麼各國政府現有的貸款市場行情就會暴跌，這樣的投資就會突然變得很脆弱；即使軍事干預行動成功了，奧地利和法國預算卻會產生赤字，也會造成類似的負面影響。另一方面，在革命確實成功的地區會冒出新的國家，同樣會帶來新商機，尤其是在巴西、過去屬於西班牙的美洲地區以及希臘等地方建立了幾個獨立國家，這些雛鳥般的政權紛紛湧入倫敦及巴黎資本市場，也讓他們發行了不少新債券。出於這些原因，羅斯柴爾德家族金融實力的角色顯得有些矛盾。

義大利半島上的情勢相對簡單明瞭：羅斯柴爾德家族支持梅特涅的分而治之策略，借貸給有梅特涅支持的各個王室政權。早在一八二〇年十二月，梅特涅就從特拉波寫信給薩羅蒙，意有所指地暗示有筆牽涉到兩千五百萬或三千萬法郎的交易，「關係到那不勒斯王國未來的命運。」這位銀行家一開始的反應相當正面，一八二一年一月，奧地利財政部長施塔迪翁（Johann von Stadion-Warthausen）在萊巴赫這樣向梅特涅保證：「即使是我們以帕里許和羅斯柴爾德為首的金融家也十分心急，希望看到我們的部隊能盡快跨越波河（Po）並揮軍前往那不勒斯。」儘管如此，當梅特涅和涅謝爾羅德邀請薩羅蒙到萊巴赫商討可能的貸款時，這筆錢的目的顯然是要資助干預的勢力，薩羅蒙卻沒什麼興趣。「我去到那裡，」他向涅謝爾羅德解釋，「可能會引起眾多、很可能是非常不正確的報紙報導，心懷惡意動機的人可能會挖出實情，引起眾人討論這筆要借貸給神聖君主的貸款，謠言又會造成更多謠言，如此恐怕不是身居高位者所樂見的。」首先，維也納市場已經因為義大利的危機而遭受打擊，可能出現新一筆奧地利貸款的消息將是雪上加霜；第二，羅斯柴爾德家族並不希望如此開誠布公地表明自己金援神聖同盟的角色，薩羅蒙反而向施塔迪翁堅持道，應該等到法蘭茲一世恢復權力之後再由他籌措貸款，如此債券的獲利就可以用來補償奧地利政府因干預行動而來的花費。同時，他提供短期的預支金給施塔迪翁，以資助弗利蒙將軍（Johann Maria Philipp Frimont）往南進軍。就像在拿破崙戰爭期間一樣，羅斯柴爾德家族運用自己廣大的銀行網絡，讓行軍中的軍隊能夠以合理的利率取得現金。而且就如先前一樣，五兄弟當中必須派出一人親自到戰場前線去確保一切運作順暢，這一次是卡爾（施塔迪翁將他視為「羅斯柴爾德小弟」）。一八二一年三月，卡爾從維也納出發前往萊巴赫，跟梅特涅以及流亡的那不勒斯國王會合。

對梅特涅而言，在那不勒斯的征戰簡直可以說是反革命的十字軍東征，「我們著手進行的，」他這樣告訴施塔迪翁，

是一項偉大的任務，可能比我們這一生任何工作帶來的成果更偉大。之所以偉大，是因為整個未來端看這項任務是成是敗，不僅是奧地利王室的未來，更是整個歐洲王室的未來……我們不可能採取其他任何行動，因為這攸關生死……現在一切都只能仰賴任務的成功。若是不成，結果也就跟我們不做任何冒險是一樣的，革命浪潮將會席捲而來，先是義大利，再來是全世界。在我自己身死之前都不會放棄努力。

不過財務狀況的現實讓這番慷慨陳詞淪為一場空，前線經常出現物資短缺，而施塔迪翁在維也納則絕望地預料到，財政及貨幣行情可能會回到拿破崙時期的困境。事實上，薩羅蒙還必須出手介入才能避免「金屬債券」（奧地利以白銀計價的債券）價格下跌。此時在皮埃蒙特又爆發了更多革命動亂，消息傳到萊巴赫時更使危機加劇，這個消息在維也納造成的影響嚇壞了倒楣的施塔迪翁：

就算敵人攻到大門口也不會引起更加毫無理由的恐慌，維也納所有人民都衝到證券交易所去拋售我們公開發行的證券……我們（好不容易才剛建立起來）的信用馬上就要完全消失了。我恐怕要被迫暫停將紙幣兌換成現金……一天之內就要摧毀過去五年來的辛苦成果……這就是我們邁向毀滅的第一步。在我們的證券就要變

得一文不值的時候，應該也不可能舉債了，無論在國內或國外皆然。

不過到了三月二十四日，那不勒斯淪陷，卡爾急忙跟著斐迪南南下安排借貸的生意，因為奧地利急需這筆貸款作為補償。

此時，利益衝突出現了：奧地利政府希望能盡可能拿到最高的金額，但羅斯柴爾德家族對那不勒斯的信用程度評價不高，除非復辟政權願意接受懲罰性的高利率，否則他們不願意借錢。但是如果此時的波旁政權背上沉重的新債務，可能就會面臨新一波的動亂。第一筆那不勒斯貸款是經過一番奮戰才有妥協的結果，卡爾被迫拿出比一開始更好的條件以擊退一位米蘭銀行家競爭對手：原本說好以折扣後五十四的價格借出一千萬杜卡特幣，後來他同意以六十的價格借給政府一千六百萬（大約兩百萬英鎊）。接著為了資助奧地利持續占領所需的花費，一八二一年十一月發行了第二筆貸款，總額為一千六百八十萬杜卡特幣，以六十七．三的價格承保。後續又有兩筆貸款，一八二二年有兩千兩百萬杜卡特幣，一八二四年也有兩百五十萬英鎊，將國家的債務增加到總額大約一千三百萬英鎊。儘管如此，那不勒斯證券在巴黎的價格卻從六十五漲到一〇三，倫敦對於以英鎊計價的債券也都相當有興趣。這股成功的穩定化操作一部分也反映出，卡爾和那不勒斯新任財政部長路易吉．德爾．梅迪奇（Luigi de' Medici）已經發展出良好關係，梅迪奇認為奧地利這般延長占領的作為毫無必要，而且為了軍隊駐紮所收取的費用過高，卡爾也傾向支持他的論點。甚至在一八二二年底的維羅納會議（Congress of Verona）之前，奧地利顯然已經打算要全額收取入侵時的花費：梅特涅在一八二一年八月要求四百六十五萬荷蘭盾，用來支付實際的入侵行動，隔年二月他們收到了四百萬，另外還又加上每年九百萬杜卡特幣的占領開支。到了一八二五年，梅迪奇指控奧地利政府刻意藉由占領來獲利，並且逼迫他們必須歸還一百多萬杜卡特幣，否則他就要辭職。正當維也納政府還在拖延時，卡爾預先支用了這筆錢給梅迪奇，此舉顯然惹惱了梅特涅。[12]

奧地利對那不勒斯的干預正是一個典型的例子，可以說明在雙向的國際交易中要跟雙方都維持良好關係有多麼困難，不過卡爾或許在奧地利及義大利的利益間取得了適當的平衡。梅特涅藉由和波旁政權的緊密關係在那不勒斯建立起繁榮的基業（同時他也跟托斯卡納大公〔Grand Duke of Tuscany〕有生意往來），不過他仍然會尋求薩羅蒙的金融協助來處理義大利的事務，尤其是一筆價值五百萬里拉的複雜貸款，籌措這筆款項是為了供養奧地利女大公瑪麗・路易絲（Archduchess Marie Louise）的孩子，這位哈布斯堡王朝的公主曾與拿破崙有過一段短暫婚姻，在拿破崙戰敗後成為帕爾馬、皮亞琴察和瓜斯塔拉公國（the duchies of Parma, Piacenza and Guastalla）的統治者。⓭另一筆類似的款項則是關係到拿破崙前任伊利里亞（Illyria）省長馬蒙特元帥（Marshal August de Marmont），也就是拉古薩公爵（Duke of Ragusa）的財務狀況。在此同時，奧地利政府發現他們又再一次必須找上羅斯柴爾德家族幫忙，才能滿足自身不斷茁壯的金融需求，因為不管他們能夠從那不勒斯身上擠出多少油水，在該處軍事干預的花費已經遠遠超過施塔迪翁以目前盈餘所能夠籌措的數目，除了再借一筆錢也沒有其他辦法。雖然有些官員有所警覺，知道要拒絕羅斯柴爾德一開始的條件，但是政府最後還是屈服接受了不可避免的貸款，不過仍想辦法談妥了比較好的條件。⓮

一八二三年，維也納對羅斯柴爾德家族的依賴更深了。這時的英國政府為了對維也納施壓要求他們終止占領那不勒斯，提起巨額貸款的問題（如今名義總額已經達到兩千三百五十萬英鎊，含利息），奧地利在對抗

⓬ 最後只歸還了大約三十萬杜卡特幣。

⓭ 問題在於，無論是瑪麗・路易絲和拿破崙所生的兒子萊西斯塔德公爵（Duke of Reichstact），或是她和第二任丈夫奈佩格伯爵（Count von Neipperg）所生的兩個孩子，他們都無法繼承她在義大利的公國領地，於是領地在她死後傳給了盧卡公爵（Duke of Lucca）。

⓮ 薩羅蒙最初表示願意提供四千兩百八十萬荷蘭盾的貸款，債券價格實際上只有六十七，這個條件遭到拒絕後，他又提出一筆比較小額、只有一千兩百萬荷蘭盾的貸款，而且願意支付「比其他銀行決定提出的金額高出百分之一・五的價格」。這筆貸款開始招標時，薩羅蒙又重施故技，只願意支付比最高出價者高出百分之〇・五的價格。奧地利政府相當聰明，選擇等待，最終在一八二三年四月從羅斯柴爾德帶頭組成的集團手上拿到明顯有利許多的條件：以擔保價格八十二發行了一筆三千六百萬荷蘭盾的貸款。

法國的戰爭早期就已經開始背債。奧地利再次向羅斯柴爾德家族求援，逼迫薩羅蒙利用他弟弟在倫敦的影響力來縮小債務的規模，這也是羅斯柴爾德家族最早開始成為梅特涅外交溝通的非官方管道。任務終於成功之後，羅斯柴爾德家族又表示可以再安排一筆貸款，與霸菱銀行及雷德爾溫銀行合夥，共同支付談好的貸款總額兩百五十萬英鎊。這些銀行以擔保價格八十二．三三買下價值三千萬荷蘭盾的新金屬債券，很快地以九十三的價格交易出去，為銀行賺進了可觀獲利；接著在一八二六年又有一筆一千五百萬荷蘭盾的貸款。到最後，奧地利決定干預義大利動亂的政策為羅斯柴爾德家族賺進了多筆利潤。

相較之下，西班牙革命的爆發帶來了更嚴重的兩難困境。一八二〇年之後的兩年期間，飽受痛風所苦的暴君斐迪南七世沿用了科提茲憲法，而自由派政府在這段時間內數度舉債（他們必須這麼做才能彌補因革命造成的盈餘縮減）。雖然羅斯柴爾德家族一開始並未參與這些貸款（薩羅蒙也急忙向梅特涅保證），不過到了一八二二年七月，斐迪南和他的極端保皇派支持者突然出手，意圖推翻科提茲憲法，這場失敗的政變正好讓外國勢力有了干預的藉口，而羅斯柴爾德準備插手。此時，詹姆斯已經參與了西班牙金融家貝特朗．德．里斯（Bertran de Lys）的行動，試圖將政府重新引導向不是那麼「興奮」（也就是激進）的路線上，藉此防止外國勢力入侵。[15]然而為時已晚，一八二三年四月，法國路易十八仍在世的姪子安古蘭公爵（Duc d'Angoulême）發動了類似於奧地利入侵那不勒斯的遠征行動，並且得到如夏多布里昂子爵（Vicomte de Chateaubriand）這些心懷復仇的外交政治家大力支持。

詹姆斯一直都是個務實的人，而且也很焦慮，不希望被那個經驗老練的軍需官烏夫拉德從旁抄截，他現在服務的客戶是法國總理維萊爾伯爵。正如他的哥哥以現金援助奧地利在義大利的軍隊，詹姆斯現在也讓自己對安古蘭公爵「有用處」，甚至籌措他們所需的贖金來換取斐迪南七世的獲釋。[16]軍事干預讓維也納必須再舉新債，同樣的道理，巴黎的政府也必須透過借貸來資助自己的軍事行動。一八二三年，詹姆斯終於讓復辟政權放下疑心，成功拿到一筆重大的法國貸款生意，價值四億六千兩百萬法郎（名目），換算約為一千八百五十萬英鎊，這是法國政府在一八一五至四八年間發行的最大一批單一債券，在此之前還發行了一批數額較小的公債，是價值一億兩千萬的百分之六國庫券，同樣由詹姆斯負責。因為這些發行的債券對於詹姆斯在巴黎的長久事業來說相當重要，所以值得指出他如何談成這筆生意。就像他的父親一開始在卡塞爾逐步擠掉競爭對手一樣，詹姆斯拿到第一筆債券生意也是靠投標贏過拉菲特以及其他三名巴黎銀行家，他提出的價格（八十九・五五）實際上高於現下的市場利率，要打敗競爭團體提出的八十七・七五已經綽綽有餘，不過這並未讓詹姆斯得自掏腰包，因為操作成功，債券價格很快就漲到九十以上，到了一八二三年底更達到一百。

那不勒斯和西班牙之間的差異在於，西班牙的波旁王朝復辟之後（於一八二四年底成功），羅斯柴爾德家族先是考慮和霸菱及雷德爾溫兩家銀行共同操作，但是後來還是拒絕借貸給這個抱持新絕對君主主義的政權，因為法國政府不願意提供保證。⓱這裡有三個原因：波旁政權拒絕承認並贖回由科提茲政府發行的債券、拒絕償付法國入侵時的花費，以及最後一個原因，銀行家懷疑不管借了多少錢給斐迪南，可能都會被他賭在最後孤注一擲、可能徒勞無功的行為，也就是要奪回他先前在南美洲的殖民地，而這些地方從一八〇八年起便陸續成功獨立，畢竟一八二〇年革命的起因，不就是要被派往大西洋彼岸的士兵發動叛變嗎？而且，斐迪南的幕僚不是還說服了他，說只要奪回美洲殖民地就能解決他所有的財務問題？英國政府最為憂心的就是南美洲的問題。雖說倫敦願意接受法國進軍西班牙的行動，儘管此舉明確否定了威靈頓公爵在半島戰爭中的勝利；不過若說接下來可能會展開某種再次征服拉丁美洲的征戰，考慮到英國已經迅速和這些初萌芽的共和國建立起緊密的

⓯ 梅特涅懷疑這份提案背後有法國政府的支持，或者至少在反對外國政府干預的那部分是如此；但是英國觀察者相信，羅斯柴爾德家族自有「支持和平」的理由。

⓰ 維萊爾伯爵先是擔任財政大臣，接著統領內閣，成功地為法國金融體系建立起些許秩序，不過較不「謹慎」的極端保皇派卻不喜歡他，尤其是夏多布里昂。

⓱ 值得注意的是，羅斯柴爾德並沒有派自家兄弟去馬德里，而是將那裡的協商託付給代理人進行，先是貝林（Belin），然後是瑞內維爾（Renevier）。

經濟連結，他們是完全無法接受的。就像奧地利駐巴黎大使向梅特涅回報說：「雖然羅斯柴爾德家族可能假裝自己完全站在王室這一邊，但是他們知道科提茲政府涉入的征戰以及西班牙殖民地的獨立，能夠讓他（納坦）的金融企業有更寬廣的發揮空間，還能提供政治上的安定，他們不可能不知道其中的價值。」簡而言之，羅斯柴爾德在西班牙的角色相當矛盾：一開始表現出對科提茲政府的興趣，然後又資助法國入侵，卻拒絕金援復辟的政權。詹姆斯、薩羅蒙和納坦都面臨了來自巴黎、維也納、倫敦等地政府之間相互衝突的壓力，但最終的結果卻是經過小心衡量、完全一致的不做保證策略，這樣的做法在這十年間持續下去，就像詹姆斯在一八二六年簡潔有力地說：「西班牙的破產在我心裡是最重要的。」

在法國干預期間，前西班牙殖民地發行的眾多債券在倫敦掀起了投資熱潮，但羅斯柴爾德家族對此保持著安全距離。一八二二至二四年間正值南美洲巨大「泡泡」時期，投資人一窩蜂要借錢給新成立的共和國，諸如智利、哥倫比亞、布宜諾斯艾利斯和瓜地馬拉，就連像蘇格蘭冒險家葛雷格．麥葛雷格（Gregor MacGregor）這種不值得相信的人物都能募得二十萬英鎊，他過去在委內瑞拉軍隊中擔任將領，自封為「波亞伊斯國王」（Cacique of Poyais），勸誘投資人相信他聲稱在宏都拉斯統治的那片瘧疾肆虐的沼澤地，開發時機已經成熟。麥葛雷格吹牛的功力實在令人不得不欽佩，他甚至寫信給納坦概述了一項提案，要在他的「王國」內一座叫做盧亞當（Ruatan）的小島上建立獨立的希伯來殖民地。羅斯柴爾德家族對這一切仍持作壁上觀的態度，只有一個例外：巴西。這樣的偏好有兩個原因，首先，巴西仍然與葡萄牙保持緊密的關係，因此和英國也有緊密的商業連結；第二，即使巴西在一八二五年取得獨立，但仍然保留了君主形式的政府。（事實上，因為巴西皇帝迎娶了奧地利公主，所以有些當代人士很容易將巴西視為神聖同盟在美洲的某種代表，只是這個說法太過誇大奧地利的影響力。）[18]納坦往這個方向行動的第一步發生在一八二三年，他安排了一筆一百五十萬英鎊的貸款給葡萄牙，並以巴西的盈餘為擔保。此舉再度顯示出他願意借貸給立憲制政權，因為此時的葡萄牙國王在他於一八二一年從巴西返國後，已經接受了由里斯本議會草擬的西班牙式憲法。一八二四年，由湯瑪斯．威爾森（Thomas Wilson）帶頭的一個市民團體已經測試過巴西債券的妥適性，這批百分之五債券以七十五的發行價格賣得超過一百萬英鎊，接著價格上漲到八十七時，納坦接手了，在一八二五年以八十五的價格又發行了價值兩百萬英鎊的債券。海涅後來就開玩笑說，納坦現在是「偉大的羅斯柴爾德、偉大的納坦．羅斯柴爾德、智者納坦，就連巴西皇帝都得將自己的鑽石王冠典當給他」。雖然羅氏家族與巴西的關係在十九世紀中期一度閒置無用，不過這段關係最後卻成為集團中最為長久的。

因此到了一八二五年夏天，羅斯柴爾德家族大獲全勝，確立了自家的名聲，成為歐洲公共金融事務的領頭專家，而且還不只是歐洲。神聖同盟的強權一個個追隨著英國的腳步，將自己的貸款債券託付給了羅斯柴爾德家族，先是普魯士，接著是奧地利、俄羅斯，最後連法國也放棄白巳原本偏好交由更有規模的巴黎家族。在短短三年間，五兄弟提供了關鍵的金融協助，讓奧地利得以壓制那不勒斯的革命，法國也能夠在西班牙重建絕對君主主義。他們在當代的形象就是「神聖同盟的銀行家」，但是從某些層面來看卻相當諷刺，因為這個稱號並未認真討論到他們所謂的政治不可知論，也就是他們傾向透過金融條件來衡量商機，而非政治條件。詹姆斯在一八二六年底寫了一封熱情洋溢的信給納坦，信中便概述了羅斯柴爾德對於復辟政治的態度：

若是依賴著某個維萊爾伯爵、依賴著某個坎寧（George Canning），只能依賴這些大人們在內閣裡可能想說的內容，那可真是致命的罪過，會讓人夜不成眠，為什麼呢？因為他們想要的超過了自己所能償付的，而我們必須要感謝親愛的大人，讓我們得以從這樣的處境中解脫。我們現在想說的是：「（你想要）貸款？可

⑱ 一八〇七年，葡萄牙王儲若奧（João）在法國入侵期間去了巴西。法國人於一八一二年被趕走之後，他拒絕離開巴西，並且在他母親於一八一六年過世後將巴西的地位提升到「相當於王國的尊貴、重要性及稱呼」。六年後，若奧六世回到葡萄牙，他的兒子佩德羅（Pedro）便成為皇帝。當巴西的獨立於一八二五年八月獲得承認時，佩德羅仍然保有頭銜。隔年若奧駕崩，佩德羅則是把葡萄牙的王位傳給了自己的女兒瑪麗亞，不過這個安排後來也遭到佩德羅的弟弟米格爾（Miguel）的挑戰。

以，想要多少有多少，還能從中獲得一定的利潤。不過想把這幾百萬都留下來？我們可不同意！」

換言之，反革命的吸引力並不在於讓暴君復位，而是能夠產生新的金融需求，保守政權也不會給予優惠待遇。正如一八一八年的普魯士貸款交易附帶的條件顯示，納坦其實比較偏好由立憲制政權來掌管政府的金融事務，而非交由出了名經常鋪張浪費又毫無效率的絕對主義政權，再說這類政權遲早可能會引發革命壓力，到最後，這也是為什麼他不願意在立憲制法國不願意提供擔保的情況下借錢給絕對君主制的西班牙。一八二四年九月，查理十世繼承了兄長之位成為法國國王，在他統治下的諸多政策引發了越來越多的反動騷亂，上述觀點也決定了羅斯柴爾德家族對此的態度。另一方面，如果羅斯柴爾德家族傾向借貸給像是巴西這類的君主立憲國家，而非如哥倫比亞這類共和國，後來發生的許多事件很快就會證明這樣的偏好是經濟理性下的選擇。法國銀行家拉菲特是哲學家聖西門（Henri de Saint-Simon）的追隨者，他（以拜倫的話來說）是「真正的自由派」，相較之下，羅斯柴爾德對政治的態度就比較模糊不定，最多只能說他們是有條件支持神聖同盟。

拯救老太太

如果說，法國首相維萊爾伯爵原本希望一八二三年的龐大貸款最終能夠「讓他脫離這些先生的股掌之間」（即羅斯柴爾德家族），那麼他很快就發現自己只是被他們抓得更緊。一八二三至二四年間，法國公債價格持續上漲，與其說這證明了「法國的強大與權力」，不如說是證明了歐洲各地的利率都在下跌。這讓羅斯柴爾德家族又嗅到了新商機：將高利率的政府公債轉換成利率較低的新債券，這種操作之前在英國就曾出現過（例如在一七一七年及一七四八至五七年都有），不過在法國還是第一次。范西塔特也確實在一八二二年將價值一億五千萬英鎊的百分之五債券轉換成百分之四債券，兩年後，他的繼任者弗德列克．羅賓森（Frederick Robinson）又將價值七千五百萬英鎊的百分之四債券轉換成百分之三．五。對於進行這類轉換的政府來說，此舉明顯有益，每年的償債負擔大為降低；這對羅斯柴爾德家族來說也明顯有益，因為這樣大規模的操作理論上能賺取到豐厚的費用。唯一的困難之處在於說服持有債券的投資人接受少一點的利潤，他們已經嘗到了大幅資產增值的甜頭，也希望能夠繼續享有百分之四或五的年利率。一八二二至二四年間，歐陸和拉丁美洲的債券之所以蓬勃發展，其中一個原因正是英國的債券持有人拒絕接受更低的利率。面臨兩種選擇之下，一是轉換或者贖回他們手上的英國百分之五或四債券，二是轉而將現金投資在收益更高的資產上，許多人都會選擇後者，進而讓投資熱潮溫度升得更高。

在法國，維萊爾伯爵提案要將價值二十八億法郎的百分之五公債轉換成百分之三，並以七十五的價格發行，此時債券持有人的反應非常不同。必須進行轉換的論調和英國一樣：法國每年的預算有超過三分之一必須拿來償還國家的債務，隨著百分之五債券價格從九十三上漲到一〇六的高峰，在此時進行這種操作似乎很適合。[19]不過這份提案卻因為顧慮到要補償在大革命期間流亡的保皇份子而備受煩擾，最後在上議院以些微差距遭到否決，隨後夏多布里昂子爵等人還提出不實的論點（其中值得注意的還有被排除在交易之外的金融家，如卡希米爾．佩里埃〔Casimir Périer〕等），稱這是英國與奧地利人合夥設計的騙局，想要詐騙可憐的法國債券持有人。第二次的計畫經過大幅修改後在一八二五年推行，能夠在持有人自願的前提下轉換百分之五債券，自願者可藉此換得減稅，不過這次只轉換了價值約三千萬法郎的債券，讓詹姆斯手上在市場價格下跌的時候還持有相當大量的債券。烏夫拉德後來聲稱，羅斯柴爾德家族為了因應第一次轉換計畫可能失敗而買了雙重保險，不只堅持官方要提供一億國庫券的安全網（若是銀行手中還剩下大量公債就要發行），同時還偷偷賣出百分之五及百分之三債券。維萊爾伯爵懷疑羅斯柴爾德家族賣出債券來減少損失（這點在一八二五年得到證實）

[19] 簡單來說，納坦擬定的計畫是羅斯柴爾德家族、巴爾林家族及拉菲特一同承辦債券轉換，報酬是在第一年因轉換而省下的費用（兩千八百萬法郎）。為了讓債券轉換能夠吸引投資人，納坦堅持法蘭西銀行必須將貼現率設定為百分之三。

[20]，讓他們之間從一八二三年開始發展出的短暫和諧關係就此中止。轉換債券的操作失敗之後，法國首相和官員同心協力將政府生意又導回給詹姆斯在巴黎的對手，將拉菲特和財政大臣組成聯盟，一同承擔給海地的貸款生意，並且發行價值十億法郎的百分之三債券，裨益失去財產的流亡人士。

但事實是，羅斯柴爾德幸運地逃過了一劫。在《泰晤士報》為納坦寫訃聞的記者得到了豐富的資訊，回想道：

> 若是維萊爾的債券轉換真的順利進行，那麼歐洲貨幣市場隨後很快就發生的動盪對他可能造成致命一擊，畢竟肩上扛著如此的重擔，就算他的資源眾多也很致命。事實上，他自己當時也經常說，無論是他或者參與那筆交易的家族都無法承受這段動盪。[21]

雖然維萊爾的計畫失敗了，但也確實幸好失敗了。因為就在一八二五年，倫敦股市交易的巨大投資泡沫破滅，若此時納坦手上持有價值幾百萬的百分之三法國公債，那可就尷尬了；不僅如此，轉換債券也可能讓他弟弟詹姆斯更難協助他壓制那一年的倫敦銀行危機。

一八二五年的危機從許多方面來說是有預警的，六年前英國決定恢復黃金的可兌換性時，納坦和其他反對者便有所警告。一八一八至二三年間，英格蘭銀行的紙鈔流通量下降了大約三分之一，陷入嚴重的緊縮。一八二四年短暫出現黃金湧入，造成紙鈔發行量大幅擴增，後來在一八二五年同樣發生了嚴重緊縮。於此同時，雖然在范西塔特於一八二二年十二月辭職後，財政政策逐漸受到控制，但貿易委員會的赫斯基森仍然積極想要減少進口關稅，讓平衡預算變得比原本預計的更難。這些朝向自由貿易發展的初步措施的中期目標就是要增加商業活動的總量，以符合政治經濟學家的原則，但是短期內的影響就是會減少盈餘。即使政府大量削減開支，還是得透過短期及長期借貸才能因應。更有甚者，就像納坦也抱怨過，赫斯基森的政策也會造成貿易赤字。他在一八二五年四月就告訴何瑞斯：「對外國貨物放行（而且在海峽對岸沒有相應的開放），結果就會是讓所有黃金流出國家外。他自己在過去幾週內就已經送出兩百萬。基金迅速下跌，誰也得不到好處。」正是因為黃金外流進而導致了一八二五年的嚴重貨幣緊縮。在這般情況之下，倫敦證券交易一八二二至二四年泡沫期間達成的高價已經無法維持，一八二五年四月，市場開始下跌，其中英國工業證券及拉丁美洲債券的下跌最為嚴重。納坦以八十五的價格發行的巴西債券在七月跌到八十一・二五，隔年二月更是只剩下五十六。[22]不過前西班牙共和國的債券處境更慘，墨西哥、哥倫比亞及祕魯的債券都跌到二十以下。就連發展最佳的英國百分之三公債都受到影響，比起前一年最高漲到超過九十七，如今跌到了七十五以下。一旦發生了如此嚴重的資產價格緊縮，必然會帶來銀行業的危機。

有一段流傳已久的小故事描述納坦帶著大量小面額的紙鈔到英格蘭銀行的櫃檯要求兌換黃金，威脅要藉此掏空銀行的儲備金。這又是一個與事實完全相反的羅斯柴爾德傳說。事實上，納坦與英格蘭銀行的關係非常緊密且互惠。從一八二三年夏天開始，納坦向銀行借了三百萬銀圓來挹注自己對葡萄牙的第一筆貸款，因此和銀行總裁建立起直接的溝通管道，希望能避開銀行現有的黃金經紀人莫卡塔與葛斯密德公司（Mocatta & Goldsmid）。納坦成功了，雖然他想要與莫卡塔與葛斯密德並肩競爭東印度公司的唯一黃金經紀人，以及後來試圖直接與鑄幣廠交易的努力都遭到了挫敗。自此以後，納坦與銀行便經常往來，就像他後來在一八三二年對銀行營業許可委員會（Committee on the Bank Charter）所說的（一如往常地太過輕描淡寫）：「你們拿紙鈔來，他們就給你們黃金。」大多數時間納坦都是買進或借來黃金及白銀，但是在一八二五年十二月卻相反：

---

[20] 例如，參見巴黎的詹姆斯於一八二五年一月二十八日在寫給倫敦的納坦信中表示：「首相今天跟我說：『羅斯柴爾德先生，外頭都在傳說您正在大量拋售公債。』因此我必須謹慎行事，不能明著違抗政府。但是我想等到週一或週二國王要發表談話的時候，屆時我就能用比今天更好的利率賣掉（公債債券），這樣我才能獲利，因為我認為未來不會有明顯再上漲了。」

[21] 事實上，納坦在轉換提案被否決之後便介入市場支持債券，隨後引發了巴黎和倫敦投資人紛紛拋售。

[22] 一八二三年至二六年間總共發行了二十六筆外國政府貸款，總額達到五千兩百四十萬英鎊，在幾年內就有十六筆違約。

羅斯柴爾德家族把自家的黃金交給銀行，讓針線街上的「老太太」[17]握有足夠來自歐陸的錢幣，能夠避免暫停現金支付。詹姆斯也確實從一八二五年初就從海峽對岸寄來了大量黃金，也可能更早就開始，光是在一月第一週就寄來價值將近五十萬英鎊的黃金，希望此舉能夠「讓你的銀行（指英格蘭銀行）刮目相看」，到了月中他便開始討論起「我們過去的老方法」，也就是「只要能找到黃金就盡量買」。

然而，詹姆斯的協助直到該年年底才顯得格外重要。當時陸續有銀行停止付款（光是在倫敦就有六家），英格蘭銀行總裁告知政府暫停現金支付可能是唯一能避免全面金融崩盤的方法，因為等到國庫券的付款期限到期時，他可能無法應付對黃金的需求。首相利物浦伯爵和他的同事決定不接受這個說法，懷疑銀行總裁誇大了黃金短缺的問題，好讓一八一九年委員會的努力付諸流水。另一方面，銀行儲備了能夠馬上使用的金幣，不過儲備量的消耗速度非常快，內閣也收到充分警告，表示銀行有可能會在未授權的情況下暫停支付，因此「下令衛兵團要留在倫敦市內，以免發生騷動」。倫敦有些知情人士已經發現「倫敦市的猶太之王羅斯柴爾德」儲備了一筆黃金，其中最值得注意的是亨利．桑頓（Henry Thornton），此時他正奮力拯救威廉斯公司（Williams & Co.）。根據某個人所說：「只要（亞歷山大．巴爾林）施加一點勸誘和告誡，那個猶太人便願意拿出自己的黃金，先是收取百分之二．五的佣金，然後說他這麼做是為公眾著想，最後再懇求他們絕對不要說出去，否則他日夜都會受到圍攻。」

但是，政府可能不太想要找上納坦，因為很多人都知道納坦不喜歡赫斯基森，正如我們上述所提，納坦認為他的政策要為這次的危機負責。十二月十七日是這場危機的轉捩點，財政部常務次官查爾斯．阿巴斯諾特（Charles Arbuthnot）的妻子在她的日記中寫著「倫敦充滿了對赫斯基森的厭惡」，而且也對財政大臣羅賓森「極端鄙視」。顯然雙方都有相同的感覺，她的消息來源正是納坦的老朋友何瑞斯（現在是財政部金融秘書），他說赫斯基森先生盡其所能要毀掉羅斯柴爾德的名聲，散播消息說他們家族正陷入危險困境，而且他要求坎寧先生寫信到巴黎探問（羅斯柴爾德）弟弟的事情。駐派在巴黎的格蘭維爾大人（Lord Granville Leveson-Gower）派他的私人秘書去套羅斯柴爾德的話，羅氏發現來人的目的，便馬上向他炫耀自己的紀錄並證明自己值得兩百五十萬。

顯然此舉讓雙方都改變了心意，這當然多少要歸功於何瑞斯的調解以及赫斯基森的缺席：「羅斯柴爾德盡了最大、最大的努力來協助英格蘭銀行，他告訴何瑞斯先生，若是早一點找他幫忙，他大可以避免這一切困境發生。確實如此，如果他們可以撐到週一或週二，他就會拿到巴黎運來的龐大數量金鎊，那麼壓力就會完全解除。」

當晚，納坦做了兩件事：第一，他建議政府應該自己介入貨幣市場，方法是購買國庫券以提高市場的流通性；第二也是更重要的一件事，他將黃金送進銀行，一開始是價值三十萬英鎊的金鎊，後續幾週又送進了大筆黃金，直到投資人終於恢復信心為止。事實上，銀行的儲備金在十二月二十四日觸到最低點（只有一百萬英鎊再多一點），但是納坦直到一年後都還持續存進黃金，在一八二六年三月總共抵押了一百萬英鎊，到了九月的總額更高達一千萬英鎊。他的主要供應者是在巴黎的詹姆斯（他後來提醒納坦：「我可是挖空了保險箱才能提供黃金給你。」），不過納坦回想起來卻說：「有很多（黃金）來自全世界各地，我進口了這些黃金，幾乎從每個國家都有進口，我們從俄羅斯、土耳其、奧地利等地方找到黃金，幾乎世界各個角落都有。」銀行的帳簿上描述當時湧進了來自法國、義大利、荷蘭以及德國各式各樣的金幣。

17 譯注：英格蘭銀行從設立之初便一直位於針線街上，故經常被戲稱為「針線街上的老太太」（the Old Lady of Threadneedle Street）。這個稱呼的由來眾說紛紜，有一說是銀行標誌上畫著一位女子，也有人說是銀行鬧鬼的小故事。

一八二五年的危機差一點就要重現一七九七年（銀行上一次暫停現金支付的時間），這樣的貨幣危機很可能會讓英國經濟整個崩盤。從過去的例子來看，英國國內的七百七十家銀行中有七十三家倒閉，正如赫斯基森自己也承認的，整個國家在四十八小時之內「停止了所有人與人之間的交易，除了以物易物之外」。於一八三九年時回頭看，威靈頓毫不懷疑是誰避免了這場災難：「多虧眾人發揮出最超乎尋常的力量，其中最重要的就是老羅斯柴爾德的努力，否則英格蘭銀行一定已經停止支付了。」當然，納坦運來了這麼大量的黃金，自然會要求相當豐厚的佣金作為報酬。此舉被視為他自我行銷的一部分，目的是確立自己成為倫敦黃金市場的主導力量。另一方面，他也沒理由免費為英格蘭銀行以及政府紓困，畢竟這個危機完全是他出言反對的政策所造成。拯救英格蘭銀行是了不起的成就，這完全歸功於羅斯柴爾德家族慣於國際營運的特性，這五兄弟實際上正在建立國際貨幣共同合作的體系，後來各國的中央銀行經常如此運作，同時金本位制也逐漸依賴這種體系。他們在國際黃金市場的地位也慢慢取得主導地位，就像他們在國際債券市場的影響力一般。

因此，拜倫在《唐璜》中說巴爾林和羅斯柴爾德家族統治著保皇派和自由派，而他們的貸款能夠「安定國家或推翻王者」，這個說法也不算大錯特錯，他唯一說錯的地方是將這兩個銀行家族視為金融界旗鼓相當的對手，在一八一五年或許是如此，但到一八二五年就不是了。早在一八二〇年八月，法蘭克福日耳曼邦聯議會中的不萊梅代表就和奧地利代表布奧伯爵（Count Karl Ferdinand von Buol）有過談話，內容能明確看出羅斯柴爾德在歐洲的政治影響力實在是無可匹敵：

透過龐大的金融交易以及銀行與信貸關係，這個家族實際上已經成為真正的強權，他們對於各國貨幣市場的掌控實在太強大了，若是覺得有必要，他們甚至能夠阻撓或促進各國領袖的行為與運作，甚至是歐洲最強大的幾個國家亦然。奧地利現在正要對抗那不勒斯，需要羅斯柴爾德的幫忙；而普魯士若是沒有羅斯柴爾德家族的幫忙，讓他們能夠延後立憲那邪惡的一天到來，早就完成憲法了。

大約在同一時間，法蘭克福銀行家賽門．莫里茲．貝特曼在一封信件上呼應了這個觀點：

N．M．羅斯柴爾德具備了庸俗的才能，為人大膽而虛榮，整個股市交易都繞著他這個核心打轉。他一個人就能決定匯率，每天買進賣出十萬英鎊……我完全可以理解為什麼羅斯柴爾德家族對（奧地利）政府來說這麼有用處。

顯然這兩個人都不喜歡這種情況，也有各自的原因，這點我們後面就會提到，不過他們並未誇大其詞。

五、「大聲抗議」（一八二六—一八二九）

百萬人民團結起來。

——描繪納坦．羅斯柴爾德的德國諷刺漫畫圖說

羅斯柴爾德家族在戰後的眾多金融交易中扮演了決定性的角色，因此他們在一八二〇年代逐漸聲名大噪也就不足為奇，甚至早在一八一六年，卡爾就意識到他和兄弟們在自己的家鄉變得「非常有名」，他告訴詹姆斯：「這段時間因為新聞自由的關係，報紙上寫了很多我們的事。」同一年稍後他造訪柏林時也感受到類似的知名度。卡爾顯然對於變成這樣的名人感到不自在，尤其是報導內容有很多不正確的描述。「新聞上每天都有我們，」他對阿姆謝爾抱怨道，「上星期報紙上說你跟窮人有關……今天又說你跟糧食有關，還說你將成為（黑森—卡塞爾選帝侯的）邦聯議會公使。」漢堡的情形也是如此：

無論我們其中一個何時去了何處，人們便會散布各種八卦和光怪陸離的故事。拉瓦茨告訴我，鎮上有些派對裡流傳的故事說，普魯士國王寫信要求我們安排一筆三百萬的債券發行，聽說我們還回覆沒有必要，因為我們自己的錢就足以預支給他。

阿姆謝爾也對大眾容易誇大其詞感到驚訝：「人們以為我們比實際上還要富有十倍。」卡爾發現，「現在無論我們去哪裡，人們都認為那是有政治目的的拜訪。」詹姆斯去一趟聖彼得堡的證券交易所，或是港口出現一艘納坦承租的船，都足以讓各行各業停擺。詹姆斯只要在巴黎買了某一支證券，「大家」都會跟著買。這

位最年幼的弟弟和卡爾不同，他相當享受這股新獲得的名氣，正如他對納坦所說：「能擁有這麼大的名氣真的很不錯。」「他們都說：『在巴黎從未出現過像我們這般有名的家族。』……我們現在被視為史上第一了……上星期我送了三百萬（票據）到法蘭西銀行，裡面有很多垃圾，但居然沒有一張被退回來。」❶而薩羅蒙和納坦不怎麼在意名氣帶來的影響。「我們不會因為你被畫成了諷刺漫畫就呼天搶地，」他告訴納坦，「就像你說的，國王和皇帝也有同樣經驗……願上帝保佑，我們不會遇到比這個更糟的事了……請求上帝，若能讓我的安謝姆和你的萊昂內爾同樣在全世界知名，那就讓他們也被畫成諷刺漫畫吧，我希望我們親愛的孩子能得到這些……（白日）夢吧！」納坦的反應則是特別豪爽：「哪有誰不會被寫兩句？」媒體對他們的興趣，包括那些未經證實就說他們經濟狀況陷入困境的說法，都只是成功的代價。

公共關係

就像五兄弟評論中所暗示的，這種知名度算不上正面，打從羅斯柴爾德家族名聲開始流傳的最初幾年，在公共場域受到的誹謗明顯多過讚譽。當然，十九世紀早期的大多數君主、政治人物和其他公眾人物偶爾也會發現自己成為報紙、小冊子和其他媒體揶揄的對象，尤其是在言論管制比較寬鬆的部分歐洲地區，不過羅斯柴爾德家族似乎經常受到特別嚴苛的批評。其中一個原因是他們的信仰：有些人對於大革命期間也有促進宗教平等的行動耿耿於懷，而復辟期間經濟發展最成功的家族居然是猶太人，對這些人來說更如芒刺在背，拔也拔不掉。不過這些負評肯定還有其他因素，而且說反猶太就是反羅斯柴爾德的說法也不正確。五兄弟在一八一五年之後遭遇到的許多敵意大多來自於純粹的經濟競爭對手，例如其他法蘭克福銀行家，就算羅斯柴爾德家族不是猶太人，他們也會嫉妒這個家族如流星般的迅速崛起。而且羅斯柴爾德家族還有一些最頑固的其他猶太人對

❶ 令人意外的是，羅斯柴爾德家族還是會害怕銀行不接受由他們背書的票據。

手，就和在卡塞爾的情況一樣。除此之外，反羅斯柴爾德也有政治層面的原因，因為他們支持保守政權和神聖同盟的政策，這讓他們成為自由派批評的目標。因此，復辟時期的負面名聲往往綜合了經濟對手的眼紅以及對其宗教的反感，還夾雜著政治激進主義。

例如在法蘭克福，羅斯柴爾德一躍成為重要的金融勢力可能瓜分掉貝特曼家族的市場，而貝特曼家族在此之前是該城鎮中最重要的銀行家。貝特曼家族在這段期間最主要的合夥人是賽門．莫里茲，面對自己的相對市占率下滑，態度倒是出奇地平靜，確實令人欽佩；在羅斯柴爾德的眾多對手中，他以最有風度的方式認輸了。早在一八一五年九月，他便主動希望能夠與薩羅蒙和詹姆斯合夥做生意，他在一封從巴黎寄到法蘭克福自家的信中表示：「我跟這裡的兩位羅斯柴爾德有越多來往，就對他們越有信心。」不過他也不掩飾自己不喜歡納坦的「大膽和虛榮」，但堅稱自己「一點也不想批評或嫉妒」羅斯柴爾德家族，並且形容薩羅蒙是「一位非常值得敬重的品格良善之人，我願意全心與他交好」，甚至稱納坦是「我們的同鄉」。「羅斯柴爾德五兄弟是我們這個時代最了不起的典範，」他在一八二二年二月寫道，「若是有他們才智未及之處，他們便以不懈的努力、令人欽羨的團結與互相體諒來彌補。」不過貝特曼會有這樣的評論，一部分也是因為他相當清楚，一八二〇年代最好的位置就是跟在羅斯柴爾德家族身後行動。一八二一年的那不勒斯貸款生意中，貝特曼原本相信卡爾已經答應讓他參與，當他發現自己被排除在外，心情便大受影響。「我認為這不公平，」他氣憤地寫道，「這幾個月以來我是這麼相信你，但你卻認為自己保有選擇權，可以任意拿出你的提案或者收回。」

這種對羅斯柴爾德家族毫不留情手法的抱怨並非新鮮事：法蘭克福的非猶太人商人社群中，多年來都在抱怨猶太人做生意的手法「不公平」。早期德國描繪羅斯柴爾德家族的諷刺漫畫便強調了這一點，在努斯蓋格（I. Nussgeig）的《模範騎士》（*Musterreiter*）畫中，卡爾被畫成「藍盾」先生（Blauschild），他是一位正往南前去義大利、周遊各地的小販，騎在全身髒兮兮的小馬身上，馬兒還馱著毛瑟槍和刀劍等各種商品。❷後來還有一幅諷刺漫畫畫出了對比，一邊是貝特曼謙謙君子的形象，穿著時髦的衣服駕著鋪上毛皮的高級馬車，而另一邊是衣著邋遢又面容醜惡的阿姆謝爾，站在一個大大的現金箱子上，拉著一隻雙頭鵰徒勞地奮力想拖著箱子往前飛。

與過去一樣，這類商業競爭也有政治面向。如今羅斯柴爾德家族「比貝特曼家族還有錢」，許多人都認為這件事證明了有需要恢復過去針對猶太裔少數族群的法律限制，以阿姆謝爾的話來說，這件事「讓非猶太人十分惱火，居然要讓猶太人主導」。敵意每天都在增長，他在一八一五年九月報告說：「他們憎恨我們猶太人，眼珠子直盯著我們的人頭……（想要）喝我們的血。」而其他猶太人喜歡吹噓羅斯柴爾德家族的財富，認為這是當地猶太人的驕傲，這對情況也毫無幫助，阿姆謝爾和卡爾認為這只是助長了非猶太人對他們的怨恨。這股憎惡在戰後幾年產生了一連串反猶太人的宣傳小冊和劇本演出，其中最有名的就是《我們的來往》（*Unser Verkehr*），劇中故事是關於一名懦弱的猶太士兵。怨氣醞釀到最後促成了一八一九年八月所謂的「嘿喝」暴動，當時一群嘈雜吆喝的群眾一邊在猶太巷中大肆破壞，一邊呼喊著傳統反猶太人的口號：「嘿喝！去死吧猶太人！」同時砸毀了屋舍。這股敵意有很大一部分是特別針對羅斯柴爾德家族而來。一八一七年，群眾聚集在阿姆謝爾新買下的花園外吵鬧，這片花園本身就代表猶太人的社會階級流動，眾人鼓譟取笑他近來變得更加高貴了，「呼喊著『阿姆謝爾男爵』和各種愚蠢的稱呼。」人們將諷刺漫畫釘在他家門上，在「嘿喝」暴動期間，羅斯柴爾德辦公室的窗戶遭到破壞❸，大約在同一時間，阿姆謝爾也收到了死亡威脅。

這些示威讓阿姆謝爾開始考慮乾脆離開法蘭克福，同時也很能夠解釋羅斯柴爾德家族對於群眾參與政治的矛盾心態。梅特涅對外表示自己相當反對暴動（當然，這種反對延伸至所有「平民百姓的暴動」），他此時

---

❷ 參見第十章的的圖10.vi，這個標題是雙關語，字面上的意思是「模範騎士」，另外也有「帶著商品的騎士」的意思。

❸ 「嘿喝」（Hep）一詞的起源有多種解釋：可能是拉丁文「Hierosolyma est perdita」（耶路撒冷陷落）的縮寫，又或者是山羊的叫聲，藉此暗喻猶太人依傳統所蓄的鬍鬚。在許多德國城鎮中都有針對解放猶太人的類似反彈聲浪。

評論道：

的言論強化了羅斯柴爾德家族的認知，認為比起更為激進的自由派，保守派或許可以提供他們更多人身安全的保障。這點在德國尤其是如此，傳統上哈布斯堡王朝的皇帝會給予猶太人不受本地人民侵擾的「保護」，而復辟時期崇尚自由派的黨派組織所擁護的國家主義，其措詞中偶爾會出現反猶太的言詞。同時，羅斯柴爾德家族與傳統勢力的政權走得越近，批評者就越容易認為他們是一夥的。一八二〇年代，法蘭克福終於承認猶太人與非猶太人之間通婚的合法性，這是法蘭克福議會勉強擠出的幾個小讓步決策之一，當時年近八十的歌德忍不住評論道：

> 這條如醜聞般的法律會降低所有家庭的道德感，同時也會降低與之息息相關的信仰虔誠。一旦通過這條法律，我們要如何避免猶太女人成為臥房裡的女主人？誰知道這一切當中是否牽涉到賄賂？又有誰知道無所不能的羅斯柴爾德是否在背後主導一切？

如果連這樣受人敬重又受過啟蒙的人物都會表達如此觀點，也就難怪羅斯柴爾德家族樂見於德國政治將人民的參與限制在最低限度。

反羅斯柴爾德的心態並不僅限於法蘭克福，無論羅斯柴爾德家族在哪裡得到大部分的政府生意，當地的競爭對手都經常以宗教色彩的攻擊回應。例如在維也納，一八二〇年由薩羅蒙和大衛・帕里許共同安排的抽籤貸款就被批評為「可恥的猶太騙局」，因為銀行家從中能夠賺取可觀的利潤。應該在此強調，有時候這類攻擊並沒有宗教意味。六年後，帕里許本人發起了這整段期間針對羅斯柴爾德家族最為尖酸刻薄的一次攻擊。帕里許的生意版圖一步步遭到昔日夥伴鯨吞蠶食：一八二三年，他在納坦借給葡萄牙的貸款生意中只是初級合夥人（只差沒讓他去跑腿了）；而在一八二五至二六年的危機中，他的事業更是完全被吃乾抹淨，賠掉了維也納的弗萊斯銀行，成為納坦的手下敗將之一。帕里許在多瑙河投河自盡前夕寫了四封信，一封給他的兄弟約翰、一封給銀行家蓋謬勒、一封給梅特涅，還有一封則是寫給薩羅蒙，信上將自己的失敗全都怪罪於羅斯柴爾德家族，並且發誓要讓他們在眾人面前身敗名裂。帕里許說，梅特涅「為了一個家族的貪婪之心而犧牲我，儘管他們已經家財萬貫，卻仍是一群只在乎自家財庫的無情之人」。他被薩羅蒙「欺騙」，「簡直卑鄙可恥，我盡心盡力為他們工作換來的獎賞卻是最黑心的毫無感激」。信中強烈暗示羅斯柴爾德穩穩躲在梅特涅的「保護」之下，卻用不正當的手段讓帕里許在外頭受冷受苦。帕里許的信件內容顯示出，一個人完全有可能是反羅斯柴爾德但不反猶太人，不過德國記者在報導這類故事時幾乎沒人不提到這個家族的信仰。弗德里希·利斯特撰寫的報紙報導就是個很好的例子，他報導一八二六年在羅氏家族巴黎辦公室一個員工侵占公款的小案子，其中相當大方地稱「羅斯柴爾德是以色列的驕傲，借貸大筆金錢，主宰著舊世界所有以鑄造和未鑄造的金銀，在他們的財庫之前，就連國王與皇帝都只能俯首稱臣……」

五兄弟在巴黎也遭遇到類似的敵意。「總是『猶太人的日子過太好了，做了這個又做了那個』這種情形。」薩羅蒙在一八一五年十月向納坦這樣報告。這些都是來自生意競爭對手的怨言，他們爭先恐後地想在法國首都撈到戰後的油水，於是努力想把羅斯柴爾德擠到一旁。相較之下，十年後的詹姆斯發現自己成了主要政治評論的目標，自由派作家傅尼爾－維赫內伊（Fournier-Verneuil）所著的《巴黎》（*Paris*）於一八二六年出版，書中內容算是首度有法國人提到（維萊爾伯爵所領導的）政府就是個貪腐的木偶，「受制於金融界的貴族，而且是所有貴族中最無情、最卑劣的」，其中為首的正是「男爵大人羅氏」，而且也不是只有他提出這種論點。傅尼爾引述了夏多布里昂子爵（很難想像他會是自由派的盟友）的話：「這有什麼難的呢？假如神的旨意是要動搖世界，將眾多君王的繼承人塞進（斷頭台的）刀刃之下，將我們的軍隊從西班牙加的斯（Cádiz）帶到莫斯科，（然後）將波拿巴·拿破崙鎖在岩石上，就只是為了讓維萊爾伯爵和羅茲柴爾德（錯字照引）公司能踩在我們光榮與自由的殘骸上賺錢。」不過即使說成這個樣子，對傅尼爾而言還是太過輕描淡寫：

> 猶太人羅氏與他同信仰的人……在天國裡看到的不過就是……能夠用來放高利貸的金錢……他們在人類

中屬於特殊種族，我並非無法容忍異類，但即使拿破崙將他們全部一起稱為猶太大公會（the grand Sanhedrin）也不能創造出（新的）法國人，他們……仍然是猶太人，就只能是猶太人。我不反對他們保留自己的宗教信仰，但是厭惡他們從所有戰爭中得利，在戰爭中收取費用；他們無所不在。他們在波蘭踩在我們同胞兄弟的屍體上，（當下）他們正資助鄂圖曼帝國的易卜拉辛（帕夏，Ibrahim Pasha），而他們此刻正在阿基里斯的墳墓上起舞。

文中以鄂圖曼帝國對希臘的壓迫來比喻，凸顯出了作者對自由派的同情，不過同樣明顯的還有反猶太的措詞，這點要到後來才會成為政治右派的特點。傅尼爾的言論從許多方面而言是一個複雜陰謀論的雛形，這個論點未來幾年在法國不斷演進、擴張，到最後幾乎總是將政壇核心及有害影響力怪罪於羅斯柴爾德家族。

一般認為，倫敦的反猶太情緒應該沒那麼普遍，不過在一八二〇年代同樣能看到一連串對羅斯柴爾德勢力多少懷有敵意的公眾指涉，事實上這類影射的數量在倫敦或許比在其他地方還要多，這一部分呈現出納坦在這裡的重要性相對更高，另外也反映了媒體自由。同樣地，敵意通常源於商業競爭，如果競爭對手是猶太人，就像莫卡塔與葛斯密德公司譴責「羅斯柴爾德先生大費周章就是為了自己的利益，絲毫不顧其他人或團體的損失」，這種苛刻批評並不帶有宗教意味；但是當亞歷山大．巴爾林談到自己的主要競爭對手時，通常都（輕蔑地）稱之為「那個猶太人」。根據拉菲特所言，巴爾林希望能將羅斯柴爾德踢出一八一七年的法國賠償金貸款生意，完全就是基於宗教理由。雖然詹姆斯傾向認為這只是託詞，不過他也知道顯然有一種歧視心理作祟：

在法蘭克福，這種事司空見慣也就見怪不怪了，不過這裡的情況正好相反，如果這裡發生這類事情，人們會更感到驚訝……昨天拉菲特要我去看看他，巴爾林也去見過他並清楚解釋為什麼他不可能和我們一起提供貸款，確實他自己並非抱持相同意見，不過他的同事和英國人……都歧視猶太人，如果他要跟我們合夥，整筆生意就沒戲唱了，他無法跟猶太人做這樣的生意……這一切都是因為拉布雪爾的高傲和希勒姆（Johann

Gottlieb Sillem）的嫉妒，而這兩人都是霍普銀行那一夥的，他們認為若要自己和法蘭克福猶太人平起平坐有損他們的名譽，而我們則會因此獲得崇高地位……巴爾林告訴他：「這些先生以猶太人的方式工作，我們怎麼能合作？他們的原則不同，同時能進行二十筆交易生意……唯一的目標就是做生意，就像在做股票經紀一樣。就拿普魯士的生意為例，他們削減了普魯士的信貸額度……接著在什麼消息都還不明朗以前，傳單就已經滿天飛了。」……他又說，我們所做的事情是對的，因為我們成功了也賺了錢，但是他並不想這樣做生意（他是這樣說的），現在我們打算賣掉自己的英國股票後就將股價拉下來（這也是他說的），這樣才能把股票買回去。

也就是說，令巴爾林反感的是羅斯柴爾德家族（非常成功）的手段，但是他直覺認定這在本質上就是最「猶太人的手法」。許多人都抱持著這樣的態度。《公爵居所的奉獻》（*Devotion in Dukes Place*）被認為是最早描繪納坦的英國諷刺漫畫，畫中的他在大猶太教堂中站在一群猶太人面前，「為貸款回報感謝之意。」

不過就和其他地方的情況一樣，這裡的反羅斯柴爾德心態同樣涉及政治層面。我們先前已經提過，羅斯柴爾德家族在戰後幾年經常擔心巴爾林家族在倫敦與巴黎的政治影響力，他們認為這是巴爾林能主導戰後賠償支付生意的關鍵。但是對影響力較小的商人而言，擁有政治力量的似乎是羅斯柴爾德。早在一八一八年，證券交易所一名成員匿名寫信給利物浦伯爵，攻擊納坦反對恢復現金支付的立場：

> 容我向您稟明，貨幣市場的資本家……決意堅決反對您的計畫，因為這並非他們的目的，也無法讓他們賺錢。得利的猶太人又名羅斯柴爾德先生，他正……竭盡一切努力要扳倒您的目標……若有人問羅斯柴爾德先生，他對基金有什麼看法？他會回答前景一定會更好，但於此同時他卻逆向操作。在如此偉大的國家中，閣下與您的同僚居然成為一群猶太人恣意玩弄、任性要求的對象……實在令人悲痛。

一幅一八二四年的卡通漫畫也對納坦在恢復現金支付的辯論中扮演的角色有類似的影射，畫中的納坦搭乘著氣球飄浮在證券交易所之上，雖然氣球由一頭牛和一頭熊高高舉起，上頭還印著「萬物皆必上漲」的字句，卻有個沉重的沙袋將之往下拉，袋子的標籤上寫著「現金袋」。這裡也有一個宗教指涉，確實，這幅卡通漫畫最引人注意的特色就是隱約描繪出納坦與一群較窮的猶太人之間的關係，納坦拿著兩面旗子，上頭各寫著格言：「憐憫貧窮的，便是借給耶和華」以及「慈善之舉能抵罪」，不過他說：「我會收到我的紅利。」左側有個人從位於凱珀庭（Capel Court）的證券交易所冒出來，手上拿著一份《泰晤士報》喊著：「我們阻止了媒體宣布城內最重要的一名資本家即將出發進行一趟祕密的**金融探險**。」右邊的六名貧窮猶太人（標示著「簡化版的老先祖」）便留下來向君王傾訴自己的悲苦，君王看守著一輛皇家郵政馬車，手裡拿著一張寫著八個猶太名字的運單，每個人都分到了一先令。

如果說這些批評者將納坦形容為闖進倫敦市的外人，那麼也很有可能將他描繪成整座城市的化身：他是「交易巷〔Change Alley〕眾人」的領袖，是「蛆蟲」的頭頭。蛆蟲指的正是那一群金融家與股票經紀人，托利黨中的激進派威廉．柯貝特將戰後的緊縮政策怪在這些人頭上。這類圖文並茂的批評還可以在另一幅一八二四年的卡通漫畫中見到，名稱是《新廷防火柵門》（*A New Court Fire Screen*）。畫中將羅斯柴爾德創立的聯合保險公司（Alliance Assurance Company）描繪成為詐騙鄉紳的騙局，同時這張畫也抨擊了納坦與神聖同盟的關係，公司的建築物上寫著「虛空同盟防火保安辦公室」的標語，標語之上還有五尊代表王室的石膏像，標著「俄羅斯」、「普魯士」、「那不勒斯」、「法國」與「奧地利」，畫作的最上方是一句比較長的標語，暗示了羅斯柴爾德家族反革命的角色：

> 於本辦公室加保的人將能免費收到一盒真正的德國藥膏，根據H（或M？）親王公司的指示，塗抹上就能防火。謹記，若有人並未於本辦公室加保，而以詐欺手段取得上述的神奇藥膏，將造成反效果，大火將在第一個新月時吞噬家園。

雖然這裡要強調羅斯柴爾德家族身為外國人的特色，但畫中的納坦與摩西・蒙提費歐里彼此是用法語交談，還有一個口音濃重的德國門房，站在前景的三名經紀人無疑是猶太人，他們正恭賀彼此的獲利。

然而，此時在英國政治的最高層級發生了一個複雜的危機，正是這場危機將納坦推到英國大眾眼前。利物浦伯爵在一八二七年二月染上惡疾後，坎寧成立了內閣，將自由派的托利黨（最知名的人物當屬赫斯基森）和蘭斯當（Landsdowne）所屬的輝格黨聯合起來，但排除了以威靈頓公爵為首的極端托利黨（Ultra-Tories），這群人和納坦一樣討厭赫斯基森的自由經濟政策。當坎寧於同年八月猝逝，國王便委任財政大臣羅賓森（如今已是戈德里奇子爵〔Lord Goderich〕）重組新內閣，但是國王堅持要指派何瑞斯擔任財政大臣（同時拒絕讓輝格黨的荷蘭男爵〔Lord Holland〕擔任外交大臣），這意味著戈德里奇的首相任期會非常短暫。在輝格黨領袖喬治・提爾尼（George Tierney）的煽動之下，戈德里奇與赫斯基森沒有問過何瑞斯的意見便指派奧索爾普子爵（Lord Althorp）成為某個金融委員會的主席，讓何瑞斯威脅要辭職，除非他們撤銷奧索爾普的任命；赫斯基森也威脅說如果撤銷任命他就要辭職。於是，戈德里奇自己在一八二八年一月辭職，國王轉而委任威靈頓籌組政府，直到威靈頓同意讓亨利・古爾本（Henry Goulborn）取代何瑞斯擔任財政大臣，並將何瑞斯降職為皇家鑄幣廠廠長，這才解決了他和赫斯基森之間的衝突。

這整起錯綜複雜事件的意義在於，國王及其身邊越來越有影響力的醫生兼私人秘書威廉・奈頓爵士（Sir William Knighton）對何瑞斯的認可、托利黨內對解放天主教限制的反對，以及或許更具決定性的是對赫斯基森抱持敵意的金融界人士，主要是那些在新廷活動的人。早在一八二七年八月，極端托利黨的報紙《晨間紀事報》（*Morning Chronicle*）便認為，何瑞斯與納坦的緊密關係讓他無法再繼續擔任財政大臣。一八二八年二月，在何瑞斯被降職後的辯論中，輝格黨的哈特福（Hertford）議員湯瑪斯・鄧孔再次提出相同指控，提醒眾人注意「近來的變化……諸多神祕」，必須「升起簾幕釐清，看看背後隱藏著哪些極其重要的大人物，無論是有形或無形」：

> 有些人……否認有這樣的事，在國王背後有股祕密影響力，從未有人看過其樣貌、從未有人提起其姓名，此人掌握國家所有祕密，掌管著內閣政策所有突如其來的動靜……而與這位隱身、無形之人密切關聯著的是一個更為具體、實在的形體，這是一股強大的新力量，時至今日在歐洲仍無人知曉。此人握有無邊的財富，吹噓自己能夠決定戰爭或和平，而各個國家的信用額度全賴他的一個點頭。無數代理人為他工作，他的信使甚至超過王室親王及絕對主權國家所擁有的數量，他還收買了各個國家的政府首長。他在歐陸各國的內閣中擁有至高無上的地位，如今正計劃著要主導我們的內閣，就連我們最近不斷聽聞、見識的偉大的唐·米格爾（Don Miguel）自己（參見下文），也必須求助於此人才能夠登上王位。先生，這種祕密影響力確實存在的事實有如醜聞，過去人們都知道一直是如此，不過在最近的（政府）變革中實在暗中運作得太厲害了。我相信他們的目標並不純潔，就像他們獲得權力的手段並不光明磊落，而且我要譴責他們及眾多代理人隱身在英國政治體系之後，並且貶損了王室的名譽。

鄧孔「相信威靈頓公爵以及非常尊敬的內政大臣（皮爾），再也不會讓這個偉大國家的金融掌握在一個猶太人手中，也不會讓一個醫師的處方來決定王室如何分配其恩澤（笑話）」。

作為政府的回應，皮爾不理會這樣的攻擊，否認知道「他所說到這位神祕、無形而無法理解的人物」是誰，並且否認「另一位更具體的人物以尊敬的先生所說的方式，介入國家的金融事務」。不過鄧孔的一席話引起了相當熱烈的後續反應。二月二十五日，《泰晤士報》上刊登了一封署名「阿爾吉儂（Algernon）」的信，信中憤怒地宣示：「我們無法忍受一個偉大帝國的命運竟然掌握在一個猶太人及男助產士那不潔的手中。」年輕的輝格黨人湯瑪斯·巴賓頓·麥考利（Thomas Babington Macaulay）則化名為「小馬爾坎·麥葛雷格（Malcolm Macgregor, jun.）」，寫了一段諷刺的韻詩，描寫「神祕的二人組／醫生與猶太人就是我們命運的主」。[4]同一時間也有不少關於這個主題的諷刺卡通漫畫發表，其中至少有兩幅畫的靈感來自湯瑪斯·迪布丁

（Thomas Dibdin）一八○○年的戲劇《猶太人與醫師》。第一幅出現的諷刺卡通漫畫中，納坦被畫成有大肚腩的天使，帶著好幾袋金子從雲端下凡交給「前員工、前代表、前稽查員、前秘書、前財相」何瑞斯，「願上帝垂憐！」他帶著應該是為表示濃重德國猶太人口音的錯字宣示道，「要是你不撐下去，**償債的工作**就要沉到熔爐底下去啦，小何！你最好搞清此是**我**，只有**我**才是無形的……算了。我給唐·米格偶錢，所有其他叫唐的我都有給錢！我真散良！」第二幅由羅伯特·庫魯克襄克創作的卡通漫畫中，納坦滿嘴大鬍子，戴著寬邊帽，肩上還扛著一口袋子，袋子上寫著「舊布料」。他走近威靈頓說：「天啊，辣個醫生根本是該死的猶太人，他想要跟我一樣的特權，你資道我為你做了什麼，你付錢給我，我才買了那副小提琴，我曾的很散良！」

鄧孔這人相當特立獨行，他在一八三○及四○年代間轉投左派，一躍而成為憲章運動（Chartism）的重要支持者，同時也支持義大利及匈牙利的國家主義運動。有消息指出他打算寫一本書，書名是《英國猶太人之歷史與錯誤》（*The Jews of England, Their History and Wrongs*），不過他最後沒有寫完。可以合理推斷，他就像法國的傅尼爾一樣，同屬一八二○年代的自由派人士，認為攻擊保守派的政府首長與猶太金融家並無矛盾，即使他們抨擊的話語以現代標準而言看來相當反猶太主義。卡通漫畫家的動機也並無不同，原本《猶太人與醫師》的劇本講述的是一位慷慨的猶太人將一名基督教孩子撫養長大，並且資助她五千英鎊，但是卡通漫畫卻將之顛倒，描繪納坦試圖賄賂威靈頓公爵。經常出現的主題是搖搖欲墜的政府，不只和腐敗的宮廷密不可分，也和腐敗的銀行家密切相關。在庫魯克襄克的卡通漫畫中，威靈頓坐在一副寫著「憲法長眠於此」的棺材上，身後放著兩個標著「給教堂的藥」與「給國家的藥」的瓶子。

❹ 他的〈政治農事詩〉（Political Georgics）仿照英國詩人約翰·德萊頓翻譯的維吉爾〈農事詩〉（Georgics），刊登於一八二八年三月十八日的《泰晤士報》。後來麥考利在寫給姊妹的信中也抄了幾句：「……喔，神祕的二人組，醫生與猶太人就是我們命運的主，若您心願更傾向有野心的下屬（指何瑞斯），莫往窄巷通向公園裡的微風吹拂，……而兩位璧人一對，穿梭在溫莎的樹影裡，正是意識的樹林裡的農神與樹精，一切的一切，賦我靈感……因我所歌頌的一切醫生與猶太人，國王與侯爵……惟底下黑水仍如常流動，仍在魏瑟洛關口咆哮，仍如何瑞斯名聲惡臭。」

另一幅一八二八年的卡通漫畫標題是《事與願違，或托利黨的勝利》（*An Untoward Event, or a Tory Triumph*）。內容畫著威靈頓坐在轎上，由倫敦德利侯爵（Lord Londonderry）和其他兩人扛著（威靈頓扛著「國庫錢箱」、一份「穀物法論述」、「軍費預算估計」、一把標著「滑鐵盧」的劍，還有一根標著「指揮官船」的骨頭插在一根裝飾華麗的三叉戟上，藉此暗喻他在任職首相期間放棄的職位），其中一個轎伕對納坦說：「啊，好心的羅斯柴爾德，伸手幫幫我吧，他真的重死了。」但是納坦回答：「不行，不行，我們的肩膀不能做這件事，他可不是但以理。」一名蓄鬍的猶太人則悄聲說：「不行，不行，照顧好那些錢。」舊有的腐敗和新生的腐敗被描繪成同一枚政治硬幣的兩面。然而每一幅卡通漫畫都會強調納坦是猶太人：有時誇大他的外國口音，有時改變他的外型讓他看起來更符合格格不入的移民刻板印象，有時則讓他身邊的人都呈現這樣的刻板印象。

這裡唯一需要說明的是，實在也不能指責這些卡通漫畫家專門挑猶太人作諷刺畫的對象。就《托利黨的勝利》中呈現的愛爾蘭人及蘇格蘭人形象來看，畫家對他們並沒有比對猶太人更手下留情。愛爾蘭人的樣貌像一隻猿猴，手撐著一把鏟子喃喃地說：「要是他（威靈頓）敢伸出一根手指頭，魔鬼就會將他燒成泥炭，這對可憐的艾林沒好處。」身穿蘇格蘭裙、鷹勾鼻的蘇格蘭人則稱：「沒有人希望他把錢花在紅袍軍官身上，像買長馬刺之類的。」不過他們仍然站在顯眼的位置，身邊還有一個「平凡英國人」的形象約翰牛，納坦和貧窮的猶太人則站在道路的另一頭。

從坎寧到威靈頓

這麼多關於羅斯柴爾德幕後影響力的各種指控到底有沒有實據？答案是有，不過事實遠比批評羅斯柴爾德的人所知道的還要複雜。正如我們已經提過的，納坦・羅斯柴爾德有充分理由對何瑞斯保持忠誠，畢竟何瑞斯的庇護讓他得到了最重要的一次商機，而他同時對赫斯基森抱持敵意，因為他一直以來都反對赫斯基森的貨幣及商業政策。然而，還有另外一個政治面向能夠解釋納坦對何瑞斯並不同情（乍看之下很令人困惑），他聽聞自己老夥伴遭遇挫敗的消息時只是聳了聳肩，告訴卡爾：「我們的老朋友何瑞斯很不爽，因為他拿到一份爛工作。他很氣惱，但我幫不了他。他必須有耐心，或許還能拿到其他工作。」事實上，更讓納坦感興趣並心情愉快的消息是威靈頓公爵在這場危機中成功當上了首相。

卡通漫畫家將納坦描繪成試圖賄賂威靈頓或者拒絕支持他的政府，只能說是稍有錯誤，羅斯柴爾德家族不僅打從公爵打敗法國軍隊（他們當然也投入大筆金錢資助戰爭）後就持續努力培養與公爵的關係，更重要的是，公爵對英國外交政策的構想也更符合羅斯柴爾德的利益，更勝於捉摸不定的前任首相坎寧。

喬治·坎寧對於「重建」歐洲的信心不比他的前任卡斯爾雷子爵高，兩人的差異在於坎寧更執著追求英國的利益，並且對其他強權無甚顧慮，正如他曾說過的一句名言：「比起歐洲，我現在、未來渴望看到的都是英國。」他明確拒絕考慮「其他國家政府的意願，或者任何其他人的利益，除非這些意願、感覺和利益能夠或者有可能符合英國的正當利益」。這能夠解釋為什麼英國拒絕制裁法國對西班牙的干預，坎寧對此事的回應是堅決保證支持葡萄牙的中立性，並且承認拉丁美洲各共和國自西班牙的殖民統治中獨立。這對羅斯柴爾德家族來說並不算什麼麻煩，他們對西班牙採取的策略一直都是讓他們鷸蚌相爭，自己來當輕鬆的漁翁。不過，在坎寧人生最後的歲月裡（尤其是在他短暫擔任首相的一八二七年四月至八月），他採取了比較大膽的行動，讓羅斯柴爾德提高不少警覺。

甚至在利物浦伯爵過世之前，羅斯柴爾德與坎寧的關係便已經存在一定程度的緊張。如詹姆斯於一八二六年十一月所說：「要是我們依賴錯人，可是該死的罪孽……那就是坎寧。」這種感覺是互相的，隔月，坎寧從羅斯柴爾德處得知了巴黎一場重要演說的細節，十二個小時以後，英國大使館才交出這場演說的官方報告，他生氣地寫信給大使：

你肯定也能完全理解我星期六那天是怎麼過的，「老天爺！什麼！完全沒有直接從巴黎送來的消息！或許這只是股票經紀人的報告。」「或許這是羅斯柴爾德先生的詭計。」……這就是那天早上的經過……希望你能努力跟巴黎的外交部辦公室建立起某種溝通管道，如此才能避免羅斯柴爾德取得官方報告（要是新聞你也沒辦法），尤其是早你一步。

這位不甚友善的人物即將成為首相，這讓羅斯柴爾德家族非常緊張，詹姆斯馬上就斷言，「我們在西班牙和葡萄牙會面臨非常嚴重的危機」，以及在巴黎的「商業活動將完全停頓」。因為在一八二六年十二月，「為了捍衛並維護盟國的獨立」，坎寧派出軍隊到葡萄牙支持年輕的葡萄牙女王瑪麗亞二世（Maria II of Portugal），因為她的叔叔米格爾一世（Dom Miguel）意欲爭奪王位繼承權。米格爾在西班牙受到反動的波旁政權扶持，可以說他有法國的支持，此舉可能讓英國和法國陷入衝突。羅斯柴爾德家族第一次如此慶幸他們為了強權之間的和平押了多大的賭注，畢竟沒有什麼比戰爭更能削弱他們及客戶手上持有的公債、年金與各種證券的價格。雖然維萊爾在十一月時向詹姆斯再三保證：「我不會這麼傻，因為英國和法國絕對不會為了西班牙和葡萄牙這些可悲的人們就開戰。」但詹姆斯仍然相當擔心坎寧的態度，因此直到危機平息之前都「作壁上觀」（也就是不進行任何大筆的買進或賣出）。任命坎寧為首相再次激起擔心英法兩國為了葡萄牙開戰的恐懼，羅氏兄弟認為坎寧在這場可能打得腥風血雨的內戰中站錯邊了，他們似乎很早以前就已經決定要支持米格爾一世，只是原因不明。

羅斯柴爾德對坎寧憂心不已的第二個原因是，他在希臘問題上推行反土耳其政策（也就是支持俄羅斯）。摩爾達維亞（Moldavia）、伯羅奔尼撒（Peloponnese）以及邁索隆吉（Missolonghi）等地的希臘人民群起反抗鄂圖曼帝國的統治，到了一八二六年，大部分起義都已經遭到埃及的易卜拉辛帕夏王子（穆哈默特·阿里〔Mehemet Ali〕之子）鎮壓。從梅特涅的角度看來，這樣的結果非常令人滿意，意圖破壞現狀的革命行動再次受到阻擋。但是英國與法國對希臘抱持同情的人，因為拜倫勛爵在邁索隆吉死去的消息以及土耳其的暴行而群情激憤，要求政府進行某種干預。更嚴重的問題是，隨著尼古拉一世（Nicholas I）登基成為沙皇，俄羅斯對這塊區域的傳統野心似乎復燃，坎寧為了避免俄羅斯一廂情願以希臘名義介入，便在一八二六年四月派出不情願的威靈頓去聖彼得堡談好共同的英俄政策。這份約定恰好讓俄羅斯有餘裕介入摩爾達維亞，同時讓兩大強權想辦法讓土耳其同意和解（如有必要可以強力逼迫），讓希臘能夠擁有有限的自治權，維萊爾在一八二七年七月也表明支持這項政策。結果是，一八二七年秋天，一支聯合海軍遠征隊被派遣至東地中海，並在納瓦里諾（**Navarino**，今皮洛斯〔**Pylos**〕）一場決定性的戰役中擊敗了鄂圖曼軍隊。

不過正如維萊爾自己所說：「砲火不利賺錢。」而且就像坎寧威脅要針對葡萄牙問題開戰一樣，這次他決心要發動聯合軍事行動來對抗土耳其，這讓羅斯柴爾德家族心煩不已，有兩個原因。首先，雖然一八二五年要為君士坦丁堡安排貸款的計畫沒有結果，但是他們應該和梅特涅一樣抱持著支持土耳其的態度；第二，自從康克林伯爵（**Egor Frantsevich, Count Kankrin**）被任命為俄羅斯的財政部長，羅斯柴爾德與聖彼得堡的關係就急轉直下，康克林毫不隱瞞地表示，自己認為羅斯柴爾德於一八二二年向俄羅斯提供的貸款根本「沒用」。

這一切都能解釋，為什麼納坦在威靈頓於一八二八年成為首相時會這麼開心。因為眾所皆知，公爵並不贊同坎寧的外交政策，與國王同樣認為坎寧和英國「古老的盟友」蘇丹反目此事正中沙皇下懷。「公債債券價格上漲都是因為我們的（新）大臣。」納坦歡欣鼓舞地向卡爾回報，「感恩上帝讓我們知道這樣的好消息，如今俄羅斯會按兵不動（之後再採取進一步的軍事行動），透過威靈頓的影響力，大家都想要和平，我對此並不驚訝，因為我們的國王在談話中也一直提到**願眾人平安**。」大約在同　時間，阿巴斯諾特夫人問納坦「他們對城裡的公爵有什麼看法，他說他們對他有無比信心」，接下來在威靈頓公爵擔任首相的兩年半內，這股無比信心轉化成以具體財力支持他與坎寧大相逕庭的外交政策。納坦不只在一八二八年、二九年分別購買了大量國庫券（先是一百萬英鎊，後為三百萬英鎊），他「在英國政府的保證之下」也向米格爾一世提供了五萬英鎊，讓他得以成為葡萄牙的攝政王。於此同時，他借了一筆七十六萬九千英鎊的貸款給米格爾的哥哥巴西皇帝佩德羅一世（Pedro I），以穩定巴西的財務狀況，因為巴西財政在一八二五年拉丁美洲的債務危機[5]後仍搖搖欲墜。

可以想見，這種似乎有點混亂的政策成了諷刺漫畫家的好題材，我們已經在一八二八年的許多卡通漫畫中看到對「米格偶的錢」有各種描述。在《大聲抗議》（*The Hue and Cry*）中也嘲諷了巴西的財務窘境，這幅卡通漫畫正是在佩德羅一世開始無法償還早先於一八二三年的貸款時出版，畫中的納坦正在建議佩德羅不要付錢給英國的債券持有人，也就是匍匐在地上的英國牛形象。「如果你付錢給他們，就會需要更多錢，」納坦這樣對佩德羅說，「現在實在不太方便。」惡魔在納坦的耳邊低語：「告訴他，這叫政治上的權宜之計，**你**知道英國牛有多好騙。」

一八二八年，出乎納坦的意料之外，俄羅斯再次升起對土耳其的敵意。羅斯柴爾德家族的立場仍然與威靈頓公爵一致，他們禮貌拒絕了俄羅斯想要貸款的請求，此舉讓梅特涅十分欣喜。羅氏兄弟在衝突期間仍不斷希望俄羅斯能夠退兵，讓他們懊惱的是，俄羅斯居然贏了，而且依據阿德里安保條約（Treaty of Adrianople，於一八二九年九月簽署）能向土耳其人要求合理的賠償，這時羅斯柴爾德家族急忙表示願意提供服務以協調付款。這是他們第一次遇見來自東方的危機，未來還有許多次必須捱過，而這段期間他們唯一擔憂的就是，威靈頓公爵可能會覺得自己必須介入以對抗俄羅斯。就像針對葡萄牙的問題一樣，羅斯柴爾德的立場如今已經是開誠布公的和平主義者，納坦向薩羅蒙強調：

這裡有些人希望我們（指英國）……去找（俄羅斯大使）里文（Christoph von Lieven）爭論……想要我們發出氣憤的聲明……我必須告訴你，威靈頓和皮爾很想跟俄羅斯吵，但是最後我們應該會開戰。我不是說說而已，而且我們一定要想辦法維持和平，爭吵有什麼好處？俄羅斯人做得太過分了，全世界都會生我們的氣，還會說：為什麼你們十二個月前毫無作為？如果英國現在說，對，我們很生氣而且想要開戰，奧地利和法國就會說，我們還是不會插手，他們會任我們陷入困境，屆時就只有我們受牽連。我去見了威靈頓，恭賀他維持了和平，他說：「說和平還早，還沒有確切證明。」……從各個層面看來，俄羅斯的和平都令人不甚滿意，（但是）內閣已經決定，目前暫且按兵不動，不要透露消息給俄羅斯，要保持安靜以待後續發展。

詹姆斯巧妙地總結了這種和平主義的合理性：「如果英國真的想為（土耳其）這個問題發動攻擊，那麼我保證我們這裡的損失至少有百分之五。另一方面，如果那裡回報的結果比較樂觀，那麼我們就能小有收益。」在接下來十年間，各國之間的和平與債券市場的穩定，這兩者之間的關聯將會成為羅斯柴爾德家族營運策略的首要原則。

影響力網絡

然而，讓羅斯柴爾德家族與威靈頓或梅特涅這樣的政治人物結盟，不只是因為他們對外交政策有共同觀點。一八二〇年代的陰謀論者有一點說得相當接近，他們認為私人的金錢利益也扮演了一定角色。

我們已經看到，這個時期的歐洲政治人物經常會接受銀行家的人情、禮物，小自投資建議，大至明目張膽的賄賂。在亞琛會議上，正是因為霸菱銀行把即將發行的法國賠款貸款股份賣給在場的大多數大臣，所以市場無預警崩盤時，他們才會這麼急著想要延後貸款。羅斯柴爾德家族也很熟悉這種手段，事實上，阿姆謝爾「深信，我們身為猶太人若是不賄賂就無法維生，畢竟我們沒有非猶太人的優勢」。例如在一八一八年，在法蘭克福的羅斯柴爾德家族就將新的普魯士貸款生意股份分配出去，不只分給如貝特曼與龔塔的其他法蘭克福銀

❺ 這筆貸款只是為了穩定巴西財務，如此才能繼續支付現有債務的利息。詹姆斯「相當坦率地承認，這些人不到兩年就一毛也不會付了」，不過短期內，這些錢仍舊能夠讓巴西債券的價格上揚。

行家，也分給老交情的匿名合夥人布德魯斯、德國聯邦議院的奧地利代表布奧伯爵，還有幾位外交使團的其他成員，在巴黎分到普魯士債券的政治人物還包括首相塔列朗。

另一種透過金融手段來確保政治影響力的方法就是借錢給這些人。這段期間所有接受羅斯柴爾德貸款的法國債務人當中，最有名的就是路易十八，納坦以英國政府的名義預支了二十萬英鎊給他，用來支付他一八一四年回到法國之後的開銷。不過此舉並未讓納坦和波旁家族變得親近，因為他三年後便堅持要連本帶利還款。相較之下，一八二〇年代借給奧爾良公爵（未來的法王路易－菲利普一世）的貸款就是比較長期的投資，在接下來十年間都收取了豐厚的利潤。普魯士接受貸款的人包括哈登堡親王的女婿，另外羅斯柴爾德也提供像是活期存款帳戶這類例行性銀行融資服務給其他普魯士官員，最值得注意的就是駐倫敦的大使威廉．馮．洪堡，以及在一八一八年貸款協商中的關鍵官員羅特，不過因為這些帳戶都允許高額透支，所以功能通常就和貸款一樣。卡洛琳．馮．洪堡（Caroline von Humboldt）才剛被介紹給薩羅蒙認識，他便立刻詢問「在金錢方面有沒有他能協助我的地方，還說他的財庫能任我使喚」。

最後，如果是在更適合低調手段的情況下，羅斯柴爾德家族會送禮物給他們希望拉攏的對象。就如卡爾所說：「一個人要去見重要的、優秀的人，就必須帶些像是小道消息或是能展示給他們看的東西。」此處可見後來家族發展出蒐集藝術品和珍稀物品的原因，這五兄弟都相當自豪能為品味疲乏的賞玩家找到珍奇的禮物。他們因為納坦能夠接觸到倫敦市場而享有優勢，英國因為貿易及製造能力日益勝過其他國家而成為當前世界上最棒的市場。例如在一八一六年，納坦寄了兩隻烏龜給阿姆謝爾，建議將其中一隻送給黑森－卡塞爾選帝侯（不過烏龜送到時已經死亡，阿姆謝爾仍將牠們做成標本送給威廉）。他的兄弟們還為潛在客戶找來了其他奢華禮物，包括送給選帝侯的鑲珠寶棺材、適合一位夫人的馬，還有將「象牙柄的切肉刀與叉」送給「某個幫助過我們的人」。

如前所述，第一位藉著與羅斯柴爾德的關係而有實質獲利的英國官員是何瑞斯，雖然無法確認戰爭期間他個人在公司營運中的占比有多少，不過他經常參與戰後的貸款生意，例如一八一七年借給巴黎市的貸款。就如薩羅蒙所說，何瑞斯是「你在那邊的布德魯斯」，也是其中一個「必須要討好的重要人物」。另一位則是卡斯爾雷子爵的兄弟史都華侯爵，他在戰後幾年擔任英國駐巴黎的代表，他先是在一八一七年十月請薩羅蒙和詹姆斯「代他投資法國公債」。自此以後，薩羅蒙回報說他「與我們十分友好，我們知道他喜歡賭一把，所以我讓他投資我們的生意……達到價值五萬法郎的年金」，這個例子也讓薩羅蒙想起他父親的戒律：「如果一個位居高位的人和一名猶太人成為（金融）合作夥伴，他就屬於那個猶太人了。」史都華找上他們請求協助他的英國事務時，薩羅蒙便催促納坦答應他的要求：「我們一定要常常滿足這位大人的願望，因為他在這裡掌管一切，也幫我們拿到貸款、償付（法國賠款）和所有生意，而且他是**英國的**官員。」二十年後，英國首相墨爾本子爵（Lord Melbourne）的弟弟弗德列克·蘭姆（Frederick Lamb）擔任維也納大使，詹姆斯在此期間也為他提供投資建議。「話說，蘭姆認為不會再開戰了，」他在一封例常通信中提到，「我告訴他，如果他認為那邊的年金會漲，那麼我就幫他買兩萬四千法郎的年金，好轉售獲利，因為目前他在倫敦名下有大約三萬英鎊的貸款。」一直接向羅斯柴爾德家族借錢的英國官員包括財政部的喬治·哈瑞森及查爾斯·阿巴斯諾特，前者在一八二五年積欠羅斯柴爾德超過三千英鎊，後者借款的金額更比之高出四倍。

要強調的是，這種關係本身並無不法，羅斯柴爾德家族完全有權利為這些政治人物及公務人員額外提供銀行服務，但是五兄弟私底下說到自己和阿巴斯諾特及數名外交官員（尤其是俄羅斯的賈維斯）的關係時，總認為帶著「賄賂」的色彩，正如何瑞斯的例子也說明了，媒體的貪腐指控很可能嚴重打擊相關政治人物的職涯。事實上，這五兄弟最初擔心與何瑞斯在戰爭期間的帳務紀錄可能無法承受議會的詳細審查，自那時開始便一直等著這類政治紛擾的發生，等了超過十年才於一八二八年爆發。

在這樣的情境下，發現威靈頓公爵也曾有段時間仰賴羅斯柴爾德銀行的服務就完全不讓人意外了，實際上正是史都華正式將公爵介紹給薩羅蒙與詹姆斯。這段關係的重要性在財務方面或許不大，從留存下來的一八二五年損益平衡表上可以看出威靈頓並未多加利用帳戶可透支的服務。不過在薩羅蒙眼中，成為「威靈頓的銀行家」這份聲望才是最重要的：

這是天大的榮耀……你或許會說：「榮耀有什麼用？榮耀又不是錢。」身為一個誠實的人，我要告訴你，現在我看重榮耀更甚於金錢。一個人（拿著錢）不過就是能（用獲利買）溫飽，而我們已經足以溫飽；（但是）沒有榮耀，食物也不會好吃。而威靈頓在社會上的地位備受敬重，甚至高過國王本人。

僅僅兩個月後，詹姆斯已經在吹噓自己對公爵的影響力，他說自己「已經得到了許多東西」。

但是，羅斯柴爾德「提供物品」的眾多英國高階政治人物當中，威靈頓並不是地位最高的。令人驚訝的是，這個家族涉入英王喬治四世的金融事務居然早在他登基的十五年前就開始了。最早的一份文件中提到，「喬治王子名目價值有十五萬法蘭克福荷蘭盾的匯票」在邁爾．阿姆謝爾手中，日期為一八〇五年；兩年後這批匯票出現在他尚存最早的一份損益平衡表中，記錄了折扣後的價值只有略超過十二萬七千七百八十四荷蘭盾，不過他對這樣的數字存疑，因為即使喬治身為王位繼承人又是攝政王，他卻被視為是相當不可靠的債務人。而邁爾．阿姆謝爾當時還只是個名不見經傳的曼徹斯特織品商人之父，他怎麼會拿到攝政王的匯票呢？最有可能的答案是他跟黑森－卡塞爾選帝侯買來的，選帝侯在一七九〇年代借了好幾筆錢給喬治三世的兒子們。十年後，納坦在倫敦的銀行事業穩定之後，邁爾．阿姆謝爾的兒子轉而處理這些其他王室債務，希望藉此讓納坦成為英國的「宮廷銀行家」（這是阿姆謝爾比較傳統的說法）。總而言之，這位攝政王欠款十萬零九千英鎊，約克公爵欠款五萬五千英鎊，克拉倫斯公爵也有兩萬英鎊欠款，總和是十八萬四千英鎊，其中只有攝政王會支付貸款利息。羅斯柴爾德家族跟選帝侯的大臣經過長久協商，儘管布德魯斯對此表示反對，他們仍然成功以相等面值的英國公債買下了這批債務。表面上看來，這個價格比起債務本身的價值高出太多，實際上卻是一筆卓越的投資，這又是納坦的「神來一筆」。薩羅蒙評論道：「這讓我手握大權。」「英國的一切都帶著好運，什麼事情碰到他們總是有令人開心的結果，我們的選帝侯宮廷也是如此，兩座宮廷搭配得剛剛好。」他興高采烈地說。

這些陳年王室債務的價值在於讓納坦成為攝政王的債權人之一，這讓他能直接接觸到負責管理未來國王棘手財務的官員。不只是他的財務問題，到了一八一七年底，納坦要薩羅蒙和詹姆斯蒐集或許能協助所謂的「米蘭委員會」的情報，該委員會設立目的是要蒐集對「大人物的妻子」（布朗斯維克的卡洛琳公主〔Caroline of Brunswick〕）不利的證據，因為喬治四世鐵了心要與她離婚。一八二〇年，喬治在終於登上王位後不久便跟納坦安排了一筆五萬英鎊的貸款，並以他漢諾威王室的財產為擔保；一年後又要求借了十二萬五千英鎊。大約就在這個時候，他開始接觸到威廉·奈頓爵士，不過其實負責貸款協商的關鍵人物是喬治·哈瑞森，哈瑞森向國王保證，納坦「對陛下您十分忠心且誠實……與這筆交易中有關的一切皆然」。在這之後，哈瑞森自己也跟納坦借了幾千英鎊。

喬治四世也不是在一八二〇年代唯一跟納坦借錢的英國王室成員，例如在一八二四年，納坦就以幾件珠寶為擔保借了一萬英鎊給約克公爵，同時還免費送給他一百股聯合保險公司的股份。❻羅斯柴爾德家族同時也放眼下一世代。一八一六年，攝政王唯一的子嗣夏洛特公主與德國小邦的王子訂親，也就是薩克森－科堡的利奧波德，他是法蘭茲·弗列德列克公爵（Duke Francis Frederick）的小兒子。五兄弟馬上發現利奧波德在未來可能會成為重要人物（畢竟他的新任岳父已經五十好幾，奢侈逸樂的生活也臭名昭著），於是趁他為了婚禮而取道法蘭克福前往英國時，卡爾行動了：「我們去見了他，他是個好人。我們給了他一張由你支付、無法兌換成黃金的七百英鎊匯票，還有一份信用狀……他打算要買珠寶，請你協助他。」納坦不需要更多敦促。到了四月，利奧波德已經信任他，將自己與德國之間的書信往來交付給納坦處理，八月時也和他討論一筆一萬荷蘭盾

❻ 這筆貸款顯然一直沒有償還，於是納坦就留下了珠寶。

的貸款。

納坦非常努力扶植利奧波德，因此隔年五月他們聽到夏洛特公主去世的消息時，才會出現如此不同尋常的反應，因為這等於完全捻熄了利奧波德在英國掌權的希望。「我們今日無法好好寫信給你，」薩羅蒙在信上對納坦說，

因為那樣的災禍令我們心碎，夏洛特公主的死去。我們完全失了頭緒，我還是無法相信高貴的夫人就這麼死了。我們星期六下午五點收到了壞消息，當時正在和霸菱銀行協商再發行一百萬年金的業務，便和他講好了星期天會給他最終答案……但是等他星期天來聽取答案時，我們仍處於驚愕之中，只能告訴他我們這段時間什麼也做不了，實在太苦惱了。不幸的是，我們失去的實在太多了，親愛的納坦，真是太糟糕了，提起它時我的心都碎了……我沒辦法寫什麼跟生意有關的事，我們什麼都沒做。我們應該……引以為戒：金錢、榮耀都算不了什麼，我們都只是塵土，人應該放棄自己的驕傲……不應該讓自己相信任何事，我們都只是泥土和塵埃。這件不幸的憾事實在讓我太心痛了。

「相信我，」兩天後薩羅蒙又說，「（聽到消息時）我實在太害怕了，自那時候開始就沒了胃口，就好像我的胃縮小了，全身關節也疼痛不已。」他想，納坦聽到消息時一定也是「腳軟無力」並「生了病」。不過五兄弟總是能很快接受困境，「沒有人能永生不死，」薩羅蒙感嘆道，「我們必須放下這件事……不幸的是，我們的憂愁和悲傷也喚不回她。」

如今利奧波德只是一名鰥夫，其他銀行或許會想中止他的特權身分，不過薩羅蒙卻勸納坦反其道而行：「根據英國報紙的報導，科堡王子將留在英國，依然會是舉足輕重的人物。當一個人陷入比過去更加艱困的境況，我們應該要對他表現出更友善的態度。我要求你比之前更親近待他。」因此，納坦後來仍努力為利奧波德安排人壽保險事宜，同時也為其父親安排；一八二六年，卡爾也在自己那不勒斯的別墅熱情款待了利奧波德。

事後證明，這個策略十分高明。這些年來，納坦與詹姆斯口中稱為「您的科堡」的這個人物所建立起的關係果然相當長久並且互惠。一八四〇年代便有一名反羅斯柴爾德作家指出，羅斯柴爾德家族與薩克森－科堡－哥達王室之間有其相似之處，這點並非空穴來風，這兩個瓜瓞綿綿的家族都是在十九世紀從無名小卒崛起成為一方之霸。事實上，這兩個家族的關係幾乎可以說是共生共存。一八三七至四二年間，法蘭克福的羅氏家族借給薩克森－科堡家族三百五十萬荷蘭盾，這只是雙方關係的其中一個面向。更重要的是，科堡家族中有不少成員離開科堡，意圖到其他地方尋找新的王位，而羅斯柴爾德家族皆給予支持。

也不是說羅斯柴爾德家族在夏洛特公主過世後便不再在乎英國王位繼承的問題。攝政王的弟弟肯特公爵出發到德國迎娶薩克森－科堡的維多利亞公主（Victoria of Saxe-Coburg）時，便帶著一份由法蘭克福的羅斯柴爾德家族開立的信用狀，這段婚姻中生下了一名女兒，取名維多利亞，而她馬上就成為繼承王位的下一順位人選，納坦也表示願意為這名驕傲的父親提供金融諮詢及專屬的信差服務。一八二三年，他還借了一筆為數不小的錢（四十萬荷蘭盾）給萊寧根親王（Prince of Leiningen），他是肯特公爵夫人第一段婚姻中生下的兒子。即使在公爵死後，納坦的兒子依然為公爵夫人提供金融服務，有時也會借錢給她哥哥薩克森－科堡的斐迪南王子。

然而，即使是英國王室，都還不算是羅斯柴爾德家族這段期間最有影響力的客戶及「友人」，因為就如歷史學家普遍都有的共識，這個時代的歐洲政治廣義來說並非由英國主宰，而是奧地利。我們已經提過，一八〇九至四八年間主導奧地利政策的人是梅特涅，而他也使用了羅斯柴爾德的銀行服務。事實上，梅特涅與薩羅蒙．羅斯柴爾德之間發展出來的關係或許就某些層面來說，可以視為後來俾斯麥與羅斯柴爾德在柏林的合夥人布萊希羅德建立的關係原型，只是梅特涅對自己的銀行家在理性與感性層面上都比俾斯麥更加親近。

梅特涅全名為克萊門斯．溫澤爾．內波慕克．洛塔．馮．梅特涅－溫內伯格親王（Prince Klemens Wenzel Nepomuk Lothar von Metternich-Winneburg），雖然他出身貴族又擁有摩薩爾河谷（Mosel valley）的房產，但在他漫長的政治生涯中卻經常「手頭拮据」。羅斯柴爾德兄弟和他第一次見面（一八一五年於巴黎的和約協商期間）之後不到一年，他便探問是否可能向法蘭克福的阿姆謝爾及卡爾借貸三十萬荷蘭盾。梅特涅已經證明了自己對五兄弟是相當有用的盟友，不僅是提供在巴黎的政治消息、支持他們努力拿下奧地利的金融生意，同時也同情他們，認同他們為了法蘭克福的猶太人解放運動而奔走。他現在提議的安排是羅斯柴爾德應該預支給他十萬荷蘭盾，並且再出售價值二十萬荷蘭盾的百分之五債券給其他投資人，這一切都以奧地利皇帝剛剛賜給他的約翰尼斯山（Johannisberg）房產為擔保。但是，卡爾並不是很想借這麼多錢給同一個人，無論那人有多富裕，畢竟他想到先前借給威廉親王的類似貸款，結果並不令人滿意。儘管梅特涅不斷證明自己是「我們的超級好朋友」，也答應他們要求貴族及外國領事的地位，不過五兄弟在這個階段傾向付出有限的慷慨，包括慣常的銀行服務及偶爾送上禮物，譬如一八二一年納坦送給他瑋緻活（Wedgwood）瓷器。

那年十月是梅特涅首次公開接受羅斯柴爾德的款待，他和自己的情人朵樂絲・馮・里文王妃（Princess Dorothy von Lieven）一同和法蘭克福的阿姆謝爾「喝湯」，當時他正在從漢諾威返回維也納的路上。❼有些觀察者認為這是經過精心盤算的動作，在公民權利的爭論正熱的當口，他藉此表現出自己對法蘭克福猶太人社群的支持。不到一年後，梅特涅便收到了感謝：一筆九十萬荷蘭盾的貸款。五兄弟同意借貸後過了六天，皇帝便授予他們「男爵」頭銜。這筆貸款確立了梅特涅與羅斯柴爾德家族間的「友誼」。一八二三年在維羅納，薩羅蒙大方資助了梅特涅以支應他（可觀的）個人開銷；兩年後在巴黎，詹姆斯當起主人招待梅特涅，舉辦了奢華的晚宴歡迎「神聖同盟的代表」，讓《憲政報》（*Le Constitutionnel*）留下了深刻印象，挖苦地評論道：

> 這就是黃金的力量，能夠統合起所有階級、所有宗教。我們這個時代出現過不少相當有趣的奇觀，其中一個最為有趣的（雖說相較之下是比較富裕的）便是，以耶穌基督之名建立的神聖同盟，其代表卻參加了由猶太人舉辦的宴會，而同一天在內閣裡正辯論著反褻瀆法。❽

一年後，詹姆斯出席了另一場同樣盛大的晚宴。也就是在這段期間，梅特涅開始利用羅斯柴爾德的信差服務來遞送重要信件。從此時起，他和薩羅蒙經常會分享政治消息，梅特涅會告知薩羅蒙奧地利的意向，而薩羅蒙則將兄弟們從倫敦、巴黎、法蘭克福及那不勒斯等地捎來的訊息告訴他。到了一八二〇年代末，羅斯柴爾德家族已經開始成為梅特涅（或者他們常常稱他為「叔叔」）的非官方外交管道，他能夠透過他們將自己的政治觀點間接而謹慎地傳達給其他政府。

這一切讓大衛・帕里許在自殺前夕的嚴厲指控有了新的解讀角度。帕里許向梅特涅抱怨道，羅斯柴爾德「比我更懂得如何利用您為自己謀好處」，以及如何安穩躲在「您的特殊保護」之下。他在寫給薩羅蒙的信上堅稱，正是梅特涅與羅斯柴爾德家族之間的「新結盟關係」毀了他，「在梅特涅親王的保護之下，你成功拿到了數筆交易的獨家控制權，而我在這些交易中於理於法都應享有可觀利潤。」如果薩羅蒙將奧地利與那不勒斯貸款生意中合理屬於他的部分利潤交給他，或許他就能挽救弗萊斯銀行，「但是你覺得，若是能夠和親王針對舊有的債券操作達成協議，藉此讓他完全倒向你這邊，事情會更容易、更有利。」

雖然不能完全聽信帕里許的片面之詞，但他聲稱的論點卻有所依據，那就是梅特涅與薩羅蒙・羅斯柴爾德確實建立了盟友關係。近日在莫斯科發現原以為遺失的銀色盒子透露了相關線索，因為薩羅蒙在其中保存著梅特涅的帳戶紀錄及私人財務信件。這批佚失已久的銀行對帳單上顯示，梅特涅在一八二五至二六年間都持續在償還一八二二年的大多數貸款。不過這筆貸款付清之後沒多久（比預期時間還早），雙方又安排了一筆一百

❼ 事實上，阿姆謝爾準備了豐盛的午餐，同時還邀請了幾位法蘭克福外交圈子中舉足輕重的人物。《奧格斯堡報》（*Augsburger Zeitung*）報導：「通往宴會廳的樓梯上鋪有紅地毯，並用花環裝飾著……幾位德國議會中最出名的大使，以及在座幾位外交部長一起享用這場不惜重金準備的盛大午宴。」

❽ 《法國郵報》（*Courrier Français*）也報導了這場晚宴，幽默地解釋了英國大使的缺席：「有位英國人被問到為什麼這場外交盛宴上並未看見他國家的大使，他回答：『因為英國不缺錢。』」

零四萬荷蘭盾的貸款（大約十一萬英鎊），其中約有一半金額梅特涅用來買下在普拉西（Plass）的新房產，剩下的則拿現金。維也納家族的資產負債表上顯示，梅特涅為了買下普拉西房產而發行一批不記名債券，薩羅蒙還留著大約價值三萬五千荷蘭盾的債券，除此之外親王還積欠一萬五千荷蘭盾。接下來兩年間，親王在羅斯柴爾德家族的私人債務成長到將近七萬荷蘭盾，另外，法蘭克福家族還預支了超過十一萬七千荷蘭盾給梅特涅的兒子維克特（Viktor）。梅特涅於一八三一年再婚時，薩羅蒙便馬上協助解決他第三任妻子梅蘭妮・吉奇－費拉瑞斯夫人（Countess Melanie Zichy-Ferraris）的財務困境。

羅斯柴爾德家族的服務也不僅限於借貸和透支。「我們的朋友薩羅蒙對我們無微不至的照顧真令我感動。」梅蘭妮王妃在一八四一年五月的日記裡寫道，因為她剛收到他送的一頭美洲鹿，能夠放養在他們法蘭克福附近的莊園。幾個月後，她提到他們的來訪：「薩羅蒙和詹姆斯帶著他們的姪子安東尼、薩羅蒙的兒子，還有阿姆謝爾來，鄭重邀請我們下週二去法蘭克福與他共進晚餐。詹姆斯帶來一個巴黎的珍珠母銅盒，裡面裝滿糖果，實在是太棒了。」一八四三年的聖誕節，薩羅蒙到巴德伊舍（Bad Ischl）拜訪梅特涅一家，帶來「漂亮的禮物給梅特涅的孩子，漂亮到他們的母親忍不住和他們一起賞玩」。

梅特涅並不是唯一將私人財務交給薩羅蒙管理的奧地利重要人物。一八二一年發生了一個根據內線消息而進行金融投資的典型例子：奧地利的資深指揮官馮・沃佐根將軍（General von Wolzogen）要求薩羅蒙代他購買價值十萬荷蘭盾的金屬債券。這樣的盤算提供了一個相當有趣的觀點，能夠發現軍事高層人物對於奧地利以軍事干預義大利的行為相當淡然：

> 我是這樣認為的：情勢要不是保持冷卻，就是會白熱化。如果是第一種，（金屬債券）反正就會馬上上漲；若是白熱化，那麼有可能（軍隊？）會進軍那不勒斯，若是這樣，我相信（金屬債券）一樣會上漲……若維持和平，就能期待價格提高。因此，唯一的問題在於要現在就買還是等宣戰之後再買，我是希望盡快買

進……但是我讓你決定，看你覺得怎麼樣最好就去做，如果你覺得這樣根本沒好處，確實也可以完全不要買。

在維也納家族帳簿中出現的其他政治人物包括施塔迪翁、舉足輕重的外交官亞龐尼，以及幾位奧匈貴族重要家族的成員。其中，埃施特哈齊家族除了在匈牙利擁有龐大產業，並且與更富有的圖恩與塔克西斯家族有所連結，同時，他們也是最棘手的。一八二〇年開始借了一萬英鎊，一八二二年又借了三十萬荷蘭盾，埃施特哈齊家族經常向羅斯柴爾德家族借錢。三年後，薩羅蒙和維也納兩大家族合夥，分別是阿爾斯坦與艾斯可里斯以及西蒙・辛納（Simon G. Sina），共同借出了一筆金額為六百五十萬荷蘭盾的龐大貸款（利率為百分之六），這筆錢以埃施特哈齊親王的房產作為擔保，旨在「明確重整」家族的財務狀況。然而，隨後幾年的資產負債表顯示，埃施特哈齊家族仍不斷在倫敦及維也納的羅斯柴爾德銀行帳戶透支：一八二五年在倫敦為兩萬八千英鎊，三年後在維也納則是兩千三百荷蘭盾。到了一八三一年，情況糟到埃施特哈齊得（透過梅特涅）找上薩羅蒙再借一筆錢。雖然薩羅蒙有所猶豫，但一八三二年的維也納帳簿上記錄埃施特哈齊家族的債務總額達到八十二萬七千荷蘭盾，三年後債務金額又變得更高了。一八三六年，親王的兒子保羅繼位後再次想透過七百萬荷蘭盾的抽籤貸款來穩定財務，這筆債券由薩羅蒙和辛納共同發行。但是，八年後他們又借了一筆錢（六百四十萬荷蘭盾），這是一八四〇年代中羅斯柴爾德家族與辛納借給這個貴族家庭的一連串高額貸款之一。難怪埃施特哈齊對第三方「談起這個家族便讚不絕口」，就像梅特涅的例子一樣，金融財務的連結總離不開社交及政治連結。在倫敦，埃施特哈齊親王在擔任奧地利大使期間經常與納坦共進晚餐，也透過羅斯柴爾德的信差進行與梅特涅的大多數通信。在維也納，雙方的關係顯然相當親近，以至於一八二二年報紙上出現了毫無根據的謠言，聲稱埃施特哈齊力勸薩羅蒙放棄猶太教信仰。

向梅特涅及埃施特哈齊具有影響力但揮霍無度的人物提供增加信用額度和其他金融服務的策略，是能有效確保政治圈的善意及「友誼」的一種方式，在這個時代的所有私人金融關係中，沒有比薩羅蒙與梅特涅的秘書弗德里希・馮・根茨之間的關係更能說明這點。根茨是一名聰明、保守而且非常容易收買的作家，有點像走了偏路的中歐版埃德蒙・伯克（Edmund Burke），早在和羅斯柴爾德家族接觸之前，他就已經養成以自己在維也納的影響力換取現金的習慣。事實上，根茨有段時間認為大衛・帕里許才是「鬥牛士，他是整個基督教世界商人階級的珍珠」，這個觀點和帕里許於一八一八年奧地利貸款中分給他的十萬荷蘭盾多少有關聯。過沒多久，羅斯柴爾德家族便買到了根茨牆頭草般的效忠。最初在法蘭克福碰面之後，卡爾、薩羅蒙和他於一八一八年在艾克斯（Aix）見面，該年的十月二十七日，根茨便在日記裡記下薩羅蒙交給他八百杜卡特幣，應該是某次成功操作英國股票後的收益。幾天後，又有更多「與兄弟們的愉快金融來往」。根茨很快就開始勤於拜訪新朋友，對於他們顯然近似直覺的賺錢能力深感佩服。此後，他經常和薩羅蒙有生意往來：一八二〇年末有一筆小額交易、一八二一年在萊巴赫有一小筆貸款，同一年在那不勒斯貸款生意中也分了一杯羹，不到一年就讓他賺了五千荷蘭盾。他在這段時間的日記中經常提到和薩羅蒙「非常愉快的往來」，和他有「重要的金融財務安排」，共進早餐「證明了彼此真正的友誼」，「雖然不是（像外交事務）如此重要的事情，但處理起來更令人愉悅」，還有「和傑出的羅斯柴爾德進行好處多多的金融交易」。這樣的模式持續了十年。一八二九年，薩羅蒙借給根茨兩千荷蘭盾，「馬上就答應的態度實在非常感人」，讓根茨欠薩羅蒙和其他銀行家的債務總額達到超過三萬荷蘭盾。對根茨來說，這類貸款應該視為「純粹而簡單的捐獻」，確實，據說薩羅蒙最後也不再抱持他還有可能償還這筆錢的幻想，乾脆每年付給根茨一筆定額的酬勞，只是這沒有阻止根茨後來懇求薩羅蒙再借給他四千五百荷蘭盾，並且心懷感激地接受五百荷蘭盾以度過難關。

根茨為羅斯柴爾德進行了多項重要工作作為收了這些錢的回報，例如提供消息以及促成與梅特涅的接觸。除此之外，他還負責羅斯柴爾德家族首次真正涉足公關的工作。當時五兄弟在報紙上承受的負面評價越來越多，像根茨這樣經驗豐富又有政治影響力的記者是很有用的盟友。一八二一年，他兩度寫信給《大眾報》的編輯表達自己「極度不滿」，認為該報駐派法蘭克福的記者近來發表的文章對羅斯柴爾德家族的批評太過嚴苛。「不斷抨擊羅斯柴爾德家族，」他認為，「不免等同於反映了對奧地利政府的印象，有時甚至令人髮指，因為兩者間存在著必要的連結，畢竟人人皆知政府和這個家族有重要的金融往來，這樣的關係不僅無可挑剔，同時也光明磊落，值得完全的敬重。」報紙編輯面對在奧地利全境遭到封殺的可能風險，只得「承諾在未來……不再同意刊登任何有關奧地利公共安全的價值，或者任何有關於羅斯柴爾德家族（至少是會影響到其與奧地利關係的部分）的文章」。一八二二年，薩羅蒙聽說俄羅斯授勳給他，便馬上要求根茨安排讓報紙報導這件事。四年後，根茨在薩羅蒙的要求下也親自撰文寫下這個家族的第一篇「官方」報導，或者如他所說，希望能夠「簡短、不無恰當地解釋這個家族如何崛起的偉大故事」。根茨將文章唸給薩羅蒙一位資深員工聽過並且領到薩羅蒙給他的「實際酬勞」後，便將此收錄在布羅克豪斯的《百科》一書中發表。這是羅斯柴爾德第一次嘗試在普遍懷有敵意的媒體上施加影響，而且也絕非最後一次。一八三一年，根茨的影響力漸弱，薩羅蒙便嘗試接觸諷刺作家薩菲爾（Saphir），希望能夠讓他以支持奧地利（而且特別也要是支持羅斯柴爾德）的立場成為他們的公關。

錢滾錢

因此，有大量證據顯示羅斯柴爾德家族和復辟歐洲的重要公眾人物都建立起了私人的金融關係網。然而，這段時期及後來的陰謀論者將這種網絡認為是羅斯柴爾德的權力關鍵，這卻是對這種關係所扮演的角色的誤解。一八三〇年之後那幾年，羅斯柴爾德家族處於這「腐敗」網絡中心的形象經常反覆出現。但事實上，他們之所以能夠成為一八一五年後國際金融的主導勢力，並不是因為他們對梅特涅這類人士送出諸多賄賂、貸款和其他好處，而是因為他們營運的規模之大，而且手法純熟。

一八二二年，他們的老對手賽門・莫里茲・貝特曼「從一個可靠來源聽說，薩羅蒙・羅斯柴爾德表示他們五兄弟的年度資產損益表顯示淨獲利唯六百萬荷蘭盾」。如他所觀察到的，「這絕對是英國諺語中所說的

『錢滾錢』，我們已經知道他們的產業龐大、判斷精準，可以預期他們的生意還會繼續蓬勃發展，確實也該希望如此，畢竟若推翻這樣的巨人，後果將慘不忍睹」。如今從公司帳戶紀錄中找到的證據也充分證明這樣的論點。一八一五年，羅斯柴爾德家族在法蘭克福及倫敦的資本加總起來最多有五十萬英鎊，一八一八年的數字為一百七十七萬兩千英鎊，一八二五年為四百零八萬兩千英鎊，然後一八二八年則是四百三十三萬零三百三十三英鎊。實力和羅斯柴爾德家族最接近的對手是巴爾林兄弟，他們於一八一五年的對等數字為三十七萬四千三百六十五英鎊，一八一八年是四十二萬九千三百一十八英鎊，七年後為四十五萬兩千六百五十四英鎊，然後一八二八年有三十萬九千八百零三英鎊。也就是說，在一八一五年，羅斯柴爾德家族和巴爾林家族的起始點差不多，不過羅斯柴爾德家族的資源在同樣時間裡的成長卻比主要競爭對手還要多出十倍。於此同時，巴爾林家族的資產規模其實已經縮小，羅斯柴爾德卻增加了八倍。這些數字相當驚人。

如此差距的解釋不僅是羅斯柴爾德賺取的利潤更多，同樣重要的是他們將大部分的利潤重新投進營運中。相較之下，巴爾林家族傾向把利潤分給合夥人（即使在銀行虧損的那幾年亦然），而非讓資產能夠繼續積累，差距自然就更大了。而且羅斯柴爾德家族在隨後幾年也沒有失去動力，一八三六年正逢合夥人見面開會清算帳目並更新合約條款之時，此時的資產額又增加到六百萬七千七百零七英鎊。這段期間家族在各地的獲利數額也證實了這個集團的營運成長確實又快又穩定，即使在發展相對遲緩的一八二五至二八年間，光是巴黎一處的利潤總額就有四十一萬四千英鎊，而一八二三至二九年，那不勒斯家族的總獲利有七百三十九萬零七百四十二杜卡特幣（相當於九十二萬四千英鎊）。

這些數字解釋了羅斯柴爾德家族何以能在一八二〇年代統領國際資本市場，或許唯一令人意外的地方就是他們竟然沒有更大的主導權。一八一八至三二年間，NM羅斯柴爾德銀行在倫敦由外國政府訂約的二十六筆貸款中就占了七筆，大約是總價值的百分之三十八（三千七百六十萬英鎊），比起他們最相近的競爭對手BA葛舒密特銀行（B. A. Goldschmidt）還多出兩倍。而且從銀行自己的帳目來看，這個數字可能還被低估了：根據曾為羅斯柴爾德家族工作的瑞士金融家艾爾（Jules Ayer）的紀錄顯示，這段期間由納坦發行的貸款總值實際上有八千六百萬英鎊，同時間由法蘭克福家族發行的同類貸款總值則為兩千八百萬荷蘭盾（約為兩百五十萬英鎊）。在巴黎，詹姆斯也近乎壟斷了法國政府的金融業務，在一八二三至四七年間發行了七筆貸款，名目資本額有十五億法郎（六千萬英鎊）。

由此看來，法國記者亞歷山卓・維爾某種程度上也不算誇大其詞，他在一八四四年時回想起來便稱：

考慮到自一八一五年起統治著歐洲的國家原則，羅斯柴爾德家族的崛起僅僅是必然的後果，如果不是羅斯柴爾德，也只會是換個名字……是這套系統……主導著整個歐洲，創造、生產並抬起了羅斯柴爾德家族……羅斯柴爾德統治管理著證券交易所，也管治著各國政府的內閣……

當然這樣的論點太過決定論了。一八二〇年代，統治著歐洲各國的「原則」也幾度幾乎就要拉下羅斯柴爾德家族，讓他們消失，卻也很難想像當時還有哪個金融家能夠輕易取代他們的位置。不過維爾說的比黎希留公爵更準確得多：如果在一八二〇年代還有第六強權，那也不再是巴爾林家族，而是羅斯柴爾德家族。這也難怪有這麼多人對他們大聲抗議。

六、阿姆謝爾的花園

能夠身處開闊天地中
自由呼吸是多麼歡欣！
只在此處，只在此處才是人生。
……輕聲細語！控制自己！
我們四處皆是耳目。

——《費德里奧》（*Fidelio*），第一幕，終曲

那個或許在德國最小邦裡都沒有權利的猶太人手裡卻握著歐洲的命運。

——布魯諾・鮑爾（**Bruno Bauer**）

羅斯柴爾德家族是如何逃離法蘭克福貧民窟那處悲慘的禁錮之地？最具代表性的行動就是他們在貧民窟之外添置房產。一八一五年，整個家族的財富基本上都以債券、其他證券的紙本和貴金屬形式持有。他們擁有的所有「不動產」都在法蘭克福，而五兄弟仍住在其他地方租來的房舍中。在古老的猶太巷裡當然還有「掛著綠盾的」舊總部，也是五兄弟長大的地方。大眾好奇的是，他們的母親古蒂勒仍住在那裡直到生命的最後一天，不過她的兒子們對這裡就沒什麼留戀了。到了一八一七年，卡爾已經受夠了自己在母親房子三樓的舊房

間：「當然，你會說在貧民窟裡我們是睡在四樓，但是人都會長大。而且（實在令人憂傷）一個人賺了這麼多錢，過的日子卻像狗一般；其他人的財富還不到我們的十分之一，卻能像個王子一樣生活。」此時他們已經邁開走出猶太巷的第一步。雖然他們在一八〇九至一〇年間買下作為新辦公室的土地其實仍然位在猶太巷內，不過在那裡以砂岩材質建造的新古典風格樓房大門口卻開在法爾街上，這是離開猶太巷的主要通道。（如今少了舊城門，越來越多人稱呼整條猶太巷為伯恩海默街〔Bornheimer Strasse〕。）薩羅蒙已經於一八〇七年獲准將他的住所搬遷到謝菲卡瑟巷（Schäfergasse），不過真正的脫離要等到阿姆謝爾於一八一一年在通往博根海姆路上的郊區買了房子（地址是博根海默蘭登街〔Bockenheimer Landstrasse〕十號），這是他第一次發現自己生活在新鮮的空氣中。

幾乎就在阿姆謝爾買下這棟房子的那一刻，他就生出了想買下隔壁那片花園的渴望。應該強調的是，他想要買的並不是鄉間莊園，只是郊區的一小塊最多幾英畝大的土地，類似貝特曼與龔塔這些非猶太人銀行家族也都擁有的土地。阿姆謝爾不僅只是想藉此提升社會地位，他似乎是真的愛上了這片花園，畢竟他在此之前的四十二年人生幾乎可以說是都窩在貧民窟中，在窘迫而破爛的房間裡工作、吃飯、睡覺，在擁擠又臭氣沖天的街道來來去去。現代讀者很難想像新鮮的空氣和植物對他具有多麼致命的吸引力。一八一五年春天的一個晚上，就像貝多芬創作的歌劇《費德里奧》中的囚犯獲釋到「自由空氣」中那樣，阿姆謝爾的行為如同懷抱著解放猶太人的象徵，他決定睡在那裡。他將這次經驗寫成信件裡一段興奮不已而感動人心的附注，寄給他的弟弟卡爾：「親愛的卡爾，我要在花園裡睡覺，若是上帝允許帳務問題能夠像你我希望的一樣順利解決，我就會買下這裡……這裡的空間好大，願上帝應允，你和全家人都能舒服地住在這裡。」如同這段文字所暗示的，阿姆謝爾認為自己能否買下花園端看兄弟們的公司營運結果如何，而幾週前拿破崙從厄爾巴島歸來讓他們的生意陷入動盪不安。同時他也左右為難，一邊是他喜愛開放的空間，另一邊是他弟弟卡爾偏好的體面連棟大宅，那裡能夠招待來訪的政要顯貴。阿姆謝爾的運氣比較好，因為納坦明確否決了卡爾的論點，斥之為「一派胡言」；

但是為了阿姆謝爾的健康著想，他同意買下花園有其必要。到了一八一六年四月，他們已經買下一部分的花園，阿姆謝爾則盤算著要再買下三分之二英畝。現在他睡在外頭，睡在他可以稱為屬於自己（宛如「天堂」）的花園裡。最後，在他第一次夜宿星空下的一年多之後，他買下了剩餘的土地。「從今天起，這片花園就屬於我和我親愛的兄弟，」他歡天喜地寫著，「因此無須再提醒你們要如何讓這片地方更加美麗。如果薩羅蒙一有機會就買下各種種類的種子、植物，我也一點都不意外，畢竟這片花園將來要由羅斯柴爾德家族繼承。」

正如上述所言，阿姆謝爾堅持自己買下這片花園是為了整個家族，這就像是一種集體實驗，他的兄弟們也很樂意鼓勵他，寄出他所要求的種子與植物（包括博物學家亞歷山大・馮・洪堡〔Alexander von Humboldt〕送來的非洲種子），並且同意他擴建土地或蓋溫室的計畫。他們的母親古蒂勒也經常造訪那裡，不過無庸置疑的是，那確實是阿姆謝爾的花園，他在這裡可以散步、學習、睡覺，享受平和及新鮮的空氣。事實上，他實在無法不將這個地方視為自己個人的享樂，因此即使他花在這裡的錢通常相當微不足道，他還是需要尋求兄弟們的同意，而且也總是保證會在生意上把錢賺回來，幾乎就像在道歉一樣。後來他增建了一間溫室和一個冬季花園，當然這筆花費也經過好一番掙扎。在一八二〇年代間，由建築師弗德里希・朗夫（Friedrich Rumpf）以新古典風格對房子進行大幅擴建和改建。後來花園裡又多了一片池塘、噴泉，甚至還有一座中世紀風格的小城堡，這是羅斯柴爾德試圖接觸浪漫主義的早期（也很罕見的）冒險。

在阿姆謝爾的花園之後，羅斯柴爾德又擁有了許多花園，花園的故事相當能夠說明這個家族對園藝始終懷抱熱情。花園的特殊之處有一部分和宗教有關：如今他們可以在綠意盎然圍繞下的帳篷中好好慶祝猶太住棚節了。其實以後來羅斯柴爾德的標準來看，阿姆謝爾如此熱切要買下的土地只是小小一方，但是若將這次購買行為放在政治框架中檢視就能明顯看出完整的意義，因為我們接下來會提到，一八一四年後重新建立起的法蘭克福政府再次同心協力，要拿走猶太人社群自拿破崙王儲達爾伯格那裡獲得的公民權。根據管理猶太人地位的舊有法令，不但禁止猶太人擁有猶太巷以外的土地產業，同時也不得在公共花園中散步。因此阿姆謝爾相當煩惱，害怕參議院會完全阻止他購買花園，或者在購買進行時逼他放棄；在嘿喝暴動期間，花園外頭還出現了不少暴民，更讓他焦慮不已。他獲准能夠留下花園時，仍疑心這是「某種賄賂」以防止他離開法蘭克福，或者只是為了避免政府要對整個猶太社群做出更多讓步。簡言之，這座花園成了解放猶太人這個更大問題的象徵，從一八三〇年代中期一本導遊書中的內容也可推知其重要性，書中半諷刺地描述了這座花園的

花朵金光閃閃，他們以王室的塔勒幣為花床施肥，避暑別墅的牆壁整齊地貼著羅斯柴爾德債券……花園中遍植著異國花草，種類之豐富令人驚豔，每一朵花都閃耀著從克雷姆尼察（Kremnitz）挖出的杜卡特金礦光芒，而非襯著葉片，金色形狀從花苞中綻放……在我心中，阿姆謝爾．馮．羅斯柴爾德在他的花園中就像一名君王身處在他的後宮裡。

「優秀猶太人」

當然，如果阿姆謝爾和他的兄弟改信基督教，那麼買下這片花園就容易得多。不過他們沒有這麼做，這點對於這個家族及公司的歷史而言都具有重大意義。柏爾納對他們又嫉又羨，認為他們

選擇了最明確的方法，能夠避開舊約中總掛在眾多封爵的百萬富翁家族身上的恥笑：他們拒絕了基督教的聖水。如今富有的猶太人大多經過受洗，對於猶地亞的窮人再怎麼傳福音，他們也無動於衷，可是富人聽了卻大為受用。

但是，羅斯柴爾德家族卻堅決維持猶太教信仰，這件事也讓迪斯瑞利深感佩服，畢竟他自己（和柏爾納一樣）也是猶太人出身。迪斯瑞利在小說《康寧斯比》中的小席多尼亞一角有一部分是受到萊昂內爾啟發，他「堅守著偉大立法者的法典，彷彿西奈半島上仍迴盪著戰爭的號角聲……以自己的出身為榮，也對自己族人的

未來充滿信心」。《坦可里德》裡的艾娃（這個角色則有部分是根據卡爾的女兒夏洛特）則宣示：「我永遠不會成為基督徒！」

如此強烈拒絕改宗的態度非常有可能是真正的羅斯柴爾德成員會說的話。「我打從內心深處就是個猶太人。」卡爾在一八一四年寫道，評論漢堡有多少猶太家庭改信了基督教。兩年後，他在柏林又遇到了同樣的事情，對此相當鄙視：「我大可以娶到柏林最富有、最美麗的女孩，但是我無論如何都不會娶她，因為在柏林這裡，就算她那時還沒改宗，也會有個改宗了的兄弟或姑嫂……我們以猶太人的身分賺得了財富，不想跟那樣的人有任何牽扯……我不想跟改宗的家庭攪和在一起。」五兄弟對巴伐利亞銀行家阿道夫・德希塔相當有戒心，正是因為他改變了信仰（若只單純是一位非猶太裔的紳士〔goy〕，可能就不會令他們太反感）。漢堡銀行家歐本海默於一八一八年讓自己的孩子受洗，羅斯柴爾德家族對此相當憤慨。「我鄙視這些人只有一個原因，」卡爾譏諷道，「那就是他們改信基督教時所學到的都只是其中的壞處，卻不學好處。」歐本海默的改宗「在漢堡掀起一波革命」：「他對此深感遺憾，我跟他談了這件事……離開時他正在哭泣……但是我已經預見有許多人將追隨他的腳步。好吧，我們也無法看管別人的靈魂。我仍然會做我自己，我的孩子也是……」

在這方面，五兄弟認為自己要「以身作則」，他們越是能在不改宗的情況下提高社會地位，改宗的論調似乎就會變得越無力，畢竟大多數人會改宗都是為了因應持續歧視猶太人的法律。「我相當願意相信我們擁有的錢已經足夠用一輩子了，」詹姆斯在一八一六年寫道，「但是我們還年輕，我們想要工作，無論為了什麼都好，尤其是為了我們身為猶太人的名譽。」這就是阿姆謝爾如何看待納坦被任命為奧地利駐倫敦的領事，「雖然這對你而言可能沒什麼，」他寫道，「卻對猶太人有益，你可以阻止不少維也納的猶太人叛教。」當一家報紙報導薩羅蒙自己也受洗了，他急忙發表否認聲明；十四年後，在法國出版的一本百科全書中又再次寫了這項指控，他堅持後續版本一定要改正。

然而，雖然他們對猶太教的信仰堅定不移，但這五兄弟並非一致嚴格遵守教義。在法蘭克福，阿姆謝爾維持著他的「舊希伯來習俗與習慣」，安息日時一定不會工作、恪守教義的飲食規定，並且在適當的節日裡禁食或盛宴慶祝。一本當時的刊物就提到，他坐在宴會中「完全就像在苦修一樣，因為他絕對不碰未依照猶太規定清潔或準備的任何菜餚，如此嚴格且毫無動搖地遵守自身信仰的宗教禁令，這為他建立起十分良好的名聲，他被視為法蘭克福中最虔誠的猶太人」。到了一八四〇年代，他在自己的房子裡蓋了一座猶太教堂。即使薩羅蒙在邀請如梅特涅一家這類奧地利大人物來共進晚餐的時候，他也總是吃自己特別準備、符合猶太教義的食物，而且拒絕在安息日與節日時寫信。

他們的弟弟納坦也很注意自己必須遵守的信仰教義。我們知道他曾待過曼徹斯特，那裡大多數的猶太人都是相對貧窮的店主和小販，即使如此，納坦仍然「按照我們信仰中的所有儀式和規定行事，每天都有一位猶太女人負責烹煮他的餐點並送到倉庫給他」，猶太教堂的神職人員「在住棚節期間每天都會帶棕櫚樹枝葉及柑橘給他」。[18] ❶普克勒親王曾試圖和他討論宗教議題，結果意外發現納坦知識淵博，事後回想起來說，他和「與他同宗教者比起我們基督徒更懂得古老宗教的神聖性，就這方面說來，他們才是真正的貴族」。後來，納坦的妻子漢娜參與了倫敦阿什肯納茲猶太人學習之家神聖協會（Holy Society of the House of Learning of the Ashkenazim in London），這是個完全遵守正統教義的機構，同時她也密切注意孩子們的宗教行為。邁爾於一八三七年到劍橋就讀時便收到警告，「要避免一切可能違反我們信仰教義的行為」，特別是「避免像是在星期六騎馬這類享樂行為」，同時要拒絕參加學院裡的禮拜儀式；四年後，他哥哥納特因為到瑞士旅行期間錯過了贖罪日，覺得自己必須不斷向母親道歉。詹姆斯也一定會在辦公室裡放一本祈禱書（mahzor，用於節日的祈

18 譯注：猶太人的住棚節需要四樣植物，包括棗椰樹、香桃木和柳樹的枝條，以及香櫞（類似檸檬）的果實，典故出自舊約利未記：「第一日要拿美好樹上的果子和棕樹上的枝子，與茂密樹的枝條並河旁的柳枝，在耶和華你們的神面前歡樂七日。」

❶ 一八〇六年，在曼徹斯特的八名德國猶太商人之中，納坦是唯一仍依循宗教信仰行事的人。

禱），他的新生男嬰接受割禮後，詹姆斯說：「感謝上帝……我們家中又多了一位好猶太人。」

然而，阿姆謝爾總覺得弟弟們在幾個面向很容易出現鬆懈的警訊。有需要的時候，納坦、卡爾與詹姆斯都會在安息日閱讀、寫商務信件，若是剛好和阿姆謝爾在一起，他們便會偷偷進行。他們也一個接一個放棄了嚴格的猶太教義飲食，不過並非完全放棄，英國家族還是不吃豬肉。一八一四年，卡爾想要幫自己尋找妻子人選的時候，阿姆謝爾和薩羅蒙反對他選擇阿德海特．賀茲（Adelheid Herz），因為她的家庭沒有恪守猶太飲食，他們經常就這個問題爭論不休。「說到虔誠，」卡爾回應阿姆謝爾再一次來信抱怨這件事情的時候寫道，「等我老了之後也會很虔誠，在我心裡我就是個猶太人。我不想照顧你的靈魂，不過你曾在信上對我說，我應該想個辦法讓你才偶爾能到我家來吃飯，那（缺乏猶太飲食）並不表示我不虔誠。」一八一四年，詹姆斯從柏林寫信來痛苦地抱怨道：「我實在受夠了這裡的食物，我想不可能有什麼地方的東西比這裡的更難吃。（阿姆謝爾）還是很在乎自己只吃猶太食物，因為他還是很虔誠，而他知道我不是，不過他會堅持我和他一起吃飯。」幾年後，海涅開玩笑說，雖然詹姆斯「並未上基督教的教堂」，但是他「已經改吃基督教食物」。幾個弟弟也拋棄了貧民窟帶來的一切衣物。

對信仰的不同態度到了羅斯柴爾德家族各分支之間（以及之內）的下一代更加明顯。在倫敦，納坦比較年長的子女多少仍按照父母的方式敬拜，不過並不是因為他們的靈性深受感動，基本上只是對敬拜的習慣相當保守，事實上他們還會覺得巴黎的叔叔一家人太過鬆散。一八二九年，萊昂內爾在巴黎時便因為踰越節而拒絕工作，但是詹姆斯仍然如常寫信。納特也是一樣，雖然他和叔叔一樣討厭猶太食物[2]，在踰越節期間也意外發現「雖然我們會上教堂、吃薄餅（matzot），但在巴黎的店家卻不可能關閉」。法蘭克福改革運動的興起（基本上是想要依照新教模式來重塑猶太拉比行事以及猶太教崇拜形式）也讓他們深感困擾，因為他們已經習慣了阿姆謝爾的傳統方式。「我們這裡來了個新拉比，傳道的方式好得不得了，」安東尼在一八四四年矛盾地寫道，「他星期五第一次傳道，他說的東西我一點都不喜歡，但或許要怪這裡的改革份子，他們在這裡做得比在英國還要過分。如果英國也有人能傳道傳得這麼好，我還真想聽聽……整段禮拜時間我都非常不安。」

改革對卡爾的女兒夏洛特影響尤其大，這點從她後來苛刻地將英國的猶太教儀式與一些基督教派的儀式拿來比較可見一斑。但是她的弟弟威廉・卡爾（Wilhelm Carl）走向了另一個極端，甚至比阿姆謝爾更加嚴格地遵照猶太教正統儀式，這時英國的羅斯柴爾德家人卻是憂心忡忡。他的伯母漢娜（納坦的妻子）將他的狀況告知萊昂內爾，似乎不認為「他對遵行猶太教所有更加嚴格教令的熱切」代表他的心智狀況不穩定：

> 我見過他兩次，有天晚上他來找他哥哥，待了一個小時，我盡量在保持禮貌的情形下觀察他的態度等等。他看起來相當理性，跟其他同年紀、相同情況的人沒有什麼不同，平靜且彬彬有禮，衣著樸素，或許是沒有太注意打扮而不顯得耀目……在我看來沒有什麼好擔心的，不必害怕他對信仰的投入會造成狂熱的盲目。後來我又在阿姆謝爾・德・羅斯柴爾德男爵處見過他一次……他陪著我們一起觀賞一樣的事物，和我們其他人都同樣表現出興趣……他說，我決定要堅定信仰，也會一直如此下去。若是他有幸能找到合適且理智的導師，那麼從他目前的良好品行看來，不會發生什麼壞事。❸

原本阿姆謝爾準備捐獻一大筆錢（十五萬荷蘭盾）來資助建立新的猶太教堂，結果因為「他們（指猶太社群的委員會）為這座教堂選擇的新（代理）拉比並不秉持正統信仰」，於是收回了這筆錢。安東尼聽了只能搖搖頭：「你不知道這裡的猶太人……都是一群蠢驢。」

對大多數的家族成員來說，改革派與正統派猶太人之間的衝突（在英國只引起了微乎其微的漣漪）是一種不受歡迎的干擾，他們對同宗教內部的神學及儀式爭議並無太大興趣，而且認為任何會削弱猶太人團結的行

❷ 一八四四年，納特必須吃下「一頓遵照猶太飲食準則的午餐，結果（感覺）非常不舒服，得抽一支十四角的哈瓦那雪茄來平撫胃裡的翻攪」。

❸ 為了在法蘭克福復興猶太正統信仰，威廉每天會上猶太教堂兩次，晚上研讀塔木德。

為都是在充滿敵意的世界中自取滅亡。因此邁爾・阿姆謝爾的子孫依循著他的典範，可以把辦公室設在社群內，但是很少干預宗教紛爭，除了要求和諧共處以外。納坦擔任位於公爵廣場（Duke's Place）猶太大會堂的委員（Parnass），當時曾有人策劃成立「猶太慈善組織」，想要讓倫敦市內的三大阿什肯納茲猶太教堂（包括宏大、漢堡以及新教堂）合力進行，幾乎可以肯定納坦也在背後支持，這次行動預示了後來聯合猶太教堂（United Synagogue）的出現。對羅斯柴爾德家族來說，宗教活動的目的主要是為了穩定猶太社群而提供實用、物質上的協助，而非要定義這個社群，更不是要定義信仰的本質，他們傾向認為那是不可變的既定事實。

當然，羅斯柴爾德家族和廣大、較貧窮的猶太人社群的關係長久以來都是傳說和笑話的主題。在這個主題的典型趣聞故事中，刻板印象的「羅斯柴爾德」就是乞兒的目標，會運用各式各樣的巧妙手段想討得一點微薄的好處，尤其是那些民間故事中猶太社群裡最厚臉皮的乞丐、叫化子。「羅斯柴爾德」這個被害人一直飽受騷擾，但是後來卻也享受其中，有時甚至還配合玩了起來。有個故事說，乞兒從窗外往屋裡丟了一封乞討的信到餐桌上，信函丟回來時裡面放了一個硬幣。（「賣了。」羅斯柴爾德看到乞兒接住硬幣時喃喃自語，彷彿只是賣了一張債券給投資人。）[4]這樣的故事時至今日仍收錄在猶太幽默笑話大全裡，不過也不完全是天馬行空：這些故事反映出那個時代的羅斯柴爾德家族是如此富裕，顯然也擁有政治影響力，在其他猶太人眼中具備神祕、有魔力般的地位，他們不只是「君王們的猶太人」，更是「猶太人之王」，儘管因為財富提升了地位[5]，卻也銘記著自己低下的出身。因此，他們是各種志向抱負的焦點，無論是對受人雇傭或者夢想成功的人皆然。羅斯柴爾德檔案庫中有非常多主動寄來的信件，都是來自世界各地的猶太人及猶太社群希望能得到幫助：都柏林希伯來教會（The Dublin Hebrew Congregation）、一名猶太醫生陷入困境的朋友們、聖奧爾本斯廣場猶太教堂（St Alban's Place Synagogue）、利物浦的新希伯來教會（New Hebrew Congregation）等等，這些就是真正的乞求者，他們並非故事中那些傲慢的人物，更多是謙遜的求援者。

由於新廷沒有保存回覆的通信副本或是後來遭到銷毀，所以很難判斷哪些請求得到關注，也就更難看出羅斯柴爾德家族的慈善活動模式。我們知道納坦投入了幾個照顧窮人及病弱者的慈善組織：麵包肉類與煤炭協會（The Bread, Meat and Coal Society，又稱Meshebat Naphesh）、位於麥爾安德（Mile End）的猶太人醫院（The Jews' Hospital，又稱Nevé Zedek），納坦原本是醫院的副院長，後來也成為院長、倫敦安息日需求濟貧神聖協會（The Holy Society for the Assistance of the Poor for the Needs of the Sabbath in London）、猶太大會堂的慈善基金，以及貝斯諾格林救濟病弱貧窮協會（The Bethnal Green Society for the Relief of the Sick Poor），同時他也在一八二六年成為倫敦醫院（London Hospital）的院長，因為這家醫院一直有提供猶太病人醫療服務的傳統。不過教育似乎是他主要的慈善捐助對象，他在一八二〇年加入了倫敦協會的塔木德妥拉學校，一年後捐了一千荷蘭盾給一個致力改善貧窮荷蘭猶太人教育的協會。他特別支持猶太人自由學校（The Jews' Free School），在一八一七年捐了十幾尼給學校作為建造基金，並且協助購買位於斯皮塔費爾德（Spitalfields）貝爾巷（Bell Lane）上的新校舍。這所學校是「他十分有興趣參與的慈善組織」，他的妻子於他過世後的第三年忌日又捐了相當大一筆錢以表紀念。根據估算，NM羅斯柴爾德家族集團於整個十九世紀平均一年捐給該校九千五百英鎊，若是再加上家族個別成員的捐獻，數字會超過兩倍以上。

納坦所做的這一切或許是有意識地想效法父親的榜樣，不過他也相當支持與他有關係的科恩與蒙提費歐里這兩家人的優先要務。一八一四年，他妻子的某位姊妹就要他「承諾……救濟窮人」，或許也是他的連襟約瑟夫・科恩（Joseph Cohen）讓他參與猶太人自由學校，漢娜自己也於一八二一年成為這裡的生活導師。萊

❹ 最常聽到的乞丐笑話是羅斯柴爾德抱怨乞丐的技巧不佳，結果對方反問：「你是想教我怎麼乞討嗎？」另一個廣受好評的故事是，乞丐認為他的親戚經常施捨是為了能讓子孫繼承的財產。有時乞丐說的謊也會被拆穿：他聲稱自己會吹低音管，碰巧羅斯柴爾德的櫃子裡就有一把，於是叫他吹一曲看看；或是他看到羅斯柴爾德的女兒在表演四手聯彈，就決定不來乞討了，因為顯然男爵的日子也不好過，他女兒還得兩人共彈一架鋼琴。

❺ 一名乞丐看到一個小孩坐在豪華的嬰兒車或者馬車裡經過，便如此對另一人說道：「還這麼小，卻已經是羅斯柴爾德了。」乞丐看著華麗的羅斯柴爾德墓碑沉思良久，最後也只能讚嘆道：「他們肯定很懂怎麼活著。」類似這樣的笑話還有很多。

昂內爾成為麵包肉類與煤炭協會的董事時，董事會已經由科恩家族主導了，事實上他的母親後來還被形容為「熱心支持協會的蓬勃發展，慷慨捐助協會基金」，這也不令人意外，因為她的父親就是創辦人之一。漢娜還有另一個相當關心的慈善組織，就是猶太恢復慈善會（The Jewish Lying-in Charity）。到了一八三〇年代後期，她的兒子們都積極參與猶太醫院事務（萊昂內爾當上院長，邁爾後來也擔任總管），以及猶太人自由學校。於此同時，他們持續小額捐助其他協會，例如救濟長者（猶太）協會（The Society for Relieving the Aged Needy），另外也會透過猶太大會堂來資助不幸的個人，像是孩子患有先天性杵狀足的母親。

在法蘭克福仍然能夠感受到邁爾・阿姆謝爾留下的恩澤。阿姆謝爾和他的父親一樣，經常將法蘭克福家族營運成本（而非收入）的十分之一捐給窮人。一八二五年，阿姆謝爾和他的兄弟捐了十萬荷蘭盾給法蘭克福的兩個猶太保險基金，好在瑞西乃格拉本街（Rechneigrabenstrasse）上為社群蓋新醫院，「這也是為了完成他們先父的願望……同時要紀念對父母的敬愛及兄弟的和諧。」有趣的是，詹姆斯在巴黎的猶太人社群中傾向保持低調，他會透過慈助會（Société de Secours）會長薩羅蒙・艾爾坎（Salomon Alkan）與他兒子的家教艾伯特・孔恩（Albert Cohn，他後來成為法國猶太人的重要領導人物）間接捐獻。一八三六年，他捐錢資助在拿撒勒聖母路（Rue Notre-Dame-de-Nazareth）上興建新的猶太教堂，也要求這件事必須保密。

至少有一名當代的卡通漫畫家認為，羅斯柴爾德發財成了百萬富翁，卻對他們「比較貧窮的同信仰者」（這樣的形容很受歡迎）的困境漠不關心。在《國王賜恩予大人物之友》（*A King bestowing favors on a Great Man's Friends*，一八二四年）中，可以看到一群衣衫襤褸的猶太人，下面還注記著「窮酸版的老朋友」，他們站在納坦的右手邊，而納坦正準備搭著熱氣球升空「去接收我的利息」。一人喊道：「大人肯定能聽到**窮苦人**的**叫喊**。」另一人則懇求：「喔！從天堂看看人間，看看我們受到如何的嘲弄與笑話，人人都鞭打我們、斥責我們。」第三人喊道：「大人哪，可憐可憐我們，我們飽受輕蔑，那些安逸的人總是鄙視我們的靈魂，那些驕傲的人也瞧不起我們。」但是這樣的指控完全沒有根據。

不過必須強調一點，羅斯柴爾德的慈善之舉並非僅侷限於猶太社群。在經濟景氣低迷時，例如一八一四年在德國、一八三〇年在法國、一八四二年在漢堡以及一八四六年在愛爾蘭，他們捐錢救助窮人時並不分宗教信仰。納坦捐助的一些組織明顯沒有宗教教派之別，包括遇難外國人之友協會（The Society of Friends of Foreigners in Distress，不過這裡所謂的「外國人」可能是貧窮的猶太移民），他的孩子也相當支持倫敦孤兒庇護所（London Orphan Asylum）、倫敦慈善協會（London Philanthropic Society）以及白金漢郡綜合醫院（Buckinghamshire General Infirmary）。尤其讓人意想不到的是，在一八三七年，不知是漢娜或夏洛特（後者比較有可能）成為伊靈（Ealing）與舊布倫特福（Old Brentford）一所新英國國教學校「最開明的捐助者之一」。不只是猶太人會向羅斯柴爾德家族尋求協助，這些請求者當中甚至包括了早期的社會學家羅伯特・歐文（Robert Owen），還有主張與英格蘭分離的蘇格蘭自由教會（Scottish Free Church）！

「從天而降的好事」：解放

儘管羅斯柴爾德家族的財富與影響力讓他們在許多方面獲得特權社會地位，他們卻從來沒有忘記一個事實，就是他們和其他同信仰者在一八一五年之後仍飽受各種歧視性的法律與規範所苦。他們記得邁爾・阿姆謝爾禁止他們「停止一切」他已經開始「為了我們族人的利益而進行的工作」。因此，羅斯柴爾德家族的歷史與所謂不合時宜稱之猶太人「解放運動」的歷史密不可分，準確說來，解放運動指的是猶太人（加上一些同情的非猶太人協助）努力在各歐洲國家尋求完整的法律平等的這個過程。雖然這個家族持續參與這個運動的部分原因無疑是為了自身的利益，不過主要的動機還是一股對其他猶太人的道德責任感，阿姆謝爾對此於一八一五年一封寫給兄弟的信上清楚地指出這一點：「我仍然是你們的哥哥，對你們、我和所有猶太人送上最大的祝福，阿姆謝爾・羅斯柴爾德。」有些人誤以為阿姆謝爾只在乎如何保住自己的地位。一八一四年，他敦促納坦維持他「對英國宮廷的影響力……有兩個原因：第一是為了猶太人的利益；第二是為了羅斯柴爾德的特權」。「好消息是……我們擁有非常多錢，」三年後他又寫信給納坦及薩羅蒙，「因此我們可以幫助所有猶太人。」

猶太人在復辟時代的歐洲仍要克服哪些障礙？法國的情況或許是最好的，復辟的波旁王室雖然篤信天主教，但不僅保留了大革命期間猶太人得到的法律解放權利，同時也未延長拿破崙在一八〇八年通過所謂的**惡名法令**（*décret infâme*），這條法令先前讓猶太人面臨諸多經濟限制。正式保留下來的規定只有猶太人在法庭上必須說出特別的誓言，不過實際上他們在一八三〇年以前仍然無法參與多數政治事務。在英國，雖然在本土出生猶太人會自動成為英國國民，但他們與天主教徒和非英國國教派的人一樣，都無法參與國會（無論是投票或參選）、地方政府以及歷史悠久的大學事務；但另一方面說來，猶太人在英國幾乎沒什麼經濟與社會阻礙。

猶太人在德國的地位則因各邦而異。普魯士在一八一二年頒布解放令之後，法規便開明許多，讓猶太人能夠擁有平等的法律權利，只是在實務上他們仍然無法在政府或軍隊內任職，而在一八二二年之後，同樣不得在學校及地方政府內工作。相較之下，奧地利自從一七八二年的宗教寬容令之後（多少也減少了經濟限制）就沒什麼改變：猶太人仍然不得在帝國內擁有土地、必須支付特殊的人頭稅、有通婚限制，如果在帝國之外出生就必須持有特別的「寬容許可」才可以在此居住，許可還要每三年更新一次。同時，他們也不得擔任公職，不過可以、也確實有猶太人在軍隊中服役，有些在拿破崙戰爭期間甚至成為軍官。萊昂內爾於一八二七年周遊德國各邦，只有到了維也納才讓他感覺猶太人的處境糟糕到必須記錄下來：「猶太人受到極大的壓迫，他們不能在政府底下做事，也不能擁有房地產，甚至在城鎮裡都沒有房子；他們必須支付沉重的寬容稅，還必須要有許可才能租房。」這一切限制都直接影響到他的伯父薩羅蒙。薩羅蒙的表親安東．舒納波（Anton Schnapper）在一八二三年想要移居到維也納，迎娶他一位資深員工利奧波德．馮．韋特海姆斯坦的親戚，於是他得向梅特涅要求許可；十年後，他又不得不為另一名資深員工莫里茲．葛舒密特（Moritz Goldschmidt，同樣在法蘭克福出生）申請更新「寬容許可」。薩羅蒙自己在維也納也只能租屋居住，他在一八三一年要求他和他的兄弟能夠「將我們受上天眷顧賺取的一部分財富轉換成其他形式，這樣無論我們日後是否遭受不幸，也能有所酬報」，結果遭到拒絕，儘管薩羅蒙的論點十分高明，說這麼做「也並非全然不符合對（政府）自身的利益，政府不能漠視此舉可能吸引相當大量的資金投入國內，進而能讓政府課稅」，但還是失敗。如果就連邦內最有力、最忠心的銀行家都不能得到豁免，那麼在一八四〇年代以前任何致力於提升奧地利猶太人整體地位的努力都注定會失敗。

西德地區於一八一四年法國結束占領後就陷入一種懸而未決的狀態。達爾伯格在一八一一年頒布法令，讓法蘭克福的猶太人擁有完整的公民權，但是這條法令在他退下大公位置後沒多久就完全廢止了。一八一四年三月，法庭再次要求猶太人要說出特殊的誓詞，猶太人也被免去了政府公務職位。同一年稍後，公民大會又恢復到只限基督徒參加。情況在鄰近的黑森－卡塞爾也差不多，正如我們看到的，這種反應部分反映出了反猶太情緒，在法蘭克福尤其具有威脅性。阿姆謝爾這段時間的信件中充滿了即將發生暴亂的聳動景象：那些非猶太人「簡直想喝猶太人的血」，甚至「把猶太人烤來吃」。不過，維也納會議（一八一四至一五年）有了阻止這種反應的機會，會議中決定了新日耳曼邦聯的憲法體制，因此有可能在德國全境實施全面的猶太人解放。雖然羅斯柴爾德家族此時主要正忙著處理戰後協定的金融事務，這些事物大部分都在巴黎處理，不過他們還是密切關心著奧地利首都的這方面進展，法蘭克福的猶太人社群派了代表團到維也納去為猶太人請命。看起來，家族內第一個認為有需要進行這類遊說的成員是薩羅蒙的妻子卡洛琳，一八一四年七月二十一日，她寫信給當時人在倫敦的丈夫：

關於我們的公民權，事情看起來並不樂觀……以我在外圍的觀察看來，我們眼前還有很長一段路要掙扎前行。我十分關心這件事，只要無意間聽到一個相關的詞彙，就會熱切地想聽聽究竟說了什麼……我非常想知道結果會是如何。我最親愛的薩羅蒙，難道你不能透過那邊的朋友做些什麼嗎？這麼做會是天大的善舉，擁有再多錢也買不到。或許那裡的某位官員可以介紹你認識奧地利、俄羅斯或哪裡對這件事有話語權的人。你

> 或許會問，一個女人對公共事務能做什麼？她最好就該寫些柴米油鹽醬醋茶的內容，但是我認為我必須這麼做，沒有人在努力促成這件事，時間一點一滴流逝，我們將來一定會為了沒有多做一點而怨恨自己……如今這件事情是最為迫切的，法蘭克福這裡都沒有人在為此努力。

阿姆謝爾和卡爾不需要如此敦促。八、九月期間，阿姆謝爾正在柏林洽公，自那時起就不斷打聽俄羅斯和普魯士對這件事可能抱持的立場，然後轉達給法蘭克福猶太人在維也納的領袖之一伊薩克．岡普雷希特（Issac Gumprecht，其他重要人物包括柏爾納的父親雅各．巴魯赫〔Jacob Baruch〕，以及律師奧古斯特．雅索伊〔August Jassoy〕）。同時，卡爾寫信詢問納坦，是否已經有某位「英國的大人」正在前往維也納的路上，可能是卡斯爾雷子爵，「或許能夠在猶太人的公民權問題上幫忙。」

從很早開始，五兄弟就對普魯士總理哈登貝格寄予厚望，他是普魯士猶太人解放運動中的要角之一。根據阿姆謝爾的說法，他「對猶太人的態度友善……讓但澤的猶太人獲得公民權，儘管但澤的非猶太商人向國王表達反對猶太的態度，他仍然成功了」，他也催促納坦「送幾份小禮物給部長（可能是普魯士財政部長比洛）的夫人，他肯定會站在幫助猶太人的立場」。普魯士的外交官威廉．馮．洪堡也收到了類似的奉承，不過他相當謹慎，一八一四年在維也納時便拒絕了猶太人代表團送上的三枚祖母綠戒指，兩年後阿姆謝爾又表示要向他買幾副匣子，不過洪堡認為出價太高，「如果值這麼多錢，就能達到某種目的。」他們另一個有力的希望是梅特涅，只是眾所皆知的是，奧地利其他高級官員並沒有像他如此明顯同情猶太人。薩羅蒙在一八一五年十月的信件中要求納坦為「這位幫助猶太人做了一切的大人物」投資購買價值兩萬英鎊的英國股票，這裡可能是指哈登貝格或梅特涅，而薩羅蒙在寫信前一天剛見過後者。此時，黑森－卡塞爾的選帝侯已經恢復了布德魯斯的權力，因此他也成為可能的支持力量，只是因為猶太社群還欠他錢，所以可能讓他的態度變得複雜。

起初狀況看似能在維也納達到某種妥協。例如在一八一四年十二月，卡爾聽說法蘭克福猶太人只要支付五萬荷蘭盾的現金，就能（再次）拿到公民身分，於是他效法父親的榜樣，表示願意捐助五千，再加上社群已經積欠公司的三千。不過此時卻出現嚴重的阻礙，不萊梅的市長史密特（Johann Smidt）表示根據日耳曼聯邦憲法（German Bundesakte）第十六條（這部規定鬆散的憲法於一八一五年六月由邦聯各成員簽署），其中只提到先前「由」日耳曼各邦賜與猶太人的權利（相對於原本是說「在」），於是完全取消了拿破崙時代實施的各項政策，改讓各邦決定未來如何安排。儘管如此，中間經過拿破崙的百日皇朝波折後，五兄弟繼續努力，希望能夠直接向法蘭克福政府施壓。九月，阿姆謝爾將法蘭克福的最新情況細節傳到巴黎，催促弟弟們把消息帶給梅特涅以及「比洛，他是哈登貝格的好朋友，在柏林也答應過我會幫忙……如果你們能幫忙就大大有福，因為巴魯赫在維也納，但是很快就會回來。不過面對這樣的事情就必須打鐵趁熱」。薩羅蒙告訴比洛的話應該是阿姆謝爾跟哈登貝格說過的話：「不應該將我們視為異邦人，在艱困的時刻，我們（猶太人）也和本地人一樣都（在軍隊裡）出力，我相信如果您這麼做將會有好處，因為我們有許多敵人，而且您如果不做就什麼也得不到。我們的敵人實在太多了，若是我們最後落得一場空將會十分遺憾。」

薩羅蒙很快就回報了梅特涅與哈登貝格的支持承諾，於是奧地利和普魯士都發出信函給法蘭克福政府，促請他們維護達爾伯格與猶太人社群在一八一一年的協定。或者，如薩羅蒙在信件上相當樂觀的形容，告訴他們「惡魔可能會帶走法蘭克福所有的非猶太人，而法蘭克福的猶太人就能保留公民身分」。[6]同時，詹姆斯也急著要納坦找位英國政府高層人物為這件事發出信函。哈登貝格於十一月底來到法蘭克福，卡爾要他接見猶太人社群的代表團，其中就包含阿姆謝爾，因此聽到哈登貝格「針對猶太人問題說了些非常親切的話」而感到鼓舞。「為猶太人的問題做再多也不嫌多。」他這樣勸勉自己的弟弟。十二月七日，卡洛琳甚至寫信給丈夫恭賀

[6] 羅斯柴爾德家族強調了猶太人問題中一個相當重要的因素，那就是猶太人社群已經為他們的公民權付了一筆錢，同時也發行債券來募資，若是駁回一八一一年的協定，政府就必須歸還這筆錢。

他的努力成果。

這樣的慶賀言之過早。早在九月，阿姆謝爾就感覺到接下來會有令人失望的結果，因為他聽說普魯士的施泰因男爵（Baron von und zum Stein）可能在這件事握有決策的關鍵票，據稱施泰因已經「轉而反對猶太人」。到了十一月，他從維也納的巴魯赫所接到的訊息都很不樂觀，同時法蘭克福政府收到奧地利及普魯士的信函也不為所動。在德國以外的地方也沒有助力：根據納坦所言，英國派到法蘭克福的代表是克蘭卡提伯爵（Earl of Clancarty），他「不是我們族人的朋友」。更糟的是，奧地利派到法蘭克福邦聯議會的代表布奧－紹恩斯坦伯爵（Count Buol-Schauenstein，即前述提過的布奧伯爵）跟法蘭克福政府的觀點相同，認為「猶太國度從來沒有跟其他國家統合過，但總是齊心協力追求自己的目標，很快就會掩蓋基督徒公司的光彩，隨著他們的人口急速成長，很快就會散布於整座城市，逐漸在我們莊嚴的大教堂旁邊建起猶太貿易城市」。

雖然阿姆謝爾和卡爾持續遊說德國各邦的代表，也收到哈登貝格及洪堡的鼓勵，俄羅斯在法蘭克福的公使同樣出言支持，但他們還是越來越悲觀。事實上，阿姆謝爾甚至開始談起乾脆離開法蘭克福，不過這些話可能是想威脅讓法蘭克福政府臉上無光。也就在這個時候，阿姆謝爾和卡爾首次同心協力要克服他們在法蘭克福的社交孤立，他們最早舉辦的幾次晚宴其實主要是為了遊說在外交及金融圈中具有影響力的人物「為猶太人謀福利」。他們也特別用心想贏得銀行家貝特曼的支持，顯然他對議題的發言會根據自己所在的公司而有相當大的差異。同時（一八一六年十一月），阿姆謝爾、巴魯赫以及喬納斯．羅斯柴爾德（Jonas Rothschild）寄了一份備忘錄給邦聯議會，質疑法蘭克福議會行動的合法性。

在這些情況下，各邦能達成的法律協議難免遠遠不及一八一一年所達到的成果。在卡塞爾，雖然猶太人拿到了公民身分（當然要付費來交換），其中卻包含經濟限制，以避免猶太人能夠毫無限制地擁有房地產，並且禁止沿街叫賣行為。布德魯斯的妻子認為，卡爾對選帝侯實在奉承過頭了：「我說，親王知道只有他開始進行改革，這完全是他自己的提案，如今全世界都看到了他一直以來都是多麼開明的人。」事實上，他還要求威廉在另一塊領地哈瑙也給予猶太人相同權利。不過卡爾和他的兄弟非常清楚，雖然給予猶太人公民身分的附帶條件似乎「在原則上微不足道」，但其實「對受影響的人而言十分重大」。而且，卡爾私底下也表示，選帝侯「出爾反爾的功夫十分了得」，這句指控似乎在一八二〇年就證實無誤，當時開始有傳言卡塞爾準備對猶太人實施新的居住限制。實際上新法就是德國各邦希望和猶太人訂定的那種合理的「解放合約」典型，賦予權利的同時也要以社會「再生」及同化來交換，雖說有總比沒有好，但羅斯柴爾德家族對此並不滿意。

在法蘭克福，雖然有黑森選侯國的前例，但這場辯論於一八一六年十月以更加徹底的潰敗告終，會後提出修改過的憲法只確立了基督教公民的平等，將猶太人排除在外成了第二級的「受保護的同胞」（Schutzgenossen）。更惱人的是，政府不但是駁回了一八一一年的法令，還特別引用阿姆謝爾的花園來證明他們對猶太人社群的態度已經開明許多。然而，如果此舉是要收買羅斯柴爾德，那麼並未成功，這只是讓城裡那些希望對猶太人施加更多限制（也就是要完全把他們趕回猶太巷裡）的人把阿姆謝爾當成了對抗的目標。我們已經提過，法蘭克福的反猶太氣氛在這段期間越來越高漲，出現了像是《我們的來往》這類戲劇演出，還出版了許多反猶太的宣傳小冊。在針對猶太問題展開辯論的期間，甚至有人聽到議會中有些成員提出所謂的「解決方案」，就是將猶太人完全趕出法蘭克福，「因為這些死要錢的游牧民族所做的一切努力就是要摧毀（我們）基督徒，用不到幾年，大部分基督徒公民及居民都會失去一切幸福和富裕的生活。」一八一六年九月，猶太人社群中一群焦慮的代表寫信給羅斯柴爾德兄弟，表明他們知道「你們是如何為了我們不辭辛勞、急切地努力，你們是如何堅定地與我們站在一起」，但是也坦承：「我們希望自己應當獲得的美滿結果並未到來……除非採取非常決絕的手段，否則恐怕是推不倒這座堡壘。」

這樣的手段會是什麼樣子？在法蘭克福失敗之後，氣憤的阿姆謝爾談到要「傷害」法蘭克福內非猶太人的銀行，「就算會有損失也要做那樣的生意。」比較實際的方法是，羅斯柴爾德家族可能會以更積極的方式快速累積財富。有些德國猶太人指望納坦（此時他已經是五兄弟中最有錢、最有影響力的）能夠從英國派來什麼

天降神兵。法蘭克福社群的某位領袖寫道：「我希望在未來幾天，打敗拿破崙的英國人就會要求法蘭克福議會釋放這裡的猶太人奴隸，就像他們解放了其他地方的基督教奴隸一樣。」阿姆謝爾自己也敦促納坦「再哄哄（駐巴伐利亞的）英國大使（弗德列克・）蘭姆」，要他支持猶太人。根據兄弟間的書信，納坦已經盡他所能，有好幾封信中都寫到他成功得到荷蘭國王對這個問題的支持，同時也努力維護在英國管轄內的其他猶太人社群的利益，尤其是在科孚（Corfu）與漢諾威。「若是您能求助攝政王，我想或許很簡單就能改善我們的境況。」一名叫做邁爾史坦（Meyerstein）的漢堡猶太人在一八一九年寫信給納坦說，「漢諾威猶太人同樣住在英國的領土上，為什麼卻不能獲得與英格蘭的猶太兄弟同樣的法律保護？過去一個世紀的殘忍作為必須停止，我們希望太陽同樣能夠從您的方向為我們升起。」當然，英國對於法蘭克福問題的影響非常小，最好的方法似乎還是在柏林及維也納施壓，希望德國比較大的邦國最終能迫使法蘭克福的態度軟化，不過納坦在這裡也有所貢獻，接下來五兄弟的作為成為往後大多數這類行動的模式。他們於一八一八年英鎊貸款的協商過程中，希望為猶太人問題贏得普魯士更強力的支持；同時他們也努力在亞琛會議上提起這項議題，阿姆謝爾還認為薩羅蒙應該親自過去，「不是為了生意，而是為了所有猶太人的利益。」事實上，正是這個問題讓他們首次接觸到根茨，當時他和梅特涅在前往會議的途中路經法蘭克福。

像這種在柏林及維也納控制金融的手段並無法避免法蘭克福普遍對猶太人的反感，最終爆發了一八一九年八月「嘿喝」暴動的暴力行為。另一方面，暴動也強化了反對政府立場的觀點，羅斯柴爾德家族便重申阿姆謝爾打算永遠離開法蘭克福的威脅之語，希望藉此一舉中的。詹姆斯寫了一封信給維也納銀行家大衛・帕里許，顯然是寫給梅特涅看的，信中描述五兄弟現在確實就是為了他們的「國度」（他們經常這麼說）在施展自身的金融影響力：

這樣的紛擾會有什麼結果？當然只會讓我們國度內的所有富人離開德國，將他們的資產轉移到法國及英國；我自己便建議哥哥關閉家族辦公室過來這裡。如果我們起了頭，我相信所有有錢人都會跟著我們，我懷疑德國各邦的君主對這樣的發展能有多高興，畢竟日後他們需要資金的時候就必須向法國或英國求援。若沒有我們的國度，誰會在德國買公債債券、誰會努力提升匯率？難道不是我們的作為才讓人對公債有了點信心，於是基督徒公司也受到鼓舞，將自己一部分的錢投資在各種證券中？……在法蘭克福煽動作亂的那些人，目標似乎一直都是……將所有希伯來人趕進同一條街上。如果他們成功做到了，有沒有可能引發一場大屠殺呢？不必我說明我們有多麼不希望發生這種事，尤其此時我們家族為了奧地利或普魯士宮廷握著大筆金錢。我認為，奧地利和普魯士似乎真的有必要想想辦法，讓法蘭克福議會能夠有效應付像是這個月十日發生的那些事，進而讓每個人都能保住自己的財產。

不萊梅在法蘭克福邦聯議會的代表是羅斯柴爾德家族公開的對手，在他看來，這個家族完全發揮了自己的金融影響力，除了奧地利和普魯士，「還有幾個小邦在陷入困境時也都向這個金融強權求助，因此讓他們非常有本錢要求報恩，尤其這樣的恩惠本質上看來其實相當微不足道，不過就是保護小邦中的幾十名猶太人。」

五兄弟於一八二〇年持續施壓，要求梅特涅對仍然支持法蘭克福政府的布奧伯爵施加壓力，同時他們也代表巴登當地的猶太人遊說政府。梅特涅在一八二一年十月造訪法蘭克福時和阿姆謝爾共進午餐，藉此表達自己的同情；同時，薩羅蒙和根茨碰面，先是再次「絮絮叨叨講述著法蘭克福『猶太人』的要命問題」，接著兩人達成了某個「重要的金融協議」。一八二二年，阿姆謝爾甚至寫信給梅特涅的情人里文王妃，「明斯特伯爵（Count Georg Herbert Münster）一定已經送出命令給漢諾威的官員，要求撤銷對（法蘭克福猶太人）的某些指示。」

這次遊說行動也不是全盤皆輸。例如，阿姆謝爾寫信給里文王妃的一年後，終於能夠慶祝布奧伯爵被召回，換來的是更為同情猶太人的孟克－貝靈豪森（Münch-Bellinghausen）。而且，海涅在一八二二年三月從柏林寫信時，察覺到「情勢好轉」，猶太人有可能贏回公民身分。但是里文王妃私下對阿姆謝爾書信的反應卻透露出端倪：她告訴梅特涅，那是「想像所及最好笑的信件……整整四頁的傷感之語，哀求我幫助他城內的猶太人，而我竟成了猶太人的庇護者！整封信都帶著一種天真的自信，實在可笑又可憐」。如果梅特涅也是這麼想的，五兄弟在維也納的一切努力或許不如他們想像中有效。到最後，法蘭克福政府只做出了最低限度的讓步，雖然他們不必回到貧民窟，這點與其說是令人歡欣，倒不如說只是安心，猶太人身上仍然綁著諸多束縛，公民身分顯然也只是次級公民。新法確認的「希伯來公民」的「個人公民權利」（一八二四年），就像先前一樣排除猶太人參與政治的可能、限制他們的經濟活動、將社群降級為議會底下的委員；如先前一樣每年只允許十五對猶太人結婚（其中只有兩次可以與外人結婚），並且恢復了法庭上的猶太人誓言。❼重點是要記得，這些法規適用於全城十分之一以上的人口（大約四千五百三十人），大多數規定（包括限制與法蘭克福以外的猶太人結婚）一直沿用到一八四八年，事實上，法蘭克福猶太人一直到一八六四年才獲得完整的法律平等。

海涅利用羅斯柴爾德家族在解放猶太人論戰中的角色嘲諷了大多數商人：

> 法蘭克福公民身分證明文件……據說價值下跌到已經比票面少了百分之九十九，這是以他們在法蘭克福的語言來說明……不過，再用法蘭克福人說話的方式來說，羅斯柴爾德和貝斯曼家族不是已經分庭抗禮很久了嗎？商人信仰的宗教在全世界都一樣，商人的……辦公室就是他的教堂，書桌便是教堂內的長椅，帳本就是聖經，倉庫是至聖所，證券交易所的鐘聲便是他教堂的鐘聲，黃金是他的上帝，而他的信用額度就是信仰所在。

但這搞錯了重點，問題不在於羅斯柴爾德家族的地位，而是所有猶太人的地位。海涅說的宗教問題或者商人缺乏信仰的問題，與另一位背教者馬克思相呼應（相較之下，馬克思認為資本主義就是猶太「小販」的普遍特色）；但是這點放在羅斯柴爾德家族身上並不正確。無論如何，貝斯曼和羅斯柴爾德分庭抗禮的說法並不為法蘭克福許多非猶太人所接受。

一八二八年之後，納坦和他的兒子們顯然延續著在法蘭克福為猶太人爭取權利的精神，繼續在英國為了猶太人解放而奔走，因為猶太人在這裡面對的法律不平等其實對羅斯柴爾德家族不會帶來不便，沒有什麼能阻止納坦在皇家證券交易所裡做生意，也沒有什麼能阻止他買下自己想要住的房子。英國的猶太人不得參與政治也不能就讀英國的大學，這點其實對他而言完全無關緊要，畢竟他自己並不想要也不需要進入這些機構。然而事實並非如此，即使納坦是五兄弟中最一心一意追求利益的人，他仍然認為自己有義務為了所有猶太人社群行動，即使是為了他自己無意行使的權利而戰。

一八二八至二九年，英國的非國教徒和隨後的天主教徒成功廢除了讓他們不得參與政治的法條，但是猶太人沒有，這都是因為國會中的公開棄絕誓言（Oath of Abjuration，原本是要排除那些「已獲罪的不服國教天主教徒」），其中有一句是「依據基督徒的真誠信仰」。這樣的差別待遇顯然刺激了納坦，或者應該說刺激了他的妻子，因為納坦也和他哥哥薩羅蒙明顯在這個問題上受到妻子的壓力。一八二九年二月二十二日，他的小舅子摩西．蒙提費歐里在自己的日記裡記錄下，他和妻子茱迪絲

> 搭著馬車去拜訪漢娜．羅斯柴爾德及她的丈夫，我們在猶太人自由的議題上促膝長談。他說他很快就會去見大法官並向他請教這個問題。漢娜說若他不去，她就會去。羅斯柴爾德太太在這裡展現出的精神，以及那樣精簡而令人印象深刻的語言都令我吃驚，最意外的是讓我想起她的嫂嫂蒙提費歐里太太。❽

接下來的行動中，納坦與蒙提費歐里合作無間。大致說來，他們採取的策略傾向謹慎，尤其相對於伊薩

---

❼ 經濟限制延長了猶太人學徒制度的時間，並且禁止猶太人販賣食物及薪柴。

❽ 蒙提費歐里已經退休不做生意了，專心從事慈善以及猶太社群事務。

克・里昂・葛斯密德（Issac Lyon Goldsmid）而言，他是英國猶太人代理人倫敦委員會（London Committee of Deputies of the British Jews，後來大多稱為代理人委員會〔Board of Deputies〕）的領導人物之一。

對納坦而言，他眼前突然清楚浮現了一個問題，那就是他和托利黨政府、尤其是和首相威靈頓公爵的關係相當有限。或許有點天真，四月初時正值天主教解放運動的政治危機高峰，政府隨時有可能垮台，他卻在這個時候主動試探自己的托利黨聯絡人，想知道是否有解放猶太人的可能。大法官林德赫斯特男爵（Lord Lyndhurst）言詞閃爍：

> 他建議他們按兵不動，等到……天主教的事務……解決了，但要是他們認為，馬上提出這件事對他們比較有利的話，要安排荷蘭男爵這麼做，他就會支持他，因為他認為猶太人應該要從眼下的障礙中解脫，同時也要注意輿論的風向。

根據這段語意模糊的訊息，納坦便向代理人委員會建議，「應該準備一份請求解放的請願書，只要時機成熟就能馬上呈給上議院。」在納坦的建議下，請願書上只提到了在英國出生的猶太人，他也建議只讓在英國出生的猶太人簽署（因此出現的是他兒子萊昂內爾的名字，而非他的）。然後他和蒙提費歐里將請願書拿給他們的老朋友，也就是前任財政大臣范西塔特（現在已經是貝克斯利男爵〔Baron Bexley〕），請願書經過幾次微幅修改後，范西塔特同意在上議院提出。代理人委員會對此非常欽佩，寫信給納坦感謝「他為了希伯來弟兄付出的熱忱與心力，特別是他今天的參與如此熱切地展現出，他希望能以自己的強大影響力促進這個王國中猶太人的解放，不再受到他們遭遇的種種障礙所苦」。任務的開始就是要草擬法案。

但是接下來的一個月裡，威靈頓顯然很反對在那年提出這樣的法案，至於下一個國會會期，他也不願意保證。納坦在一八三〇年二月十日去見他，「懇求」他「為猶太人做些什麼」，公爵回答說「他不會讓政府在猶太人的問題上保證什麼，建議他們暫緩向國會提出請求，否則，若是他們不肯……就必須自己承擔風險，而他不會給什麼承諾」。聽了這話，納坦開始悲觀起來。一週後，自由托利黨的羅伯特·格蘭特（Robert Grant）仍然呈交了對猶太人有利的請願書，接著在四月五日又提出法案，這是後續眾多相關法案的第一筆，納坦自己或許也見證了這件事。但是兩天後，納坦告知弟弟詹姆斯「猶太人的事情過不了關」。關於這件事，他又遊說了一名托利黨的老朋友，也就是目前擔任貿易局（Board of Trade）局長的何瑞斯，但是政府的立場仍然沒有改變，法案在二讀時以兩百二十八票對一百六十五票完全失敗。如今情勢明顯，輝格黨更有可能表態支持猶太人解放，與托利黨親近這麼多年之後，納坦突然發現自己跟反對黨站在同一邊。

政黨對猶太人解放的問題立場涇渭分明。支持者包括社會學家羅伯特·歐文、愛爾蘭天主教的丹尼爾·歐康諾（Daniel O'Connell）以及自由托利黨的威廉·赫斯基森；早期最激烈反對的人則有威廉·柯貝特。有多張卡通諷刺漫畫都以這個主題創作，讓人能夠一窺比較激進的反對聲音是什麼樣子。格蘭特提出法案之後（雖然日期是寫一八三〇年三月一日）不久，就有人創作了諷刺漫畫，描繪著一名大鬍子的猶太人在下議院聆聽湯瑪斯·巴賓頓·麥考利的首次演講，表現出對法案的支持並宣布：「**我的人民想要的是良心的自由**，僅此而已。」這個人物從外表上看起來跟納坦完全不像，但是他外套口袋裡放著一份法案，上頭還寫著傳說中的「一分錢利」，足以讓人清楚連結起猶太人與金融的關係。

當時有一幅卡通漫畫標題是《東方智者與西方侯爵》（*The Wise Men of the East and the Marquiss of West*），描繪了納坦和格蘭特的對話。「我盡了一切所能幫你拿到權力，能夠為你所嘲弄的宗教立法，但是心胸狹隘的議會把**法案**丟了。」格蘭特說。納坦回答：「好吧，沒關係。你有西班牙的帳單要賣嗎？我可以出價四十八。」納坦身後有一個更符合刻板印象的猶太人低聲說：「沒錯，我們輕鬆就能哄抬到五十。」另一個人也帶著口音喊著：「窩的天，鬍鬚就流行不起來嗎？」兩段對話中都利用「bill（法案／帳單）」一詞的雙關語意來開玩笑，暗示猶太人對各項金融事務比較有興趣，而國會中支持解放猶太人法案的人都太過天真。

即使輝格黨在改革法案（Reform Act 1832）後重新掌權，托利黨的反對仍持續阻撓著猶太人的解放。第二份法案於一八三三年在下議院三讀通過，只是到了上議院面對以威靈頓公爵為首與大多數主教的反對，最後仍宣告失敗；隔年又上演了同樣的劇情。一八三四至三五年間，皮爾短暫擔任首相，納坦便與其他人共同簽署了一封給首相的信件，據說他認為這樣比較實際，信上建議政府至少要支持一項給予猶太人選舉權的法案，但是皮爾拒絕了；直到下個月輝格黨恢復執政才採取了這項措施。一年後，於一八三六年，財政大臣湯瑪斯・斯普林・萊斯（Thomas Spring Rice）又提出一份解放猶太人的法案，同樣過不了上議院那一關。

很難相信托利黨對解放猶太人的反對立場完全動搖不了納坦的政治觀點，我們之後也會看到，他對改革法案危機的態度在一八三〇至三二年間經過了天翻地覆的變化，似乎是因為威靈頓對解放的態度而感到失望。確實，他的兒子們接棒繼續在他們父親未能打贏的重要戰役中奮戰，公開與輝格黨，甚至是自由黨站在一起。阿姆謝爾的花園在法蘭克福得以保存下來，不過羅斯柴爾德在猶太人解放運動中的另一個象徵，也就是萊昂內爾在下議院的席次，卻要一直等到他父親過世二十二年後才能實現。接著又過了三十多年，羅斯柴爾德家族和托利黨才重新聚首。

「非比尋常的家族」

儘管羅斯柴爾德家族虔誠信仰猶太教，也為「同信仰者」付出許多，他們卻希望能夠和廣大的猶太社群保持距離，其中有一個重要原因。到了一八二〇年，他們在金融界的成就已經無庸置疑，同時相對於其他猶太人也享有更為優等的地位。海涅稱他們為「非比尋常的家族」時，就是特意用這個詞彙來描述這件事。不過他們**整個家族**運作的方式，同樣非比尋常。

大多數十八及十九世紀的家族企業生命都有限，讓家族第一代、第二代汲汲營營的經濟動力，也就是「職業道德」，到了接下來的世代就會消失，這點並不是托瑪斯・曼的發明，不過他的作品《布登布洛克家族》讓這個現象成為永恆的常理。這一點之於法蘭西斯・巴爾林來說更加明顯，他在一八〇三年便已經察覺自己的後代缺乏經商的敏銳，感傷地寫道：「建立在個人積累之上的家族無法傳承超過六十年……商人、銀行家等等的後代，尤其是在他們還年輕的時候便已經拋棄了前人追求的目標，他們認為不值得，又或者他們依循目標的方法就是透過代理人，自己卻不參與，如此只會更快步上毀滅一途。」其實巴爾林家族的金融王朝存活得相當不錯，直到一九九〇年代才交出自家銀行的掌控權。無數其他十九世紀的家族企業壽命更短得多，只撐過了一、兩個世代。羅斯柴爾德家族特別謹慎行事以避免這樣的衰敗。

要讓公司長久經營下去，必要的第一步當然就是製造「後代」，考慮到邁爾·阿姆謝爾遺囑中的條件（毋需多言，這自然是當時的社會常態），指的是兒子。雖然阿姆謝爾和妻子完全沒有生下孩子，但他的弟弟們生了不少繼承人，總共有十三位。薩羅蒙生下了第三代的第一個兒子安謝姆，出生於一八〇三年；納坦有四個兒子，依序為萊昂內爾（一八〇八年出生）、安東尼（一八一〇年出生）、納坦尼爾（小名納特，一八一二年出生）以及邁爾（一八一八年出生）；卡爾也有四個兒子，依序為邁爾·卡爾（一八二〇年出生）、阿道夫（Adolph，一八二三年出生）、威廉·卡爾（一八二八年出生）以及安謝姆·亞歷山大（Anselm Alexander，一八三五年出生）；詹姆斯也一樣，依序為阿爾豐斯（一八二七年出生）、古斯塔夫（Gustave，一八二九年出生）、薩羅蒙（Salomon，一八三五年出生）以及埃德蒙（Edmond，一八四五年出生）。

這一代的孩子都結婚之後，依然十分重視男性子嗣，事實上要生兒子的壓力越來越大。「你覺得我剛出生的小女兒怎麼樣？」安謝姆在一八三二年次女漢娜·瑪蒂德（Hannah Mathilde）出生後問安東尼。「要是兒子就更好了。」（他的妻子夏洛特第一胎生了個男孩，但是在一八一八年夭折。）後來萊昂內爾的妻子也生了女兒里歐諾拉（Leonora），巴黎的一位資深員工便寫信來安慰他：「我真的要恭喜您，親愛的夫人為您生了女兒，因為您知道我們家族裡的第一個孩子必須是女兒……這是迷信，但事情就是如此。」他又說：「您或許希望是個兒子，但是他一定會來的，兩年之內您就會宣布這個好消息。」只是到了那個時候，生的又是女兒，安東尼無法掩飾自己的失望：「恭喜您和您的好夫人，在這件事上，生下來的也就只能接受。」他自己也有兩個女兒，並只能滿足於此，他弟弟邁爾只生了一個。卡爾的兒子邁爾．卡爾和威廉．卡爾加起來生了不下於十個女兒，但沒有兒子，直到一八四〇年，第三代才終於生出了兒子（也就是萊昂內爾的兒子納坦尼爾，接著兩年後又有了阿爾弗烈德），後來又有消息說納特的妻子懷孕了，家族內殷殷企盼能延續好運。「納特決心不讓家族其他人勝過自己，打算隔年就要向眾人介紹自己的兒子兼繼承人，真是今天最好的消息。」安東尼興高采烈地說，「這件事相當肯定，而且要是他打算跟自己的大哥並駕齊驅，那麼家族裡就會多了許多小毛頭，越多越好。」結果又是個女兒，而且在週歲前就去世了。

不過若從這些對話中魯莽斷言是「性別歧視」也不對，這些話語透露出更多的是一種焦慮感，而且維持了好幾年，擔心第三代會完全生不出男性繼承人。在納坦的妻子漢娜眼中看來，正如她在一八三二年所言：「無論是男孩女孩，我們都一樣滿足，所以（我）也不會同情那些想要抱怨的人。」而且也不是只有女人這麼想，安謝姆的妻子終於生了兒子之後，他便不再執著於男性子嗣，後來她又懷孕時他便表明：

> 若是卡洛．多里（Carlo Dolee，這顯然是納特的暱稱，他的妻子這時也懷孕了）生了個女孩或男孩，那麼我的孩子……都可以成為丈夫或妻子的人選……外頭的人就不會說羅斯柴爾德家族虛度了一年。我希望比利很快就能學著這個好榜樣，若是他去了埃姆河（的溫泉度假），應該可以成功。

到目前為止都相當傳統，不過安謝姆口氣輕鬆的信件中也觸及了羅斯柴爾德家族史中或許最值得注意的面向，他們並不會只想要兒子而不要女兒，主因是這個家族相當堅守族內通婚的規矩。

在一八二四年以前，羅斯柴爾德家族傾向和其他背景相近的猶太家庭成員結婚，通常都是與他們有生意往來的家庭，邁爾．阿姆謝爾的兒子只有一個例外，其他都是這樣娶妻的，他們分別迎娶了艾娃．哈瑙、卡洛琳．史特恩、漢娜．科恩與阿德海特．賀茲；他女兒的丈夫也是如此，包括沃姆斯、西歐爾、蒙提費歐里以及兩位拜弗斯。以十九世紀的慣例而言，這並不奇怪。我們先前已經提過，限居法對法蘭克福猶太人的限制多少讓猶太巷的小社群之間不得不互相通婚。不過即使沒有那樣的強迫性，大多數人（也不只是猶太人）都傾向在自己的宗教社群中尋找結婚對象，若是剛好離開家鄉，也會尋找對等的社群（納坦在倫敦就是這麼做）。但是一八二四年以後，羅斯柴爾德就傾向和羅斯柴爾德結婚。在一八二四至七七年之間，邁爾．阿姆謝爾後代有參與的二十一樁婚姻中，有不少於十五樁都是他的直系後代通婚。雖然表堂親結婚在十九世紀完全不是罕見的事，尤其是在德籍猶太人的商業王朝之間，但羅斯柴爾德家族的族內通婚數量仍然相當驚人。「這些羅斯柴爾德彼此相處和諧，速配得不得了。」海涅稱道，「奇怪的是，他們甚至會在自家人中選擇結婚對象，他們之間的關係牽出無數條線，形成了複雜的結，未來的歷史學家一定會覺得非常難解。」這席話再真實不過了，就連歐洲王室之間的族內通婚情形都沒有這麼緊密，不過羅斯柴爾德家族會自覺地自稱「我們的王室家族」，顯示他們也將之視為榜樣，而這又是一個羅斯柴爾德家族與薩克森－科堡家族的共通之處。

一切始於一八二四年七月，詹姆斯娶了自己的姪女，也就是哥哥薩羅蒙的女兒貝蒂。因為詹姆斯比薩羅蒙小非常多歲，這對夫妻的年齡差距也不算大到離譜，他當時三十二歲，貝蒂十九歲。兩年後，薩羅蒙的兒子安謝姆娶了納坦的長女夏洛特，接下來十年沒有族內通婚，直到納坦的長子萊昂內爾娶了卡爾的長女夏洛特。我們之後也會提到，此時正逢家族歷史的決定性轉捩點。六年之後，納特娶了詹姆斯的女兒夏洛特（取名的選擇也很有限，讓族譜變得更加複雜）；然後卡爾的兒子邁爾．卡爾娶了納坦的三女露意絲（Louise）。納坦另外兩個兒子安東尼與邁爾的妻子雖然不姓「羅斯柴爾德」，不過也是只隔一代的表親：露易莎．蒙提費歐里（Louisa Montefiore，一八四〇年結婚）以及茱莉安娜．科恩（Juliana Cohen，一八五〇年結婚）。露易莎也是邁爾．阿姆謝爾的後代，因為她的母親是納坦的妹妹漢莉耶塔，茱莉安娜則是漢娜的姪女。就這樣持續到了第四代。一八四九年，卡爾的三子威廉．卡爾娶了安謝姆的次女漢娜．瑪蒂德；一年後，他哥哥阿道夫也娶了她姐姐卡洛琳．茱莉（Caroline Julie）。一八五七年，詹姆斯的兒子阿爾豐斯娶了萊昂內爾的女兒里歐諾拉；一八六二年，他弟弟薩羅蒙．詹姆斯娶了邁爾．卡爾的女兒愛黛兒（Adèle）；一八七七年，詹姆斯最小的兒子埃德蒙娶了威廉・卡爾的次女阿德海特（Adelheid）。安謝姆的兒子費迪南（Ferdinand）和薩羅蒙（Salomon）同樣都娶了羅斯柴爾德家的女兒：萊昂內爾的次女艾芙琳娜（Evelina，一八六五年結婚）以及阿爾豐斯的長女貝蒂娜（Bettina，一八七六年結婚）。最後，萊昂內爾的長子納坦尼爾（通常稱為納弟）娶了邁爾・卡爾的女兒艾瑪・露意絲（Emma Louise，一八六七年結婚）；而納特的兒子詹姆斯・愛德華（James Edouard）娶了她的妹妹蘿拉・泰瑞斯（Laura Thérèse，一八七一年結婚）。

他們為什麼這麼做？在老一輩的人眼中，浪漫的愛情、傳統上對婚姻的現代理由都只是無關緊要的考量，他們將「實用的婚姻」與「熱情的婚姻」分得很清楚，這也是卡爾在德國四處為自己尋覓合適的妻子時所用的標準。他在解釋自己為何選擇阿德海特・賀茲時，向兄弟保證，「我沒有愛上她，正好相反。如果我有別的人選，就會娶那個人。」阿姆謝爾迎娶艾娃・哈瑙也不是因為愛，根據一份當時的紀錄，他公開表示「我曾經真正愛過的人是我永遠無法擁有的」；而他的姪子安謝姆認為他們的金婚紀念日代表了「五十年的紛擾婚姻」。卡洛琳和薩羅蒙的相處就沒那麼糟，但是我們也知道他們在一八一二至一五年間的相處時間非常少，這段期間薩羅蒙一直因為工作的需要或者說是納坦的要求而四處移動。五年後的情況也沒有改變太多，卡洛琳（在法蘭克福）懇求薩羅蒙（在維也納），不要只是因為「你的納坦要你去」就去聖彼得堡：

> 實在很難理解，有什麼地方是不希望你去的嗎？求你，親愛的薩羅蒙，別讓你自己被說服了，用你所有的力量以及相當的才智（拒絕）。再者，我不是非常了解你信上所說的，因為有幾個地方讀來似乎是說你還得去巴黎、甚至倫敦。我通常為了上面提到的生意會願意接受你說是納坦要你去，但我實在不懂這次有什麼理由……你的納坦不能全然忽視你所有的意見……無論如何，親愛的薩羅蒙，你不能不讓我知道理由就去倫敦，懂嗎，我親愛的丈夫？你不能去。[9]

如果說這兩人之間曾有過什麼浪漫情感，那麼等到薩羅蒙終於結束四處奔走的日子並在維也納定居時，也已經所剩無幾。她一直沒有搬去和他同住，而薩羅蒙一名資深員工的兒子則回憶道，在一八四〇年代左右，他開始有些肆無忌憚地追求年輕女孩。

確實，這樣的婚姻可能、也真的能發展出愛情，納坦與漢娜的關係就是個很好的證明。她寫給她「親愛的羅斯柴爾德」的信件顯露出相當真誠的感情，雖說這份感情大部分是奠基於雙方都非常喜歡賺錢。⑩不過這樣的感情應該是婚後而非婚前發展出來的，因為他們的對象不是由自己挑選。至於詹姆斯，儘管他的姪女兼妻子既聰明又美麗，但他顯然更把她視為有用的社會資產。「一個人很難離開自己的妻子，」婚後幾個月他便對納坦坦承，「我就無法離開我的妻子，她是家裡必備的一件家具。」巴爾札克以詹姆斯為本的小說角色紐沁根相當尊重自己的妻子，可以說是和他平起平坐，不過他仍然換了一個又一個情婦以滿足自己的性欲，並且只愛上過一個女人：一名交際花。

下一代對婚姻的態度大概不會那麼務實，這樣的風氣可以說與維多利亞女王的統治有關（她成功將自己的政治婚姻轉變成濃烈的愛情）。有一些證據能夠說明這樣的軟化。一八三六年，萊昂內爾在他和堂妹夏洛特於法蘭克福舉行婚禮之前，從巴黎寫信給她，信中似乎透露出真誠的熱情。「如今我離開了，」他在一月七日振筆疾書，「我才知道這個詞彙的意義，才能夠明瞭我對妳，親愛的夏洛特，對妳的愛、對妳是多麼全心全意的愛，希望我能夠以言語表達，但是我無法，即使我如此努力書寫，寫到筆都從掌中鬆脫，過去這一個多小時也一直想著妳，我甚至沒撿起筆來——」而她的回信讓他激動不已：

⑨ 卡洛琳少數還留存寫給薩羅蒙的信件中，主要透露出她對丈夫過度想要討好納坦和其他人感到不耐。他們的兒子安謝姆成為她關愛的主要對象，這或許可以解釋安謝姆和父親之間相對冷淡的關係。

⑩ 漢娜在她第一個孫子出生時應該要在兒媳身旁照顧，但是她實在無法抗拒當時證券交易所因為革命引起交易大幅漲跌的吸引力。雖然她做了幾次「投資」，但她向丈夫坦承：「不用賺到一大筆錢我就會回來。」三年後，她兒子寫信表示，希望她在這段「所有基金都大漲」的期間確實「大發利市」。

有好幾天我真是度日如年，聽不到妳的一點消息令我既焦急又煩心，我最親愛的夏洛特，直到我收到妳的簡短數行信，直到那時，自我離開以來才第一次感覺到有幾分鐘的快樂。但是現在我又陷入憂鬱，我把妳的信讀了一次又一次，每一次都更加悔恨如今隔在妳我之間的漫長距離。我也很遺憾地知道，妳對我的感覺依然很冷淡，妳說起娛樂、工作等等的事，妳以為沒有妳，親愛的夏洛特，沒有妳在我身邊我還能擁有那些嗎？我收到各界的邀請，也有人懇求我去跟些老朋友參加有趣的派對，但是我都拒絕了。我能夠不受打擾而打發時間的方法就只有獨自待在旅館裡，想著妳，也只有想著妳，最親愛的夏洛特……

一週後，他的語調甚至更是浪漫到無可救藥：

能夠讓妳花時間並且想起一個遠行的朋友，即使只有幾分鐘也好，這位朋友自從離開以來，心思就沒有離開過妳身上，這想來也是有點令人滿足。其他人也是這樣嗎？或者我和世界上大部分的人不同？我有很多話想對妳說，也非常急切地想要與妳談天，最親愛的夏洛特，我的思緒亂成一團。我一開始想著同樣的事，最後也想著同樣的事，結果發現自己仍在同樣的地方。如果我不能趕快親口告訴妳，如果不能擁有這樣的幸福，我一定會瘋掉。

但是萊昂內爾似乎毀了這些情書的效果，因為他最後又說：「（我的父母）看到我如此牽掛著妳會有多開心，我又是多麼幸運能夠得到人人都稱讚、都想認識的妳的青睞。」就在幾個月前，萊昂內爾還在馬德里出差的時候，在寫給弟弟安東尼的信上表現出了不甚熱切的態度：

無論是留下或回去，只要我父母與叔伯認為是最好的，我就會去做。如果查爾斯叔叔（卡爾）要去那不勒斯，那麼我就不必太快去法蘭克福。所以一切都要看家族怎麼規劃，我想不管我是早幾個月或晚幾個月去法蘭克福都沒什麼差別，反正我也不太想要馬上就結婚，若是我們的好爸媽不想去法蘭克福，早幾週或晚幾週都無所謂。

此外，夏洛特似乎仍然對於即將嫁給堂哥的事情提不起勁（萊昂內爾顯然也知道）。他寫給她的信件其實是從許多時下流行的小說中抄襲集結而來的作品，同時帶著下定決心的自我暗示，從萊昂內爾的態度來看，似乎也達成了目標。等到他們結婚的時候，他的弟弟們有些意外地發現他似乎真的很愛她，即使這樣的感情還沒有得到回應。

事實上，第三代羅斯柴爾德與羅斯柴爾德之間的婚姻相較於他們父母的婚姻也不能說是自由戀愛的結果，不過其中一方或雙方還能對於選定的伴侶培養出比喜愛更深一點的感情。「他們想要跟漢莉耶塔姑姑做些安排，讓比利（安東尼）和露易莎（蒙提費歐里）結婚。」萊昂內爾在自己的婚禮前夕這樣對弟弟們說，聽起來就像在報告法蘭克福證交所的股票表現，「喬（喬瑟夫・蒙提費歐里〔Joseph Montefiore〕）對善良的漢娜・邁爾沒什麼興趣，反倒是追著露意絲跑，但露意絲根本不理他。小查爾斯（邁爾・卡爾）和小露（露意絲）之間也沒什麼火花，彼此只說過幾句話。」萊昂內爾在婚禮過後，馬上又提供了最新消息：「漢娜・邁爾和喬不太理會彼此，喬在追求小露，但小露還有另一個追求者，我們的堂弟（邁爾・卡爾）也很喜歡她。祈求上帝，這件婚事能成，這樣他不僅是我的妻舅也會是我的妹夫了。」他的母親也同樣密切注意著婚姻市場，她表示邁爾・卡爾「比我想的還要好相處、好溝通，如果他願意，他確實很擅長抓住年輕小姐的心。我喜歡他現在比我們其他的年輕小夥子更成熟，邁爾的心沒有變，他和另外那個夏洛特・羅斯柴爾德之間也沒有眉來眼去的，因此無論未來誰有幸娶了那姑娘，他都不會嫉妒」。六年後，她便把女兒露意絲嫁給了這位邁爾・卡爾，而「另外那位夏洛特」（她最初在討論對象時，夏洛特才十一歲大）則嫁給她兒子納特。

維多利亞時代對這套安排婚姻系統的推測是，羅斯柴爾德的男性成員能夠「四處留情」：納坦的兒子、外甥及朋友間的私人通信中互相透露出不少婚前交往的對象。老一輩的人容許這些關係存在，只要不發生任何可能干擾或者破壞族內通婚體系的事情就好。例如在一八二九年，安東尼（顯然是這一代的花花公子）踰越了界限，他和法蘭克福一名身分不明（也不適合）的女子交往得太過認真，於是他父親生氣地命令他回家，並指責阿姆謝爾未盡到伯伯的責任。

這項族內通婚策略最初也是最重要的原因正是要避免五兄弟漸行漸遠，同時希望確保外人無法分得五兄弟的龐大財產。就像當時大多數的安排婚配一樣，每樁婚姻都會伴隨著一份詳盡的法律合約，說明合約雙方的財產分配。詹姆斯娶貝蒂時，她並未獲得他的財產權，不過一百五十萬法郎（六萬英鎊）的嫁妝仍是她個人獨有的財產，而且若詹姆斯在兩人沒有後嗣的時候便先她一步過世，那麼她不但能拿回自己的嫁妝，還能再得到兩百二十五萬法郎的補償。一年後，安謝姆和夏洛特結婚時，她不只拿到父親給的一萬兩千英鎊（以英國股票的形式）嫁妝，還從叔叔、如今是公公那裡拿到「專供她使用」的八千英鎊，以及安謝姆給的當成某種婚前訂金的一千英鎊；另外安謝姆也得到父親給的十萬英鎊以及納坦給的五萬英鎊。他們很容易就拿出如此大筆的嫁妝，只要這筆錢還是留在家族裡就好。

不過，撇除利益分配的問題，要在家族之外尋找適合的對象確實也有相當的社交困難。到了一八二〇年代中期，羅斯柴爾德家族已經富可敵國，將其他出身背景相近的家族遠遠拋在腦後，甚至最早在一八一四年，五兄弟就已經發現很難幫最小的妹妹漢莉耶塔尋找合適的丈夫，經過幾番掙扎後才選了亞伯拉罕・蒙提費歐里（納坦因為妻子的姊妹而和他有親戚關係）。他們原本選了一個姓赫蘭德（Holländer）的男子，不過卡爾認為他不合適，並不是因為漢莉耶塔不喜歡（這點完全不在考量之內），而是據他所言：「赫蘭德一家人似乎有很糟糕的親戚……說真的，這年頭要找到背景良好的年輕男子實在太難了。」另一方面，漢莉耶塔所愛的人叫考夫曼（Kaufmann），卻是個「騙子」。十年之後，五兄弟年紀最大的姊妹松雪（也叫做潔奈特〔Jeannette〕或奈雪〔Nettche〕）在丈夫班乃迪克・沃姆斯過世之後，阿姆謝爾和薩羅蒙便勸她再嫁，但是其他弟弟卻不贊成。詹姆斯就向納坦抱怨道，她的新丈夫不過就是個猶太巷出身的窮酸股票經紀人：

她無以為繼，還告訴我妻子說她家裡連塊麵包都沒有。這男人就是個無賴，把她的嫁妝都賭光了。今天他又進了證券交易所，或許可以把他輸掉的賺回來，但是我不相信他做得到。告訴我你是怎麼想的？我們想要每年都為她做些什麼嗎？同時我自己是送了幾千法郎給她。

到了這時候，只有羅斯柴爾德才配得起羅斯柴爾德。

要描述這種合夥體系與族內通婚策略的排他性，最好的例子就是喬瑟夫・蒙提費歐里在一八三六年八月的經歷。雖然他母親漢莉耶塔是羅斯柴爾德家族成員，他（在舅舅納坦過世後不久）提議說或許能讓他「成為公司的其中一名合夥人」，結果收到萊昂內爾冰冷的回答。「他反對，」蒙提費歐里對自己的伯父摩西說，「硬要說已經有太多（合夥人）了，這樣會開起不好的先例，不過我或許可以問問法蘭克福的舅舅，他應該會和大多數人的決定一樣，如果我要成為合夥人就必須把姓氏改成羅斯柴爾德。」這麼說只是為了抹殺這個想法，確實也達到了預期的效果：蒙提費歐里「非常確切表示不喜歡這個條件」，而且他實在「太不贊成這件事，甚至決定放棄向他舅舅提起這件事」。退而求其次，這個不屈不撓的年輕人提議說他可以加入倫敦家族的公司，不必成為合夥人，不過希望有機會求娶萊昂內爾的妹妹漢娜・邁爾。我們之後會看到，這個提案也遭到拒絕。

然而，族內通婚的策略卻有一個羅斯柴爾德幾乎無法理解的危險。自六世紀以來，基督教文化中便普遍禁止表堂親之間的通婚，教宗額我略一世（Pope Gregory I）下令說「虔誠之人只能與隔了三、四代以上的親戚結婚」。十九世紀的美國，有八個州都通過了將表堂親通婚認定為有罪的法律，後來又有三十個州將此規定為屬於違反民法。威廉・柯貝特甚至引用「羅斯柴爾德娶了自己的姪女」作為反對猶太人解放的論點。但是猶太律法中沒有這樣的限制，而且法蘭克福這樣的城鎮逼得猶太巷不得不排外，也正面鼓勵了表堂親通婚。一直到十九世紀後期才開始出現遺傳的科學研究，而且直到二十世紀後半，基因學家才真正了解表堂親通婚與其他形式團體內部通婚的影響。例如，現在知道阿什肯納茲猶太人有很高機率罹患戴薩克斯症（Tay-Sachs disease），就是因為幾百年來習慣與親緣關係親近者通婚的關係，這種病症對大腦會造成致命的損傷。與表堂親結婚，尤其這個家族已經在法蘭克福猶太巷中傳承了好幾個世紀，無論出於什麼財務上的考量，以嚴謹的醫學觀點看來是十分危險的事。如果邁爾．阿姆謝爾或者古蒂勒任一人帶有一邊受損的隱性基因，那麼每次只要他們的孫子、孫女結婚（發生了四次），**雙方**就有十六分之一的機會繼承了一邊的受損基因，那麼他們的孩子就有四分之一的機會繼承一對基因，因此罹患這種疾病。

十九世紀的歐洲王室便因為血友病的隱性基因而受苦，羅斯柴爾德家族很幸運並未受到這種隱性基因所害，唯一能夠看出下一代有健康不佳問題的線索就是，邁爾．阿姆謝爾的四十四名曾孫中有六名在五歲前就過世了。以現代標準來看，這樣的兒童死亡率相當高（百分之十三．六，今日只有百分之〇．八）；不過另一方面，一八四〇年代的西歐國家中，大約有百分之二十五的兒童會在五歲生日前死亡。當然，也有可能確實存在著某種羅斯柴爾德「金融頭腦基因」，族內通婚就會讓這種基因流傳下去。或許這就是讓羅斯柴爾德家族真正非比尋常的地方，不過要證明這一點並不容易，就算真是如此，相關人士似乎也不可能知情。

七、男爵

（羅斯柴爾德）獲得了……（男爵的）頭銜，有人說：「蒙特摩宏希是第一位基督男爵，那羅斯柴爾德便是第一位猶太男爵。」

——湯瑪斯・雷克斯

阿姆謝爾在博根海默蘭登街上的花園象徵著從貧民窟中解脫，不過若說他的弟弟與後代決定購買資產的動機都出於和阿姆謝爾同樣的渴望，那並非如此。就像卡爾同一時間也提出應該購買更華麗的連棟大宅那樣，考量到經濟效益和社會名聲同樣需要更加寬敞的居所，也就是一處能夠款待政界菁英、讓他們舒適飲酒用餐的地方。在阿姆謝爾買下花園時，同時必須討論兩種可能性：買下更體面的連棟大宅，或是買下鄉間別墅。

一八一八年，卡爾在法蘭克福還是得償所望買下了位於新美茵茲大街（Neue Mainzer Strasse）三十三號上相對較樸素的房子。以納坦來說，在新廷以外的地方另買一棟獨棟住宅的需求當然更為迫切：在一八一七年時，他和漢娜至少有五名孩子，全都不滿十歲，而且還有一個即將出生。（到目前為止，除了薩羅蒙以外，他的其他兄弟都還沒有孩子，薩羅蒙也只有安謝姆和貝蒂，和他們的母親住在法蘭克福謝菲卡瑟巷上的房子，相對還算舒服。）因此，一八一七年六月，納坦拿出一萬五千七百五十英鎊給股票經紀人詹姆斯・卡贊諾夫（James Cazenove）「可以立刻付現」，想買下葛羅斯凡納大宅（Grosvenor House）。不過納坦仍不失本色，只要他認定一項投資價值多少錢就不願意多付出一點，於是交易在卡贊諾夫要求他付一萬九千英鎊的時候破局了。事實上，直到一八二五年，兩夫妻已經生了七個孩子之後，納坦才終於向庫茨家（the Coutts）的某位成員承租皮卡迪利大街一〇七號的房子。同時，他的小舅子摩西．蒙提費歐里原本和他是同住在聖史威辛斯巷的鄰居，他也搬到西邊的格林街（Green Street），再過去一點就到公園大道（Park Lane）了。

詹姆斯是五兄弟中最積極追求美感及社會聲望的一個，他的動作更快。一八一六或一七年，他便從原本在普勒提爾路（Rue Le Peletier）的住所搬到紹謝昂坦區（Chaussée d'Antin，位於巴黎第九區的主要金融中心）的普羅旺斯路（Rue de Provence）上，但是他並未滿足於此。到了一八一八年十二月，他買下阿托以斯路（Rue d'Artois，一八三〇年改名為拉菲特路〔Rue Laffitte〕）十九號的旅館，這原是在大革命之前為了銀行家拉波德（François Laborde）所建造，在拿破崙帝國時期則由約瑟芬皇后的女兒奧坦絲（Hortense de Beauharnais）與拿破崙的警政部長富歇（Joseph Fouché）居住。十二年後，他哥哥薩羅蒙買下了隔壁的房子（拉菲特路十七號），不過兩間房屋翻新及重新裝潢的工作直到一八三〇年代中期才真正完成。❶這段期間，只有在維也納真的無法購買獨棟住宅，因此薩羅蒙一直都是租用列恩巷（Renngasse）上的羅馬皇帝旅館（Hotel zum Römischen Kaiser），直到一八四二年才終於獲得豁免權，不受禁止猶太人在帝國首都置產的規定限制。

同時，納坦、薩羅蒙及詹姆斯都很快在鄉間買下土地，只是這裡要提醒讀者，當時倫敦及巴黎尚未成長為大都會，也沒有鐵路建設，因此長途跋涉只為了尋找鄉間的度假別墅既不實際也沒有必要，「郊區別墅」或許是更準確的描述。納坦在一八一六年往這個方向跨出第一步，買下了妹妹漢莉耶塔口中「美麗的鄉間別墅」，那其實是哈克尼（Hackney）聖約翰教區紐因頓（Newington）及史坦佛山丘（Stamford Hill）之間路上一棟占地三萬兩千多平方公尺的宅邸，自那時起，納坦與家人就住在這裡而不再住在新廷，這點與詹姆斯不同，他仍繼續住「在店面樓上」，距離證交所和法蘭西銀行都不遠。將近二十年後，納坦才又往西邊（並且往上）遷移，買下了阿克頓（Acton）附近更大、更知名的甘納斯伯瑞莊園（Gunnersbury Park）。甘納斯伯瑞莊園是一八〇二年為了英國喬治二世最年幼的女兒阿米莉亞公主（Princess Amelia）而建[19]，是一座占地廣大的義大利風格別墅，有遼闊的花園，包括一片觀賞用的小湖泊，還有一座新古典風格的「神殿」。納坦委託建築師席德尼．史默克（Sydney Smirke）擴建建築物，加上一座柑橘果園和飯廳，同時在原本樸素的正門口加上一些假的大理石裝飾，讓門面看起來更有朝氣；另外，他也針對莊園請教過園藝景觀設計師約翰．克勞迪斯．勞敦（John Claudius Loudon）。

納坦自己內心仍然是喜歡都市生活的：即使是在猶太人很多的史坦佛山丘，他還是無法真的適應鄉間生活。「我有一個鄰居，」他在搬家到甘納斯伯瑞的前一年對巴克斯頓說，「脾氣非常壞，總是想惹惱我，還闢了一大塊土地養豬，離我散步的小路很近，所以我一出門就會先聽到嘎嘎咿咿的豬叫聲。」雖然他很快就就堅持說「這點對我沒有影響，我的幽默感一直都很好」，不過很難不去注意到他確實有都市人不習慣農村生活的跡象。當然，或許只是因為味道難聞，不過納坦可能也懷疑鄰居選擇這種牲畜是有反猶太的意味。而且，他對騎馬、打獵或觀看賽馬也沒什麼興趣❷，這點明顯和詹姆斯與他自己的孩子相當不同。迪斯瑞利在他的小說《恩迪彌翁》（*Endymion*）當中有一段描述，心中所想的顯然便是納坦（書中叫做「紐沙特」〔Neuchatel〕）與甘納斯伯瑞（書中叫「海諾特大宅」〔Hainault House〕）：

> （紐沙特）總是在為自己的下一代準備，受到這股熱忱引導，即使他自己相當樂意永遠住在主教門街

---

❶ 一八三六年，貝蒂對一位讚賞她家房子的訪客說：「如果您看過薩羅蒙．羅斯柴爾德先生的旅館（就在隔壁），就會覺得我們的房子不過是附設在旁邊的馬廄。」

19 譯注：原文所述的莊園歷史有些錯誤，這片莊園包含住宅及鄰近土地其實最早在十五世紀就有紀錄。到了一七六〇年，喬治二世因為寵愛女兒阿米莉亞公主而買下這片莊園贈送，後來也因阿米莉亞經常在此舉辦宴會而讓莊園名聲大噪。阿米莉亞公主過世後，莊園被分割賣給不同主人，到了一八〇二年則大多落入了兩名買主手中，分別為柯普蘭（Alexander Copland）及寇瑟（Stephen Cosser），柯普蘭所擁有的土地較大，他進行改建後蓋了豪宅，也就是後來納坦所買下的甘納斯伯瑞莊園。

❷ 有趣的是，羅斯柴爾德對馬的熱情似乎始於兄弟的妻子。除了詹姆斯之外，其他兄弟都認為馬就是從A點到B點的一種方式，所以當詹姆斯開始騎馬作為娛樂時，他們感到相當困惑。

上……他仍一心一意要建立起幅員遼闊的王國，說來也奇怪，這片土地壯麗並且擁有自然美景，但距離白教堂的車馬路程卻不到一個小時。

海諾特大宅由一名英國人所建，當時貴族正時興建造帕拉迪奧式建築的宮殿……這棟大宅從風格、華美程度，以及幾乎從占地大小來說，都堪比斯托或旺斯特德。大宅坐落於一處鹿園中，周圍便是皇家森林。建造大宅的家族在這個世紀早期就已經凋零，人們以為這座宅子必定遭到摧毀、崩壞……紐沙特出手買下了整個地方，包括宮殿、園林、鹿群、畫作、廊廳、陳列著許多雕像和石膏像的廳堂、家具，甚至還有酒，以及所有還留存的農田，再加上皇家森林中的莊園產權。但是他從來沒有住在那裡，儘管他不遺餘力地維修及改善宅院設施，不過除了星期天之外，他從未造訪該處，也從來沒有人聽說他曾在那裡過夜。「這座房子是準備給在我之後的那些人。」他會這麼說道，揚起淡淡的微笑。

雖然我們知道納坦確實有時週間也會留宿在甘納斯伯瑞莊園，不過他主要是為了孩子才買下這裡，這點似乎無庸置疑，而且直到他過世的兩年後，這座房子才被用來進行大規模的娛樂活動。

在法國，詹姆斯和薩羅蒙都在巴黎外圍買了房子。從一八一七年開始，詹姆斯就在塞納河畔的布洛涅（Boulogne-sur-Seine）買了一處實際上附有一萬兩千平方公尺花園的避暑小屋。九年後，薩羅蒙在對岸的敘雷納（Suresnes）買下一棟更華麗、原本在十八世紀為紹納公爵（duc de Chaulnes）所建的房子，占地約有四萬平方公尺，位於塞納河畔（靠近現今的維敦路〔Rue de Verdun〕），功能類似於甘納斯伯瑞莊園，就像一處距離城市不遠的鄉間別墅，能夠方便往來。詹姆斯一直到一八二九年才又買下位於費律耶（Ferrière）更大的狩獵別業，連同其中已經倒塌的城堡以及位於巴黎東方約三十二公里遠的一片土地，約有四十八萬五千平方公尺。詹姆斯與納坦不同的地方在於，他似乎真的非常喜歡鄉間生活，一買下費律耶的房子就很期待在此過夜。一八三三年，漢娜・邁爾來這裡拜訪他和貝蒂時，她發現他們很快樂地在「管理一片小農地」。

但是對於住在法蘭克福及維也納的羅斯柴爾德家族來說，購買鄉間產業的事情得再等等。阿姆謝爾自己就發現：「在德國，每個人見到他的第一個問題都是：『你在鄉下有買房子嗎？』」但是他和卡爾一致認為，若是咬了這個具有社交吸引力的餌上鉤，會是個錯誤的決定。擁有莊園意味著具有貴族身分，若是只擁有一片花園則不是，他們顯然擔心表現出高貴排場的假象對戰後時期反撲而來的反猶太氣氛無疑火上加油。同時，他們也對於購買農地的經濟合理性抱持懷疑態度，畢竟他們對農耕又知道多少？「這些產業帶來的收益通常不會超過百分之二。」卡爾警告道，這表示五兄弟仍然只是將土地視為另一種形式的投資。這樣的態度一直存在：下一代的羅斯柴爾德在購買土地時還是基於未來獲利的計算，並且家族在管理不動產時也十分謹慎，一如管理他們的資產組合。

社會

最初也是最常引述購買這些產業的理由通常都具有實用目的：五兄弟各自都需要一間空間大、體面的宅邸好用來招待政府首長及外交使節，這些人都是他們最重要的客戶。這項策略中最關鍵的考驗在於，羅斯柴爾德家族希望招待的對象是否接受邀請，而這件事就如走上坡路一樣不容易。

一八一五年十二月，五兄弟在和黑森－卡塞爾的威廉打交道時最信任的合夥人布德魯斯舉辦了一場宴會，「貝特曼、龔塔、所有部長及商人都受邀了，」阿姆謝爾憤恨地抱怨道，「我們出借了銀子，（但是）**金融委員會**（Finanzräte）羅斯柴爾德又再次被排擠而未受邀。」卡爾認為，布德魯斯是因為自己先前和他們親近而感到尷尬：「他覺得我們對他不夠尊敬，所以不願意在那麼正式的場合見到我們，畢竟你們應該也知道，名譽和利潤不會一同出現。」三個月後，他們又受到類似的怠慢，有人不客氣地直接告訴阿姆謝爾，若是他受到邀請，「也會有謠言說我們是付錢才得以參加宴會。」大約在此同時，阿姆謝爾抱怨說龔塔不願意太常跟他碰面談生意，以免他的朋友「開始把他當成猶太人」。而他們因身為猶太人不得參加法蘭克福賭場（紳士俱樂部），這也令他們相當惱怒。

不過，情勢是可以改變的。一八一六年五月，薩羅蒙舉辦了一場晚宴，邀請了外交圈中的重要人物，還有貝斯曼及龔塔。所有人都接受了邀請，羅斯柴爾德家族的某位表親就開心敘述道：

今天，凱斯勒（Kessler，法蘭克福的一位股票經紀人）在證券交易所問我，人家說羅斯柴爾德家中的布置無比精緻華美，是不是真的？顯然賭場有很多人都在討論這件事。他還想知道有誰參加，我提到了部長、貝斯曼、龔塔等人。我保證，貝斯曼和龔塔都讚不絕口說那場宴會真是別開生面，羅斯柴爾德夫人很懂得將一切安排妥當。貝斯曼尤其喜歡安謝姆和貝蒂兩個孩子，他說貝蒂的教養非常好。

一位最積極與羅氏家族作對的敵人聽說「龔塔與薩羅蒙共進晚餐，便說：『還有龔塔先生？』然後嘆了口氣……他似乎很不高興，這可不得了」。三個月後，阿姆謝爾和卡爾舉辦了一場更加盛大的晚宴，主要是為了招待德國較大邦國的外交使節，出席的人包括威廉．馮．洪堡。一年之後他們又成功舉辦了一次類似的晚宴，只有法蘭克福市長與另外一位受邀的賓客拒絕出席。

態勢轉換得如此之快，連不萊梅市長施密特都深感震驚，他是法蘭克福所有邦國代表中最大力反對猶太人解放的一個。「一直到去年年底，」他在一八二〇年八月評論道：

允許一名猶太人進入所謂的「優秀社會」是違反一切生活禮俗與習慣的，法蘭克福當中不會有銀行家或商人邀請猶太人共進晚餐，即使是羅斯柴爾德家族的人也不會，而邦聯議會的代表也理解這樣的習俗，因此會依循行事。自從我回來之後，非常意外地發現，如貝特曼、龔塔（以及）布倫塔諾之流會和重要的猶太人共飲共食，邀請他們到家裡來，也會應邀前去他們家中。而我表達自己的驚訝之時，他們卻說，若是沒有這些人的合作就無法進行任何重要的金融交易，因此必須將其視為朋友相待，和他們斷絕往來並無好處。從這些發展看來，羅斯柴爾德家族還邀請了幾位大使。

不就之後，阿姆謝爾也邀請了他，他接受了。到了一八四〇年代，阿姆謝爾已經會定期舉辦這樣的晚宴，「大約兩週一次，邀請有頭有臉的賓客。」

在維也納要克服傳統的社會障礙確實更加困難。雖然梅特涅在一八二一年並不反對和阿姆謝爾在法蘭克福「喝碗湯」，但在奧地利的首都則完全是另一回事。從當代的評論就能看出非常明顯的差異，維也納的社交生活比起其他地方在宗教上確實更涇渭分明。在一八二〇年代，根茨指出猶太的「富人貴族」習慣一起吃飯跳舞，而不會和真正的貴族一起。英國作家法蘭西絲·特洛普（Frances Trollope，即小說家安東尼·特洛普的母親）於一八三〇年代造訪維也納，當時便遭遇到同樣的對立：

無論是在倫敦或巴黎，都找不到任何類似維也納銀行家在他們社會中的地位。他們整體加總起來的財富龐大，因此，作為一個整體，他們一定對國家有相當的影響力與重要性……但是這群銀行家雖然擁有諸多像是頭銜、財富、影響力與華麗的生活形式，卻一概被排拒在更高的階層以外，不得其門而入，彷彿他們的地位仍然和鑄金維生的祖先一樣毫不虛華。

當然，特洛普也不是完全沒有偏見的觀察者。她自己並不喜歡身邊「圍繞著……數量龐大、令人眼花撩亂的富人貴族……盡是一群黑眼珠、高鼻子的……的確是猶太人無誤」（她也確實將這份偏見傳給了自己的兒子），不過她在一八三〇年代寫下這些的懷疑也不是毫無道理：

他們和這片基督教與天主教帝國的其他成員差異有多遠，或者會不會懷抱著善意或熱忱與之融合……他們身為一個富裕的整體，擁有非常強大的權力，他們的觸角也廣為深入政治體中幾條最重要的纖維中，但是他們的基督徒同儕或許並未因此多喜愛他們幾分，結果在我有機會觀察的幾群人當中，他們的社會地位是更加虛假不實……任誰來訪維也納，只要張開雙眼、在社會中有點交涉，總會找到理由同意我的見解，那就是無論怎麼試圖在社會及私人往來層面上撮合基督徒與猶太人，或許度過一個小時、一天都還行得通，但是最終不管哪一方都無法真正喜愛或容忍對方。

一直到了一八三〇年代晚期，高層政治人物才願意接受薩羅蒙的邀請，到羅馬皇帝旅館與他共進晚餐。梅特涅家人在一八三六年一月就這麼做了，同行的還有瑪麗．埃施特哈齊王妃（Princess Marie Esterházy）以及其他數名顯赫的賓客，他們都對薩羅蒙的法國主廚讚嘆不已。不過在一八三八年，柯羅瓦特伯爵（Count Kolowrat）接受了薩羅蒙的邀請（顯然是第一次），「有些與他地位相等的人告訴他此舉會觸怒旁人。『那你要我怎麼做？』他說，『羅斯柴爾德把我的到來說得無比重要，為了有所貢獻，我也只能犧牲自己，畢竟這個國家需要他。』」

納坦沒有遇到太多困難，外國使節和其他名流顯要很早就開始接受他的晚宴邀約：我們已經提過，他在一八一八年便與洪堡一家人共進晚餐，夏多布里昂子爵在一八二二年赴了他的晚宴，而埃施特哈齊家族也經常是座上賓。普克勒親王的信件中就記錄了數次在納坦家的社交場合，包括一八二八年一次「盛大的晚宴」，甜點裝盛在真金打造的盤子上。納坦與諸多托利黨政治人物顯然關係親近，包括何瑞斯、范西塔特與威靈頓，不過無法確定這層關係是否延伸到了餐桌上：他和這些人物的對話很可能大部分都發生在他們的辦公室中。相較之下，輝格黨貴族中支持猶太人解放運動的人物如聖艾爾本斯公爵（Duke of St. Albans）與勞德戴爾伯爵（Earl of Lauderdale）就相當樂意與他共進晚餐，另外還有歷史學家湯瑪斯．巴賓頓．麥考利，他是下議院中的重要支持者，在一八三一年成為羅斯柴爾德家的賓客。似乎也能合理推斷，大多數造訪巴黎且接受詹姆斯邀請的英國貴族也已經接受過納坦的款待，例如詹姆斯在一八三三年招待過「迷人的倫敦德利侯爵夫人」，並拿出納坦提供的高級英國鹿肉「餵飽」她；一年後他又邀請了里奇蒙公爵（Duke of Richmond）來吃晚餐。五兄弟相當謹慎培養與英國王室家族及其薩克森－科堡親屬的關係，這對他們的社會地位有所裨益（不過劍橋公爵夫婦仍是直到納坦過世之後才接受邀約前往甘納斯伯瑞莊園）。一八一六年冬天，卡爾招待薩克森－科堡的利奧波德，在他那不勒斯的別墅中邀請業餘劇團來表演、舉辦「舞會及晚宴」，當時和現在一般，社會上的顯貴名流難以抗拒在北歐的冬天到地中海赴宴玩樂。一八二八年，蒙提費歐里一家拜訪卡爾時發現他不僅會招待當地的貴族，也會接受他們的邀約。

在羅斯柴爾德五兄弟當中，詹姆斯為博得社交盛名做出了最堅定的努力，或許是因為他受過更好的教育，讓他有信心能夠做到。一八一六年，他憑藉著一本禮儀手冊獲得初次成功，邀請黎希留公爵的私人秘書單獨和他用晚餐。不過詹姆斯也被拒絕過，雖然經過大革命與拿破崙時代的社會動盪，法國的首都仍然勢利且充滿偏見，在一八一八年，他的對手巴爾林及拉布雪爾尤其明目張膽，根本不將他放在眼裡。直到一八二一年三月二日，詹姆斯才真正以主人的身分在翻新過後的阿托以斯路旅館舉辦第一場盛大的宴會。有些厭世的柏林人漢莉耶塔・孟德爾頌（Henrietta Mendelssohn）便描述，

> 在過去兩個星期以來，名流與富人的世界中沒有什麼話題可聊，除了羅斯柴爾德先生昨天晚上終於在他裝飾得富麗堂皇的新房子裡舉辦了宴會。我目前還不清楚宴會中詳細發生了什麼，不過從我過去十幾天以來（不誇張）從各個年紀與階級的人口中所聽到的，我想大概也相去不遠了：受邀的賓客有八百人，還有許多人圍著羅斯柴爾德先生，積極拜訪、寫信、懇求他，希望能夠受邀，這些人數大概也是這麼多……而我如今的感覺，無論是出於什麼原因，每天都越來越不快樂、越來越易怒，因為我並未應邀前去這場宴會，儘管羅斯柴爾德先生送來了相當有禮貌的請柬，但我並沒有去。

這樣的活動持續不斷。一八二六年四月，奧地利大使自述在「羅斯柴爾德先生」**家裡**享用豪華饗宴，同席的不只有其他強國的大使，還有梅特涅、德文郡公爵（Duke of Devonshire）、俄羅斯的拉祖莫夫斯基親

王（Prince Razumovski），以及一小群法國貴族：馬列公爵夫婦（Duc and duchess de Maillé）、達瑪男爵（Baron de Damas，他是當時的法國外交部長）、杜哈斯公爵（Duc de Duras）與蒙塔列博特伯爵（comte de Montalembert）。一年半之後，法國元帥卡斯特蘭（Boniface de Castellane）與詹姆斯共進晚餐，他遇到了英國及俄羅斯的大使、穆希公爵（Duc de Mouchy）以及朱斯特・德・諾亞耶伯爵（Comte Juste de Noailles）。平均說來，詹姆斯一週大約會舉辦四次晚宴，每次至少邀請十名賓客，有時甚至多達六十位。在他第一個孩子夏洛特出生的前一晚，他邀請了十八名賓客來晚餐，隔天晚上又有二十六名。

羅斯柴爾德家的宴會相當有吸引力，這點詹姆斯也很清楚，有一部分原因就在於其款待賓客之奢華。漢莉耶塔・孟德爾頌便曾經酸言酸語說，一八二一年，詹姆斯的舞會邀請函價值水漲船高，因為眾人聽說「所有女士一進入宴會廳就會收到一束花，上頭綴著鑽石戒指或者胸針」，或者至少會舉辦「抽獎，其中一位女士可以贏得大獎」。亞龐尼伯爵於一八二六年與詹姆斯共進晚餐，餐桌上擺放著一個枝狀燭台形狀的巨大拼盤，全都以銀盤拼成，亞龐尼猜測價值至少十萬法郎，而食物都是由知名大廚安東尼・卡雷姆（Antonin Carême）準備，這位大廚先前的雇主包括攝政王以及沙皇亞歷山大一世，烏龜湯加上馬德拉美酒的味道實在濃郁鮮美，讓一向消化不良的亞龐尼決定延遲八天再去例行的消化門診報到。

從許多方面來看，卡雷姆的高超廚藝是詹姆斯早期提升社會聲望中最主要的吸引力，知名作家席妮・摩根夫人（Sydney Morgan）便是其中一個垂涎卡雷姆廚藝的賓客，她曾經在布洛涅參加詹姆斯的晚宴：「味道細膩的肉汁幾乎就像化學家精準調出的味道……每一根蔬菜都還帶著新鮮的顏色……蛋黃醬打到如冰般清涼……現代文明的評量依據正是美食這門藝術，而卡雷姆的藝術成就已臻完美，值得為他戴上一頂桂冠。」晚宴上還出現一波意外的高潮，便是一塊上頭以糖霜寫了她名字的巨大蛋糕，她身邊圍繞著神聖同盟的所有支持者。後來卡雷姆必須離開時，詹姆斯費盡心思要找到足以接班的人選。而他也不是家族中唯一懂得大廚價值的人，儘管阿姆謝爾和薩羅蒙自己從來不會品嚐宴會上的食物，卻堅持要為法蘭克福及維也納的賓客提供最上等的法國料理。迪斯瑞利是除了羅斯柴爾德家族成員以外最常吃到這些食物的人，他在《恩迪彌翁》中便有描述「精緻的餐點，（賓客）望之而感驚奇，嚐之而感膽怯」，從中可以知道料理的重要社交功能。

勢利

然而，雖說賓客接受了羅斯柴爾德的邀情，卻不能說他們喜歡這五兄弟。當時的人認為納坦・羅斯柴爾德很嚇人：外表看起來很不起眼，態度卻很直接，幾乎可以說完全是粗魯無禮。普克勒親王在一八二六年第一次到新廷區拜訪這位「城市的統治者」時，便受到相當無禮的對待：

我發現俄羅斯領事也在那裡，正在處理支付款項給他的宮廷等事宜。他這個人相當優秀又聰明，完全知道該如何扮演好謙遜的債務人角色，同時還能保有尊嚴的合適態度。這點讓情況變得更加棘手，因為領導著這座城市的聰明人並不看重規矩。我將信用狀交給他時，他挖苦道我們這些有錢人真是好運，能夠四處旅行給自己找樂子，而他這個可憐人得看顧著全世界，他繼續咬著牙抱怨著自己族人的困境，說來到英國的窮傢伙沒一個不想從他身上得到點東西。「昨天，」他說，「有個俄羅斯人來求我（這件事讓俄羅斯領事臉上露出苦澀中帶點歡樂的表情），然後呢，這裡的德國人又不讓我有片刻安寧。」現在該輪到我對這件事擺出好臉色了……他說這些話時都是以一種他才會使用的語言，一半英文一半德文，英文還完全帶著德文腔調，不過他說話時的姿態相當冷靜沉著，似乎認為這些瑣事不值得注意。

讚美之詞也只是偶爾才有用。普克勒以及來訪的俄羅斯人表示「歐洲沒有他就生存不下去」時，納坦「謙虛謝絕了我們的稱讚，並微笑著說：『不是，你們只是在開玩笑，我不過就是個僕人，人們討好我只是因為我能夠將事情辦好，而他們也心照不宣地讓我撿拾掉落的麵包屑。』」普克勒一聽就知道這是在諷刺他們，因而感到坐立難安。

迪斯瑞利在小說《坦可里德》當中（我們之後會提到他在一八三〇年代開始與納坦的兒子萊昂內爾變得熟識）寫到了類似的情節，描述小說主角想要和年長的席多尼亞會面，席多尼亞一角至少有一部分是根據納坦而塑造：

> 就在這個時候，那個將坦可里德帶進公寓的年輕人推開玻璃門走了進來，帶了一封信給席多尼亞。蒙塔庫特大人相當困惑，又恢復了原先的困窘……他起身正要開口道早安，而席多尼亞注意到他，眼睛根本沒離開信件就揮揮手阻止了他，說：「我已經跟艾斯可戴爾大人談好了，若有什麼事情需要我暫時離開去處理，你也不能走。」……
>
> 「寫吧，」席多尼亞繼續對文書員說，「寫說我的信件會比快遞晚十二個小時，說城內仍然相當平靜。柏林信件的摘要也要在同一時間送到財政部。最新情況？」
>
> 「債券在兩點半下跌，所有外國基金都跌得更低，股票相當活躍。」
>
> 又只剩下他們兩人了。

像這樣在辦公室裡不甚愉快的會面後來被精簡成了有名的「兩張椅子」笑話，這可能是流傳最廣的羅斯柴爾德笑話，靈感當然一定是來自納坦。一位重要的訪客被帶進了羅斯柴爾德的辦公室，而羅斯柴爾德坐在桌前連頭都不抬一下，只是隨意地邀他「找張椅子坐」。「你知道自己在跟誰說話嗎？」深感受辱的顯貴說道，羅斯柴爾德還是沒有抬頭：「那就坐**兩**張椅子吧。」（其中一個版本是訪客氣憤地表示自己是圖恩**與**塔克西斯親王，於是羅斯柴爾德特地給了各一張椅子。）

納坦也不是只有在自己的領地（就是他的辦公室）才以不理會社會階級而聞名，即使是在上流社會的晚宴餐桌上，他也表現出法蘭克福猶太巷中毫不客氣的態度與尖酸苛刻的幽默感。普克勒親王受邀與納坦一同晚餐時，他「分了心神」，去「聽他對眾人講述飯廳四周所懸掛的畫像（都是歐洲各國的君主，呈現出他們統治時的面貌），說起畫中的主人都是他非常好的朋友，而且在某種程度上還和他平起平坐」：

「沒錯，」他說，「這位〇〇〇曾經逼我借錢給他，同一週我又收到他簽署的書信，他父親也親自從羅馬寫信給我，求我看在上天的份上不要考慮這麼做，因為與我來往的人當中，可能找不到比他兒子更加不老實的人。『此舉無疑十分符合天主教教義。』不過，這信或許是老●●●寫的，她實在太討厭自己的兒子了，總是說（而每個人都知道這話有多不公平）：『他有一顆□□的心，還有一張■■的臉。』」

某次晚宴上，納坦又狠狠挖苦了一位同席的賓客，德國大使威廉·馮·洪堡寫信向妻子說：

昨天羅斯柴爾德與我共進晚餐，他實在粗魯又沒教養，不過他十分聰明，也絕對非常有金融頭腦。他有一、兩次漂亮地駁倒了馬汀斯少校（Major Martins）。馬汀斯也和我一起用餐，一直讚美著法國的一切，他傷感到有些糊塗了，開始談起戰爭的可怕及大量死去的人數。「是啊，」羅斯柴爾德說，「要不是他們都死了，少校，你大概還在當鼓手。」妳真該看看馬汀斯的表情。

即使不是跟這麼位高權重的人一起用餐，納坦似乎也相當魯莽：自由派的議員湯瑪斯·福威爾·巴克斯頓在一八三四年和納坦都出席了漢姆別墅（Ham House）的晚宴，巴克斯頓便講述了納坦在餐桌上的談話，看起來這位白手起家的百萬富翁正拚命自吹自擂，不斷為自己的成功找恰當的理由，同時給予其他人平庸無奇的建議：

「我看過……許多聰明人，非常聰明的人，他們腳上沒鞋可穿。我從來不跟他們往來，他們的建議聽起來很好，但命運總和他們做對，自己都發達不起來。若是他們對自己都沒好處，對我又怎麼會有好處呢？……

「要拿出……頭腦和靈魂，還有心跟身體，加上所有一切，都奉獻給生意，那就是快樂的方法。我需要非常大的膽量與非常多的謹慎才能賺這麼多錢，而賺到錢之後又需要拿出十倍的機智聰敏才能留住錢財。如果我聽從每一項對我提出的生意提案，那麼很快就會毀掉自己。謹守著一種生意，年輕人……只當個釀酒師，或許能夠成為倫敦最傑出的釀酒師；但你當釀酒師之餘，又當銀行家、商人、製造商，那你很快就會上報。」

在這場晚宴上，有位賓客表示說，希望「您的孩子不會太喜歡賺錢和生意，以免排除了更重要的事情。我相信您一定不會希望如此」。納坦則直接反駁道：「我相信自己希望是如此。」

有些見過納坦的人認為他是個吝嗇的庸俗之人。鳥類學家奧杜邦（John James Audubon）記得自己無法勸說納坦預購他畫著精美插圖的著作《美國鳥類》（*Birds of America*），便乾脆在付款之前就把書寄給他。後來納坦看到帳單時，他「驚訝地睜大眼睛大叫：『什麼，買鳥就要一百英鎊！天啊，先生，我可以給你五英鎊，一分錢都不能再多！』」還有一件經常被人提起的小故事。納坦告訴作曲家路易斯・施波爾（Louis Spohr）：「我對音樂一竅不通，這個（他拍拍自己的口袋，裡頭的零錢發出鏗瑯聲響）就是我的音樂，我們靠證券交易學會的。」還有一個故事中，他惱怒地回應某項慈善捐獻的要求：「來！開張支票吧，我真是（該死的）有夠蠢！」巴克斯頓對納坦做善事的輕率態度相當驚訝。「有時候，」他解釋道，「為了讓自己開心，我會給乞丐一枚幾尼幣，他以為我搞錯了，擔心我會發現於是拔腿就跑，能跑多快就多快。我建議你有時候也可以給乞丐一幾尼，非常有趣。」他會向自己晚宴的賓客直說某項服務要價一百英鎊，完全就是他會做的事。

這樣一位教育程度不高的猶太人可以在上流社會中這樣行事，單純因為他新賺取的大量證券類財富而不受追究苛責，這讓當時的人既驚奇又厭惡，而且依據他們的社會階層與對傳統階級順序的想法而有不同感受。例如，普克勒親王第一次到新廷區與納坦見面，將信用狀交給納坦而受到奚落時，並沒有明顯厭惡的樣子；正好相反，他概述納坦這個人的「親切友善無可否認，甚至可以說人格良善……真的是**相當棒的孩子**，又慷慨，勝過與他同階級的其他人。也就是說，只要他確定自己不會冒什麼風險，那就不可能會有什麼人討厭他……這個人實在是從未出現過的類型」。而我們先前提到的，洪堡也採取紓尊降貴的姿態，認為納坦在上流社會中展現出粗魯無禮、敏捷機智又毫不尊重他人的樣子十分有趣。

相較在波旁復辟王朝的巴黎中，詹姆斯諸多的失禮行為就會招來厭惡的眼光，例如他曾無預警地向奧爾良公爵（Duc d'Orléans）介紹自己的妻子，另外還以波多茨基伯爵（Count Stanislas Kostka Potocki）的受洗名字史坦尼斯勞來稱呼他。卡斯特蘭元帥就像詹姆斯其他許多社會地位較高的賓客一樣，雖然接受他的邀約卻並不是很喜歡這位主人：「他的妻子……夠漂亮了，也很有教養，歌聲很好，只是聲音有些顫抖。她的德國口音實在無法入耳。詹姆斯……身材矮小、醜陋又自大，但是他懂得舉辦舞會與晚宴，爵爺們都在嘲笑他，卻也十分樂意前去他家，那裡能夠聚集巴黎最一流的人士。」

莫里茲·葛舒密特的兒子赫曼（Hermann Goldschmidt）寫了一本回憶錄，是我們少數能夠取得的第一手詳細描述，根據他的說法，薩羅蒙更缺乏社交禮節的概念。「為什麼要讓我在你家吃得不舒服，不如你來我家吃得舒服一些。」他曾聽到一位俄羅斯大使這樣回覆晚餐邀約。還有一位「地位甚高的人物」向薩羅蒙尋求貸款，結果遭到斷然拒絕：「因為我不想。」因此，薩羅蒙「鮮少涉足上流社會，（因為）他認為自己未受過良好教育，在這樣的環境必然會過得辛苦而不舒服」，於是傾向將「與名流顯貴來往的工作」交給葛舒密特的父親。少數幾次他邀請梅特涅一家來共進晚餐，總忍不住像個暴發戶般炫富，讓客人看看自己保險箱的內容物當成晚餐後的娛樂。即使是在他比較熟悉的交友圈（也就是猶太人），他的行事風格仍然相當粗野，例如薩羅蒙習慣在清晨三點就起床，如果理髮師在早上遲到了，他就會罵對方是個「渾蛋」；如果某人走進辦公室的時候身上有點味道，薩羅蒙就會拿手帕摀住鼻子，打開窗戶大叫：「把他丟出去，這人臭死了。」他習慣在晚上六點半吃晚餐，這對社交場合來說相當早，而且他通常會先喝兩瓶酒之後再出門到公園裡散步，身邊跟著「愚忠的馬屁精和跟屁蟲」。週日他到德布靈（Döbling）拜訪葛舒密特一家人的時候，總會調戲在場幾個比較漂亮的女孩，「態度經常不太恰當或沒有禮貌」，若是有孕婦在場的時候，他也會開些相當粗俗的玩笑。

這些故事也不全然都是誤傳。納坦和他的兄弟確實在許多見過他們的人眼中就像是「新富階級」的化身，處事作風仍相當粗糙、未經琢磨。最能明確表達這個論點的莫過於一八四八年的卡通漫畫（這是一系列「法蘭克福風情畫」的第一幅），畫中相當無情地將莫里茲．馮．貝特曼與阿姆謝爾並列，前者優雅地站在四馬馬車上，後者則歪斜倚靠在錢箱上（參見圖7.i）。但是這類評斷並不是最恰當的歷史證據，首先這些畫只能告訴我們當時其他人是如何**看待**羅斯柴爾德；第二，在這兩千多年來，「新富階級」一直都是遭到蔑視的對象，無論屬於新富階級的個人符合這樣的刻板印象有多少，在各種作品中還是很容易重複這樣的比喻。但是從五兄弟之間的通信就能看到完全不同的景象。

7.i：恩尼斯特．沙爾克與菲利普．赫爾里希，《莫里茲．馮．貝特曼男爵與阿姆謝．馮．羅斯柴爾德男爵，於法蘭克福合影》（1848）

事實上，五兄弟非常不喜歡他們舉辦的絕大部分社交宴會。阿姆謝爾會「感謝上帝」讓他的晚宴結束，而卡爾認為這些都是昂貴的「花招」，「晚餐很棒，但錢更棒。」他們雇用的大廚將帳單遞給他時，他這樣評論道。「不過，」他承認，「這就跟賄賂一樣有效。」值得注意的是，一八一七年的晚宴上至少有五名賓客還收到一批巴黎新城市的貸款債券。在柏林也是一樣，雖然卡爾在這裡相對容易地順利邀請到哈登堡、英國及奧地利大使等權貴人士，不過他仍然對這類社交宴會的價值抱持懷疑：「我其實一點也不在乎，因為我發現跟那些不邀請我們的人做生意，成果總是比較好。」納坦處在宴會廳或沙龍當中也同樣不自在，就像他住在鄉間一樣，阿姆謝爾在一八一七年就提到，即使納坦只是舉辦了一場茶會，他也會覺得自己的早晨被「偷走了」，雖然他的女兒夏洛特於一八二九年從功利的角度提出看法，說她希望『這個社交季節如往常一樣相當活躍，我想這對生意也有助益」，不過似乎不影響納坦的觀點。

詹姆斯對於他哥哥們基本上不愛社交的態度提出了解釋，某次他正考慮要再辦一場舞會時說：「我現在的感覺就和你們一樣，我很樂意待在家裡，不想讓這一大堆廢物逼瘋我。」他同樣不如那些地位崇高的貴客所想的那般如此喜愛這類場合，他從一開始就對社交往來抱持著相同的實用看法，「我一心只想著做生意，」他向納坦保證，「如果我參加了某個社交宴會，那也是為了認識某些可能對生意有幫助的人才去。」為了證明這點，詹姆斯早期邀請來的社交往來人士，例如黎希留公爵的私人秘書，他都會從他們身上挖出有用的資訊。私底下，詹姆斯也承認自己厭倦了他舉辦的奢華舞會，他在一八二五年一月向納坦坦白，自己仍持續舉辦舞會只是不想讓人們以為他已經負擔不起了。「我親愛的納坦，」他疲倦地寫道，

我必須舉辦舞會，因為全世界都說我已經破產了，因為人們已經習慣我舉辦三、四場舞會，就像去年冬天那樣，否則他們就會嚼舌根，而且坦白說，法國人的心地都很差。好了，下週就要舉行嘉年華，我真希望現在已經辦完了。我用全世界向你保證，我的心並不在此，但是一個人必須盡全力向全世界展現自己。

六年後，在一八三〇年開始浮現革命的危機，夏洛特在她叔叔的經濟成果與社交能力之間也發現了同樣連結：雖然貝蒂感到非常「勞累」，不想再「如往常舉行舞會」，但是「債券價格仍然（持續）快速上揚，詹姆斯還是希望能夠舉行」。我們之後也會看到，詹姆斯向巴黎上流社會證明自己撐過了一八三〇年的金融及政治風暴的其中一項重要方式就是舉辦舞會。

崇高的「欺詐」

在復辟時期的歐洲，無論猶太人多麼富有，總要面臨許多傳統的社交門檻，而羅斯柴爾德家族並不只想透過舉辦派對來跨越這些門檻。在一個仍由階級高低與次序先後主宰的社交世界裡，他們急著想讓自己獲得正式的地位象徵，而他們發現這件事簡單得不得了，這或許也顯示出了復位後的梅特涅政權有多麼脆弱：這就是本章開頭引述那段「猶太人男爵」故事的真正用意。

或許最能說明這個論點的證據就是，其實羅斯柴爾德家族早在一八一七年就成功從神聖羅馬帝國皇帝法蘭茲二世那裡獲得貴族頭銜，經過奧地利財政部官員舒威納（Schwinner）、財政部長施塔迪翁與梅特涅的遊說，在維也納安排進行。在他們看來，此舉主要是獎賞羅斯柴爾德家族在支付英國補貼及法國賠款給奧地利的生意中所扮演的角色。當然，不應該誇大這件事的重要性。羅斯柴爾德家族並非第一個藉由這種方式提升地位的猶太人，還有其他六個家族也受封貴族（只是其他人全都在一八四八年改信基督教）；而且由哈布斯堡皇帝授予貴族身分也不代表社會地位有所提升，一直要到兩個世代之後，維多利亞女王授予納坦的孫子納弟・羅斯柴爾德可世襲的爵位，他們的地位才算是提升了。奧地利的貴族爵位就像他們的貨幣一樣，價值比不上更難獲得的英國爵位。不過話說回來，貴族爵位讓五兄弟獲得三項珍貴的資產：能夠在姓氏前加上「馮（von）」（在法國和英國則是「德〔de〕」）、家族紋章（雖然沒有他們原先希望獲得的設計那麼氣宇軒昂），以及在一八二二年，他們正式獲得「男爵」頭銜（在神聖羅馬帝國稱為「Freiherr」，法國和英國則為「Baron」）❸

這也不是羅斯柴爾德家族在一八一四年之後唯一獲得的社會地位提升獎賞，就像他們的父親先前想要透過獲得宮廷猶太人及宮廷銀行家的頭銜，為越多宮廷服務越好，藉此增加聲望，因此他的兒子及孫子也都要求家族的老朋友，也就是黑森－卡塞爾的選帝侯，任命他們成為「財政委員」，後來普魯士國王也授予他們相同職位。其實這些只是榮譽職銜，不過在社交場合上很有用，因為持有這類頭銜的人便能夠穿上制服，這在參加宮廷宴會時幾乎必不可少。納坦在一八二〇年順利得到奧地利領事的頭銜，而他和詹姆斯在一八二一至二二年間也成為總領事，用來獎賞他們在那不勒斯危機期間提供的金融支援，這些職銜基本上都一樣，就是好聽而已，不過在名目上他們還是負有部分責任，要在英國及法國維護哈布斯堡的商業利益。許多當代的記述中都能看見羅斯柴爾德家族如何運用這些制服，早在一八一七年，卡爾便希望能獲准穿上黑森戰爭學院海軍藍襯金色制服。一八二五年，有人看見詹姆斯穿著紅色的領事制服參加查理十世在蘭斯（Rheims）的加冕典禮；兩年後，年輕的軍官查爾斯．博謝（Charles Bocher）看見詹姆斯穿著綴著金色肩章的大紅色外套從杜樂麗宮走出來，還誤認他是某位英國將領。

穿著制服很好，但是穿著有勳章、勳帶或穗帶等裝飾的制服更好，五兄弟最早在一八一四年也開始渴求這些。一八一七年末，普魯士總理哈登貝格公開為卡爾戴上勳帶，因為卡爾發現在普魯士宮廷中只有兩個人胸前一片空蕩蕩，自己就是其中之一。一年後，達姆斯塔特大公授與詹姆斯勳章。一八二二年維羅納會議期間，詹姆斯和薩羅蒙都接受了沙皇所授與的聖弗拉基米爾勳章，薩羅蒙透過根茨的安排，確保德國的報紙都報導了

❸ 薩羅蒙原本要求的紋章設計是：「第一象限是黑鷹，或者放在右側，襯以黃底；第二象限是金黃色的獅子全身像；第三象限是躍起的獅子；第四象限是天藍色，一隻手臂握著五支箭。紋章中央有一面黃色盾牌，右邊的支撐物是象徵忠誠的灰獵犬，左邊的支撐物是象徵虔誠與滿足的鸛。」同時紋章上方還有一頂七角王冠和一頭躍起的獅子。維也納的使者對此設計做了大幅修改，最後的版本只保留了老鷹，手上也只握了四支箭；兩側沒有支撐物，盾牌上放著一頂頭盔、三角王冠和另一隻老鷹。納坦在一八一八年註冊的版本稍有不同：紋章上有「天藍色的底、白色獅子全身像，右爪抓著五支箭頭向下的箭。而頂冠上有一圈繽紛色彩，排列著金黃色王冠，一頭白色獅子半身像，爪子也像手臂一樣抓著五支箭」。家族座右銘「和諧、正直、勤奮」則是後來加上去的。

這件事。一年後，詹姆斯又添了一個法國榮譽軍團騎士十字勳章（不過他直到一八四一年才成為軍團的正式成員）。到了一八二七年，薩羅蒙對此已經相當熟稔，也要求為他的資深職員利奧波德·韋特海姆斯坦授勳，因為他提供帕爾瑪女爵服務而被授予聖喬治君士坦丁勳章。納特於一八三四年造訪君士坦丁堡時（他是第一個到此地的羅斯柴爾德），因為自己有可能獲得異國的新穎禮物而興奮不已，簡直藏也藏不住：

> 你們不知道讓蘇丹接見代表了什麼，只有全權代表政府首長層級以上的人物才能進宮面見，不過我認為自己應該算是大使……因此有權利接受最高等級的禮遇。蘇丹表示贈禮是他的意思，為了表示他滿意我們的表現，不過我不知道究竟是一枚戒指、鼻煙盒或者是漂亮的勳章，我希望是最後那個。我已經向他們表達了自己的意思，希望他們理解我最希望收到的是鑽石半月勳章。

正如他信中所示，戒指和鑲滿寶石的鼻煙盒之類的王室禮物雖然也很好，但只能排第二。

羅斯柴爾德家族積極追求頭銜與勳章的舉動經常被視為一種荒謬的怪癖：法國歷史學家卡佩非格（Jean-Baptiste Capefigue）認為，這是一種想要模仿貴族的「弱點」，在原本就出身貴族的人眼中看來無疑也是如此。梅特涅懷疑他們只是「虛榮」，而且「渴求榮譽、夢想著與眾不同」，然而經常批評復辟政權的人，尤其是海涅，則嘲笑他們此舉顯然是遵從了貴族的習俗。[4]然而，五兄弟私底下卻相當輕蔑這些習俗，正如卡爾所說，家族紋章就是欺詐的一部分。至於制服，詹姆斯私底下開玩笑說：「如果你在這裡要去見某位首長，每一次都一定要打扮得像是要和你的新娘見面一樣。」五兄弟甚至偶爾會拿自己的新頭銜來開玩笑，例如卡爾在一封信中就稱呼收信人「詹姆斯·德·羅斯柴爾德，基督教奴隸解放會社騎士，黑森選帝侯財務委員，等等、等等、等等」。後來丹麥國王也主動問他「要什麼頭銜」，他只能問：「我們要這麼多頭銜做什麼？」黑森－卡塞爾選帝侯表示願意授予他「一條帶著飾扣的勳帶，就像士兵配戴的那種」，他也拒絕了，認為這有失體面。另外，羅斯柴爾德家族也不願意付出過高的代價來換取代表地位的勳章。納特聽說奧地利政府想要分派一位領事秘書給他哥哥萊昂內爾，一年要花公司五百英鎊，他便相當憤怒：「換作是我，要我一年為此付五百英鎊，我寧願讓整座領事館倒了，也不想找個討厭的傢伙來聽我使喚……我很想知道誰願意一年付五百英鎊來換取擔任奧地利領事這份榮耀。」阿姆謝爾應該是整個家族中最容易受到這些事情影響的人，不過即使是他也知道他們的地位，正如他在一八一四年所說：「如果我們總是擔心其他人會怎麼想，那麼我們現在就會拿到更多勳章之類的東西，卻沒有錢。到最後，我們只會落得無人讚賞、沒有勳章，更沒有錢。」「最高的獎賞，」在他看來，「若上帝垂憐，就是平靜的生活。」

儘管如此，他們還是要接受這樣的榮譽有兩個原因。首先，我們已經知道這些榮銜有助於他們的合夥人更容易接近政府決策的高層；第二，這些頭銜與其他表揚「代表了我們國人的卓越」，這指的正是歐洲猶太人。當時在法蘭克福仍有一些人想要恢復過往對猶太人的諸多限制，羅斯柴爾德家族的封爵普遍被視為甩了這些人一巴掌。「如果一名猶太人成了男爵，每一位猶太人都是男爵」，這就是猶太巷中對這件事的看法。同理，納坦在倫敦被任命為奧地利領事，以卡爾的話來說「對猶太人是一大幸事」。儘管這五兄弟被授予的勳章明顯充滿了基督教色彩，例如聖人的名字、甚至還有十字架的符號等等，不過這件事仍被視為某種勝利。雖然阿姆謝爾拒絕接受這樣的勳章，但在一八三二年時，卡爾毫不猶豫就接受了教宗額我略十六世授予的新設立的聖喬治勳章；三年後萊昂內爾也接受了西班牙女王的伊莎貝拉勳章，正如海涅所說，這枚勳章原本設立的目的是「為了表揚將猶太人及摩爾人趕出西班牙的功績」，如今「巴黎的猶太商人薛洛克先生」從此就會是眾人所知的「基督教世界最偉大的男爵」，多麼嗆辣的比喻。確實，不少基督教評論者深感冒犯，奧地利的庫貝克男

❹ 海涅在《盧卡浴場》（*The Baths of Lucca*）中描述了一場在薩羅蒙家舉辦的宴會：「多麼耀眼的星星及勳章！有獵鷹勳章、黃金艦隊勳章、雄獅勳章、海鷗勳章，而且我保證，還有一個小孩，一個黃口小兒，戴著大象勳章。」麥考利和「那位猶太人」（也就是納坦）吃飯時，他「除了一、兩個外國勳章之外，沒看見一位貴族或一顆星，通常我認為這就是暗示我得看看自己口袋裡有什麼」。

爵（Baron Kübeck）就是其中之一：

> 宗座接見了羅斯柴爾德家族的一員，而這位耶穌基督在世上的代表人懷著天大的包容之心，授勳給了那些任由基督遭到處死之人的後代，以新設立的聖喬治勳章裝飾著勳帶和星星，同時伸出了他的手，而非他的腳，讓對方親吻。然而，羅斯柴爾德仍然拒絕成為基督徒。

有鑑於此，或許最難解釋的是納坦顯然相當懷疑這類榮譽有何價值。例如，一八一五或一六年間有好幾封信似乎都提到他有機會受封騎士（knighthood，不過詹姆斯會寫成Nighthood），但是他都拒絕了。有人試圖告訴卡爾他的兄長已經受封，他卻不願意相信，「因為你喜歡簡單」。一八一六年封爵的特許狀中就特別排除了納坦，經過認可的家族紋章上也是畫著四支箭，而非五支。而且納坦和他的兄弟及長子不同，他幾乎沒使用過「男爵」這個頭銜，或是在姓氏前加上「德」。原因是否如寇提伯爵所認為的是環境問題，因為他希望不要太過公開與保守的奧地利有所牽連？[5]梅斯認為有更實際的原因：雖然納坦在一八一八年順利得到能夠配戴家族紋章的權利（因此能夠合法加上第五支箭），不過一八二五年他向英國皇家紋章院（Royal College of Arms）申請註冊奧地利的頭銜時卻遭到拒絕，可能是因為他八年前才獲得自己的皇家居留特許狀。不過阿姆謝爾認為，或許一部分原因也出自於納坦就是「不想要」封爵。因此，納坦在一八一八年拒絕了普魯士授勳之後，建議將勳章改授予薩羅蒙，因為「我在倫敦這裡用不到這種東西」，但是「我哥哥……很喜歡勳帶，還是一位打算住在巴黎的男爵，他可以用這些來打扮自己」。詹姆斯一開始也不太想稱自己為「德．羅斯柴爾德」。「我們還是繼續做生意吧，」他在一八一六年這樣勸說哥哥們，「能夠擁有頭銜但不用它最好，除非私底下使用」，收到某位財政部長正面回覆的商業信件「比起所有貴族頭銜都更值錢」。

不過，相較於詹姆斯的保留態度很快就煙消雲散，納坦對貴族身分的輕蔑仍揮之不去，而且可能更為深入。普克勒親王於一八二七年拜訪在英國的羅斯柴爾德家族，晚餐後他觀賞了一齣相當詭異的表演，顯然已經喝醉的納坦穿上「他的新奧地利領事制服，他說這是他的朋友梅（特涅）剛從維也納寄來的」：

（他）向我們展示，甚至被眾人的慫恿說服在鏡子前試穿，還穿著制服走來走去。就像那些古董收藏家一樣，一開始展示就不知道什麼時候該停下來，他現在又差人拿來其他華麗的宮廷服飾，換裝了好幾次，彷彿在舞台上一樣……

這實在……有點滑稽，看著這位平時嚴肅的商務人士試著模仿宮廷大臣們，做出各種鞠躬、彎腰致敬的姿勢，帶著輕鬆而親切的態度，完全不受我們的笑聲干擾，帶著歡樂的N・M・R一貫的滿滿自信向我們保證，只要他想就能扮演任何角色，而且只要多喝五、六杯酒，他也能做得像宮廷中最優秀的人一樣好。

普克勒顯然有些五味雜陳，這也表示此舉是納坦用來**取悅貴族**的典型花招，有時候他或許願意換下自己簡樸的外衣，穿上屬於舊秩序的花俏服裝，不過對他而言這些不過就是漂亮衣服。於是，一個醉醺醺的猶太銀行家在窮困潦倒的親王面前嘲笑著哈布斯堡王朝的外交服飾，如此生動的場景正好能概略描述羅斯柴爾德家族與復辟王朝社會階級間深刻的矛盾。

「良好教育」

雖然大多數人都把當時還年輕的羅斯柴爾德兄弟視為庸俗之人，但他們至少對於今日稱為「高雅文化」的東西有些興趣，不過這種稱呼似乎有些不恰當，畢竟那個時期的「公共領域」發展地相當快速，人人多少都能自由參與製造與消費音樂、戲劇、書籍及繪畫。這種興趣在一定程度上也是上述娛樂方式造就的合理結果，

❺ 值得注意的是，納坦的孫子在接受英國爵位時去掉了姓氏前的「德」，他的後代也如此沿用，因此今日才會同時存在「羅斯柴爾德家族」以及「德・羅斯柴爾德家族」。

至少，如果擁有大房子就不能不在各個房間裡擺放畫作和其他裝飾品。同時，為了能和社會菁英談論一些與金錢、政治無關的話題，先決條件就是要對這些成員喜愛的畫家、作曲家與作家有基本認識。但是忙碌的中年銀行家（一八二〇年時，五兄弟中除了詹姆斯都已經年過四十）通常很難把藝術學好。確實，他們都繼承了父親欣賞古董**藝術品**的眼光，懂得挑選好禮物送給自己偏好的政客。他們也委託頗負名聲的藝術家如威廉・比奇爵士（Sir William Beechey）、路易・艾米爾・葛羅斯克勞德（Louis Amié Grosclaude）及莫里茲・丹尼爾・歐本海姆繪製自己與妻小的肖像畫❻，而且他們在法蘭克福與巴黎的劇院裡經常有固定包廂。不過在第二代中，唯有詹姆斯是因為自己喜歡而展現出認真鑽研文化的興趣，例如他在二十幾歲時便讀過席勒與歌德的作品，而且在一八二〇年代也資助了一名叫做亞拉德（Allard）的藝術家，一個月付他五法郎，同時還訂閱了《表演通信，或稱劇場期刊》（*Courrier des Spectacles, ou Journal des Théâtres*）。他的哥哥傾向認為，最好讓他們的孩子能夠接觸到這些東西。

或許應該在這裡指出最明顯的證據：如果羅斯柴爾德兄弟真的都是庸俗之輩，他們就不會把孩子教育得如此出色。當然，納坦要求他的兒子要「將所有意志、靈魂、心智、身體和一切都奉獻給生意」，在他說出這句備受誤解的論點之時，他所有兒子當中只有一個已經完成學業，並且在公司裡工作了好幾年，而他和其他兄弟知道在**更高等**的教育與成功的企業實習之間或許有所衝突。薩羅蒙在為十五歲的安謝姆思考未來時，卡爾便說：「我建議你別讓他……在學校再待超過兩年，這樣他就能在十七歲時開始做生意，不然他對生意會不夠上心。」納坦的兒子當中唯有邁爾去上了英國的大學，而他後來的職涯證明了卡爾這番分析再準確不過。不過五兄弟都相信成功的職業發展和盡量學習最好的**次要**教育完全相容，而且沒有一絲遲疑，事實上他們認為次要教育對於職涯而言是必要的準備。另外，第三代的羅斯柴爾德男性成員實際上得到的教育時間都比卡爾建議的還要長，然後才放棄學業進入「會計室」。從安謝姆的名字首次出現在商業書信的時間點來判斷，他到二十三歲才在公司營運中擔任重要職位（不過他在此前一年便已經成為合夥人，而且應該也經常為他父親處理公事，只是未留下紀錄）。萊昂內爾最早開始收發商業書信時是二十歲，安東尼和納特是十八歲，邁爾則是二十一歲。卡爾的兒子在二十歲之前都沒有參與過公司的商議過程，事實上，虔誠的威廉．卡爾直到二十四歲以後才被視為足以獨立處理公務；詹姆斯的兩個兒子阿爾豐斯與古斯塔夫都是到了十九歲才開始自己撰寫商務書信。因為他們的父母認為最好的實習就是從做中學，所以沒有理由認為第三代的孩子在這些首次紀錄出現之前就已經工作了很長一段時間。

無論如何，老一代的羅斯柴爾德並不希望後代也感受到自己童年時飽受剝奪與嚴苛的生活。安謝姆的母親相當自豪於自己十一歲兒子寫信時展現出的早熟氣息，不只是因為如此能讓他在生意上站穩腳步，她也真心希望他和他的姊妹能夠單純為了受教育而擁有「良好的教育」。她深受當時所謂「**自我培育**（Bildung）」的概念影響，這點從她一八二〇年寫給丈夫的信上就能明顯看出（一同寄出的還有另一封由如今已是青少年的兒子所寫）：「他在我面前是如此無拘無束，這樣乖巧又貼心的男孩是讓我最開心的，因為我親愛的丈夫，你也知道我的目標一直都是讓我們親愛的子女不會對我們隱瞞自己真實、最內心的感受，而我，或者該說我們，做到了。」納坦寵愛孩子的方式比較沒那麼感性，他工作結束後會和他們玩耍，（一位朋友回憶道）讓他們「在你背上練習馬術」，甚至是有一次他扮成馬十分有活力地跑來跑去，結果肩膀還脫臼了。他買了一輛四隻白羊拉的迷你馬車給他們，讓他們可以在史坦佛山丘四處遊玩。一八二一年，由威廉．安姆費爾德．哈伯戴（William Armfield Hobday）所繪製的家族肖像畫呈現出的是一個和樂的家庭，今日看來也是如此：左邊是三歲大的邁爾想要從父親手中拿走一封信，在夏洛特腳邊的漢娜．邁爾則脫下軟帽，而年紀較大的男孩們試圖拉住家中的寵物狗，阻止牠繼續咬萊昂內爾的帽子，只是沒什麼效果；也難怪畫中的一家之主舒服地坐在扶手

---

❻ 納坦擁有的其他畫作是政府客戶贈予的禮物，這些肖像畫包括奧地利的法蘭茲一世、普魯士的腓特烈．威廉三世、荷蘭的威廉一世、葡萄牙的約翰六世，以及普克勒親王曾見過的俄羅斯亞歷克絲皇后。

椅上，一派輕鬆地翹著腳，嘴角似乎還揚起淡淡的微笑。[7]而且直到孩子們長大，他仍然相當寵愛他們，甚至是寵壞了。漢娜．邁爾十七歲時就在布萊頓（Brighton）過著優渥的生活，並且讓人為她畫了第一幅肖像畫。隔年，湯瑪斯．福威爾．巴克斯頓見到安東尼時，他已經「相當善於打獵，父親也讓他買下任何自己喜歡的馬匹。他後來向摩洛哥蘇丹要求買一匹一流的阿拉伯馬，蘇丹送來一匹出色的好馬，但是馬一到英國便死去了。這可憐的年輕人傷感說道：『這是他所遭受過最可怕的不幸。』」

迪斯瑞利在《康寧斯比》中所描繪的年輕席多尼亞便是現代教育的典範：

各所大學、學院拒絕讓年輕的席多尼亞入學，而這些學校最早接觸的古老哲學都受惠於他先祖的知識及事業，不過席多尼亞仍能在家接受教育……（他）幾乎是天賦異稟，能夠鑽研通透數學最高深的謎團……而他本身所處的環境也早早就讓他能夠對現代語言有非比尋常的掌握……席多尼亞在十九歲時……便完全精通了各種主要歐洲語言……在十七歲時便……開始旅行，他在德國……居住過一段時間，接著又造訪義大利，在那不勒斯安頓下來……

這段敘述和萊昂內爾及他的兄弟、表堂親所實際接受的教育相去不遠。蒙提費歐里家就有人回憶道，萊昂內爾與安東尼在一八一五年就離開了他們的首位教師，「這個波蘭人總是戴著一頂高高的波蘭帽子，在教室裡邁開步伐走來走去，威靈頓長靴裡還插著一根嚇人的棍子。」然後他們的父母及幾個朋友「找來了賈西亞（Garcia），他先前在巴洛與盧薩達（Barrow and Lousada）會計室裡負責記帳，他們找他在佩克漢（Peckham）設立了一所比較專業的學院，然後把萊昂內爾和安東尼……送去就讀」。他們確實偏好比較現代而非古典的課程，到了一八二七年，兩兄弟要進行某種經過調整的壯遊時也能看到這種傾向。當時分別年為十九和十七歲的兩人被派去見識德國各地的景色，而非古典教育偏好的目的地義大利，與他們同遊的是兩人的家教約翰．達比（John Darby），他們從法蘭克福出發，經過薩克森邦的主要城鎮，然後前往布拉格及維也納，途經巴登及史特拉斯堡（Strasbourg）回來。（值得注意的是他們略過了普魯士，不過似乎還是去了漢諾威參觀哥廷根〔Göttingen〕的大學。）這趟旅行的目標顯然是要了解德國在地的文化：除了流連於無數的美術館及宏偉建築之間，兩兄弟還懷著崇敬之心特地拜訪了年邁的歌德。

這趟旅行結束之後，萊昂內爾和安東尼才必須將心思轉而放在生意上：一八二九年一月，法蘭克福辦公室中的一位簿記員被託付重任，要將安東尼的算術能力提升到銀行家所需的程度。「我不斷指導他解決一切算術問題，」這位新家教向納坦回報，「而我很高興地知道他能夠完全理解並且好好運用我所教導給他的內容，再過一段時間，我就會將有關算術的所有知識依循系統教導給年輕的男爵，接著我會繼續向他解釋換匯以及會計室所有生意往來的知識。」

納坦的兒子到訪法蘭克福一事顯然也引發了某種程度的英德兩地父母競爭。一八三一年，夏洛特便寫信給母親漢娜，要求她「如果可以的話，讓（邁爾）用德文寫一封信，若是沒辦法，就要用他最漂亮的英文寫信給薩（羅蒙）・德・羅（斯柴爾德）的太太，查爾斯叔叔的兒子（邁爾・卡爾與威廉・卡爾）文筆都非常好，一定會被拿來比較的」。四年後，輪到英國的邁爾造訪德國，不過這次比起他哥哥的旅行更有學術意味，邁爾和家教舒萊默博士一起在萊比錫大學就讀了好幾個月，然後才前往海德堡。此舉是追隨安謝姆的腳步，安謝姆是羅斯柴爾德家族中第一個上大學的成員，在柏林上學時「對科學產生了濃厚的興趣」。然後邁爾回到英國，成為第一位在劍橋大學讀書的羅斯柴爾德家族成員，在他之後還有更多家族成員入學就讀；他先是進入抹大拉學院（Magdalene College），不過這所學院對於他參加教堂禮拜的出席率十分嚴格（這對大學生仍是正式的必要條件），因此他轉到了更大、更寬鬆的三一學院（Trinity College）。（排除牛津大學是因為就讀預科的

---

❼《W．N．（原誤照引）羅斯柴爾德一家，奧地利皇帝陛下於英國宮廷總領事》（*The Family of W. N. [sic] Rothschild, Consul General of his Austrian Majesty at the British Court*）

條件是必須同意聖公會的三十九條信綱，而非信仰聖公宗的人以及猶太人都能進入在劍橋大學，只是他們無法拿到學位、獎學金或研究員身分。）❽

卡爾也不甘示弱，將兒子邁爾．卡爾送到哥廷根研讀法律，然後又到柏林聽講，講課的分別是德國法學的研究先驅弗德里希．卡爾．馮．薩維尼（Friedrich Karl von Savigny），以及當代傑出的歷史學家利奧波德．馮．蘭克（Leopold von Ranke）。他的弟弟威廉．卡爾則是接受了格外嚴苛的次要教育：在十五歲時，他在由法國生理學家亨利．巴蘭瓦列（Henri Blanvalet）領軍的家教團隊之下，要學習二十門不同科目，包括五種語言、五種科學領域。他後來遁入宗教的正統信仰研究，或許有一部分也是對如此先進的填鴨式教育的回應。詹姆斯對兒子的教育完整度也不遑多讓，阿爾豐斯就讀波旁學院（Collège Bourbon，後來改名康多賽中學〔Lycée Condorcet〕），同時為了拿到法國業士文憑而接受文學家德西雷．尼薩爾（Désiré Nisard）的私人指導，尼薩爾後來成為巴黎高等師範學院（École normale supérieure）的校長與法蘭西學術院（Académie française）的成員。並非只有羅斯柴爾德家族的男孩才能夠接受良好教育，雖然我們對於卡爾的女兒夏洛特所受的正式教育所知不多，不過她或許是第三代羅斯柴爾德中最聰明的孩子，從她優雅的英文書信以及評論犀利的德文日記來判斷，她是位文采極高的女子。

如果這一切努力的目的是要培養出優秀的知識份子，那麼我們認為是失敗了：除了夏洛特以外，第三代的羅斯柴爾德中並沒有可以說是擁有學者頭腦的人。不過這些教育的目的只是要培養出能夠比他們父親更容易融入歐洲上流社交場合的兒女，同時不會不願意接下他們銀行家的事業。以這樣的角度來看，第三代羅斯柴爾德的教育非常成功。邁爾．阿姆謝爾的孫兒不再說著猶太巷中粗硬難解的德文：卡斯特蘭不喜歡的是貝蒂的**德文口音**，並非猶太口音，而且當時顯然沒有人從納坦兒子口中那種輕鬆、習慣成自然的英文聽出一絲異常。另外，年輕一代的羅斯柴爾德並不一定都會用他們父親所使用的希伯來文字寫信，雖然薩羅蒙和卡爾的兒子仍然會這麼做，但英國及法國第三代的羅斯柴爾德並不會（不過他們能夠毫不費力閱讀**古意第緒語**）。事實上，自一八二〇年代晚期起，五兄弟各家的生意都是多語言進行，每個合夥人都傾向以自己的母語寫信，偶爾才會在後記中使用工作地點或者收件人慣用的語言。事實上，從他們的信件看來，第三代書寫時使用的英文、德文及法文就和當代貴族一樣優美，有時候甚至還更好。再者，從他們如此順應潮流的文化品味就證明了家教老師都有好好工作，他們喜愛司各特（Walter Scott）的小說、邁爾貝爾（Giacomo Meyerbeer）的歌劇、穆里羅（Bartolomé Esteban Murillo）的畫作，以及瑪麗・安東尼（Marie Antoinette）的家具。男孩們也學會了上流社會的嗜好與壞習慣，例如騎馬、獵狐狸及鹿、賭賽馬，還有抽雪茄、品美酒及追求不適合婚配的女子，他們甚至給彼此取了像是俱樂部聚眾取樂時的綽號：萊昂內爾是「拉布」（Rab）、安東尼是「比利」（Billy）或「胖比爾」（Fat Bill），邁爾則是「馬非」（Muffy）或「塔布」（Tup）。他們抹除了所有法蘭克福貧民窟的外在痕跡，或許可以說只留下了相貌上的特色，然而甚至是從這個角度來看，家族也幾乎沒有人真的符合那些惡意諷刺漫畫中的猶太人刻板印象，尤其是詹姆斯，他和他的哥哥發現要成為男爵、配戴王室勳章、擁有房產、舉辦社交宴會都非常容易，而現在他們要讓第三代的羅斯柴爾德能夠成為更加難以定義的形象：紳士。

❽ 漢娜在一八四一年到牛津大學時也發現那裡的氣氛比較不寬容：「這個地方太堅持信仰的正統，除了新教徒，他們幾乎容不下其他教派，待在這裡不會開心。我們住的旅館裡的不同房間都放著聖經和其他宗教書籍，不過鄰居們都很有禮貌且互相關心。」

八、突發革命（一八三〇—一八三三）

以歐洲目前的情況，必定要做出重大而關鍵的決定，否則各個王國及其人民很快又會陷入一片混亂，甚至比法國大革命與拿破崙統治期間更糟糕。人類的心智進步得太快，社會的傳統階級次序無法再繼續維持現狀。除非我受到了極大誤導，否則以現代藝術及科學的非凡進展，不久就會大大改變全世界社會體系的整個組織，而這對所有人都有好處；不過也可能在轉瞬之間讓所有可能產生的財富，也就是金錢，毫無用武之地。金錢在現有的社會秩序下能夠讓人擁有優勢，因此或許能夠在不失去這份優勢的前提下，同時確保在歐洲各國突然發生革命時，仍能享有類似的好處，而這樣的革命可能隨時都會發生。

——羅伯特・歐文於一八二八年七月寫給漢娜・羅斯柴爾德的信❶

一八三〇年七月，法國國王查理十世遭遇國會反對，再加上巴黎發生人民暴動，因而被推翻。彷彿陷入了某種政治連鎖效應，各地發生了或者試圖引起類似的政權變動（伴隨著程度不等暴亂），包括布魯塞爾、華沙、摩德納（Modena）、波隆納與葡萄牙，同時也出現在數個日爾曼邦國中，尤其是布朗斯維克、黑森－卡塞爾以及薩克森邦。比利時、義大利及波蘭的革命份子不僅希望能擺脫外國勢力的統治，同時也想達成憲政改革；其他地方則是在不廢除君主的情況下實施憲政改革，不只英格蘭、蘇格蘭及愛爾蘭的情形如此（有時在談到一八三〇年革命時會忽略這點），在漢諾威亦然，君主改革的結果是喬治四世在一八三〇年六月駕崩，也不可謂巧合。而巴登、符騰堡及巴伐利亞的統治者覺得他們不得不向自由派讓步。即使到了一八三二年，波蘭和義大利的反抗行動已經遭到鎮壓而瓦解，荷蘭也必須接受比利時脫離獨立，但是政治的動盪不安並未就此結束，整個歐洲仍然對於新政治局勢的穩定有所疑慮，這份不確定感一直延續到了一八三〇年代中期之後。

羅斯柴爾德家族在這些政治動盪當中安然倖存，這讓許多觀察者得出結論，就如同拜倫和其他人在之前懷疑過的，這個家族的權力其實就和向他們借錢的那些君主一樣大，或許有過之而無不及。一八三一年十一月，路德維希・柏爾納在他從巴黎發行的第十期新聞報中便明指「羅斯柴爾德等同於……君王」：

這麼說大概不會惹惱他，即使他並不想被歸類在他們的階級，因為他理應最知道君王的地位在今日的巴黎有多麼低下。但他在所有公債債券交易中運籌帷幄，讓君王有權力戕害自由、讓人民失去反抗暴力的勇氣。羅斯柴爾德就是恐懼的大祭司，在恐懼女神的神壇上，自由、愛國心、榮譽和一切公民價值都拿來獻祭。羅斯柴爾德應該一小時內就在證券交易所把所有股票賣出，這樣股市就會跌進最深的深淵，然後他應該狂奔到我的懷裡，感受到我是多麼用力將他貼緊著我的心房。

接著柏爾納在一八三二年一月的新聞報中表示，新任法國國王路易－菲利普將會

為自己加冕，這是說如果他一年後還會是國王的話；不是在蘭斯的聖雷米修道院，而是在巴黎證交所的聖母院，羅斯柴爾德則會以大主教的身分主持。加冕儀式過後，一如往常放出鴿子，然後其中一隻……會飛到聖赫勒拿島的拿破崙墳墓上，說笑似地告訴這副遺骨，牠們昨天見到他的繼承人受膏，執行的人卻不是教宗，而是一名猶太人，法國的現任統治者頭銜則是「百分之五皇帝，百分之三國王，銀行家及證券經紀人的保護者」。

❶ 烏托邦社會主義學者歐文至少從一八一八年起便和羅斯柴爾德一家人有來往。

當然，在這兩份新聞報中，柏爾納仍然持續強調熟悉的主題，也就是羅斯柴爾德家族支持反動勢力：

這些羅斯柴爾德總是在玩同樣的遊戲，為了讓自己富有而不惜犧牲他們所剝削的這塊土地……這些金融家就是國家最可怕的敵人。他們的所作所為比起任何因素都更嚴重削弱了自由的根基，若不是有羅斯柴爾德這樣的人……以自己的資本來支持獨裁者，歐洲大多數人民此時無疑都已經完全擁有了自由。

不過羅斯柴爾德家族卻很快就表態支持路易—菲利普的政權，這個政府完全是解放革命的產物，即使柏爾納認為這場革命還不夠自由，但是這樣的論點也就很難繼續發展下去。另外，就如柏爾納所說，羅斯柴爾德家族也借錢讓希臘得以建立獨立的君主制度，這同樣是一八二〇年代的另一個解放目標。事實上，他們似乎還介入影響了哪位王子應該成為新任的希臘國王。（「德．羅斯柴爾德先生發現歐洲所有親王的名字都列在他的帳簿上，只有荷蘭的弗雷德列克王子〔Prince Frederick of the Netherlands〕除外，而他認為從未向他要求借貸的王子才最有資格。」）因此，主張羅斯柴爾德開始撤換而非僅僅支持歐洲君主，或許更為合理：

假如王冠是戴在他們（羅斯柴爾德家族）頭上，而不是像現在這樣讓君王伏在他們腳邊，對全世界來說會不會是件好事？……雖然羅斯柴爾德家族尚未登基，但只要有王位空懸，要選擇統治者時卻總會去詢問他們的意見……假如所有君王都遭廢黜，改由羅斯柴爾德家族登上王位，對全世界來說會不會是一大福音？想想其中的優點，新的王朝再也不必要求貸款，畢竟他們比任何人都更清楚這樣的東西有多昂貴，光憑這點，人民肩上的重擔一年就能少掉好幾百萬。

柏爾納出生於法蘭克福猶太巷，原取名洛夫．巴魯赫，他不僅改信基督教，甚至還信奉德國國家主義，他不喜歡羅斯柴爾德家族來自其複雜的個人因素。為了更精細一點評估羅斯柴爾德家族在革命時代的權力，我們必須求助於柏爾納的朋友：詩人兼記者海因里希．海涅。在一八三〇年以前，海涅對羅斯柴爾德家族的觀點就和其他傾向自由派的作家差不多，例如在他的《旅遊手記》（*Travel Sketches*）中，「羅斯柴爾德一世」就與威靈頓、梅特涅及教宗一同出現，形成反動勢力的堡壘。但是即使在這個階段，海涅也已經察覺到羅斯柴爾德家族與傳統君主之間的關係本質相當矛盾。在《盧卡浴場》中，這位像是費加洛、在兩種文化間拉扯的猶太人回想起替納坦・羅斯柴爾德去除腳底硬繭的事：

> 這件事發生在他的密室中，他坐在綠色的扶手椅上就像坐著王座，說起話來有如君王，身邊圍繞著他的朝臣；他不斷對他們下達指令，送出訊息給世界各地的君王。在我為他切除腳底硬繭的時候在內心想著：你現在手裡握著這個男人的腳，他的手裡掌握著全世界，現在你也是大人物了；要是你在底下切得太深，上頭的這個主人會大發脾氣，接著就拿這些君王開刀，傷得更深一些。那是我人生中最美妙的時刻。

海涅認為，納坦已經有能力「傷害」這些向他借錢的君王，但是他的羅斯柴爾德家族並未忘記自己低賤的猶太出身。納坦在倫敦的銀行就是一間富麗堂皇的「當鋪」，而海涅過去曾販賣過樂透獎券，這位兩邊擺盪的邊緣人以此身分被介紹給薩羅蒙時，薩羅蒙邀請了他共進晚餐，說：「我自己也做過這樣的工作，我是羅斯柴爾德樂透獎券的主要經紀人。」「他對待我，」邊緣人說，「就像對待像他一樣相當的富翁一般。」這個俏皮的詞彙引發了諸多分析，也暗示了一個海涅後來會回頭解釋的概念：雖然羅斯柴爾德家族富可敵國，卻完全不僅僅是傳統社會階層的支撐物而已。

邊緣人海涅曾經描述了一場由薩羅蒙舉辦的兒童扮裝舞會，這段令人印象深刻的託寓故事也暗藏了同樣的論點：

> 孩子們都穿上可愛的漂亮服裝，玩起假裝借貸的遊戲。他們打扮成國王的樣子，頭上戴著王冠，不過有一個年紀較大的男孩子的穿著完全就像是老納坦・羅斯柴爾德。他把自己的角色扮演得非常好，雙手插在長褲

口袋裡，搖晃著錢幣發出聲響，某位小國王想來跟他借錢時便發起脾氣而全身發抖，只有一個穿著白外套、紅色長褲的小男孩（代表奧地利）得到他在自己臉頰上慈愛地輕拍，並稱讚道：「你是我的好孩子、我的小寵物，我以你為榮。不過你的堂親（可能是德國）最好離我遠一點，像那樣的傻蛋一天花掉的錢比自己一年賺的還多，我一毛錢都不給；而且他還會在世界上製造一些麻煩，毀掉我的生意。」上帝可以為我作證此事千真萬確，那男孩把自己的角色扮演得實在太出色了，尤其是他扶著一個努力走路的胖小子，那小子穿著的白色緞子上用真的銀線繡著百合花（代表法國），不時對他說：「聽著，你啊，乖乖的，踏實過日子，別讓他們又把你趕跑了，否則我就虧錢了。」我說真的，博士先生，聽那孩子說話真是有趣，其他的孩子也是一樣，他們都是可愛的乖孩子，把自己的角色都演得好極了，等到蛋糕一推進來，他們都開始爭著要拿到最好的那一塊，（還）把別人的王冠都扯掉了……

海涅筆下的納坦又一次蔑視那些找上他求貸的各國統治者：他才是他們的主人。在一段未發表的文章中，海涅清楚寫著他同樣鄙視這些「愚蠢的君王」，「但是站在納坦．羅斯柴爾德面前，我因恐懼而顫抖，只消一眨眼，他就能派來好幾位國王、股票經紀人和警察到我房裡來，將我帶到壁壘堅固的監獄裡。」

在《盧卡浴場》中一段未發表的文字裡，海涅試圖更精確地分析羅斯柴爾德的權力本質，他在其中也承認短期內支持反動派的政權有其道理：

我一想到最近這段時間的政治經濟，答案就愈發明顯，若是沒有羅斯柴爾德家族的協助，那些意欲誤導人民推翻有秩序或者無秩序現狀的顛覆份子，就可能會利用多數國家的財務困窘來達到目的。引發革命的火星通常就是金錢不足，而羅斯柴爾德的系統能夠避免這樣的匱乏，或許就能維護歐洲的和平。這套系統，或者說是發明這套系統的納坦．羅斯柴爾德，仍然為這樣的和平提供了堅實的基礎：系統並無法真正像從前那樣遏止一個國家對另一國家開戰，但是確實讓人們很難推翻固有的政府……宗教已經不再是政府確保民心安定的定心丸，羅斯柴爾德的借貸系統效果更好。

然而，羅斯柴爾德「系統」本身也有可能引發革命：

> （其）具有宗教已經失去的道德控制力或權力，就像是宗教的替代品，事實上這**就是**新的宗教，等到舊宗教終於式微，新宗教便能提供實際的恩典取而代之。最奇怪的是，又是猶太人發明了這個新宗教……遭到抹殺的猶地亞王國就像神話中即將死亡的涅索斯（Nessus）與下了毒的外袍一樣狡猾（那件外袍就是抹上了涅索斯的毒血）[20]，袍子完全吸取了羅馬海克力士（Hercules）的力量，讓他強壯的四肢變得委靡，盔甲和頭盔都從他枯槁的身體上脫落，而他過去在戰場上曾經如此宏亮的聲音也弱化成了有如祈禱的低鳴。如此悲慘的痛苦死亡就這樣拖磨了一千年，羅馬人還是死於猶太人的毒液。

當然，這段文筆非凡的段落相當能夠解釋海涅自身對猶太教抱持著極度矛盾的態度（他和柏爾納一樣都改信基督教），不過從中也能看出他後來在《關於路德維希柏爾納的備忘錄》（*Memorandum on Ludwig Börne*，1840）文中比較一致的想法，認為羅斯柴爾德家族是革命家，而非反對革命者。

海涅在這部分或許是當代所有評論者中觀察最敏銳的，他提出一個相當震撼的矛盾狀況來挑戰讀者：

> 沒有人比羅斯柴爾德家族更努力推進革命……而且，雖然這聽來可能更奇怪，但羅斯柴爾德家族這些人身為國王的銀行家、為王室看管錢包的人，他們的存在可能因為歐洲邦國制度崩毀而陷入最危急的險境，儘管

20 譯注：希臘羅馬神話中的大力士海克力士與妻子德伊亞妮拉（Deianira）行經一條湍急的溪流，正愁著不知如何渡河時，人馬涅索斯出現表示願意協助，海克力士憑著自己的神力順利渡河，涅索斯則趁著德伊亞妮拉坐在自己背上時想調戲她，海克力士見狀便一箭射死了人馬。涅索斯不甘赴死，臨死便偷偷告訴德伊亞妮拉自己的血具有魔法，能挽回愛人的心。幾年後，德伊亞妮拉發覺海克力士態度冷淡，便在丈夫上衣塗了涅索斯的血，海克力士一穿上沾染毒血的衣服便毒發身亡。

如此，他們仍時時清楚掛記著自己的革命任務。

他認為詹姆斯就是「金融界的尼祿（Nero）」，「以絕對的皇帝之權宰制著全世界的股票交易」，但是他也像羅馬的尼祿這位前輩一樣，「最終大力摧毀了貴族特權，轉而建立新的民主。」

接下來的闡述據說是根據海涅與詹姆斯之間一場真實發生的對話，「兩人手挽著手漫步在巴黎的街道上」，雖然海涅有可能是把自己想講的話塞進了別人嘴裡，但是文風和他稍早之前異想天開的風格相當不同，值得認真看待。根據海涅所言，詹姆斯解釋了「他自己是如何透過公債系統創造社會進步的首要條件，同時鋪好了向前的道路」，以及「打下事物新秩序的基礎」。因為債券及其他公債形式所組成的動產發展切斷了財富與土地之間的連結，讓有產階級都聚集在巴黎，「眾人一直都知道讓最為多元的力量齊聚在同一個地方、讓眾多知識份子及社會賢達集中在一起的重要性。因為若是沒有巴黎，法國就永遠不會有革命……透過債券系統，巴黎才能更快就成為巴黎。」這讓海涅忍不住更進一步論證：

我認為羅斯柴爾德是最偉大的革命家之一，是他們建立了現代民主。黎希留、羅伯斯比爾（Maximilien Robespierre）和羅斯柴爾德，這三個姓氏對我而言相當可怕，他們代表了舊時代貴族的逐步滅絕。黎希留、羅伯斯比爾和羅斯柴爾德便是歐洲三名最可怕的平等主義者。黎希留摧毀了封建貴族的主權，並以王室專制來對付，讓貴族只能淪為在宮廷服事之人，或者在各個封地過著鄉巴佬的無為生活，任其覆滅。羅伯斯比爾除掉了這群征服土地且懶惰無事的貴族，但是土地還在，新的主人、新的地主很快就像前人一樣成為新的貴族，繼續用另外一個名字過著虛華的生活。然後羅斯柴爾德出現了，他們將公債系統的力量提升到最高，進而摧毀了擁有土地的優勢，也藉此提高了動產與收入的力量，同時將先前屬於土地的特權交給了金錢。他因此創造了新的貴族，確實如此，但是這個身分是附著於最不可靠的元素，也就是金錢上，所以永遠也不會像先前根植於地產、根植於土地本身的貴族身分一樣讓社會不斷倒退。因為金錢比水更容易流動，比空氣更難掌握，考慮到這樣的無常，對於這群新貴族的無禮魯莽也就能一笑置之，只要眼神一個閃爍，就將溶解、蒸發。

海涅在一八四〇年代一次又一次回頭探討羅斯柴爾德權力的議題，例如在一八四〇至四一年以《盧泰西亞》（*Lutezia*）為名發行的刊物中，他戲謔地描述詹姆斯的健康狀況或心情與債券價格之間的關係，並且創造了一個有名的笑話：「金錢是我們這個時代的神，而羅斯柴爾德就是先知。」另外，羅斯柴爾德家族也出現在〈羅曼采羅〉（**Romanzero**）、〈日耳曼〉（**Germany**）及〈呆瓜歷險記〉（**Simplicissimus**）❷等詩作中，但是這些文章中的洞見都不如《路德維希柏爾納》那般深入，一部分是因為他和羅斯柴爾德家族的私人及金融關係在一八四〇年之後似乎變得更緊密了。我們之後也會提到，只有海涅洞察到羅斯柴爾德家族除了對反動勢力，對於社會革命也同樣有影響力，只是他們的革命角色或許不如海涅認為的那麼積極。雖說不是只有他提出這樣的論點，但是沒有人的論證比他的更好。一位比較名不見經傳的作家便稱「羅斯柴爾德兄弟（已經）成為了新宗教的聖顯者」。在波旁政權垮台後，極端保守派的夏多布里昂便窩在威尼斯，悽悽論道：「國王（已經）成為薩羅蒙·德·羅斯柴爾德男爵的管家了。」

革命與公債

事後看來，人們總是很容易怪罪那些無法預見革命到來的歷史人物，但是引發革命的力量並不一定都能夠預測（一九八九年的東歐狀況就是很好的例子），只是歷史學家總在犯錯之後才發現這點。查理十世在一八二四年登基，三年後隨著公債利率轉換的混亂，維萊爾伯爵失勢，但是不應該將這些視為法國危機的預兆。馬

❷「首要之務是裝滿他的錢包，王啊，裝滿足夠旅行的豐厚資金，給他一封信用狀好面見在拉菲特路上的羅斯柴爾德兄弟。『是啊，一、兩百萬的信用狀能換成黃金鑄的杜卡特幣，應當足矣；那麼，德．羅斯柴爾德男爵就會這樣說他：『這頭大象肯定是人上之人！』』」

蒂尼亞克子爵（Jean-Baptiste Sylvère Gaye, vicomte de Martignac）在一八二八年一月擔任首相籌組政府，似乎成功在代議院代表的自由派勢力與宮廷官員傾向的保守派勢力之間引導出了一條道路。納坦的女兒夏洛特在一八二九年到了巴黎，發現詹姆斯舉辦的「晚宴上既有自由派人士也有政府官員，（畢竟）最好和所有黨派都保持友好關係」。雖然四月的國會議程完全就像夏洛特先前警告過的一樣「驚濤駭浪」，詹姆斯卻仍保持樂觀。證券交易所有過幾次停滯不前，偶爾也有因為農田歉收而有糧食暴動的報告，但是衡量金融信心最關鍵的指標，也就是公債表現，顯示出政權狀態相當健全。一八二九年五月，百分之三公債的價格站上七十六．六，一年後漲到超過八十四，十二月更達到八十六的最高峰。即使在馬蒂尼亞克下台後，八月九日指派了極端保守派的波利尼亞克親王朱爾（Jules de Polignac）接任首相，也不能明顯看出危機的到來。宣布新任首相時，公債價格其實還上升了，而且一路上漲到一八三〇年五月，中間只有小幅下跌。

在這種情況下，一八三〇年初有一筆獲利相對不高的政府貸款生意競爭激烈，詹姆斯決定以過高的出價來壓倒其他對手，這個策略不能說是魯莽之舉，這筆貸款的目的是要資助在阿爾及利亞的軍事行動，希望藉此提高政府聲望。在他看來，巴黎媒體上反對政府的措詞以及財務穩定的現實之間有所矛盾：「一方面，全世界都尖聲吶喊著，說政府就要在法國引起革命了；另一方面，能看見各家財團彼此競爭，大家都想拿到這筆討人厭的四百萬公債生意。」等到三月議院開議，政府很可能會面臨「相當危急的風暴時刻」，但是證交所還是「非常好」。詹姆斯作為銀行家，自然是以市場觀點來運用自己的錢。在證交所開始瀰漫對於重大憲政危機的恐懼之時，他必須專心處理新的貸款生意，因此也就效忠於政權。

一八三〇年的危機是一個典型的例子，能夠說明銀行家（和投資者）在認賠賣出一批下跌的證券或是要守著希望證券能上漲（但要冒著還會繼續跌的風險）之間，試圖做出抉擇時一定會遇到的困難。雖然寇提認為詹姆斯忽略了正在醞釀中的危機，但其實正好相反，他早在二月就得到了清楚的警示，當時財政部長向他概略說明了另一次債券利率轉換的計畫。詹姆斯對於政府能否讓必要的國會多數議員聽話執行這樣的政策有所疑慮，不過倒是很肯定會發生什麼事：「如果……議院全面反對政府的措施，那麼他們就會決定解散議院，並且通過全面重新選舉的法律，藉此推動建立新議院。」然而詹姆斯有所保留：

> 親愛的納坦，你非常清楚議員和政府官員是什麼樣子。屆時國王是否有必要的勇氣按上述計畫進行，以及議院會不會讓這件事發生，我都無法斷定。這樣的情況凶險萬分……如果我有辦法脫身，我一定很樂意這麼做。因為一名官員而決定挑戰大眾人民，我完全無法應付這樣的情況。❸

結果詹姆斯並沒有試圖「脫身」，反而選擇按兵不動，而納坦也鼓勵他這麼做，他建議詹姆斯在「有利可圖」時再賣出（也就是要抱著價格會變好的希望）。部分原因是詹姆斯犯了過於相信波利尼亞克保證的錯誤，兩人在二月見面時，波利尼亞克似乎具備「惡魔般的膽識」。「這裡只有一件事可做，」詹姆斯在三月初議院開議前不久告訴納坦，「那就是暫時保持安靜，側面觀察事態發展，因為惡魔並不如外表這樣一片漆黑。」納坦據此便開心地向查爾斯．葛萊維爾保證，「波利尼亞克的政府有國王的支持與波利尼亞克自己的勇氣，能夠站穩腳步。」❹問題在於，他和他弟弟現在握有相當大量的百分之四債券，名目價值大約有兩千五百萬法郎（一百萬英鎊），他們打算分批賣給經紀人和投資人以賺取利潤。若是百分之四債券價格已經比當初購買的價格略減一些，那麼他們此時開始加速銷售很有可能會讓價格繼續往下跌。難怪詹姆斯會稱波利尼亞克為惡魔，他根本就是跟他訂下了浮士德契約。

議會開議時，這個事實更是明顯到令人痛苦。詹姆斯馬上就發現「國王必須在議院及內閣之間二選

---

❸ 詹姆斯後來評論道：「關於波利尼亞克，我早在六個月前就已經收到多次警告。但是我不願意相信，我內心總有預感。」

❹ 葛萊維爾，《回憶錄》，第一卷，兩百七十九頁：「去參加了埃施特哈齊的宴會，老羅斯柴爾德和他的妻子以及打扮體面的小猶太兒子也在，和他交談時，他……讓我讀一封他弟弟寫來的信，說信中會給我任何我想要的訊息，他捏了捏我的手，表情一如往常。」

一」，但是他推論道：「我不想有任何動作，因為只要我保持堅定，人們就不敢讓債券下跌，我就能安然挺過風暴。」代議院以兩百二十一票對一百八十一票通過了對國王的宣示，主張「您的政府政治觀點與您人民的期望之間的相容……今日並不存在」，於是（正如詹姆斯警告過的那樣）國王解散了議院並要求重新選舉。但是詹姆斯並沒有賣掉公債，甚至發現自己必須買進才能穩定市場——還有他的朋友「惡魔」的位置：

波利尼亞克向我保證他不會煽動政變，也就是說他不會採取任何非法行動，他仍會忠於自己的官員，於是我便放手又買進了十萬法郎的公債債券（名目價值三百三十萬），因為我告訴過他：「如果你的行動仍在法律允許範圍內，那麼我跟你保證市場行情會上揚。」我也遵守諾言，因為（百分之三）債券現在的價格是八十二．四〇，而一開始則是八十一．四〇……好吧，現在我們沒有議員了，政府或許會找來一些新閣員，事情很快就能釐清。如果我們能撐過三個月，那麼一切都會解決。

詹姆斯認為可以暫時躲過金融崩盤，這點沒錯，只是時間並非三個月：事實上，百分之三債券的價格回穩，直到五月三日之前都維持在八十四以上。然而，他無法同時支撐市場又賣掉足夠的債券（不過他確實試過要賣掉一些，「不讓任何人發現我在做什麼」），這表示市場在新議會甚至還沒開議之前就開始下滑的時候，羅氏兄弟手上不但握有兩千五百萬法郎的百分之四債券，還要再加上大約一百五十萬法郎的百分之五債券以及四百五十萬的百分之三債券。百分之五及百分之四．五的價格分別為一〇六．二五以及八十三．七〇。自五月起，這些帳戶開始累積虧損，但是詹姆斯和納坦都無法承受以賣出來銷帳的損失，詹姆斯仍緊抓著救命稻草，不願意相信政治局勢有可能惡化。同時，政府也選擇相信他，一位官員告訴他：「如果你無法成功阻止價值下跌，大家就會認為即將要發生政變，就像你所害怕的一樣，這也有道理。」確實，價格在六月十日至十二日之間略為回穩，但事實是，羅斯柴爾德影響市場的能力已經到達極限，烏夫拉德和其他人如今已經開始勢不可擋地一路下跌。

七月的第一週，巴黎收到政府軍隊出征阿爾及利亞相當成功的消息，不過反對黨在選舉當中大獲全勝的震撼結果更招人熱議，薩羅蒙急忙趕到巴黎表示支持國王，並表示現在唯一的希望就是國王可以和議會達成某種協議，並放棄波利尼亞克。但是詹姆斯也發現不可能這麼做：

維楚爾斯（Vitrolles，波利尼亞克麾下的一名官員）剛剛抵達，說國王在接下來的一個月將採取非常嚴厲的措施，因此議會的壽命將會延長……不過站在反對黨的議員比起支持政府的多了一百位。好了，議會在這樣的情形下能做什麼？在英國的情況是不是說如果政府無法得到議院的多數支持，就得辭職？不過在這裡，國王卻宣布：「我會留住我的政府。」那還能怎麼辦呢？相信我，親愛的納坦，我……已經沒有勇氣了。

十二天後，他的勇氣消失殆盡：「全世界都在賣債券……所有官員，包括財政部長和內政部長都告訴我：『羅斯柴爾德，小心點。』……親愛的納坦，你身經百戰，老實告訴我，你是不是也害怕最後可能發生的事？」

納坦甚至還來不及回信，結果就出爐了。七月二十六日，查理十世根據一八一四年憲章第十四條行使他的特殊權力，並且頒布三條法令，分別終止了媒體自由、解散議會，並且再一次改變選舉制度，目的就是要產生一批更聽話的議員。事實上，正是第一條法令引發了革命：此時幾乎還沒有議員到達巴黎，但是如為報紙《國家》（*National*）撰稿的亞道夫・提也爾（Adolphe Thiers）的幾位自由派的記者，馬上就譴責政府的叛亂行為。當政府採取行動想關閉三大反對派的報紙時，群眾便走上了街頭。納坦的長子萊昂內爾抵達時正好親眼看到隨之而來的混亂，他的信件也完美傳達出了當時的不確定性：

前一刻，還以為自己站在見證革命的前夕，下一刻，一切事物又很快就恢復秩序……今天，所有報紙看起來一如往常，發出了一些抗議的噪音，接著所有報社辦公室就擠滿了士兵和拿著武器的人，他們控制了所有報紙，將編輯帶到警察面前，光是這點就足以在任何自由國家中製造混亂。那些街上的所有商店當然都關了，皇宮裡有個人在販賣這些報紙，他馬上就被抓住了，有幾個男孩和幾名平民接手了他的工作，但幾分鐘後一切又歸於平靜。皇宮的大門和商店全都關閉，這個情況本身只是小事，但若是在倫敦肯定會造成轟動。所有部長的家門前也都有武裝士兵，這一切都讓人們議論紛紛，但是我想到最後應該不會造成太糟糕的後果……今天前議會的所有成員將會碰面，很難說他們會做什麼，但據說他們會宣布自己是人民的唯一真正代表，若沒有他們的許可，一切都屬非法，包括政府官員的所作所為以及一月一日後所發生的一切，無須支付稅金……這是反對黨的意見，他們認為我們將再次迎來苦日子，但是另一方，也就是政府，握有完全指揮軍隊的權力，認為只要使用武力就能做到一切，但問題是，爸爸，國王很快就會看到危險所在。

然而，等到國王真的看到危險時已經太遲。經過兩天的激烈戰鬥，犧牲了八百名抗議民眾以及兩百名士兵，效忠於查理十世的部隊被趕出巴黎。突然間多了很多主張調解的溫和自由派，像是銀行家賈克·拉菲特以及卡希米爾·佩里埃，同時國王也釋出遲來的善意，意欲撤回那些法令。眼看首都即將陷入無政府狀態，類似一七九〇年代的新組織也很快匆忙冒出頭來：由舊共和時代的戰爭英雄拉法葉特侯爵（Marie-Joseph de Lafayette）所領導的市政委員會以及國民兵。正如薩羅蒙於六月三十日不安地向梅特涅報告的那樣：「三色旗幟正掛在所有公共建築上飄揚。」萊昂內爾則描述了一個歡欣鼓舞的暴亂巴黎：

街道上擠滿了人，人人都歡快地笑著，開心得像是剛離開舞會一樣，在廣場上和開闊的空地上，所有國民兵和皇家軍隊都交出武器，在街上遊行時接受民眾的歡呼，每個角落都能看見三色旗，每個人帽子上都戴著紅、白、藍三色的花結，大街小巷裡每隔幾百碼就會看到被人砍倒的漂亮大樹、刨起來的路磚堆疊在樹幹與破損的門前等等，這樣就沒有東西可以通過……他們稱這些是路障，不只在主要街道上有，所有小巷道裡也有，因此士兵和大砲哪裡也去不了。

難怪詹姆斯看到歷史學家朱爾・米榭勒（Jules Michelet）瞥見坐在馬車裡的他時皺起了眉頭；也難怪他早有準備，將自己的債券都埋在薩羅蒙在敘雷納房子的地下。

但是詹姆斯還是撐下來了。過去常聽到的解釋是認為他很懂得見風轉舵，不過事實卻更為複雜。不可否認的是，他在一八三〇年七月確實馬上欣然轉換陣營，除了提供維楚萊爾在鄉間的藏身處之外，他並沒有實質幫助即將垮台的政權，同時拒絕了遭驅逐的君王所要求的一切錢財，直到他確認國王真的要離開這個國家了。事實上，他的姪子對於查理十世遭到推翻感到相當興奮：「這一週對法國而言實在是最光輝的日子，這群人的作為將受到眾人欽慕，這會讓他們被視為最早的國家之一……這對其他政府會是很好的教訓。」那一年稍晚，波利尼亞克要接受審判，詹姆斯一滴淚也沒掉：「我跟你說真的，就我看來，雖然波利尼亞克給了我們很多好處，但他最好還是受罰。」詹姆斯也很快就公開表達自己支持新政權的意向，大張旗鼓捐助了一萬五千法郎來照顧那些在街頭抗爭中受傷的人。安謝姆不但在國民兵中服務（家族非常贊同這支由中產階級組織起來的防衛隊），詹姆斯甚至讓自己三歲大的兒子阿爾豐斯穿上迷你國民兵的制服。另外，自由派先是決定讓奧爾良公爵擔任中將的位置，然後拱他登上王位，這對詹姆斯來說完全是幸運女神眷顧，正如我們所見，他在一八二〇年代就已經和新國王是「好朋友」。從羅斯柴爾德的角度看來，君主立憲制比起絕對君主制更好，更遠勝於共和制。薩羅蒙觀看路易・菲利普一世加冕時宣誓會遵守稍稍修改過的憲章時，便一如往常地評論道：「感謝上天讓我們撐了這麼久，讓事情最後有這麼圓滿的結局，否則公債就不會停在七十九的價格，而是會跌到天殺的三十九。」詹姆斯和新政府中幾位重要人物的關係也相對比較好，尤其是拉菲特和佩里埃兩位銀行家，雖然不應該誇大臆測著這些生意對手之間究竟存在多少真正的友誼。塔列朗是路易・菲利普一世在倫敦外交事務的關鍵人物，便被勸進與納坦的銀行來往。一八三〇年末擔任外交部長的賽巴斯蒂安尼（Horace François Bastien Sébastiani de La Porta）和詹姆斯「交情非常好」，「每天早上」都會問候他，而詹姆斯和他的繼任者德布羅伊（Victor de Broglie）同樣關係親近。

那麼，海涅終究是說對了，他說詹姆斯「從一開始就很欣賞路易．菲利普一世的政治能力，而且……總是和這位政治大師保持親近的關係」。事實上，即使比較後期的反猶太作家德呂蒙後來說起詹姆斯和路易．菲利普的「友好關係」奠基於兩人同樣「熱愛金錢」，這點也不算錯得離譜：我們知道詹姆斯在一八四〇年四月給予路易．菲利普個人一筆超過兩百萬法郎的貸款，而海涅也將「宮廷眾人（對羅斯柴爾德）的極大關注」歸因於國王的「財務困境」。有時會有人聲稱，法國作家司湯達（Stendhal）筆下聰明機智且八面玲瓏的「盧文先生」是以詹姆斯為本，但是這其實不太可能，例如盧文並非猶太人，而且說的法文也太過優雅，不過司湯達筆下這個人物的政治影響力卻相當能呼應詹姆斯在小說寫作當時（一八三六年）的能力。❺「各家報紙都在報導官員們委託我們投資，」萊昂內爾在一八三四年回報，「所以他們不喜歡天天都接見我們。」羅斯柴爾德家族的私人信件中也揭露這類媒體報導屬實，並且正如一名奧地利的消息來源所言，表示報紙上說「（羅斯柴爾德）在政府各部各司當中都有各種職等的人，能夠帶回各種消息」，只是寫得誇張了一點。同時，復辟時期仍然存在的社會階級障礙在「人民國王」的統治之下都消失了：王氏家族以及政府官員、大使等成員都非常樂意接受詹姆斯的邀請，參加他的晚宴、舞會及狩獵派對。

不過，即使詹姆斯與路易．菲利普政權在一八三〇年代間發展出如此安逸的關係，我們也不應該忽視一個事實，就是羅斯柴爾德家族至少直到一八三三年以前都不相信這個政權能夠長久。這相當合理，因為西班牙的例子就顯示出爭奪王位的各方對手可能會引發曠日持久的內戰。更重要的是，近代法國的歷史也讓支持君主立憲制的人很難開心得起來，每一次人民走上巴黎街頭，他們就會害怕國王可能遭共和制支持者趕下台，例如在一八三〇年十月要求處決波利尼亞克。十二月，詹姆斯收到警告「他們（共和派人士）打算今晚襲擊房子並拿走一切」，他必須做好「預防措施」。萊昂內爾的評價也並非不切實際：「這群人雖然不是非常龐大，卻讓自己的聲勢看起來高過許多，透過他們的積極行動，利用了第一次革命時的所有荒謬言論，希望讓這一次在各個層面上看起來都像第一次一樣：這讓許多人膽戰心驚。」

像普魯士大使維特（Heinrich Wilhelm von Werther）這類比較悲觀的旁觀者便警告詹姆斯，路易・菲利普會「走上路易十六一樣的路」。「先前革命的起因就是類似的情形，」詹姆斯的晚宴賓客告訴他，「現在的情況開始越來越像了，這是不祥之兆，我們實在不懂這裡怎麼會有人覺得安全，我們也很意外，這麼富有的你卻打算繼續待在這樣的國家裡，畢竟無論什麼時候都沒有人知道明天可能發生什麼事。」詹姆斯要擔心的不只是新共和的產生，更近期的麻煩還有一群人數較少的拿破崙支持者，意圖重新煽動眾人對帝國榮耀的記憶。最後，還出現勞工階級騷動不安的新現象，不只在巴黎，在里昂和其他工業重鎮也經常燃起這樣的星火，而此時的羅斯柴爾德家族對此還不甚了解。

當時的眾人對詹姆斯深感佩服，他居然能這麼快就恢復自己頗負盛名的奢華娛樂，甚至在一八三一年一月十五日就舉辦了「熱鬧而華麗的」舞會，而此前幾天才剛發生激烈的反宗教權威暴動。正如奧地利大使所述，城市中還迴盪著馬賽曲的時候，羅斯柴爾德的賓客正歌舞昇平。路易・菲利普的兒子奧爾良公爵透過一名隨從武官表達自己的歉意，解釋自己站在隊伍最前方時，街道上有人喊著要共和：

> 羅斯柴爾德夫人害怕極了，以為會有人來家裡搶奪，儘管如此我們仍繼續跳舞。我邀請拉波德小姐跳一支加洛普舞的時候，她母親告訴我可以在夜空中看見火光，那是主教在孔夫朗（Conflans）的家，暴動人士放火燒了他的家。
>
> 「真是可怕，沒錯，太嚇人了，」年輕的小姐說，「但是今日還能跳舞就跳吧，若是我們明日真的要實施共和制，那麼會有好久、好久都不能再舉行宴會及舞會了。」……舞會一直到清晨四點才結束，沒有出現任

❺ 出自司湯達的《盧西恩・盧文》（*Lucien Leuwen*）。另外，盧文並不反對他兒子離開家族企業轉往軍隊或政壇闖蕩，但詹姆斯絕對不會支持這種事。

何麻煩。羅斯柴爾德先生雖然很希望表現出歡樂的樣子，內心卻十分悲傷，因為他金庫裡的錢就像冰柱遇到熱一樣漸漸融化。

只要巴黎的街上一直出現這樣的暴動，詹姆斯就會保持著外表逞強、內心警覺的情況，但是宴會上眾人的心情總是很緊張。一八三二年一月一場詹姆斯的派對上，一名保皇派賓客以奧爾良公爵的小名（「大寶寶」）稱呼他，公爵聽了之後怒不可遏，但他後來也沒有因此拒絕來自拉菲特路的一切邀約。

即使在政治相對安定的時期，法國的政壇似乎也很動盪（特別是對在倫敦長大的羅斯柴爾德而言），官員改朝換代的頻率比英國更高，王室和議會之間的摩擦也更多。這一切錯綜複雜的政治變動都必須緊緊追蹤，因為就像詹姆斯所說：「很多事情都取決於我們得到什麼樣的政府。」例如在一八三一年二月，焦慮不已的詹姆斯就希望路易．菲利普向他再三保證，拉菲特政府垮台之後，取而代之的不會是傾向更自由的政府。他和萊昂內爾聽說最有可能的繼任者是另一位銀行家佩里埃，而佩里埃試圖減少國王對政策的直接影響，因此他們感到很「欣慰」。我們之後也會看到，這是當時政府做出的最重要改變之一，而詹姆斯也聲稱這是他親自參與促成的行動。然而，佩里埃一直都是空有虛權。一八三一年七月，這一年的選舉不幸恰逢革命一週年紀念，政治局勢再次動盪不安。拉菲特只差幾票就能確定當選議會主席，不過佩里埃仍然選擇辭職時，詹姆斯嚇壞了；幾天後他選擇回鍋任職，可以想見羅斯柴爾德終於鬆了一口氣。一八三一年一整年，巴黎的通信中都在監控政府的健康狀況，尤其是在改革貴族議會上所遇到的困難，這股近乎偏執的擔憂就像是齊聚在所愛之人病榻四周的親人一般。漫畫家德拉波特（Delaporte）便生動捕捉到法國政壇於一八三一年六月時的那股不安情緒，並將之描繪成一個遊樂園。畫面左邊是詹姆斯和烏夫拉德正爭搶著蹺蹺板的控制權；中央的佩里埃專注在「測力計，可以測出官員的實力及領導能力」，想留下好成績；右邊的路易．菲利普則癱軟昏睡著。

不幸的是，畫中隱喻的衰弱政府在一八三二年春天成為事實，就在萊昂內爾開始感覺國內政治局勢真正穩定的時候，正如薩羅蒙所煩惱的那樣，「說起來很令人不快」，所謂的穩定所仰賴的「僅僅是單一個人」。一八三二至三二年，從俄羅斯一路往西蔓延的霍亂大流行襲擊了巴黎，凸顯出這種仰賴的全面特殊性，這場瘟疫奪走了一萬八千條人命，不但在城內引發新的暴動，也讓證交所陷入「全面癱瘓」，同時連佩里埃自己也染病。再一次，詹姆斯必須公開表示自己的信心，在上千名巴黎有錢人都逃到鄉間避難時仍待在巴黎。不過首相去世（五月十六日）再加上波旁王朝的貝里公爵夫人（Marie-Caroline de Bourbon-Sicile, duchesse de Berry）在法國南方落腳，又再次打擊了政治的安定，直到一月公爵夫人遭到逮捕才完全消除了「卡洛斯式」內戰的威脅。於此同時，巴黎仍要面對共和派的示威遊行與暴亂，例如因為霍亂而喪命的拉馬克將軍（General Maximilien Lamarque）葬禮引發的騷亂。

雖然詹姆斯和萊昂內爾對一八三二年後安定下來的政權越來越有信心，也誠心歡迎所有加諸在共和派活動上的限制，但是一八三〇年代間仍發生了各種強度不一的政治危機。除了不時出現首長級的危機，更有幾次預謀殺害國王的行動，一八三四年在里昂發生勞工階級的紛亂、一八三九年共和派意圖發動政變未果，另外在一八四〇年拿破崙支持者的入侵也同樣沒有成功。進一步檢視會發現，羅斯柴爾德家族與七月王朝之間的關係只是表面上看來親密。正如詹姆斯的私人書信表明的那樣，他認為路易．菲利普以及他大多數的官員都很無能，國王是「雙面人」、財政部長余曼（Théodore Humann）是個「渾蛋」、提也爾則是「小角色」等等。一八三九年初的政府又垮台時，詹姆斯在信中以輕蔑的口吻寫道：「我親愛的阿姆謝爾，我可以跟你保證，兩年內這些老官員就會回到自己的舊崗位上，因為我們法國的官員就像抹布一樣，經過一段時間就需要洗碗婦處理，經過一段時間休息之後又會（跟新的）一樣好。」

詹姆斯的輕蔑根植於他在革命期間大受創傷的經濟體驗。在一八三〇年五月至一八三一年四月之間，百分之三及百分之四債券的價格毫不留情地持續下滑，分別達到四十六及七十五的最低點，降幅有百分之三十至四十（參見圖表8.i）。儘管證交所在七月關閉了一段時間，而且法蘭西銀行在八月投入了五千萬法郎，卻仍無法挽回這個狀況。直到一八三一年底，價格才稍顯穩定。考慮到在危機前夕，詹姆斯和納坦總共握有「名目價值」六百萬法郎的這兩種證券，他們為此支付了五百三十六萬法郎，光是在公債債券的損失就可能高達兩百一十萬法郎（八萬六千英鎊）。詹姆斯在這些債券價格跌到最低點之前至少賣出了一部分，不過就像先前一樣，他是不得已才採取減少損失的對策。「我們現在坐在一碗湯裡，現在必須等著被煮熟了。」他在八月底這樣告訴納坦，「每天都有這麼多債券要賣，卻找不到買家……若上天垂憐，我希望債券價格能漲起來，那麼就一定可以脫手。我已經沒有先前的信心，要等過去那種信任感再次回來得要等到很久以後了。」

他和萊昂內爾，甚至還有為了女兒生產前來巴黎的漢娜，都像是被催眠般傻傻看著市場的時時波動，徒勞等著危機「消散」❻，詹姆斯甚至開始買進新債券，希望藉此穩定市場：到了一八三〇年十一月，他總共持有的數目可能高達三千萬法郎（名目）。不過價格還是下跌了。「我們脖子上掛了太多債券，」他悲嘆道，「無法和其他投資人站在同樣的高度一較高下。」五個月後，萊昂內爾老實對父親說：「我們一直以來都受金錢太多、股票稀少與國王保證的和平所誤導，以至於我們就是無法下定決心賣出。」安謝姆從柏林捎來書信，催促在債券繼續下跌之前進行最後一次清算。詹姆斯先是不斷推諉，說些「我不能認賠接受百分之四十的損失」這類的話，最終在一八三一年三月市場跌落谷底時才不得不大舉拋售。「不幸的是，」他告訴納坦，呼應著亞龐尼說過的話，「我的財富正漸漸消融，因為我一直在認賠（也就是賣出）。」他「耗盡了」大部分資本，「我都不想看損益平衡表了。」

此外，法國的崩盤影響了其他債券，一幅一八三〇年或三一年的德國卡通漫畫便畫著四名羅斯柴爾德成員（以想像中民風粗鄙的德國城鎮克雷溫克爾〔Krähwinkel〕稱呼他們為「克雷溫克爾人」），他們拿著風箱

❻ 在巴黎的漢娜於一八三〇年八月二十四日寫信給在倫敦的納坦：「親愛的羅斯柴爾德，你一定要冷靜看待，一切都會過去的。薩羅蒙和詹姆斯不喜歡價格下跌，想必你也能猜到，不過他們非常冷靜也並不害怕，我們的注意力完全都放在基金上，實在很難再多想其他的了。」

圖表8.i：百分之三及百分之四債券價格，1830年5月至1831年5月。

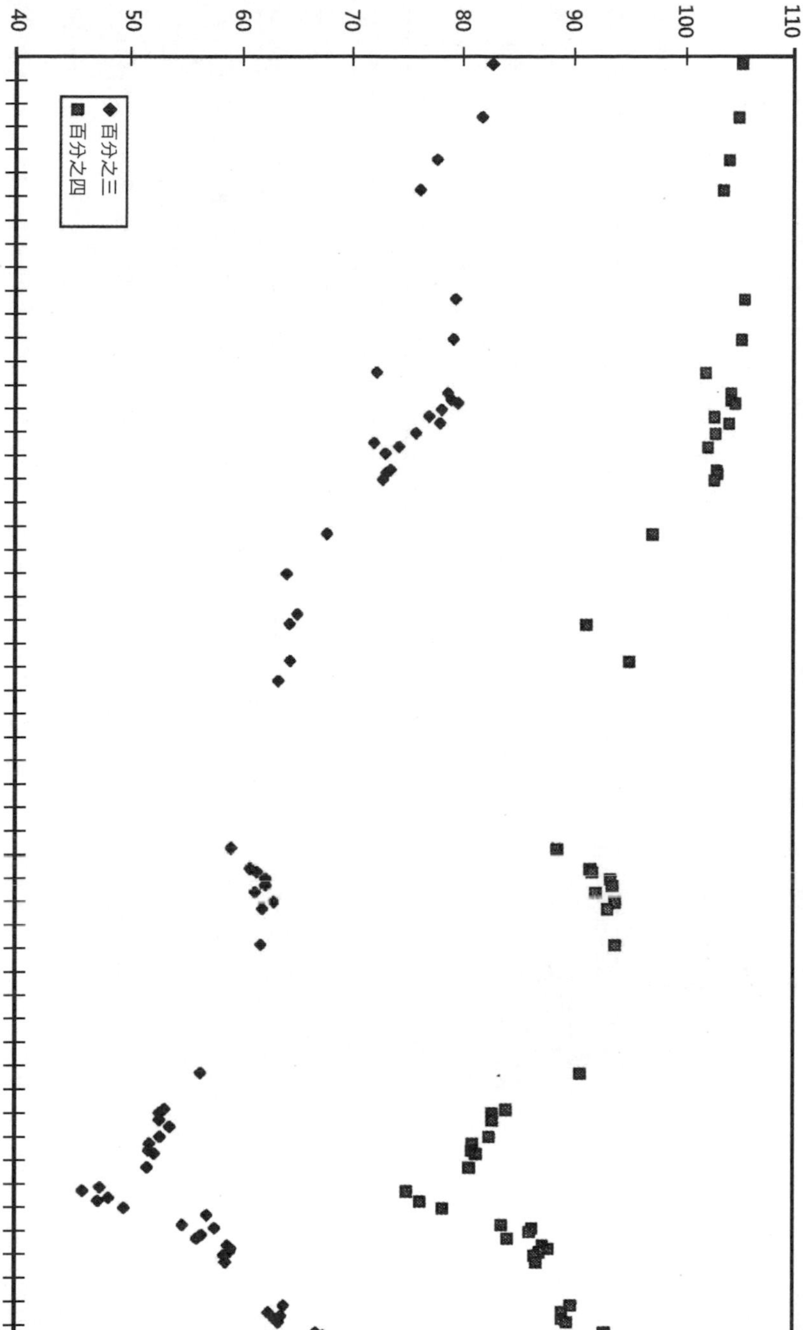

打氣，努力想要讓不斷掉落的債券繼續在空中飄揚，卻徒勞無功。我們無法具體估算出此時的巴黎辦公室究竟遭受了多大的損失，因為相關的帳戶資料並未留存下來，但是倫敦辦公室在一八三〇年的損失總額超過了五萬六千英鎊，占家族資產的百分之五，所以似乎可以保守認定海峽另一端的損失更為嚴重。數額相當的損失讓拉菲特破產，即使此時正值他政治影響力的巔峰，卻也無法阻止他的公司倒閉。

事實上，詹姆斯必須熬過這段難堪的處境。一八三〇年十一月，他不得不暫停支付應該交給政府的革命前的貸款，而且他也無法阻止「那個該死的烏夫拉德」取代他成為證交所的主導人物：「過去六個月以來，那個男人的運氣好得不得了，因此無論他做什麼，全世界都跟著他做……無論他採取什麼行動，整個股市都會照做。」詹姆斯想要參與一八三一年三月的新政府貸款生意時，另一名老對手奧廷格殘酷地告訴他實話：「都已經好幾個月了，你的公司已經不再（像過去那樣）在大眾心中留下同樣正面的形象。」[7]詹姆斯認為有必要跟其他銀行家談談，「語調必須堅定，要『表現出咬牙切齒的憤怒』，他們必須知道不能這樣草草敷衍我們。」不過他仍然花了好一段時間才重建自己在法國金融界的信譽。事實上，萊昂內爾開始察覺他叔叔似乎失去了膽量。「這場革命對詹姆斯叔叔的打擊太大了，」他對父親吐露心聲，「我敢說他已經不再是過去的那個他了，如果他看見情勢看漲，他會說我們必須回到原本的價格，如果情況相反且債券下跌的時候，他就會馬上害怕起來並在最低點賣出。」

詹姆斯在一八三一年也越來越宿命論。「我們現在可以預期法國在未來會發生多年的動盪，」他在七月時陰鬱地告訴納坦，「而且令人遺憾的是，恐怕我們將會失去這裡的財富，也無望阻止這件事發生，因為這裡的人永遠都不知道自己想要什麼。」「如今我已經病了好一陣子，非常虛弱，」他一個月後寫道，要求薩羅蒙的兒子安謝姆回到巴黎來協助他：

> 每一天我們都有新的恐懼，每一天都有新的驚嚇襲來，好消息之後緊接著是下跌，而壞消息也會帶來一

波上漲。晚上上床睡覺，然後又聽到街上傳來可怕的鼓聲而醒來。「請馬上藏起所有證券。」……我是說真的，願上帝幫助我，我的雙臂在顫抖，因為事情的發展對我來說已經糟糕到無以復加。我買入了一些，於是價格跌了；我賣出的時候，價格就漲。實在討厭極了。

到了十月，他覺得「陷入半瘋狂」、「緊張」又孤獨：「全世界的投資操作都在跟我作對，我的投資操作也在跟全世界作對。」直到一八三二年初，詹姆斯才開始恢復信心。有趣的是，他似乎相當慶幸自己在霍亂疫情中全身而退，聽說佩里埃只是因為染上輕症就死亡也很驚訝，而且心情頗佳。到了夏天，情況開始有了起色，這時他才得以回到自己在波隆納的房子，在精疲力盡的狀態下上床睡覺。

債券與憲法

詹姆斯的金融事業能夠存續的主因就是其他羅斯柴爾德公司能為他紓困，這也不是最後一次證明銀行跨國經營的特性是個珍貴的力量泉源。納坦聽說巴黎發生的事件後，第一個反應就是向英格蘭銀行或買或借了大量金銀，光是購買的黃金價值就有七十七萬九千英鎊，並且馬上寄給他的弟弟。這就是詹姆斯一再稱讚納坦有「道義」的意思，因為這讓他能夠持續支付必須繳給法國財政部的款項，這筆錢是該年稍早達成的借貸合約中所談好的條件，而這正是金融實力的重要展現。正如漢娜滿懷驕傲地對她丈夫說：「你如此努力寄出這麼多錢實在讓人歡欣不已……你讓親愛的羅斯柴爾德運作地異常良好，每個人都對你讚不絕口。」如《泰晤士報》後來所言，納坦之所以能夠為弟弟紓困的一個原因是，他在革命爆發前便已經賣掉自己手上相當大量的百分之

❼ 根據萊昂內爾的說法，奧廷格說：「我們的信用已經不如過去那麼好了，過去這六個月以來，我們在大眾眼中的形象一落千丈，若是想發行債券恐怕找不到那麼多投資者跟隨。」

四債券。❽一八三二年三月，詹姆斯希望能夠參與一筆新的法國貸款生意，倫敦辦公室再次成為支持的力量來源，能夠接觸倫敦市場仍然是詹姆斯在巴黎的王牌。那不勒斯辦公室似乎也送出了銀子來協助，留下來的帳戶紀錄顯示出半年的利潤並未受到革命影響。間接的助力則來自法蘭克福及維也納辦公室，兩處維持著堅實基礎的狀態也有所幫忙。

當然，如果一八三〇至三二年的革命浪潮也直接影響其他羅斯柴爾德辦公室，就像法國辦公室所受的衝擊這般，事情就不會是這樣了，必須知道他們可能也會有所影響。一八三〇年，許多人都害怕那不勒斯會再次因革命而陷落，教宗國也一樣，害怕日耳曼的殘存影響或許會比在維也納的影響力更大。事實上，薩羅蒙在一八三〇年十一月對根茨老實說，他的「資產比起六個月前少了一千萬（荷蘭盾）」。在法蘭克福也一樣有值得焦慮的理由，尤其是因為鄰近的黑森－卡塞爾所發生的事。選帝侯威廉二世（於一八二一年繼承他父親的位置）是在一八三〇年失勢的統治者之一，當時卡塞爾、哈瑙與弗爾達（Fulda）的人民集結起來，要求召開議會（Landtag）。最初爭論的焦點在於威廉公開與他的情婦同居，不過國境海關遭到劫掠同樣顯示出經濟上的不平等也是其中一個因素。選帝侯自一八二三年起便未向羅斯柴爾德要求財務援助，不過在一八三〇年危機時，他的官員向阿姆謝爾要求預支了一筆十五萬荷蘭盾的小額款項，正如他的首席部長所言：「您最為謙遜的僕人實在想不出其他獲得這筆預支的方法，這是我們最迫切需要的，只能求助羅斯柴爾德家族。」也不是只有他們，其他面臨迫切危機的政府也發出請求，包括漢諾威、符騰堡與奧登堡（Oldenburg）。不過考慮到日耳曼各邦越來越有可能循著法國模式發動革命，阿姆謝爾只打算借給選帝侯十萬荷蘭盾。

不過就在此時，選帝侯的兒子腓特烈．威廉被任命為共同攝政王，並且接受日耳曼邦聯截至目前最為開明的憲法，阿姆謝爾便改變了態度。一八三一年，他準備了兩筆貸款給新政權，總額是一百三十五萬荷蘭盾。從許多方面來看，這類似於詹姆斯在巴黎背叛查理十世轉投路易．菲利普，而且就像在法國一樣，想法更為前衛的自由派人士很快就對新領袖感到幻滅。不過就算新領袖的支持度下滑，阿姆謝爾仍堅持追隨，就像詹姆斯堅持追隨路易·菲利普一樣。阿姆謝爾仍然以銀行家的身分效力於腓特烈·威廉以及他不受歡迎的妻子❾，即使在黑森政府（在堅決反自由派人士路德維希·哈森弗魯格〔Ludwig Hassenpflug〕的建議之下）重蹈覆轍，且這條路注定會讓他們陷入棘手的憲政危機時亦然。簡言之，阿姆謝爾遇風能彎腰不折。他和他的弟弟顯然不太看重各個努力想要恢復傳統威權的日耳曼君主，薩羅蒙建議他「不要在意符騰堡國王的滔滔不絕和諸多討論」，「因為我比你了解這位國王，他的觀點都是錯的，而且意見老是變來變去，不管他是勇敢或懦弱都無所謂，我對小孩的意見都比對這位國王的有信心。」不過就在哈姆巴赫集會（Hambach Festival）的革命浪潮最高峰之後，梅特涅開始在德國發揮影響力，法蘭克福辦公室也就沒什麼好傷心的，即使安東尼造訪法蘭克福時發現，這場相當溫和的德國革命讓阿姆謝爾損失了錢財。不過在一八三三年四月，一小群能力不足的激進份子意圖在法蘭克福發起政變但失敗，這件事對羅斯柴爾德家族而言倒是好消息，代表政治的波濤洶湧已經漸漸退去。

在倫敦的納坦也經歷了政治動盪。當然，英國的事件並不如歐陸的那般暴力，不過若是忽略將英國改革與法國革命兩相比較時出現的高度相似性，可就大錯特錯，其中一個重要的因素就在於當時的人非常清楚這兩起事件類似，而且也無法確定前者是否能夠避免後者的發生。引發事件的議題並沒有太多不同：媒體自由、減少政治活動中的宗教阻礙（這已經在一八二九年引起過嚴重的政治危機）、延伸選舉權、憲法制定的王室與政

❽《泰晤士報》，一八三六年八月四日：「這份合約對他的定期客戶而言比對他自己更有害，因為投資持分中有更大一部分分配給了他們，在他遭遇嚴厲苛責的時候，此時更讓自己的朋友完全陷入困境。但他對此的回應是，他一直都習慣抱持著開放的態度與定期客戶交易、與他們共享合約，然而隨後發生了革命，他也不可能事先預見這樣的操作會有如此毀滅性的後果。」

❾腓特烈·威廉娶了地位低下的葛楚·弗根斯坦（Gertrude Falkenstein），她先前曾與一名普魯士中尉有過一段婚姻。一八三一年，腓特烈·威廉將她的地位抬升至紹姆堡伯爵夫人，後來又成為哈瑙王妃。他在法蘭克福期間，這對夫婦及他們的五名孩子經常「和他們生意上的好朋友共進午餐，關係相當緊密」。

府的相對關係，以及國會上下議院的相對關係。霍亂疫情同樣傳到了倫敦。[10]更重要的是，政治危機對金融造成的後果相當類似，只是在倫敦或許沒那麼誇張。若是英國的改革危機再嚴重一點，詹姆斯或許就會發現哥哥沒有餘力能提供協助了。

從巴黎的觀點看來，英國輝格黨政府的格雷伯爵（Earl Grey）一開始似乎撐不下去。事實上，最晚在一八三一年三月五日，也就是約翰．羅素勛爵提出改革法案的四天後，詹姆斯就寫信給薩羅蒙，向他保證「皮爾、帕默斯頓〔Henry John Temple, Lord Palmerston〕及威靈頓將會掌權」。但這只是他在托利黨的老朋友們一廂情願的想法（何瑞斯是這則消息的來源），至於詹姆斯自己更傾向認為英國正在醞釀一場革命，就像他前一年親身體驗過的那樣，「因為法案若是通過，這就會被視為對英國的致命一擊；另一方面，如果法案沒有通過，也可以想見會有非常嚴重的騷亂。」國會在四月解散時，詹姆斯有一種似曾相識的感覺，他便對萊昂內爾說：「如果改革法案通過了，就會造成和革命為這裡帶來的相同結果，國王想要從人民手中拿走他們所有的權利，結果引發革命。在英國，國王給予人民比權利更多的東西，同樣會造成跟相反舉動一樣糟糕的結果。」他也直接對納坦說了相同論點：

或許是我誤會了，但是我一知道英國國會解散，那種感覺完全就像是……跟我們的國會解散時一樣，一開始沒有人認為這件事值得憂慮，但是後來我們損失了百分之三十，我向上天祈禱英國不會重蹈覆轍。但是我非常焦慮……我們就直說重點了，我對英國的狀況一點也不樂觀。

在詹姆斯看來，「已經有許多針對富裕階級的異議不滿，而英國的強盛能夠一直撐到現在才有變化，正是因為他們（政府）過去有富裕階級的支持。」改革法案或許看似溫和，不過「改革……的支持者想必之後會再提出更多要求」，他強烈希望英國能夠「阻止那惡名昭彰的自由精神持續進逼」，「百姓相信國會改革能讓他們有（免費的）麵包和蛋糕，」他警告納坦，「就像這裡一樣，他們內心都是革命份子，只要改革法案通過，他們就會再提出新的要求。」一八三一年十月發生在布里斯托和其他地方的暴動似乎證實了這項推論。

萊昂內爾知道法國和英國之間有相似之處。「我們歷經革命，如今歸於平靜；在英國的你們正處於革命之中，而你們必須等到一切結束。」但是他完全不像他叔叔那麼擔心，這部分反映出他偏向自由派的觀點。「我很高興見到這份改革法案對於部分貴族有一些影響，」他在一封坦白的書信中對父母說出了這樣的評論，「這件事非常好，其中有一些大人物實在令人難以支持，他們總是強調不同階級之間有多麼不同，這一點很快就會消失，然後英國的社會就會更像這裡的社會，也更加宜人。」這席話完全就像迪斯瑞利筆下的埃德里安・紐沙特（Adrian Neuchatel）所言。（「好吧，我們小市民必須想想我們能怎麼對付那些爵爺。」）

但是萊昂內爾的態度其實根植於實際考量，更多是關係到改革法案未來發展以及政府公債價格之間的關聯。在一八三〇年一月（公債價格為九十五・六）和一八三二年三月（七十五・四）之間，債券價格跌了百分之二十，這個跌幅沒有巴黎那麼誇張，但還是很明顯的下滑。最大跌幅是在一八三〇年十月及隔年一月期間（參見圖表8.ii），但是價格仍低於一八二九年的平均值（九十一），直到一八三四年才有所回升。

雖然倫敦市場最重視的還是國際相關議題（就像在巴黎證交所一樣），但這場危機當中的國內因素仍然產生了影響。眾所皆知，威靈頓公爵在十一月十一日一席反對改革的強硬演說造成股市下跌超過六點，不過這波下跌其實兩個月前就開始了。同時（這個問題比法國更嚴重），一八三〇至三一年間出現了嚴重的貨幣緊縮，因為英格蘭銀行的準備金減少，這也讓激進份子法蘭西斯・普雷斯（Francis Place）有了靈感，在隔年提出眾人朗朗上口的口號：「要阻止公爵，就要拿（意思是提領）金子！」總之，金融市場看似希望改革法案通

---

⑩ 一八三二年七月十七日，湯瑪斯・雷克斯在他的日記中寫下，一名荷蘭經紀人昨天詢問「羅斯柴爾德……是否能夠預支股票的錢。老猶太人拒絕他了，說：『這段時間我不會預支錢財給任何人，老天，誰知道會發生什麼事？你可能明天就會死了。』結果這個可憐人那晚真的染上霍亂，隔天早上就死了。」

圖表8.ii：百分之三債券的每週收盤價格，1828－1832。

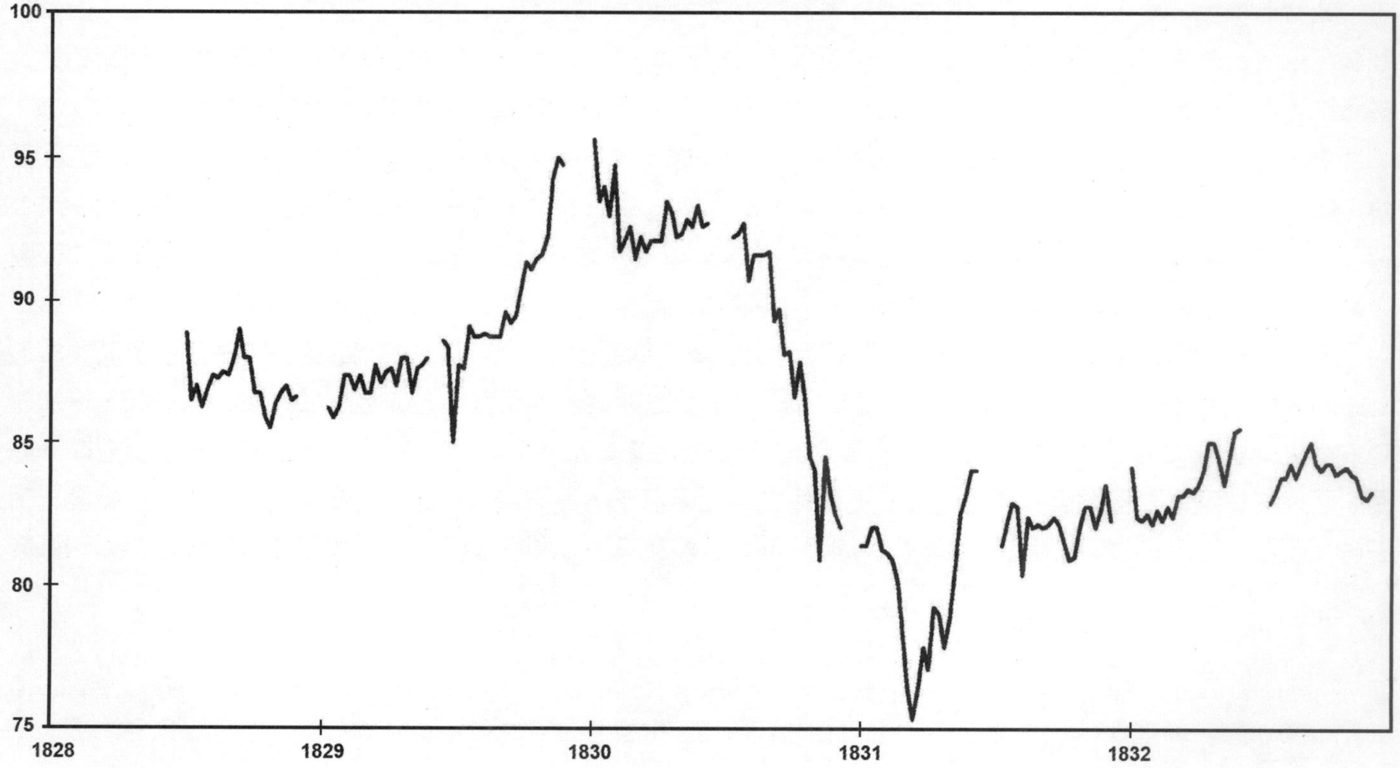

過。早在一八三一年三月，法案在第一輪投票就通過了二讀之後，在巴黎的詹姆斯便想通了這一點。「改革派的勝利，」他在五月初便說，「在目前只會有正面效應，會讓股市上漲。」萊昂內爾也認同，認為法案通過會產生「非常棒的影響」，並且強烈支持創造出新貴族，迫使法案在上議院通過。他們兩人都已經為上議院駁回法案後會導致價格繼續下跌做好了準備。

相較之下，在事發現場的那個人似乎還沒完全準備好，還沒看出改革與金融復甦之間的連結。這一部分是因為納坦支持威靈頓（因此有示威者打破他家的窗戶），所以他直覺上便反對改革；另一部分也是因為，倫敦市場在一八三一年三月之後的波動與更不穩定的巴黎相比沒那麼嚴重，一八三一年十月上議院駁回法案時，債券價格其實還算相對穩定。就連英國政府中的一些官員也對此感到困惑。貿易委員會的副主席查爾斯·普勒·湯姆森（Charles Poulett Thomson）在隔月與詹姆斯一同吃晚餐時便表示：「感謝上帝，我把一部分的錢投資在外國股票裡，但是我認為我們的國家病得很厲害，我很意外股市能漲得這麼高。」話雖如此，到了一八三二年二月，納坦似乎已經接受必須通過改革法案的事實，威廉四世（William IV）拒絕封爵給五十名新貴族之後，威靈頓奉召組織反對改革的政府，就像查爾斯·阿巴斯諾特告訴公爵的：

> 羅斯柴爾德……過來告訴我，如果您公告周知，一旦您見到國會，無論您個人對改革的意見為何，必然不會讓已經抱持如此高度期望的眾人失望……那麼就能克服所有困難。他說富人們都有所警覺，擔心全面改革會遭到這樣的反對，如此將會造成騷亂……他向我保證，普遍都認為只要眾人的心如上述般得到安定，既然您手中握著韁繩，只要您下定決心維持穩定，您就能克服一切困難。他說，他已經決定要盡全力讓基金持續上漲，他有自信能夠成功。

或者，正如摩西·蒙提費歐里更簡潔地總結納坦的論點，公爵應該「組織自由派政府，並且……同意部分改革……他必須順應世界時勢，因為這世界不會順著他走」。這席話其實就是委婉地告訴威靈頓要認輸，而他兩天後也確實這麼做了。

是什麼讓納坦改變心意？顯而易見的答案是，他真的很害怕又會發生去年秋天讓威靈頓下台的金融危機。債券的價格已經稍稍下跌，從五月九日的八十五跌到五月十二日的八十三·二五，而且或許（就如一些觀察家懷疑）納坦也警告威靈頓，英格蘭銀行的準備金可能再次面臨新一波擠兌潮。但是在巴黎的「恐慌」並不如萊昂內爾預期的嚴重，而且原先預測格雷回歸能夠讓債券價格提升「回到先前的水準」，結果並未發生。事實上，公爵辭職或者改革法案的通過本身幾乎都沒有影響到價格，真要說起來，股市再開的價格在王室批准法案之後稍微低了一點。另一個可能的解釋是，英國的羅斯柴爾德經歷了某種政治改宗，正如我們先前所述，至少有一些證據顯示，納坦、他的妻子與孩子早在一八二九年就因為托利黨反對猶太人解放運動，所以政治立場有所動搖；另外，輝格黨看起來也比托利黨更有能力，能夠應付愛爾蘭政治天主教主義與英國激進主義帶來的新威脅。安東尼和萊昂內爾在一八三二年的選舉中是真心為了輝格黨的勝利而開心；而且在一八三四年，主要是在國王的教唆之下，皮爾打算成立新政府，也沒有證據顯示羅斯柴爾德在背後支持。同時，在政府廢除奴隸制之後，納坦願意操作那筆必須補償給奴隸主人的一千五百萬英鎊貸款，這點也頗為重要。經常有人引述巴克斯頓對納坦的回憶，但是卻很少有人指出這兩人一起吃晚餐的重要性，巴克斯頓其實是反奴隸協會（Anti-Slavery Society）的領袖，而他和納坦正是在釋放奴隸的法令通過之後便馬上開始會面。就像在法國的革命之後，詹姆斯馬上就和滿嘴理論教條的自由派站在一起，納坦似乎也是如此順著輝格黨在英國吹起的改革之風。

因此，海涅將「羅斯柴爾德」描繪成革命家的意圖無疑是誇大其詞，不過他指出五兄弟不認同反動派政治這點絕對正確。當改革來臨之時，即使伴隨著暴力而來，他們仍是接受了。

九、和平連鎖（一八三〇—一八三三）

想要開戰的人無疑會求助於其他銀行家。

——弗德里希・根茨，一八三〇

儘管羅斯柴爾德輕易地就從波旁轉而效忠奧爾良、從托利轉而效忠輝格，但是他們能熬過一八三〇年的革命並不只是靠著適應國內的政治變動，因為國內的威脅（這樣的威脅讓詹姆斯將債券埋在敘雷納的花園裡）從許多方面來說，只是這時期眾多革命帶來的較次要威脅。從金融觀點來看，更嚴重的是這些革命可能間接造成強權之間的戰爭。這段時間的私人書信透露出的最驚人事實是，這才是羅斯柴爾德真正害怕的事。這很容易理解。革命或者甚至是改革危機，主要只會影響一個國家內的債券，然而戰爭會讓所有市場中的**所有**政府證券價格都嚴重下滑。如果巴黎發生內政危機，只要倫敦、法蘭克福、維也納和那不勒斯依然平靜，就能撐過去；但是歐洲開戰將會同時衝擊家族的五處辦公室。羅斯柴爾德家族的信件顯示出，這樣的恐懼在一八三〇至三二年間勝過一切。「實在無法想像萬一開戰了會發生什麼事，但願不會，」詹姆斯在一八三〇年十月寫道，「因為若是如此，那麼所有證券都會嚴重下跌，想賣出什麼都不可能了。」一個月後，他想要量化風險：「我們持有九十萬債券（名目價值三千萬法郎），若是維持和平就能有百分之七十五的價值，萬一發生戰爭，就會跌到百分之四十五……我相信只要維持和平，債券在三個月內就能上漲至少百分之十……」

這能夠解釋為什麼在當時有這麼多人相信羅斯柴爾德家族不但偏好和平，還運用自己的金融影響力來維持和平。例如柏爾納就明確指出，一八三一年，羅斯柴爾德出售奧地利公債限縮了梅特涅在外交上的操作空間，當時親王正心癢難耐，想要以武力遏阻革命在義大利與比利時兩地蔓延。他同時也強烈暗示羅斯柴爾德家族急切地想要確保法國對奧地利採取較為和平的政策：「若是羅斯柴爾德家族坐在法國王位上，世界就能鬆一口氣，不必再擔心強大的家族與哈布斯堡家族之間會開戰。」政壇人士也提出了類似的論點，例如在一八三〇年十月，奧地利外交家普洛凱許・馮・歐斯登伯爵便說：「一切都是方法和手段的問題，羅斯柴爾德的話最有分量，而他不會為了戰爭拿出一毛錢。」兩年後，奧地利財政部長庫貝克男爵認為，薩羅蒙就是「和平」的同義詞。也不是只有奧地利被認為受到羅斯柴爾德的壓力，梅特涅與他在巴黎的大使亞龐尼稱，法國政府甚至更有可能受到影響。早在一八二八年，普克勒親王便忍不住比較起泰晤士河的源頭「與拿破崙，後者出生在阿雅克肖（Ajaccio）的無名小卒，卻讓世界上所有王室陷入動盪……彷彿一隻椋鳥的爪子一耙就引起了巨大雪崩，五分鐘後就埋沒了一個村落——而……羅斯柴爾德的父親只是賣緞帶衣料的商人，但如今歐洲各個強權似乎沒有他們就無法開戰。」普魯士外交家阿希姆・馮・阿爾尼姆（Achim von Arnim）在一八四〇年代也說過差不多的話，他發現幾乎各國政府都受制於「這個家族的黃金鎖鏈」。

這種論點很快就融入羅斯柴爾德的神話傳說中。阿爾豐斯・圖斯內爾在他反猶太的短篇文章〈當代之王猶太人〉（一八四六年）當中，便簡單扼要地直指：「猶太人**投資在和平上**，情勢正看漲，因此能夠解釋為什麼歐洲維持了十五年的和平。」後來的作家說得更加直接，卡佩非格和席哈克都表示自己引述了羅斯柴爾德的話：「不會有戰爭，因為羅斯柴爾德家族不想要戰爭。」莫頓則表示：「五兄弟成了有史以來最好戰的和平主義者。」經常有人引述古蒂勒・羅斯柴爾德的這句宣言：「不會開戰的，因為我兒子不會給錢。」

五兄弟在公開場合中喜歡助長這種說法，因為這讓他們看起來既有權力又善良，「你知道法國的總督、甚至國王是誰嗎？」涅謝爾羅德伯爵夫人在一八四〇年十二月這樣問她的丈夫，「是羅斯柴爾德。最近我在他的晚宴上有很多時間能和他促膝長談，我沒有對他透露什麼自己的看法，只是誘導他自在地說出內心話。他已經厭倦了（法國首相）提也爾和他的官員。」

「他們我都認識，」他說，「每天都和他們見面，只要我一發現他們依循的路線和政府的利益背道而馳，我就會面見國王，畢竟我隨時想見國王都可以，我會告訴他自己的觀察。因為他知道我有太多不能失去的東西，而我希望的就只有和平，所以他非常信任我，總會聽我的意見並將我告訴他的話記在心裡。」

不過這席晚宴桌上的吹噓之詞會多誇大，是否就像納坦在一八二〇年代對普克勒親王所說的那些話？五兄弟的私人書信是否能證實，他們於一八二九年後運用自己的影響力維持和平的說法？

在這裡，必須將羅斯柴爾德家族的金融影響力與扮演外交溝通管道較不明顯的影響力區分開來，前者主要在於他們能夠拒絕貸款給打算開戰的政府。後者的第二種功能則在一八三〇年代期間變得越來越重要，儘管這在過去十年就已經開始發展。大致來說，政治家和外交官開始利用羅斯柴爾德家族的溝通網絡有兩個原因：因為比用來傳遞外交書信的官方郵政系統更快，而且透過兄弟間彼此的書信往來，政府和政府之間就能傳達沒有法律約束力的訊息。不難看出為什麼五兄弟願意提供這樣的服務，這樣他們便能預先得知政府在構思什麼外交政策，藉此也能在更有依據的狀況下做出投資決策。對歷史學家而言，棘手之處在於，五兄弟扮演外交渠道時不是每次都會明顯區分自己和官員的觀點：也是從這段期間起，他們開始在信件中使用「我們」一詞，不僅表示「我們羅斯柴爾德」，也表示「我們政府」，這是最早暗示著五兄弟開始以他們居住的五個不同國家為自己的身分認同。另外，如此也不容易分清楚，究竟是羅斯柴爾德實際上在影響政策方向，或者說是政策影響了羅斯柴爾德。

溝通網路

因此，要理解一八三〇年代的金融外交，就必須了解五兄弟溝通網路的發展及本質。同樣地，我們必須先褪去相當程度的傳說成分，其中最重要的就是認為羅斯柴爾德家族如迪斯瑞利筆下的席多尼亞，握有可以說超乎自然的情報服務：「沒有哪個國家的官員擁有這種充滿密探和政治間諜的溝通網路……因為有這些管道，讓他能夠得知奇怪而隱密的消息，說出來總是能讓聽者為之一驚……全世界的祕史都供他消遣。」確實到了一八四〇年代末，他們已經建立起強大的代理人網路並且有固定的信使，這個功能非常重要，能夠讓新廷密切掌握世界各地的經濟與政治發展。不過在滑鐵盧之役的二十年後（當時的戰情消息是羅斯柴爾德通訊方式的首次重大變革），他們的系統卻變得更加原始，就像所有想要進行跨國通信的人一樣，他們的信件（有時也包括他們的生命）都端看天氣好壞。一八一七年，薩羅蒙和他的妻子搭乘馬車從巴黎到荷蘭的鹿特丹，途中要渡河時正好遇上暴風雨，兩人可以說「百分之九十九」就要溺死了。整趟旅程耗費大約七十二小時，這點相當不尋常。在一八一四年，從巴黎寄信到法蘭克福通常只要四十八小時，但是從倫敦來的信件可能要花上一週才會抵達法蘭克福；在一八一七年，從巴黎送信到柏林更是要花上九天。五兄弟都非常勤於寫信，甚至在前廳等著面見官員時都在振筆疾書，因此他們一直努力想方設法要加速郵件寄送的速度。我們先前已經提過，從一八一五年開始，也可能更早，納坦便會吩咐自己在多佛與加萊（Calais）的代理人，為了加速自己的信件寄送，額外付錢給船長以得到快捷的服務。他有時也會透過一種以上的管道寄送同一封信的副本，藉此降低延遲的風險。一八一四年，阿姆謝爾提出了一個妙招來克服法蘭克福郵局的延遲問題：如果匯率上漲，他的弟弟們就用藍色信封寄信；如果下跌就用紅色，「這樣邁爾在郵局可以馬上告訴我是收到紅色或是藍色信封，這樣就能省去半天時間」。

不過還有一個問題尚待解決。兄弟們的信件都是透過德國眾多辦公室來傳遞，而這些辦公室是奧地利祕密警察控制下的「據點」，因此如果信件中可能帶有敏感或有用的政治訊息就經常會被打開、另外抄寫。同樣無法保密的問題讓他們除了偶爾使用外交「郵件袋」，由信差在各國首都間傳遞之外，別無他法。因此，羅斯柴爾德家族沒有別的選擇，只能（最晚）在一八一四年起開始雇用私人信差。問題是信差很昂貴，兄弟之間經常爭論信差的用處到底有多大：如果派遣信差的次數太頻繁，營運成本就會暴漲；但要是不派遣信差，重要訊息就會遲到。另一個相關的問題是，信差抵達等於是在提醒競爭對手可能有重大消息出現，因此他們有時候寄給第三方的信件時間會往回溯，並派出偽裝過的信差讓對手無法察覺。到了一八二〇年代中期，成本問題不太再需要擔心，他們便經常派出信差：光是一八二五年十二月，巴黎辦公室就派出了十八名信差到加萊（接著到倫敦）、三名信差到薩爾布呂肯（Saarbrücken）、一名去布魯塞爾，然後一名去那不勒斯。這種運作模式漸漸成為一種習慣：一八二七年，因為找不到信差願意在聖誕節晚上一點從維也納出發送信到史特拉斯堡，薩羅蒙還因此大發雷霆。

不幸的是，就像每一種通訊革新一樣，羅斯柴爾德的競爭對手很快也開始派出數量不相上下的信差。而且，信差再怎麼快速抵達都還是不夠快：詹姆斯在一八三三年便抱怨道，一名倫敦來的信差「來晚了一小時」，恰恰傳達出資本家長年以來都渴望能有更快的通訊方式。自一八二四年起，五兄弟也使用傳信鴿，但是顯然直到一八四〇年才提高使用頻率，也因此需要設計簡單的密碼：「用信鴿傳信時，AB表示要買股票，是好消息；CD……表示要賣股票，是壞消息。」一八三〇年代中期之後開始進行鐵路建設，再加上電報與蒸汽船的發展，這才開啟了通訊新時代，此時對羅斯柴爾德來說，要比對手搶先一步更是難上加難。詹姆斯最初提到「電報通訊」時，跟納坦抱怨：「這裡的人知道太多事情，所以想做什麼都根本沒機會。」到了一八四〇年，卡爾便建議巴黎辦公室不要再派信差到那不勒斯來，因為蒸汽船抵達的時間也一樣快，而信差只會讓「一小部分投資人」驚覺到有事發生。另一個重點在於，因為一八三〇年後對媒體的審查變得較寬鬆，所以沒必要在私人信件中提供太多詳細的政治消息。到了一八四〇年代，納特經常會讓他的兄弟們自己去找法國報紙來看，不過十年前，他的叔叔會自己在信中寫下最新的政治消息。

因此，事實上羅斯柴爾德的信使服務成為另一種溝通管道的優勢相對很短，大概就在一八一五至三五年間。在這些年當中，羅斯柴爾德家族能夠為他們希望拉攏的政治人物及外交官提供特殊服務，不只提供私人的銀行服務，還能夠比一般郵件更早將他們的信件送達。一八二二年在倫敦的夏多布里昂子爵收到杜哈斯公爵夫人的「重要快遞」，便是透過她「羽翼下的羅斯柴爾德」。同一年在維羅納以及一八二五年在普雷斯堡（Pressburg，今日的布拉提斯拉瓦〔Bratislava〕），梅特涅都利用了薩羅蒙的信差送信到維也納及倫敦，比起自己的信差，他顯然更信任羅斯柴爾德的。這個想法很快就傳播開來。到了一八二三年，「收到羅斯柴爾德的消息」已經成為涅謝爾羅德伯爵夫人日常生活中不可或缺的慣例。根據報導，在一八二六年：

> 為羅斯柴爾德家族送信的員工一個月會從那不勒斯到巴黎一、兩次，駐守在那不勒斯、羅馬及佛羅倫斯等地的法國、英國及西班牙官員會將所有快遞信件交給他。除了這些不算少量的信件，他們還要處理那不勒斯及羅馬宮廷與其在杜林、巴黎、倫敦、馬德里及里斯本等地公使館之間的通信，然後還有比較重要的所有私人信件。

一八二六年，法國和奧地利之間的關係爆發了一場小危機，便是羅斯柴爾德的信使將維萊爾的懷柔訊息帶給梅特涅。或許在一八四〇年之後，所有熱衷使用羅斯柴爾德信使服務的人中，最為重要的（可能也是權位最大的）當屬年輕的英國女王維多利亞以及她的王夫亞伯特親王，亞伯特親王的伯父利奧波德是羅斯柴爾德的老朋友，或許是親王向女王引介了這套服務。[1]亞伯特一到英國，（透過他的親信克里斯提安・馮・史托克瑪〔Christian von Stockmar〕以及在英國的秘書喬治・安森〔George Anson〕）便經常使用羅斯柴爾德的信差與歐陸通信，很快地，維多利亞女王也這麼做，同時仰賴羅斯柴爾德家族進行小額的銀行服務，甚至還有預定旅館等事宜。一八四一年六月，女王向利奧波德保證她「一直」都把所有寄到德國的信件，「只要**真的**有所影響的……都透過羅斯柴爾德，絕對**安全**而且非常快速。」

這一切都代表羅斯柴爾德有能力為歐洲上流貴族提供獨特的新聞服務，重大的政治事件與機密訊息都可以比官方管道更早一步從一個城市傳遞到另一個城市。納坦提早獲得滑鐵盧戰役結果的消息只是眾多這類變革中的第一步。早在一八一七年，詹姆斯透過政府圈子中的一位「朋友」促成，幫忙將詳細的法國外交快訊從巴黎傳遞至倫敦，因此納坦可以在快遞送到法國外交官手上之前就搶先看到。駐巴黎的英國大使也開始仰賴納坦得到倫敦的第一手消息，一八一八年，一名英國外交官動身前往參加亞琛會議，他發現納坦「對於我們黨派的細節與有可能參與其中之人的了解十分正確，我相信有些名字甚至連外交使館都不知道」，因而「相當震驚」。貝里公爵在一八二〇年二月遭到暗殺時，便是羅斯柴爾德家族在法蘭克福及維也納報導這起事件；同樣地，卡洛琳王后在一八二一年過世時，也是羅斯柴爾德家族將消息傳到巴黎。我們先前已經提到，坎寧並不喜歡羅斯柴爾德家族經常獨家取得英國外交大使的報告，但是他實在無法承擔錯過重要訊息的後果，例如鄂圖曼土耳其從埃克曼（Akkerman，今日烏克蘭的比爾戈羅德－德尼斯特羅夫斯基〔Bilhorod-Dnistrovskyi〕）撤退的消息。到了一八三〇年，塔列朗便發現：「英國內閣總是能夠（透過羅斯柴爾德）得到消息，比斯圖爾特爵士（Sir Charles Stuart）的快遞消息還早了十到十二小時，這點也無須意外，只要看看羅斯柴爾德公司所聘雇的信使都搭乘什麼交通工具就知道了，上頭沒有其他乘客，而且隨時可以出發……」維萊爾同樣也得仰賴羅斯柴爾德的消息，即使他（像坎寧一樣）強烈懷疑這五兄弟會操縱訊息以影響股市。

那當然正是最重要的想法。或者更確切地說，羅斯柴爾德通訊的主要目的就是透過先得到政治上的消息，在消息影響整個市場之前買賣證券。但並非每次都行得通，眾所皆知，羅斯柴爾德不只在倫敦向英國外交大臣艾伯丁伯爵（Lord Aberdeen）報告了一八三〇年法國七月革命的消息，同時也（透過法蘭克福）報告給在波希米亞的梅特涅。值得一提的是，最初並沒有人相信他們報告的消息，而且如我們先前看到的，革命的爆發連羅斯柴爾德家族自己也完全沒有預料到，這讓法國辦公室陷入經濟危機，花費了好一番心力才得以解套。

❶ 因為薩克森－科堡家族與羅斯柴爾德家族早有往來，因此亞伯特和「你們的年少女王」結婚時，薩羅蒙的兒子安謝姆才會寫信去恭賀自己在倫敦的堂親。

銀行家的外交手腕

羅斯柴爾德家族的信件透露出，這套通訊系統在一八三〇年七月之後那段動盪歲月中有何能耐及限制。詹姆斯在巴黎的政治關係無人可與之匹敵，「經常有人來問我的意見，什麼事都有。」詹姆斯在一八三一年這樣告訴納坦，而這點從未真正改變過。就像他後來也對涅謝爾羅德伯爵夫人說，他確實幾乎每天都會見到國王、內閣官員以及重要的外交大使。納坦似乎也能夠接觸到政府高層人物，尤其是外交官弗德列克・蘭姆，另外還有在倫敦的重要外交官，像是塔列朗、埃斯特哈齊以及比洛，不過他的影響力顯然比過去托利黨執政時要小。在維也納，薩羅蒙仍然能夠直接與梅特涅來往，而且只要兄弟寫給他的信件中含有重要的外交訊息，他都會抄錄一份給梅特涅。相較之下，法蘭克福與那不勒斯的辦公室似乎比較沒有攪和進權力的大「圈圈」裡；而其他重要首都的影響力，包括聖彼得堡、柏林、布魯塞爾及海牙，也僅限於透過代理人（例如俄羅斯的加瑟、比利時的里希騰伯格〔Lazare Richtenberger〕），或者偶爾親自前往操作的程度。

在一八三〇年透過羅斯柴爾德通信討論的第一個外交問題便是，各國強權是否真的會承認路易・菲利普為國王或是打算干預新政權。七月三十一日，詹姆斯寫信給納坦：「我向上帝祈禱你的政府不會想要出手干預，因為若他們這麼做，就會全面開戰。」兩週後，萊昂內爾總結了承認新王的論點：

> 現在最為要緊的只有一件事，就是國王應該馬上被承認，若是不早些完成，誰也說不準最後會是如何……鄰近的行省或許一直都希望加入這個政府，只是一直等著國王獲得認可，這樣同時也會引發更多紛擾……法國只希望和平，對其他國家別無所求，也知道他們只要運用自身的資源就足以躋身強國。目前法國有一百五十萬名國民兵，皆配有武裝也能夠效力，除此之外還有完整的軍隊，其他強國何必想著要進攻這個國家呢？……詹姆斯叔叔今天去面見國王，以公司成員的身分向他表達敬意，國王極力向他保證會維持和平，同時也釋出善意，表示希望一切都能往最好的方向進行。

路易·菲利普在這場會面中對詹姆斯表示，「我最衷心的希望都圍繞著歐洲的和平，並且希望各國能夠恢復過去與法國的友好關係」，這段訊息也透過奧地利大使亞龐尼忠實傳達給梅特涅。

然而，承認路易·菲利普為法王並未如萊昂內爾所希望的阻止其他地方爆發革命。八月二十五日消息傳到巴黎，布魯塞爾爆發「全面革命」，由此也出現了新的可能性：革命在法國以外的地方蔓延開來，可能讓法國、普魯士、俄羅斯及奧地利等某個或多個保守勢力國家之間的戰火一觸即發，或許甚至還包括英國。比起外國勢力直接干預法國內政，上述事件更有可能發生，原因有二。第一，其他強國在比利時不只有條約上應盡的義務（從一八一四至一五年），也有戰略利益；第二，外國勢力介入比利時或爆發革命的其他地方很有可能讓法國政權立場左傾，因為共和主義和革命性的國際主義之間在歷史上一直互有關聯。梅特涅記得，法國在一七九〇年代便將國內的「無政府狀態」與戲劇性的軍事擴張連結在一起，而記得這件事的人不只他一個。

因此，詹姆斯在聽說比利時叛亂行動之後，第一個動作就是協調法國外交部長莫萊（Louis-Mathieu Molé）與普魯士大使會面，希望避免這兩大強權發生軍事衝突。同時他也懇求納坦反對任何代表荷蘭國王由英國支持的干預行動，因為他認為（與漢娜及萊昂內爾的意見相同）比利時的獨立聲明在實務上（或許也在原則上）是有道理的。在此同時，詹姆斯害怕革命精神可能會蔓延到那不勒斯及西班牙（就像在一八二〇年代那樣），於是向梅特涅傳達了路易·菲利普的低調警告，說「他會盡自己身為立憲君主所能，盡量反對所有國家發生的革命，但是……他的地位讓他必須對自由派的意願表現出一定的關心」；因此，那不勒斯國王應該「為了國家的大致利益有所讓步，並且配合當代思想的進步」。幾天後，莫萊告訴詹姆斯，如果法國「遭到大量（普魯士及奧地利）軍隊包圍」，法國或許就會準備開戰，還有幾位外國使節同樣害怕「全面開戰」，其中也包含蘭姆，他便提出了英國介入的可能性。

經過塔列朗和艾伯丁之間的討論後，由各個強權派出代表在倫敦裁決整個比利時問題，眾人這才鬆了一口氣。只是，甚至在比利時與荷蘭協議停戰之前，便已經傳來華沙爆發對抗俄羅斯統治的叛亂消息。事實上，這起事件很可能才是**阻止**對比利時開戰的主因，因為在叛亂之前，沙皇已經準備從波蘭派出軍隊去支持荷蘭，結果俄羅斯軍隊一直從一八三一年二月打到十月才鎮壓住叛亂，這可能就是沒有全面開戰的主要原因。但是此時，革命一路往東蔓延，似乎只是增加了各國衝突的機會。關於新的比利時國家領土、其中立地位以及如何選擇國王，這一切的討論曠日費時，只是讓一八三一年上半年瀰漫著不確定性，羅斯柴爾德家族再次將各種提案與反提案從巴黎送到倫敦。[2]接著傳來了義大利發生叛亂的消息，不過並非如先前擔心的在那不勒斯發生，而是在摩德納及帕爾馬等公國（一八三一年二月）與教宗國（三月）。

在一八三一年三月至一八三二年三月之間出現了一連串「爆發點」，涉及多個強權的戰爭似乎即將發生，情勢相當危急，而每一次都能看見羅斯柴爾德家族急著努力消弭局勢的緊繃。第一波危機不僅可能讓奧地利介入教宗國，法國也有可能傾向支持革命份子。詹姆斯和薩羅蒙便深陷此時在巴黎及維也納之間爆發的激烈論戰。到最後，奧地利確實進行了干預，不只是在摩德納（法國也默默接受了），同時因應教宗額我略十六世的請求也介入波隆納。這樣的行動在經過多番推諉之後或多或少也讓法國政府威脅開戰，這次同樣由詹姆斯傳達消息。這或許是最接近全面開戰的時刻，無疑也是英國及法國債券市場跌到最低點的時刻。在這裡，羅斯柴爾德介入政府內部溝通的證據尤其明顯，詹姆斯還參與起草一份由法國發給奧地利的關鍵訊息，要求進行國際仲裁（遵循比利時模式）。[3]到了四月中，詹姆斯確定「義大利的危機已經結束了」，英法結盟就能避免比利時的戰爭。

第二次爆發點出現在一八三一年八月的比利時。究竟薩克森－科堡的利奧波德能否當選成為比利時國王，這份不確定性持續了數個月（雪上加霜的是在波蘭持續有抗爭，同時有消息指出奧地利出手報復義大利的自由派），而荷蘭入侵比利時再次升高了全面開戰的可能性。但是各國又再次撤退，普魯士和俄羅斯都不支持荷蘭的行動，而英國政府在經過一番激烈協商後表態支持法國出征比利時的決定，條件是驅逐荷蘭軍隊之後就必須撤兵。一直到了十月間，比利時發生戰爭的危險性才逐漸消散，儘管比利時在十一月十五日簽署了二十四條協約，效果卻不如一開始預期的那般具有突破性，因為普魯士、奧地利和俄羅斯直到一八三二年五月才批准條約，而荷蘭國王一直不願簽署。

第三次戰爭的威脅發生在一八三二年二月，因教宗國內再度發生紛爭所引起。奧地利軍隊再次介入，而法國也再次想要處理這件事。事實上，這一次法國真的派了部隊占領安科納港口，這在詹姆斯看來是「嚴重的錯誤」。但是這次的危機不如先前幾次嚴重（市場毫無反應證實了這一點），而且完全沒有確切跡象顯示巴黎和維也納之間有嚴重的裂痕。後革命時代的最後一次戰爭威脅是在一八三二年秋天，法國再次以軍事干預威逼，迫使荷蘭接受二十四條協約，即使英國同意要合力對抗荷蘭，這又再次讓普魯士或俄羅斯可能採取報復。一八三二年五月的倫敦會議只是權宜之計，因為此舉讓比利時人違反二十四條協約留在了盧森堡（除了其堡壘）以及林堡（Limburg，除了馬斯特里赫特〔Maastricht〕），不過這已經足以維護和平，直到一八三九年各國確定和解。

在這些危機期間，這些國王、官員及外交使節能夠透過羅斯柴爾德家族的信件快速地交流彼此的觀點，不過他們也允許羅斯柴爾德表達自己的觀點，不只是在他們兄弟之間，恰當翻譯過後的信件副本也會在政治人物之間流傳，進而讓他們也知道。五兄弟的評論主要都是在談論他們很清楚國際及國內政壇上可能發生多麼爆炸性的互動，這點在巴黎尤其明顯，巴黎對戰爭的恐懼密切關係到對法國國內政治激化的恐懼。「法國政府完全只想著和平，」詹姆斯在一八三〇年九月二十九日警告道，「但若是太常受到威脅，那麼國王說他就不再能

---

❷ 最重要的是法國政府堅定遵循一八三一年一月的兩項協議的明確態度，同時拒絕接受讓路易・菲利普的兒子內穆爾公爵（duc de Nemours）成為比利時國王的提議，也不願意違背協議中關於領土的條款而支持比利時反抗軍。無庸置疑，這對羅斯柴爾德的立場而言是好消息，讓薩克森－科堡的利奧波德浮上檯面成為最適合登上比利時王位的候選人。

❸ 詹姆斯反對使用像「即刻撤離波隆納」及「馬上離開波隆納」等太過直接的措詞，他告訴哥哥們：「我會確保刪除那些冒犯的措詞。」詹姆斯希望奧地利能夠將這件事訴諸羅馬國際會議的願望實現了，不過部隊卻一直等到七月才撤退，因此佩里埃並未將撤軍當成宣戰理由這點就顯得十分重要。

夠掌控自己的家族，而且人民並不想像小孩一樣飽受威脅。」詹姆斯經常煩惱著，如果其他強權太過積極想要對抗在比利時或其他地方的革命，那麼比較好戰的政治人物就會在法國掌權；棘手的是，就連他和萊昂內爾大力支持的那些官員，有時都必須發表好戰的言論以平撫大眾的情緒。因此詹姆斯必須一再保證，那些話只是在國內講講，到了國外就不應該認真看待。拉菲特的新政府任命賽巴斯蒂安尼為外交部長（一八三〇年十一月），詹姆斯馬上趕去見他，其實他能夠傳遞給倫敦及維也納的訊息就和國王前幾週所說的相去不遠：「如果他們找藉口要開戰，那我們完全準備好迎戰，但是我們會用盡一切阻止這件事發生。」不過詹姆斯的結論相當樂觀：「各種跡象都顯示和平會維持下去。」只要俄羅斯不要想著代表荷蘭介入，法國會告訴比利時人「他們在做任何考量時都不應該排除荷蘭的奧蘭治王室，若是他們做蠢事，就不能指望我們支持」。麻煩的是，正如詹姆斯承認的那樣，政府一邊「說著『我們只想要和平』，同時又要求八萬人的軍隊……戰爭部的人都相當熱情而活躍，看起來他們已經計劃好在十四天內開戰。我們的報紙現在憤怒地喊著要開戰，而昨天全世界也都認為馬上就要爆發戰爭了」，不過他仍然認為拉菲特「想要和平，他只是要求軍隊這麼做以捍衛和平」，談論戰爭只是「讓民眾能忙著動腦」。因此，詹姆斯在一八三一年初敦促法蘭西銀行避免讓拉菲特破產，他深信若法國政府換人領導，就會增加開戰的風險。整個一月，儘管巴黎的情緒漸漸沸騰，他還是向哥哥們保證這個政府傾向和平的立場。

不過詹姆斯很快就不得不承認，即使是在政府內部也有人越來越傾向對比利時開戰，這個念頭只有在摩德納及帕爾馬等地發生革命的消息傳到巴黎時才能短暫被打消。詹姆斯馬上有所行動，根據他自己的說法，他告訴路易．菲利普：

> 即使您對比利時（領土）並無興趣，卻仍是被推向戰爭……而法國人採取如此高傲的姿態是否明智？如今，您想要我們乾脆向外國人宣戰嗎？陛下，您受到了欺瞞，官員已經失去了對民眾的信心，您應該任命佩

里埃，然後所有的人，包括比較富裕的那些人，都會支持他，如此便能展現出您的決心。

他告訴哥哥，拉菲特決心要走上「完全無政府狀態」這條路：

今天早上我去見拉菲特，他對我說：「如果法國不對奧地利宣戰，那麼在三週之內，國王將不再是國王，還會人頭落地。」我告訴他，他怎麼能給國王如此糟糕的建議，他對此的回應是，國王已經不再聽取他的意見了。總之，拉菲特認為大勢已去……明天我會去問國王，或者我可能今天就會去見他。

看起來，詹姆斯「和國王的談話確實收到了預期的效果」。過了一週之後，拉菲特便辭職了。因此，詹姆斯對佩里埃的支持便是認定了他一定會尋求和平的政策。同理，詹姆斯知道，只有其他強權也讓步，佩里埃才能夠留在職位上，於是他將希望都放在法國政局穩定的政策上。詹姆斯寫了一封典型的家書給薩羅蒙，這封信是要讓梅特涅看的，信中他勸說奧地利應該「支持」佩里埃，因為他是最不可能開戰的法國政治人物：

親愛的薩羅蒙，你如今也一定了解，如果我的朋友佩里埃掌政，他的政府就會得到支持，畢竟三千兩百萬人發起革命對所有國家都相當危險。「而且，」佩里埃曾對我說，「如果人們想要為國王做些什麼，他們應該試著讓法國在比利時占得一塊，如此才能夠確實穩固國王的地位，但是他並不強求。」……現在我告訴你，讓佩里埃掌政，那麼就端看（其他）強國要不要開戰了……我可以向全世界說，各國只想要和平……我們說不準未來會發生什麼事，但是有了佩里埃我就有自信，因為要是我們鬧戰了，他的資產和工廠都將蒙受損失，所以我相信和平……只要我們確定了國外的和平，在國內就也能享有太平。

「佩里埃，」他向納坦保證，「是上帝賜與的一絲好運。他將會維護和平，或者至少我希望他會。」他和萊昂內爾後來甚至開始相信：「如果由佩里埃執政，這會是他的條件之一，能夠允許奧地利介入義大利事務，而且不必多加注意。」佩里埃的任命一經確認，詹姆斯便再次請求奧地利的支持：

> 我們有一個想要和平的政府，他們想盡其所能來維護和平，（但是）如果列強想要維持和平，他們就必須讓「和平政府」更有力量，使其能夠（向大眾）展現出各個強權並無意攻擊法國。現在，如果俄羅斯和奧地利都能發出聲明，表示自己會維持旁觀立場，而且不會攻擊法國，此舉將會大有助益，能夠安撫民心，因為這裡的人都堅信，俄羅斯一旦解決了波蘭的問題，接著就會將目光放在法國身上……我去面見國王並向他說明，我的全部身家及家人都在法國，因此不會在外國列強其實打算開戰的時候，還妄想要誤導他、誘使他相信外國強權是想要和平，畢竟這樣的陰謀會對誰有利呢？……如果他們可以選擇佩里埃，那麼信用額度就會上揚，一切都將好轉……好了，這一切如今都端賴外國勢力了，而你得為了這個目標盡一切努力，因為若是我們無法成功維持和平，就沒有哪個國家能夠保住自己的信用額度。

五天後，他「急切懇求」薩羅蒙繼續「纏著」梅特涅，「因為對歐洲來說，當務之急就是要強化這裡的政府，並且……維持和平，而只有親王有能力做到。」「一切端看戰爭或和平的問題，」萊昂內爾在三月三十一日寫道，「這個政府想要和平，但是必須有其他強權的支持，而且不能違逆公眾輿論，否則就會讓反對勢力得到太多力量，如此就會馬上為我們帶來戰爭。」

然而，即使佩里埃獲得任命也不能完全平撫詹姆斯對法國遭受侵略的恐懼，尤其是知道奧地利打算不顧巴黎政府輪替而介入教宗國的時候更是如此。在義大利、比利時和波蘭等地的事件時不時都有可能在巴黎掀起自由派思想的動盪，這會讓政府除了對抗或下台以外別無選擇。一八三一年的夏天，甚至還出現了經濟層面更加激進的政策訴求，萊昂內爾便評論道：「巴黎有太多年輕男子沒有工作也沒有錢，要解決他們的問題就必須一戰。同時黨派的氣勢也很高昂，若是沒有戰爭，我們就會看到現在的國王遭到驅逐。」路易．菲利普顯然也有同感，當佩里埃的地位看似岌岌可危時，詹姆斯便憂心忡忡觀望著。佩里埃在八月初辭職時，詹姆斯便預估若是「極端自由派」政府取而代之，那麼「四天內就會開戰」。佩里埃因為在其他強權的默許之下對荷蘭採取了最低限度的軍事行動，於是政治生命得以延續，而這也不是最後一次。

相同情節於一八三二年一月及二月再次重演。先是詹姆斯警告，假如法國不滿意比利時和解的最後條件，佩里埃就會辭職；接著佩里埃又派遣軍隊到安科納以回應奧地利軍隊返回教宗國。即使在佩里埃過世之後，這樣的模式仍一再重演。接任的首相蘇爾特（Nicolas-Jean Soult）於一八三二年十月再度急著想派遣軍隊對抗荷蘭，詹姆斯希望能夠確保英國支持介入行動，便警告納坦：「願上帝保佑不會如此，若是這裡的政府撐不住了，那麼我們就會有個共和政權，我想事情就會變得一片漆黑。所以現在一切都看比利時的問題如何解決，若是英國決定不支持法國，那我們這裡就要慘兮兮了，因為全世界都反對只說不做的空想家。」

英國的內政與外交政策之間也有相似的連結。有人認為托利黨政府可能會恢復皮特掌權時的傳統，並介入發生革命的法國，雖說這可能性微乎其微，但卻沒有完全消失過。另一方面，輝格黨在一八三〇年掌權時，詹姆斯馬上就預示到一個同樣令人警覺的情況：如果新政府的立場偏向「激進」，那麼「我們的政府就必須更偏向自由，比利時的問題就會因此變得更難以解決。英國可能就會與法國締結條約，於是我們會發現自己正和歐洲其他國家交戰」。「現在一切都看英國，」詹姆斯在一八三一年寫給納坦的信上說，此時他正在尋找適合的比利時國王，「若是沒有英國作為盟友，外國勢力絕對不會宣戰……瞧，親愛的納坦，你必須時時保持警覺，這點是多麼重要，因為我們會不會開戰端賴英國是否會在比利時問題上讓步了。」但是納坦在托利黨的朋友並不接受詹姆斯的論點，尤其是因為他大力支持佩里埃。納坦在改革法案的辯論開始不久後寫信給詹姆斯，信上表示：

> 何瑞斯說皮爾絕對會被詢問進入政府為官的意願，威靈頓會成為外交大臣，除非法國屈服，否則他相信

英國軍隊將會到德國去……你應該告訴國王，他必須保持距離也別輕視英國，因為英國不容小覷……英國對你們那些只想著革命的官員沒有信心，老拉法葉特和我都不知道還有誰參與協助。你的國王和他的官員們只需要表現出他們不想要戰爭，他們絕對不能今天說的話明天又改口。去見國王，告訴他皮爾、帕默斯頓和威靈頓就要掌權了。

這番潑冷水的話語在很大程度上解釋了為何羅斯柴爾德家族後來從托利黨轉而支持輝格黨。納坦在三月十八日的信件也轉達過，輝格黨的立場對詹姆斯要友善許多：「如果法國不能保持沉默，而是採取行動對抗其他三強，我們就會加入三強陣營；**但要是其他三強採取行動對抗法國，我們便會加入法國**。」因此，詹姆斯擔心改革法案失敗而托利黨將重返執政，這點和國際情勢比較有關，而無關乎他對法案本身的支持，因為「威靈頓政府會毫不猶豫向法國宣戰」。萊昂內爾在一八三一年六月便觀察到，對英國政局的困惑似乎會降低與比利時和解的機會，因為「荷蘭國王一直指望會換個執政黨」。詹姆斯在四個月後也說出同樣的觀點：「眾人都在密切觀察你們的法案是否會通過，因為人們相信，若是這個政府下台就會開戰。」俄羅斯還在對於認可荷蘭的二十四條協約猶豫不決時，萊昂內爾便提出這個問題：「俄羅斯自己能成什麼事？一切都要看改革法案的結果，如果法案通過而現任的政府留任，英國和法國便有足夠的實力讓其他國家發抖。」

這點能夠解釋在一八三二年威靈頓意外重返執政時，納坦為何決定不支持他。這不只是因為納坦害怕反對改革的政府繼續執政會引發內部「動亂」，同時也是因為「外國的政府」，他以塔列朗、魏森堡（Weissenburg）和比洛為例，他們「都十分焦慮，就怕荷蘭國王會期待新政府對自己有所支持而導致戰爭」。這個分析在六個月後得到共鳴，詹姆斯、萊昂內爾及安東尼聽說輝格黨在大選中勝利的消息相當高興，認為這是「歐洲和平的最佳保證」，也能確保法國政府穩定。在比利時危機即將消弭之際，俄羅斯介入的可能性最後一次浮上檯面，納坦便在一封寫給詹姆斯的信中表達了自己轉換支持對象的程度與本質：

你一定要寫信給我們哥哥薩羅蒙，要他告訴梅特涅不要讓自己被俄羅斯愚弄而參戰，因為波佐（俄羅斯駐巴黎大使）和國王一起而不太受歡迎，他和里文（俄羅斯駐倫敦大使）正密謀要讓奧地利與普魯士宣戰。但是我收到可靠來源（可能是比洛）的消息說，普魯士不會開戰而且他們犯了一個極大錯誤，因為英國和法國聯手起來有極大力量。我們會維持和平，不會有戰爭……寫信告訴薩羅蒙，諾伊曼（Neumann，奧地利大使）大半時間都和波佐混在一起，也相信我們的政府很弱。這人八次裡有七次猜錯，現在波佐也不太受歡迎，國王邀請他到布萊頓，他坐的位置離國王有六個人遠；國王問他會在這裡停留多久，他回答「六個星期」。現在我們知道俄羅斯想要打仗，而梅特涅正受到這些人欺騙。波佐和這些傢伙是讓自己出醜，他們根本不了解英國，因此要讓我們的好哥哥薩羅蒙告訴梅特涅親王，不能受到俄羅斯欺瞞。波佐只是來這裡打探消息，**我相信英國比起威靈頓時代更加強大**。好了，親愛的弟弟，別讓任何人愚弄你。如果英國與法國齊手同心，就很難撼動他們。將這點寫信告訴薩羅蒙哥哥。

維也納雖然沒有革命的威脅，國內政壇卻有重要國際影響而造成的紛爭，也就是支持與反對外國勢力介入之間的鬥爭。薩羅蒙在一八三〇年十月初返回維也納，為了「向梅特涅親王強調現在維持和平的重要性」，因為「和平或戰爭的問題完全仰賴於」他了。這麼說是有點誇大，因為奧地利對比利時問題的影響有限；另一方面，如果維也納透露出什麼意圖，俄羅斯（可能還有普魯士）更有可能採取攻勢，這就是一八三〇年八月卡爾斯巴德（Carlsbad）協定中隱含的意思，重申了神聖同盟反抗革命的意圖。在義大利，梅特涅的說詞毫不含糊，他在一八三〇年十一月告訴薩羅蒙他已經準備好「派出軍隊……好讓國家平靜」，而且如我們所見，他在摩德納及波隆納也都適時行動。一直到一八三一年四月，薩羅蒙除了將奧地利的意圖傳達到巴黎（這件事本身相當重要，因為他寫給詹姆斯的信件可以比亞龐尼的官方指示提早最多三天送達）之外，能施力的地方也不多。但是沙皇請求奧地利在波蘭給予協助時，薩羅蒙便發揮了真正的影響力，事先警告梅特涅的對手柯羅瓦特伯爵，他便以「前所未見的堅決態度」出面反對這樣的協助。到了七月，薩羅蒙滿懷自信地向他的兄弟們保證：「這件事只能我們知道，奧地利不會開戰，不想開戰，同時也盡一切所能避免開戰……我相信，就算英國和法國向……**俄羅斯**宣戰，對奧地利來說也不會有分別，我們會保持……中立。」

甚至薩羅蒙不在維也納的期間也持續向梅特涅施壓，要他避免戰爭。一八三二年三月，他從巴黎寫了一封滿懷熱忱的長信給梅特涅，敦請他不要對佩里埃派部隊到安科納的決定過度反應。十一月，法國部隊突然襲擊安特衛普，庫貝克抱怨道：「梅特涅親王就是個鐘擺無誤，在塔提契夫（Tatichev，俄羅斯駐維也納大使）及戰爭之間、在薩羅蒙．羅斯柴爾德與和平之間來回擺盪。」

黃金鎖鏈

不過，若不是基於他們在金融界的力量，很難評估這五兄弟不斷遊說和平政策的行動究竟能成功多少。正如上述所提，羅斯柴爾德握有兩種可能的斡旋手段：不只是他們身為非正式外交溝通管道角色所能造成的影響，還有實際從金融層面施加的壓力。如果傾向開戰的政權找上他們借錢，他們可以拒絕；相對地，他們同樣可以金援傾向和平的政權。這裡必須再次強調羅斯柴爾德的力量有限，尤其是在一八三〇至三三年危機期間並未大幅增加軍事開支的國家（英國及普魯士），甚至在開支花費有需要新貸款的國家（法國、俄羅斯及奧地利）亦然。

羅斯柴爾德的金融影響力在沒有合夥人居住的首都尤為受限。一八三〇年在柏林，兄弟們原本正謹慎進行著轉換操作，用意是要降低他們先前借貸給普魯士的英鎊貸款利息，從百分之五降到百分之四，結果革命爆發讓他們動彈不得。薩羅蒙、安謝姆與羅斯柴爾德的「老朋友」克里斯提安．羅特經過一番激烈的討價還價，最後在一八三〇年二月總算談定，羅斯柴爾德會以九十八發行一筆新的百分之四英鎊貸款，其收益用來贖回舊的百分之五債券，整筆貸款的總額是三百八十萬英鎊。另外，他們也因此認為可以用類似的操作來處理一八二二年發行的債券。❹但是，七月法國革命爆發時，這批新的百分之四債券大約還有一半未售出，隨著整個歐洲的金融市場嚴重崩盤，除非祭出大幅降價折扣，否則不可能賣掉。到了二月，新債券已經以七十九．五的價格來交易，而重新開始的交易無疑會讓價格降得更低，但是根據合約，五兄弟仍必須持續以九十八的承銷價格支付現金給普魯士。若是按照合約進行，根據羅特的估計會帶來超過二十六萬七千英鎊的損失，羅斯柴爾德家族能夠承受嗎？或許可以，不過很容易理解原因，因為他們稍早在法國的百分之四債券中損失慘重，自然一心一意想讓自己從這第二波代價高昂的崩盤中脫身。

安謝姆在此時被派回柏林進行一場冗長且異常艱困的爭論，出於他必須面對眾多官員及部長的陰謀詭計，使得任務更加困難，這些人之所以團結一致只是因為他們反對徹底取消轉換債券的合約。接著卡爾也被派去加入安謝姆，最後才得以讓雙方各退一步。總之，羅斯柴爾德家族賠償了大約十四萬英鎊（其實在各種減免之後降到了大約五萬英鎊），讓這波操作能夠確實延後，直到歐洲的金融局勢穩定。

從羅斯柴爾德的立場來說，這是一次成功控制損失的操作；但是為什麼普魯士政府當局會同意呢？羅特對普魯士國王腓特烈．威廉三世說明的論點奠基於自利，「如果納坦．邁爾．馮．羅斯柴爾德的公司被迫嚴格遵守合約訂定的日期，」他指出，「儘管現在的條件不佳，但他必然會努力銷售新的百分之四債券，無論是用什麼價格在所有市場出售，這會因此嚴重打擊我們的公眾信用。我們從經驗中得知，若憑羅斯柴爾德公司不是以中間人身分而是以競爭對手身分參與的金融交易，很容易失敗……」也就是說，儘管堅持完成合約在短期內

❹ 薩羅蒙向普魯士政府保證，「他尤其關心他家族的榮譽，因此他十分重視向普魯士王室政府證明如何鞏固其公眾信用，而他的家族能夠履行對這件事的承諾在他眼裡比任何私人利益的考量都更加重要」。儘管納坦仍然決定要派安謝姆到柏林確認這筆交易的修改，但事實證明這一點實在太對了。基本上，一八一八年的貸款中有價值三百八十萬九千四百英鎊的百分之五債券尚未支付，要在一八三〇年三月至一八三二年九月這兩年半期間兌換成面值九十八的百分之四債券的同等數量。正如詹姆斯甚至在合約談定之前就已經知道的，發行的價格絕對太高了，畢竟法國政壇的不確定性越來越高，百分之一．五的佣金也太低。但有趣的是，他似乎認為羅斯柴爾德家族應該要承擔這個風險，並且相當準確地預估了風險程度：「最糟、最糟的情況是我們會損失百分之十五，願上帝保佑，相當於二十萬英鎊，這很有可能會毀掉某個（其他）人。」

會有得益，但是羅斯柴爾德的弱點也可能對普魯士造成負面損傷：

透過最近在一八三〇年一月的法國貸款以及一八一八年……合約中的普魯士債務轉換，他們在後期的交易與其他數家銀行合作，讓他們也蒙受了巨大損失，羅斯柴爾德銀行在這類交易中已經完全失去信用……雖然他們的財富……仍是相當驚人，卻缺乏這類交易必要的現金，因為他們的資產是以所有歐洲國家的債券組成，目前無法在任何證券交易所轉換成現金。所以，羅斯柴爾德銀行拒絕直接承接任何大筆貸款，就像在奧地利的方式一樣，希望能夠以收取佣金的形式交易，雖然他們在帳面上能預收款項，卻持續以非常低的價格賣掉新發行的債券，進而傷害了相關的國家。

不過，若不是普魯士需要新的資金來支付不斷增加的軍事準備行動花費，這個論點也無法讓他們改變心意。用詹姆斯的話來說，雖然普魯士「在所有強權中最不可能主動邀戰，也最（急切）想要避開戰爭」，卻不能忽略重大戰爭的威脅（無論是在比利時或波蘭），而這樣的危機在一八三一至三二年間不斷出現。羅特寫給國王的信中指出他受到或許是阿姆謝爾的勸阻，因此不會試圖再發行新的債券。相反地，羅斯柴爾德家族提出提供大量的短期預支現金，最多可達到價值五百萬塔勒幣的國庫券，並且協助發行抽籤貸款。這項提議發揮了決定性的效果，讓他們得以延後轉換操作，直到一八三三年才又重新開始討論這件事，此時普魯士的百分之四債券已經恢復到九十二的價格，而且「目前的政治局勢讓人不必太過憂慮」。❺也就是說，羅斯柴爾德家族在柏林還有一點金融影響力，但只足以確保在轉換問題上能夠獲得讓步。這段期間沒有證據顯示他們試圖影響普魯士的外交政策：羅斯柴爾德家族從腓特烈．威廉手中獲得的只有幾件瓷器，還有（給納特）商業樞密議員的頭銜，表示勉強的感謝之意。

如果說羅斯柴爾德在柏林的影響力有限，那麼他們在聖彼得堡幾乎不存在影響力。確實，俄羅斯比起任何強權都更需要錢來支應對抗波蘭的戰爭，但是羅斯柴爾德家族與俄羅斯財政部長康克林伯爵之間的關係一直都不好，因此即使在一八三一年初，俄羅斯人直接找上他們的代理人加瑟要借錢，詹姆斯也相當謹慎。「部長肯定是急需用錢，」他思索道，「這表示他無法實踐承諾，若是這位好傢伙付不出利息來，我們可就進退兩難了。」他主張要收取佣金才能貸款，並且分成幾批小額貸款，反對納坦要馬上提供四十萬英鎊預付金的決定。「一旦戰爭爆發，」他警告，「無論是法國、俄羅斯或普魯士，都無法準時支付利息，而且天啊，他們都會用戰爭當成藉口來合理化自己無法支付該付的利息。」另一方面，安謝姆認為，如果戰爭的危機解除（尤其是如果俄羅斯在波蘭取得了決定性勝利之後），政府就不再需要他們的服務，只有危機持續下去，政府才會需要用錢到甚至願意「答應任何條件」。其實，詹姆斯真正的焦慮是在政治層面：他並不反對借錢給俄羅斯政府，最多可以借到五百萬英鎊，只要這件事能在巴黎保密，因為這裡瀰漫著對波蘭的同情。「這件事早已成定局，」他指出，

> 我們會在報紙上受到嚴厲批評，除此之外我並不反對在這個前提下進行……若是波蘭人真的能贏得勝利，事情就輕鬆多了，畢竟我們必須盡一切努力與自由派合作。或許有可能宣稱部長會和加瑟合作安排貸款，並且用他的名義進行？……好吧，我建議我們的考量……要非常謹慎，我們要怎麼避免大眾知道我們參與這件事。

一週後他又再次表達疑慮：「我敢說，如果我們支持俄羅斯對付波蘭，我實在無法肯定自己會不會被亂棒打死，因為這裡的輿論都熱切地支持著波蘭。」雖說如此，如果貸款的條件夠吸引人，顯然他也已經準備好承受公眾的敵意。值得注意的是，這些討論都發生在波蘭軍隊於奧斯特羅文卡（Ostrołęka）決定性的大敗前夕，事實上納坦還設法在戰後幾天向俄羅斯政府販售一批槍枝。詹姆斯對於此事後續的獲益「非常高興」，同

❺ 還有價值八十五萬英鎊的百分之五債券並未償付，最後在一八三四年被贖回。

樣地，他唯一的考量就是要避免在大眾心中留下負面印象：

我以上帝之名拜託你，除非絕對有必要，否則不要說出你的名字，也就是不要讓人發現「羅斯柴爾德」賣了「槍」，同時這件事也請保密，否則我可能會被槍打死，因為會有人說是我賣了槍才造成波蘭人被射殺。我有一個朋友是報社記者，昨天他來找我，讓我看了一篇報紙文章，內容聲稱我們提供資金給盧森堡讓他們能夠鎮壓比利時人。文章不是他寫的，但是親愛的納坦，相信我，現在大眾輿論都傾向自由派，我們必須更加小心。所以你應該盡一切努力不要讓這個消息傳到報社。

一八三二年底又再次浮現了貸款（現在要借一百萬英鎊）的想法。詹姆斯同樣很緊張，這一次是想像英國的報紙會「撕爛我們，宣稱我們提供貸款給俄羅斯沙皇，讓他能夠開戰」。不過他還是一樣準備承受風險，畢竟「又不是說有了一百萬英鎊就能征服世界」。為了安全起見，萊昂內爾認為「如果開戰……應該注明條款……我們沒有持續支付款項的義務」（我們後來會看到，這個預防措施用於此時與後來的其他羅斯柴爾德貸款中）。但是正如詹姆斯預測的那樣，康克林再次「愚弄」了納坦，他接受羅斯柴爾德提出的條件只是想讓霍普銀行提出更好的條件，後者是傳統上為俄羅斯政府服務的銀行家。羅斯柴爾德家族與他人競爭這筆貸款生意一事對於法國流亡份子來說相當意外，這些人是查理十世的支持者，他們寄望於俄羅斯領導的反革命，並且相信羅斯柴爾德家族「在革命的影響下跌落到驚人的深谷」，如今卻協助了「革命行動……由倫敦（羅斯柴爾德）以及塔列朗來領導」。畢竟，這可能是最後一次嘗試，讓俄羅斯介入或許可以避免在荷蘭實施二十四條協約。納坦和詹姆斯可能真的相信，如果由他們而非霍普銀行來處理貸款（尤其是他們設想會借出比荷蘭銀行還要更少的總額），就能向俄羅斯施壓不要介入。另一方面，在霍普銀行的事件後，納坦警告說俄羅斯想要開戰的話並非實話，這很容易讓人認為，只要他有機會贏回自己在聖彼得堡的影響力，就打算忽略俄羅斯進犯的可能性。

詹姆斯開始覺得他的哥哥為了拿到俄羅斯的生意而努力過頭了。「就我看來，俄羅斯的生意不做也罷，就算沒有他們我們也很快樂，」一八三四年傳出又有另一筆貸款生意的消息時，他這樣寫道，「無論如何你都不應該親自寫信到彼得堡，你已經被拒絕夠多次了，別再讓他們有機會羞辱你。」「你認為我們會有跟俄羅斯交好的一天嗎？」他兩年後這樣問，顯然他不這麼想。很難找到比這件事更好的例子來證明羅斯柴爾德金融影響力的侷限。

即使是在有合夥人居住的地方也有困難。在倫敦，自從天主教解放運動開始，一直到一八三四至三五年皮爾政府的失敗為終點，托利黨的勢力瓦解殆盡，無疑也導致羅斯柴爾德對金融政策的影響力下滑。一八三〇年，納坦試圖討好在格雷伯爵執政時擔任財政大臣的奧索爾普子爵，但子爵完全不為所動。「經過一段漫長無比的對話，」奧索爾普指出，「結果令我很滿意，他一定認為我是有史以來最愚蠢的傻子，否則絕對不會以為自己能夠對我這樣瞞天過海，他看起來就是希望這麼做。」無論納坦後來跟格雷政府走得有多親近，他從來沒獲得太多內部的政治訊息，事實上，格雷在一八三四年辭職一事就完全出乎他意料。然而，納坦的政治影響力消退的主因並不是輝格黨「當著他的面甩上了門」，而是英國的金融政策在一八三〇年代讓他幾乎無用武之地。除了一八三五年有一筆用來補償奴隸主人的一千五百萬英鎊貸款之外，這段期間的英國政府沒有大筆借貸，開支不斷減少，雖然間接稅逐步減少，但是稅收相當穩定。因此，納坦在倫敦的影響力比起在巴黎的詹姆斯小了許多。雖然納坦已經準備好並且願意成為各國政府間傳遞訊息的管道，但他其實並無法真正影響訊息的內容。輝格黨政府非常希望避免在比利時開戰，這點比較是因為運氣好，而非羅斯柴爾德的安排。

相較之下，有證據顯示詹姆斯成功運用金融影響力讓法國放棄侵略性政策，不過也不該誇大他的權力。革命讓巴黎辦公室處於非常脆弱的狀態，握著大量不斷貶值的百分之三及百分之五債券，同時因為百分之四的波利尼亞克貸款還有總共一千萬法郎的款項尚待支付給財政部。另一方面，新上任的法國政府幾乎是馬上就被迫開始借貸、發行相當大量的國庫券，而詹姆斯對此的立即反應相當經典：他早在一八三〇年十二月就告訴納坦，這裡「有大生意可以做」，而且他不打算讓任何人排擠他的公司。雖然他嚴厲批評拉菲特的外交政策，但是在討論如何挹注資金給政府處理赤字問題時，他卻是從頭參與到尾。他的理由很直接，他也在一八三一年三月向哥哥們解釋過：「我認為，跟現在的政府做生意，一開始就能讓債券價格上漲。」無論如何，「生意人對於這裡的貸款意見一致，我也會加入他們，因為我不想被排除在外。」

問題在於，這裡舉債的費用有一部分顯然用於軍事用途（「戰爭部的一名上校收了我的錢」，證實了這一點）。事實上，詹姆斯和納坦自己便賣出了將近兩萬八千把英國槍枝，並且此時也表示願意向法國政府出售其他軍需，考慮到他們的和平主義，這可是很值得注意的「止損」，畢竟沒有人能真的保證法國購買武器只是為了自衛。只是戰爭的花費更加高昂，他們籌不出錢來，詹姆斯將大部分希望都放在這一點上，認為「戰爭爆發（對法國政府而言）會非常危險」，又說：「我保證，他們得一筆接一筆借貸才有辦法付利息。」賽巴斯蒂安尼於一八三一年二月時談到法國拒絕「受人指使」，詹姆斯持懷疑態度：「基本上他們的金庫裡沒有資金，哪有錢能發起戰爭？因此不管其他人要說什麼，我都深信我們不會有戰爭。」

這也能解釋詹姆斯為何支持佩里埃，因為佩里埃似乎也知道法國政策上的財務限制：

> 佩里埃告訴我：「……如果我們選擇戰爭，將會無法償還債務，因此我加入政府，可不是為了隔天就看到國庫陷入破產……」總之，他若是沒有事先得到維持和平的再三保證，就不會加入……若是佩里埃不入閣，那麼恐怕這裡的國庫會面臨破產，因為他們必須發行百分之五債券。

因此，給予佩里埃金融道德上的支持就顯得合情合理，特別是因為和平與資金運用得當的貸款能夠讓債券價格上漲：

> 我會跟佩里埃談談，或許會收取佣金出售債券。國庫正需要資金……我們必須提供資金以協助政府，並

且確保銀行家都能參與，因為提供資金給這些人對我有利，這樣……我就能從這一切脫身……我想佩里埃會提升你的股票價值……我想告訴你，我們或許可以跟佩里埃做生意。

但事實依然不變，詹姆斯無法避免籌措的資金被用來打仗，他只是缺乏討價還價的權力來堅持納坦提出的這項條款：「一旦開戰，尚未支付的款項……便不得強制執行。」他最多能做的就是希望佩里埃不會「（針對奧地利介入波隆納）太過好戰，畢竟我們當然都一定記得，人們希望能貸款。」有些間接證據顯示，這類財務上的考量讓法國政府傾向避免與奧地利因教宗國交戰。市場預期這筆貸款能夠穩定財政狀況，與戰爭風險的悲觀主義背道而馳。事實上，法國的財政部長路易（Louis）利用四月的一場小小示威，要求以更好的條件貸款，這被詹姆斯視為政府和平意圖的象徵。維特（普魯士）和波佐（俄羅斯）等可能懷有敵意的各強國大使像是也想在貸款中分一杯羹，這同樣讓萊昂內爾認為和平能夠維持下去。儘管如此，詹姆斯在一八三一年春天卻徹底感覺到欲振乏力。「我什麼都做不好，」他對納坦坦承，「時機已經不再像過去那樣，過去我們大可以處理（這樣）一筆貸款……就靠我們自己。」

其實一八三一年的貸款並不足以解決政府的財務問題，這點詹姆斯從一開始就知道了。此外，財政部同時打算透過發行公債來籌措「國家貸款」也以失敗告終：能夠售出的八千萬法郎只賣出了兩千五百萬，剩餘的也就只能賣給銀行集團。當然，比佩里埃領導風格更激進的政府或許會依循一七九〇年代的例子，印行鈔票來追求比較具侵略性的外交政策，但是只要由佩里埃執政，金融現實主義便會占上風。八月，比利時的危機減弱，詹姆斯聽聞一筆用來穩固短期債務的一億法郎新貸款。兩個月後，他和萊昂內爾聽到佩里埃說他「會做到維萊爾做不到的，他會讓百分之五債券與帳面價值等價，然後降低價格」，明顯表示即將進入財務緊縮時期，兩人便倍感安心。同時，維持償債基金的決定也讓他們很開心。一八三二年，詹姆斯再次投身法國金融市場。五月時，由羅斯柴爾德領導的集團成功得標，承保了一筆巴黎市的四千萬法郎貸款，藉此讓他們又順利拿下一筆一億五千萬法郎的政府貸款，同樣是與其他銀行聯手處理。值得注意的是，詹姆斯堅持延後這筆貸款，直到荷蘭放棄對比利時的意圖才進行。到了這個時候，法國若是自己想要採取單方面的軍事行動，沒有英國的公開認可恐怕不算數了。一八三三年初，詹姆斯又被聯繫考慮再借出一筆錢時，他已經不再擔心法國會進犯他國，畢竟二月時百分之三債券價格曾短暫達到八十，便足證矣。事實上，政府選擇縮減軍隊規模，因此降低了國防預算，藉此以借到更多錢，而且很快就談起新一波轉換債券的計畫，希望能減低償付現有債務的成本。四年後仍然在爭論同樣的議題。

簡言之，法國政府的財務狀況**確實**很吃緊，不過也不僅只是因為羅斯柴爾德家族，而是因為巴黎所有的大銀行。關鍵在於，羅斯柴爾德家族於一八三〇年代並未壟斷法國的公共財務，因為這段時期的貸款都是由好幾家銀行一同承擔，國庫券的銷售點便分散得更廣泛。因此，詹姆斯多次拜訪佩里埃和其他官員多半不是為了發揮金融影響力，而是要獲取與金融密切相關的消息。一八三二年一月，詹姆斯便一如往常談起「和薩羅蒙一起去見佩里埃，聽聽他有沒有什麼消息，並且要以他可能透露的任何訊息來規劃我未來的行動，因為我們現在握有大批債券，所以必須非常謹慎處理」。

因此或許可以說，如果普魯士、俄羅斯和法國真的在一八三〇年代決定要在比利時或波蘭開戰，羅斯柴爾德家族便無能為力。但是這樣就忽略了由梅特涅統治的奧地利此時在中、東歐地區的領導角色，若是沒有奧地利的參與、甚至可以說是指導，實在很難想像能夠興起一場保守派對抗革命蔓延的聖戰。而這讓我們必須討論到薩羅蒙在維也納扮演的角色，這有時也被認為在一八三〇年七月之後對於避免戰爭具有決定性的意義。

早在一八三〇年十一月，薩羅蒙便向根茨透露，在他和兄弟們都損失慘重之後絕對不可能資助戰爭。同樣地，梅特涅派出奧地利部隊進入波隆納時，詹姆斯便支持佩里埃意欲介入的威嚇之舉，他特別提出了財務層面的論點，顯然是專門說給政府聽的。如果遇到戰爭，他問：「奧地利要怎麼償付（債務的）利息？……最好別拿全部的資本來冒險。」但是薩羅蒙和詹姆斯一樣，無法壟斷市場。一八三〇年春天，奧地利政府發行了一筆價值三千萬荷蘭盾的百分之四金屬債券，總共找了四個家族負責，薩羅蒙僅僅是其中之一，除他之外還有阿爾斯坦與艾斯可里斯銀行、辛納與蓋謬勒家族；而且在計劃將舊有的百分之五債券進行轉換的操作中，他也未能從法蘭克福的貝特曼家族手中奪得掌控權。在革命初始之時，他和自己的弟弟一樣無法想像政府的貸款會由競爭對手來處理。梅特涅在一八三一年三月要求發行一筆三千六百萬荷蘭盾的百分之五金屬債券，藉此資助干預義大利的行動，薩羅蒙就和其他三家維也納公司共同進行。當然，其中加入了一項條款，規定若是發生戰爭，這筆貸款就必須在三個月內還清。自一八一五年的巴黎條約之後，便有一筆兩千萬法郎的款項以日耳曼邦聯的名義存於法蘭克福的公司❻，而梅特涅一直偷偷在借用這筆錢，但是薩羅蒙並沒有表示任何反對之意；甚至在一八三二年初，他也沒有警告梅特涅，若是他不承認與比利時相關的二十四條協約就要抽掉他的銀根，連一點點提醒都沒有：

> 殿下知道我們已經支付了上一筆五千萬貸款的四分之一，也在證券交易所購買證券以維持金屬債券的價格，而且我們還在進行其他重要的金融操作，同時也有新計畫正在協商。因為這些都和政治情勢發展息息相關，而且我也想看見弟弟快樂無憂，所以我想懇求殿下，拜託請您讓我的經理……知道您對目前情勢的看法，以及奧地利政府究竟會不會承認比利時，並且認可條約內容。

梅特涅急忙向他保證，「他非常了解俄國沙皇的基本態度與意願，他打包票保證他就和奧地利皇帝一樣傾向和平，絕無例外。」但這只是推託之詞，奧地利又過了二個月才承認這些協約。

薩羅蒙最明確使用金融影響力的例子是他於一八三二年六月在巴黎的時候。他寫了一封信並命人送給梅特涅和柯羅瓦特，信中的措詞異常坦率：「我無法放任不管……若是奧地利要在一八三二年間繼續發行金屬債

---

❻這筆錢保留專用於建造法國與德國邊界的堡壘，而梅特涅借用時顯然不是出於這個目的。

券，絕對不行。」

您也知道，我們在法蘭克福、巴黎、倫敦及維也納都握有金屬債券，這四間銀行其實能組成一家銀行，將這批債券加總起來可以達到好幾百萬。好了，人可沒辦法一次騎兩匹馬，若是我們的公司必須出售……能賣到什麼價格？……無論我們想不想，可能都會被迫將金屬債券變現。在一年內發行兩筆金屬債券，而第一筆貸款還要等到十二月才會完成償付，資本家和商界對此會怎麼說？這樣的行為可能會造成金屬債券猛烈下跌，政府未來要再貸款就只能壓低利率，這樣將會打擊到奧地利金融的信用，政府也無法達到目標……而且大眾對於新的貸款又會怎麼說？「要開戰了！肯定要開戰了，因為奧地利又要舉債了。」就算我們不會被逼著要出售（但我們應該會），價格也會大幅下滑，而且奧地利的信用將會嚴重受損……若是傳出消息說今年會再發行第二筆債券，就算只是一點風聲，我相信結果就會如此。

乍看之下，這段話確實不像是為了某個目標而施加金融壓力以限縮梅特涅進行積極操作的空間，但重點是要了解，國際間的緊張氣氛在寄出這封信的時候相對較低：奧地利如今已經承認二十四條協約，安科納的爭端也已經解決。更進一步檢視會發現，這看起來更像是主要以金融為導向的論點，想要避免奧地利債券價格下滑，而這對維也納辦公室的損益平衡表相當不利。薩羅蒙並不是完全反對貸款，純粹是因為手段問題，他認為「如果重點是要拿到錢，那發行國庫券要好多了，而且可以為銀行拿到價值一千兩百萬的銀子……這個方法幾乎花不了政府多少錢，而且六至八個月內就能拿到錢」。一年後，他和維也納其他三個家族非常高興地參與了另一筆價值四千萬弗羅林銀幣的金屬債券發行，以及一八三四年價值兩千五百萬荷蘭盾的抽籤貸款。如果說這些是和平的鎖鏈，那麼各個鏈結之間並未緊密相扣。

承保和平

事實上，對於羅斯柴爾德家族來說，比起拒絕借款給政府，提供金錢給政府更能夠凸顯他們的外交手段。能夠解釋這一點的最經典例子，就是他們如何回應爆發革命的地區所提出的貸款請求。

羅斯柴爾德家族自一八二七年起便一直與位於比利時的興業銀行（Société Générale）有生意往來，在布魯塞爾爆發革命的幾天內，詹姆斯便與之重新建立聯繫，並在幾個月間預支了一百萬法郎以上幫助對方度過革命的風暴。同時，他和納坦也討論起或許可以貸款給荷蘭，可能就像根胡蘿蔔一樣，誘使荷蘭國王接受比利時的分裂；薩羅蒙認為這樣的貸款也是一種協助的方法，「可以控制我們的戰爭販子。」但是納坦也可能採取揮動棍子的方式：荷蘭在一八三一年八月入侵比利時，他馬上就表示願意賣槍給布魯塞爾的政府。一直到荷蘭退兵，顯然也準備接受失去比利時這片領土，他和詹姆斯才重提或許可以給荷蘭國王利率百分之六的貸款，「因為如果他有錢，就不會考慮任何接近戰爭的行動」，而且不消說，「還可以從荷蘭政府大賺一筆。」

以比利時來說，雖然詹姆斯相信那裡「有利可圖」，兄弟們還是等到利奧波德簽署了所謂最終的二十四條協約後才開始行動。一八三一年底，他們與比利時銀行家奧西（Jean Osy）合夥發行了一筆價值兩百七十五萬英鎊的貸款，這比前一年借給荷蘭的貸款還多出五倍。別人或許會覺得這像是在賭博，畢竟兩國之間的齟齬尚未有肯定的外交解方。不過有趣的是，當時有一幅英國諷刺卡通漫畫的標題為《騷動中的協定會社》（*The Protocol-Society in an Uproar*），描繪了各強權的代表齊聚在唐寧街，出現在左方的納坦頻頻抱怨，講話帶著德國口音：「你們的協定沒有用，老天幫幫忙，先生們，如果你們不能幫我搞定一切，我一毛錢都不會再借給你們——我該拿你們的債券做什麼。」同時期還有一幅由「J．W．W」創作的蝕刻版畫，描繪納坦一邊拔著比利時鵝身上的毛，喃喃自語說：「天殺的你和你的比利時債券！根本沒有人要買。我說真的，根本和西班牙債券一樣值不了多少。」

安謝姆就擔心可能「最後會發現這是個糟糕的點子，因為我不認為比利時有很多年無法支付利息」。另一方面，他繼續說：「是可以賺一點錢……事已至此，我們就必須安心行事，利用全世界的愚蠢來賺錢。」因為在出售債券給投資人期間，如果荷蘭並未再次表現出敵意，羅斯柴爾德身為承保公司便只會獲利；若是荷蘭再次入侵，也有「條約寫明，萬一發生戰爭，我們便無需再繼續進行下去」。就像詹姆斯回報的內容，甚至在債券發行之前，經紀人和銀行家便已經「爭相搶購（債券），就像在買甜黑麥麵包一樣」，只是到了發行時又傳出羅馬有騷動不安、對於比利時協約的認可有所拖延，因此削弱了需求，詹姆斯不得不回購以支持市場。

到了一八三二年春天，荷蘭的外交處境陷入孤立，五兄弟準備更進一步行動。外交和解讓比利時必須背上荷蘭的債務，因為一八三〇年以前荷蘭的債務總和中有一部分分配給了布魯塞爾的新政府，這出現了一個顯而易見的可能性。「有利可圖，」詹姆斯寫道，「如果你能承諾給塔列朗一點好處，親愛的納坦，他就會安排任命你來負責處理這筆債務，就像巴爾林（在一八一五年）在法國與列強間的角色一樣。」「如果我們讓自己成為比利時與荷蘭之間的橋梁，就有利可圖」，當然前提是這兩國不會再打仗。一八三二年八月，他們提出第二筆價值一百九十萬英鎊的貸款，然後第三筆則由巴黎的羅斯柴爾德家族發行，只是法國政府發出警告：「我們選在這個時候給比利時錢實在是瘋了，這樣只是讓他們更方便開戰。」玩世不恭的日記作者湯瑪斯·雷克斯有不同看法：「比利時的問題就和十二個月前的狀態差不多，已經接近和解。」他在九月十二日寫道：

> 邦聯議會的命令毫無用處，荷蘭對自己的要求不會有絲毫讓步。利奧波德想要退讓，但是比利時人不願意。他的國庫已空，而羅斯柴爾德又要求在合約中必須限制比利時不得開戰才願意貸款。不過還會有更多必須妥協之處，因為股票經紀人的利益肯定會更占上風。歐洲所有國家都想要錢，害怕資金匱乏更甚其他災難。

但是接下來到了十一月，法國部隊揮軍進入比利時，此時比利時官員找上詹姆斯想借一筆一千萬法郎的短期貸款，輪到詹姆斯三思了。「總得有人幫幫這些人，」他的信中透露出一些擔憂，「否則他們真的不知道該怎麼辦，只能採取愚蠢的行動……簡言之，這些人……沒有錢也……沒有能賺錢的智慧。」他嘀咕道，比利時是個「糟糕的國家」。直到情勢明顯，再加上路易．菲利普及梅特涅都保證荷蘭處於外交孤立而必須默許比利時繼續占有盧森堡和林堡，羅斯柴爾德才同意了比利時的要求。巴黎辦公室與興業銀行合夥，在當時新發行的國庫券中就占了半數以上。從許多方面來說，決定借錢給新國家是相當重大的賭注，因為羅斯柴爾德家族無法得知外交僵局能否和平落幕。不過這筆賭博最後有所收穫，尤其是因為比利時後來成了歐洲工業化的重要推動力。

不過波蘭的例子就不一樣了。雖然羅斯柴爾德家族在華沙有生意往來，就像他們在布魯塞爾也有，但是他們從來就沒有認真關注過波蘭起義的成功。除了一些表達同情之語，例如夏洛特曾寫信跟母親提到「可憐的波蘭人，我很同情他們」，但他們並未出手幫助起義；相反地，如先前所述，他們試圖借錢給俄羅斯，讓他們用來鎮壓起義，甚至還真的賣槍到聖彼得堡。

在義大利也是一樣，要協助革命是不可能的。甚至在政治情勢獲得控制以前，五兄弟就已經在這裡和一位叫做托隆尼亞（Torlonia）的義大利銀行家合夥，安排了一筆四十萬英鎊的貸款給教宗。比起羅斯柴爾德家族在一八三〇年代的其他交易比起來，或許這筆貸款最令當時的人們議論紛紛，畢竟是猶太人銀行借錢給教宗，提到這點有人感到驚喜也有人反感。例如，卡爾在一八三二年一月面見教宗就引起了廣大的討論。「現在事情終於落入了上帝創造世界時所期望的秩序。」柏爾納譏諷道：

貧窮的基督徒親吻教宗的腳，富裕的猶太人親吻他的手。如果羅斯柴爾德對於他的羅馬貸款收取百分之六十而不是百分之六十五，這樣就能給予總司庫多一萬杜卡特幣。羅斯柴爾德家族肯定比他們的祖先加略人猶大更加尊貴，猶大拿了三十塊小金子就出賣了基督，若是基督能標價出售，羅斯柴爾德就會買下來。

「就像異教徒的羅馬一樣，基督徒的羅馬也被征服了，甚至必須表達敬意。」比較同情猶太人的海涅則幸災樂禍地說，想像一幅景象，是身材圓胖的教宗使者到了拉菲特路上的羅斯柴爾德辦公室，傳達「羅馬的感激之意」，對象是「一名金髮的年輕男子……年紀似乎比他外表看起來還要大，身上帶著一股坐擁莊園的貴族那般的淡然自在，卻是如此堅定、肯定，你看了可能會以為他口袋裡裝著全世界的錢。確實如此，他的口袋裡確實裝著全世界的錢，他的名字是詹姆斯．德．羅斯柴爾德……那麼塔木德還有什麼用呢？」「這位猶太銀行家說：『（上帝）賜與我貴族般的財富並讓我了解何為富有，這就是掌控社會的方法。』」法國詩人阿爾弗雷德．德．維尼（Alfred de Vigny）在一八三七年七月寫道，「現在是一個猶太人統治著教宗和基督徒，他付錢給君王並買下各個國家。」

事實上，羅斯柴爾德自己也懷疑過這麼做是否為明智之舉。一開始，詹姆斯很想讓威爾森（Wilson & Co.）及瑞特（Wright & Co.）這兩家英國銀行帶頭行動，原因有兩個：

首先，我們是猶太人，若是我們換了個邪惡的教宗，他會告訴自己，若他拒絕支付任何東西給猶太人就能獲得一張進入天堂的門票。其次，我認為教宗的財務狀況不佳，跟西班牙的很類似，如果他們決定不付利息，那麼我們也不會直接跟他們往來。

同時，他和萊昂內爾擔心，雖然英國銀行會發現要賣出債券很容易，因為「（他們）肯定能夠將他們手上的債券賣給天主教朋友」，但是羅斯柴爾德家族的「人際網絡相當不同，而且教宗的朋友對他們也沒什麼信心，因此無法利用這批債券做生意，也就只能將自己的錢卡死在這裡」。這也能部分解釋羅斯柴爾德家族異常謹慎的態度，他們提議將這筆貸款分成三檔，而且保有在第一檔之後退出的選擇權。另一方面，教宗的財務穩定至少確保了短期的外交益處，因為（佩里埃、波佐和亞龐尼都同意）「若是教宗需要錢，而他也能收到錢，就能確保繼續維持和平的條件」。而且大眾對於債券的需求遠超出詹姆斯的預期，讓他急忙在最後一刻重新協商交易，結果對威爾森銀行和瑞特銀行不利，他們發現自己被踢開了。這筆債券發行時的價格是七十，但很快就漲到七十九以上，結果證明是一筆「表現最佳的小生意」，萊昂內爾回報時鬆了一口氣。雖然一八三二年二月又出現動盪導致價格一時下跌，不過那年夏天，債券一口氣漲到八十三的高點，並且在一八三五年達到票面價值，期間只有些微停滯。

這一切乍看之下有些矛盾，與海涅認為羅斯柴爾德對革命態度相當矛盾的觀點相呼應：他們同時借錢給像比利時的革命國家與教宗國這樣的保守國家。不過仔細觀察之後會發現當中的道理相當一致：如果這些新國家的背後有五大強權的支持，羅斯柴爾德家族就會借錢給他們。無論是正式或非正式的保證，都會讓貸款生意更吸引人，不管是借錢給獨立的比利時或者是表面上在進行改革的教宗國。由此看來，羅斯柴爾德家族只是延續了他們從一八二〇年代就開始執行的策略，當時的人稱他們是神聖同盟的銀行家其實是誤解了。他們支持比利時的明顯前兆就是給希臘的貸款。早在一八三〇年二月，就有消息傳出薩克森－科堡的利奧波德或許會成為新王國的君主，詹姆斯便敦促納坦：

> 去拜訪你的科堡一趟，因為希臘有生意可做。英國已經同意了，如果科堡準備接受王位，他們保證每個月會支付與法國和俄羅斯同數額的款項給這個國家，而他正與他們協商，要英國、法國和俄羅斯共同給予保證。

這麼說還太早了。直到一八三二年五月，各國才簽署保證會貸款給新國王的協定，但這個國王是巴伐利亞人，而不是科堡親王（更不是柏爾納所預測的荷蘭王子）。不過羅斯柴爾德家族仍然決定要經手這筆貸款，並且還為了爭奪掌控權，跟巴伐利亞銀行家德希塔以及西班牙銀行家阿瓜多（Aguado）進行了一番激戰。希臘本身或許「毫無價值」，但是由法國、英國及俄羅斯所擔保的六千萬法郎貸款看起來一定可行，不只羅斯柴爾德這樣覺得，亞龐尼也說出所有外交官的心聲：「羅斯柴爾德先生，這麼大的生意，而且所有強權都有興趣，若是少了您的參與必不可能發生。」[7]相較之下，若是強權之間無法取得共識，那麼羅斯柴爾德家族便會保持距離，例如在一八三〇至三四年間針對葡萄牙的問題，因為佩德羅一世從巴西歸來並且成功廢黜了他的哥哥米格爾一世。

在這個世界上，五大強權各據山頭並各有自身利益考量，希望能夠在不必開戰的情況下解決國際危機，羅斯柴爾德家族的角色與其說是確保和平（畢竟他們的能力有限，無法做到這點），不如說他們是在確保和平之後為之**承保**。

❼ 百分之五債券最初發行的價格是九十四，總共籌得的一千一百萬法郎都用來支付賠償土耳其的款項，這與比利時－荷蘭的分裂有著驚人的相似之處。

十、世界的銀行家

羅斯柴爾德家族是現代銀行業的奇蹟……我們看到猶大的後代經過兩千年的壓迫之後，能與君王並肩，地位還高過皇帝，整片大陸盡在他們掌心。羅斯柴爾德家族宰制著基督教世界，沒有他們的建議，內閣不會輕舉妄動。他們伸出手來總是一派輕鬆寫意，從聖彼得堡到維也納、從維也納到巴黎、從巴黎到倫敦、從倫敦到華盛頓。羅斯柴爾德男爵是這個家族的領袖，是猶太人的真正君王、受囚禁者的王子，是這群非凡之人一直盼望著的彌賽亞。他手握鑰匙能決定是和平或戰爭、祝福或詛咒……他們是歐洲君王的經紀人及顧問，也影響著美利堅共和國的領袖。他們還能渴望什麼？

——《奈爾斯新聞週報》，一八三五至三六年

一八三二年之後的幾年間，隨著對革命及戰爭的恐懼感逐漸消退，羅斯柴爾德家族的金融影響力似乎也將觸角延伸到更遠的地理位置，上述引用的段落出自美國作家之手，也只是這段擴張的眾多評論之一。大約同一時間，湯瑪斯．雷克斯在自己的日記者寫下觀察：「羅斯柴爾德家族一開始只是在曼徹斯特打理一家店面，如今已經是歐洲的金屬債券君主。他們在巴黎、倫敦、維也納、法蘭克福、彼得堡（錯字照引）及那不勒斯等地都設有公司，掌握了歐洲的匯率市場，過去從來沒有誰能夠做到，如今他們似乎也控制著政府的支出，現在若沒有他們的協助，沒有哪國的君主能夠發行債券。」正如普克勒親王所說，他刻意用德語「Gläubiger」（意指信徒或債權人）一語雙關：「偉大的羅（斯柴爾德）可與蘇丹比擬，後者是所有信徒的統治者，前者則是所有統治者的債權人。」德國經濟學家弗德里希．利斯特也同意，認為羅斯柴爾德是「以色列的榮耀，舊世

界中所有已鑄造的、未鑄造的金銀都由他們掌管，是最了不起的借貸者，國王和皇帝在他們的金庫之前都只能伏首稱臣」，簡言之，他們就是「所有君王的君王」。一八三三年，威廉・梅克彼斯・薩克雷在短命的《國家標準》（*National Standard*）上發表了幾首自己沒沒無聞的早期詩作，也表達了相同論點：

交易棟梁來也！正是納坦・羅斯柴爾德本人，
他的名聲響遍了全球各地證交所；
第一位猶太人男爵；憑著財富的榮光，
他不是「猶太人之王」，而是「王之猶太人」。
錢幣與債券的完美化身，
八分之一、二分之一和四分之一；憑證、期權和股權；
將新王玩弄於股掌，一如少女把玩著玩偶；
君主對牛市或熊市毫無懷疑！

卡通漫畫家也呼應、甚至誇大了這樣的論調。一幅一八二九年的版畫中把納坦描繪成「一個巨大的陀螺旋轉著製造貸款」，各個君王都在他面前彎腰鞠躬，等著他分配錢幣給他們。

或許在所有這類圖畫中，最重要（也最具貶意）的是由一位不知名的德國卡通漫畫家大約在一八四〇年繪製。❶《大幫浦》一畫將一個肢體古怪又誇張的猶太人（顯然是羅斯柴爾德的綜合體）描繪成一個巨大的金錢幫浦，這運用了德文「pumpen」一字的雙重意思，即打氣或者借錢（參見圖10.i）。中間的人物站在一個裝滿金子的袋子裡，膝蓋以下都埋住了，渾圓的大肚腩就是地球本身，一枚路易金幣（標著「地軸」）用來代表北極或者是肚臍，而卡通人物的頭上戴著一頂紙王冠，上面寫著羅斯柴爾德在一八二〇及三〇年代的重要貸款（普魯士、俄羅斯、那不勒斯、奧地利和葡萄牙）。根據他背心上的勳章所言，他可以說是「世界上所有宮廷的執行官」。他兩旁各有一個矮小的人物抓著這個怪物的手指，就像在運作幫浦（雖然畫中並不清楚他們對幫浦的動作能控制到什麼程度），左邊的矮人呈現出土耳其人的樣子，右邊那個則是奧地利人。底下是接受羅斯柴爾德金錢的人，一串串的錢幣流進了他們的金庫和帽子裡。左邊畫著統治埃及的穆哈默特·阿里和他的兒子易卜拉辛帕夏，他們拿湯匙餵蘇丹吃東西；在他們下方坐著一個戴眼鏡的人物，還跟著一頭鬥牛犬，可能是代表英國的財政大臣（不過他身後的一對男女「愛杜華與庫妮根德」並不容易辨認出是誰）。另一側無疑是路易·菲利普和法國政治人物亞道夫·提也爾，在他們右邊的角色比較沒辦法辨認出來，可能是西班牙將領巴爾多梅羅·埃斯巴特羅（Baldomero Espartero）。不過雖然這些人都有收羅斯柴爾德家族的錢，但他們卻被羅斯柴爾德鼓脹的錢袋中冒出滿布尖刺的藤蔓緊緊纏

❶ 這幅卡通漫畫的成畫時間一般認為在一八四八或四九年，不過其中的政治指涉是描繪一八四〇年的政治事件。

圖10.i，《大幫浦》（約1840）。

繞，在他們下方比較小的人物也一樣被糾纏著。站在關閉的海關關口那些人標示著「禁止進口」，而能夠通過打開的海關關口那些人則標示著「准許進口或新收入」；士兵聚集在萊茵河的右岸，而站在埃斯巴特羅底下的那些人則哀求著要求他們「未支付的薪餉」。這幅卡通漫畫顯示，羅斯柴爾德不只將金錢運送到全世界，同時也像一顆龐然怪物般的心臟將金錢吸收回去。

梁柱

然而，這幅描繪國際勢力的壯觀景象卻與納坦．羅斯柴爾德和他兄弟們實際上相當無趣的形象不甚相符。真正的羅斯柴爾德家人跟《大幫浦》中描繪的那種陰險形象相去甚遠，有許多好奇的訪客受到吸引而到倫敦市去看他在皇家證券交易所做生意❷。根據其中一名訪客的描述，納坦的「長相十分普通，五官突出，鬆垮下垂的嘴唇再加上外凸的魚眼，他的身形矮壯，行動彆扭而笨拙，披掛著一件太大件的大衣」。有許多肖像畫及卡通漫畫都符合這樣的描述，其中一幅最早的畫像是由理查．戴頓（Richard Dighton）創作的蝕刻版畫，標題是《皇家證券交易所一景》（*A View from the Royal Exchange*），首度出版於一八一七年十月（參見圖10.ii）。畫中是一名男人的側身像，他穿著一襲黑大衣、戴高帽，挺著一個大肚子，一手插在口袋裡、一手拿著一張紙。插畫家相當中意這個形象：在喬治．庫魯克襄克（George Cruikshank）的《皇家證券交易所》（*The Royal Exchange*，一八二一年）以及

圖10.ii，理查．戴頓，《皇家證券交易所一景》（1817）

《布萊頓之美》（*Beauties of Brighton*，一八二六年）中，納坦也擺出了類似的姿勢。但是這個模樣每出現在畫裡一次，就會出現微妙的變化。湯瑪斯．瓊斯（Thomas Jones）在一八二九年版本的《證券交易所梁柱》（*A Pillar of the Exchange*）中還加了一點巧妙的細節，畫中描繪的納坦站在他最喜歡的梁柱前，就在證券交易所的東南角（參見圖10.iii）。這樣並列的景象帶出一抹高明的模糊性：納坦的堅忍不拔就如同這根梁柱般，不過梁柱的潔白勻稱也隱約和納坦黑色、肚腩隆起的模樣形成對比。

圖10.iii，湯瑪斯．瓊斯，《證券交易所梁柱》（1829）

也有些藝術家的作品沒那麼隱晦，明顯凸顯了納坦前突的下唇及肚腩，無疑帶有惡意。例如法國藝術家尚－皮耶．丹坦（Jean-Pierre Dantan）在一八三二年就做了一尊納坦的小陶像，被認為是所有諷刺羅斯柴爾德的作品中醜化最嚴重的，陶像納坦的嘴唇誇張地從他的帽沿底下低垂著，就像一條大鱈魚，一顆圓滾滾的肚腩則違反了重力懸在那雙瘦巴巴的雙腿上。薩克雷的素描畫《N．M．羅斯柴爾德閣下》（*N. M. Rothschild, Esq.*）中並未畫出渾圓的肚子，刊登這幅畫的版面之下還引述了詩句，不過最後幾段中明顯能看出，作者認為納坦的外型令人生厭：

❷ 皇家證券交易所（不要跟凱珀廷的證券交易所搞混了）基本上是用來進行商業票據及外匯交易的市場，不過在納坦活躍的時期也開始在那裡交易債券。一樓的東南角是正式分配給猶太交易者的區域，就在西班牙及葡萄牙的後面。

> 財神普路特斯！您賜與恩典的方式可真奇怪！
> 否則我們肯定會認為您行事**不得體**，
> 只要得了超群的恩典，您便樂得裝滿
> 那一群油膩臉面的驢和豬。
> 如今，他就伸出頭站在這裡，
> 從頭到腳，親愛的讀者，我們將他呈現在各位眼前；
> 然後我們就讓這猶太人（我們希望他會留下些什麼，
> 卻又無故害怕），**獨自貸**[21]在他的榮光裡。

在納坦過世後冒出了無數剪影畫，大多數都在標題上寫著《偉人剪影》（*The Shadow of a Great Man*），雖說這些作品的態度比較友善，卻也不見得都是想要奉承，即使是羅斯柴爾德家族委託繪製的眾多納坦肖像畫也未曾真正試圖美化他。確實，有些人見到他工作時的模樣會察覺到，或者以為自己察覺到一絲絲英雄般的氣質，上面引述到的美國訪客便宣稱「他的態度舉止中有一種指揮若定的感覺，那些接近他的人似乎都會主動對他表示恭順，顯示他並非凡物。『那是誰？』人們自然要問，『猶太人之王。』這就是回答。」但是，不管他的性格脾氣和拿破崙有多麼相像，這位金融界的拿破崙也是這位皇帝的死敵，卻從未有人為他擦脂抹粉，為他披上英雄外衣，與他同時代的人所見到的他就是一個買賣證券的胖子：

> 人們簇擁在他身邊，拿出各家匯票，他會拿過一張紙來看一眼，遞回去，贊同似地點點頭，接著轉往下一個爭取他注意的人。兩個相貌堂堂的年輕人站在他身邊，帶著幾分紈褲子弟的氣息，做著筆記幫忙記下管理這一天整個歐陸交易的相關訊息。

他的弟弟詹姆斯也不再招搖。一八三七年，一名巴黎記者去尋訪「德・羅斯柴爾德先生本人……便是人人都認識的那一位，債券買賣的大東方社（Grand Orient）、全歐洲保險箱的鑰匙」，他看到這位「君主」如何謙遜地進入「他的首都」，大感意外：

> 德・羅斯柴爾德先生現身的時間很短，只在下午三點至三點二十五分之間，也就是交易結束的五或十分鐘之前……他來的時候身邊通常會跟著一位姪子，但他一進來總會引起明顯騷動，眾人急忙圍上前去，尤其那些經紀人簡直是纏著他不放，但他仍然願意聆聽並且一貫以良好的幽默感回答他們的問題。他自己會先向其他銀行家打招呼、攀談，從來不會長篇大論，也從來沒有人透露半句。鐘聲響起，人們開始離開，他也跟其他人一樣走了，就和他的到來一樣沒有太多排場。

薩羅蒙在維也納顯然更加平易近人：「每天從中午十二點證交所開門起一直到下午四點關門，他身邊都圍著一群經紀人和股票經紀，急著想向他報告市場的走向，也急著想接受並執行他的委託。」

那些被允許進入羅斯柴爾德辦公室的人也為同樣樸實的忙碌而深感意外，只是在外人看來仍是充滿神祕。普克勒親王在一八二六年第一次找上納坦時就相當驚訝，他發現「這城市的統治者……事實上……就只是待在這個不起眼的地方……而在會計室這一方小庭院裡，我和這位八面玲瓏的神聖同盟成員中間擋著一輛裝滿銀錠的卡車」。納坦活躍時代的新廷內部狀況並沒有留下詳細的描述，但是迪斯瑞利的《坦可里德》或許可以提供大致的敘述（我們也接受作者稍做修飾），書中的坦可里德就和普克勒親王一樣，發現以羅斯柴爾德為本的席多尼亞已經在和一位外國使臣閉門密談：

21 譯注：原文以同音的「lone」與「loan」玩文字遊戲。

坦可里德進了新廷，看見一輛鑲著外國紋章的馬車停在寬闊的階梯底，他便拾級而上。門口有一位身材圓滾的門房……從他加了篷頂的椅子上懶洋洋地站起來，他發現坦可里德後並未上前，只是問這位陌生人要做什麼。

「我想見德・席多尼亞先生。」

「現在不行，先生正忙著。」

「我有封信要給他。」

「那好，交給我吧，我會送進去。您可以坐在這裡。」然後門房打開一間等待室的門，坦可里德不願意進去。「我就在這裡等，謝謝。」坦可里德說，然後環顧這座古老的櫟木大廳，牆上懸掛著好幾幅肖像畫，由此處往上修築一道現代倫敦大宅中最華貴的樓梯之一。

「我現在不能打擾先生（那門房說），西班牙大使正和先生一起，還有其他人在等。等他走了會有職員來拿您的信進去，這裡還有其他好幾封。」

此時，坦可里德仍待在大廳裡，進來了不少人，也沒通傳門房就兀自走到另一處廂房。

「那些人是要去哪裡？」坦可里德問。

門房看著坦可里德的眼神好奇又參雜著輕蔑，然後漫不經心回答……「有些要去會計室，還有些要去銀行，應該吧。」

在這之後，這天真的訪客就被晾在那裡等候，直到「一陣騷動」，表示大使要離開了：

「現在您的信會跟著其他人的一起送進去。」（門房）對坦可里德說，然後只留下他一人徘徊片刻。

坦可里德被趕進一處寬闊而有些窄長的廂房，白色的拱型天花板上鑲嵌著老櫟木，裝飾得相當華麗……鋪著土耳其地毯、大紅色織錦窗簾、幾張大桌子上鋪滿了紙，還有幾張舒服的椅子，幾口鐵櫃靠牆邊放著，這些就是房間裡的家具了，房間的一角有扇玻璃門通往另一間廂房，能看見裡頭的裝設是會計室的樣子，房裡都是職員，如果有必要的話可以拉起一面粗呢簾幕，現在則是拉開的。

這一段敘述中唯一讓人比較懷疑的地方在於，其他羅斯柴爾德公司中的氣氛實在大不相同。例如詹姆斯就令人十分意外，幾乎不管誰去辦公室就一定能見到他，梅特涅的兒子維克多（Viktor）在一八二〇年代末去拜訪時就發現：

就像一盞正片幻燈，經常進進出出呈現各式各樣的形象、各種各類的表達。就在拜訪的那一天，熙來攘往的人們特別顯眼，因為證交所中證券的報價漲跌得非常厲害，而這位大銀行家本人，平時總保持著相當有威嚴的冷靜態度，也不免洩漏出一些緊張。證交所的人員經常打斷我們的對話，向他們的頂頭上司回報價格。

根據一份罕見的當代描述，法蘭克福銀行的設計也是「開放式的」：

他就像波斯皇帝一樣坐在自己的辦公室裡，周圍擁簇著他的職員，在他之下是他的秘書，身邊則可以看到一群經紀人，總是來來去去。他用短短幾句話就打發了他們，畢竟他是真正擁有生意頭腦的人，馬上就知道該怎麼回答每個問題，每件需要他考慮的生意也能馬上做好決策……要跟他私底下討論生意幾乎是不可能的，在他辦公室裡的每件工作都要公開行事，就像在法庭裡一樣。

也就是說，在羅斯柴爾德辦公室裡的情形其實就跟各家證交所內的狀況差不了多少：經紀人來來去去，文件票券交來換去。

因此，有些人前來求見，以為能夠看到羅斯柴爾德展現明顯的權力氣勢，結果從他們所能看見的五兄弟日常活動都不免失望。因此，在眾多羅斯柴爾德神話的背後都藏有意圖，人們想像出某種看不見的推動力量，例如是希伯來的法寶，或者像巴爾札克筆下的紐沁根家族所犯下的那種縝密騙局。當時的人如果要凸顯羅斯柴爾德的驚人成功，唯一能找到的真正線索便是納坦能夠非常迅速進行複雜的金融計算，也能將之輕易牢記。「即使沒有（他兒子們的）協助，」另一名作者評論道，「據說他也能想起自己進行過的每一筆交易。」在他過世後，《泰晤士報》的訃聞上也寫了同樣的事情：

他對於控制世界上任何地方的匯率沒有絲毫猶豫，無論是抬高或者壓低，而他的記憶力十分強大，即使他每天透過郵件與國外進行大量交易，也從來沒有筆記下來，卻還是能夠對簿記員精確說出自己全額的收益，一字不漏。

「他一心追求的，」在他死後還有另一人寫道，「就是要比其他人更快、更確實達成目標，全心全力主導著這件事。等到他達成目標，他馬上就對此失去興致，接著將自己永不疲憊的心思轉移到其他事情上。」對某些人來說，這樣永不停歇的天性幾乎就像魔鬼般，一個曾觀察納坦工作情形的人便說：

他的模樣透露出一股僵硬和緊張，若是你不明就裡還會覺得好奇，但事實上是有人在背後掐著他，他或許是害怕、或許是羞愧而不敢說出口。常有人言，眼睛是靈魂之窗，但在這裡你會認為那扇窗戶是虛假的，或者說窗裡頭根本沒有靈魂，內部透不出一絲光線，無論從任何方向也折射不出一點光芒閃耀。這一切都讓你感覺到，這就是一副可供租借的皮囊，你好奇著裡頭沒有一點東西怎麼還站得起來。過了一會兒，有人走向前去，接著便往旁邊跨兩步，然後從那雙先前還無神呆滯的眼睛裡……綻放出你所見過最為興致盎然的眼神，就如實劍出鞘。來訪的人看似是意外到來而非刻意，只停留了一、兩秒，看起來兩人交談了片刻，雖然你無法意會，但也能感覺到其中必定有重要意義。在此之後，那雙眼睛再度黯淡，那身形又恢復到僵硬的姿態。早上有好幾位訪客前來，都受到類似的招待也以類似的方式消失，到了最後，那個人自己也消失了，徒留你一人失神，不知道此人的本性及功能究竟為何。

雖然這段敘述有些誇大，卻也說出當時人們經常評論的另一項令人膽怯的特質，即納坦習慣在沉著冷靜以及突襲警戒這兩種態度間轉換。一八二一年他收到暗殺威脅，據說他「微微一笑，先是感謝對方提供情報，在旁人看來，因為他自認從未對任何人做錯過任何事，所以實在無法理解會有誰想出如情報所言這般惡毒的計謀，於是他認為這件事實在不值得他提高警覺」。但是兩年後，他發現有個陌生人占據了他在皇家證券交易所的老位置，他變得「十分激動，居然有人占了他的位置，他花了好一段時間才能平撫心緒開始做生意」。《銀行家通訊》（*Circular to Bankers*）委婉地描述了納坦「強悍不羈的意志」，以及「高傲的心性，這是因為他新獲得的崇高地位讓他不惜個人的一切風險也要克服所有反對聲浪」。我們在前面便見識過，在他的書信中也經常顯露出這份傲慢的特質。「當羅斯柴爾德先生的怒氣遠超過自身所能克制的極限時，他所用的言語，」一名顯然親眼見過他大發雷霆的人回想道，「也只有坐擁他這份財富的人才能這樣說了……他口述寫信的方式完全顯露出他一心一意只想賺錢，若是他發現某張帳單竟然出現了問題就會口出狂言，不過這些話寫到信上就會轉譯成商業語言，讓收信者能夠理解。」

不過因為他都是親自寫信給自己的兄弟，所以他們就躲不過他的怒氣了。我們已經見過納坦在寫給兄弟的私人書信中有多麼不客氣，隨著年歲漸長也未多收斂。一八二八年，薩羅蒙的兒子安謝姆寫信給納坦的長子萊昂內爾：「請告訴您的好父親，未來寫信給阿姆謝爾伯伯時別再那麼兇狠，那些信對他的健康有害，真的，這又是為何呢？因為他寫信給您父親說他需要錢而你於他有賒欠……老人家年紀大了又虛弱，寫信時若是不謹慎一點，他就承受不住了……」六年後，納特回報阿姆謝爾的「健康狀況讓他非常緊張」，並且「非常強烈」建議他父親「在您信上稍微哄哄他，而且絕對不要……責備他，因為此舉的影響比您想像的更為嚴重」。即使是個性比較能屈能伸的詹姆斯也偶有崩潰的時候，例如在一八三二年，他原本「強烈抗議」反對借款給希臘，直到他收到一封來自新廷的信件：「無論如何，你絕對不能放過這筆生意。」後來納坦改變了主意，寄給他第二封信說：「任何跟希臘有關的事情都別管。」他才樂不可支。兩人在一八三五年也為了葡萄牙的事情有過類似的爭論。

然而，儘管納坦的個性是相當重要的因素，但是單就這點來看並不足以解釋羅斯柴爾德家族的金融成就。在一八三〇年代，兄弟之間的爭執主因已經不再是納坦的頤指氣使，畢竟眾人對此多少已經習慣成自然，倒是有越來越多的紛爭是來自於他的冷漠。例如一八三一年，萊昂內爾便向父親傳達訊息：「詹姆斯叔叔希望爸爸不要只為了自己在倫敦進行所有的債券生意，因為這麼做很可能毀掉兩邊辦公室之間的所有生意，到最後其他人就會帶著生意跑走。」兩年後，納特從法蘭克福寫信來，說他的阿姆謝爾伯伯「抱怨我親愛的爸爸，說您和他的生意往來實在太少了……我相信，親愛的爸爸，您會知道我們的好伯伯想要什麼，他尤其希望您應該像之前那樣經常跟他做生意」。結果納特這封信並未得到新廷的任何答覆，他只好又試了一次：

他懇求親愛的爸爸您能發發好心，盡量跟他多做生意；他不只一次抱怨過，您總是比較喜歡跟巴黎和維也納來往。我必須說，他實在非常優秀，若是能夠讓他高興，那麼就應該這麼做……不過和阿姆謝爾伯伯來往，最好不要太注意瑣事。

先不提瑣事，阿姆謝爾的抱怨也有些道理。在一八三〇年代初，倫敦與法蘭克福辦公室之間的財務連結似乎越來越鬆散，而這也不是兄弟間漸行漸遠的唯一徵兆。就在一年後，那不勒斯的卡爾也對詹姆斯提出非常類似的指控，這一次輪到納坦來擔任兩人之間的仲裁者。「考慮到我們的兄弟卡爾寫給你的信件，親愛的納坦，我並沒有經常寫信給他。」詹姆斯寫信回應自己為了這件事所受到的斥責：

為了維持密切的關係，也為了迎合你與我們哥哥薩羅蒙的期望，事實上我寫了五次信給他，而我完全忘記他寫給我什麼愚蠢的信件了……就好像從未存在一樣。請你讓人把信從那不勒斯寄給你，那麼你就會看到我確實有寫信，因為我想要維持和平的關係，不想有爭吵。好了，我做了所有我認為一名正直之人應該對哥哥做到的事，他們可以抱怨我，但是除非我先收到他們的信，否則我不會再寫信，因為我也是羅斯柴爾德家的人，我和我們的兄弟卡爾一樣也對得起自己的尊嚴。

當然，其他兄弟之間起糾紛時便會找納坦來調停，這一點也顯示出納坦依然站穩了「總指揮官」的地位，是支撐起整個羅斯柴爾德家族的頂梁柱，就像他站在皇家證券交易所的那根梁柱旁一樣無可動搖。不過這類紛爭也顯示出，他們需要額外的支撐才能保證大廈的堅固穩定。

羅斯柴爾德系統

如果羅斯柴爾德家族的成功只有一個「祕密」，那就是五兄弟之間的合作系統，這讓他們整體成為世界上最大的銀行，同時還能將他們的金融影響力散布到歐洲各處的五大金融中心。這套多國系統是按照著合夥協約的規定來運作，這份協議每隔幾年就會再擬修訂，實際上可以說是一套金融聯邦的憲法。我們已經提過，這份合約最早的版本擬定於一八一〇年，不過當時還不具代表性，因為邁爾·阿姆謝爾仍處於主導地位，而戰爭期間納坦又沒能參與。五兄弟在一八一五年擬定的三年合約是實質上最早的「聯邦」合約，此階段的情勢關鍵在於倫敦一房的財富遠勝於其他。根據合約的前言，五兄弟「在倫敦、巴黎、美茵河畔法蘭克福等地的合夥財產總值為五十萬英鎊左右」，不過這筆錢有大多數顯然都屬於納坦。這份合約是希望在排除部分項目後（應該是房地產），重新定義五兄弟的共同資產，並且重新分配大約二十萬英鎊，以五萬英鎊本票的形式由納坦分給其他四名兄弟。最後結算得到的總名義資本為三十三萬六千英鎊，其中納坦占百分之二十七、阿姆謝爾和薩羅蒙各占百分之二十、卡爾和詹姆斯各占百分之十六。同時他們還同意，所有花費將從倫敦辦公室的收益中撥出支付，同時平均分配共享每年年底的淨利。

正如我們所見，在這份合約生效的三年期間，五兄弟的總資產以驚人速度增長，從三十三萬六千英鎊成長為一百七十七萬兩千英鎊，其中大部分增長都是因為納坦操作英國公債的投資十分成功，雖然總資本的占比多少並無改變，他的兄弟們現在也同意在分配利潤時要多給納坦一些。就卡爾看來，

> 納坦應該要拿超過五分之一。他家裡的人口眾多，需要更多。不管你們怎麼安排我都同意……你們自己告訴我的，納坦必須要有些特權。我們的一切，真的可以說是一切，都要感謝他，是他救了我們。我們先前想要放手一搏（也就是拋售），是他拉住了我們。

基本上，現在有「三家聯合的商業機構在……五位合夥人共同承擔之下……運作」：倫敦的ＮＭ羅斯柴爾德公司、法蘭克福的ＭＡ馮羅斯柴爾德父子公司，以及詹姆斯在巴黎叫做德羅斯柴爾德兄弟公司的新公司。自此之後，倫敦公司所有獲益的一半歸納坦，其他兄弟則各拿八分之一；同時，納坦也會獲得其他兩家公司收益的十六分之四，其他兄弟則一人拿十六分之三。一八一八年的合約中還引入了一套新制度，也就是每位合夥人每年能夠拿到個人股本的百分之四，這份收入便能支應他們的開銷（包括公司及家庭），任何為了子孫繼承、房屋或地產等花費數額則要從個人資本中扣除。另外，「為了讓帳簿戶頭的紀錄保持正常規律……在這三家聯合公司之間所進行的交易，雖然三家公司實際上是共同營運，但是決議交易往來都各要收取百分之五的交易費、經紀人費、郵運運費、郵票及利息。」為了加強集體認同的意識，如今也特別規定，每家公司每週都要通知其他公司自己正在進行的交易。

雖然這份合約最初只打算實行三年，但該合約的效力實際上卻持續到一八二五年。不過，如果就此認為這五兄弟之間十分和睦，那就錯了。除了前面幾章提過五兄弟間不時有爭吵，相當不同的是，四位在歐陸工作的兄弟曾一度認為有必要四人另擬一份合約，合約條件顯示出他們和納坦之間出現了相當嚴重的分裂。[3]值得

注意的是，一八二五年的合約中恢復了一八一五年的制度，也就是平均分配利潤，這反映出法蘭克福及巴黎辦公室的資本成長十分迅速，甚至能夠超越倫敦辦公室。另一方面，納坦的個人占比仍然超過資本總合的四分之一，如今已經超過四百萬英鎊。此外，雖然薩羅蒙和卡爾可以說已經是定居在維也納及那不勒斯，但他們的公司並未獲得與三家原始公司同等的地位，仍然只被視為是法蘭克福公司的「分支辦公室」，直到一八二八年才個別計算資本（在此之後也相當小）。此舉或許是為了壓制上面提到的脫離傾向，現在五個合夥人彼此約束，必須「共享資訊……告知所有進行中的交易訊息，無論是何種性質」，不過是每月一次，而非每週一次。

一八二五年的合約裡也能看見下一代開始進入公司的跡象，在薩羅蒙的兒子安謝姆迎娶納坦的女兒夏洛特之後，合約中便決定讓安謝姆成為合夥人。兄弟們開始體驗到死亡逐漸接近，所以於一八二五年的文件中加入了一項條款，允許阿姆謝爾退出營運，「假使他對工作開始力不從心」，並且考慮到繼承問題可能出現爭議，於是規定各個合夥人的繼承人必須接受自己拿到的股份，而不會尋求法律途徑解決。其中特別寫明，若是亡故合夥人的繼承人對仍在世的合夥人提出法律訴訟，便會喪失亡故者資本股份的三分之一，而這筆錢將會贈予法蘭克福、倫敦及巴黎的貧民！❹

在描述這些條款時，很容易會忽略這些合約的祕密性，這些禁令也是為了保密。五兄弟於一八二八年八月在法蘭克福碰面，細細檢視過去這相對令人失望的三年，納坦的妻子及兩個兒子也在場，但是卻完全被排除在協商過程之外，在八年後也是如此。「爸爸和他的兄弟們帶著安謝姆不停在討論該如何安排自己顧慮的事

---

❸ 其中一條，四兄弟決定要提領自己在新廷的存款，並且賣掉一八一八年普魯士貸款的持分，同時他們同意要保證彼此之間握有足夠的流動性資金，才能夠拿到日耳曼邦聯存放在他們這裡價值九百萬荷蘭盾的法國賠款，也因此每個月都要交流損益平衡表。我們並不清楚這份合約是否有執行，或者只是用來警告納坦。

❹ 安謝姆馬上就能獲得利潤的十五分之一，不過他到一八二八年才正式取得股本，有一百萬荷蘭盾以他的名義投資進了巴黎公司。他的祖母古蒂勒從邁爾・阿姆謝爾那裡繼承的部分則投資進法蘭克福公司，不過她不具有合夥人身分，所以她的股份不包含在帳面上寫明的總資本中。

項，幾乎一刻也沒停下，」漢娜說道，「他們就在花園的塔樓中開會，完全是祕密進行。」她最多只能說「家族中的一切決策似乎都是在眾人同意下進行」。這對她來說或許也算是好消息，因為在一八二八年結算出的帳務顯示，雖然各合夥人的股份占比仍大致不變，但倫敦公司的相對重要性已經不斷衰退，如今在總資本額中的占比只略超過百分之二十七，在一八一八年時還有百分之四十二。在接下來的八年間，公司占比也只有些微增加，然後就迎來了在法蘭克福的下一次會議，也就是在一八三六年這場命運般的聚會中，納坦意外過世了。結果，歐陸合夥人得以在分配利潤上取得應該更加有利的新條款：自此之後，納坦能夠拿到倫敦公司獲利的百分之六十，但是只能拿法蘭克福、那不勒斯及維也納等公司獲利的百分之十，而他的兄弟每人都能從倫敦公司拿到百分之十，以及歐陸各公司獲利的百分之二十二．五。[5]這條規定顯然讓倫敦公司相對更具自主性，而且在納坦過世後依然保留下來，於是他的一切權利就直接轉移給了他的四個兒子。

不消說，羅斯柴爾德家族在金融界的成就斐然。確實，在一八五〇年之前的這段時間，家族資本增長的幅度及規模在銀行史上都是前所未見。表格10a總結了十九世紀前半家族內各公司所能找到的資本總和數字：

羅斯柴爾德家族握有的資源實在十分龐大，再怎麼強調也不

表格10a：加總後的羅斯柴爾德資本，1797－1844（千英鎊）

	1797	1807	1810	1815	1818	1825	1828	1836	1844
法蘭克福	9.9	50.6	72.7	68.0	680.0	1,450.0	1,534.1	2,121.4	2,750.0
巴黎				55.0	350.0	1,490.0	1466.4	1,774.2	2,310.6
倫敦				90.0	742.0	1,142.0	1,183.3	1,733.4	2,005.1
維也納				68.0			25.0	110.4	250.0
那不勒斯				55.0			129.6	268.3	462.5
總和	9.9	50.6	72.7	336.0	1,772.0	4,082.0	4,338.4	6,007.7	7,778.2

注：一八一五年的總和可能太低，合約上並未清楚載明總資產是五十萬英鎊還是三十三萬六千英鎊。同時也要注意，一八一五年的數字是**個人**股份，而不是分配給各家公司的股份。一八〇七年的數字是從荷蘭盾換算而來，1英鎊＝10.16荷蘭盾；一八二八年的數字從荷蘭盾換算，1英鎊＝12荷蘭盾。

資料來源：CPHDCM, 637/1/3/1-11; 637/1/3; 637/1/6/5; 637/1/6/7/7-14; 637/1/6/32; 637/1/6/44, 45; 637/1/7/48-52; 637/1/7/53-69; 637/1/8/1-7; 637/1/9/1-4; RAL, RFamFD, B/1; RAL, RFamFD/3; AN, 132 AQ 1.

為過。就拿一八二五年這一年來說，他們的總資本比巴爾林兄弟的資產高過九倍，也比詹姆斯在巴黎的主要競爭對手拉菲特高過十一倍，甚至還超過法蘭西銀行的資本額（此時大約是三百萬英鎊）。現今留存下來的各家公司數據多是拼湊而來，尤其是一八三〇年以前的資料。例如倫敦辦公室從一八〇九年起的帳簿都有留存，但是一八二八年以前的帳務資料中並未記錄利潤虧損，圖表10.iv中所顯示的是這段期間的「底線」資料，也就是在一年的開頭將年獲利當成資本額的百分比，直到一八五〇年才有確切數據。這些數據中有幾個點特別突出，首先是營業表現的大起大落：非常出色的時候（一八三四年）獲利將近是資本額的四分之一；也有完全一敗塗地的時候（一八四七年），損失了將近公司資本的三分之一。平均而言，其實利潤不算亮眼，不過這部分反映了所有開銷在計算淨利以前已經扣除掉，而不是從利潤中支出，獲利（或虧損）的數字只是加進（或者扣除）前一年的資本額中。這套系統和羅斯柴爾德家族最大的競爭對手巴爾林家族所使用的相當不同，巴爾林習慣計算毛利潤並且將之分配給合夥人。或許羅斯柴爾德家族和他們的競爭對手最大的不同之處在於，羅斯柴爾德家族會將淨利潤再拿出去投資，這樣資產就能夠積累；而巴爾林家族大抵不會變動資產，而是尋求將利潤最大化以生存下去。在一八二九至四六年間，N．M．羅斯柴爾德的資本增加了百分之九十，而巴爾林家族的資本卻只增加了百分之五十。

另一家還留存著詳細帳務資料的是規模小很多的那不勒斯公司。就其規模而言，那不勒斯公司的獲利居然相當可觀，尤其是在成立的前十年間，在一八二五至二九年間的平均年獲利超過了三萬英鎊，當時其資本額才略超過十三萬英鎊；在一八三〇至四〇年代當中，平均獲利也在兩萬英鎊上下。與倫敦及巴黎的公司不同，即使那不勒斯辦公室在一八二五年、三〇年及三六年都經歷過金融危機，卻似乎從未有虧損的紀錄。在當時的

❺ 不過合約中增加了一項條款，寫明如果巴黎、法蘭克福、那不勒斯及維也納公司的獲利超過了倫敦公司的獲利，總利潤的百分之二十二・五會超過倫敦公司的百分之六十，那麼利潤分配就會回復到平均分配的舊制度。

圖表10.iv：NM羅斯柴爾德集團每年營收占資本比例，1830－1849。來源：附錄二，表b。

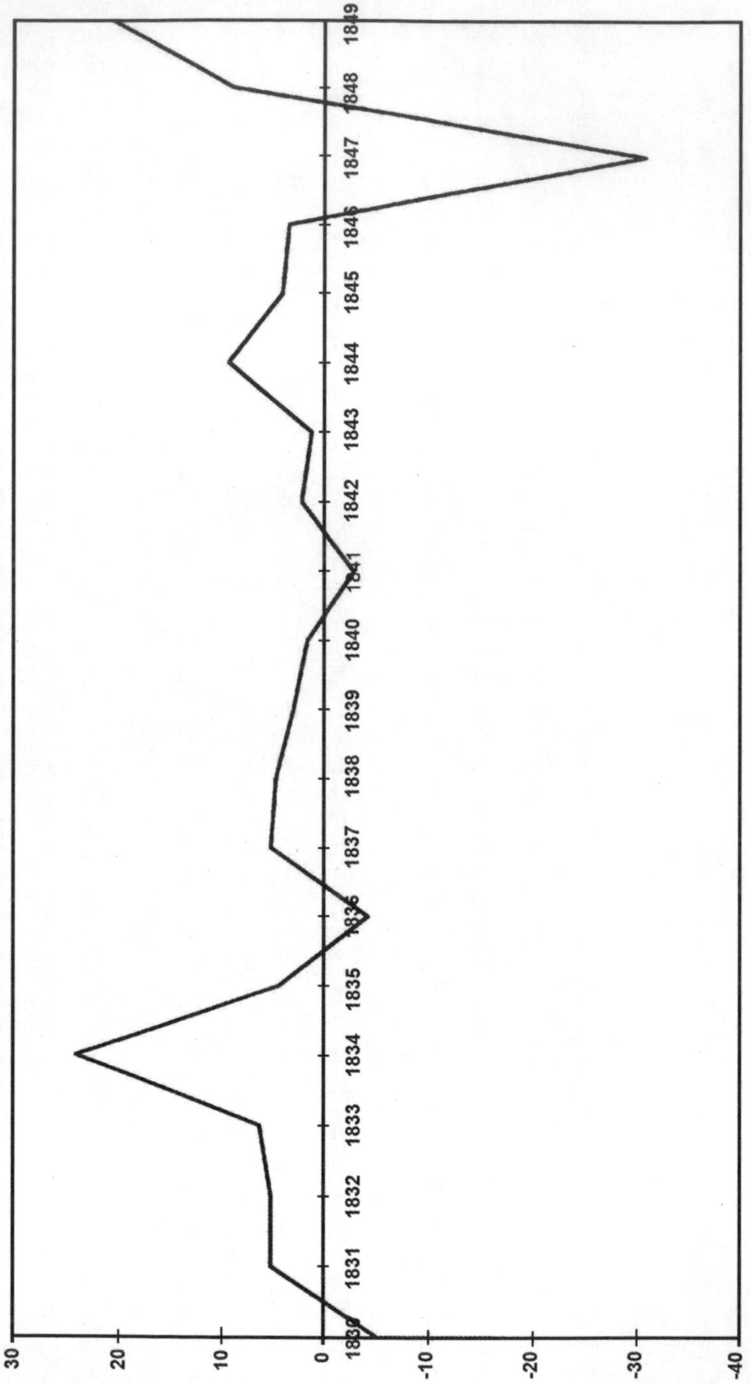

人眼中，卡爾或許是五兄弟中才能最低的人，他的書信中也透露出某種愚笨的味道，但他對金融投資無疑十分敏銳。

可惜的是，這段期間巴黎、法蘭克福及維也納等公司獲利的完整資料都沒有留存下來。以法國來說，唯一留下來的只有一八二四年至二八年間的資料，而我們從這些數據中只能知道一八二五年的危機對詹姆斯的地位造成多大損傷（當時他的損失總額不下三十五萬六千英鎊），以及他從這次挫敗中恢復得有多快（接下來兩年他的獲利分別是四萬四千英鎊及十二萬四千英鎊）。不過，還是可以從資產帳戶總和中推論出各地公司的平均年獲利（參見表格10b），但每次合約擬定之間的時間長短不定，讓這些數據只能大略推敲出營業表現。令人相當意外的是，這些數據顯示出，倫敦公司的經濟成就其實是羅斯柴爾德三大主要公司中最差的。在一八一八年至四四年間，法蘭克福及巴黎公司的平均年獲利都比較高，納坦的兄弟們（尤其是阿姆謝爾）總是不免被拿來與這位他們視為「總指揮官」的兄弟比較。不過即使是納坦主導營運的期間，法蘭克福公司的獲利都高過倫敦；而維也納公司雖然資本基礎較小，卻也有非常高的獲利。

當然，問題在於合夥人仍然認為各公司之間有不可分割的連結時，這樣的比較是否合理。羅斯柴爾德的通信中指出，個別公司的獲利有很大一部分是來自於一套共同的策略，而這套策略在一八三六年以前的計劃者就是納坦，若非如此，兄弟之間就不需要如此頻繁通信並且在信中如此詳述之。而且，若不是個別合夥人一直覺得必須互相依賴，利潤共享的基本原

表格10b：羅斯柴爾德家族五個分支的平均年獲利，1818－1844（千英鎊）

	1818-25	1825-28	1828-36	1836-44	平均 1818-44
法蘭克福	110	28	73	79	80
巴黎	163	-8	38	67	75
倫敦	57	14	69	34	49
維也納		8	11	17	N/A
那不勒斯		43	17	24	N/A
總和	330	85	208	221	204

資料來源：同表格10a

則也不可能持續這麼久。那不勒斯公司的損益平衡表很好地說明了這五家公司之間的活動是多麼密不可分：在一八二五至五〇年間，其資產占比中包括其他羅斯柴爾德公司的欠款，這部分幾乎沒有低於百分之十八，有時候甚至多達百分之三十。似乎所有羅斯柴爾德公司都是這麼做的，一八二八年在巴黎公司的資產中有大約百分之三十一是對其他羅斯柴爾德公司的欠債，主要債權人便是新廷。

這五兄弟到底是怎麼賺錢的？到目前為止我們主要討論的是羅斯柴爾德家族在政府公債中的生意，因為（從他們的書信中判斷）這是他們在一八三六年之前最感興趣的活動，而考慮到其中有明顯的政治意涵，這也是最讓當時人們感到不可思議的生意。表格10c中列出了這段期間倫敦及法蘭克福公司所發行貸款的總名目價值，可惜其他公司似乎沒有留下發行紀錄。

這些數據證實羅斯柴爾德家族（尤其是倫敦公司）在這段期間就是國際債券發行的主導力量。在一八一五年及五九年間，倫敦公司總共發行了五十筆貸款，主要是政府的公債，名目價值在兩億五千萬英鎊左右，大概是英國在一八五〇年代海外總資產的十分之一。相較之下，霸菱兄弟銀行在同一時期只發行了十四筆貸款，名目價值總計六千六百萬。表格10d顯示出倫敦公司在一八一八至四六年參與發行貸款的地區分布，包括少數幾筆相當大規模的民營企業發行。這些數據呈現出，當時人認為羅斯柴爾德家族是「神聖同盟的銀行家」的觀點有些誇大，倫敦公司最大的客戶是法國與英國，緊接在後的則是普魯士、俄羅斯及奧地利。

從各地公司的損益平衡表中要看出政府公債的重要性相對容易。倫敦公司留存最早的損益平衡表（一八二八年）顯示，該銀行有非常大部分資產（超過四分

表格10c：倫敦與法蘭克福公司發行貸款的名目價值，1820—1859（十年，英鎊）

	NMR（NM羅斯柴爾德集團）	MMR（邁爾．阿姆謝爾．羅斯柴爾德）
1820-29	58,715,366	4,892,947
1830-39	43,194,150	3,599,512
1840-49	35,169,611	2,930,801
1850-59	88,485,900	7,373,825

資料來源：Ayer, *Century of finance,* pp. 16-81; Berghoeffer, *Meyer Amschel,* pp. 29-42, 206-28。

之一）都投資在英國公債裡，若是再加上持有的丹麥政府股票，比例就會增加到百分之三十七。同年，法國公司資產中有百分之三十五是持有法國的百分之三債券，而在維也納公司資產中，「國家證券帳戶」所占的比例也完全一樣，顯示出羅斯柴爾德家族中有某種不成文的策略，就是要將（應該是）「鑲金邊的」政府證券持有比例控制在大約三分之一。但是要計算出這類發行生意中能有多少獲利就相當困難了，正如我們所見，各筆生意的佣金和其他費用都大相逕庭，而且幾筆重要的發行生意其實還損失慘重（例如一八三〇年的法國貸款）。再說，五兄弟在債券市場上所賺得的大多數金錢並非來自發行債券，而是拿現有債券來投資獲利，這裡也同樣很難找到確切的數字。從現有紀錄來看，這段時間記下的帳務主要是為了計算特定生意或交易的獲利，並且確保羅斯柴爾德家族內各家帳戶的紀錄不會有差異。倫敦公司的帳簿就像十九世紀大多數的公司一樣，並未依據類型區分交易：各種交易和買賣都是在談定時記錄下來，然後等到年底再加總數字。理論上可以將購買及賣出政府公債的獲利加總起來，但是這麼做十分費力，這裡也未嘗試

表格10d：倫敦公司發行的貸款，1818—1846（以收款者）

借款者	總和（英鎊）	總和的百分比
英國	44,938,547	29.2
法國	27,700,000	18.0
神聖同盟*	29,029,566	18.8
普魯士	[12,300,400]	[8.0]
俄羅斯	[6,629,166]	[4.2]
奧地利	[3,100,000]	[2.0]
那不勒斯	[7,000,000]	[4.5]
葡萄牙	5,500,000	3.6
巴西	4,486,200	2.9
比利時	11,681,064	7.6
其他國家**	5,843,750	3.8
民營企業	24,900,000	16.2
總和	154,079,127	100.0

*普魯士、俄羅斯、奧地利與那不勒斯 **荷蘭、希臘與丹麥

資料來源：Ayer, *Century of finance,* pp. 14-42。

這麼做。那不勒斯公司有一個「債券帳戶」，同時也為其他政府證券的交易設立了不同帳戶，例如那不勒斯及羅馬政府等等，而公司也經常改變半年一次的會計慣例並同時設立新帳戶，所以除了大略評估其營運活動成果之外，幾乎不可能有更確切的結果。最多只能說大部分獲利都是來自五至十個聯合帳戶，有些是與其他羅斯柴爾德公司合作，有些與其他義大利的銀行合作，有來自於第三方交易所收取的佣金，也有多筆未明說的貸款利息。

當然，如果羅斯柴爾德家族只參與政府公債的交易那就沒關係了，但是他們的銀行業務相當多元化，時間一久觸角便延伸得更廣。政府的金融事務是他們的初衷，不過就算不提能夠達到的淨利率，以業務量的**多寡**而言，更重要的是倫敦「商人銀行家」的典型生意：承兌商業票據及匯票。一八八二年的匯票法（Bills of Exchange Act）讓這項已經實行超過三百年的交易方式有了確切的明文規定，而以其中的條文來說，所謂的匯票是「以書面寫成的無條件支付命令，由一人（出票人）簽發給另一人（受票人）……受票人簽署後便成為承兌人，必須……在指定的……未來日期……支付特定款項……給……特定人士或持票人」，也就是說，某些商品的賣家會開票給買家，好讓對方有特定時間的信用期（通常是三、四個月），也就是讓買家能夠延遲付款，等到商品送達並再出售給製造商或零售商。商人銀行的角色有兩種：代表買家作為匯票的承兌人（收取承兌的佣金），或者是以折扣價格向出票人購買（收取利息）。貼現公司也能夠將匯票賣給中央銀行再貼現，並且加上自己的簽名或背書。承兌匯票的銀行家實際上就是「販賣名號的使用權利」，也就是以自己的聲望作為信用依據。

這類商業票據的買賣是納坦．羅斯柴爾德的主要活動之一，同樣可以從現存的損益平衡表中看出其重要性：一八二八年，「應收票據」占倫敦公司資產的四分之一，「應付票據」則占負債中的百分之五。這類生意對歐陸上的公司來說比較沒那麼重要，這反映出在十九世紀時，有更大部分的國際交易是由倫敦公司主導進行。正如納坦在一八三二年向銀行委員會提交的證據中所述：「這個國家大致說來就是全世界的銀行……所有在印度、中國、德國，乃至於全世界的交易都是在這裡主導，並透過這個國家談定。」雖說如此，其他羅斯柴爾德公司仍然在納坦公司的營運中扮演重要的輔助角色，納坦對此解釋道：

我買下來自利物浦、曼徹斯特、新堡和其他地方的匯票，這些出自倫敦各個銀行家與商人之手。我一週就會買六千、七千英鎊，有時買到一萬英鎊的匯票，然後寄到歐陸給我的家人；我的家人再按這些票據回頭購買這個國家的酒、羊毛和其他商品……如果在國外買不到足夠的該國票據，那麼我們就必須從巴黎、漢堡和其他地方買黃金。

這段話相當準確地概述了他們的運作狀況。羅斯柴爾德家族並不想靠接受匯票所收取的佣金賺錢（事實上，很多人都知道納坦收取的費用比其他公司少了百分之〇．五），相反地，他們的目標是要從歐洲各個不同市場之間的匯差獲利。羅斯柴爾德家族的通信中經常間接提到這類套利交易：「倫敦」（就是倫敦匯票的簡稱）的價格在巴黎或法蘭克福夠高了嗎？納坦是否能夠寄一大批給詹姆斯或阿姆謝爾？「現在，親愛的納坦，」詹姆斯在一八三二年一封日常書信中便這樣寫道，

我又開始忙著處理匯票生意了，拜託你（確實）評估好你寄給我們的價值多少，我們在這裡買到的倫敦是二十五．六五法郎及百分之三，相當於二十五．八四又半分法郎，而你寄給我們總價兩萬一千英鎊的巴黎，是二十六．〇七又半分及百分之四，這相當於二十五．七九，還沒算進佣金就已經損失五分之一了。好了，我要跟你提這件事只是因為我們在買賣匯票時不想做賠本生意。

這封信讓我們一窺其中所牽涉到的複雜計算，以及這五兄弟想要利用的是多麼微小的匯差。他們所組成的跨國夥伴關係，讓他們具有獨特的優勢能夠做這類生意。

然而，羅斯柴爾德家族在匯票市場並不如在債券市場那樣握有主導性，華特．白芝浩在他影響深遠的城

市研究《倫巴底街》一書中便稱他們是「最優秀的……國外票據經紀人」，不過這樣的稱頌應該屬於巴爾林家族。一八二五年，納坦接受的票據總價值有三十萬英鎊，但霸菱兄弟銀行卻收了五十二萬英鎊；二十五年後，新廷的公司所收到票據總額提升到了五十四萬英鎊，不過霸菱銀行的數據則是一百九十萬英鎊。到了十九世紀下半葉，兩者之間的差距越來越大，而新加入戰場的如克蘭沃茲家族也正努力迎頭趕上。除了幾個明顯的原因，例如羅斯柴爾德家族會將政府的金融操作放在第一位（這點在五兄弟的私人書信中不免會放在商業營運之前討論），而這個結果主要反映出匯票生意有很大一部分是透過跨大西洋交易來操作，而不是依靠英國與歐陸之間的往來，後者是羅斯柴爾德家族比較擅長的金融領域。我們之後便會提到，羅斯柴爾德家族曾試圖提升他們在美洲市場的占比，但是卻無法持久經營；而在十九世紀上半葉期間，巴爾林家族在那裡取得了優勢。

票據生意自然會引導到數個相互連結的活動途徑，其中一項自早期開始就最為重要的活動便是國際金條市場。納坦在他一八三二年的證詞中便表示，代表英國進口的票據總額與代表出口的總額之間總有落差，從當代的古典經濟學術語來說，貿易赤字或盈餘自然必須伴隨著錢幣運出或者進入倫敦的活動，只要數量大到足以支付運送並承保硬幣的成本，若有必要還要熔掉再鑄。匯率達到所謂的「黃金輸送點」時，要進口或出口黃金（在某些國家則是白銀）就必須支付費用。對羅斯柴爾德家族而言，將黃金從英國運到歐陸是他們重要的墊腳石，幫助他們在一八一五年以前直接參與了英國戰爭時期的金融，而這五兄弟從未失去對金條生意的興趣，他們跟英格蘭銀行及法蘭西銀行都有大量往來。納坦曾經裝模作樣地對漢堡一家公司所言，便是暗指這一點：「我的生意……完全由政府交易與銀行運作所組成。」這裡也牽涉到複雜的計算，尤其是硬幣要熔鑄成金條以便運到另一個市場再鑄造的時候。「現在，親愛的納坦，」詹姆斯在另一封日常書信中寫著，「（考慮要）以十一格令的黃金購買白銀時，雖然可以把剩下的認定為獲利，但是化驗試金的結果會有很大的影響，因為二分之一格令就相當於百分之〇・八七五，那麼五十九又八分之一的話，就相當於二十五・八二法郎，化驗之後就有可能獲利，因此我強烈建議你不要放過這個機會。」「貨車上裝滿了銀塊」，這樣擋住普克勒親王前往新廷去路的景象並不罕見：從五兄弟的信件中看來，他們經常在巴黎和倫敦之間寄售價值十幾萬英鎊的金銀。

另一個相關的活動領域便是直接參與商品交易的生意。當然，直接買賣商品而非紙上交易一直都是邁爾・阿姆謝爾生意中不可或缺的部分，而納坦自己在英國也是從織品商人的身分開始發展，後來還將觸角伸入了「殖民地商品」。但是從合夥人之間的書信中看來，羅斯柴爾德家族對這類生意的興趣似乎在一八二〇年代間便消退了，一直到一八三〇年後才恢復。巴爾林家族的生意中會經手各種不同的商品，不過羅斯柴爾德家族不同，他們比較喜歡專精，期望能夠在特定市場中建立主導地位，吸引他們注意力的重要商品有棉花、菸草、糖（主要來自美洲及加勒比海地區）、銅（來自俄羅斯），以及最重要的水銀（來自西班牙），之後會有更多說明。他們偶爾會經手其他商品，例如鐵、羊毛和酒，因此一位對羅斯柴爾德並不友善的卡通漫畫家將他們畫成「藍盾先生」，是個四處旅行做生意的推銷員，「參與各種商品的買賣。」不過這個描繪並不正確，因為羅斯柴爾德家族從來就不是什麼都賣的雜貨商（參見圖10.v）。舉例來說，雖然他們的親戚沃姆斯兄弟在錫蘭闢了一片茶園，甚至還命名為「羅斯柴爾德」，但羅斯柴爾德銀行從來沒有認真參與過茶葉生意。

羅斯柴爾德家族因商業活動而參與的最後一個商業領域是保險。十九世紀

圖10.v，I・努斯蓋格，承G・蓋斯勒，《模範騎士》（1825）

上半葉的保險業蓬勃發展，在倫敦和其他地方都開設了相當多公司。納坦在一八二四年參與聯合保險公司的成立，這是他認真參與過的唯一一家聯合股份公司，他曾多次解釋這樁生意，但從來沒有讓人滿意過。根據這家公司的官方歷史，這是他和姻親摩西．蒙提費歐里一次私人聚會後的結果。其他人認為成立這家公司的部分目的是想要雇用他們的親戚班傑明．岡珀茲（Benjamin Gompertz），讓這位學有所成的數學家擔任保險精算師。第三種假設則認為，現有的保險公司都歧視猶太生意人社群。事實上，羅斯柴爾德家族對保險業的興趣已經持續好幾年了，這也可以理解，畢竟他們在一八一五年以前都必須為了運送貨品到歐陸而支付高額保費。最早在一八一七年，詹姆斯便回報自己從某家不知名的法國保險公司「賺取了相當不錯的獲利」。一八二三年，薩克森-科堡公爵要求他們的協助時，讓他們更有動力往保險業發展，當時公爵想提出一項新的壽險政策，卻遭到兩家現有的倫敦公司拒絕，包括當時成立不久的衛兵（Guardian）。最重要的是，納坦似乎想打破由勞埃德保險社（Lloyd's，這家保險公司就在皇家交易所一樓，位於納坦公司正上方）、倫敦保險公司（London Assurance）以及皇家交易所的獨占集團，這三家公司壟斷了倫敦的海運保險。「聯合英國暨外國人壽與火災保險公司」（Alliance British and Foreign Life and Fire Assurance Company）以五百萬英鎊的資本額成立，幾天後，湯瑪斯．福威爾．巴克斯頓議員（他也是新公司的稽核員之一）便於下議院提出法案，終止了海運保險的壟斷。同時，納坦希望他的老友何瑞斯（時任財政部金融事務秘書）也能表示支持。「這間公司的目標，」他寫信時採用了一八二〇年代聯合股份泡沫時常見的誇大修辭，

> 就是要促進各種國家產業，讓資本得以進一步增長，並且保護廣大的商業人士與公司，讓海運以及各種暴露在風險下的資產能夠獲得保險。還有其他同樣有益的目的，這家公司將會往這個方向發展，一切都是為了讓製造商有動力能將各式各樣的外國商品吸引到他們的港口並留下來。
>
> 這項……政策……目前在整片歐洲大陸都有實行：四處都在努力（進行），想引進商業企業的精神，重

振已經式微的交易，並且發現可能導向的新渠道……（我）懇求您將這件事告知利物浦閣下，請他細細思量，聽了這些話，他無疑更有理由要維護國王陛下的政府所採取的開放原則，朝著開放、自由而不受限的商業交易前進，移開一切阻礙。

對採取經濟自由主義的政府提出這樣的訴求，這樣的判斷十分謹慎，不過接下來才是事情的關鍵。根據納坦的說法，現有的海運保險公司欠缺

> 必要的經歷與更進一步自由開放的觀點，目前他們只想保有從過去以來便壟斷市場的優勢，我相信我的論點將能得到證明，若是保險公司受限於自己的傳統思考與行為模式，在歐陸各地也會建立起類似性質的公司，最後就會從他們手中奪走他們目前獨占經營的生意。

他顯然說動了政府，因為這項法案在六月便得到王室允准。但是新公司的一名股東（他也是勞埃德社的保險商）卻想辦法拿到一紙禁令，限制聯合保險公司不能涉入海運保險，理由是此舉踰越了公司原本的目標，於是第二家公司「聯合海運保險公司」應運而生，資本額同樣是五百萬英鎊。

羅斯柴爾德家族投入保險業的新身分一開始招來了一些大眾懷疑的目光，當時一幅漫畫（由「業餘者」繪製的《新廷的火爐屏風》（*A New Court Sereen*））便畫著一輛驛馬車，上頭載運著一群國家投資人及他們的錢袋，行經「虛空同盟火災及人壽維護辦公室」，這間辦公室有三個入口：一個標著「德國門房辦公間」、一個標著「英國門房辦公間」，而中間的入口前面站著三個人（羅斯柴爾德、蒙提費歐里及岡珀茲），三人正以法文交談，納坦說：「在我們當中該輪到我了。」蒙提費歐里回答：「為了我的岳父做得好。」岡珀茲則喃喃自語：「經驗讓人更聰明。」左邊另一塊標語寫著：「除了三伏天和十一月五日之外，沒有假期。」而另一邊則寫著辦公時間：「從日出到月出。」在中間的門口上方有一張告示：「除了腦袋空空、口袋滿滿的人以

外，其他人不得進入。」英國門房告訴新來的投資者：「不行！全都溢價了。」但他的德國同事卻大喊：「不對！不對！你要開門才會有足夠空間能夠讓我們的紳士朋友**進去**。」

但是這番語帶譏諷的評價並沒有立論基礎，聯合保險公司跟當時眾多聯合股份的公司不同，並不只是為了懲罰天真投資者以收取利益的工具，而是擁有穩固基礎的企業，對於未來有長遠而繁盛的考量。聯合保險公司在新廷區四號也就是羅斯柴爾德公司的隔壁待了兩年之後，搬遷至巴塞洛謬巷（Bartholomew Lane）。這也不是羅斯柴爾德唯一一次進軍保險業，一八三九年他們開始參與發展迅速的萊茵蘭市場（雖然沒有太直接），援助由歐本海姆家族與其他人建立的殖民地火災保險公司，這段關係即使經過一八四〇年代的動盪不安仍持續著（尤其是一八四二年的漢堡大火幾乎耗盡了這家公司的資源）；接著在一八五二年，倫敦、法蘭克福及巴黎的辦公室再次參與了科隆再保險公司（Cologne Reinsurance Society），成為大股東。

羅斯柴爾德網絡

隨著羅斯柴爾德的生意版圖不斷擴大、金融活動越來越多元，而且他們有興趣投資的地理範圍也逐漸拓展，五兄弟的能力難免力有未逮。如果要協商大筆的政府貸款時，其中一位合夥人通常可以親自拜訪布魯塞爾、海牙、柏林或者馬德里，但若是想要在這些城市中固定經營生意，就必須再做其他安排。類似的情況也出現在買賣商品上，例如棉花、菸草、糖、銅及水銀，若是在紐約、紐奧良、哈瓦納、聖彼得堡及馬德里這些重要市場中沒有能幹又可靠的代表人，就不可能進行。在一八二〇至三〇年代，他們不只需要讓下一代進入五家公司的經營圈來增加合夥人數量，同時也必須增加五家公司的員工人數，並且雇用精挑細選過的有薪代理人，讓他們在這些新市場中為銀行的獲利工作。於是，聯繫線路便從倫敦、巴黎、法蘭克福、維也納及那不勒斯透過這些代理人擴散出去，形成一張複雜的新網絡，大大增加了書信往來的數量，同時也增加了能夠以羅斯柴爾德之名而進行的生意往來。這片正式影響力的網絡並非全部，同樣重要的包括與其他銀行往來所形成較大但較鬆散的網絡，以及與股票經紀人、中央銀行與金融報紙間的聯繫網。如果將所有和羅斯柴爾德家族經常有書信往來的個人或公司都納入他們的網絡裡，那麼它確實相當巨大。

薩羅蒙、納坦、卡爾以及最後是詹姆斯的兒子都成為合夥人以擴張數量，此舉的進行相對並無太多摩擦。下一代中最年長的成員是安謝姆與萊昂內爾，兩人似乎毫無保留地接受了他們的世襲使命，在接連不斷的羅斯柴爾德實習過程中毫無怨言：先在父親的公司裡工作，接著在某位叔伯的公司工作一段時間或更久，最後要獨自進行海外任務。安謝姆在一八二六年正式成為合夥人，不過五兄弟一直到一八三〇年才有足夠信心交託他到柏林進行敏感的協商，即使在那時他也事先接受過焦慮父親的謹慎指導。他父親給了他一個相當傳統的羅斯柴爾德建言，便是「什麼都要聽進去，回答時盡量寡言」：

> 你現在全權代表所有兄弟……同樣地，一切事務都（必須）經過所有兄弟認可，畢竟這門生意基本上包含著相當程度的風險，所以要多寫信……而且要努力工作、保持忙碌，面對這所有責任時便相信上天吧，祂會賜與你好運和祝福。

事實上，不久之後安謝姆便開始有了自信，不只有了合夥人的名目也有了威嚴。一年內他就對自己有足夠的把握，批評叔叔在七月革命之後的投資策略，詹姆斯也很快就要求他來巴黎幫忙，「因為他的品性確實很好。」這個決定非常有先見之明，因為後來歐洲又發生了一次更大的革命危機，橫掃各地，這時安謝姆扮演了決定性的角色，讓五家公司的損失減到最低，即使此舉讓他父親並不高興。

納坦的長子萊昂內爾也以十分優秀的表現度過實習時期，一八二八年他正式地「加入公司」，這一年納坦到法蘭克福與兄弟見面時，他便被任命為「中將」。「你現在就是將軍了，」詹姆斯寫道，以叔叔的身分表達鼓勵，「你一定能夠將生意照顧得很好。」「做成幾筆漂亮的生意，像個男人一樣，」他幾天後又寫道，「證明你是個聰明又優秀的生意人。」三年後，詹姆斯自己面對一八三〇年革命只能勉強維持著生意，語氣就沒有那麼高高在上了：

親愛的納坦，若是你不需要他（萊昂內爾），你知道讓他過來和我們一起會讓我多麼開心，與人並肩共做總是比獨自作戰更好。雖然我們運氣不佳，這裡沒什麼生意可做，但是有人一起合作總是比較有用。若是讓他過來這裡實在不方便，那麼我也希望你可以派你其他兒子過來，我一直都待他們像自己的兒子一般。我希望萊昂內爾沒什麼抱怨我的理由，會願意回來這裡。

結果萊昂內爾被派去布魯塞爾，詹姆斯表達自己在巴黎「只剩自己一人」有些不快。到了一八三三年，萊昂內爾在他妹妹眼中「完全是個生意人了」：「他早上會過來跟我們打招呼，接著就要等七點吃晚餐才能見到他。」他在一八三五年去了馬德里，此行看來相當成功，然後在一八三六年接棒父親時顯然毫無困難。

相較之下，萊昂內爾的弟弟們對銀行就沒什麼興趣了。安東尼必須中斷自己在法蘭克福的實習，因為他談了一段父親並不贊成的戀愛，從此以後便對「那個爛地方」懷著強烈不滿（他的兄弟也有這種感覺）。比起巴黎和倫敦，法蘭克福沒有什麼消遣娛樂的地方，更糟的是，他們的阿姆謝爾伯伯工作的時間非常長，超過了他姪子們所習慣的時間：從早上八點到晚上七點，一週要工作六天（納坦基本上不會像過去逼迫自己一樣去逼迫兒子）。即使是待在和巴黎比較氣味相投的環境，安東尼還是不夠好。詹姆斯委婉地表示，雖然他「很努力工作」，卻沒辦法「談成生意，這畢竟才是下一代能留住的東西」。他的叔伯們已經盡力了，詹姆斯鼓勵他，在自己協商重要合約時，「觀察所有斡旋及交易過程」；薩羅蒙想要「讓他學著多些冷靜自持，一方面是教導這個年輕人不要太容易跟人爭吵，另一方面也不要太暴躁」。但是安東尼一直甩不開自己不可靠的名聲：最晚到了一八四〇年，他的弟弟納特認為有必要抗議他在信件中使用「非常粗俗的語言」，他對萊昂內爾抱怨：「我不喜歡他寫信給我的時候好像把我當僕人，我自認不是敏感的人，但是有些人說話就是特別容易冒犯人，而我們的好兄弟比利（安東尼的小名）有時候就會這樣。」

大致說來，納特的脾氣比安東尼更沉穩，不過他似乎也對自己實習工作上的不順利而感到挫折。「你一定要知道，」他對自己的姊姊夏洛特坦承道，「我已經在倫敦待差不多一個月了，我經常跟著爸爸到會計室裡，也盡一切可能努力想成為一名有所成就的生意人，但是我卻覺得這實在很難。」他被派到那不勒斯時，對這件工作更是不滿意，便對自己的哥哥萊昂內爾抱怨：

我現在有件相當敏感的事情要討論，也就是我自己。我經常寫信告訴你我對那不勒斯的極度厭惡，而我向你保證，那感覺日益增長，但是我也保證，我應該完全不在意，只是我又害怕自己毫無用處，而我在倫敦工作應該會做得更好，在那裡我可能只要花二十分之一的時間就能學怎麼做生意，學得還比在這裡好二十倍……做我最親愛的拉比，寫信給爸爸，叫他讓我們回家吧。

到最後又是詹姆斯來負責此事，他讓納特接受了一整年的訓練，「就像其他實習生一樣，讓他學著怎麼把帳務記得井井有條。」他向納坦保證，納特是個「非常好的孩子……我可以向你擔保，如果他有準備好聆聽，將會成為最優秀的人才」。事實上，納特似乎成了詹姆斯最喜歡的姪子，他很快就談著要「把我所知的一切都教給這位優秀的年輕人」。到了一八三三年，他覺得自己的徒弟已經準備好進行海外任務，只是他選擇的目的地是君士坦丁堡，當時希臘的貸款爭議已經耗時甚久，這個選擇恐怕不太明智。到頭來，納特的命運落得一生庸碌，幾乎只能在他巴黎叔叔的陰影下生活、工作，一直感覺自己像是流放在外的英國紳士，因無法擺脫命運而自怨自艾，經常因為法國的政治動盪不安而沮喪不已，靜靜數著日子，計算自己得在「討厭的會計室」裡待上多少小時。

既然納坦和他的兄弟們有這麼多兒子（總共有十二個），為什麼他們不依循父親的榜樣，至少讓其中幾個兒子在新的金融中心紮穩根基？這個問題不容易回答。在他們的兒子還年幼時，五兄弟似乎曾經考慮過在馬德里或聖彼得堡建立新公司，後來又陸續有幾次討論，要將下一代中的一位成員派到美國去，但是在大西洋彼岸建立「第六間公司」的計畫終究只是紙上談兵。最恰當的解釋應該是他們相當信任自己的五位兒子，也就是安謝姆、萊昂內爾、邁爾．卡爾、阿道夫和阿爾豐斯，這份信任足以將他們培養成自己的繼承者，但是剩下的卻不足以讓他們承擔建立新公司這份重責大任。如果說安東尼和納特似乎缺乏他們叔伯想看到的金融才能與奉獻的火花，但他們比起其他人至少還算有能力，例如納坦的幼子邁爾大概只能做個鄉間仕紳，又或者威廉．卡爾則是對宗教信仰的正統相當狂熱。另一個障礙似乎是納坦的寡婦漢娜，她堅決反對讓自己年紀較小的兒子們被派往海外。

結果，羅斯柴爾德家族必須仰賴一小群受雇的代理人。當然，打從最早在猶太巷裡的那段日子裡，他們一直都有雇用非家族成員來工作，我們對這些如影子般幫忙寫信、記帳的員工所知不多，只知道合夥人傾向不讓他們參與決策活動：他們被視為聽命行事的跑腿，要盡量使喚、好好對待，也需要謹慎監管。有些人的地位比僕人高一點，就像總是開開心心的雅各，一八一四年時負責運送一批黃金到華沙，結果馬車撞毀讓他受傷（「幸好是傷了我的腿，總比傷了黃金好。」他這樣開玩笑說）；其他人則是優秀的語言學家及會計師。一八一八年，法蘭克福的辦公室至少有九名員工：拉迪烏斯（Radius）和克萊姆（Kremm）負責記帳、伯蘭德（Berend）負責所有法蘭克福交易的通信與帳務、蓋格（Geiger）也負責法蘭克福的生意以及與樣品單相關的事務、他的父親則處理現有的帳戶、漢柏格（Hamburg）負責處理所有與有頭銜的客戶往來書信、他的兄弟則負責外國信件、海斯勒（Heisler）照看著匯票生意、凱瑟（HKaiser）負責國內事務。辦公室裡有個男孩在會計部門幫忙，還有一位實習生負責抄寫信件。但是對卡爾來說，他們全都是「年輕人」，而他在評估辦公室的營運成本時（一年是十五萬荷蘭盾，或者大約一萬四千英鎊），他總懷疑他們「有詭」，顯然他還記得他父親與赫希．利柏曼的往事。巴黎的辦公室編制甚至更小（也更便宜）：大約在同一時間，詹姆斯估計他一年要花費三萬四千法郎（一千七百英鎊），有八名員工、一位門房、一位信使、兩名僕人和一位馬車伕。

通常員工會將兄弟姊妹以外的家族成員拉進來，就跟羅斯柴爾德家族的模式類似。在維也納，葛舒密特家族就扮演了關鍵角色，其中包括薩羅蒙的首席文書員莫里茲．葛舒密特，他在一八〇三年就跟著薩羅蒙從法蘭克福搬到維也納，而他的兒子尤利烏斯（Julius）、雅各（Jacob）和亞歷山大（Alexander）則分別在維也納、法蘭克福及巴黎工作。葛舒密特的親戚也被視為值得信賴的人手：莫里茲的一位外甥便在阿姆斯特丹幫羅斯柴爾德工作，但英年早逝；另一位外甥（也叫莫里茲）在倫敦的辦公室工作了十八年，還有一位（伊格納茲．包爾〔Ignaz Bauer〕）被派去西班牙協助丹尼爾．魏斯威勒（Daniel Weisweiller）。

隨著業務量增加，員工人數也不免要跟著增加，於是到了一八三〇年代，光是新廷區就雇用了大約三十至四十人，一年的薪水在五十英鎊至五百英鎊之間，不過合夥人仍然保持著家長般的態度。「請務必讓員工吃一頓豐盛的晚餐，」萊昂內爾在一八三六年要舉行婚禮時寫道，「不醉不歸，或者如果他們想要的話……我想他們或許會到格林威治去開派對，如果他們有些人拉不下臉，就舉辦兩場派對，讓他們攜伴參加。」最接近激勵獎金的方法是，「若是我們承攬下英國與外國貸款的生意，通常在聖誕節會讓員工除了一筆小獎金還能收到一小筆利息，這是近年來我們讓他們可以拿的。」後來納特和安東尼兩人都不得不離開倫敦及巴黎的職位去照顧將死的父親時，眾人一片驚愕：這是有史以來第一次必須委託兩邊公司的資深員工代為行事，而這種責任先前只會交付給家族成員。倫敦的公司對於誰應該接受實際的任命出現了一些疑慮，這表示在辦公室內並沒有正式的階級劃分，問題有一部分在於納坦在決策執行時獨攬大權，這讓他的員工有些偷懶打混，畢竟他們不需要做出困難的決定，又一定可以拿到紅利。

這可以解釋，羅斯柴爾德家族在經營如馬德里、聖彼得堡或紐約等遙遠城市時，必須將利益託付給一開始只是員工的人的決定為什麼會如此困難。畢竟這些代理人必然不能被視為單純的辦公室員工，不是只要聽從合夥人日常的指令而且不必承擔所有真正的責任。不管從新廷寄了多少信件來，當地的人一定對他們說了多少方更加了解，有時候他們必須很快做出決定，因此只能事後再諮詢倫敦或巴黎的意見。而且不管他們多少次他們只是偉大羅斯柴爾德家族的代理人，他們本身還是自然而然會在當地獲得一定的地位，接著便有相當多資源可以運用。這一切都讓羅斯柴爾德家族覺得非常難以接受，他們經常懷疑自己最有價值的代理人並不忠誠（尤其是會以自己的帳戶來交易），而且不斷抱怨著他們的傲慢、一意孤行與能力不彰。「我注意到加瑟（聖彼得堡的代理人）對我們的業務毫無興趣，」詹姆斯在一八二九年聽說有一大批銀塊即將運抵俄羅斯，便寫信給納坦：

> 若是其他人知道有這麼多銀子要來了，就會說：「我會順便寄一筆匯款給您。」但沒有，他根本沒想到這件事。他寫信給我，詢問我是否願意跟他一起開一個三個月的聯合帳戶，這樣可以讓他更有膽子去操作。好啊，我們得派一個自己人過去，派一個對我們家展現出高度忠誠的人。唉，感謝上帝，你兒子很快就要成年了。

加瑟經常是這類批評的對象。一八三八年，詹姆斯威脅說不會再付過高的薪水給他（一年一萬四千盧布），而是改為支付「我們跟他做生意所賺的利潤」百分之〇．二五。他們常常指控加瑟將自己的利益放在公司利益之前，「無論發生什麼事，都不要再寫一個字給加瑟了，」一年後詹姆斯怒氣沖沖地說，「那頭死腦筋的笨狗，抓著你的錢不放，自己一毛不花，他最高興了。這個人只會帶來更多損失，遠超過他所能帶來的好處。」就連一八三二年派駐到布魯塞爾的拉札爾．里希騰伯格有時也會被斥為「渾蛋」，他是第一位經過完整訓練的羅斯柴爾德代理人，雖然他與家族親近又順從得不得了，但是偶爾也會犯下在詹姆斯下指令之前就行動的錯誤。

一八三〇年代中最重要的羅斯柴爾德代理人應該要屬丹尼爾．魏斯威勒，他是在馬德里的代理人，最早在一八三四年討論到要給他這份工作。魏斯威勒顯然在法蘭克福辦公室中贏得了「生意人」的好名聲，而近年來的書信更是詳細過了頭，但是他也很快就面臨了不顧主人利益的懷疑。到了一八四三年，羅斯柴爾德家族甚至談到要換掉「那個年輕人，他的自命不凡（根據安謝姆的說法）一年一年變得令人越來越難以忍受」：

我真心認為這個男人是瘋了，以為自己多麼了不起……今天的郵件中我就會……寫信告訴我父親關於蘭道（Landau）的事，說他應該準備出發去馬德里……最好是我們其中一人可以或者願意去馬德里……但是你可以放心，我在寫給倫敦的信裡不會提到邁爾，因為你親愛的媽媽希望他留在英國。我想蘭道在馬德里會做得非常好，只要他摸熟那個地方之後，他很清楚……（而且）出身於非常值得敬重的家庭，他絕對不會像魏斯威勒這樣表現出如此荒謬的自大，以後也不會改變。

不過這樣的威脅只是說說而已，魏斯威勒或許具備了「過度的虛榮自大」，但是多少已經讓自己變得不可或缺，結果最後的決定是將邁爾派到馬德里，但是只待了幾個月，讓魏斯威勒到國外去結婚。就像納特所言：「魏斯威勒不在，會讓公羊（邁爾的小名）必須有所發揮，能夠讓他馬上主導一切，而之後等魏回來了，邁爾想要馬上將他放在恰當的位置就沒那麼容易了。」後來安東尼希望能夠讓魏斯威勒乖乖聽話，卻也沒什麼進展：

他一如往常抱怨連連，冷酷得像塊冰，最後我坦白告訴他，只要他在馬德里為我們做的生意能夠讓我們滿意，就不會有所改變，但要是他繼續自以為高人一等，認為我們不夠感恩戴德，他就不可能再繼續留在馬德里，屆時我們其中之一就必須過去……他這個代理人異常聰明，要取代他相當困難，但是我很少見過、甚至是從未見過比他更難相處、冷漠又懂得算計的代理人，他實在太自以為是了。

結果，他們派了另一位代理人哈瑙（Hanau）去美國，結果他交易時太過躁進，差點馬上就惹惱了合夥人；只是也有人懷疑，要是他多花點時間熟悉門路，或許會被批評為無所事事。只有羅斯柴爾德家族會對代理人吹毛求疵，批評他們「花費太多注意力在找出所有他能幫我們做的生意」。

為了釐清一個長久以來的誤解，重點是必須先區分像是魏斯威勒這類受雇的代理人以及與羅斯柴爾德家族聯手合作的銀行，他們之間經常通信，而且會基於優惠的條件做生意。列出所有銀行很無趣：到了一八四〇年代末，羅斯柴爾德家族在阿姆斯特丹、巴爾的摩、柏林、科隆、君士坦丁堡、佛羅倫斯、漢堡、米蘭、奧德薩、羅馬及的里雅斯特（Trieste）等地都有這樣的合作夥伴，這裡只列出比較重要的幾個。有兩個在德國銀行界很出名的名字有時會被誤認為早期的羅斯柴爾德代理人：沃伯格及布萊希羅德，但事實上他們只是這類眾多夥伴中的其中兩個，而在一八四八年以前，他們在銀行網絡中的角色相當低調，並無異常之處。話雖如此，這兩個例子相當有趣，因為他們說明了規模較小的銀行（尤其是在德國）相當有價值，能夠和羅斯柴爾德家族建立起某種關係，無論有多脆弱皆然。

沃伯格家族最早於一八一四年就開始在漢堡為羅斯柴爾德的業務進行遊說，只是一直到了一八三〇年代才有經常性的交易往來。羅斯柴爾德通常還是傾向跟卡爾．海涅（Carl Heine，詩人海因里希的叔伯）往來，直到一八六〇年代才有改變。❻薩姆耶．布萊希羅德（Samuel Bleichröder）也依循著類似的模式，試圖取代孟德爾頌成為羅斯柴爾德在柏林偏好的銀行家，但還是一樣，雖然拍了不少馬屁，直到一八六〇年代他的兒子格森才取得特殊地位，主要還是因為他和俾斯麥相當親近，讓他能夠提供可靠的政治消息。即使是那個時候，他還是經常受到相當程度的蔑視。「布萊希羅德？」曾有人聽見詹姆斯這樣對赫爾伯特．俾斯麥（Herbert Bismarck）驚呼道，「布萊希羅德算什麼？布萊希羅德還得靠我的允許才擁有那麼百分之一。」許多其他銀行也在羅斯柴爾德的營運中扮演相同的角色，參與重要的債券發行，協助執行大批金條運送，有時還能參與套利交易：例如科隆的歐本海姆家、倫敦的施羅德家以及波爾多銀行就是其中三個，而他們在這個階段的公司歷史中都只是小角色。

相較之下，羅斯柴爾德家族花了更多時間在那些被他們視為競爭對手的較大型銀行上，不過有時遇到非常大筆的操作時也會尋求與他們合作：倫敦的巴爾林家、湯瑪斯．威爾森（Thomas Wilson）與葛舒密特；巴黎的拉菲特、奧廷格與馬列（Mallet）；維也納的蓋謬勒、辛納與艾斯可里斯；還有法蘭克福的貝特曼及龔塔。羅斯柴爾德家族並不像過去那樣希望這些競爭對手遭遇厄運（就像一八一四年之後那十年間的割喉競爭時期），他們越來越將他們的存在視為互補，只要他們身為同行中佼佼者的地位不受撼動即可。一八三〇及四〇年代開始興起許多非正式的聯合組織，在各大金融中心改變銀行之間的聯盟關係。於此同時，因為羅斯柴爾德家族事業的規模龐大，他們開始認為自己在某個程度上有責任維持整個銀行體系的穩定，這點可以解釋為什麼他們並不願意見到自己的對手失敗。他們在一八二〇年代看著帕里許倒下時，表現出幾近冷酷的冷漠；相較之下，在接下來的幾十年間，他們偶爾會為了維持金融穩定而願意出手拯救競爭對手，就像一八三一年及一八三八年拉菲特的例子一樣。薩羅蒙在一八四一年針對是否要協助蓋謬勒的論點也能說明：

> 要我們就這樣坐視一個六十五歲的人破產，畢竟他的家族存在已久，而且又是這裡數一數二的家族，要我們不出手幫忙……實在是做不到……如果史坦納（Steiner）和蓋謬勒真的必須停止付款，那會是何等的景象，國外的人、還有法蘭克福及德國其他市場的人又會作何感想，因為他們兩家都將拒絕好幾百萬（大概有三、四百萬）荷蘭盾的承兌匯票與票據。

在這個例子中，薩羅蒙的意見遭到他的兄弟和姪子否決，不過他對**大局**金融穩定的責任感也讓我們得知萊昂內爾對於英國貨幣政策這場曠日費時的辯論有何立場。一八三九年，他向叔叔報告「關於合資銀行應該採取的措施」（自一八二〇年代中期以來便出現許多這類組織），以及這些銀行「對於我們內部的資金顧慮有何影響」。「問題在於，」據他寫道，「如何讓這些紳士不致太過肥胖、又把自己和國家套牢，同時不能過度緊縮流通。」

從這一切看來，羅斯柴爾德家族的思考特性基本上已經漸漸開始類似於中央銀行。這也沒什麼好奇怪

❻ 一八四八年曾威脅要給沃伯格家族優先權，但這話似乎沒有成真。

的。在十九世紀上半葉，英國及法國的中央銀行仍然是半民營的機構，只是因法令規定而逐漸衍生出公共責任。從金融資源來看，他們是實際上唯一能夠與羅斯柴爾德家族相比擬的銀行，只是中央銀行在國內運作，而羅斯柴爾德的操作遍及國際市場，羅斯柴爾德家族也無意反對央行壟斷了發鈔的生意，因此羅斯柴爾德家族與歐洲幾個中央銀行之間的關係幾乎一直都很親近，有時也共生共榮。我們已經看到納坦在一八二〇年代如何利用英格蘭銀行進行短期借貸生意，他在一八二五年也挺身相救來報答，英格蘭銀行在一八三〇年同樣願意為了紓困詹姆斯而預支所需的金條。也難怪納坦在一八三二年提供給銀行委員會的證詞如此樂觀：「我感受得到經營的狀況，而我知道狀況很好。」在一八三〇至三二年的危機之後，詹姆斯和法蘭西銀行之間似乎也有了類似的默契，而薩羅蒙與奧地利國家銀行的關係甚至更緊密了。

改變

一八三六年，詹姆斯給了姪子一些建議，告訴他們如何在巴黎股票交易所賣證券：

> 無論你是購買或販賣公債，盡量不要想著要賺取利潤，而是要把目標放在讓那些經紀人習慣向你購買，讓他們需要來找你……一開始需要做些犧牲，這樣人們才會習慣要去找你的想法，親愛的姪子，因此首先要到處灑點糖，之後才能夠抓到鳥。

歷史學家很容易忽略那一大群受到羅斯柴爾德的「糖」所吸引的經紀人，原因很簡單，他們大部分的交易都是口頭進行，並沒有書信往來。然而，經紀人是十九世紀的金融界中不可或缺的工蟻。至於他們往來的銀行，羅斯柴爾德家族有自己的偏好：例如倫敦的梅涅與卡澤諾夫銀行（Menet & Cazenove），光是在一八三四年就幫羅斯柴爾德賣出了高達兩百萬英鎊的外國股票，隔年也有一百四十萬英鎊；另外還有約翰・赫爾伯特・以斯瑞爾（John Helbert Israel）與他外甥約翰・瓦格（John Wagg）所創立的合夥關係。但即使是這些人，對羅斯柴爾德而言也比較像是非正式雇用來的狩獵幫手。阿爾弗烈德・瓦格（Alfred Wagg）便回想起，「在半月結算的日子裡，我祖父或父親會帶著一份投資標的報告到新廷去，萊昂內爾男爵就會寫一張五百英鎊或一千英鎊的支票，他認為這筆隨意的金額就是我們的報酬，數額大小則要看他的心情如何。」無論如何，跟許多經紀人做生意確實符合戰略考量，尤其是因為他們必須暗中進行部分操作。

當時有許多人稱納坦是「交易大師」，他們並不完全是誇大其詞：到了一八二〇年代晚期，比較小型的交易商都會緊密注意他所投資的目標，因為他們相信他握有更多、更可靠的資訊及直覺，這點也還算合理。這表示羅斯柴爾德無論是公開出售或購買都會引發眾人紛紛出走或者買進特定的股票，而五兄弟通常不希望鼓勵這樣的漣漪效應，有許多故事講述了納坦如何避免這樣的跟風。「如果他掌握了訊息並經過思考後認為會讓基金上揚，他就會委託經紀人以他的名義（先）賣掉五十萬」，「這位傑出的投資人經常會讓一組代理人出售，然後交代另一組人買進同樣一支股票，這樣別人就無法確定他實際要操作的項目是什麼。」[7]在維也納，薩羅蒙將自己的許多股市業務交託給一名股票經紀人，並支付對方「固定一萬兩千荷蘭盾的薪水，另外還有可觀的佣金」：

這個人以前每天一大清早就等候著羅斯柴爾德差遣，等著他們一起規劃好今天的操作。這名股票經紀人的客戶和顧客不只是在證券交易所裡，也在「衛兵酒吧」裡（這家位於葛魯安格巷〔Grünangergasse〕內的咖啡館是非官方的證券交易所，在這裡進行營業時間以外的交易），他便和這些人結算購買與出售。他手下雇用了好幾名跑腿的人，他們唯一的工作就是幫他在羅斯柴爾德家來回奔波，交付價格波動的所有報告。

[7] 在另一個無法確認真實性的故事中，角色則正好相反，一位狡猾的股票經紀人闖進納坦家，佯裝自己喝醉了，偷聽到機密的資訊後衝回證券交易所去大殺四方。

在這段期間有一個金融消息的非獨家來源地位日益重要，這裡指的當然就是媒體。一般可能會認為，十九世紀的報紙媒體越來越多，很可能會削弱羅斯柴爾德家族透過私人通訊網路所能獲得的優勢，就某種程度而言也確實如此。另一方面，報紙上的金融版面也是影響市場的新機會，羅斯柴爾德家族自然很快就著手利用。一開始並不容易，正如我們所見，羅斯柴爾德家族在一八二〇年代更常成為媒體批評的目標，而不是能操控媒體的大亨，而且一直都有態度激進且反動的新聞媒體不停對他們表現出敵意。不過也慢慢出現一批報紙讓羅斯柴爾德銀行能至少發揮一點影響力，我們已經注意到薩羅蒙如何透過根茨對德國的《大眾報》施壓；而他們在一八三〇年代雇用海涅撰寫報導，相對確保了對導詹姆斯活動的正面報導（只是偶爾也有諷刺）。詹姆斯似乎也持續增加自己對報紙的影響力，例如《環球箴言報》（*Moniteur Universel*）以及《辯論日報》（*Journal des Débats*）。「昨天其中一家報紙刊登了一篇對我們不表贊同的文章，」詹姆斯在一八三二年寫給納坦的信上說，「若是這篇文章刊登在更大的報紙上，那麼我們就在這裡發表回應。」五年後，在西班牙經過了一番棘手的生意協商之後，他告訴自己的姪子，「好啊，我正安排在報紙上刊登幾篇文章，這樣就能在馬德里和倫敦造成話題，因為你們的英文報紙經常會跟著我們的法文報紙報導，若是我們能夠掌控輿論總有好處。」到了一八三九年，他可以相當自信地向姪子保證，他會「交代下去」，若是法國政府魯莽地反對他的鐵路計畫，那麼「就會遭到所有報紙的抨擊」。「若是不能受人敬愛，便要令人畏懼。」他公開說道，重述了自己最喜歡的邁爾．阿姆謝爾格言，「報紙可以產生強大的影響力。」

納坦也是一樣，為了回應早期報紙對自己的攻擊，他和全英國最具影響力的報紙《泰晤士報》建立起了長遠的關係。在一八二〇年代，《晨間紀事報》對他進行過多次攻擊。例如該報在一八二九年指稱，自己的一家競爭對手《信使報》使用來自外交部的內部消息報導法國的內閣人事變動，而納坦便據此進行股市投資，據說《信使報》編輯「告訴了蒙提費歐里，蒙提費歐里告訴羅斯柴爾德，然後他們便以迅雷不及掩耳的速度進行了非常細膩的股票操作」。事實上，更多時候是納坦提供消息給報紙，尤其是透過他兄弟從維也納及巴黎傳來的政治交流。其實一部分也是基於快速通訊的共通利益，才讓羅斯柴爾德與《泰晤士報》合作，他們在一八三〇年代末基本上是共用同一套飛鴿傳書的服務在波隆納及倫敦之間送信。或許更重要的是，納坦和湯瑪斯．馬薩．阿爾薩格（Thomas Massa Alsager）建立起了友誼，後者在一八一七年加入《泰晤士報》成為駐市記者，在一八四六年以前都是該報重要的金融記者。❽雖然不應該過於誇大這層關係的緊密程度（阿爾薩格有時也會對英國資金出口的規模表達憂心，而納坦正是最大力鼓吹此事的人），不過有些激進主義份子及憲章運動支持者說這份報紙是「猶太人的豎琴」，這個指控倒也不是完全在幻想。一八四二年，安謝姆寫信給他的堂親，附上了一份新的「規定，普魯士政府打算要向貧窮的猶太人頒布」：

> 普魯士國王只要聽說《辯論日報》或者英國不贊同他的政府，就會開始想東想西、大受影響，若是這些報紙上能夠不時刊登一些對猶太人有利的報導，那就是我們最想要的。既然你跟《泰晤士報》的高層人士很熟稔，應該可以很容易讓他們在幾篇文章裡加油添醋，然後我會寄給你幾篇德文文章，或許你已經翻譯了。

當然，時至今日還是會出現類似這樣操縱媒體的做法，也難怪罪羅斯柴爾德家族試圖影響往往對他們抱持敵意的媒體。現代讀者比較難判斷的是，當時在缺乏正式法規管制、金融革新步調又十分快速的情況下，金融操作總會讓這些已經存在的法規顯得有些落後。羅斯柴爾德家族無疑是徹底利用了金融環境的流動性，不過若因此指控他們過去那些作為是「內線交易」或是當時還不為人知的其他現代詐欺作為，那就太不合時宜了。在《人間喜劇》（*Comédie humaine*）中，巴爾札克筆下的紐沁根（以詹姆斯為本的德國猶太裔銀行家）正式透過一連串實際上是虛假的破產操作而致富，書中鉅細靡遺地描述了這些手法（還非常有趣），但是從經濟學

❽ 一八四〇年代，《鐵路時報》指稱「惡名昭彰的事實是，《泰晤士報》總是支持已過世的羅斯柴爾德先生曾經手的所有貸款交易，這不免是為了從中分一杯羹」。最後阿爾薩格的職業生涯結束得相當慘烈，他的報社帳務被發現大量「不相符」的結果，他只能離開報社，不久後便自殺了。

角度來看毫無合理之處，而且也跟羅斯柴爾德的實際手法沒有任何呼應。事實上，指控納坦進行金融舞弊的訴訟案似乎只有寥寥幾件，而其中只有一件指控確有其事。例如在一八二三年，一八二二年那不勒斯貸款中有一位認股人聲稱，納坦試圖保留他存放的一千兩百五十五英鎊，不願意交付相關的股票證書。但是法院並未受理此案，而且似乎另有隱情，原告是倫敦一名販賣五穀雜糧的商人叫做漢寧斯（Hennings），而他的信用狀況相當不良（因為法國入侵西班牙，債券貶值後他便拒絕付錢，接著債券價值漸漸回升時，他又試圖延遲付款）。

唯一起訴納坦的案件是在一八二九年提出，原告叫做布魯克曼（Brookman），他指控羅斯柴爾德家族刻意給他糟糕的投資建議，然後又為了實際上並未發生的股票買賣向他收取費用。布魯克曼聲稱，一八一八年時納坦建議他賣掉兩萬法郎的法國公債，然後投資當時由倫敦公司發行的新普魯士英鎊貸款。這不僅是個糟糕的建議（交易後法國公債馬上漲了百分之十，而普魯士債券則下跌百分之七），還很虛偽，因為納坦並未將布魯克曼的公債賣給第三方，而是自己留下了。然後納坦違背布魯克曼的指示，接著賣掉了普魯士債券，建議他再買進價值十一萬五千法郎的公債。「就像前例一樣，原告一買進，他購買的那支股票就開始跌，然後原告便收到賣出的建議……原告的公債一賣掉，市場就上漲了。」接著布魯克曼要求將錢再次投入法國公債，但在那之後不久又決定再賣出。根據巴黎公司的帳務，每次交易都從布魯克曼的帳戶扣除了「匯兌、利息、經紀人及佣金等經常性費用」，但事實上並沒有進行公債買賣，那筆公債自始至終都留在羅斯柴爾德手上。納坦的律師想要主張布魯克曼其實是「退休轉行的股票經紀人」，本案討論的帳戶早在十年前就結清了，這類的帳簿交易也只是例行公事；但是法院並未接受這個說法，副庭長嚴厲評論納坦確實犯下了提供「虛假陳述」的罪，因此被罰要支付給布魯克曼「他損失或應得的金錢總額」，另外加上百分之五的利息以及成本。可以想見，這起案件又啟發了藝術家為納坦畫了另一幅諷刺漫畫，叫做《懂得討價還價之人》，畫中將納坦畫成穿著舊衣服的交易商，拿著一只袋子上寫著「法國公債兩萬英鎊」。（參見圖10.vi）

這個例子顯然就像是紐沁根會做的事，之所以值得提起也正是因為這似乎只是個案。事實上，這個時期的羅斯柴爾德家族更常成為詐欺受害者（更別提明目張膽的搶劫），而非加害者。一八二四年，一名叫做多羅黑（Doloret）的法國人（他也曾為了那不勒斯貸款而向納坦興訟，但並未成功）便透過欺詐的手段，從倫敦公司拿到價值九千六百七十英鎊的票據，而這張票據正是為了他由巴黎公司發出的。一年後，詹姆斯的一名員工偷走了一大筆鈔票（可能高達一百五十萬法郎），方法是將鈔票塞在特殊的皮帶裡偷渡出辦公室。另外一八三八年在新廷也發生過類似的搶劫案，一名叫做山謬爾・格林（Samuel Green）的十八歲員工帶走一張價值兩千九百英鎊的支票逃走了。一八三九年則輪到巴黎公司。六年後在馬德里辦公室發生了更大的搶劫案，被偷走價值將近四萬英鎊的黃金及證券。然後一八四五年，羅斯柴爾德家的馬車從倫敦到巴黎的路上也發生過七次搶案，損失了價值大約五千六百英鎊的西班牙銀圓。詐欺和搶劫也不是羅斯柴爾德家族必須面對的唯一威脅，一八六三年一名年輕人因為在證券交易所損失慘重，便寄了恐嚇信給詹姆斯，試圖勒索十萬法郎。這類罪案或許是羅斯柴爾德家族成名後不免要付出的代價，畢竟在十九世紀若有惡棍想要大賺一票，還有什麼比世界的銀行家更誘人的目標呢？

圖10.vi，「神射手」，《懂得討價還價之人》（1829年7月14日）

十一、「他死了」（一八三六）

席多尼亞已經預見……經過二十五年戰爭的耗竭，歐洲一定需要資金才能維持和平。他的睿智有了回報，歐洲確實需要金錢，而席多尼亞已經準備好要借錢給歐洲。法國想要一些、奧地利要更多、普魯士要一點，而俄羅斯想拿幾百萬。席多尼亞都能滿足這一切……不難想見，席多尼亞努力經營我們所熟悉的這門行業大約十年，已經成為歐洲舉足輕重的人物，他幾乎在各大重要首都中都安插了一名兄弟或者親戚，是他可以信賴的人。他是全世界金錢市場的主宰，自然幾乎也可以說是其他一切的主宰了。整個南義大利的利益幾乎就在他股掌之間，而每個國家的君主與首長都需要他的建言，也依循他的指示行事。他仍當盛年，也不僅僅是只懂賺錢的機器，還擁有足以和他地位相襯的普世智慧，也期待著總有一天能夠放開手中的龐大企業而稍作喘息，或許讓他能夠將自己的精力轉移到為公共利益的偉大目標服務。但就在人生榮耀的最高點，他突然死了。

——迪斯瑞利，《康寧斯比》

一場婚禮和一場葬禮

一八三六年六月十五日，法蘭克福舉辦了一場婚禮，新娘是卡爾的女兒夏洛特，她兩天前才剛滿十七歲。許多人都覺得她相當美麗，她未來的婆婆（是個很公正的評審）認為她「就像其他人說的那樣美麗，舉止也很得宜」，「好相處又討人喜歡」，這可不只是老王賣瓜。隔年，迪斯瑞利第一次見到夏洛特時也相當驚豔，認為她看起來「高挑優雅，皮膚深色且乾淨」，「穿著一襲黃色絲綢長袍，戴著綴羽毛的帽子，脖子上一串耀眼珍珠之下穿著類似『塞維涅』風格的束胸馬甲，恍若畫中人物。」她的外貌「就像是從穆里羅畫裡走出來的」，而且「人見人愛」。後來他的小說中有兩個角色以她為靈感創作：《坦可里德》中的艾娃．貝索（Eva Besso）和《恩迪彌翁》中的紐沙特夫人，兩人都是迷人而有異國風情的美人，尤其是前者：

那張臉體現了東方美人的完美之處，就像存在於伊甸園裡的美，即使在人們最喜歡的氣候裡最喜歡的種族中也難得找到幾個……一張橢圓的臉，但頭卻很小。她的膚色既不白皙也不黝黑，卻有北方人皮膚的明亮而不顯乾燥，還有陽光下的孩子才特有的那種柔軟，卻又不潮溼。她整張臉都染著一層淡雅而均勻的膚色，只是皮膚實在透亮，不時還能瞥見細長血管的光澤，就像美麗果實光滑外皮上一道凹下的陰影。但最重要的是她的眼睛和那一道彎眉，完全散發出東方色彩……

她的新郎同時也是她的堂哥，即納坦的長子萊昂內爾。二十七歲的他已經是經驗豐富的商人，最近在他父親於西班牙複雜的金融操作中扮演關鍵角色。從他的書信來看，他是個相當嚴肅認真的年輕人，已經認知到自己身為長子背負著令人畏懼的責任，必須守成他父親非凡的金融成就，不過他同時也越來越清楚自己還有更為普世的義務，要協助解放猶太人的任務，不只是在他出生長大的英國，還有整個歐洲。他的長相端正，甚至算得上英俊，而且也十分風流多情。

家族中的女性成員已經在法蘭克福為這件大事準備了好幾個星期，包括這對訂婚夫妻已經高齡八十二歲的祖母古蒂勒、長子阿姆謝爾的妻子艾娃、新娘的母親阿德海特，還有萊昂內爾的長姐夏洛特，她十年前嫁給堂哥安謝姆，現在正養育他們的三個孩子，肚子裡還懷著一個。法蘭克福的羅斯柴爾德家族房子經過徹底的「清掃」，以準備好迎接一輪又一輪的家庭聚餐：包括阿姆謝爾在城鎮北邊郊區的房子以及他最愛的花園、他在采爾街（Zeil）上的高雅獨棟住宅、安謝姆在新美茵茲大街上新買的「宮殿」，還有卡爾和他的家人待在法蘭克福而非那不勒斯時，在同一條街上也有一棟比較樸素的房子。家族似乎認為之前猶太巷中的家族老房子（儘管兒子已經家財萬貫，但頑固的古蒂勒還是住在這裡）並不適合舉辦慶祝活動。

在倫敦的羅斯柴爾德家族中，萊昂內爾自己是最早抵達的幾個人之一，他的幼弟邁爾已經在那裡了，因為他正在德國完成學業。他們的父親於六月初從倫敦出發，陪同的有他的妻子以及兩名尚未出嫁的女兒，正是活潑動人的漢娜．邁爾以及熱愛音樂的露意絲。納坦的三子納特則留在倫敦管理新廷辦公室的業務，另一個兒子安東尼則在巴黎，當他們的叔叔詹姆斯前往法蘭克福時就由安東尼負責代理巴黎的業務。詹姆斯於六月四日出發，他的妻子貝蒂及四名年幼的孩子已經先出發了，包括年紀最大的十一歲的夏洛特、阿爾豐斯、古斯塔夫，以及尚在襁褓中的薩羅蒙。他們八天後抵達法蘭克福，而在他們之前剛抵達的是詹姆斯的哥哥薩羅蒙，由他的兒子安謝姆陪同從維也納過來，他們自然是住在新美茵茲大街上的房子，而安謝姆的妻子夏洛特和孩子已經等著他們。至於其他比較少來法蘭克福的人就得住旅館：倫敦的羅斯柴爾德家族住進羅馬皇帝旅館、巴黎的羅斯柴爾德家族住在俄羅斯庭園飯店（Russische Hof），而蒙提費歐里家族（透過聯姻跟羅斯柴爾德家族有兩層關係）就住在英格蘭庭園飯店。等到全員到齊時，法蘭克福大約齊聚了三十六名羅斯柴爾德家族的人。或許也不令人意外的是，並沒有什麼其他賓客受邀參加：現存書信中提到的少數幾名「外人」只有邁爾的家教老師舒萊默博士以及作曲家羅西尼，他是詹姆斯和萊昂內爾的朋友，邀請他參加是為了「增添派對的歡樂氣氛」。

安東尼第一次獨自留在巴黎處理業務而覺得不太自在，不過這比較是因為無聊而非責任的重擔。「心情不好，」他對在倫敦處境類似的哥哥納特抱怨道，「沒有比獨自一人留下更令人難受的，一切事情都異常無聊……只有自己一個人的時候要怎麼找樂子？你比我好一點，因為這裡的其他人都離開了，還關閉了辦公室，所以我每天晚上都在卡巴萊（有歌舞表演的酒館）吃晚餐。」巴黎的市場一如往常在夏天陷入低迷，而他的叔叔詹姆斯從布魯塞爾（他和納坦在那裡短暫停留談生意）捎來的建議也沒有鼓勵他進行新生意的意思：

在我看來，你應該試試什麼事情都不要管，就等著你的好父親回來。若是有誰跟你提案，就回答說你得先詢問父親的意見，這樣你就能爭取一點時間和清靜的生活。不要太在意這些，聽我的話，管好你的錢，一毛都不要花。

相較之下納特就有壓力了，因為他的父親希望自己不在時也要讓兒子有事做。他一抵達法蘭克福就寄出一封如往常沒完沒了的信件，不只催著納特要買這個證券或賣掉那個，還對他在巴黎的弟弟間接施壓：

你一定要一直催促安東尼賣出，因為他也是只會盼望股市上漲的傢伙，不先買點什麼就不願意賣出，所以價格低的時候你可以買一點，然後鼓勵比利（安東尼）去做生意，同時寫信給他說你很高興、很滿意他的匯款還有他所做的一切。我已經寫信給他了，每天不管價格如何，他都得做些什麼，你也可以寫信告訴他同樣的事。

幾天後，詹姆斯自己都還沒到法蘭克福，納坦就已經直接寫信給安東尼要他「繼續做生意」，而且要「讓自己有事做」。無論是安東尼或納特都覺得不太自在，畢竟父親和叔叔給的指示完全矛盾。

萊昂內爾也有點不滿。他迫不及待地想要結婚，雖然這樁婚姻是安排好的，主要是為了強化倫敦及那不勒斯家族之間的關係，同時要避免寶貴的家族資產落入外人手裡，不過他已經愛上了自己未來的妻子，或者至少已經說服自己確實愛上了她。同時他也希望盡快離開法蘭克福，他對弟弟安東尼說他「真心高興，離開美麗的法蘭克福那一天很快就會到來」，因為他就和其他在英國長大的年輕一代羅斯柴爾德成員一樣，覺得他父親出生的地方不僅是個貧瘠的鄉村地區，社會環境也令人不快，雖然他和他的家人在某個程度上已經不必遭受這些法律歧視，但是法蘭克福大多數猶太人與倫敦或巴黎的族人相比還是相當辛苦。而他父親從布魯塞爾過來的時間比預期的更久，一切後續程序的耽誤更是讓他日漸不安。

除了婚禮本身，這個大家族齊聚一堂還有兩個其他目的，這是十九世紀間羅斯柴爾德家族最盛大的集會之一，無疑也是最重要的一次。萊昂內爾迎娶夏洛特並非家族歷史中的第一次近親通婚，我們先前已經提過，他們的叔叔詹姆斯於一八二四年娶了他們的堂姊（也是他自己的姪女）貝蒂；兩年後，安謝姆也娶了自己的堂妹夏洛特，而接下來還會有更多、更多這樣的族內通婚。正如萊昂內爾所說，唯一的問題在於「家族更年輕的一代會不會同意」，或者說得更確切一點，誰會跟誰婚配。這正是眾多年輕手足、堂表親齊聚法蘭克福的真正原因：他們要接受評估以決定可能的婚配對象。因此，卡爾的兒子邁爾・卡爾看起來就有可能成為萊昂內爾幼妹露意絲的良配，眾人也討論讓露易莎・蒙提費歐里成為安東尼未來的妻子，而漢娜・邁爾和露意絲都表示不喜歡喬瑟夫・蒙提費歐里，然後她們的哥哥邁爾也不適合成為詹姆斯的女兒夏洛特的丈夫。母親們討論起婚姻市場顯然比起女兒們更興致盎然。漢娜・邁爾抱怨著「每天都要參加無聊又討厭的冗長晚餐」，期間穿插著德文和刺繡課程；沮喪不已的露意絲寫信給倫敦的哥哥說：「有時候我會坐在奶奶和艾娃阿姨中間，還真是有趣，然後嘴裡塞滿食物，我都差點不能呼吸了。」她只有每天與羅西尼上音樂課時才能從這股乏味中脫身。

家族齊聚的第三個也是最重要的原因便是生意。雖然他們已經習慣透過定期書信往來討論重要的生意決策，但就連羅斯柴爾德五兄弟有時候也覺得必須進行面對面會議。在一八三六年前那幾年間，詹姆斯經常橫渡海峽去見納坦，納坦有時也會過來拜訪；五兄弟中最忙碌奔波的薩羅蒙也經常造訪巴黎，而且還會固定在法蘭克福及維也納之間往來；卡爾的時間也經常花費在自己做生意的那不勒斯，以及他希望教育孩子的法蘭克福之間。但是歲月更迭，隨著五兄弟年歲漸老，這樣的舟車勞頓也就日漸減少，而且他們在各自居住的地方也有更多生意及家庭事務要忙，上一次五個人碰面的時間已經是一八二八年了。

他們在一八三六年要討論的最重要議題就是他們彼此之間未來的關係。如前所述，羅斯柴爾德家族自一八一〇年起便已經是合夥關係，主要根據一份詳細且有法律效力的合約以及各個合夥人的遺囑，其中會決定個人在公司中的股份要如何交接給下一代。他們習慣每過幾年就修訂並更新合夥人的合約，因此在一八一五年、一八一八年及一八二五年都擬定了新合約，當時他們接受讓薩羅蒙的兒子安謝姆成為隱名合夥人。在一八二八年的新合約中，安謝姆成了「真正的合夥人」。自那時之後，納坦三個年長的兒子萊昂內爾、安東尼與納特都進入公司進行他們該接受的金融實習，到了一八三六年，納坦認為他的長子已經具備和安謝姆同樣的資格，可以成為合夥人，所以五兄弟這次見面主要就是為了同意他升格的條件。

除了新的合夥人合約，五兄弟還有其他事情需要討論。一八三六年對於他們在西班牙營運的歷史至關重要，當時血腥的內戰正如火如荼展開；另外，他們也分別與希臘、那不勒斯和比利時進行重要的交易，五兄弟在這些國家中都有金融利益。此外，兄弟中的其中三人最近開始涉足一項全新的商業領域：鐵路建設投資。尤其詹姆斯更是身陷快速發展的法國鐵路網控制權爭奪戰之中，而這筆生意在某個程度上也有賴他透過納坦接觸到更廣大的英國資本市場。但是我們並不清楚納坦自己是否贊同公司正在發展的這個新方向。英國的第一波鐵路「狂熱」在一八三六年達到高峰，當時得到特許的新鐵路公司就有不下二十九家，但是納坦和大部分基業穩固的倫敦銀行一樣並未參與（只有一家除外），他比較希望將銀行的業務範圍拓展到美國，持續專注在借貸給國家並為商業挹注資金，而非投資工業建設。不過這也是個值得討論的議題，尤其是因為大西洋彼岸正在醞釀一場金融危機，並且已經開始出現跡象（倫敦出現貨幣緊縮的狀況），而這一切都發生在五兄弟見面前夕。

合夥人之間的協商必須嚴格保密，所有其他家庭成員都不得參加。「他們現在集合起來了，」萊昂內爾對他的弟弟說，「也就是說只有那四個人在（爸爸的）房裡，我們都不能進去。我想爸爸應該提了我們要分一份倫敦公司利潤的事，他們似乎都會按他的心意行事。我不知道……他們會不會想說些好話和哄騙的話讓他改變心意。」「家族的安排進行得相當順利。」他的母親這樣認為。「沒有異議。」到了六月十二日，看起來納坦不必如他兒子擔心的那樣「拉高音量說話」就達到目的了：

爸爸提議說我們應該拿倫敦公司一半的利潤，而他應該只拿其他人所賺的一半利潤。大家馬上就同意了，也沒再說什麼。我不在房間裡，不過今天早上聽說是這樣……我相信你一定會很高興知道他們都對彼此很滿意，也沒有什麼爭執……他們都很滿意各家不同的帳簿表現，想不到公司居然這樣蓬勃發展。

看起來「所有人都希望維持和平」。兄弟間如此和睦顯然有些不太尋常。「到目前為止，感謝上天，兄弟間還沒有起口角，」萊昂內爾在信中的語氣顯然很是驚訝，「他們在（爸爸房間裡）以及（會計）室裡打發時間，然後在三棟房子裡的其中一棟和家人一起用餐。」這五兄弟很少這樣完全遵照他們的家族格言三大理念中的第一個行事：「和諧。」法蘭克福藝術家莫里茲．丹尼爾．歐本海姆便在他繪製的五兄弟肖像畫中捕捉到這份和諧氣息以紀念這個時刻。

五兄弟的閉門協商與婚禮準備過程中只有一道揮之不去的陰影：事實上，納坦．羅斯柴爾德就要死了。或者說，他病了，畢竟自從他父親於一八一二年過世後，納坦就被視為羅斯柴爾德家族毫無疑問的領導人，沒有人會想到他居然可能在自己權力達到最高峰時過世。納坦在布魯塞爾時就為舊疾復發所苦，可能是肛周膿腫。他的妻子形容道，他「再次遇上他最不喜歡的訪客，在最不方便的地方出現了很討厭的膿腫，讓他十分困擾，尤其是坐下的時候」。他兒子的敘述更為直接：「爸爸的屁股上長了很嚴重的膿腫，讓他非常痛苦，他一直沒辦法下床，而且疼痛不堪。坐著馬車行動更是火上澆油，所以他需要雙倍的休息。」

納坦．羅斯柴爾德最後的疾病與死亡是十九世紀醫藥技術不足的研究案例之一。德國醫生的治療或許實際上並沒有真的害死他們的病人，這些為了抽出膿液的治療手段也不無道理，但這在病人身上造成難以忍受的疼痛，無論什麼形式的麻醉都無法減緩。納坦抵達法蘭克福後不久曾試圖切開膿腫，但是另一處很快又腫起，「造成了像第一個膿腫一樣的疼痛和行動不便。」「親愛的安東尼，」納坦苦惱的妻子寫道，「這實在令人心煩不已，這些治療實在太痛苦了……但是醫生向我們保證沒有危險。你也知道你爸爸生病了就會多麼不耐煩，」然後她草草結尾，「所以我必須去照顧他了。」「大費周章的手術，」萊昂內爾在六月十三號報告，

「進行得非常順利，醫生也認為不需要再動其他手術。崔里厄斯教授（Profession Chelius）今天早上來了，發現兩處傷口的恢復狀況比他想像得更快。事實上，他相當滿意傷口復原的情況，向我們保證只要一段時間就能看到爸爸恢復如常。」他的母親也聽到同樣的保證，這位「備受推崇的海德堡教授的行為舉止讓人倍感安心，也不斷照顧著病人的狀況，他的能力十分傑出」，同時他「保證已經沒有膿腫形成，而且傷口也癒合良好」。

不消說，納坦的病破壞了婚禮的慶祝活動。雖然新娘的父母決定如常舉行他們計劃好在六月十三日舉辦的舞會，但是新娘自己的情緒實在太「激動」了而沒能參加。然而納坦的態度十分堅決，他這一輩子都抱持著這樣無比的決心，他不願意讓婚禮為了自己而延後，甚至還堅持要出席。婚禮當天，根據他妻子的紀錄：「他早上六點就鼓足勇氣起床並走到夏洛特的房間，幸虧他的情緒沒有太受到影響，然後換上衣服，接著走到查爾斯（卡爾）的房間要一起出席典禮。」「一切都進行得非常順利，」放下心中大石的新郎那天下午向自己未出席的弟弟報告，「爸爸的身體狀況很好，能夠出席……而他也只有抱怨傷口疼痛，不過他只需要一點決心，你們也知道爸爸最不缺決心。典禮只持續了半小時，非常隆重……實在順利得不可思議，爸爸在那裡，整個家族的人都來了。」事實上，納坦似乎克服了自己的疼痛而壓下了病況，努力「講著各種笑話……縮短了賢達拉比的演講，也讓出席的賓客都很高興」。這只是在演戲，典禮之後，他馬上「感到劇烈疼痛，這種疼痛通常是清晨兩點才開始，持續了六小時」。納坦並沒有回到旅館，而是到他女兒的家中臥床休息。新婚夫妻出發到威廉姆斯巴德（Wilhelmsbad）[1]度了二十四小時的蜜月，而越來越暴躁易怒的納坦則再一次求助於醫生的手術刀。雖然他忍過了「所有手術和包紮，毫無怨言」，不過他現在卻是相當憂慮，堅持要將他的醫生、當時也是

[1] 這段婚姻顯然有名無實，原因很容易推測。「看起來，」詹姆斯相當粗魯地形容道，「紅國王不允許自己烤熟這隻小鳥，就算他已經網住了這隻鳥。」萊昂內爾比較委婉：「到目前為止沒有什麼好說的，你們也都很清楚恐懼對年輕女子有多大影響，以至於她們會馬上對某件通常只見過一次的東西煩惱不已。我只能說，她在各方面來看都是最美麗的女子。」不同的語言恰巧也展現出不同世代之間的差異；同時，兩人談論這樣的話題顯示家族成員之間幾乎沒有祕密可言。

他在新廷的鄰居班傑明・崔佛斯（Benjamin Travers）找來。

六個星期以來，全家人束手無策地等著納坦康復。到了六月底，他已經有辦法以口述的方式透過萊昂內爾向納特下指令，但是合夥人合約的最後協商只能延後，詹姆斯為此顯然相當惱怒，他抱怨著自己的眼睛疼痛，很希望能趕快去泡個溫泉放鬆一下。萊昂內爾也很著急，「爸爸恢復的狀況良好但很緩慢，」他對弟弟說，「每天我們都全家一起吃晚餐，又長又無聊，而他們一整天就是從這間房子跑到另一間房子，什麼都不做也什麼都沒聊。」但是醫生繼續劃開傷口抽出膿腫裡的「硬塊」、「東西」和「纖維」，這位受苦良久的病人似乎並沒有真正好轉的跡象，只有英國信使送來的「蘇打水、薰衣草、柳橙、葛粉以及水果」才能安慰他。「今天早上劃開了第二個（傷口），」萊昂內爾在七月九日報告道，此時他父親抵達法蘭克福已經一個月了，「爸爸鼓起莫大的勇氣才能接受這些手術，還一直說笑話。傷口比第一個還大，因為膿腫實在深得太可怕，一定非常痛苦。」於是就這樣，隨著金融危機漸漸醞釀成形，似乎詭異地反映出了病人的情況。

最後到了七月二十四日，納坦病況發作陷入「嚴重」高燒，顯然已經「病危」，可能出現了敗血症的跡象。隔天，他整個人情緒激動、近乎譫妄，召來了自己的兒子。「他馬上喚我過去，」焦慮的萊昂內爾寫信給納特：

> 要我寫下他希望你繼續賣出英國證券及國庫券，同時再賣掉兩萬英鎊的印度股票。你還要寄出目前手上各支股票的帳簿。我不知道自己有沒有聽錯，但是我也不想叫他解釋。（他還）說你要賣掉……葡萄牙政府為了抵積欠我們的債務而給的那批證券，不管百分之一或二都好。

對萊昂內爾而言，這樣的大筆拋售（還不管會不會損失到百分之二這麼多）似乎不太像是他父親會做的事，他實在無法理解。納特和安東尼突然察覺到他們的父親已接近臨終，便準備前往法蘭克福。❷但是在七月二十八日，他們還沒來得及趕到，納坦的兄弟、妻子和兩個兒子陪伴在他身旁，他已溘然長逝。

這在公司歷史上是決定性也是充滿焦慮的一刻，因為新的合夥人合約尚未簽署，家族之首便已經去世。薩羅蒙在弟弟過世還不到兩週後寫信給奧地利總理梅特涅說：「我們之間已經擬定了一份適用於未來三年的合約，包含每一點，而且也準備好可以簽署了。我們原本還一直相信我們的兄弟在上帝的幫助之下會好起來，但卻不是如此，命運並不如我們所想。」不過，納坦還有力氣最後一次霸道地頤指氣使，薩羅蒙描述道：「在他過世前三天，他告訴我他對當時擬定的遺囑的所有想法和願望，我便按照他的想望寫了下來。」納坦這時已經有些反反覆覆，他的兄弟都指出他有時會說出「比較確切的命令」，有時也「逐漸因為病痛而干擾、模糊了他想說的話」。不過他留給家族的訊息夠清楚明白了，最重要的是，他們要維持「和諧、互敬互愛，還有堅定團結」，這是他有意呼應自己父親臨終的遺言，而他也以一貫的確切語氣說明了做法。

首先，納坦要求他的兒子們要「持續經營以我的名字在倫敦創立的公司，保持和諧與和平」。第二，他強調他們的經營必須徵詢自己的妻子：「我親愛的妻子漢娜……在所有重要場合上都要和我的兒子合作，並且對於所有討論都有參與投票決定的權利。我要明確表示，若非事先徵詢過他們的母親，他們就不能進行任何重要的交易……」第三，他表達了他

最真切的希望，我在倫敦的公司如今要由我的四個兒子繼續經營下去，而另外四家公司則由我四位親愛的兄弟主導，這幾家公司之間的關係要持續下去，還要繼續維繫合夥關係……我在此建議我的兒子，在生意經營上永遠要願意聽從我兄弟們的建議與指導。

最後，如他的兄弟所記得的那樣，納坦說明了針對新合夥人合約的一系列修改：

❷ 家族成員不在辦公室的情形下（這時雖然不是第一次出現這種情況，但確實相當罕見），必須拿出授權書才能讓資深員工有所依據。

納坦臨終之際要求我跟他留下的兒子們更新合約，其中明訂了合約在五年內不得中止……（因此）NM羅斯柴爾德公司維持不變，他的兒子則一同行動，在合夥關係中握有一票。接下來五年間不得動用四兄弟以及已故N．M．羅斯柴爾德的所有交易資產，也沒有人可以提用運作資產，同時我們將各自提存的利率從百分之四降到百分之三，這樣一來，整個合夥關係在上帝的協助之下能在未來五年間進一步改善其定位，畢竟原本要耗費的部分資金已經縮減了，也沒有必要讓年輕一代參與風險投資。

他們急忙為原始合約草擬了一份附件，好好寫入這些遺願。既然已經擬定了未來實際可行的條款，納坦又說了些臨別建言：

他交代自己的長子，要他將話傳給其他不在場的兒子，必須全力以赴保護公司的資產不受損害，不要參與有風險的投資。他給了他們許多明智的建言，囑咐他們避開所有邪惡的公司，時時依照真正的美德、信仰與與公義行事。我的亡弟告訴他們，現在這個世界會試圖從我們身上賺錢，因此他們理應更加謹慎，他還指出，不管哪個兒子多拿或少拿了五萬英鎊，對他來說都無關緊要，最重要的是他們應該團結一致。

「他死了，」薩羅蒙寫道，「帶著他所有的聰明才智，他在臨死前十分鐘接受了我們宗教傳統上要進行最後的開導，他說：『我實在不必要祈禱得這麼慎重，相信我，我很確信自己並沒有犯罪。』……（「然後」）我的女兒貝蒂起身離開時，他說了一句完全符合英國人風格的話：『永遠晚安了。』」

五天後，從布洛涅飛來的信鴿將消息傳到倫敦，只有短短三個字：「他死了。」

遺產與傳奇

綜觀十九世紀，一位名人的死亡所造成的經濟影響要能夠與納坦．羅斯柴爾德之死所引發的效應相比擬，大概也找不出幾個。奧地利皇帝法蘭茲在前一年過世，當時對維也納股市交易帶來了小小恐慌，而奧地利公債價格急速下跌，不過羅斯柴爾德家族一出手便撐起了股市。相較之下，納坦過世時就好比拿掉了股市最強大的支撐基座，金融報紙焦急地不斷報導著納坦的健康狀況，將近過了一週才刊登出他的死訊。七月二十七日，《泰晤士報》認為能夠（錯誤）報導納坦的病況「一點也不危險」，八月二日還斷然否認其他報紙上所報導他的死訊，但是正如〈金錢市場與城市情報〉專欄上也承認，倫敦市內的想法並沒那麼樂觀：

根據來自法蘭克福的消息，羅斯柴爾德先生依然在病危當中，今日再一次影響了西班牙及葡萄牙的證券，同時股市還衰退了百分之一．五……看起來一般都認為公司將會召回羅斯柴爾德先生為了這些證券而預支的貸款，因此債務人急著拋售股票才能夠支應他們必須付出的款項。今天的交易量很大，但是基於目前的市場仍處於疲弱，事實上能夠兌現的很有限……股市上的交易非常少。英國公債已經回收了一部分在週六因為上述來自法蘭克福消息而衰退的損失，但是整體的表現並不是很穩定。

隔天終於證實了納坦的死訊，但矛盾的是，股市交易走勢卻略有上漲，表示市場已經認為這件事不是那麼重要：

因應這件事情可能發生，各類政府證券在這一週都有貶值，尤其是外國市場的證券，不過消息經證實之後卻有相反的效應，可能是因為投資人明白他的生意在他兒子的經營之下仍會如常。

然而這只是暫時的，因為納坦過世之際正好碰上國際金融市場開始出現危機，在他臥病期間不斷發展，而他的死訊或許是雪上加霜。

一八三四年五月至一八三六年七月之間的金融市場大致穩定，英國公債的價格在幾週內就降到九十以下，然後那段期間的最後六個月又漲到九十一以上。但是從八月第一週開始（亦即傳出他死訊的時候）一直到該年年底，公債價格不斷下跌，到了十一月就跌到八十七的最低點（參見圖表11.i）。就在幾天前的七月二十一日，央行利率（實際上就是英格蘭銀行的基準放貸利率）在這九年間第一次提升，從百分之四提高到百分之四．五；九月一日又上漲了半個百分點。羅斯柴爾德家族自己的損益表則顯示，在一八三六年，倫敦公司在一八三〇年的革命浪潮之後首度出現虧損，相當於資產的百分之四以上，而這些虧損很可能在下半年繼續累積。

在《泰晤士報》上為納坦撰寫訃聞的作家可能就是他的朋友湯瑪斯．馬薩．阿爾薩格，他稱納坦的死「是倫敦市、可能也是全歐洲最重要的一件事，將會影響很長一段時間」，這並非誇大其詞，因為他的「金融交易紀錄肯定遍布歐陸各地，或許可以說，在幾年之內都還能對各種金錢交易產生或多或少的影響力」。「所有股票出現了各種變化及劇烈起伏，」亞歷山大．巴爾林評論道，「似乎很多都是因納坦的過世而起。到頭來對金融市場的解放會有益處，不過突然間少了專制主宰的力量就很可能出現這種症狀。」幾個月後，政治家大衛．薩洛門斯（David Salomons）發行了一本討論貨幣議題的小冊子，其中也表達了類似的觀點，他形容納坦的死是「相當重要的事件，擾亂了國內的金融流通」：

> 眾人皆知這位傑出人物操作匯率的手段高超，他最自豪的便是懂得分配自己龐大的資源，這樣自己的操作才不會長期都必須為英格蘭銀行提供金子，雖然可能會有人認為他一直在捏造匯率，所以最後總沒有好處，但是在如此不恰當的時候突然撤除了這份人為的協助，少了他的精力和果斷來穩定市場，可能會讓情勢更加惡化。自從他死後我們便遇到不少困難，不禁讓我認為從來沒有人比他展現出更強大的能力，能夠平衡匯率。事後想來實在羞愧，而我認為這主要是因為缺乏了他那樣的行動力、熱忱與經營能力，他總在金融困頓的時機中展現能力，雖然他創立的重要公司仍會繼續營運，卻也不可能馬上就取代他的道德影響力，身為這家繁盛公司的領袖，他的判斷可靠而準確，不只確立了他在大英帝國的地位，也讓他能夠影響整個商業界。

因此，可以理解金融界對亡者的致敬超乎尋常。根據《泰晤士報》的形容，納坦在八月八日週一早晨的

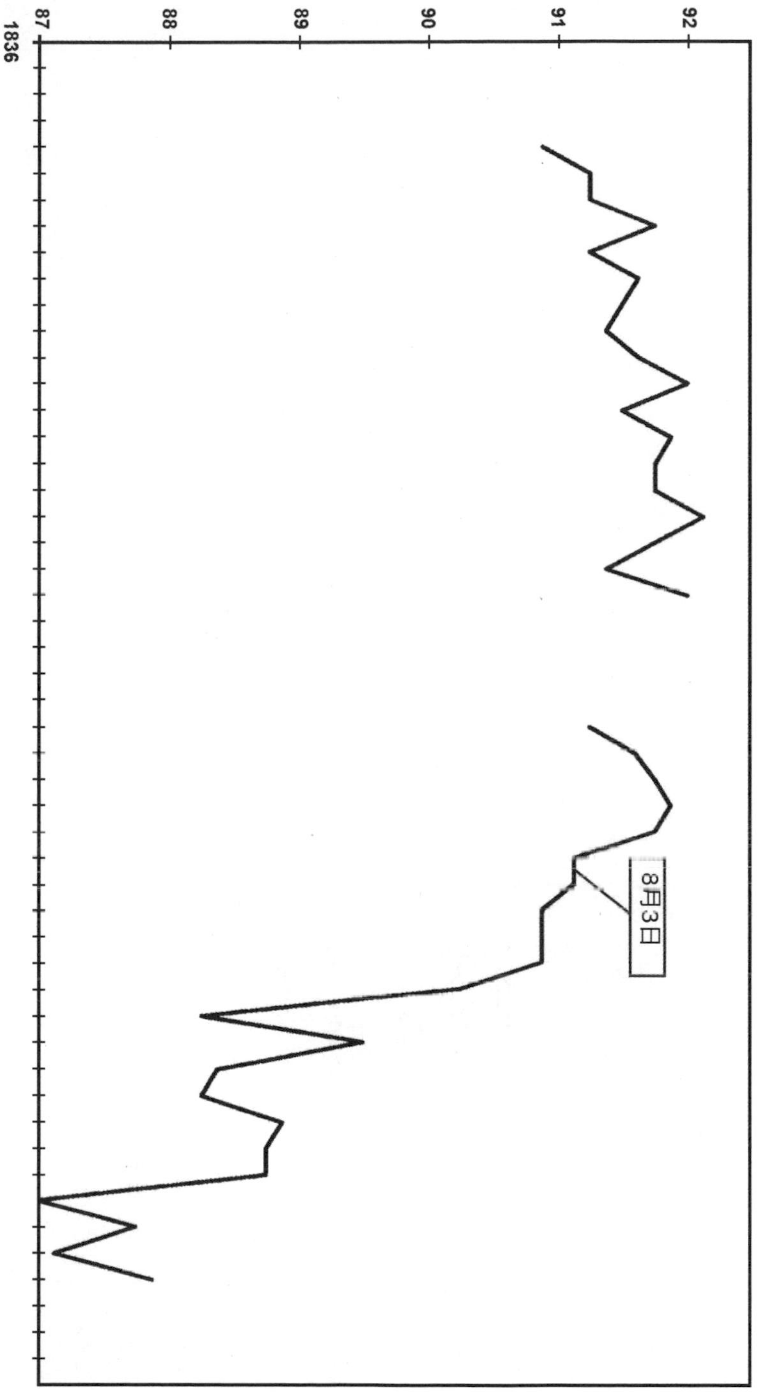

圖表11.i：1836年百分之三債券的每週收盤價。

送葬隊伍

由市警隊帶領前進，四名警員排成一排，後面跟著騎在馬背上的督察；接下來有幾位其他市政府官員，後面緊跟著的就是靈車。亡者的兒子與近親搭著送葬的馬車跟在後頭，而這些車輛組成的車隊總共有四十輛車，包括了眾多旁系家族，像是葛斯密德、科恩、山謬爾和以斯瑞爾家族。在送葬馬車之後的則是載運亡者的馬車，兩個兒子也同在車上，接下來的馬車上分別坐著市長先生、薩洛門斯先生，還有一長串外國使節及貴族的馬車，總共約有三十五輛。因此整列車隊就有七十五輛馬車，光是通過康希爾地區就花了十五分鐘以上。來到城市這個區域的人實在太多了，許多商店都關起門來好保護窗戶不致承受這麼大的壓迫，而一路上房屋的窗內也幾乎都擠滿了旁觀的人。

眾人好好紀念了這件事，製作了一幅描繪出他剪影的石版印刷作品《偉人身影》（*The Shadow of a Great Man*），這是根據納坦站在皇家證券交易所那根梁柱前那幅眾所皆知的景象，畫中的他握著四把鑰匙，代表將傳承給他的四個兒子。有好幾位藝術家分別重製了這幅作品，包括納坦自己的一名員工。

喪禮才過了兩天，詩人威廉·赫謝爾汀（William Heseltine）便發表了〈NM羅斯柴爾德閣下墓前沉思〉（Reflections at the Grave of N. M. Rothschild Esq.），詩中按慣例將納坦比擬為「這片土地的克羅伊所斯王」，誇張之餘並無太多真實之處：

……歐洲君王困頓時
便要尋求獲取您的協助。
您的黃金鑄成的不僅寶劍，
多次未濺滴血便贏得的勝利，

然徒留眾多恐慌……
衡量您困頓的人生路途
有強光照射也有陰影籠罩，
歷經磨難、驚疑和紛爭
終能得勝！
接踵而來的衝突，
面對自私、狡詐而逢迎之人
您的精神穿越了
何等奇觀，儘管沾染些許塵埃，
仍揉合了您內在的價值。
雖然初見時總顯冷淡，
您的心腸其實慷慨，
也不似劇毒的烏帕斯樹那樣會枯萎了
周遭的矮樹叢；
不過那些朋友，在您身邊受到保護，
隨著您的成長茁壯而繁茂
生活在安全而豐饒的土地
切盡能揚起以色列之名。

有人製作了悼念戒指與胸針，還有一面繪製納坦肖像的勳章，甚至還有印刷了納坦站在梁柱前圖樣的悼念絲巾，也印上了比較簡短的致敬之語（有四種語言）：「商業與經營手段和慈善與仁愛之舉同樣傑出。」同時印著他最出名的貸款生意清單以及總資產的數據。這樣的紀念品遍及世界各地（從絲巾上要印刷好幾種語言便能看出），在維也納就有販售絲巾的複製品，赫爾斯汀的詩句也引起德國詩人寫下類似的致敬。訃聞不只刊登在英國報紙上，也出現在《辯論日報》以及（在薩羅蒙促成下的）《大眾報》上。

不用說，哀悼這名偉人逝世的不只有金融界，正如《泰晤士報》提到外交與政治界也有人出席葬禮，哀悼行列中包括了普魯士、俄羅斯、奧地利及那不勒斯大使，還有史都華男爵，據說馬爾博羅公爵（Duke of Marlborough）也在場。當然，猶太社群也是傾巢而出，「眾多猶太人……在喪禮預定開始的時間之前老早就集結起來」，猶太人自由學校還特別派出孩子代表團走在棺材前面。公爵廣場的大猶太教堂中，大拉比所羅門．赫薛爾（Solomon Hirschell）為此懷思講道，最後納坦下葬於白教堂路（Whitechapel Road）上的猶太墓園的西北角。在他過世之後的一年間，大猶太教堂教眾每天都會有七個人到新廷，因為傳統為亡者祈禱的卡迪什儀式需要一定人數的「祈禱班」。

我們要如何解釋這位在德國出生的猶太銀行家過世後為何讓大眾如此關注呢？顯而易見的答案是，納坦．羅斯柴爾德應該無疑就是英國首富，而且考慮到英國在這個時代正處於經濟領導地位，幾乎可以肯定他是世界首富。在他去世時，他在和兄弟們合夥經營五家公司的總資產中所占的股份價值為一百四十七萬八千五百四十一英鎊（在總共約六百萬英鎊中占了四分之一），同時他在過世前分給孩子大約八十萬英鎊，在他的遺囑中還能再贈與他們及其他家族成員總共一百一十九萬兩千五百英鎊，這表示納坦的總資產（不包括他在皮卡迪利與甘納斯伯瑞莊園的房產，但包括他在立遺囑前已經給予孩子的金錢）約為三百五十萬英鎊。

這筆財富遠遠超過羅斯柴爾德在倫敦最有力的銀行業競爭對手霸菱兄弟銀行，他們的資產在納坦過世那年僅有七十七萬六千六百五十英鎊；同時也輕易超過了當代實業家積累的產業，以及國內最有錢的貴族地主大多繼承而來的財富。歷史學家魯賓斯坦（William D. Rubinstein）所列出的英國百萬富翁數據中，並未提供一八五八年之前財產超過一百萬英鎊的確切數據，不過在一八一〇至五六年間列出的十二名百萬富翁當中，其他十一位似乎都不可能像納坦這樣留這麼一大筆錢給繼承人。最接近的是銀行家威廉・丹尼森（William J. Denison），他在一八四九年過世時留下兩百三十萬英鎊，其中包括價值六十萬英鎊的房地產。直到一八五七年才有人留給繼承人的財產高過納坦，那個人是從紡織品倉庫管理起家的英裔美國銀行家詹姆斯・莫瑞森，他死後留下大約四至六百萬英鎊。納坦過世時不只比鐵匠理查德・克勞謝（Richard Crawshay）富有，也比棉花製造商羅伯・皮爾及理查德・亞克瑞特（Richard Arkwright）更有錢，同時他留下的遺產亦高過昆斯伯里公爵（Duke of Queensberry）、薩瑟蘭公爵（Duke of Sutherland）以及克里夫蘭公爵（Duke of Cleveland）。

當然，將大地主的財富和納坦多數以金融資產持有的資產相比並不容易，但是我們可以比較兩者不同形式的資產所產生的收入。現有的數據顯示有些貴族的收入相對較多，可能還不只是略高一點而已：一八一九年，包括諾森伯蘭公爵（Duke of Northumberland）、格羅夫納伯爵（Earl Grosvenor）、史代福侯爵（Marquess of Stafford）以及布萊奇沃特伯爵（Earl of Bridgewater）等人據說一年能「淨賺」十萬英鎊，緊追在後的還有貝福德公爵（Duke of Bedford）、里奇蒙公爵、薩瑟蘭公爵、巴克盧公爵（Duke of Buccleuch）、西敏侯爵（Marquess of Westminster）、布特侯爵（Marquess of Bute）、德比伯爵（Earl of Derby）、倫斯戴爾伯爵（Earl of Lonsdale）、達德利伯爵（Earl of Dudley）以及萊瑟斯特伯爵（Earl of Leicester）。舉例來說，第六代德文郡公爵（Duke of Devonshire）在納坦過世的那十年間，收入落在八萬至十萬英鎊之間；相較之下，納坦在人生最後完整的五年間，平均每年的收入（以倫敦公司的平均收益來代表）是八萬七千六百二十三英鎊。

但是這些數字都忽略了一個關鍵因素，那讓納坦在財務上遠勝過與自己同時代的貴族：他有債務人，而其他貴族有債權人。在一八三〇年代，德文郡公爵奢華的生活方式讓他的產權負擔從五十九萬三千英鎊增加到七十萬英鎊，而這些債務要支付的利息幾乎吃掉了他一半的收入，並且每年還要再花費三萬六千英鎊來支應他在查茨沃斯莊園（Chatsworth House）的開銷。事實上，就在納坦過世的當下，有好幾位大地主的財務狀況就快撞上大石頭了。到了一八四四年，公爵的債務逼近一百萬英鎊，於是他被迫不斷賣掉土地來維持開銷度日。一八四八年，白金漢公爵（Duke of Buckingham）還真的破產了，他的產權負擔超過了一百五十萬英鎊。因此，想到納坦．羅斯柴爾德死後「留下了五百萬英鎊的資產」，這件事本身就足以引起大眾的好奇心，更不用說驚訝了，於是他們在悼念絲巾的正中央印了上述的數字。這個數字或許有些誇大，不過還算合理，就**淨**資產而言，他可以說是無人可比。

更令人刮目相看的是，納坦．羅斯柴爾德過世時的身價比起他剛到英國時高出了多少。根據他自己的說法，他剛到英國時身上只有兩萬英鎊，而且當時他是從沒那麼高雅的紡織業開始一路往上爬，從曼徹斯特的布料商人進入倫敦市做生意。比起十九世紀大多數的富裕猶太人，他確實是從「破布貧民」一躍成為有錢人，因此他完美體現了十九世紀發展中的那種白手起家理想。而且他當然也不是唯一有錢的羅斯柴爾德，根據歷史學家穆爾斯坦（Anka Muhlstein）的數據，詹姆斯可能已經是法國首富；雖然阿姆謝爾、薩羅蒙及卡爾居住在歐洲比較不發達的地區，但他們也比競爭對手更加有錢。總和起來，羅斯柴爾德無疑是世界上最富裕的家族。

尤其是對比較貧窮的猶太人而言，納坦崛起致富的非凡成就具有近乎神祕的重要性，因此才會出現「希伯來法寶」的傳說，用來解釋他這般好運的神奇泉源，在猶太民俗傳說中已經和他的名字相連。這段非比尋常的故事（納坦過世後四年便有一位不知名的作者在倫敦出版了這個故事）在早期算是一個相當奇異的例子，或許可以算進「羅斯柴爾德神話」的一部分。雖然說故事的作者顯然是猶太人，但也不能排除有可能其實是刻意挑起仇恨情緒的反猶太作者所為（就像後來更為知名的《錫安長老會紀要》〔*Protocols of the Elders of Zion*〕），所以故事文字才會語帶挑釁。事實上，一八四〇年代出現了一些極力反對羅斯柴爾德的法國小冊出版商，他們便受到這段故事啟發而提出了許多更是天馬行空的指控。

這段故事的敘事者是一縷神祕的幽魂，自稱為「厭惡……拿撒勒人的追隨者，抱持著最為神聖而熱切的憎恨」，而且「復仇心切的拿撒勒人」已經「詛咒他必須承受千秋萬代的痛苦與磨難」。他守護著某樣法寶，握有法寶的人便能擁有神奇的力量。「我能不能搬金運銀？或許吧……若是我沒有這樣法寶呢？——若是我找不到言詞能夠表達呢？——難道我不能買下整個邪惡的種族，從偽先知到甚至連最低劣的邪惡精靈也買下？——難道我不能在午夜下咒控制他們，然後，哈！那群人到了日出就會讓我的族人歡欣鼓舞？」他的目標是要將法寶交給「對拿撒勒人深惡痛絕之人，這個人極端渴望貶低他們、摧毀他們……能夠為以色列遭遇的苦難報仇雪恨的英雄」。

敘事者在拿破崙占領期間抵達法蘭克福，看見法國部隊燒殺擄掠的惡劣場景，尤其法蘭克福的猶太人更是不斷受到勒索壓迫。在猶太區中心一間遭到劫掠的辦公室中，他遇見了一名年輕人，「他的雙眼……因痛哭流淚而通紅，面容蒼白枯槁，看得出他的悲痛逾恆也苦守良久。」幽魂持續旁觀著，此時一名法國士兵闖進辦公室要求他交出更多錢，「『亞伯拉罕、以撒和雅各之神！』（年輕人）一邊下跪一邊驚呼道，朝向東方舉起自己顫抖的雙手，『還要多久，神哪！還要多久？……多久……讓這些不信神的人得勝，而您的子民將成為笑柄，讓人棄如敝屣？』」法國人不為所動，拿走了他最後一件值錢的東西，他們家傳的特拉芬（家族神龕）。士兵離開後，年輕人「詛咒拿撒勒人，並熱切祈禱自己可以擁有擊潰他們的能力，以不可說出口的耶和華之名發誓，自己絕不會放過任何掠奪他們財富的機會，並且要踐踏，沒錯，絕對要重重傷害他們那毫無憐憫而毫無信仰的黑心肝」。「這位，」敘事者表示，「正是最適合服侍偉大之主的人，這就是能夠完成遠大目標的英雄。他所受的苦難……能夠化作他忠誠而最熱切的力量，反抗任何國家的拿撒勒人。終於，他期待良久、尋找良久的人出現了，他將建起上帝的廟堂，讓世界各地的人都會敬畏、聽從以色列及猶大。」

因此敘事的幽魂現身了（「披著來自遠東地區的飄逸長袍」，他「蒼白得像具屍體……蓄著蒼白的頭髮和鬍鬚」，還有「漆黑的大眼迸射出熊熊烈焰，凡人一見都會顫抖不已」），「我所言便是力量，法寶當再一次交付予我遭受壓迫族人之手」，此時他拿出一樣東西，看起來就像「一枚戒指，上頭繫著他遭翻亂的抽屜鑰匙」，「我將代表睿智所羅門王的影響力與權力賦予這枚戒指，做完之後，我命令那年輕人許下某個能夠馬上實現的願望，然後他依據我的指示，將戒指戴在食指上轉了三次，接著他們就聽見腳步聲。」一名男人走進來（後來才發現他是一名王子），放下一大袋沉重的黃金要交託給年輕人。不消說，袋裡裝著的「數目，**完全符合他第一次運用法寶力量時大聲許願的數目**」。

「這群種族之人當受詛咒和掠奪！」敘事者宣示著，最後揭開了這名天選之人的身分：

> 汝等資產便近在眼前、唾手可得；我近日所見，汝等財物和僕役皆隨之早逝，因此我讓這名以色列之子能向汝等開戰，攻汝脆弱之處，汝等該死而討厭的拿撒勒人哪——於是，我將法寶交付予年輕的以色列人手上，讓他早早並完全感受到其威力，多年來，讓他奪去你們為自己賺來的黃金，甚至有如天神，即使汝等厭惡他，也知道他厭惡你們，然汝等也要向他乞討——那人便是**納坦·邁爾**（原文錯誤照引）·**羅斯柴爾德**，（他）發達致富，比起先前的所有人都更加富裕，他的富裕驚異了非猶太人，而他們說的也十分有理：那般驚人的財富不可能由一人積累而成，任何人力都無法在那麼短時間內辦到——他們說對了，那是法寶的力量……

接下來是一段簡短但相當典型的神話式敘述，說明納坦如何從破敗的法蘭克福廢墟中崛起成名獲利：「在我的指引之下，他來到這處充滿了簽約借貸、進行風險投資蠹貨的天堂，成為歐洲金錢市場上的巨獸……他承包借貸、經紀人股票，還借錢給基督徒君王們。」拿破崙（在敘事者的鼓勵之下）入侵俄羅斯時，「羅斯柴爾德馬上就動了起來，要讓（他的）廢墟完全且無法避免——無法修復。」皇帝從厄爾巴島回來時，「他的希望被誰破滅了？……就是拿著法寶的納坦·邁爾（原文錯誤照引）·羅斯柴爾德。」英國政府需要用錢，不只是要應付威靈頓在滑鐵盧的軍隊開銷，還要賄賂「法國的將領及參議員」背棄拿破崙，「這世上只有一人**既能夠也願意**提供幾百萬黃金的英鎊，能夠應付英國政府的立即所需，**那人就是羅斯柴爾德**。在我的指引下，他讓政府拿到了黃澄澄的金子……」

不過按故事所說，這一切都有一個更崇高的目的：因為納坦借出這些錢只有「一個條件……要重新建立猶大的王國——重建您的高塔，喔！耶路撒冷！」：

大部分敘述詳細的無聊笑話和故事必定都會說到，猶太人羅斯柴爾德借錢給那位名喚利物浦伯爵的拿撒勒長老，必須要有這筆錢才能擊倒拿破崙．波拿巴，他認為有了猶大王國這樣的動機可以算作百分之二十五的利息。這樣一來，寫下這段歷史的作家便會一如往常捏造事實……羅斯柴爾德奉命要借出這筆錢……（以交換）恢復我們這群古老種族的猶地亞；在十二小時內，長官便拿到了這幾百萬，而羅斯柴爾德則得到一紙由王室親筆簽署保證的祕密協定，從拿破崙終於遭驅逐出法國的那一天開始算起，在二十一年內便要重建猶地亞。

故事在這裡出現了轉折：

到了這一年，我的任務便將完成；**原本**是可以完成的，但是羅斯柴爾德他……在第十二個小時卻失敗了……他長久以來的成功（幾乎無人可擋，只有一次我責備他自作主張，結果在西班牙股票生意上僅僅一天就損失了十萬英鎊）……讓他越來越嗜財如命……（因此）我最近從他口中聽說，他居然將重建猶地亞的協定賣掉了，用來換取英國解放猶太人的法案，還為他自己求來了爵位，多麼可悲，但我聽了也是傷心多過於意外。這份令人目眩神迷的工作、情操高尚的生意，就將在接下來的年月裡完成，屆時這名貪財而傲慢的叛徒身價預估會達五百萬英鎊，如今他已經價值四百萬以上。

不過當然，背叛了他的主人之後，這些虛妄的夢想也只能破滅。「他的**法寶**消失了，而且我特地安排讓他知道東西已經永遠消失。於是，他再也不敢在交易所中冒險，不然為他擬定遺囑的文書人員就能省下許多麻煩與時間。」

我將法寶交給他，難道是要讓他從參孫變成基甸那樣，陷害自己的家人而自己躋身貴族嗎？或者是要用富貴的重量壓死他的良知？或者用誇耀般的仁慈善舉來奉承？沒有以色列人能夠拖動這副犁而有這番成就，回頭看看，好好生活吧！

因此在這段詭異的幻想中，納坦的死成為了懲罰，因為他無法達成要將巴勒斯坦還給猶太人的承諾，而敘事者接著繼續尋找下一個能夠握有法寶的「天選之人」。就像是猶太版本的尼伯龍根傳說一樣，那枚神奇的指環既能賦予力量，也會讓人墮落。這段「希伯來法寶」的故事生動描述了最早從一八四〇年代便開始圍繞在納坦．羅斯柴爾德及其兄弟身上的謎團。

這樣的傳說流傳甚廣，最好的例子是一份美國報紙（顯然不是猶太人的）在納坦過世後不久的報導：

「下葬之後，有好長一段時間都會在墓園派駐額外的守衛，以防有人想犯下什麼褻瀆死者的行為」，我們認為這是在暗示「我們的組人」（原文錯誤照引）別想去碰這位百萬富翁。謠傳有人出高價想拿到他的一顆眼球，希望「猶太人之眼」能讓他們發財。

納坦．羅斯柴爾德過世後，傳說於焉誕生，其影響力和危險性比十九世紀的其他傳說來得更加持久。

繼承

實際上，領導羅斯柴爾德家族的「法寶」在「總指揮官」過世後究竟傳給了誰？傳統上都認為，五兄弟中最年幼的詹姆斯馬上就繼承了納坦的衣缽。他的朋友海涅認為，「自從他那位在英國出類拔萃的哥哥過世後，羅斯柴爾德家族的政治重要性」便集中在他的手裡，海涅不久後便這樣寫道，「這個家族的頭頭，或者該說是頭腦，便是詹姆斯男爵這位了不起的人物……」不難想見為什麼海涅會這樣想。稍早在一八四一年三月他便寫過一篇文章，有些挖苦地將詹姆斯描繪成金融皇帝般，可以說他就在拉菲特路上「這座如迷宮般的廳堂、財富的堡壘中」指揮宮廷。事實上，他注意到詹姆斯（仿效他哥哥納坦）已經開始用「所有曾經跟他的公司簽署借貸合約的歐洲君王半身像」來裝飾辦公室，詹姆斯也和納坦一樣，在他的私人地盤中成為令人敬畏的存在。「就算只是為了他能讓其他人尊敬他，」海涅繼續寫道，「你也必須尊敬他」：

我最喜歡到他銀行的辦公室見他，我在那裡可以像個哲學家般觀察旁人，不只是特定對象，還包括其他所有人，看他們在他面前卑躬屈膝，你可以看到一個人如何扭曲彎折自己的脊椎骨，就連最厲害的雜技演員恐怕也望塵莫及。我看過有人靠近偉大的男爵時便扭動抽搐，彷彿他們摸到了伏打電堆。甚至是靠近他私人辦公室的門口時，都能感受到心中充滿了驚異，就像摩西過去在何烈山上發現自己原來正站在聖地上時的那番感受，就像摩西在那時便脫下了鞋，許多經紀人或收佣金的代理人壯起膽子踏進羅斯柴爾德內部的聖殿時也會自願脫下靴子，前提是他不擔心自己的腳臭味可能讓人反感。

「那間內部的聖殿確實是處了不起的地方，」海涅繼續說，「能夠引出內心昇華過後的思緒與感受，就像看見了海洋或者滿天星空。在這裡我們或許能夠看見人類的渺小與神靈的偉大。」

當然，當海涅描述「一名股票交易投資人」經過詹姆斯的「偉大」夜壺之前脫帽致意，或者一位未具名的朋友表示願意「用自己的半個鼻子來交換」能與男爵共進午餐的榮幸，這其中的想像力就實在太過天馬行空了。不過一位經常在交易所中徘徊的小市民歐內斯特・費多（Ernest Feydeau）的回憶，生動地證明了詹姆斯在巴黎享有近乎王室的地位，他是在混亂宮廷中的易怒暴君，從早上九點起一直到下午四點交易所關門的時間，身邊總圍繞著一群假惺惺奉承的經紀人以及各種逢迎拍馬的人。費多（他在一八五〇年代經常造訪拉菲特路）回憶道，詹姆斯覺得自己必須接見這些惱怒且忙碌的人們，有時平庸到令人反感，幾乎每個人的禮節都低俗不堪，推銷的手法也很無趣，阿諛奉承的樣子很不入流。他靠著椅背坐在椅子上，心不在焉地收下這些無聊的傢伙交到他手上的每一份報價，這些人從門口排隊，隊伍穿過一道道門口一路排到他的桌前，而他收到報價後幾乎看都不看一眼，有時還會丟進廢紙簍裡享受一下惡意的喜悅，不過通常就是交還給提出報價的人，然後再接見下一個。

他就這樣日復一日重複著這樣令人沮喪的規律，但費多總是不斷驚嘆著「在這片確實猶如地獄般的喧鬧，還有令人瞠目結舌的混亂之中，男爵卻總是有辦法處理最為龐大的金融操作（而且是每一天，沒有片刻喘息）」。辦公室充滿了

震耳欲聾且無法停止的雜音，門開開關關而製造出不停歇的拍擊聲，還有員工抱著要派發出去的或者需要簽署的文件來來去去。而經紀人與經紀人派來的員工也苦苦想求得生意，讓這場騷動更是嘈雜異常，將「男爵先生」的辦公室籠罩上一層像是巴別塔的氣氛。這裡的人說著世界上各種語言，包括希伯來語；群聚在這裡的朋友有三種性別：男人、女人和乞兒，整天一個接著一個過來，都想探知消息。有珠寶商人在男爵委靡的眼前打開他們裝滿寶石的盒子，瓷器商和藝品商都來呈現自己精挑細選後的商品。美麗的女人穿梭在各處，兜售著消息，或者其他東西。而越過這一群毫不留情也不休息的行列，這位勞累的百萬富翁一定感覺自己的大腦就要在不斷積累的數字和計算中爆開了，同時還要顧及他最年幼的兒子們不時闖進來（我還記得其中一個孩子的樣子，身材壯碩還有飽滿的臉頰），拿著父親的枴杖玩騎馬遊戲，吹響他的號角，就像約沙法谷中的天使。

而可憐的男爵沒有一絲抱怨，就連皺眉也沒有。

他「甚至連好好吃飯睡覺的權利都沒有，無論冬天或是夏天，從清晨五點起就有帶來消息或者等待消息

的人塞在他家門口……若是生意太過忙碌，他就和全家人在辦公室旁邊的小房間裡用晚餐，以股票交易的報價為餐點調味，同時川流不息的經紀人仍堅持不懈地圍繞在他的餐桌旁」。其實，有時候費多認為詹姆斯看起來不太像是國王，反倒比較像是受困於自己工作守則的囚犯。要怎麼解釋一個已經如此富有的人為什麼還願意繼續在如此嚴苛的環境中工作？不正是因為「完全獨斷的習慣，以及值得欽佩的職業熱忱」？

但是到頭來，詹姆斯對其他人的獨裁專斷還是比較令人反感，而非引人憐憫，包括費多自己：

> 他有一個很惡毒的習慣……就是他會不說一個字，更不會抬頭看眼前那位經紀人，就讓他一臉尷尬地站在那裡，手裡捏著帽子、單腳站立，不斷向他家裡每位成員遞上報價單，但是他們幾乎也都不予理會。有一天他也對我施加此惡技，雖然我努力控制自己，卻還是顯露出一點不耐煩，於是他覺得自己應該以他的方式對我表現一點尊敬，因為他好心地想安撫我。當時是一月，桌上有滿滿一盤飽滿的白色大草莓，他拿起叉子挑了其中一顆看來最美味可口的，就在這一堆草莓最頂端，然後他遞給我好像在餵鸚鵡一樣，說：
>
> 「要雌一個嗎？」

費多面對這般羞辱之舉自然是嚇呆了，尤其是詹姆斯的妻子和女兒顯然正盯著他們看，不過他努力擺出釋然的表情：

> 「您實在太客氣了，」我後退了一步回答道，「但是我更希望能拿到訂單。」
>
> 男爵並未因此慌張，而是抓住我的痛處說：
>
> 「付現買下五股北方股。」
>
> 當時五股北方股的價格大約是五十法郎，而我從這樣吸引人的交易中能賺到的只有十二法郎又五十分。

根據費多的回憶，這樣無禮對待下屬的情況相當常見（亞歷山大·赫爾岑〔Alexander Herzen〕曾描述自己在一八四九年造訪拉菲特路時的經驗也能佐證❸）：

「你真是煩人！不四不像！不要來煩我！」這就是他對待我的禮節……無論何時在我對於某筆生意想提出自己的觀點時，他就是這樣。必須謹記在心，因為他說話時的特殊語言及口音，不是每一次都能馬上聽懂。有一天因為股市某支股票的價格讓他不快，他一怒之下將我的報價單撕成兩半，要求我再寫一次，還叫我「該死的蠢蛋」！

其他人受到的待遇也一樣糟，就連同為猶太人的人也一樣：「『啊！你在仄裡啊，你這個該死的德國猶太人就寺個小偷！』有一天，他走進辦公室時看見一名跟他同為猶太教的經紀人，就這樣說道……這個不幸的男人就站在那裡一臉挫敗、洩氣，說不出話也沒有表情，或許他把這話當成了稱讚。」有一次，一名叫做曼紐爾（Manuel）的經紀人居然敢對詹姆斯說出真心話，這件事成了證交所傳說的一部分。「早安，男爵，」他走進詹姆斯的辦公室時說，「您近來可好？」

「那跟你有瑟麼關係？」詹姆斯沒好氣地反駁道。

「您說的完全沒錯。」曼紐爾叫著，「您大可以在我面前就這樣死掉，我大概也不會在乎，死了條狗我也不管。」

難怪當時在巴黎有許多人認為詹姆斯就是納坦的繼承人。

但是我們完全不清楚詹姆斯在羅斯柴爾德家族內是否跟他哥哥一樣擁有同樣的權力，當然在納坦過世之後，他很快就試圖對自己的姪子展現權威。一八三六年開始以新制度營運公司時，他寫給萊昂內爾及其弟弟的前幾封信就開始顯露相當確切的跡象，其中一封寫道：

親愛的姪兒，我懇請你們對我的信件多用點心，因為老實說我今天相當氣惱，我非常希望能夠繼續與倫敦合作，就像過去和你們已故父親的模式一樣，而不必寫些爭論的信件，畢竟要管理好一家公司，無論是對小筆的交易或者大筆的交易都應該同樣用心。

接下來他又敘述三樁倫敦公司犯下的輕忽之罪。接下來十年間，詹姆斯三天兩頭就在書信中提出這樣的斥責，而他最喜歡批評的一件事就是他的姪子都太忙著狩獵，而不是閱讀他們叔叔的信，更別提回覆了。信件中也經常拿以前納坦的做事方式與現在比較，不只是詹姆斯，其他幾個兄弟也會。「你現在就會知道我說的有多對，」薩羅蒙在一八三七年九月便這樣頤指氣使地寫道：

> 親愛的孩子們，我寫信告訴你們那些生意的事情時，你們現在必須承認，……我們現在得靠票據來推動生意了，親愛的孩子，這就是你們過世的父親總掛在嘴邊的。無論何時，只要他發現其他人想要將我們擠出一樁生意競爭時，他就會寫道：「親愛的哥哥，我們必須撐過去。」無論我們是虧損或獲利都一樣，無論我們會賺進什麼或者承受損失，我們絕對不能，也不應當讓任何人越過我們前頭，否則我們就會被擠到一旁。我希望你們現在會聽取我的建議，親愛的姪子，不管我們是獲利或虧損，都必須往前衝。

不久之後，詹姆斯寫信指出「你們親愛的爸爸在有生之年都會給我們百分之二．五的折扣，而現在狀況良好的票據隨便都能在倫敦拿到百分之三的折扣，其他銀行就會利用這點……所以，如果你們希望我們還能跟

---

❸ 我環顧四周，每分鐘都有一扇小門打開，交易所的代理人便一個接一個進來，大聲喊出一個數字。羅斯柴爾德繼續讀著自己的東西，口中喃喃自語卻不抬頭看：「好——不好——很好——或許吧——夠了——」然後那群人就走出去了。房裡還有幾位先生，一般的資本家、國民議會的成員，兩、三個精疲力竭的旅人，臉上有剛冒出的鬍渣、面容枯槁，還有那些總是在海邊或溫泉勝地飲酒作樂、出現在宮廷裡的人，這群可悲的吸血水蛭總從貴族家庭裡吸取營養，從賭桌一路推擠著進了交易所。他們低聲交談著。這位猶太獨裁者平靜地坐在桌前，看著文件並留下幾筆或許牽涉到幾百萬或至少幾十萬的注記。

他們競爭、做生意，你們就必須給我們相同條件的折扣」。阿姆謝爾也抱怨了同樣的事情，他和詹姆斯在一八三九年都同意：「失去我們的兄弟納坦是個嚴重的打擊，不能期待年輕人會像老一輩的人這樣心存敬重、恐懼和信任。」

然而，就像詹姆斯對於優惠折扣的抱怨所傳達出的訊息一樣，歐陸上的羅斯柴爾德家族的最嚴重抱怨就是倫敦家族忽略了他們的利益，而且我們先前也提過，他們在納坦過世之前就已經數度提出這類指控。事實上，或許這證明了納坦的兒子相當成功地保住了他們在家族生意中相對的專制，因為叔伯們在納坦過世才過一年之後又提出這項指控。之後這件事又被抱怨了好幾次。例如在一八三九年九月，詹姆斯指責倫敦公司收取了他們在西班牙生意獲利的一半，卻要巴黎公司承擔所有風險。「我想這樣做才是正確、恰當的，」他氣沖沖地抱怨道，「我們也要分享其他生意操作的獲利，畢竟巴黎公司承擔的風險跟倫敦公司一樣大，而家族中的公司不應該有誰比誰更有利，畢竟只要其中一家注意到其他公司這麼做就會產生不信任，一切就會隨之崩塌，這可天理不容。」一週後，他又重述了自己的忿忿不平。「只要我還活著，」他告訴納特，「我永遠不會同意家族中某一家公司想要占其他家的便宜，或者（對其他家）有不公平的對待。」但是，「你（指倫敦公司）看見某筆交易進行得很順利，就說『那就繼續交給我們吧』；要是不順利，你就要巴黎公司加入分擔。我親愛的、好心的納特，這種態度不會讓人開心，只會引起惱人的回應。」關於各家公司之間的共同帳務越來越常出現這樣的小爭議，在一八四〇及四一年也都出現了紛爭，詹姆斯和阿姆謝爾都指責他們的姪子將票據寄給巴黎及法蘭克福的競爭銀行。

平心而論，年輕一輩的羅斯柴爾德也經常對上一代不滿。「我跟你說，要跟一個老愛針對金錢問題說教的人做生意實在很討厭，」安東尼就曾這樣對萊昂內爾抱怨，當時他的四名叔伯似乎都對他的婚姻大事異常有興趣。「我跟你說，雖然查爾斯叔叔是你的岳父，但是跟這位先生最好能離多遠就離多遠。」阿姆謝爾經常重新擬定自己的遺囑，就是希望能對自己的姪子施加某種影響力，這也是引發不滿的原因之一。

現實情況是，以資源而言，倫敦、巴黎和法蘭克福公司如今勢均力敵，因此他們當中都沒有人能夠真正像納坦過去那樣指揮其他人。「我最親愛的姪兒，」詹姆斯在一八三八年三月某次意見不合之後寫了一封信表示歉意，「我對你們的表現非常滿意，而且要懇求你們不要**按字面**解釋我的意思，因為要忍受這裡諸多的磨難，有時候不免會變得嚴厲而不滿，我的神經就要斷線，因此也很容易發怒。」而且詹姆斯也無法控制他的哥哥們，有次阿姆謝爾又如往常以自己的健康不佳為由威脅要放棄生意，詹姆斯馬上就衝到法蘭克福安撫他；不過最後的責任歸屬自然是落到薩羅蒙的兒子安謝姆與卡爾的長子邁爾．卡爾身上，這件事反映出法蘭克福、維也納及那不勒斯之間的營運利益比較密切相關。詹姆斯自己在一八三八至三九年冬天也生了一場重病，只能暫時拋開想要成為「總指揮官」的念頭。事實上，在一八四八年以前幾乎沒有他明確反對他哥哥們意願的例子，薩羅蒙曾經要求在某筆鐵路及公債生意上享有更大占比，納特便評論道：「又來了，我們又要對法蘭克福讓步了。」

就如同過往，老一輩的羅斯柴爾德希望能訴求兄弟「和諧」這條空洞的原則來避免公司分崩離析。「是什麼力量支撐著我們到現在？」詹姆斯在一八三九年又和姪子意見歧異，他便如此斥責道，「就是因為人們知道一地的公司會支持著另一地的……你們都很清楚，家族的福祉在我心中比其他什麼都重要。」一八四一年，阿姆謝爾對家族內部的紛爭程度之大感到十分憂心，於是寄信給每個弟弟和姪子請求家族的團結，呼籲眾人記得邁爾．阿姆謝爾。「我們要重拾和平與和諧一起做生意，不要彼此爭吵。」隔年詹姆斯也懇求道，「若是我們能夠和平共處，就會帶來財富與福氣，你我就再也不會有所匱乏。」

同一年，合夥人在巴黎見面時決定不更動一八三六年的合約，這或許是明智之舉，因為據漢娜所言：「年長的兄弟們似乎對於現狀很滿意，不要求更動。」但是她也特別補充說明：「各家擁有自己的資產，因此帳務應該獨立，而他們必須監管每一方的收入，好讓所有相關的帳務能夠平等；而既然年長成員的資產多出許多，他們便有更大的決策權。」這也是她年長兒子的觀點。兩年後，萊昂內爾便能完全按照這個方式修改合夥人合約，他和他的兄弟們正式從總和資產中的個人股份分中收回了三十四萬兩百五十英鎊，這樣他們的占比（如此他們所收到的年利率就是那一份占比的百分之三）就和叔伯的相當，從此納坦再也不是最大「股東」。

或許有人會認為萊昂內爾這麼做是放棄了優勢，事實上他放棄了更多，因為他在一八三六年的安排中並未更動收益總和的分配方式，其中明確指出歐陸各公司的收益有百分之十要交給倫敦公司。「原本我很肯定會有意見不同的爭執或討論，」萊昂內爾對他的弟弟們說，「也很肯定我們應該占不到什麼好處，所以我自然完全對我們的利潤占比比較大隻字不提。感謝上天賜我們所有的，願我們下一次見面時也有這麼多能夠分配。」不過萊昂內爾的目的主要是希望保持倫敦公司的相對自治性，他真正的勝利在於打敗了詹姆斯的提案（這件事將近三十年前就提過了），也就是他們應該公開五家公司之間的合夥關係：

> 詹姆斯叔叔希望在巴黎有人想要知道公司的夥伴有誰時，可以拿出這份合夥合約，而不必提到我們的金錢問題——好了，**就像我們在倫敦時總是說我們公司跟其他人沒有關係**，我們只是想要避免其他人可能會拿出什麼文件，我們不可能擬出寫明所有金錢事務的合約，但是原本的合約有可能很輕易就會被公開，所以不可以這麼做，而他們馬上就同意了我的觀點。

多虧了萊昂內爾，五家公司之間關係的確切本質仍然是一團謎，屬於合夥人和律師間的祕密。這樣的保密也是羅斯柴爾德的傳統，但似乎可以合理推論萊昂內爾已經希望倫敦公司不要跟其他四家有太緊密的關聯。

「感謝上天賜我們所有的」，納坦的兒子們大多有這種感覺。納特和安東尼在幾個月前說了幾乎一模一樣的話：「我們必須感謝上天賜我們所有的，努力保住這一切。」確實，其中一個在一八三〇及四〇年代意見分歧的原因顯然是企業經營態度上的「世代差異」。新廷如今的金融環境無疑比過去納坦經營時的時代更加穩定，例如債券市場的風險投資減少了，增加了更多的證券生意。「我們傾向進行利潤少一點的生意，這樣可以握有非常大量的股票，堅持到非常高的價錢再售出。」納特從巴黎寫信給兄弟們這樣說道，這是他在書信上其中一條謹慎經營生意的眾多法則之一。如今他在海峽另一端就像流放一樣，通常將新廷及拉菲特路之間的差異解釋成國情不同，「我越來越相信世界上沒有像我們新廷這麼好的地方，要是沒有我們的支援，這些垃圾般的法國股票算什麼？我想我們應該更看重自己，和其他人一樣成為大人物。」不過很難想像納坦會說這樣的話。雖然萊昂內爾與他的叔叔詹姆斯只差十六歲，但他們的經營態度卻天差地遠，因為詹姆斯和他的哥哥們還保有出身自法蘭克福貧民窟那股無法停歇、不安的動力。「每次我們寫信告訴你們有其他人更關心市場情況並進行更多生意，你們馬上就覺得我們是想找碴，」詹姆斯在一八四五年寫給姪子們的信似乎有些痛苦，「但是我跟你們保證，親愛的姪子們，我心裡絕對沒有這個意思。但是我看見其他人如此想方設法要將我們擠出（每一筆）生意，我心中實在痛苦，（就連）牆上的石頭都會嫉妒我們，視我們為敵。」這種將所有競爭對手都視為威脅的傾向實在不是下一代能夠繼承的意志。

不過就算沒有這樣的態度差異，五家公司之間可能還是會出現越來越多的摩擦，因為這就是成功必然要付出的代價。到了一八三〇年代中期，五家羅斯柴爾德公司在各自立足的國家中已經穩穩成為公共金融市場的主導力量，據說在一八三〇至三三年間的革命危機中，各大強權都希望能夠謹慎行事，除了在一八三五年必須貸款來賠償西印度的奴隸主人，英國、法國及奧地利在一八三九至四一年以前都沒有借過大筆金錢。儘管如此，一八三〇年代早期的革命示警經驗還是更強化了三大羅斯柴爾德家族與他們立足的國家之間的關係。就萊昂內爾及他的弟弟們而言，當然對英國更多了一份情感認同；薩羅蒙也因為與梅特涅越來越親近的關係，越來越容易為奧地利王室的利益著想；即使是詹姆斯，雖然他相當討厭路易·菲利普的官員，卻也無法完全避免優先考慮到國家利益。在歐洲處於和平的時候，這樣的國家認同並沒有太大關係，但是當各強國之間出現利益衝突，並且不時出現這種狀況，那麼羅斯柴爾德家族就越來越不容易保持中立。

面對強權對資金的需求減少，羅斯柴爾德家族的自然反應是到其他地方找生意做，但是歐洲強權幾乎在全世界各個地區都有利益考量，而且也沒有各國均能得利的地區。在伊比利半島、美洲、低地國以及近東地區等四個區域，羅斯柴爾德家族的挑戰就在於擬定出符合家族共同利益的策略，即使他們「各自國家的」政府的國家利益有所衝突亦然。在納坦還主導一切時就已經夠困難了，在他過世之後更幾乎成了不可能的事。

第 3 部

叔姪之間

十二、愛與債

你認為這個社會這樣排拒你是因為你對自己不聽從家族安排的妹妹態度不甚友善，但若是你堅持自己的原則，同樣地，這個社會的態度就會轉為友善，並且更加敬重你……

——詹姆斯寫給納特的信，一八三九年七月十六日

一八三九年四月二十九日，羅斯柴爾德家族發生了一場空前危難（或者說當時家族看起來是如此）。納坦在正值權力巔峰時意外過世之後不到三年，他的次女漢娜．邁爾捨棄猶太教，嫁給了一位基督徒。

就各個其他角度來看，對於一位財富靠著「商業交易」累積而來德裔的猶太移民而言，亨利．費茲羅伊閣下（the Hon. Henry Fitzroy）對他的女兒來說可能是相當適合的良配，甚至會主動想與之結親。確實，費茲羅伊是南安普敦男爵（Lord Southampton）的次子，因此不太有機會繼承頭銜或者太多土地；另一方面，年僅三十二歲的他先後在牛津大學莫德林學院以及劍橋大學三一學院完成學業後，已經是南安普敦郡的副郡尉及代表雷威斯的議員，未來很有機會進入政府任職。不過這並不是漢娜．邁爾心中考慮的條件，因為她在一八三八年的某一刻愛上了這位深色頭髮、藍眼睛的年輕人，而這形同叛教的行為讓她終生都未得到完全的諒解。

漢娜．邁爾的罪與罰

十九世紀小說中陳腔濫調的經典主題便是貴族家庭不願意接受與商人家庭的婚配，而費茲羅伊的家庭當然反對這樁婚姻，還切斷了他的金援，不過他們的反對力道完全比不上羅斯柴爾德家族那般強烈。事實上，

這並非漢娜·邁爾第一次與非猶太人交往。據說在她父親過世之前，奧地利克萊瑞的埃德蒙王子（Prince Edmond de Clary）便曾經在巴黎向她求婚，納坦斷然將此斥為無稽之談；而納坦的弟弟詹姆斯聽說了她和費茲羅伊的新戀情之後，態度也沒有比較體諒。

> 唉，親愛的萊昂內爾，你在信件中提到令人煩惱的狀況以及你妹妹漢娜·邁爾的戀情實在傷透了我們的心，你可以想像為什麼，因為若要維繫我們家族的福祉、我們優秀的名聲及榮譽，不可能有比這項決定更加可怕的災難，但願不會如此。我甚至提都不敢提，居然要捨棄我們的信仰，這是我們敬愛的已故（父親）拉比邁爾·（阿姆謝爾·）羅斯柴爾德所奉持的信仰，感謝上天，也是這份信仰讓我們有如此斐然成就。

然而，詹姆斯從一開始就不認為他們有可能阻止她第一次，這並不是完全因為他缺乏納坦那樣的父執輩權力，因為納坦在他的遺囑中已經明定，他的年幼女兒只能在母親及哥哥們同意下結婚，若有意見歧異，則由納坦自己的兄弟做出最終的裁決。真正的問題在於，原本想藉由金援制裁來強力執行這項條款的威嚇效果不足，因為漢娜·邁爾在她父親過世時便拿到了一萬兩千五百英鎊，同時在她成年時也已經拿到同額的款項，另外還有一筆五萬英鎊的投資款存在家族的銀行，每年能收取百分之四的利息。若是她在家族的祝福下結婚，那麼就能再拿到五萬英鎊的嫁妝，但是她顯然認為自己不需要這筆錢。詹姆斯建議姪子們將漢娜的意圖通知薩羅蒙伯伯，但是他很懷疑薩羅蒙是否「能比我更妥當解決這件事」。他也同意在二月二十日以前來到倫敦，試著親自勸阻姪女。「但是，」他鬱鬱寫道，

> 無論我們走這一趟的結果會不會成功、在大眾心中會造成什麼樣的印象，我不可能預測這些，或者漢娜·邁爾會不會聽進我們善意的建議，畢竟她應該很清楚我們造訪倫敦的唯一目的就是要擾亂她這場愛情冒險。考慮到這女孩的獨立性格，我更願意相信我們很可能會進一步激怒她，而不是說服她放棄這段前途茫茫的

戀情。但是我只在乎我們的家族福祉，沒有什麼能夠阻止我前往倫敦……我非常擔心。

結果詹姆斯因為突然生了一場病而無法前去倫敦，於是他建議漢娜・邁爾在她母親的陪同下和他一起到瑞士小住，他打算在那裡繼續休養。然而這個「轉移注意」的行動來得太晚，詹姆斯送出邀請的那一天，婚禮便在漢諾威廣場上的聖喬治教堂舉行，只有她哥哥納特出席觀禮，而新娘的母親則領著她走到教堂門口便不再前進。幾週後，這樁醜聞躍上《泰晤士報》的版面：

消息已經獲得證實，羅斯柴爾德小姐嫁給費茲羅伊閣下的條件便是她改信基督教。這是羅斯柴爾德家族第一次有成員放棄了父執輩的信仰，這項消息在他們的故鄉（法蘭克福）應該會造成更大影響，畢竟該家族長久以來便以謹守猶太教義而自豪。據說新娘的叔伯對於這樁必須改信宗教的婚姻一點也不高興。

最後這一句可說是輕描淡寫。「我就坦白直說了，」怒火中燒的詹姆斯從巴黎寫信來，

漢娜・邁爾的報導讓我的病更加重了幾分，我實在沒有勇氣提筆寫下這封信。不幸的是，她奪走了我們整個家族的榮耀，造成永遠無法平復的傷害。親愛的納特，你說她找到了一切，只是沒有信仰，但我卻相信（信仰）就是一切，我們的財富和福祉都是因信仰而來。所以，我們應該將她從我們的回憶中抹除，我這一輩子或者家族任何其他成員都不能再見她或接受她，就像她從來不存在。

就連她自己的母親也有同感。「關於最近那樁婚事，最先浮現我腦海中的那些想法和遺憾就快要將我淹沒，」她告訴兒子納特，「只有努力想著避免再度發生類似這種嚴重違背我們所有人習俗與意願的事才能將我拉出水面。」不過她也坦承自己「非常樂意收到國內的每日最新消息，同時知道我積極參與的其他事務狀況，或許還有某個我非常在意的人有什麼消息」，即便那個人已經永遠「脫離了與我的關係」。納特，也只有納特

支持漢娜．邁爾的決定。七月，他寫信給詹姆斯，主張他妹妹做的事情「不過就是『在基督教國家中嫁給了基督徒』」，他叔叔對這句話的回應值得長段引述，因為這顯示了上一代的羅斯柴爾德對這件事的態度。「從一開始，」雷霆震怒的詹姆斯顯然已經盡量壓抑著自己的怒氣，寫道，「我的預測就沒有錯……這件極度不幸的事件……將會破壞家族的團結……我可以告訴你，這件事讓我的病痛變得更加嚴重，我實在認為自己可能撐不下去」：

我很想知道，一個人放棄了自己的信仰並且公開表示自己從十五歲起便從來沒想過其他選擇，還有誰能做得比這樣更絕？親愛的納坦，我既是你的朋友也是叔叔，我要告訴你我最坦率而真誠的意見……我們一致同意，只要上天仍保佑我們身體康健，那麼無論是我們或者我的孩子就不能夠再與漢娜．邁爾往來，背後不只有一個原因（讓我們做出這樣的決定），而是多到我可以寫滿無數張信紙。

詹姆斯的論點中有一部分是關於家族中的權威結構，以及年輕一代應該對上一代保持的順從：

當一個女孩說：「我要違背家族的意願而結婚。」這對我們的孩子會是什麼樣的示範？我甚至不想提起宗教問題……然後我還應該要歡迎、招待這位女孩，好像一切都沒發生過一樣？那麼我的孩子或者我孩子的孩子又何必聽從父母的意願，反正也不會受處罰？

但是「重點」就如他所說，在於「宗教」：

我和家族中其他成員……一直都是這樣從小教育我們的孩子，灌輸他們只能將愛情留給家族成員，他們對彼此產生了羈絆之後，就不會想和家族以外的其他人結婚，那麼財產就能留在家族中。誰能向我保證，如果我自己的孩子看見不聽話也不會受罰的話，他們還是會照我的話做嗎？萬一我的女兒結婚之後說：「我過得很悲慘，雖然我的財富足以找個公爵丈夫，但我卻沒這麼做；而我看見這個女人，雖然她捨棄了自己的宗教、雖然她違背了家族的意願而結婚，（家族）卻還是接納她。我能不能也做同樣的事呢？」你真的認為，假如不加以阻止，所有立意良善且安排妥當的計畫（會有成果）？也就是說，邁爾要娶安謝姆的女兒，而萊昂內爾的女兒則要嫁給家族另外一個成員的孩子，這樣龐大的家產以及羅斯柴爾德的姓氏才能維護住名譽並傳承（給下一代）。

最後，詹姆斯又補充了一些社會如何解讀這樁婚姻的感想（顯然是為了回應納特的論點）：

當然，或許可以採取一些行動來避免這樣的事情發生，但是社會可能會對這些手段有所疑慮。或許確實可以這麼做，但我個人並不完全同意……你認為這個社會這樣排拒你是因為你對自己不聽從家族安排的妹妹態度不甚友善，但若是你堅持自己的原則也不受到空談影響情緒，同樣地，這個社會的態度就會轉為友善，並且更加敬重你。真誠而正直的人永遠會重視具有相同性格的人。再見。

自然，詹姆斯對這番慷慨激昂的發怒加了一條但書，納特「應該將這段話視為我的，而且只是我個人的想法和感受，不要認為我想以任何方法影響你的母親或者家族裡的其他成員。這樣並不妥當，我也無意這麼做，每個人都有權利去做自己想做的事」。但這些只是空話，他在信件最後要求納特將這封信拿給大哥萊昂內爾看，「我確信他和我有相同的看法。」自他哥哥過世之後，這是詹姆斯第一次明確地以家族新領袖的語調說話，因為他很確定家族裡大部分成員也同樣沮喪，或許還更悲傷。正值危機的此時，安東尼人在巴黎，隔一天他也寄信來證實了這樣的看法：

他們希望我們目前不要接納漢（娜）邁（爾），這也很容易理解。他們說：有位姊妹在家族不同意的情況下結婚了，如果只過了兩個月你們就接納她，那會對家族其他成員有什麼影響？他們說：我的女兒見到堂姊妹違背整個家族的意願結婚之後卻仍然被接納，她還會嫁給我為她挑選的對象嗎？不，她也會愛上某個基督徒，接著天曉得兒子們會怎麼做……我建議……現在為了你們自己著想，同時也要維護我們之間的團結——暫時不要接納漢邁。

納特竭盡全力試圖再為自己的妹妹說話，卻被他的叔叔堅決忽略了。

詹姆斯的回應中最令人震驚的論點當然是他將「宗教信仰」和族內通婚畫上等號：「宗教榮光」的意思是，如果按字面解釋他的話，羅斯柴爾德家族的族內通婚「是為了將財富留在家族裡」。我們大可以問這般如此實際的原則到底跟「宗教信仰」有什麼關係，因為詹姆斯提出這個論點就代表年輕一輩的羅斯柴爾德不只應該與其他猶太人結婚，而是只應該跟**其他羅斯柴爾德**結婚。他們鼓勵家族其他成員依循他們自己的意志，但漢娜·邁爾的反叛之舉危害了「所有立意良善且安排妥當的計畫……邁爾要娶安謝姆的女兒，而萊昂內爾的女兒則要嫁給家族另外一個成員的孩子」。在迪斯瑞利的《康寧斯比》中提到比較年輕的席多尼亞時便說，「俗世中沒有什麼因素能誘使他損害他最引以自豪的種族純淨」而選擇娶一名基督徒。但事實上，在有些羅斯柴爾德家族成員眼中看來，「俗世因素」就和種族或宗教排他性一樣重要，詹姆斯在他的信裡幾乎就承認了這一點：「親愛的納特，別以為我要開始凡事以信仰為重，但我必須承認我相當以自己的信仰為榮，也非常希望自己的孩子能這麼做。」這句話也符合我們對他的宗教信仰的認識，就像納特同樣很清楚詹姆斯並非嚴格遵守教義。詹姆斯和他的哥哥們一樣，為了善盡對猶太社群的責任，在一八四三年資助（猶太）濟貧扶助協會（the Society for the Encouragement and Aid of Indigents），並且在一八四七年詢問教育部長：「為什麼波爾多的學術協會中都沒有任命猶太成員？」他就和其他羅斯柴爾德一樣積極行動，為促進法國以外地區猶太社群的民權而努力（法國在一八三〇年便實現了完全的宗教平等）。但是基本上，他對自己宗教的忠誠程度相當具有排他性，幾乎沒有其他猶太人能夠與羅斯柴爾德家族平起平坐，但是每位羅斯柴爾德都必須是猶太人。

眾人聽從了詹姆斯的要求。在漢娜・邁爾婚後的幾個月，安東尼似乎也抱有類似意圖，於是阿姆謝爾伯伯嚴格要求他遵照「立意良善且安排妥當的計畫」，要他迎娶露易莎（有時也叫成露意絲），她是蒙提費歐里家的一位表妹。這次的施壓相當有效，尤其是因為安東尼的個性沒那麼浪漫，也比他姊姊聽話。「阿姆伯伯老是在煩我，一直叫我結婚，」他對自己的兄弟抱怨道，「還寫信給薩伯伯說我就是在等他死了好娶個基督徒……我很簡潔告訴他，如果漢莉耶塔姑姑（蒙提費歐里）願意付清款項，那我就準備好了。然後他說，當然，若是露易（莎）沒有拿到與喬瑟夫和納坦尼爾同額的金錢，他也不會建議我（這麼做）。所以我就說很好，我相信他寫信來也是為了這個目的，因為後來我們的關係就比較要好了。」詹姆斯顯然不像阿姆謝爾那麼擔心安東尼，「我完全相信，」他從那不勒斯寫來的信中，顯示出這群叔伯現在對於婚姻問題有多麼在乎，

安東尼並不打算娶那個女孩。他的意志相當薄弱，而且我不認為，就連一秒鐘也沒想過，他腦中會出現這麼愚蠢的念頭。他很脆弱又容易受人引導，而且我向你保證我並未輕忽這件事，等我回到巴黎就會盡一切所能結束這件事情。我在巴黎的時候經常跟他討論這件事，親愛的阿姆謝爾，不過你也很清楚，人們總是比較想要躺在別人已經鋪好的溫暖床鋪上。很遺憾，他認為這整件事有些（幽默？），好了，你不用擔心我們再也不能像過去那樣告訴年輕人該怎麼做了。既然我們的好（兄弟）薩羅蒙也要來巴黎了，如果一切順利的話，我們屆時就能處理這件事……我很高興見到與兄弟卡爾的兒子的這些討論都有圓滿的結果，一切都會順利的，願上天保佑。

最後提到的這件事是另一項計畫，就是要讓邁爾・卡爾迎娶漢娜・邁爾的妹妹露意絲。

時機一到，詹姆斯的信心便得到了充分證實。「親愛的安東尼，我很高興注意到你如今沉浸在愛情中。」他在一八三九年十一月寫下這番贊同的話，幾天後便宣布安東尼與露易莎・蒙提費歐里訂婚；兩人在二月結婚，也收到了相當熱烈的恭賀與祝福。三年後（按計畫），邁爾・卡爾在倫敦和堂妹露意絲結婚；同年八

月，納特也娶了另一名堂妹，是詹姆斯的女兒夏洛特。最近一次的這場婚禮辦得相當盛大，尤其和一八三六年及三九年那兩場寒酸的婚禮比較起來，對比更是天差地遠：

> 舉行典禮的地點就在（費律耶）花園裡專門為此而建造的小禮堂，通往禮堂的路上撒著玫瑰花瓣。典禮過後，有些人回到巴黎，不過大部分賓客都留下了，打打牌或者玩台球、在花園中散步等等……比利和我喝了一瓶香檳。七點時，我們在果園裡安排好的華麗宴會用餐，眾人敬酒敬了好幾輪，你的詹姆斯叔叔發表了一席漂亮的談話，提議大家為國王的健康敬酒。

於是就此建立起了某種模式，或者說是重新建立，一直持續到了一八七〇年代。

這種父母安排的族內通婚婚姻會有多幸福快樂，其中存在諸多爭議。詹姆斯與貝蒂的婚姻似乎當時在許多人眼中是美女配野獸，英國外交官威廉·羅素閣下（Lord William Russell）在一八四三年就這麼總結他們這對夫妻：「她美麗大方，他卻粗俗無禮。」其他人也很驚艷於貝蒂更加優雅的舉止及文化素養。（海涅大概也是這麼看待這對夫妻，只是他從來沒有低估詹姆斯的才智；而巴爾札克所描寫的紐沁根與他的妻子形象也相去不遠，只是他並未低估紐沁根夫人那股與生俱來的堅毅。）不過貝蒂的書信中透露出她對自己的丈夫懷著真誠而濃厚的情感，而且也沒有證據顯示兩人婚姻中有什麼衝突。

在倫敦，萊昂內爾與堂妹夏洛特於一八三六年成婚，在某些外人眼中看來似乎也不太適合。萊昂內爾勤奮工作又認真不苟，全心為了父親的公司以及解放猶太人的使命而努力，不過在個人生活方面卻不太用心，也不重視培養文化品味。迪斯瑞利提到席多尼亞時說：「他很容易深陷在情緒當中，卻不會是為了某個人而如此。」這席話或許與真實的萊昂內爾相去不遠。相較之下，夏洛特不僅非常漂亮，還是同一輩羅斯柴爾德家族成員中最具聰明才智的一個。她留下的大量書信與日記中經常透露出尖酸、更別說還有確實帶著惡意的語調，再加上這些文件的驚人數量也暗示著她實在飽受無趣生活所苦，因此實在很難令人相信她完全滿足於「羅斯柴爾德男爵夫人」、妻子、母親、女主人及慈善家的身分。「自從我成為你的妻子，」她在一次罕見的脾氣爆發中寫信給她的丈夫，「我就得去做其他人想要我做的事，從來就不是我想做的事。真心希望我到了天堂能得到補償。」迪斯瑞利在小說《恩迪彌翁》描述紐沙特夫婦的關係時也有所暗示：

> 埃德里安在很年輕的時候就娶了他父親選擇的淑女，這個對象看起來相當好，她是一名傑出銀行家的女兒，而且自己也占了很大股份，不過這點不太重要。她相當有才華，十分有教養……但是紐沙特夫人並不滿足，雖然她很欣賞丈夫大部分的性格，甚至對他是敬愛有加，但是她卻很難靠自己的特質讓丈夫感到幸福。為此……紐沙特夫人開始鄙視金錢，甚至是完全憎恨金錢……就某一方面看來，埃德里安與妻子的結合並非不幸……只是……埃德里安實在太沉浸於自己的宏圖大業，同時他的脾氣相當沉穩，意志又無比堅定，他妻子腦海中那份過度修飾的幻想根本影響不了他的人生規劃。

但是無論族內通婚會導致如何悲慘的個人生活（我們對此也只能猜測），他們所感受到或逐漸感受到的憂慮正是一種族群的集體身分認同，這就是老一輩家族成員想要培養出的思想，而漢娜・邁爾後來受到家族其他人有些報復意味的對待最能解釋這樣的想法，尤其是夏洛特本人。

漢娜・邁爾並沒有永遠被拒於門外。最晚在一八四八年，她和丈夫和她的大哥維持著算是不錯的關係，還會收到他送給他們孩子亞瑟（Arthur）與布蘭琪（Blanche）的禮物，同時他們也邀請他到他們加柏迪舍（Garboldisham）的房子作客。更意外的是，貝蒂在一八四九年告訴兒子自己已經「跟漢邁和解了」，並在費茲羅伊一家造訪巴黎時「邀請她來我家」。但是家族中仍蔑視漢娜・邁爾，而這樣的看法通常是套用在維多利亞時代中所謂的「墮落女性」身上；就像循規蹈矩的維多利亞人一樣，她的妹妹露意絲與堂姊兼嫂嫂夏洛特總忍不住將她身上發生的所有不幸都解釋成某種上天的懲罰。一八五二年，漢娜・邁爾的丈夫想要爭取海軍部秘書一職，結果卻半路殺出艾伯丁伯爵，她為此「憤怒不已」，而露意絲及夏洛特則殘酷地對此表現出十分滿意。六年後，費茲羅伊家的兒子亞瑟過世了（因騎小馬時墜落傷重不治），就連當時才十五歲的姪女康斯坦絲（Constance Rothschild）也「不免認為可憐的漢娜．邁爾姑姑遭遇到這一切不幸與磨難，都是因為她捨棄了祖父的信仰、在母親不同意的情形下結婚而受到的懲罰。她讓自己母親感受到的一切悲傷，如今加倍報應在她自己身上」。隔年，亨利．費茲羅伊也過世了，這幅報應的肖像幾乎就要完成，現在只缺讓這名寡婦和他們的女兒布蘭琪落入應得的悲慘結局。這兩人都沒有等太久，或者對夏洛特．德．羅斯柴爾德來說似乎是如此，她寫給幼子利奧波德的眾多書信中如實記錄下隨著費茲羅伊家一步步衰落，她對外顯露同情，對內卻暗自竊喜。

從一八六四年二月開始，漢娜．邁爾病得很嚴重。夏洛特表示她「背上有一個巨大的腫塊，就像駱駝的駝峰」，而且「看起來確實很糟，她的面容蒼白枯槁，而且滿布皺紋，顯然受到極大的苦難。看到她如此痛苦，真是讓人心碎。她背上的腫塊真的很巨大，而且溫度頗高。只是，儘管她全身因疼痛而顫抖，卻仍不斷談論著派對……她的心思總繞著婚姻打轉」。自那時起，漢娜．邁爾心中掛念的只有為女兒找到合適的丈夫，而她的羅斯柴爾德親戚很難不注意到她所有列入考慮的「候選人」都是基督徒，而且她的理想人選與實際上有可能的人選之間有著明顯落差。「她不願意聽人提起」拉夫堡閣下（Lord Loughborough）、塞夫頓閣下（Lord Sefton）及考文垂閣下（Lord Coventry）等人選，不過布蘭德福德侯爵（Marquess of Blandford）倒是可以接受。布蘭琪或許漂亮又有藝術才華，但是她和羅斯柴爾德家族並無來往，而且在費茲羅伊家族中的位階也很低，實在不是很值得追求的對象。

結果成功的追求者是藝術家兼建築師庫茨．林賽男爵（Sir Coutts Lindsay），他的事業成功卻不太在乎世俗規範，年紀是布蘭琪的兩倍大，在蘇格蘭有一處房產，一年有一萬英鎊收入，而且和維吉妮雅．索莫斯夫人（Lady Virginia Somers）維持著可疑的親密友誼，或許還有一大群平民情婦與私生子。夏洛特經常會去她小姑在上格羅夫納廣場的房子探望她，一半是為了在她面前裝模作樣，一半則是享受這種罪惡的樂趣。有一次，她表面上是說要去恭喜漢娜．邁爾，結果：

> 發現她病得很厲害，完全承受不住心中互相矛盾的感覺，她不斷號哭啜泣，幾乎尖叫出聲，實在是很值得可憐，我也就說不出那聲恭喜。她並不是完全滿意這樁婚姻（這事我們兩人知道就好），因為準新郎已經四十歲了，頭髮都灰了，而且她的野心可能還更大一點，想要為女兒選擇一個頭銜響亮的貴族。

如此詩意般的天理昭昭，布蘭琪追隨了漢娜．邁爾自己在二十五年前立下的典範，不顧她母親的希望，選擇了她所愛的人為丈夫。不過布蘭琪還是想盡辦法為這個糟糕的選擇說盡好處，堅持庫茨爵士是「我所見過最迷人的人」。夏洛特對這位新郎的挖苦描述倒是絲毫沒有放過一個缺點（他「金玉其外」、「不公不正」、送給未婚妻的禮物相當寒酸等等）。

漢娜．邁爾所受到的「懲罰」還沒結束。布蘭琪從訂婚的那一刻起，似乎就和病重的母親保持距離，也幾乎跟羅斯柴爾德家族完全斷絕往來。夏洛特同情自己的小姑，同時也對這位新「林賽夫人」產生反感。據她所說，布蘭琪幾乎是可以不去探望躺在病床上的母親就不去，她是（各種）「完全沒心沒肺」、「冷酷無情的新娘」、「冷酷無情的毒蛇」，「太容易受人哄騙、意志薄弱」、「一根冰柱」、「糟糕的騙子、沒心肝的偽善者」、「那個沒心沒肺又令人無法理解的女人」、「不順天理的女兒」以及「糟糕的布蘭琪」。而這一連串謾罵的對象則是「對於成為林賽夫人開心得不得了，甚至是太開心了，完全不為自己正飽受苦痛、或許就快死亡的母親感到憂慮」。夏洛特去拜訪她的時候，發現「這個沒心肝的傢伙問起自己將死的母親也只是瞪著雙眼，像個小女孩般咧著嘴咯咯笑著，看來十分傻氣，彷彿那受苦受難的可憐人只是染了風寒」。

到了十一月中，已經能預見結局的來臨。「可憐的漢邁姑姑，她的婚姻生活和守寡日子就只是一長串沒完沒了的傷感及苦難，」夏洛特告訴兒子，「為了她著想，這樣的日子實在不該再撐下去了。至於布蘭琪，實在無須為了可憐她而浪費分秒，她若不是禽獸不如就是一團費解的謎。想到布蘭琪，漢邁也不是那麼討厭了，也不必去理解她的個性。」「我非常傷心，」隔天她又說，「想到她這一生的諸多磨難，臨死又這樣孤單。布蘭琪傍晚五點的時候來了，待了五分鐘就離開。別提這種無情的行為，這實在是我們家族的恥辱，我們總是要求彼此忠誠的家庭成員一定會對此感到震驚不已。」然後她繼續說：「就連病重不起的母親殷殷懇求都無法讓她賞臉一天多待上五或六分鐘，(她)傍晚五點前絕對不會踏進這間房子，也就是說，她要在林賽爵士的畫室裡一直作畫到傍晚的陰影奪走了所有光線；然後她兩手空空地來，而她不幸的母親則繼續跟疾病與死亡勉強搏鬥求生。」

一八六四年十二月一日晚上，漢娜．邁爾終於離世。夏洛特回想起來，謹慎地選擇自己的用詞來描述她這一生就像是「一場漫長的殉難」。確實，在漢娜．邁爾生命的最後幾週當中，她有時候看起來「就像在義大利畫廊及教堂中那些眾人膜拜敬仰的可愛殉難者」。但是夏洛特和她的詹姆斯叔叔一樣，並未完全從宗教的角度來解讀漢娜．邁爾的衰敗：她的小姑在遺囑中並未將七千英鎊存進某個儲蓄帳戶，而是自然由林賽家族繼承，她一想到這件事就很不舒服，羅斯柴爾德家族的錢落入了其他人手中，即使在漢娜．邁爾最早的敗德之舉已經過了二十五年仍令人憤恨不已。就連她入土為安之後都還有報應跟著她。夏洛特並未放過布蘭琪．林賽所犯下的過錯，尤其是她沒有出席她母親的葬禮(儀式上，「葛拉夫頓公爵〔Duke of Grafton〕、查爾斯．費茲羅伊閣下〔Lord Charles Fitzroy〕與南安普敦男爵也在場，雖然他們對死者認識不多也甚少來往……他們根本沒聊到她，只是談論著鐵路與馬匹等等)，而且她還試圖賣掉自己繼承的羅斯柴爾德外祖父母肖像畫(「居然想賣了她的外婆與外公，簡直令人不敢相信」)。從她不得體的前拉斐爾派風格服裝、漸漸發福的腰圍到不斷衰退的視力，一切跡象都可以解釋為她母親特殊原罪造成的結果。當她的婚姻因為林賽一再不忠而觸礁時，安謝姆的兒子費迪南便忍不住預測說，她「久了之後就會……後悔」，自己決定「離開夫婦共享的臥房」。即使到了一八八二年，漢娜．邁爾的罪孽雖然已經受到懲罰，似乎卻還是沒有得到原諒。

城市與鄉村

十九世紀的羅斯柴爾德家族對於親屬關係特別敏感，從他們對待漢娜・邁爾的方式就相當清楚。矛盾的是，她遭受處罰的這段時間正好也是家族加快腳步融入社會與文化的時候，她不僅僅是嫁給了基督徒，更改信基督教，跨越了羅斯柴爾德家族與歐洲上流社會之間少數僅存的屏障之一，而這或許也是羅斯柴爾德家族自己最希望維持的屏障。

薩克雷於一八四六至四七年在《潘趣》（*Punch*）發表了諷刺文章〈勢利眼之書〉（Book of Snobs），其中引用了「落腳在巴黎、那不勒斯及法蘭克福等地的撒拉克柴爾德家族（the Scharlachschild family）」作為「銀行界勢利眼」的原型人物，他們「將全世界都納入自己的小圈圈」、廣結善緣「就像招待王室一樣用心」，並且「在他們的宴會上招待整個世界，即使是貧窮的人也能參加」。這還說得不算太離譜。在納坦過世後的十年間，羅斯柴爾德家族大大提高了自己追求社會及文化素養的時間與精力，尤以詹姆斯為甚。首先，他們在城鎮與鄉村的住所都變得更加華麗、更大。一八三六年，詹姆斯委託建築師、設計師兼劇院製作人查爾斯－埃德蒙・杜邦切爾（Charles-Edmond Duponchel）重新建造並裝潢自己在拉菲特路上的旅館，無論花多少錢都行，結果造就了百萬富翁夢寐以求的宮殿，結合了華麗且具有歷史意義的裝飾，以及最先進的現代舒適生活。杜邦切爾有不少神來之筆的設計，其中包括一間文藝復興風格的沙龍，房內裝設了木板牆及地板，並且以畫家喬瑟夫－尼可拉斯・羅伯特－弗勒里（Joseph-Nicholas Robert-Fleury）一系列的文藝復興畫作當成裝飾主題（描繪的內容包括查理五世在西班牙、傳道中的路德以及亨利八世在狩獵），不過也隱晦地將羅斯柴爾德家族的紋章與梅迪奇家族的並列在一起。（還有一間打台球的房間，裝飾著弗朗索瓦－艾德華・皮科〔François-Edouard Picot〕的龐貝風格壁畫。）不過這一切描繪歷史的裝飾中都安裝了現代家庭的設備，在地下室建造了四座磚爐為一樓的沙龍房間及用餐的地方供應中央暖氣，而且在頂樓蓋了水塔讓各個樓層有自來水可用，另外地下室還有四座封閉式大型箱槽來裝廢棄物，更別提將煤氣燈設計成拿著假火炬的小雕像，雕像臉上都留著小鬍子。隔壁的薩羅蒙家也經過類似的改造，還有詹姆斯在一八三八年買下的新塔列朗飯店，這家飯店位於比較時尚的第八區聖弗羅倫汀路（rue Saint-Florentin）上。

翻修後的房屋顯然十分富麗堂皇。一八三六年，詹姆斯舉辦了一場公演後的舞會，意在炫耀重新裝修後的拉菲特路房子，海涅滿懷崇拜地描述了他所謂「金錢絕對統治下的凡爾賽」：

十六世紀所傳達出的精神以及十九世紀的金錢能夠買到的一切都在這裡結合了。在這裡，視覺藝術的才華與羅斯柴爾德的天賦相互競爭。這座宮殿及其裝潢已經持續動工了兩年，據說花費的金錢總額相當龐大，有人向德．羅斯柴爾德先生問起這件事，他微笑以對……但是，我們不得不崇拜這一切成果所展現出的技藝，就和花費一樣驚人。

一本巴黎雜誌《好時尚》（*Bon Ton*）更是讚嘆不已：兩棟相鄰的房屋「看起來就像實現了一千零一夜中的故事，如此的奢華令人目眩神迷，尤其是對那些在那不勒斯、巴黎及倫敦證交所中無法發號施令的人而言」。「壁爐架上披掛著鑲金邊的天鵝絨，」德．勞內子爵（the vicomte de Launay）也發表諸多讚賞，「扶手椅也套著蕾絲椅套；無數令人眼花撩亂的織錦綢緞閃耀著光芒，遮蔽了牆面，即使牆倒塌了，光靠布料的厚度與強韌也足以撐起，必要時還真的能夠支撐布料所遮蓋的牆壁。窗簾美不勝收，掛了兩層、三層，整間房子到處都是……每一件家具都鑲了金，牆面上也有鍍金。」奧地利外交官亞龐尼也和海涅參加了同一場宴會，他就沒那麼驚艷，並認為屋內翻新成文藝復興風格「並不適合巴黎的旅館，我會選擇在城堡使用這種風格」。不過即使是他也得承認，「不可能出現更加優秀的仿作」：

畫作都以金色為基底，由傑出的藝術家完成，而且壁爐的雕飾也相當引人注目。椅子由鍍金青銅鑄成，

> 椅背很高，頂端還有搪瓷塑成的羅斯柴爾德家族紋章的人像。地毯、燭台、水晶吊燈，就連帷幕的流蘇上都滿滿綴著金與銀——總之，所有裝飾的風格都一樣。時鐘上鑲著以天藍色為底的搪瓷，純金鑄成的花瓶上也嵌著寶石和上等的珍珠。一言以蔽之，這番奢華已經超越了所有想像。

這種風格後來被稱為**羅斯柴爾德風格**，後世的評論者稱這樣的風格「結合了過去其他風格中所有最奢華的元素……大量使用黃金框架、垂掛著織錦的牆面、鑲邊又綴流蘇的熱那亞天鵝絨帳簾、大理石與鑲木地板……這一切都不算……新穎，除了煤氣燈以外」。

從二十世紀的眼光來看，這一切在煤氣燈照耀下的鍍金裝潢相當具有壓迫感，不過當年可是風靡一時。「這比他媳婦家（原文錯誤照引）好上不知幾百倍，」德．迪諾公爵夫人（duchess de Dino）看過薩羅蒙的「聖殿」後表示，「因為這裡的規模更為提升、更大了。令人無法想像的奢華，但是相當有品味，完全以文藝復興風格打造，沒有混進其他風格……在主要的沙龍中，扶手椅並非鍍金而是鍍銅，一張要價一千法郎。」年輕的迪斯瑞利也很認同。「最令人眼界大開的是，」他在一八四三年從巴黎向他的姊妹莎拉（Sarah）寫道，「在薩羅蒙．德．羅斯柴爾德男爵家的舞會，那是一間旅館，裝潢之華美超越了慕尼黑所有宮殿，僕役人數更多，而且他們身上的制服比杜樂麗花園中的僕役更美麗。還有許多鳳梨，多到和黑莓一樣多。這座無可比擬的宮殿裝潢品味就和其裝飾品一樣美麗與奢華。」後來他在《康寧斯比》中藉由小說向羅斯柴爾德的旅館致意，有一段描述席多尼亞在巴黎的住所，

> 在他手上經過了徹底的改頭換面，原先的裝潢一點都……不留……從廣闊的庭園疊起一道長長的大理石階梯，引領人走進一處空間寬闊的大廳，同時也是一片果園及佇立著雕像的藝廊，園內灑落著明亮但柔和又不刺眼的光芒，和周圍雕像的靜謐姿態相得益彰，空氣中還飄散著一股異國芳香。從這處大廳穿過一道畫廊就能走進一間風格相當不同的內廳，神奇、閃耀又色彩斑斕，到處都是形狀特異而令人目眩神迷的擺飾。

天花板上的鍍金雕飾風格是撒拉遜建築中常見的蜂巢風格，牆上掛著的皮革壓印著豐富而生動的圖樣，地板上鋪成了一大片馬賽克，四周擺放著真人大小的黑人雕像，臉上刻著浮誇的表情，伸出手來握著銀色火炬，閃耀著幾乎令人發疼的刺眼光芒。

這處內廳還有白色大理石的雙邊樓梯能夠通往樓上的豪華套房。

這些交誼休憩的房間既貴氣、寬敞又為數眾多，主要裝飾著由慕尼黑最知名的藝術家所繪製的蠟畫。三間主要的房間彼此間只隔著廊柱，披掛著豐富的裝飾，不過這天晚上都被挪到一旁。每間房的裝飾都恰如其分，舞會廳的牆面上妝點著在西西里各地或者在愛琴海蔚藍海岸活動的妖精與英雄人物，天花板上則畫著美麗的神祇朝著賓客丟出花圈……還有一間交誼廳擺滿了矮長凳與舒服的椅子……

詹姆斯也耗費鉅資整修了他在巴黎郊外費律耶的城堡，將之改造為最先進的仕紳鄉間別墅。建築師喬瑟夫－安托萬．弗羅利歇（Joseph-Antoine Froelicher）蓋了一間仿都鐸時期風格的洗衣間，然後詹姆斯在一八四〇年又增建了一片模範農場，並且派管理房產的經理人到英國學習。他後來加蓋了一間英國式乳品室、一座磚窯，以及英國製的機器為房產製造水管。那裡還有馬廄、騎馬學校及馬場，更別提還有一片果園以及由普拉希德．馬賽（Placide Massey）設計的新花園。詹姆斯的嫂嫂漢娜於一八四二年造訪費律耶時，認為這裡「十分氣勢不凡」。再一次，兩年後來小住的亞龐尼與里文王妃等貴族賓客就沒有那麼容易受到震撼，根據亞龐尼的說法（雖然他的話中可以察覺一些貴族的挖苦），王妃對於詹姆斯和貝蒂在地下室建造的「先進洗衣房」相當驚艷：「確實是這類建築中的傑作，既美麗又非常便利。」只是王妃被帶到自己的房間時（這個房間一度是留給已故的奧爾良公爵），便抱怨床墊「又硬又潮濕」，於是他們只好「更換床墊、乾燥、拍打，放上床墊又換掉床墊」。亞龐尼自己則取笑詹姆斯建造的馬廄：「以路易十三時期風格建造了這樣卓越的建築，浮誇到底。」「或許有點太美麗了，」他覺得相當有趣，「因為這座宮殿的氣勢似乎壓過了城堡本身。」這位自視甚高的外交官也對池塘挑毛病，他認為「離房子太近了」，同時也缺乏正式的花園和花圃。「庭園和花園之間沒有分開，」他不甚贊同眼前所見，「這樣獵物有可能直接衝進城堡的庭院裡。」不過，就算是這位最為挑剔的賓客也必須承認，屋內的裝潢「已經別無所求」：

一切事物的品味都非常好、非常華麗，有幾幅美麗的畫作還有你所能形容得出來各種數不清的美麗物品，有盔甲、小雕像、鍍銀或象牙或黃金製的瓶器，點綴上珍珠與寶石增色、以銅或鐵或銀鑄成的突梁刷上古漆，還有各式各樣裝飾著寶石的花瓶，然後是鑲嵌著象牙及銀的古董櫃，最後是佛羅倫斯風格的馬賽克。客房的家具十分舒適，沒有過分華麗，但還是鋪著上好的地毯、上好的長沙發、扶手椅、鏡子和高級床鋪，洗手盆邊也擺著許多毛巾……

賓客也會被帶到布洛涅和敘雷納去參觀羅斯柴爾德其他城堡中的花園。布洛涅的花園逐步擴建，還加蓋了一間結合果園的飯廳供夏天用餐時使用。詹姆斯也增建了一處小農場，雖不是認真經營，但還是養了母牛、雞和異國品種的綿羊。雖然薩羅蒙幾乎沒花什麼時間待在敘雷納，但花錢不手軟，不斷擴建並重新裝潢，在周邊蓋起了精緻的玻璃藝廊。薩羅蒙和弟弟一樣把農藝當興趣，也蓋了一間乳品室並且養了一大群水鳥。但他真正熱愛的是花園，終其一生都不斷擴建，後來還增加了溫室及灌溉系統。威廉．羅素閣下在一八四三年造訪敘雷納時，他說：「打造出能夠生產金錢的大自然，還要在春天生產出夏天的水果與花卉。」兩年後，據說詹姆斯從默倫（Melun）「移植了大量已經完全長成的高大歐洲紫杉」到敘雷納，想必是要送給薩羅蒙的禮物。「每一棵樹，」《泰晤士報》讚嘆道，「重量都需要十一匹馬才拉得動，原本是路易十四栽種在凡爾賽宮的土地上。」正如我們先前提過，海涅已經有過拜訪的經驗，而且他和其他人都會再度造訪。

英國的羅斯柴爾德家族也會在城鎮及鄉村的住宅裝潢進行投資，不過規模沒有波旁王朝那麼龐大。迪斯瑞利於一八四三年參加了納坦遺孀漢娜在甘納斯伯瑞莊園舉辦的宴會，那個地方讓他印象深刻，評論道那是

「最美麗的庭園與豪宅，讓義大利王子住進來都不為過，不過其中裝潢的品味和華麗恐怕只有往昔的法國金融家才能與之匹敵……美麗的莊園、殿堂和有照明的走道」。《坦可里德》（一八四七年）中描述過席多尼亞的鄉間住宅內部裝潢，如果說有一部分是以甘納斯伯瑞莊園為範本（似乎有可能），那麼這段描述跟法國的羅斯柴爾德住宅還是有些不同：

> 坦可里德穿過大理石前廳後，便急忙走進了一間房，看起來是交誼廳也是圖書館。內嵌在牆面的書架上擺放著精心裝訂的成套書籍，數量不是太多，既能裝飾房間又不至於壓迫空間。牆上以蠟質顏料作畫，與拱型天花板的裝飾相呼應，以同樣的風格妝點得相當華麗。若有必要，可以拉上紫色天鵝絨窗簾遮住大片窗戶，窗外是擺滿花朵的陽台以及綠樹成蔭的庭園。地上鋪著一塊羊毛織花地毯，顏色與圖樣和其他房間的一樣、許多看來豪華的座椅、一大張鑲嵌著象牙製飾品的桌子，上頭刻著的銀鐘原本屬於某位教宗、墨水台的造型是水仙手中捧著的金壺，還有幾把用來拆信的匕首與幾本才剛送來的法國書籍、有一批最近剛從埃及某個墓室出土的美麗瓶子，就排列在孔雀石做成的三腳架上、一名政治人物的畫像、某位皇帝的石膏半身像還有正熊熊燃燒的火，這一切都讓這間房間看來既有趣又舒服……

如果說這看起來比巴黎那間模仿文藝復興風格的五星級飯店更加舒服，的確原本的用意就是如此。在英國人眼中，拉菲特路上的旅館似乎太豪華了。「完工之後，」露意絲在一八三〇年對她父親說（她才剛拜訪薩羅蒙新買的十七號那間房子），「我認為一定會非常壯觀，空間寬闊，幾乎可以住下三個家庭。」萊昂內爾結婚前不久在巴黎住進了一間類似的房子，他也有相同的矛盾感覺：他告訴自己的準新娘，一樓的空間可以「匹敵……任何宮殿；在巴黎，無論是銀行家或王子，只要是有錢人都可以做相同的事，但是在其他地方，這樣的建築會顯得很荒謬。二樓是日常生活起居的地方，差不多一樣華麗，用了大量的黃金，剛住進去的前幾天會讓人暈頭轉向」。「這裡的房子很華麗，」納特兩年後寫信給萊昂內爾，「你也知道的，貝蒂（嬸嬸）的房間都很棒，還可以說有點太漂亮了。」

英國與法國的鄉間住所也存在差異。詹姆斯一生中的大多數時間都緊挨著巴黎，無論是費律耶或布洛涅都距離市區都不太遠；相較之下，他在英國的姪子於他們父親過世的五年內便開始找尋比起半郊區的甘納斯伯瑞莊園更算是真正鄉村的地方。甘納斯伯瑞莊園還是能夠用在特定的社交場合上，家族也還是很喜歡這裡：漢娜在丈夫過世後繼承了將近三十一公頃的莊園，接著又加上了約十三公頃；在一八四〇至七三年間，萊昂內爾更是將莊園擴建到兩百五十公頃，不過就像迪斯瑞利小說中以此莊園為本的那棟海諾特府（Hainault House，出現在《恩迪彌翁》），並不是太「時尚」。最重要的是，這裡離城市太近了，讓主人無法盡情享受他們在維多利亞時代倫敦中最喜愛的消遣：狩獵。他們才剛增加甘納斯伯瑞產業的面積就開始尋找更遠的地方，或許是受到他們母親的影響，漢娜總是熱烈談論著德文郡以及德比郡（Derbyshire）的費茲威廉產業。當然，「城市人」要買下距離倫敦如此遙遠的土地相當不切實際，不過白金漢郡似乎能夠提供真實鄉村生活的一切優點，而且又在可接受的距離範圍內。此舉的第一步便是納坦在一八三三年夏天租下了特靈（Tring）的別墅，三年後，漢娜在蒙特莫爾（Mentmore）附近、艾爾斯伯里（Aylesbury）東北方買下了一些土地；接著在一八四二年，幼子邁爾看到報紙上一則廣告後，在蒙特莫爾及溫因（Wing）幾個教區買了幾塊田地，之後便以此為基礎迅速發展成羅斯柴爾德家族在該郡內相當可觀的領地。哥哥安東尼此時因為在巴黎工作而不在家，對此感到相當眼紅：「把錢投資在土地不是壞事，我希望自己也知道有哪個好地方能讓我這麼做，希望總有一天能擁有。」

有些人認為羅斯柴爾德家族購買鄉間土地表示他們的資本家「精神」漸衰，或者是屈從於「封建」的老政權，但實情正好相反。萊昂內爾在拜訪眾多貴族時不覺得他們的莊園有什麼，他覺得霍華德城堡（Castle Howard）「確實是個好地方，但也沒什麼神奇之處，其實就跟布倫海姆（Blenheim）差不多，只是小得多……總之這個地方並不值得讓人特地過來一看」。他和弟弟們在一八四〇年所做的就是購買農地，若他們買進這些土地沒有任何直接投資的目的，那就太不像羅斯柴爾德家族的作風了。這家人嘗試在克雷斯洛（Creslow）再添購一些產業，不過萊昂內爾在談價時顯然費了好一番功夫。「我當然不介意買下來，」他在一八四四年告訴弟弟們，「若是能以百分之三十三的價格買下來，我就能賺百分之三，周圍還有這麼多小地方或許也值得花錢買下來，而且整個算下來應該能收到很好的利息。」事實上，一八四八年白金漢公爵破產、隔年約翰·戴許伍德男爵（Sir John Dashwood）過世之後，萊昂內爾和弟弟安東尼便買下了蒙特莫爾南部的產業，這正是一筆典型的羅斯柴爾德交易：在市場低點買進。我們之後也會提到，在一個郡內買下多筆產業還有第二個同樣實際的理由，也就是英國的地方政府與國會代議制度讓土地集中成為很有用的政治影響力來源。（根據某個來源指出，羅斯柴爾德的土地經紀人洪伍德〔Horwood〕及詹姆斯〔James〕就是因此才建議他們只要購買一個地區內的土地。）一直到了一八五〇年代，兄弟們才開始放任自己建造自己的「豪宅」。

如前所述，在法國及英國以外的地方，羅斯柴爾德家族身為猶太人能夠購買的產業有限。一八三〇年以後，這些限制逐漸消失。一八四一年，卡爾為自己買下了那不勒斯附近的皮尼亞泰利別墅（Villa Pignatelli），他的女兒在這裡有許多愉快的回憶，稱此是「人間天堂，能夠遠眺海灣及群島，還能看見知名的維蘇威火山（Mount Vesuvius），再加上熱鬧非凡的街道以及里爾別墅（Villa Reale），那裡就像是那不勒斯的肯辛頓花園（Kensington Gardens）」。但是在維也納就比較困難，薩羅蒙仍住在列恩巷裡租來的羅馬皇帝旅館。當然，他擁有其他地方的產業，在巴黎及法蘭克福都有。但是有一條原則正面臨危急情況，或者說薩羅蒙在一八三七年一月向梅特涅親王提出「特殊訴願」時是這樣認為，他很擔心「與我同樣信仰的同胞命運……許多一家之主的希望以及上千人的最高企盼」，結果政府又一次拒絕全面鬆綁歧視性的規定，除非「公眾……突然間認為可以考慮全面解放猶太人」。薩羅蒙陷入兩難，因為梅特涅暗示皇帝在謹慎思考後並作為特別待遇的前提下，願意允准**個別**猶太人在維也納擁有房屋。這又是親王與宮廷猶太人的老故事：國家用特別豁免權來「買通」自己所依賴的猶太銀行家。薩羅蒙並未急著利用這份提議，但是五年後，他在一八四二年屈服了。皇帝很快就准許他在市內擁有房地產，讓他終於買下了列恩巷的旅館以及隔壁的房子，他將之拆毀後又重建。據他所知，這件事再加上一同賜與的榮譽公民權，讓他成為「與我同信仰者之中的特權例外……而這些同胞（應該）有權享有其他宗教信仰者一樣的權利」。

或許有人認為這樣的妥協違背了家族其他成員對於猶太公民權利問題的立場，不過就像在他們之前的邁爾·阿姆謝爾，大多數羅斯柴爾德成員似乎都將群體的權利與個人特權視為互補而非二分：如果不能擁有前者，就應該接受後者。薩羅蒙並未因為接受了梅特涅的提議而受到批評。事實上，甚至在他接受以前，他的一個英國姪子就急著要他「得到梅特涅親王的允許，好買下波希米亞的一處房產」。一八四三年，薩羅蒙接受了他的建議，只不過他向皇帝要求買下的房產位於鄰近的摩拉維亞（Moravia），同時也要傳給自己的繼承人。這一次他也必須拿出宮廷猶太人那種謙遜但勞苦功高的語調說話，列出自己對帝國的無數金融貢獻，「恰好能夠證明自己對奧地利王室無可撼動的忠心」，並且表現出自己「想要在這個國家擁有房產的迫切渴望，因為這個國家的統治者屢屢有恩於他」。雖然皇帝對於摩拉維亞的房產有些保留，但還是允許了這次請求。一名官員描述道，薩羅蒙的「社會地位相當特殊，已經完全脫離了同宗者的一般狀況。因為他出色的能力及罕見的才華，若硬是要將對待其他以色列人的規定套在他身上，實在太不適當了」。大法官因札齊伯爵（Count Inzághy）說得更直接，他表示：

> 以羅斯柴爾德男爵在這個國家產業上投資的金錢，我非常希望他應該與奧地利帝國維持更加緊密的關係，而且……尤其是他希望能夠永久定居在這個已經多年積極參與的國家，在過去從未出現與政府有如此大量且重要交易往來的私人，我們都已經認可他這樣特殊的身分，若還拒絕他想要定居的要求，其他國家就會對我們留下非常奇怪的印象。

除了在摩拉維亞的科日洽尼（Koritschan）確實購買的房產（再加上他在維也納的產業，他在帝國內的房產價值就有兩百萬荷蘭盾），薩羅蒙也在普魯士置產，並於一八四二年買下了席勒斯多夫堡（castle of Schillersdorf）。這座產業的權利分屬多有爭議，於是海涅在一八四六年提出警告說：「普魯士貴族很想利用平民來煽動輿論對抗那個**了不起的家族**（法庭在討論席勒斯多夫及赫盧欽〔Hültschin〕的布教權歸屬時，經常會以此詞彙表示羅斯柴爾德家族）。」

令人意外的是，城鎮的政府高層自一八一四年以後便不斷努力想讓猶太人社群回到貧民窟中生活，但是這個「了不起的家族」在法蘭克福添購產業時卻不太會遇到這種敵意，這或許反映出城內的政治氛圍在一八三〇年後便有所改變。一八三一年，阿姆謝爾猶豫再三之後，終於委託自巴黎學成歸國的弗列德里希·倫普（Friedrich Rumpf），重新設計並擴建位於博根海默蘭登街上他最愛的花園屋宅。倫普將原本相當樸素的立方體建築改造成更寬闊的新古典式別墅中央的亭閣，並且於兩側各加上一排科林斯風格的華麗四分之三柱，還將花園改造為更嚴謹對稱的形狀。城內的基督徒上流人士在這個時期相當偏好將房子設計成這種巴洛克與文藝復興混搭的形式，這表示阿姆謝爾多了一份新的自信，與他剛買下這處房產時的那股不安全感迥然不同。接下來幾年間，他對這處花園的熱忱也絲毫未減：漢娜在一八四四年拜訪自己結婚的女兒夏洛特與露意絲時，便寫信回覆家人說花園裡又多了「一片漂亮且占地遼闊的果園，還有眾多種類的樹木，實在美不勝收」。

一八三四年，阿姆謝爾買下了采爾街三十四號上一棟四層樓的透天大別墅，而這條街的熱鬧程度聲名遠播，這更清楚顯示出羅斯柴爾德家族已經和非猶太裔的貝特曼及龔塔家族擁有平等地位。同一年，安謝姆在鄰近的新美茵茲大街（四十五號）買下了一棟類似的「宮殿」（事實上還是同一位建築師的作品），這棟房子比卡爾在一八一八年買下的三十三號還要華麗，而倫普又將之改建得更加富麗堂皇，同時還受託加蓋文藝復興風格的新門面。同時，邁爾·卡爾也委託倫普擴建自己於一八四六年買下的美茵河畔房屋，不過到了這個時候，羅斯柴爾德的目標已經不再只是模仿。下美茵河街（Untermainkai）十五號的房屋（現為法蘭克福猶太人博物館所在地）於一八二一年建造，是為銀行家喬瑟夫·伊薩克·斯派爾（Joseph Isaak Speyer）所蓋的一整排設計優美的新古典式房屋，十五號是最後一棟，房屋的義大利文藝復興風格已經相當引人注目，而倫普讓房子變得更加突出。不過他還是保留了一些原本的特色，尤其是從邊牆展開來的多邊形前庭，他將其加長了一倍並且添加幾分相當具有東方味道的特色（特別是兩扇新的凸窗，兩旁有摩爾式的邊柱以及阿拉伯式幾何花紋裝飾的欄杆）。目的就是要成為整條街上的焦點（但又不會太搶眼），並且象徵羅斯柴爾德家族如今已經穩定掌控了整座城市的經濟命脈。

這段時間，羅斯柴爾德家族也在法蘭克福附近的鄉間購買了別墅。一八三五年，阿姆謝爾在綠堡（Grüneburg）買了一棟鄉間城堡；兩年後，卡爾也買下了類似的房產軍特堡（Günthersburg）。其實，若按字面翻譯為「城堡」似乎有點誇大了這幾棟房屋的實際大小，因為這片六十公頃左右的土地相對適中。不過從某一個角度而言，法蘭克福的羅斯柴爾德家族比其他親戚更加積極，因為他們是家族中最早開始建造鄉間別墅的成員，而且不僅僅是翻新現有的建築。此舉在家族內掀起了一場美學爭論，而英國成員（法蘭克福的代表有安謝姆的妻子夏洛特與邁爾．卡爾的妻子露意絲）徹底輸了。

一八四〇年，邁爾．卡爾委託倫普在軍特堡建造一棟全新的「鄉間住所」，設計風格和下美茵河街上的房子不無相異，同樣在地面及第一層樓面上立著多立克式壁柱，兩側延伸而出的建築物更高樓層也裝飾著科林斯式柱。「這間房子很大，完工之後將會成為華麗的住所。」他的岳母漢娜說道，「不過地面和花園的裝飾並不符合英國品味。」她的兒子也有同感：這裡會成為「最華麗的房屋，大到可以容納我們所有人」，而且花園也會「很漂亮」，「可惜這麼大的房子，卻不是落在四千公頃的土地之中，只距離城鎮約十六公里。」❶後來安謝姆決定要在綠堡的產業上再蓋一棟新的「花園住宅」❷，這樣的爭論也持續進行。他的妻子夏洛特顯然想起了自己在甘納斯伯瑞莊園度過的童年時光，堅持這棟新房子一定要「完全按照英國風格」，還要求她的兄弟們從倫敦送來設計圖。「我還在伊莉莎白式以及小木屋風格之間猶豫不決。」她告訴她母親。「她想要一點哥德式、伊莉莎白式什麼的都好，」萊昂內爾有些不屑地說，「又不是宮殿，就只是一棟很大的房子。」夏洛特的意見明顯被否決了，她和丈夫最終達成共識的設計是以羅亞爾城堡式風格建造的長方形房屋，四角有高塔式的伸出建築，地面上鋪著砂岩層，還有欄杆、方尖碑、渦漩狀裝飾和煙囪，如此造就了一棟兼容並蓄的建築。唯一對夏洛特讓步的地方是在庭園的北邊造了一座高聳的新哥德式磚塔，明顯多了一些英國味道。

菁英的追求

這類對於建築風格的爭論代表，羅斯柴爾德家族的態度在納坦過世之後的這段時間出現了重要的驚人轉變。我們先前已經提過，在一八三六年以前，納坦和兄弟們對於購買更寬闊的住所這件事的態度傾向看重實際功能，除了單純想住得更舒服以外，這些住所也能招待政商名流來飲酒用餐，同時可以藉機探聽有用的消息或者促成生意。一八三六年以後，他們仍然會舉辦數不清的晚宴及舞會。詹姆斯在一八三六年三月舉辦舞會以炫耀自己剛翻修完成的旅館，這件事或許不算異常，「就像在所有羅斯柴爾德晚宴中，」海涅報導道，宴會上的賓客「都是精挑細選過的貴族代表，這些大人物或高階人士，又或者（以女士來說）美女名媛都能讓人印象深刻」。當時候的人普遍都同意這一點，雖然在一八三〇年以前還是有一、兩名復辟王朝的重要人士拒絕詹姆斯的邀約，不過在有「資產階級王朝」之稱的七月王朝出現後，聚居在聖日耳曼郊區的貴族就沒有理由繼續保持距離。迪斯瑞利在一八四三年出席了薩羅蒙所舉辦的宴會，便簡要介紹了受邀前來的賓客：「巴黎所有上流菁英都來了。」而詹姆斯提出的晚宴賓客名單也差不多是如此。

倫敦的羅斯柴爾德家族舉辦的宴會也變得越來越奢華、越來越注重時尚。一八三八年七月，萊昂內爾

❶ 這棟房子在邁爾·卡爾於一八八六年過世後被拆除，土地歸於法蘭克福市。

❷ 安謝姆的財務狀況顯然有受到父親的某些限制，薩羅蒙或許是希望兒子將精力留給他未來會繼承的奧地利產業上。一八四三年，安謝姆在法蘭克福附近的埃默里希（Emmerich）看上一處相當吸引人的房產，他只能拜託詹姆斯出錢，希望說服叔叔認定這屬於一項風險投資。顯然是阿姆謝爾要擔任綠堡這棟新房子的「金主」。

在甘納斯伯瑞莊園舉辦了盛大而華麗的夏日舞會，邀請了超過五百名賓客，包括劍橋公爵、薩塞克斯公爵（Duke of Sussex）、薩默塞特公爵（Duke of Somerset）和威靈頓公爵等人都有出席。由頂尖音樂家及歌手舉辦了音樂會之後便是晚宴，然後就是（根據摩西・蒙提費歐里的說法）「一場盛大的舞會……還特地為此架起了壯觀的帳篷」。劍橋公爵夫婦當年九月又到甘納斯伯瑞莊園參加晚宴，五年後，他們也出席了那裡另一場舞會，同行的還有格洛斯特公爵夫人（Duchess of Gloucester）以及亞伯特親王的父親薩克森－科堡的恩斯特一世（Ernst I of Saxe Coburg），這三組王室親戚的出現令賓客相當難忘。即使是在法蘭克福，社交限制似乎也漸漸鬆綁。例如在一八四六年，萊昂內爾的妹妹夏洛特便在那裡舉辦了「盛大的舞會」，這段時間在法蘭克福出席羅斯柴爾德家族晚宴的賓客有符騰堡國王（King of Württemberg）、羅文斯坦王子（Prince Loewenstein）以及維特根斯坦王子（Prince Wittgenstein）等人。迪斯瑞利對此的形容再次恰如其分（這次是在《恩迪彌翁》中的虛構劇情）：

> 短時間內，無論是在海諾特府舉辦的花園宴會，或者在波特蘭坊舉辦的舞會、宴席及音樂會，不僅僅能夠看見各國大使的夫人們及政府長官，不時還有一塊塊以時下流行風格裝飾的區域，就好像意外被征服收編到這裡的美好國度。拜訪紐沙特家成為時尚指標，大家都積極想取得入場門票，而有些人怎麼求也求不來。

從這類描述經常出現的頻率來看，羅斯柴爾德宴會的規模與奢華程度一直都讓當時的人們瞠目結舌，尤其是像迪斯瑞利這種積極參與社交場合的文人。在《坦可里德》中，席多尼亞家舉辦了一場精緻的晚宴：「餐點盛裝在淡粉玫瑰色調的塞夫爾瓷器中，置放在雕刻著阿拉伯幾何花紋的輕盈黃金立架上。一頭騾子背負著鹽袋，或者有海中女妖將新鮮漁獲放在貝殼裡拿到你面前，又或者你能看見餐點放在鳥巢裡；每位賓客都搭配了不同的模式……桌面的花樣似乎也是揮一揮魔杖就會改變，悄悄變換讓人恍若置身夢境。」在《恩迪彌翁》中，這位作者同樣誇張描繪了顯然是甘納斯伯瑞莊園曾舉辦過的一場週末宴會：「週日到海諾特府是絕佳時機，王室和證券交易所兩邊的人幾乎都在這裡，然後他們通常都有機會，也是他們非常渴望的，與一些公眾人物、值得注意或有可能是未來的國會議員見面、交流，有時還會出現財政部的某位官員或者樞密院議員。」晚宴上，一名叫做聖巴伯（St Barbe）的諂媚作家（這是在諷刺薩克雷）滔滔不絕地稱頌著宴會主人：

「多麼了不起的家族啊！」他說，「我過去從來不知道富裕是什麼樣子！各位看到那銀盤了嗎？重到我一隻手都拿不起來，我想全世界也找不到這樣的盤子了……但是他們值得這樣的富裕，」他繼續說。「沒有人因此怨恨他們。我坦白告訴各位，我吃下那松露時，心中感到一股溫暖的光芒，我想既然不是消化不良，那肯定就是感激之情了……那位紐沙特啊，真是了不起。若是我一年前就認識他多好！我就會將我的小說獻給他，他是那種會馬上寫支票給你的人……若是你將小說獻給某位閣下，他最多就是邀請你吃晚餐，然後或許會在高品質的評論中狠狠批評你的作品。」❸

事實上，對於羅斯柴爾德家族本身而言，這些場合仍然更像是工作需求（這就是企業招待的早期形式），而不是為了娛樂。「我們在這裡夜復一夜舉辦著討厭的舞會，」納特在一八四三年向兄弟們抱怨，「你們不知道，那些法國老婦人跳完一曲漫長的華爾滋之後，汗臭味可薰人了。」邀請外交使節及政治人物的晚宴也沒有有趣多少：一八四七年四月三十日，出席的賓客包括霍爾斯坦－格呂克斯堡親王（Prince of Holstein-Glücksburg）、德文郡公爵、荷蘭男爵夫婦等人，亞龐尼忍不住注意到納特的妻子「飽受嚴重的頭部神經痛所苦」，顯然相當痛苦。至於在十九世紀上流社會的社交場合中，人們經常玩著一輪又一輪的紙牌遊戲，這似乎也是那不勒斯的主要娛樂，不過過了一段時間後也變無聊了。每一年，家族都會到艾克斯、加斯泰因

❸ 雖然薩克雷承認自己大致上對猶太人抱持著「不好的觀感」，不過一八四八年他偶然認識了安東尼的妻子露易莎以及萊昂內爾的妻子夏洛特，之後便與她們維持著友誼。

（Gastein）、維爾德巴特（Wildbad）及基辛根（Kissingen）等地的水療勝地「泡泡泉水」，這是詹姆斯於一八三〇年代早期開始帶起的活動，而多數成員對這些旅程的感受確實也是好壞參半。雖然這已經是「既定」事實，詹姆斯其實對溫泉療養的興趣缺缺，他似乎將其視為醫療上的需求，經常會在生病後或者一段緊張又疲累的工作時間之後去泡溫泉。隨著年紀漸長，他在夏季進行如此療養的時間也越來越長，不過他通常還是會寄出口氣蠻橫的信件轟炸他的姪子或者在巴黎的兒子們，並且堅持要知道一切生意進展。薩羅蒙在一八四一年到了加斯泰因，相當熱愛這裡的「空氣、山脈、瀑布（以及）絕佳的沐浴泉水」，而安東尼開玩笑說泉水對詹姆斯的性欲有益，不過邁爾對維爾德巴特的反應就比較典型。「你不知道，」他在一八四六年對萊昂內爾抱怨，「這個地方有多無聊，要不是我已經決定要按照醫生指示的次數沐浴，我馬上就會跑了。」

奔跑的意象暗示了詹姆斯和他的姪子們在一八三〇年代更喜歡的消遣方式，其中包括狩獵，他們很早就享受其中。這裡必須先清楚區別另外三種（彼此相關的）活動，這些都是羅斯柴爾德家族的主要嗜好。首先是射擊，主要是獵野雞；一八三〇年代早期詹姆斯在費律耶便經常這麼做；第二是獵鹿，一八四〇年代，詹姆斯在英國的姪子也是受此吸引才到了白金漢郡；最後是賽馬，這項消遣嗜好也跟狩獵有關，不過馬匹需要更謹慎地配種與訓練，更不用說還需要專業騎師。

在這些娛樂活動當中，射擊和一八二〇年代建立起的社交活動模式最緊密相關。一八三二年九月，七月革命的影響仍餘波盪漾，萊昂內爾「陪同蒙塔利維伯爵（Count of Montalivet）與亞龐尼出外射擊，這件事若是在其他時候會非常好玩，但是現在跟這些重要人物一起主要是為了聽聽發生什麼事，而不是為了娛樂」。這個重要手段在這十年間不斷透露出他叔叔詹姆斯的態度，最明顯的是在一八三五年，他為了彰顯奧爾良公爵的榮耀安排了一場大屠殺，一共獵殺了五百零六隻鷓鴣、三百五十九隻野兔和一百一十隻野雞。這實在是最詭異的一次企業招待，這些不幸的鳥獸是特地為此購買的，每位重要賓客都有一位僕人、一頭獵狗及一把槍。當然，比較謹慎的獵人會對這樣的屠殺心生懷疑，卡佩非格對於在費律耶的狩獵活動就相當憤怒：「糟糕的狗窩、糟糕的獵狗，馬兒才跳出第一步就不想動了，貪婪的獵場看守人，獵物都賣掉了、鹿肉乾瘦，僕人都在偷笑、腦袋也不靈光。」就連詹姆斯的姪子也意識到這件事可以做得更好。一八四三年，他們積極地想再教育他們的叔叔，於是邀請他到蘇格蘭跟他們一起獵松雞。「射擊跟我們習慣看到的方式不同，尤其跟我們的好叔叔在費律耶看到的不同，在那裡所有獵物都會被趕往他的方向，他只管射擊就好。」萊昂內爾苛薄地說道。

在這裡我們得跟在狗的後面尋找獵物，這樣實在好玩多了，同時也更累人。一開始，男爵很急切也好好地跟著狗兒走，相當幸運地獵殺了約十五隻獵物，但是他很快就累了，然後我開了幾槍也獵殺差不多的數量……走路有點累人，畢竟大部分地方的石楠都長到跟膝蓋一般高。

年輕一輩看見「男爵」困窘的模樣顯然相當開心：納特和安謝姆都喜孜孜想像著詹姆斯回到巴黎時會打扮得「像個真正的蘇格蘭高地人，穿著蘇格蘭裙，手裡拿著闊刃劍，並且大方露出健壯的小腿與腳踝」。

詹姆斯在英國的姪子喜歡的狩獵方式是騎馬帶著獵狗去獵鹿。或許是在邁爾的教唆之下，一八三九年他們開始在艾里斯伯里谷帶著一群獵鹿犬去狩獵，並在特靈公園租下馬廄和狗窩。而這項新的嗜好更是比其他事情都重要、驅使他們在三年後買下蒙特莫爾的原因。一八四〇年，羅斯柴爾德家族不只是男性成員熱愛「找出雄鹿」這樣的娛樂活動而來到白金漢郡，就連他們的妻子也為此而來，不過他們直到五年之後才覺得準備好可以舉辦公開狩獵。羅斯柴爾德家族十分熱衷於這種追趕活動的樂趣，最有力的證據尤其是來自流放到巴黎的納特，他早期的書信中充滿對狩獵的比喻。「一件皮製馬褲中有多大的魔力，」他在一八四二年寫信回家，「我可能會穿上一件然後在布洛涅森林中馳騁，老塔普（邁爾）會大喊著：『跑啊，你這英國佬！』多寫些狩獵的消息，告訴我老塔普有沒有跌進哪個骯髒又黑漆漆的溝渠裡，費茲羅伊怎麼會想帶著獵鹿犬出去。任何事情對我們這群可憐蟲來說都很有趣，我們只能閱讀〈貝爾生活〉（Bell's Life）專欄文章來打獵了。」同一年：「我們今晚要去艾爾斯伯里夫人（Lady Ailesbury）家作客，我寧願騎馬跑個四十分鐘穿越河谷，也不想盯著她那張不戴面紗的醜臉。」一八四一年，法蘭西斯．葛蘭特爵士（Sir Francis Grant）受託盡快為四兄弟繪製他們狩獵時模樣的肖像，他們穿著同款式的猩紅色外套與高帽，看起來英氣凜然。不過，其實這四兄弟罕有機會能夠一起騎馬狩獵。

從這些證據中很容易得出結論，獵鹿的風潮不過是有錢年輕人的享樂生活，這件事後來在蘇爾特斯（Robert Smith Surtees）與齊格弗里德．沙遜（Siegfried Sassoon）等詩人筆下永垂不朽。不過納特寫過的一句話暗示了更多，「騎馬也要勝過所有人，」他在一八四〇年勸勉兄弟們，「別讓女王的人以為我們只會跟在後面。」就像在巴黎一樣，狩獵在社交場合中不免也有其重要性：這表示與貴族、包括朝臣共處來往，而這些人通常都只是騎著馬陪同。對於織品商人納坦．羅斯柴爾德的兒子們來說，重點便是要越過樹叢及白金漢郡的大門，證明他們「不只懂得跟隨」[22]。當然，這也是很好的運動，他們受困於猶太巷中的祖父無法擁有，而他們的父親又不在乎。或許不難想像，老一輩羅斯柴爾德成員的生活方式相當靜態，讓年輕人懷疑納坦就是因此才染病喪命。另一方面，納特曾經騎馬發生意外而受了嚴重的傷，這件事似乎也證實了他父親多年前的警告，表示銀行家跟馬匹合不來。

兄弟們最早開始嘗試賽馬也是一樣的情況。我們從巴克斯頓的記述中得知，納坦培養出自己兒子對阿拉伯馬匹的興趣，而萊昂內爾也自承說他於巴黎實習期間在馬匹身上「豪擲千金」。不過一直到一八四〇年左右，安東尼才開始擁有並參加賽馬：那一年，他的一匹馬贏得了巴黎的戰神賽馬場冠軍。這件事在某些方面說來是當時羅斯柴爾德社交場面的高峰，畢竟當時在巴黎最傑出的賽馬主人正是奧爾良公爵本人，而他在一八四二年七月因馬車意外死亡，算是讓這個領域空出位置來。迪斯瑞利在那年十月便寫道：「安東尼承襲了奧爾良公爵對這個領域的支持，並且為此舉辦高額獎金的競賽，而且總是由他的馬獲勝。」納特仍對河谷懷抱著美夢，對此不表贊同並且警告他最小的弟弟：「賽馬這玩意兒很棘手，贏得比賽的時候能擁有很多是很棒，但要是輸了就完全是另一回事……親愛的塔普斯，只要穿上狩獵的猩紅外套就好了，何必管那件銀色外套？這對健康更有好處，也比較不花錢。」但是邁爾顯然受到安東尼的成功鼓舞，後來很快在紐馬克特（Newmarket）建造了賽馬的馬廄，也在一八四三年（先是嘗試了比較花俏的琥珀黃、丁香紫及紅色）註冊，以深藍及黃色作為羅斯柴爾德的代表色。

投資藝術品

詹姆斯和姪兒們在一八三〇年之後發掘的樂趣不只在野外，還有一項更重要的享樂（及名望）新源頭，也就是對藝術的贊助。我們由此可以清楚看出，羅斯柴爾德家族並不僅只是在「模仿」貴族的風俗而已。當然，有些人誤以為詹姆斯·德·羅斯柴爾德是個庸俗之人。「要是我像羅斯柴爾德那麼有錢就好了！」海涅大約於一八二八年寫下了《盧卡浴場》，在某一版草稿中，一個名叫岡佩里諾（Gumpelino）的角色便這樣呼喊道，這時距離海涅離開德國去巴黎還有三年：

> 但那對他有何用呢？他毫無文化，對音樂的了解也不比一頭未出生的小牛多，對繪畫的了解還不如貓，對詩詞的認識則堪比阿波羅——那是我的狗的名字。那樣的男人若沒了錢，就不復存在了。錢為何物？錢是圓的，一推就滾走，但教育卻能長久留存……假若，但願不會如此，但假若我失去了錢，仍然對藝術、繪畫、音樂及詩詞了然於胸。

十五年後，海涅已經相當熟悉詹姆斯，便有了截然不同的觀點，只是這些稱讚就和海涅大多數的稱讚一樣，總是相當迂迴。他現在承認，詹姆斯

---

22 譯注：因「Tailor」一詞有尾隨、裁縫師兩個不同的意思，故作者是想表示「不只是跟隨、不只是裁縫」之雙關。

有能力找到（雖然也不能說判斷出）各活動領域中的佼佼者。因為這樣的天賦，有人將他比擬為法王路易十四。確實，他在巴黎的同儕身邊總是圍繞著平庸之人，相較之下，詹姆斯．馮．羅斯柴爾德先生總是與各領域中的頂尖人物來往；即使他自己對該領域一無所知，卻總能知道其中最傑出的人物是誰。或許，他對音樂音符一竅不通，但羅西尼一直都是他們家族的朋友；阿里．謝弗（Ary Scheffer）是他的宮廷畫家……馮．羅斯柴爾德先生一句希臘文都不會說，但是希臘學家萊特羅內（Jean-Antoine Letronne）卻是他最喜愛的學者……無論是法文或德文詩詞，也是馮．羅斯柴爾德先生相當積極贊助的領域，只是在我看來，似乎……男爵先生對於我們當代的詩人並不像他對古代偉大詩人那般充滿熱忱，像是荷馬、索弗克勒斯、但丁、賽萬提斯、莎士比亞、歌德等人，這些純粹、已死亡的詩人擁有啟迪心智的才華，不受世俗煩憂所影響，脫去了所有世俗需求，也不會跟他要求北方鐵路（Northern Railway）的股份。

我們之後會提到，這段評論相當確切描繪出海涅自己與詹姆斯的關係，不過撇開這件事不談（同時也要考慮海涅諷刺誇張的文筆），顯然上述這段話（一八四三年於《奧格斯堡報》出版）實在不可能是在描寫一位對藝術毫無興趣的人。即使詹姆斯自己並非專家，卻相當欣賞專業，這和庸俗完全是兩回事。前一年在巴黎的一場晚宴上，另一名積極尋求機會的年輕文人（和海涅一樣是改宗的猶太人）第一次見到詹姆斯，他的評論更是一針見血。「我發現，」迪斯瑞利告訴他的姊妹，「他身上綜合了花花公子及樸實男子的優點，完全不顧禮節就直接對我說：『我想你應該認識我的**姪子**。』」詹姆斯身上的「樸實」特色最明顯的時候就是他說起法文還帶著濃重的法蘭克福腔，還有他和在倫敦的哥哥同樣的蠻橫脾氣，但是他內在其實是個「花花公子」，一直都非常喜歡與藝術家、音樂家及作家為伍。一八五〇年代，一名英國人拜訪巴黎時也注意到這一點，她會見「德．羅斯柴爾德夫人……住所的裝飾充滿詩意，更像是富裕藝術家的宮殿而非百萬富翁的旅館」。儘管詹姆斯的舉止粗魯無禮，但是在他心中卻懷著唯美主義，甚至有波希米亞的浪漫，只是他並未直接表現出這樣的特質，而是讓自己身邊充滿了美麗的事物，並且邀請一、兩位比較有趣的創作者進入自己的社交圈，若沒有這樣的人，他的生活大概會很無趣。他的英國姪子也有類似的狀況，在會計室的牆面之外，熱愛狩獵只是他們廣泛興趣的其中一個面向。

在其他牆面上，或許更直接展現了羅斯柴爾德家族的「文化適應」，尤其是他們房屋內的牆面上逐漸掛滿非常高品質的畫作。羅斯柴爾德買下的第一幅值得注意的畫作是法國藝術家讓－巴蒂斯特・格勒茲（Jean-Baptiste Greuze）的《牛奶女僕》（*The Milkmaid*），這是晚期洛可可風格的典型鄉村浪漫作品，詹姆斯最早於一八一八年購入。格勒茲是羅斯柴爾德非常喜愛的藝術家，詹姆斯於一八四五年又在紅衣主教費希（Joseph Fesch）的產業拍賣會上買下他的另一幅畫作《拿著花束的小女孩》（*Little Girl with Bouquet*）。之後他的姪子萊昂內爾開始收集格勒茲的作品，一八三一年在富藝斯拍賣所買下他的《貞潔動搖》（*Virtue Faltering*），後來又買下同一位畫家的另外四幅作品，其中包括《離別之吻》（*The Parting Kiss*）；他的弟弟安東尼擁有另外兩幅，包括《育兒房》（*The Nursery*）。這些畫作補足了這個家族買下的眾多法國舊制度時期家具與裝飾品，例如詹姆斯就擁有瑪麗・安東尼王后的書桌及塞夫爾瓷器。還有一位受到他們喜愛的藝術家是十七世紀的西班牙畫家巴托洛梅・埃斯特班・穆里羅，或許是萊昂內爾於一八三四年去馬德里時發現了他的作品，正如他直白坦言的那樣，他花費了「所有空閒的時間……四處奔走找尋畫作，數量非常多但罕有佳作」。到了一八四〇年代末，包括他、他的叔叔及母親都擁有穆里羅的作品。

不過，最吸引這個家族的則是十七世紀荷蘭的藝術品。一八四〇年，詹姆斯買了林布蘭（Rembrandt）的《旗手》（*The Standard Bearer*），將之掛在拉菲特路住家大沙龍裡，他也擁有同位畫家的《年輕男子的畫像》（*Portrait of a Young Man*，掛在起居室裡）。另外還有弗蘭斯・哈爾斯（Franz Hals）的《貴族的畫像》（*Portrait of a Nobleman*），以及安東尼・范戴克（Anthony van Dyck）、彼得・保羅・魯本斯（Peter Paul Rubens）、雅各布・范勒伊茲達爾（Jacob van Ruisdael）與菲利普・沃爾曼（Philips Wouwermans）的作品。一八三六年，萊昂內爾在法蘭克福買下格拉爾德・特・鮑赫（Gerard ter Borch）的《少女與她的侍女》（*Young Lady with her Page*），一年後又從貝里公爵夫人的收藏拍賣會買下沃爾曼的四幅畫作，以及三幅揚・范德爾・海頓（Jan van der Heyden）的作品，包括《羅森達爾堡》（*Rosendaal Castle*）以及《哈萊姆一景》（*View of Haarlem*）。他在一八四五年又買了兩幅沃爾曼的畫作，又從地主喬治・路西（George Lucy）的收藏中買下彼得・德・霍赫（Pieter de Hooch）的作品。大約一八五〇年時，德國藝術鑑賞家古斯塔夫・瓦根（Gustav Waagen）到皮卡迪利拜訪萊昂內爾時，他的收藏中包括三幅麥德特・霍伯瑪（Meindert Hobbema）的作品、三幅范勒伊斯達爾、一幅保盧斯・波特（Paulus Potter）、一幅凱瑞爾・杜賈丹（Karel Dujardin）、一幅亞當・皮納克（Adam Pynacker）、兩幅揚・維伊南茨（Jan Wijnants）以及一幅艾薩克・范奧斯塔德（Issac van Ostade）。後來他又加了兩幅尼古拉斯・伯克姆（Nicolaes Berchem）的畫作、五幅阿爾伯特・庫普（Aelbert Cuyp）的作品（其中包括他的《冰凍河上一景》〔*View on a Frozen River*〕）、六幅范米里斯父子（the van Mieris）的作品、兩幅卡斯帕・內切爾（Gaspar Netscher）、三幅格拉爾德・特・鮑赫，再加上七幅小大衛・特尼爾斯（David Teniers the Younger）以及揚・戴維茲・德・黑姆（Jan Davidsz. de Heem）、揚・范惠瑟姆（Jan van Huysum）、瑞秋・魯伊施（Rachel Ruysh）、揚・韋尼克斯（Jan Weenix）以及彼得・吉塞爾（Peeter Gijsels）。他的弟弟安東尼顯然也有相同的品味。安東尼於一八三三年買了一幅畫，畫中是一名保母與孩子正和小羊玩耍，看起來上面有林布蘭的簽名（後來證實這應該是尼古拉斯・馬斯〔Nicolaes Maes〕的作品，簽名則是偽造的）；後來在一八五〇年又買下了沃爾曼、特尼爾斯、范戴克、魯本斯及范奧斯塔德等人的作品。

這段時間發展出了某種像是共同的「羅斯柴爾德品味」，這點也不令人意外，畢竟這個家族在很大程度上都是一起行動，會互相通知重大買賣的消息，也會為了彼此在不同市場上運作。一八四〇年，詹姆斯要求安東尼「若是有利可圖就賣掉林布蘭」，但是「沉思之後」，決定不要透過自己的姪子買下穆里羅畫作。一八四一年，他和他的姪子希望確保一大批羅馬收藏品能在巴黎進行拍賣，而非在倫敦。「我們想要一起做，」詹姆斯寫道，「或許我們會買到幾幅好畫。」自然，一八四三年有兩幅穆里羅畫作在巴黎進行拍賣，納特考慮要為他母親買下來，只是最後他留給了薩羅蒙的妻子卡洛琳。在漢娜過世的時候，擁有穆里羅、庫普及特尼爾斯的畫作，大概全部都是兒子買給她的。他們也自然而然比較偏好世俗的主題而非宗教作品（這或許也最能解釋為什麼他們收藏大量荷蘭畫家的作品），不過這完全不受限制。有趣的是，羅斯柴爾德不只購買描繪舊約的場景（像是保羅·德拉羅什〔Paul Delaroche〕的《蒲草箱中的摩西》〔*Moses in the Bullrushes*〕），也有一些專屬於基督教的象徵圖像。一八四〇年，萊昂內爾向一位倫敦畫商買下穆里羅的《牧羊的幼年基督》（*Infant Christ as the Good Shepherd*），稍後又買了多梅尼基諾（Domenichino）的《抹大拉的馬利亞頭像》（*Head of a Magdalene*）以及安德烈亞·德爾·薩爾托（Andrea del Sarto）的《聖母與聖子》（*Madonna and Child*）；同時，詹姆斯則擁有揚·范艾克（Jan van Eyck）與彼德魯斯·克里斯帝（Petrus Christi）的《查爾特勒聖母》（*Chartreux Madonna*），以及盧伊尼（Bernardino Luini）的《聖母與聖子》（*Virgin and Child*）。一八四六年，安東尼的岳父將范戴克的《史卡利亞院長崇敬聖母與聖子》（*The Abbot Scaglia Adoring the Virgin and Child*）贈與他。

然而即使在如此早期，我們也不應該過度強調羅斯柴爾德收藏的同質性。納特買下維拉斯奎茲（Diego Velázquez）的《持扇的女子》（*Lady with Fan*）畫作時，他注意到「畫作有點像女子，每個人都要讓自己高興，依照自己的品味選擇……這幅畫不是人人皆喜歡，因為這張臉並不漂亮，但是畫得非常好」。他哥哥萊昂內爾非常喜歡十八世紀的英國畫家，不過詹姆斯則不然（而且就許多面向來說，在英國也是非常前衛）。一八四六年，萊昂內爾在佳士得拍賣買下約書亞·雷諾茲爵士（Sir Jcshua Reynolds）的《布萊道爾主人的肖像》（*Portrait of Master Braddyll*），此後又買了好幾幅雷諾茲的作品（其他作品有《洛伊德夫人肖像》〔*Portrait of Mrs Lloyd*〕、《裝扮為希碧女神的梅爾小姐肖像》〔*Portrait of Miss Meyer as Hebe*〕以及《草叢中的蛇：愛神解開美神束縛》〔*Snake in the Grass: Love Unbinding the Zone of Beauty*〕）。然後他的目標轉往湯瑪斯・甘斯伯羅（Thomas Gainsborough），一八七一年以一千五百英鎊買下他的《尊敬的法蘭西絲鄧孔肖像》（*Portrait of the Hon. Frances Duncombe*），隔年又在佳士得拍賣買下他的《薛利登夫人肖像》（*Portrait of Mrs Sheridan*）。同時，他也擁有喬治・羅姆尼（George Romney）的《艾瑪漢彌爾頓夫人肖像》（*Portrait of Emma, Lady Hamilton*），以及威廉・比奇爵士與約翰・霍普納（John Hoppner）的作品。羅斯柴爾德家族似乎很喜歡購買這些相對近代的個人肖像畫，但這些人跟家族並無關係（很可能根本也不認識），這點尤其令人吃驚，只是這些作品後來到在十九世紀風靡一時。萊昂內爾年紀最小的弟弟邁爾也擁有一幅甘斯伯羅的作品，畫的是獵狐的場景；不過他也買了克拉納赫（Lucas Cranach）和提香（Titian）的畫作，這是當時其他羅斯柴爾德收藏中未受青睞的畫家。

同樣地，法蘭克福的羅斯柴爾德家族品味相當不同，例如我們很難想像威廉・提許拜恩（Wilhelm Tischbein）的《歌德在羅馬坎帕尼亞》（*Goethe in the Campagna di Roma*）掛在巴黎或倫敦（邁爾・卡爾在一八四六年買下這幅畫）。總而言之，邁爾・卡爾對黃金、白銀裝飾品的興趣遠大於畫作。雖然他的英國堂親也會收藏藝術品（在萊昂內爾的寶貴收藏品中就包括所謂的「萊克格斯杯」，這是一種古代亞歷山大或拜占庭風格的玻璃高腳杯），不過他們的收藏比較沒有條理。到了一八七〇年代，邁爾・卡爾已經收集了大約五千項閃閃發光的「黃金寶藏」，其中就有像是溫策・亞姆尼策（Wenzel Jamnitzer）所打造的梅克爾式桌面擺飾（Merkelsche Tafelaufsatz），這是德國文藝復興時期的傑作，還有一把同樣風格的鍍銀象牙號角，這其實是萊茵霍德・瓦斯特斯（Reinhold Vasters）的現代仿作，但是製作十分精良。

顯然，羅斯柴爾德家族對於他們當代的藝術品興趣缺缺，不過捏造傳說的人誇大了他們的不以為然。有個故事說詹姆斯因為想要砍低繪製肖像畫的價錢，結果和杜賈丹及霍勒斯・韋爾內（Horace Vernet）兩名畫家反目，這聽起來似乎不太可能；韋爾內也不可能為了報復而在《前往斯瑪拉》（*On the way to Smala*）畫作中將詹姆斯描繪成懦弱的猶太人，因為畫中的人物無論跟他或其他羅斯柴爾德家成員都沒有一點相似之處。事實是，除了少數例外的作品，家族中所擁有的當代畫作都是委託畫家為他們繪製的肖像畫：例如法國畫家阿弗雷・德・德魯（Alfred de Dreux）畫了駕著馬車的萊昂內爾（一八三八年）、法蘭西斯・葛蘭特爵士畫了四兄弟騎馬跟在獵犬後頭（一八四一年）、阿里・謝弗繪製了詹姆斯女兒夏洛特的肖像畫，另外尚－奧古斯特－多明尼克・安格爾（Jean-Auguste-Dominique Ingres）繪製了他妻子貝蒂的肖像（一八四八年）。更不用說還有莫里茲・丹尼爾・歐本海姆繪製的眾多家族肖像畫，另外查爾斯－埃米爾・尚馬汀（Charles-Émile Champmartin）、路易・艾米爾・葛羅斯克勞德與伊波利特・弗蘭德罕（Hippolyte Flandrin）等畫家都畫過詹姆斯的肖像畫。

若將這一切單純解釋為家族（或個人）「品味」並不正確，因為「古典大師作品」並不盡然只是因為美學而吸引到像詹姆斯及萊昂內爾這樣的人。這些知名畫作除了「身分象徵」之外，其價值在十九世紀時就已經是一種投資形式，時至今日亦然。詹姆斯為自己全部的收藏投保了一千萬法郎（四十萬英鎊），這點就能看出這段時間進行的投資規模有多大，這個數字在一八四四年相當於詹姆斯在五家家族公司資本總額占比的四分之一。此外，這個市場相當活絡，法國大革命引起的震盪仍在持續影響：當時的革命拔除了非常多法國貴族，讓新買家能夠接觸到眾多私人收藏品，一直到十九世紀都還能見到整批拍賣售出的操作。一八三〇年再度發生革命，最終讓貝里公爵夫人賣掉了收藏，這是羅斯柴爾德早期收藏的藝術品中最重要的一項來源；一八四八年則有斯托莊園的大拍賣。雖然這類拍賣舉行的頻率很高，但古典大師作品經常是供不應求，像是維拉斯奎茲的《持扇的女子》在一八四三年能夠以一萬兩千七百法郎賣出（給納特），比起銀行家阿瓜多不過六年前購買時的價格要高出三倍，也就不言自明了。

憑藉著萬貫家財，羅斯柴爾德家族的出價能夠贏過其他人，家族中有些成員似乎也傾向這麼做，邁爾在一八四六年購買義大利雕像時就說：「人就是應該什麼都買最好的，也不用管價錢。」他認為所謂「最好的」

的東西價值只會增長。但是一八四八至四九年的政治局勢動盪，藝術市場就像金融市場一樣急速下滑，讓人開始質疑藝術品只會增值的假設。詹姆斯在晚年時，如果覺得藝術品的價格過高也總是樂意讓給其他出價者。一八六〇年，他為一幅魯本斯的畫作出價三千幾尼，結果另一人出價七千五百幾尼，於是他便放棄了。「價格真漂亮，」詹姆斯評論道，「要我付一萬幾尼買穆里羅，我可沒那個閒錢。」（尤其是這位畫家的《牧羊基督》在二十年前只賣了三千多英鎊。）當然，他和其他人比起來自然是有錢，但是他的投資觀念相當果斷，非常討厭自己買進時可能買在市場的高點。

鋼琴課

因此，藝術品既是投資也是一種裝飾，不過羅斯柴爾德家族對音樂的熱忱或許就沒那麼容易解釋了。眾所周知，羅斯柴爾德家族贊助了幾位十九世紀最知名的作曲家與演奏家，最明顯的原因是，成功的晚宴或舞會少不了音樂家的幫襯。例如一八二八年一月，納坦先是招待賓客豐盛的晚餐後，再由伊格納茲·莫謝萊斯（Ignaz Moscheles）演奏音樂，他是費利克斯·孟德爾頌（Felix Mendelssohn）的家教。[23]類似的情況也發生在前一年，法國的卡斯特蘭元帥與詹姆斯共進晚餐時，最受矚目的演奏家便是羅西尼，梅特涅五年前才在維羅納會議上將羅西尼介紹給薩羅蒙認識。也有人說（只是學者對這段故事的真實性有所爭論），蕭邦在巴黎的音樂事業便是從他在一八三二年拉菲特路的表演開始，一八四三年他又和自己的學生卡爾·費爾奇（Carl Filtsch）到那裡表演，據說詹姆斯「十分欣賞」卡爾的演出。其他在羅斯柴爾德家宴會上表演的知名音樂家包括孟德爾頌自己、李斯特（Franz Liszt）、鋼琴家兼指揮家查爾斯·哈雷（Charles Hallé）以及小提琴家約瑟夫·約阿希姆（Joseph Joachim）。

然而，比起他們演奏家的身分，更重要的是教學，這對羅斯柴爾德家的女性成員尤其重要，她們從很小年紀便受父母鼓勵要精通鍵盤樂器（鋼琴或許是十九世紀最接近電視的娛樂活動，差別只在於前者需要技巧才能操作）。不意外的是，納坦和他的兄弟們都為女兒花大錢找來最優秀的家教。夏洛特會邀請她的老師在訪客簿上留下與音樂相關的紀念，因此記錄了許多名字：莫謝萊斯出現在上面，同時還有孟德爾頌、文琴佐・貝利尼（Vincenzo Bellini，他在訪客簿留下自己在一八二一年譜寫的歌曲〈我悲傷的費莉〉〔Dolente imagine di Fille mia〕）、路易斯・施波爾（他留下自己歌曲〈感覺〉〔Nachgefühl〕的一個版本）、羅西尼（梅塔斯塔西奧所創作的歌劇劇本《希洛》〔*Siroe*〕中寫了一首〈在沉默中嘆息〉〔Mi lagnerò tacendo〕，羅西尼加上了自己的編曲），還有賈各莫・邁爾貝爾（他寫了一首歌叫做〈罕見花朵〉〔The Rare Flower〕）。一八四○年代，在夏洛特訪客簿中留言的人還包括年事已高的路易吉・凱魯畢尼（Luigi Cherubini），他寫下了自己在歌劇《被遺棄的亞米達》〔*Armida Abbandonata*〕中創作的詠嘆調〈亞米達頌歌〉（Canto d'Armida）；還有蕭邦，他寫下了馬祖卡舞曲編號六十七第四首的一個版本；羅西尼還為夏洛特寫了六頁的鋼琴獨奏當作「小小紀念」。夏洛特的妹妹漢娜・邁爾也是相當傑出的豎琴演奏家，師承帕里許・亞爾沃斯（Parish Alvars），亞爾沃斯將自己的小夜曲編號八十三獻給她；她們最年幼的妹妹露意絲開始對音樂產生興趣時，羅西尼自願為她上歌唱課程，她對她父親說，他「非常好心，總是按我想要的時間和日期前來」。三年後，兩人都在法蘭克福時，她便天天跟他上課。蕭邦也教過好幾位羅斯柴爾德家的女孩：不只是納坦的女兒夏洛特，還有夏洛特的女兒漢娜・瑪蒂德以及貝蒂的女兒，同樣叫做夏洛特。事實上，蕭邦有兩首曲子獻給了家族的成員：圓舞曲編號六十四第二首以及敘事曲編號五十二。有了這樣的啟迪，這些女孩自己嘗試作曲也就不令人意外：小夏洛特發表過四首短鋼琴曲，而漢娜・瑪蒂德不僅譜寫鋼琴曲，也創作過交響圓舞曲及六組歌曲，包括為維克多・雨果（Victor Hugo）、詩人提奧菲爾・戈蒂耶（Théophile Gautier）、歌德及朗費羅（Henry Wadsworth Longfellow）等人的作品創作音樂背景，其中最成功的一首是〈若你對我無話可說〉（Si vous n'avez rien à me

23 譯注：費利克斯是摩西・孟德爾頌的兒子，後來也成為知名的音樂家。

dire），曾由巴黎歌劇團的女高音阿德麗娜·帕蒂（Adelina Patti）演唱。

不過，羅斯柴爾德家族並不只是聘請音樂家來演出及教學，同時也和他們有社交往來並喜歡與他們作伴。例如，邁爾貝爾就在一八三三年與貝蒂及詹姆斯共進晚餐，而羅西尼則在一八三六年以朋友的身分受邀參加萊昂內爾的婚禮，「讓我們的派對更歡樂」，而不是以教師的身分或者邀他來娛樂賓客，據他自己所說：「目的完全就是……要去法蘭克福參加萊昂內爾·羅斯柴爾德的婚禮，他是我最親愛的朋友。」他和詹姆斯一生也都維持友好的關係。同樣，據說蕭邦也相當「喜愛羅斯柴爾德家族，而這個家族也喜愛他」，他在一八四八年英年早逝，學生夏洛特留下了「與他相關的感人紀念品」，她為他繡的靠枕。和音樂家如此親密似乎不太符合傳統，羅西尼夫婦在婚前不久曾經與納坦共進晚餐，當時在場的大多都是貴族，格蘭維爾夫人（Lady Grenville）便輕蔑地評論道：「羅西尼夫人……恐怕是第一次見到上流社會人士吧我想。」不過這位作曲家和他的夫人在宴會的一部分原因也是為了炒熱氣氛。安東尼曾講述過他在一八四二年去聽李斯特獨奏會的經驗，這讓我們更了解羅斯柴爾德家族不只是享受音樂演奏，更喜歡十九世紀這群浪漫主義音樂家的陪伴。「世界上最傑出不凡的演奏家，」他對自己的妻子說，李斯特的

> 外表就跟他的音樂一樣有趣，一頭長髮有時會遮蓋到他的臉，其他時候他又會奮力一甩，將頭髮全部往後攏。他張大了眼睛，不時會左看、右看，有時候好像就是在問：「我是不是很了不起？」其他時候他又完全享受著自己的演奏。親愛的，他平時就是個好相處又健談的人，跟他在一起無疑相當愜意又開心。

音樂家能夠教學也能提供娛樂，而且不只是演奏。作為回報，羅斯柴爾德家族也很樂意為他們最喜愛的音樂家提供相當的財務援助，通常是以個人銀行服務的形式。老約翰·史特勞斯（Johann Strauss, senior）於一八三八年在英國巡迴演出，一部分就是由萊昂內爾出資贊助；一八四二年之後，羅西尼便開始使用德羅斯柴爾德兄弟銀行的服務；尼科羅·帕格尼尼（Niccolò Paganini）透過羅斯柴爾德的服務，贈送了兩萬法郎給

艾克托・白遼士（Hector Berlioz）；而阿德麗娜・帕蒂在阿根廷巡迴演出時，也一度向巴黎銀行借了超過四千英鎊。樂壇上最直接坦言反猶太的人當屬理察・華格納（Richard Wagner），他妖魔化了「音樂中的猶太因素」影響力，但是他可能還是使用了羅斯柴爾德的銀行服務，因為他的第二任妻子柯絲瑪（Cosima）在巴黎銀行有帳戶。而這些受益者獲得的權益可能比他們自己知道的還多，因為羅斯柴爾德家族通常只會提供這類服務給王室及政府高層。此舉顯示出他們有多麼重視自己與音樂界的關係，或許這是源自於某種親近感，就像白手起家的百萬富翁因為他所賺的錢而受人尊敬，音樂明星也因為他（或她）的精湛技藝而受人崇拜，這是十九世紀才出現的現象，兩者在某種程度上都是暴發戶（也是外人）：在上述的那場晚宴中，納坦自己也跟羅西尼夫婦一樣受人議論。確實，十九世紀有許多天賦異稟的音樂家，我現在馬上能想到的就有邁爾貝爾及約阿希姆，他們就和羅斯柴爾德家族一樣受益於猶太人解放運動。

文人雅士

音樂家能夠給予私人授課及表演，相較之下，十九世紀的作家則是為普羅大眾而寫，因此應該不受傳統金主贊助的條件所束縛，但是也有文壇人士接受了羅斯柴爾德的恩惠，其中紀錄最豐富的兩人就是海因里希・海涅及歐諾黑・德・巴爾札克，他們倆分別在一八三〇及四〇年代與詹姆斯關係密切。（萊昂內爾與迪斯瑞利之間也有類似的關係，不過考量到政治上的重要性，將另外在第二冊討論。）

從表面上來看，這位巴黎最富有的銀行家深受國王及政府官員的信賴，卻跟他們兩人有所來往，實在令人訝異。單就政治傾向來看，他們都是極端份子：海涅因為自己的自由派觀點而遭逐出德國，終生都積極為了革命與國家主義的目標而行動；相較之下，巴爾札克的性情屬於浪漫派的保守主義份子，曾在一八三一至三二年考慮過以波旁王朝正統派的身分參選，並終其一生努力將七月王朝下的社會描繪得十分不堪。兩人對財務都一竅不通，無疑願意為了利益跟羅斯柴爾德家族建立良好關係，而且最重要的是，他們不時會在自己的文章中描寫詹姆斯，若是臉皮較薄的人讀了可能會馬上跑去找律師處理，但是詹姆斯顯然很喜歡他們兩人，即使他和他們建立起的關係不太算是純粹的友誼，但看起來他也希望是如此。沒有什麼比這點更能說明詹姆斯複雜的性格了。

我們已經讀過一些海涅最尖銳透徹的評論，知道他如何看待羅斯柴爾德家族在一八三〇年革命前後的權力本質，現在該來談談他和這個家族的關係。海涅是漢堡銀行家薩羅蒙．海涅的姪子，原本他母親也希望他能進銀行業工作，而且似乎於一八二七年在倫敦跟納坦有過某種接觸，稱納坦是「聖史辛威斯巷倫巴底街上的胖猶太人」。事實上，納坦或許就是那位「有名的商人，我希望能跟他學習如何成為百萬富翁」，但卻告訴他說他「沒有做生意的才能」。不過在一八三四年，他和法國的羅斯柴爾德家族建立起非常不同的關係，如今流傳著不少故事，當中都將海涅描述成在詹姆斯男爵宮廷中某種專門負責娛樂的弄臣。奧地利劇作家格里帕策（Franz Grillparzer）曾和海涅（還有羅西尼）一起在羅斯柴爾德家吃飯，他相當震驚：「邀請海涅的主人顯然相當怕他，而他也利用他們的這份恐懼，一有機會就狡猾地開他們的玩笑。不過一個人也不可能邀請不在意的人吃飯，若是討厭某個人也不會跟他共進晚餐。事實上，我們的交情在此之後便沒有進展。」

格里帕策的這類指責不免讓詹姆斯成了海涅身邊反應遲鈍的配角。「海涅博士，」他問，「能不能請你告訴我，為什麼這瓶酒叫做『基督之淚』（Lachrymae Christi）？」「你看翻譯的名字就知道了，」海涅回答，「基督看見有錢的猶太人買得起這麼好的酒，而還有這麼多窮人餓著肚子、喉嚨乾渴，於是就哭了。」「歡迎光臨寒舍。（Comment trouvez-vous mon chenil?）」[24]詹姆斯歡迎幾名賓客到他家裡時說，「你不知道『chenil』的意思是狗窩嗎？」海涅插嘴說，「如果你這麼看不起自己，至少也別到處嚷嚷！」羅斯柴爾德對於塞納河的骯髒污穢感到百思不得其解，畢竟其源頭非常乾淨，海涅便回答：「是啊，男爵先生，我也聽說您的先父是最正直的人。」有別人表達出想見見詹姆斯的意願時，「他只是想要認識他，」海涅打趣說，「因為他不認識他。」

海涅的報導文章中寫起詹姆斯更是諷刺挖苦，因此讓這些軼聞看起來似乎很可信，但是現存的書信顯示出兩人的關係非常不同，海涅一直不斷低頭懇求詹姆斯給他多一些慷慨金援。如前所述，海涅最早提到詹姆斯的紀錄就在《路德維希柏爾納》中，當中他認為詹姆斯的金融資本發展讓他和黎希留及羅伯斯比爾同樣在社會中掀起「革命」。雖說這樣的相提並論言過其實，卻完全不是羞辱之語，真要說起來，反而是誇大了詹姆斯的影響力。令人意外的是，海涅對於自己的自作主張也相當緊張（顯然是大段引用了自己和詹姆斯的私下交談），於是他為求謹慎還先送了一本校對稿給詹姆斯的妻子貝蒂。「您如今手上拿著的就是讓我焦慮不已的**犯罪事實**，」他寫道，「我還能出現在您面前嗎？……或許您能夠欣然一笑而原諒我。就我自己而言，我再怎麼責備自己都不夠，雖然沒有惡意，但這麼做還是令人十分難堪，尤其是對一個隱藏著如此高貴情懷、如此善意的家族。」

幾個月前，《日報》（*Quotidienne*）上有專欄報導詹姆斯舉辦的一場舞會，文中有諸多惡意評論，有人認為這是海涅的傑作，他則公開否認。他於一八四〇年代早期在《奧格斯堡報》上發表的文章中，經常不遺餘力地讚揚詹姆斯，總喜歡拿他跟其他銀行家如貝諾瓦·富爾德（Benoît Fould）比較，並且稱頌他的慈善之舉。最誇張的（可能還有點好笑的）讚美文章於一八四三年六月發表（後來收錄在他的〈盧泰西亞〉），他將詹姆斯能夠發掘他人才華的能力比擬為路易十四：「如果想完全避免出現任何冒犯之意，我今日就會將德·羅斯柴爾德先生比擬為太陽，我可以這麼做。第一，我這麼做沒有損失；第二，我任何時候都能像現在這樣提出合理的主張，因為現在眾人都相當敬重德·羅斯柴爾德先生，希望能感受到他那黃金般耀眼光芒的溫暖。」海涅還不只是讚揚詹姆斯。幾個月後，他的出版商朱利厄斯·坎普（Julius Campe）寄給他一本關於羅斯柴爾德家族歷史的書稿，內容極言批評，作者是激進的共和派弗德里希·史坦曼，標題為《羅斯柴爾德家族：歷史與

24 譯注：這句法文按字面翻譯是：「您怎麼找到我這狗窩裡來的？」原本是句自謙的迎賓之語。

交易》。海涅寫道，如果能夠壓下這份書稿就能回報恩惠，「羅斯柴爾德在過去十二年來都很照顧我，確實要盡可能做成這件事」。

後來有許多作家認為，海涅此時如此小心翼翼對待詹姆斯是基於財務上的理由，但是從紀錄上來看，詹姆斯一直到一八四五年才開始金援海涅，因為在此之前海涅並不需要這類幫助。事實上，〈盧泰西亞〉中將詹姆斯比擬為路易十四之後的那一段文字重點就在這裡，海涅描述詹姆斯身邊總圍著一群乞丐，但否認自己想要加入這群人：

> 容我大膽地說一句，這種瘋狂的崇拜對於這可憐的太陽而言是不小的痛苦，這些崇拜者簡直將他壓得喘不過氣來……我確實相信金錢對他而言比起福報更像是詛咒。若是他的心腸再硬一些大概就能免去不少折磨……每一位亟需用錢而找上德．羅斯柴爾德先生的人都曾找我諮詢，但他們不是為了向他借錢（我也懷疑他們這樣努力會有多少機會成功！），而是要安慰自己，看看金錢會給人帶來的苦難。

海涅認為詹姆斯備受折磨：「因為他的錢太多了，世界上所有的錢都流進他那如宇宙般浩瀚的口袋，而且他得時時背負著如此重擔；而身邊一大群挨餓的、偷竊的都向他伸出了手，這些手看來多麼可怕、多麼危險！」然後海涅還說了一段非常不同的笑話，其中他是襯托出詹姆斯機敏的配角：「『您好嗎？』一位德國詩人曾這樣問男爵先生。『我要瘋了。』後者回答。『我不相信，』詩人說，『除非您開始往窗外撒錢。』男爵嘆了口氣打斷他的話，『我就是這樣才瘋了，居然沒有偶爾往窗外撒錢。』」

十年後，海涅將原本刊登在報紙上的文章重新整理為〈盧泰西亞〉，他便能夠在這段笑話加上某種後記（稱為他的「事後解釋」），當時他的經濟狀況不錯，但卻今非昔比。

> 當我說，未來我可能會入不敷出，那些我曾大方援助的貧困人們卻嘲笑我說，我不是跟各種百萬富翁都

有來往嗎？那位統管所有百萬富翁的百萬富翁大元帥（指羅斯柴爾德）不是稱我是他的朋友嗎？我就是無法讓我的客戶明白，這位百萬富翁大元帥會稱我是他的朋友只是因為我從來不跟他要錢，要是我這麼做了，我們的友情很快就會結束，我們有如大衛王與約拿單、俄瑞斯忒斯（Orestes）與皮拉德斯（Pylades）的日子就會過去。這些可憐的傻瓜想要我的幫忙，以為很容易就能向富人求得這樣的東西。他們從來就沒有像我一樣看見他們的巨富都安放在箱子裡，外頭加上層層鎖頭和柵欄。

要了解其中的重要性就必要稍微知道海涅的財務狀況。在他的叔伯薩羅蒙・海涅於一八四四年十二月過世之前，海涅每年能夠從他的有錢親戚那裡拿到四千馬克的零用錢，薩羅蒙・海涅在遺囑中留給他一筆總額八千馬克的遺產，但是他的收入卻被堂親卡爾（Carl）拿走一半，讓海涅家族陷入一場曠日費時又諸多磨難的爭執，直到一八四七年才解決。海涅便是到了此時才第一次需要羅斯柴爾德家族的金援以及友誼。一開始他只是向他們詢問投資建議，不過隨著他的健康狀況每況愈下，慢慢就需要慈善性的援助。一八四六年，詹姆斯讓海涅參與一批鐵路股份的風險投資，為他賺進兩萬法郎。隔年，他表示願意讓他的「朋友」在新的法國國債生意中享有「最優惠待遇」。但是到了一八五二年，在《乞兒》（*Schnorrer*）書中便能察覺到海涅的語氣：

只要財神對著你那龐大的商業營運微笑、賜與了什麼恩惠，你不只允許與家族最親近的好友分一杯羹，就連詩人這位乖巧的孩子都能嘗一口。此刻，你再次領導著龐大的企業，以勝者之姿崛起，挺過革命的風暴後成為更成功的百萬富翁，我便斗膽提醒你，我還沒死，只是我的狀況也不能真的說是還「活著」。

詹姆斯允許了這項請求後，海涅可憐兮兮地感恩著「您最近這份善心的證明……上天顯然賜福於您，只要與您有所來往都能帶來好運」。三年後他又向安謝姆提出類似的請求，想要在新成立的奧地利聯合信貸公司持股，這件事也獲准了，給了他一百股。海涅的感謝信（既是逢迎又難堪）中能看出，他發現這件事很難不被說成乞討。不到兩個月後他便過世了。

在這一切當中，詹姆斯的妻子貝蒂扮演了重要角色，海涅在一八三〇年代跟她曾有過不逾矩的曖昧關係。他們在詹姆斯位於布洛涅的城堡中相遇：多年後回首往事，海涅在寫給貝蒂的信中回憶道「那天布洛涅的陽光耀眼，妳第一次出現在我面前就充滿了神奇的魅力」。這場會面肯定是在一八三四年前不久發生的，後來他寄給她一本自己的新書《沙龍》（*Der Salon*），簽名時自稱「妳忠實的門徒」（Ihrergebener Schützling）。一年後，他向一位朋友提起貝蒂時，敘述她是他「在巴黎的第一個贊助者」。他寫信向她保證要去探望她時，忍不住總會加上她「美麗、帶著微笑的臉總是出現在他回憶裡」的描述。而海涅也沒有將這樣的表白藏在私人對話中，一八三〇年代便在自己一篇文章中讚美她：「不只是巴黎最漂亮的女子之一，她的才智與知識更是出類拔萃。」雖然歷史學家努力想從少數遺留下的書信文件中推論出這樣的吸引力有多麼熱烈，卻找不出結果，更遑論了解這段關係的真正本質究竟為何。不過這似乎確實不只是對贊助自己的金主妻子的正式讚美。「我那天意外發現，」海涅在一八四〇年寫信給貝蒂，還附上《路德維希柏爾納》的校對稿，「我以為這位美麗的女士只是聰明又高尚，但是她的心地更是無比善良。詹姆斯男爵確實是最富有的男人，但不是因為他的錢……請相信我，男爵夫人，我對您的家族並非抱持著一般人的興趣，也請相信我的保證，我未來的日子裡都將全心奉獻。」不過在一八四〇年代的某個時候，這段友誼開始淡了。海涅仍然會將自己的書寄給她：一八四七年有好幾本《阿塔怪》（*Atta Troll*），還有一首可能受她啟發而寫的詩〈天使〉（The Angel）；一八五二年是一本《羅曼采羅》；兩年後是《雜文集》（*Vermischte Schriften*），然後一八五五年是他的《詩詞與傳說》（*Poèmes et légendes*）。不過他們幾乎不再見面，據海涅所說，她面對他時成了「多疑的人」，或許是因為海涅的健康持續惡化，或許是因為他不認同羅斯柴爾德家族在一八四八年革命中扮演的角色❹，最有可能的原因是，正如海涅已經預見到的，他對金錢的需求破壞了這段關係。

海涅與羅斯柴爾德家族之間的關係與他同時代的法國作家巴爾札克相比，兩者有十分明顯的差異；事實上，他們可以說是彼此的鏡像。海涅會擔心詹姆斯讀了自己的文章可能有所不滿，巴爾札克卻是樂得對他諷刺挖苦，也根本懶得掩飾自己的意圖；海涅即使與詹姆斯的妻子互動曖昧也保持斯文，巴爾札克卻想把自己相好過的情婦塞給詹姆斯；海涅接受羅斯柴爾德家族的認股期權時痛苦不堪，巴爾札克卻很喜歡向詹姆斯借錢還想方設法盡量拖延還錢。這裡離題說段有名的小趣聞，巴爾札克自述過於一八二七年某天在街上遇見海涅和詹姆斯：「那就是猶太人所有的才智與金錢了。」而他對後者比較有興趣，只是他總是以自我為中心，硬是把詹姆斯的姓氏寫錯，通常會寫成「羅茲柴爾德」（Rostchild）。

詹姆斯和巴爾札克的第一次見面是在一八三二年夏天的艾克斯，詹姆斯立刻對這位善變的作家產生好感，認為他既有拜倫的放蕩不羈也有狄更斯的文筆，馬上表示願意協助他遊訪義大利的計畫，還要幫他寫一封介紹信給卡爾，並且讓他使用他們的信差送信到那不勒斯。幾個月後，詹姆斯沒有聽到答覆，便寫信提醒巴爾札克自己的提議，並邀請他來吃晚餐，還叨唸他回到巴黎後卻沒有來拜訪他們。兩年後，巴爾札克在維也納利用了這份善意向薩羅蒙借了五百法郎，抵押品竟是他在巴黎那位毫無疑心的出版商開立的票據。另外，同年十一月他跟另一名出版商協商時，似乎也要求貝蒂拿出類似的擔保。

他們的關係在一八四〇年代中期最為親近。一八四二年，巴爾札克給了詹姆斯票券，邀請他來看自己災難般的戲劇《奇諾拉的資源》（*Les Ressources de Quinola*，也相當切題，這齣戲的主題是一艘沉沒的蒸汽船），然後兩年後又將《生意人》（*Un Homme d'affaires*）獻給「詹姆斯．德．羅斯柴爾德男爵先生／奧地利駐巴黎總顧問、銀行家」❺。作為回報，詹姆斯將他的信件轉交給他正在追求的波蘭伯爵夫人，並且在她前往

---

❹ 一八四九年末，海涅寄給貝蒂一本自己在革命過後寫的詩集，其中猛烈抨擊鎮壓匈牙利起義的強權；眾所皆知的是，羅斯柴爾德家族十分支持由俄羅斯所援助的反制動作。

❺ 詹姆斯可能也出席了第二場多災多難的演出。

那不勒斯時讓她更容易通過海關。更重要的是，詹姆斯在一八四六年給了巴爾札克一百五十股新北方鐵路路線的股份，這位作家付了第一期款項後，馬上將股份當成擔保向詹姆斯借了一萬七千法郎。後來他又借了大約五萬法郎，以他未婚妻的波蘭產業當抵押借了房貸，以便在幸運路（rue Fortunée）上買更大的房子。當巴爾札克於一八四六年準備前往波蘭時，甚至要求詹姆斯幫忙讓自己的前任管家（兼情婦）進入一間需要執照的郵票社工作。巴爾札克對這段協商過程的描述值得引述，因為這讓我們知道詹姆斯很擅長拉伯雷式挖苦的嘲笑：

羅茲柴爾德……問我**她**漂不漂亮、我有沒有上過她。

「一百二十一次，」我告訴他，「如果你想要她，那就給你吧。」

「她有小孩嗎？」他問。

「沒有，但你可以讓她生。」

「抱歉，但我只會庇護有小孩的女人。」這是他脫身的方法，若是她有小孩，他就會說自己絕對不會保護不倫的人。

「好啊，男爵，難道你真的以為自己可以跟我這樣計較嗎？我可是北方鐵路的股東！我寫張字條就能把你踢出去，你要處理好我的事，把這件事當成價值四十萬股的鐵路。」

「怎麼做？」他說，「如果你能讓我照做，我就會更崇拜你。」

「你要照做，」我告訴他，「否則我就會讓你妻子離開你，這樣她就會注意你的一舉一動。」

他爆出一陣大笑，後仰躺在椅背上說：「我放棄，因為我實在太累了，生意累死我了。去寫字條吧。我寫好了便去見詹姆斯夫人。

想必巴爾札克認為自己同年寄給貝蒂的作品全集足以回報所有的恩惠。

但是在一八四七年之後，我們之後也會提到，詹姆斯便不再對債務人心慈手軟，不管債務金額多麼微不足道、不管債務人多麼有趣。一八四八年十月，巴爾札克（這時他藏身於維日霍夫尼亞〔Wierzchownia〕）收到母親的消息，表示羅斯柴爾德家族拒絕收下一張由另外一位銀行家發行的兩千五百法郎匯票，這讓他大感震驚。他認為現在詹姆斯打算追回欠他的一萬七千法郎，害怕詹姆斯會藉此扣下以巴爾札克之名收到的新匯款，於是這位作家打算進行一場粗糙的騙局：他不讓匯款直接進入他名下，而是將一筆三萬一千法郎的款項安排給付到他母親娘家姓氏所開的帳戶。這個詭計顯然失敗了，一八四九年二月，巴爾札克拚了命想要用另外一家銀行的匯票來支付北方鐵路股份的下一筆款項。「妳不知道，」那年三月他暴跳如雷地寫信給母親，「欠羅氏的那一萬七千法郎怎麼綁住我，讓我綁手綁腳的。」巴爾札克不認為這件事是針對他而來，畢竟他可是經驗老到的敗家子，總是能夠從債權人的角度思考。「羅斯柴爾德家族，」他知道，「就像大雷雨過後的河狸，必須忙著修復一八四八年對所有財務造成的災難。」等到他在一八五〇年夏天回到巴黎時，服務已經恢復正常：六月十一日，就在巴爾札克因為各種病痛接連爆發而過世的兩個月前，他透過羅斯柴爾德家族安排，投資了一百股在法蘭西銀行。在他的棺材後面，除了雨果、大仲馬和一大群巴黎作家與文人之外，詹姆斯也一同走在行列中，儼然是《人間喜劇》（*La Comédie humaine*）的一幕。三十二年後，羅斯柴爾德家族為巴爾札克做了最後一件事，他們從他的寡婦手上買下幸運路上的房子，價格是原先買進的十倍。

自由派的現代學者經常會爭論詹姆斯究竟是不是巴爾札克小說中的銀行家紐沁根原型，他們指出了幾處明顯的差異：據說紐沁根出身法國的阿爾薩斯（Alsace），父親原本信仰猶太教後來改宗，他沒有兄弟，如果說他是詹姆斯的話年紀也太大了（一八二九年時已經六十歲），而且他只有一個女兒等等。但是巴爾札克在一八四四年卻告訴自己未來的妻子，「這位金融封建制度的上流男爵」正是「徹頭徹尾的紐沁根，還更糟」。而且只要仔細閱讀巴爾札克這本傑作中的相關部分，就會發現紐沁根這個角色受到詹姆斯多少的啟發，當時的其他金融家都不可能是這個角色的原型。雖然是虛構人物，但紐沁根**就是**詹姆斯，甚至可以說，如果巴爾札克沒有認識詹姆斯就根本不可能寫出紐沁根。

紐沁根的首次登場是在《高老頭》（*Le Père Goriot*，一八三四至三五年），貧困且**骨瘦如柴**的高老頭有兩個自私自利的女兒，紐沁根是其中一人的丈夫，他是「出身德國的銀行家，由神聖（羅馬）帝國封為男爵」，說話時帶著濃重、以音標拼寫的德國口音（例如「quelque chose」〔某件事〕變成「keke chausse」），住在聖拉札爾路（rue Saint-Lazare）上「其中一間燈火通明的房子裡，有著纖細的梁柱和窄小的門廊，巴黎人認為這樣很**漂亮**，這完全就是銀行家的房子，充滿了昂貴的優雅，以大理石馬賽克堆砌的裝飾及樓梯台階」。在這段最早的出場中（第二次出場則是在《塞沙皮羅托興衰記》〔*Histoire de la Grandeur et de la Décadence de César Birotteau*，一八三三至三七年〕），紐沁根被描寫成一個粗俗無禮的人。香水商人皮羅托破產之後終於找到人願意聽他說話，這裡又描述了一次「壯觀的階梯」與「豪華的房間」，但他卻要面對一場莫名其妙的訪談，然後又被推回去找另一名銀行家杜提雷（du Tillet），而其實就是他一手造成皮羅托的衰敗。巴爾札克再次強調了紐沁根非常糟糕的法文發音：「這個狡詐的男爵，為了違背自己說得好聽卻很難做到的承諾，保留了德國猶太人的糟糕發音，還沾沾自喜地認為自己會說法文。」

這套詐欺行為的說法在《紐沁根家族》（一八三七至三八年）當中也有詳細的陳述，其中說明了紐沁根家族的起源與手段。巴爾札克認為，紐沁根的成功關鍵就是不斷假裝暫停付款，逼得他的債權人只能接受貶值的票據付款。他在一八〇四年這麼做，一八一五年又故技重施，已經準備好展開自己第三次、也是野心最大的一次計謀，要完成這一場騙局得賠上一位年輕的貴族（這只是其中之一），還有阿爾薩斯銀行家的寡婦及女兒，他第一次發財就是靠後者。當然，因為其中牽涉到犯罪指控，巴爾札克很小心確保自己筆下的角色跟羅斯柴爾德之間有明顯的差別，所以將紐沁根描述為「某位為了野心而改信（基督教）的猶太人之子」，據說還「偷偷羨慕著羅斯柴爾德兄弟」。但是這之間的相似性實在不容忽視，例如紐沁根的第二場騙局中就牽涉到在滑鐵盧戰役之前大量買進基金，另外有一段針對紐沁根外表的描述讀起來也很熟悉：「身材渾圓肥胖，重得像個麻袋，跟外交官一樣行動不便。紐沁根的手段狠辣，神情總是像山貓一樣陰暗隱晦；他並不顯露內心情感，無法與人深交，而你永遠猜不到他的下一步。」紐沁根的金融影響力範圍之廣也是一個線索：「他精通一切，這頭金融巨象將代理人推銷給官員、將希臘人推銷給土耳其人。對他來說，商業就是……各項差異的總和、特殊突出的整合。」紐沁根甚至一度被人拿來與拿破崙比較，就像納坦在世時也有人這樣比較，或許更清楚的線索是，據說他「因為七月革命而成為貴族，並成為榮勳軍團的高級長官」，我們先前提過，詹姆斯確實曾受路易・菲利普賜與軍團長官的這份榮耀。

當然，《紐沁根家族》的用意並不在描繪出真實的詹姆斯・德・羅斯柴爾德，這本書主要是在諷刺一八三〇年代不穩定的金融市場，而紐沁根這個角色就是歸謬法的擬人化身，其中隱含的「道德教訓」是「債務人比債權人更強大」。而最令人難忘的段落則概述了「我們所生活的這個黃金年代的真正原則」，很容易就能看出為什麼政治左派會想要在巴爾札克過世後稱他是自己人：「有些確切的行為，若是一個人對另一個人做了便是犯罪，若是對象變成很多人就是無罪，就像往一桶水裡滴一小滴氫氰酸，毒物也變得無害。」

但是巴爾札克對紐沁根的描寫還沒完。在《交際花盛衰記》（一八三八至四七年）中，紐沁根的角色又有了完全不同的詮釋，這位厭倦了世俗的**老翁**在文森森林對一名妓女一見鍾情，事實上她是放蕩不羈又野心勃勃的盧西安・夏爾敦（Lucien Chardon）的情人，夏爾敦自己則受制於邪靈般的犯罪首腦沃特林（Vautrin），這三人打算向被愛沖昏頭的紐沁根勒索一百萬法郎。再一次，巴爾札克利用這個機會發展自己針對資本主義的浪漫批評：「所有快速累積的財富若非運氣好或者挖到金礦的結果，就是合法竊盜的結果……一八一四年的憲法便宣布了由金錢統治，成功便成了無神時代的最高理由。」不過，這本書同樣出現了非常多羅斯柴爾德的指涉，這裡描述的紐沁根是「會計室中的路易十四」。事實上，巴爾札克將紐沁根這個角色描寫成的贊助者，幾乎就和海涅在〈盧泰西亞〉所用的詞彙一模一樣（甚至可以說接近抄襲了）：

德・紐沁根先生是純粹的銀行家，除了自己的計算能力之外沒有其他創造性才華……只相信特定的價值。談到藝術，他倒是很有自知之明，手裡握著金子去找這類東西的專家，若是他需要蓋房子、檢查健康狀況、購買某件藝術品或產業，馬上就去找來最好的建築師、最好的醫生、最精通繪畫和雕塑的行家、最有手段的律師。

值得一提的還有，這裡描述的紐沁根更多了幾分同情，應該是受到巴爾札克與詹姆斯之間友情漸長的影響。紐沁根知道自己這麼做很傻：「我這個年紀了還談戀愛，我知道沒有比這個更愚蠢的事情，但你還想怎麼樣？就是發生了！」[25]然後妓女拒絕跟他再進一步時，他也還能找回一點尊嚴，以完美的法文寫了一封體面而感性的信給她。

相較之下，紐沁根在《生意人》（一八四五年）以及《貝姨》（*La Cousine Bette*，一八四六年）的出場就很短暫：他在這裡只是那些急著借錢的人最後找上的對象，例如馬克西・德・特雷利（Maxime de Trailles）、和巴爾札克同類型的浪蕩子德斯羅赫（Desroches）以及烏洛男爵（Baron Hulot），這位支持波拿巴王朝的貧窮公務員需要為女兒準備嫁妝。此時在這位作家心中最重要的事情就只有自己岌岌可危的財務狀況，因此在巴爾札克向詹姆斯要求財務援助的前夕將一本描寫聲名狼藉債權人的書獻給詹姆斯，就是作家一貫的開玩笑作風。即使烏洛想跟紐沁根借貸的金錢總額接近巴爾札克在《貝姨》出版那年跟詹姆斯借貸的總額，歷史學家通常也不習慣將文學作品當成證據。不過藝術總是與生活經驗密切相仿，這麼做能夠讓我們更加認識如詹姆斯・德・羅斯柴爾德這樣的人物，否則他的私生活實在是一團謎，忽略這些作品就太可惜了。

25 譯注：原文同樣強調了紐沁根的口音：Hêdre hâmûreusse à mon hâche, cheu zai piène que rienne n'ai blis ritiquille; mai ké foullez-vû? za y êde!（正確的法文是：Etre amoureux à mon âge, je sais bien que rien n'est plus ridicule; mais que voulez-vous? ça y est!）

十三、水銀與山核桃（一八三四－一八三九）

我實在不明白為什麼，我們眼下要求你們不要做這個或那個，也沒什麼特別的原因，同樣的事情還是會發生，因為每個人肯定最清楚該怎麼做對於自己居住的地方才是最好的。

——詹姆斯對自己的英國姪子說，一八三六年十月

羅斯柴爾德為歐洲列強發行及交易債券的系統獲利相當龐大，同時也讓家族擁有實質的政治影響力，但卻仍有其極限。羅斯柴爾德家族在一八三〇年代試圖將版圖擴張到新的區域，結果遭遇困難。事後來看，歷史學家可以發現這段時期最大的一項疏漏就是他們未能在美國建立起穩定可靠的羅斯柴爾德基地。然而，若是要探討沒有成功的原因，就必須說明一段反覆嘗試錯誤的複雜故事，源頭在於西班牙與葡萄牙極度不穩定的財務狀況，因為引領羅斯柴爾德家族前往美洲的路徑就從這裡開始。

伊比利亞難題

正當歐洲其他各地爆發革命之際，伊比利亞半島上有的則是王朝更替的內戰。從表面上來看，這裡也如同其他地方一樣有意識形態的分歧，包括極端保守的神職人員、比較溫和的立憲制自由派，還有更為激進的民主派。然而，從根本上來說，西班牙與葡萄牙在一八三〇及四〇年代的政治局勢跟玫瑰戰爭時期[26]的政治局勢

26 譯注：十五世紀的英國，英王愛德華三世的兩支後裔為了爭奪王位繼承權而展開的戰爭。

更為類似。從銀行家的角度來看，外國發生的內戰在先天上並沒有什麼問題，內戰像其他類型的戰爭一樣需要金錢，而且在國內稅制混亂的情況下通常必須借貸。雖然羅斯柴爾德家族比其他銀行家更為謹慎，他們卻已經準備好也願意借錢給葡萄牙與西班牙任何他們認為會勝利的一方。在第一階段的介入中，他們最擔心的問題是其他強權可能會捲入這場紛爭而引起歐洲全面開戰，那就會讓羅斯柴爾德反覆出現的夢魘成真。事實證明，戰亂並未升溫到全面開戰，不過英國、法國及奧地利都想要間接干預這塊半島上的事務。真正的困難在於，伊比利亞半島上的內戰在沒有明確外國勢力的干預之下，會沒完沒了地無法確實結束。這意味到了一八三〇年後期，他們已經付不出幾年前舉債的利息。結果，西班牙和葡萄牙債券在一八三〇年代的債券市場上表現就如同一八二〇年代的拉丁美洲債券，正如詹姆斯簡潔（並不斷）表示的，這批債券比「屎」好不到哪裡去。

這樣相似的結果並非巧合，因為拉丁美洲先前所發生的事件不僅讓佩德羅這個只會製造麻煩的傢伙回到歐洲，基本上也削弱了葡萄牙及西班牙的財政系統，而這兩個國家十分依賴自己跨大西洋帝國的收益，因此葡萄牙和西班牙不僅只在政治上不穩定。從許多方面來說，法國也是如此，一八三〇年之後似乎也有可能發生類似的王朝繼承權爭執。伊比利亞的問題在於國家逐漸失去償付能力，想要從這兩個不斷徘徊在破產邊緣、搖搖欲墜的國家中賺錢，比羅斯柴爾德家族原本樂觀的設想還要不容易。

葡萄牙的故事是兩者之中相對不複雜的，結果也證明獲利比較低。我們已經提過，納坦在一八二〇年代就對葡萄牙及其姊妹國巴西的事務有興趣，並為兩國都安排了貸款，確保這在傳統上屬於英國的勢力範圍。其實此時的葡萄牙已經在醞釀一場內戰，納坦可以說是不知不覺把錢借給了即將交戰的雙方：一邊是納坦在一八二八年金援的米格爾一世，另一邊則是他的兄弟佩德羅，佩德羅是巴西的皇帝且為瑪麗亞二世的父親，後來米格爾推翻了這位葡萄牙女王。一八三一年四月，佩德羅被迫在巴西退位給他的兒子，之後他馬上啟程前往法國，打算讓他女兒在葡萄牙恢復權位。法國的自由派人士（還有一些英國輝格黨人）基於不算太好的原因，認為佩德羅與他們意氣相投，將米格爾類比成葡萄牙的查理十世，因此佩德羅幾乎沒遇到什麼困難就在巴黎籌到了錢、在倫敦招到人手，並且能夠在一八三三年七月控制波多（Oporto）。但是在得不到人民支持的情況下，他一直到一八三四年五月才真正讓米格爾投降，而他的這場勝利主要得力於英國商船船長查爾斯·納皮爾（Charles Napier）的協助。四個月後，佩德羅也過世了，而他正好在死前讓自己的女兒復位。

但是葡萄牙的政治麻煩還沒結束。瑪麗亞二世與第一任丈夫洛赫滕博格公爵結婚才四個月，公爵便過世了，而要為她找到合適的丈夫比預期的還要困難，結果一直到一八三六年才選定繼任的人選：比利時國王的姪子薩克森－科堡的斐迪南（Ferdinand of Saxe-Coburg）。更嚴重的問題是，瑪麗亞的支持者很快就分成敵對的兩派：比較溫和的「憲章派」（效忠一八二六年的憲法）以及比較激進的「九月派」（回溯至更為自由的一八二二年版本憲法）。瑪麗亞與斐迪南成婚後不久，九月派便強硬奪取了權力，而憲章派於一八三七年也試圖這麼做，最後在五年後成功。一八四六年又發生了一場革命，結果讓英國與西班牙在隔年聯手干預。

羅斯柴爾德家族懷著複雜的情緒看著葡萄牙展開內戰，他們絕對不願意錯失任何有利可圖的新生意，但又擔心衝突可能升級。到了一八三二年，詹姆斯開始嘗試參與西班牙金融家胡安·阿爾瓦雷茲·門迪薩瓦爾（Juan Álvarez Mendizábal）的操作，門迪薩瓦爾在前一年剛為佩德羅在巴黎發行了兩百萬英鎊的債券。這是一場賭博，雖然英國和法國都間接表示支持佩德羅，卻也不能排除米格爾背後有奧地利勢力的支持，而且米格爾同年也在巴黎舉債了四千萬法郎。這可以解釋為什麼詹姆斯從一開始就對「葡萄牙垃圾」如此悲觀，他認為葡萄牙貸款只有得到英國及巴黎的擔保才能成為「一門好生意」，但是帕默斯頓子爵（相當聰明地）拒絕給予擔保。因此，若推論詹姆斯和納坦在一八三五年為了瑪麗亞二世復位後的政府發行四百萬英鎊的債券，是有意經營今日或許會稱為「垃圾債券」的生意，也算是合理。畢竟就算佩德羅已死、米格爾流亡在外，葡萄牙會持續支付這些債券利息的可能性也很低，所以詹姆斯認為自己銷售這批債券的對象，說好聽一點，就是太天真了。「我們有非常多呆驢一直在買這爛玩意兒。」他在四月初很坦白地向納坦報告，這批百分之三債券（羅斯柴爾德以六十七·五的價格發行）短暫出了一陣鋒頭，但是短短幾個月內，隨著里斯本（Lisbon）的政局仍然不穩定便迅速貶值，不到一年便降到五十五，然後到了一八三九年的價格僅有二十五。後來詹姆斯解釋了羅斯柴爾德參與其中的理由，這樣的債券「是唯一能夠賭一把、進行風險投資的項目，畢竟法國公債能賺到什麼？沒有，所以現在全世界都在投資這爛玩意兒，可以在這批東西上賭一把，但不會一直持有」。也就是說，長期投資人從來就沒有認真將這些高獲益債券視為資產，只視為風險投資的項目。

出售「垃圾」的麻煩在於，不免有些天真的投資人（或運氣不好的風險投資者）在停止支付利息時還持有這些債券，所以對於原本出售債券的商人自然不可能會有多大好感。為了羅斯柴爾德家族的名聲，同時也為了他們未來還能成功操作債券發行，避免葡萄牙政府拖欠利息才對他們最有利。早在一八三五年三月，詹姆斯便緊張地建議羅斯柴爾德公司「應該在利息到期的兩個月前就派人過去（里斯本）協助政府，我們已經涉入太深，不能不對這些人伸出援手」。到了五月的情勢更加明顯，葡萄牙即使換掉財政部長也依然沒有足夠的現金能支付當年到期的利息。「我想我們得付這筆利息。」他沮喪地下了結論。但是這麼做的壞處就是，債券持有人會「習慣認定你（一定）都會伸出援手，到最後就會無法抽身」。

不過，結果是納坦打算再預支一百萬英鎊的計畫遭到拒絕，葡萄牙反而選擇了葛舒密特更加慷慨的條件，因此倫敦及巴黎的羅斯柴爾德公司掀起一波報復性拋售。「既然有其他人介入葡萄牙的問題，那我們也不必援助他們的市場了，」萊昂內爾於法蘭克福坐在他臨死父親的病床邊寫道，「我們就買進、賣出，只要考慮自己的利益就好。」詹姆斯對里斯本政府的作為簡直怒不可遏：「可悲的葡萄牙官員想要割斷自己信用額度的喉嚨，這樣問到會不會付利息這個問題時就沒人能給全世界一個確切的答案，所以他讓事情看起來像是自己把一切拖下水。」「你的葡萄牙人讓我怒火中燒，」他在一八三六年十二月寫信到倫敦，「我這輩子從來沒遇過讓我這麼生氣的事情，這些人根本就是人間殘渣。」現在唯一的目標就是「說服大眾，這些人已經決定要完全毀掉自己的信用，而我們已經竭盡全力在避免這件事發生」，「我們必須盡快從這件爛事中脫身，」他幾天後又重申，「因為在這裡跟我們來往的人完全不顧聲譽，而且還有一個部長拿自己國家的滅亡來投資。」

但是一八三七年又出現同樣的問題時，萊昂內爾還是別無選擇，只能再次表示願意為政府紓困，畢竟利息到期的這批債券仍然是羅斯柴爾德兩年前發行的那一批。詹姆斯也別無他法，只能再一次提供短期預支，尤其是現在羅斯柴爾德家族的老朋友薩克森－科堡家族也因為斐迪南與瑪麗亞的婚姻而牽涉其中。一八三七年的策略是給予里斯本最後一筆現金挹注，「避免有人說羅斯柴爾德的債券沒有支付利息」，然後退出。可是就連這次停損也出了差錯，導致他們和葡萄牙政府陷入一場曠日費時又十分難為情的法律紛爭❶。萊昂內爾想要合理化這件事，指葡萄牙債券可能會從七十五貶到二十五，但「至少我們的名聲沒有受損」。他的叔叔並不相信這個說法，「我再也不想往這堆爛泥投資更多錢了」，這差不多就是他對葡萄牙問題發表的最後一句話。接下來不管是誰試圖讓羅斯柴爾德家族介入葡萄牙財政事務都遭到堅定拒絕。他們的對手也不會讓他們輕易忘記這次潰敗，有人在一八四六年找上巴爾林家族貸款，其中一位合夥人便強烈反對涉入其中，他的論點便是「葡萄牙的信用額度已經被猶太人和經紀人的經營不善而搞髒了……任何家族企業想要維持良好的大眾形象，大概不會想要跟他們扯上關係」。

西班牙的政治局勢也無太大差異，但是在經濟上卻比葡萄牙有更多誘因。這裡的衝突來源也是王朝繼承權：若是將讓男性子嗣有優先權的薩利克法（Salic law）套用在西班牙，那麼斐迪南七世（Ferdinand VII）的弟弟卡洛斯便是他的合法繼承人；又或者王位應該傳給他唯一的孩子，也就是在一八三〇年出生的伊莎貝拉（Isabella II）？基本上，伊莎貝拉的贏面比較大。雖然薩利克法在一七一三年就出現了，不過卡洛斯四世（Carlos IV）在一七八九年的國事詔書中便將此廢除了（不過是祕密進行），而斐迪南也預先防備，在自己

❶ 羅斯柴爾德家族借給葡萄牙政府八萬八千六百八十八英鎊，為期四個月，讓他們支付百分之三債券到期的利息，而政府也交出了名目價值六十萬英鎊的「攝政債券」作為擔保。後來政府無力償還八萬八千六百八十八英鎊，倫敦公司便賣掉了這批債券，但是葡萄牙政府聲稱羅斯柴爾德無故延遲出售以收取更多利息，最後的判決以法律細則為由判決葡萄牙政府勝訴。

女兒出生的五個月前便公布了這項事實。另一方面，斐迪南七世在一八三二年病重，顯然他的弟弟卡洛斯這一方握有足夠的權力（雖然不算合法）能夠挑戰伊莎貝拉的繼承權，逼迫她母親瑪麗亞·克里斯蒂娜（Maria Christina）暫時撤銷國事詔書。結果斐迪南的身體意外復元，卡洛斯只得出逃葡萄牙，但是如今內戰幾乎已經是不可避免。最後國王還是在一八三三年九月駕崩，卡洛斯便表明自己不願意承認瑪麗亞·克里斯蒂娜的攝政權，十個月後他回到西班牙動員自己的支持者。就像在葡萄牙的情況一樣，這裡的繼承權紛爭也有明顯的意識形態之分：卡洛斯就是西班牙的米格爾，他是反動的「邪惡叔叔」，而他的嫂嫂克里斯蒂娜（一開始先是與改革君主專制派的謝亞·伯穆德茲〔Francisco Cea Bermúdez〕交好）則與「溫和的」自由派結盟，像是馬丁內茲·德·拉羅薩（Martínez de la Rosa），因此也取得比較「進步派」的民主人士有條件的支持，這群民主運動份子還不斷討論著一八二〇年的革命。這場戰爭也有地域的分別：卡洛斯派勢力最強的地區在納瓦拉鄉間及巴斯克省，而比較支持伊莎貝拉的人多是馬德里的官僚及國家主要商業中心的金融家。

羅斯柴爾德家族有四個金援年少女王政府的理由。與葡萄牙的情況一樣，投資人已經厭倦越來越容易預測的英國公債及債券，向他們出售高獲利的新債券在短期內就能獲利；當然，為卡洛斯發行這類債券也很容易就能達成。而他們決定援助伊莎貝拉一部分是出於外交考量：一八三四年，英國、葡萄牙、西班牙以及（稍後加入的）法國簽署了四國盟約，這似乎代表在這片半島傳統上最有影響力的兩個國家明確支持伊莎貝拉政權。不過更重要的是，西班牙（和葡萄牙不同）擁有一種特殊的資產，對羅斯柴爾德而言具有無法抵抗的吸引力，能夠擔保任何貸款：在雷亞爾城（Ciudad Real）西邊的阿爾馬登汞礦是當時全世界汞礦的兩大主要來源之一，三百多年來，這些礦產在國際貨幣系統中扮演著關鍵角色，因為汞（或者羅斯柴爾德家族喜歡稱「水銀」）可以用來提煉拉丁美洲的銀礦及金礦。光是這點就夠吸引銀行家了。重點是，西班牙政府過去一向都會出售採礦權，並且以其產量來吸引私人公司，最出名的例子就是在十六世紀拿汞礦作為抵押，向奧格斯堡的銀行家福格家族（the Fuggers）貸款。決定性的關鍵是，這處礦區在內戰大多數時間一直都由伊莎貝拉的軍隊控制著。最後，儘管西班牙在美洲建立的帝國版圖急遽縮減，卻仍與剩下的殖民地擁有獲利頗豐的商業來往，其中最值得注意的就是古巴與菲律賓，尤其前者在菸草貿易的重要地位更是吸引著羅斯柴爾德家族。

另一方面，要跟西班牙有任何金融往來也存在著三個困難。首先，也最明顯的是國內拖延已久又沒有清楚了結的內戰紛擾，卡洛斯的軍隊直到一八三九年（在斐迪南崩逝六年後）才徹底潰敗。在此期間，馬德里的政府因為「溫和派」與「進步派」（這是後來才為兩派加上的名稱）爭取控制權而不斷更替，後者不斷要求政府更偏向代議制並反對教權制，這比瑪麗亞・克里斯蒂娜預期的還要激進。接下來，帶頭的軍事指揮官在政局的影響力也越來越大，讓事態更加複雜；事實上，巴爾多梅羅・埃斯巴特羅將軍就是其中一名，在他領軍贏得勝利的一年後，他在進步派的支持下出面逼迫瑪麗亞・克里斯蒂娜退位交出攝政權。後來在一八四三年，輪到埃斯巴特羅自己遭到驅逐，一年後被他的對手納爾瓦埃斯將軍（Ramón María Narváez）取代，在他主導下的溫和派政府稱霸了十年，直到一八五四年又迎來另一次革命。

第二項反對涉入這個不穩定國家的論點有證據支持，便是於一八二〇年代早期在自由派政府主政下發行的債券，即所謂的「科提斯」（也就是國會）債券，隨著革命的壓制，斐迪南國王拒絕履約。一八三一年的一條法律正式「延遲」支付這批債券的利息四十年，不過這完全安撫不了購買債券的投資人，而英國的科提斯債券持有人便決定要抵制西班牙在倫敦證券交易所發行的任何票據，直到能談定更好的條件為止。要在眾人記憶猶新的情況下重建西班牙在國際市場上的信用，實在困難無比。最後，包括奧地利、俄羅斯和普魯士等所謂「北方宮廷」對卡洛斯一派的支持，竟然比他們對米格爾的支持更強大，即使梅特涅不考慮直接進行軍事干預，卻還是能對西班牙事務施加相當的外交影響力。

基於這一切理由，羅斯柴爾德家族最初不願意在西班牙單獨行動。早在一八三〇年十二月，詹姆斯和納坦便和當年租用阿爾馬登礦區的公司合夥，以「匿名」合夥人的方式活動（換取銷售的百分之二・五佣金），意圖以此為第一步為往後更積極的參與鋪路。「等到政府想要將礦區外包出去的時候，」詹姆斯向哥哥回報自己的觀點，「你已經準備好了，完全知道所有的客戶在哪裡、能賣多少，接著為總額遞出提案就容易多了。」結果比較麻煩的是，詹姆斯讓羅斯柴爾德家族與一群巴黎銀行家共同分享西班牙所有金融生意，其中為首的是西班牙人阿瓜多，此舉讓他們在某種程度上多了一層偽裝，可以操作投資現有的西班牙票據（因為科提斯債券仍持續有交易，只是價格約莫在三十）。但是羅斯柴爾德要跟西班牙政府討論新生意時，在操作空間上就多了一些尷尬的限制。在一八三三年夏天，一筆重要的菸草生意最後不了了之，萊昂內爾便已經發現和阿瓜多及其夥伴的那紙合約更像是阻礙，而非助力。

一八四八年以前，比起其他羅斯柴爾德爭論的問題，要增加或者減少涉入西班牙事務的辯論讓家族和諧更加緊張，事實上說這件事有可能會拆散五家公司的合夥關係都不為過。納坦顯然急著想在西班牙財政上扮演更大、更獨立的角色，而他的姪子安謝姆一直都相當支持他，萊昂內爾就稍微保守。詹姆斯總是搖擺不定，今天看見的都是好處，隔天又只看得見風險：「跟這個國家確實有很多錢可賺，但另一方面也可能聲譽盡失。」這就是詹姆斯在一八三〇年代不斷掛在嘴邊的話。「親愛的爸爸，您也知道他（詹姆斯）是如何，」萊昂內爾不耐地寫道，「上一秒要做這筆生意，下一秒又反對了。」薩羅蒙和他自己的兒子不同，原則上反對直接（或者確切說來是過度）涉入，主要是因為梅特涅對他強力施壓，但是他自己也傾向猶豫：「您行行好，讀一讀薩羅蒙伯伯的信吧，」一八三四年三月，萊昂內爾挖苦地勸他父親，「第一是**西班牙**，第二說**反對**，第三又說**贊同**了。」

納坦最初的策略似乎是要針對舊有的科提斯債券確保某種協定，藉此開啟後續新的西班牙貸款，但是所有代表西班牙與羅斯柴爾德協商的人都相當謹慎，避免在這個問題做出承諾。經過迂迴不斷又曠日費時的協商之後，儘管梅特涅、奧地利大使亞龐尼、俄羅斯大使波佐還有不下於三位法國官員（布羅伊、里尼〔Henri de Rigny〕及蘇爾特）都對納坦提出警告，大力建議羅斯柴爾德家族應該避免與西班牙來往[2]，但他決定不予理會。雖然詹姆斯和萊昂內爾持保留態度，他們還是認為最多只能和巴黎的集團聯手並且最好匿名操作，但是納坦於四月十八日單方面提議要預支一千五百萬法郎給西班牙政府，以支付六月底未延期債券要到期的利息。馬德里並未給他堅定的保證說科提斯債券能夠重新估價，只是給了他空虛的承諾，表示科提斯債券達標時就會提高發行量；同時，納坦預支的款項也沒有拿到任何擔保，他在六月七日和駐巴黎的西班牙大使以及聖費南多銀行（Bank of San Fernando，相當於西班牙的中央銀行）的代表簽署合約。傾向卡洛斯一派的威靈頓公爵便諷刺地表示，羅斯柴爾德家族現在已經完全、真的「在同一條船上了」；而且正如梅特涅等人所預測的，「這條船」幾乎是馬上就開始下沉。畢竟這個國家已經在眾人心中留下惡劣的形象，納坦干預西班牙財政的決定自然也就引來不少嘲諷挖苦，有兩幅卡通漫畫將他描繪成「猶太美味蛋糕師傅」，他站在自己標誌性的梁柱旁賣著「米糕」，上頭標著「貸款」。「誰要來一塊？誰要來一塊？」第一幅漫畫的標題這樣寫著，「熱騰騰！熱騰騰！小心別燙傷手指，世上蛋糕何其多，卻不如我做的這般優。」他的口袋還露出一張標注著「西班牙」的票據。第二幅漫畫上則畫著「蛋糕師傅」把攤子夾在自己手臂下，蛋糕都賣光了，蛋糕師傅說話帶著德文口音：「米糕賣得非常好，希望我的顧客都喜歡，我要再來做一點。」

很難猜測為什麼納坦要這麼做，有可能是他（和安謝姆一起）聽到四國盟約的公告後便安心了，以為內戰的風險將會消退，只是帕默斯頓並未表明政府有意朝這方向努力；相反地，帕默斯頓在馬德里的人查爾斯·維利爾斯（Charles Villiers）則忿忿不平地指責納坦「給了」西班牙政府「不甚有利的條件」。最可能的解釋是，他想要搶在湯瑪斯·威爾森（Thomas Wilson）或阿瓜多等對手之前行動，讓他自己（或者詹姆斯）成為瑪麗亞·克里斯蒂娜的「宮廷銀行家」，以期科提斯債券終於達到目標時能夠再拿到一筆重要的新貸款及轉換

❷ 有趣的是，梅特涅明確表示自己不反對羅斯柴爾德家族私下與其他公司合夥參與西班牙的生意。他擔心的是，若「羅斯柴爾德」這個姓氏公開與攝政太后瑪麗亞·克里斯蒂娜連結在一起，會強化其地位。布羅伊對詹姆斯的警告則不太好理解，尤其是他在三月八日談到一筆由法國支持的貸款要將西班牙納入「歐洲的金融體系，這樣就能形成某種共和、某種聯邦制，在某個程度上相互依存、互相扶持」。不過被問到法國支持的用意時，他的態度就改變了。

操作生意。他顯然已經準備好一套轉換舊科提斯債券的計畫，或許也期待短期風險投資能獲利，並認為宣布羅斯柴爾德預支資金能夠提高其價格。有一位（應該是懷有敵意的）奧地利外交官回想起他曾經說：「我必須批准（貸款），因為若是我不做，其他人就會做。」無論他的動機是什麼，這筆預支款項魯莽得很不像他的作風，正如詹姆斯、萊昂內爾及安謝姆預料到的，其他法國銀行家馬上就把詹姆斯告上法院，認為納坦的行動全然不顧合夥的合約，詹姆斯最後只好向阿瓜多提出一份讓他能參與未來任何貸款的新合約，這才得以避免在法庭上輸得一敗塗地。雖然西班牙政府保證要在發行新的科提斯債券之前解決延遲債券的問題，不過這也沒有讓倫敦的股票交易委員會滿意。在巴黎，納坦的計畫同樣沒有說服市場，西班牙債券在六月底便急速下跌。更糟的是，他才剛支付一千五百萬法郎，馬德里就任命了一位新的財政部長，他一個月後便背叛合約，聲稱羅斯柴爾德家族承諾要借出兩倍的金額；而先前也有人警告過納坦這一點。

目前無法確知為什麼這位部長托倫諾（José María Queipo de Llano, 7th Count of Toreno）（如詹姆斯所言）會是「敵人」。一方面，他要回應國內的壓力，必須面對如亞杜因（Ardouin）等西班牙銀行家，於是他和亞杜因談成了另一筆四百萬英鎊的貸款合約；更重要的是，他急著想要大幅「減少」現有的西班牙公債，這樣的轉換最多會將西班牙債券的名目價值削減百分之七十五，羅斯柴爾德家族認為這可以算是「宣告破產」了。雪上加霜的是，托倫諾的任命正好碰上卡洛斯回到西班牙，而且馬德里還爆發霍亂。奧地利駐巴黎的大使和亞龐尼一起提出嚴正警告，提醒法國若是出手干預對抗卡洛斯會有什麼後果，西班牙債券的價格會暴跌，巴黎證交所將會不時出現有人自殺及殺人的威脅。然而，羅斯柴爾德家族雖然也售出不少，卻不能冒險與托倫諾展開全面的金融「戰爭」，因為在這場崩盤的混亂當中最要緊的優先要務就是盡量回收納坦的一千五百萬法郎，就算是「害他快要破產的那批破爛（債券）」形式也行。如詹姆斯所說，那真是「可怕的一團混亂」，而這件事清楚顯示出金融力量遇上不害怕國際債券市場的政府也無用武之地。「我想要你公開說明的就只是我們能把錢拿回來，其他對你別無所求。」詹姆斯對西班牙的代表懇求道。「現在我的任期已經結束，」後者回答，「我要奉命回國了。」詹姆斯懇求未果後，便轉向大使、法國政府以及托倫諾本人求助。「我親愛的納坦，」他坦承道，直指羅斯柴爾德家族最基本的弱點，「我們沒有軍隊能夠逼迫政府去做他們不願意做的事。」

長久以來，羅斯柴爾德的難處就在於無法得知西班牙事務的第一手消息，他們從未有人造訪過馬德里，而且直到七月才在當地有了忠心的全職員工。這點可以解釋為什麼他們在一八三四年八月決定派萊昂內爾（由律師亞道夫·克雷米爾〔Adolphe Crémieux〕陪同）去馬德里，跟托倫諾面對面徹底談成某種約定。英國大使對這位年輕人的談判技巧相當佩服，但是從羅斯柴爾德的書信中顯示托倫諾還是想辦法說服了萊昂內爾，如今唯有借給西班牙一批發展健全的貸款才能避免完全破產，而且讓共和派政府接管。只有安謝姆同意這個觀點，詹姆斯和納坦此時都只想要拿回他們預支給托倫諾前任的錢。一八三五年一月，他們勉強同意接受由亞杜因發行一批新債券，羅斯柴爾德可以拿到相當於一千五百萬法郎的占比。後來薩羅蒙估計他們在這份合約上的損失大約是一千六百萬法郎。

但是萊昂內爾的協商還達成了一件事，後來證明這是托倫諾更重要的讓步，因為萊昂內爾造訪馬德里期間，阿爾馬登礦區的合約到期了需要續約，而我們先前提到，羅斯柴爾德家族已經在礦區有股份，於是他們在一八三四年間開始思考如何增加對西班牙汞礦市場的控制。事實上，萊昂內爾還特地提議，要求以汞礦來擔保預支的一千五百萬法郎。如今他的出價贏過其他四家公司，拿到新合約，基本上他賄賂了托倫諾以及女王，提議不採取密封投標的方式，而是比對手的最高出價再多出百分之五。隔年他們再次協商合約，讓條件變得對羅斯柴爾德家族更加有利，由此開啟了能夠獲利的長久參與。根據羅斯柴爾德家族自己的估計，在一八三五年簽約時的礦區一年能夠出產大約八百至九百公噸的汞，而在一八三五年合約下，他們要付給政府的金額（一公噸是一千零九十比塞塔幣，相當於四十三·六英鎊）比先前合約要支付的多（七百四十比塞塔幣），不過之後他們就能將汞礦以一千九百至兩千比塞塔幣的價格賣回倫敦，或者賣給墨西哥的銀礦精煉廠，一公噸最高可以賣三千比塞塔幣。若以英鎊來算，這表示一年最少、最少可以獲利一萬三千英鎊；若是礦區產量能夠在不貶低價格的條件下增加，還可能賺更多。礦區產量在一八三八年上升，羅斯柴爾德從礦區獲得的年度收入便提升到三萬兩千英鎊，儘管這種程度的產量無法持久，這相當於礦區總淨利的百分之十三以上，而且至少占倫敦公司獲利的百分之三十八（不過一半的錢要跟巴黎公司分享）。到了一八四〇年代，詹姆斯從阿爾馬登的目標收益為百分之二十。

獲取採礦權也象徵經營策略的重大改變。從此刻起，羅斯柴爾德家族不再為西班牙發行債券來抵銷基本上並不值錢的票據證券，而是以他們必須為阿爾馬登汞礦支付的授權費用當成相對短期的預支資金，藉此挹注這個國家長期以來都不甚可靠的政府。後來，他們也利用古巴的銅礦和菸草權利為基礎給予類似的預支資金。因此，商品顯然成為不穩定國家要借貸的最佳擔保，海涅在自己的戲謔詩〈羅曼采羅〉中便開玩笑說，門迪薩瓦爾（一八三五年成為財政部長）當掉一條古董珍珠項鍊「以填補國家／金融某些赤字」，而這些珍珠最後恰巧出現「在杜樂麗宮……掛在索羅門男爵夫人的脖子上閃閃發光」。當時的人大概能認出這是在影射阿爾馬登的「珍珠」。

當然，西班牙政府或許希望汞礦的交易能夠誘使羅斯柴爾德提供一筆全面性的貸款，不過讓他們難過的是這個希望落空了。確實，在一八三五年春天，亞杜因的貸款生意成功之後讓詹姆斯對西班牙的發展比較樂觀，但結果證明這只是短暫的，卡洛斯派似乎又占了上風。現在的關鍵問題是，是否會有外國勢力介入以決定內戰的結果。這個可能性始終存在：法國在十年前才剛介入西班牙，而且在一八三〇年革命初始時，自由派也曾征戰未果，另外四國盟約似乎也暗示英國會為了支持瑪麗亞．克里斯蒂娜政權而有所行動（前提是輝格黨持續掌權）。但是直到托倫諾破壞了納坦的金融規劃，納坦才轉而支持軍事干預的想法，就像萊昂內爾一樣。詹姆斯被找去倫敦決定下一步時再次動搖了，一八三〇年代早期的經驗讓他非常不信任比較鷹派的法國政治人物，而且他傾向強化路易．菲利普的和平意圖，反對提也爾策劃的干預計畫。不過他也發現自己在西班牙問題上很難反駁哥哥，態度便慢慢軟化，轉而支持干預。相較之下，他們的哥哥薩羅蒙一直以來都對涉入西班牙事務有所疑慮，如今則積極反駁納坦傾向干預的論點，最後甚至使出極端手段，在寫給梅特涅的信中將自己與弟弟的行動劃清界線。

梅特涅對納坦的行動瞭若指掌，因為奧地利在倫敦的代辦官員休默勞爾（Hummelauer）會持續向他報告。另外還有一位初階官員克許納（Kirchner），據說他負責協助納坦的外交領事工作，因此知道納坦主張英國干預，事實上，納坦似乎還向奧地利大使埃施特哈齊坦承不諱。薩羅蒙為了撇清自己與這件事的關係，不得不寫下羅斯柴爾德家族書信中最不尋常的一封信，這封信的對象是他在維也納的資深員工利奧波德．馮．韋特海姆斯坦，但其實是特地寫給梅特涅看的。他先是聲稱在托倫諾被任命為西班牙的財政部長後，西班牙債券價格的暴跌其實是羅斯柴爾德對托倫諾造成他們損失的「報復」。根據薩羅蒙信中所描述的紀錄，納坦至少賣掉了兩百萬英鎊的西班牙債券，毀掉了托倫諾的信用，並且證明現在羅斯柴爾德家族「確實是西班牙之敵」。不僅如此，接著薩羅蒙和詹姆斯又去見了塔列朗、基佐（François Guizot）、布羅伊及路易．菲利普本人，表明「若法國介入，信用就會一蹶不振，那麼他們就得面對第二次、第三次革命」，因此羅斯柴爾德家族絕對不可能再借「半毛錢」給西班牙。似乎是想讓梅特涅相信自己的誠懇，薩羅蒙在信中最後頻頻痛罵納坦。「我的弟弟納坦．邁爾，」他寫道，

在財政及價格波動這些事務上相當有能力，但是對其他事情就沒什麼特別資質……他對政治的了解有如孩童……相信干預就能讓列強高興……只要是跟證券交易所無關的其他事情，他根本沒有特別聰明。他在自家辦公室裡呼風喚雨，但除此之外，偷偷告訴你，他根本連自己的名字都寫不好。但是我這個弟弟實在太討厭西班牙了，根本控制不了自己，就像我們所有人一樣，只是或許他的感受更為強烈，因為他明白自己預支那一千五百萬法郎時根本沒過問自己的合夥人一聲。

這還不是全部，薩羅蒙甚至還進一步表示，納坦的錯誤已經讓五兄弟合夥關係的整個未來陷入危機：

我自己還不知道我們五兄弟何時會見面，我們就等著看看西班牙貸款這件事會不會讓我們分家。我已經四十歲了，我在法蘭克福的哥哥六十二歲，我只有兩個孩子，要是謹慎一點，光憑我資本的利息就夠我生活了；幸好我只需要養我兒子，因為我的貝蒂就和她父親一樣有錢。我並不是說我打算放棄生意，我只是希望自己能安穩入睡。西班牙的事情實在讓我的神經繃得太緊，不是為了金錢損失，畢竟就算那一千五百萬法郎再也追不回來了，我的占比也只有三百萬，但是我們卻為了這筆生意而十分不快。如今，納坦·邁爾·羅斯柴爾德有四名成年的兒子，卡爾有兩名年紀較小的兒子，所以他們得養活十幾口人。因為我父親的安排，我們大概還是得維持合夥關係，但我必須承認，這一切實在太勞心勞力了。

你的，

S·M·馮·羅斯柴爾德

除此之外，薩羅蒙接著指控俄羅斯大使波佐誹謗詹姆斯，因為他未能參與一筆可獲利的奧地利債券生意，這也不是裝腔作勢：羅斯柴爾德的私人書信中也顯示出薩羅蒙對這件事相當氣憤，最晚到了一八四〇年，卡洛斯已經落敗之後，詹姆斯還是會告訴姪子們：

不能用我們自己的名字貸款給西班牙，除非英國或法國提供擔保，還有……就算如此我還是要告訴你們，親愛的姪子，我不想與之扯上任何關係……除非政府能提供我們必要的保證，讓我們能對北方列強有所交代，否則我可以告訴你們，親愛的姪子，我的好哥哥薩羅蒙第一時間就會退出合夥關係。你們認為這樁交易的獲利有大到值得這麼做嗎？

一般認為，梅特涅的政治影響力在這個問題上壓過了羅斯柴爾德的金融利益。梅特涅擁有詳盡的情報，而且完全利用了薩羅蒙想要為兒子與姪子拿到奧地利領事一職的心態，顯然成功破壞了英法擔保貸款的計畫，即使繼任托倫諾擔任財政部長的門迪薩瓦爾相當機靈，但仍不敵梅特涅。門迪薩瓦爾就像英國駐西班牙的大使一樣，認為羅斯柴爾德家族會支持這項計畫，尤其因為他和詹姆斯還有生意往來，兩人曾經一起做過葡萄牙債券的生意。[3]但是納坦顯然是為了回應薩羅蒙的壓力，選擇將英法聯手的計畫透露給維也納，而且多少刻意要讓這項計畫失敗，讓門迪薩瓦爾陷入孤立無援之境。事實上，他告訴帕默斯頓，自己對於門迪薩瓦爾政府的償付能力並無信心。當英國外交大臣指出按計畫出售王室土地就能籌措財源時，納坦的回覆秉持著他一貫的粗俗形容：「對啦，來得及，但趕不上五月要支付的利息。這就像在我七點要吃晚餐的時候告訴我，一公里半以外的草地上就有一頭小牛在吃草。」外交圈中普遍都認為羅斯柴爾德非常希望促成這樣的擔保貸款，但事實正好相反，納坦和詹姆斯仍持續在拋售西班牙債券。

內戰的關鍵時刻正好遇上了法蘭克福家族「高峰會」以及納坦的過世。最後，即使法國政府施壓要求羅斯柴爾德協助瑪麗亞．克里斯蒂娜，他們仍不斷售出西班牙債券，事實上，納坦最後對兒子留下的指示便是清空他們持有的所有債券。在納坦過世後清算還持續進行，於是到了一八三七年，羅斯柴爾德家族差不多已經完全撤出西班牙債券市場，如今西班牙首相是「那個討厭的門迪薩瓦爾」，詹姆斯「從來就不信任」他，因此西班牙債券（現在的交易價格低到十九）就只是一坨「爛泥」或「屎」。而薩羅蒙在納坦過世後很快就為萊昂內爾拿到奧地利駐倫敦領事的頭銜，這似乎也多虧了梅特涅的影響力。

不過，雖然梅特涅看似贏了，羅斯柴爾德家族的私人書信卻顯示，假如法國與英國採取軍事干預而非金融干預，他們可能就會恢復對西班牙的大規模貸款。納坦拋棄門迪薩瓦爾，不僅是向維也納的壓力低頭，更是

[3] 根據維利爾斯的描述，門迪薩瓦爾希望「利維坦巨獸」（指納坦）能透露「一絲慷慨」，從外交書信中可以看出羅斯柴爾德與帕默斯頓在此時幾乎沒有聯絡。

為了自身的利益，因為他相信若是沒有軍事干預，不管借多少錢給西班牙都一定會失敗：如今的西班牙政府既無法支付外在債務的利息，也養不起足以打敗卡洛斯派的軍隊。儘管薩羅蒙跟梅特涅說了種種保證，但是在一八三六年三月，詹姆斯卻偷偷勸進法國干預。他和路易．菲利普及提也爾的會面並沒有談定結果，隨後他寫信給納坦：

> 假如運氣夠好，我們這邊決定干預（西班牙），那可就是幾十萬英鎊的差別，我們可以大賺一筆，因為這樣一來我們就能安穩地做票據、水銀和其他一切的生意，但不幸的是，我對國王並無影響力，或真要說起來，沒有人能說得動國王……我向上天祈求，他們真的能決定干預，那麼你可以想像能由此生出多少生意。我費了好一番唇舌（勸說干預），舌頭都快從喉嚨裡掉出來了。

法國干預的可能性於七月再次浮出水面，這時詹姆斯和萊昂內爾一時覺得充滿希望，但是看見政府採取的措施根本有氣無力，便又失望了。[4]後來在一八三七年春天，提也爾無法說服國王反對干預的立場，又是一樣的情況。不過我們也不應該推論，羅斯柴爾德拒絕向門迪薩瓦爾政府提供全面貸款表示他們要全面退出西班牙金融事務，因為不久後他們便恢復了為阿爾馬登汞礦權利支付的預付金（雖然薩羅蒙向梅特涅保證他們不會這麼做），讓西班牙政府總共有十萬英鎊可用。同時，詹姆斯也對西班牙從哈瓦納（Havana）賺取的收益逐漸產生興趣。一八三七年一月，門迪薩瓦爾便提出某種交易，其中表示願意以哈瓦納的票據買回延遲付款的科提斯債券。有趣的是，羅斯柴爾德家族（包括薩羅蒙）相當樂意為之，前提是要保密。另外，此時他們也持續支付西班牙駐巴黎的外交人員薪水，這項安排可以追溯至一八三四年。羅斯柴爾德劃清界線的部分只有發行債券。即使後來有機會以古巴收益為擔保來貸款，他們也沒有太認真考慮參與（可能是受到一八三七年在古巴的美洲危機影響，再加上同時卡洛斯在西班牙也有所得，因而加深了他們的顧慮）。

當然，若是不對西班牙政府做出讓步，他們也很難保住收益頗豐的汞礦生意控制權。一八三七年八月門迪薩瓦爾下台後不久，羅斯柴爾德便收到警訊，指西班牙議會想要撤銷阿爾馬登的合約，他們認為兩年前的修改並不恰當。在馬德里為一八三五年合約辯護的人警告道，如果羅斯柴爾德家族失去阿爾馬登汞礦，可能就會轉而支持卡洛斯，「因為他們就是歐洲的金融王朝，也是權力鬥爭平衡的新槓桿，若是倒向偽王那一邊就可能助他成功。」但是羅斯柴爾德家族還是同意為汞礦及哈瓦納票據支付更多（更大筆）的預付金，才得以保住合約；而且為了避免類似的挑戰，他們不得不讓代理人魏斯威勒有能夠同意這類預付金的更大自由度，甚至對魏斯威勒跟女王宮廷總管曼紐爾·加維利亞（Manuel Gaviria）結盟合夥只能睜一隻眼、閉一隻眼。在所有威脅他們地位的風險當中，最大的或許就是銀行家阿瓜多，他回到母國在新上任的埃斯巴特羅政府面前吊著大筆貸款的可能性，意圖（這也是羅斯柴爾德所懷疑的）挑戰他們對阿爾馬登的壟斷。新任財政部長亞歷杭卓·孟恩（Alejandro Mon）盡全力說服詹姆斯，表示若沒有五百萬英鎊的貸款，羅斯柴爾德就會失去汞礦，但是薩羅蒙在梅特涅仍對他緊迫盯人的情況下還是反對參與這樣的貸款，除非可以透過像聖費南多銀行這樣的「門面」進行，而詹姆斯依舊非常懷疑其中存在著純粹的經濟風險（尤其是卡洛斯派在一八三八年四月中設法短暫占領了阿爾馬登）。再一次，他們還是透過支付大筆預付金保住了汞礦，金額大約在二十萬至四十萬英鎊之間。一八三九年，卡洛斯派的威脅差不多已經消弭，於是又開始討論貸款的可能性，但是羅斯柴爾德家族還是不願意參與，反倒對某種形式的菸草壟斷更有興趣。止如精明的詹姆斯預料的那樣，卡洛斯失敗之後只是讓溫和派傾巢而出反對埃斯巴特羅，政局的動盪只是一波未平、一波又起。

❹ 七月二十二日，萊昂內爾寫信給安東尼及納特：「這裡的每個人都在嘲笑他們缺乏決心、根本不知道自己該承擔什麼任務，為什麼他們不經常介入、派出五萬人軍隊？他們可以在三個月內結束戰爭。他們為什麼不提出派遣幾位法國將領的意願？」萊昂內爾氣憤地寫道：「看見英國法國這兩大強權如此畏懼一個專制政府，實在令人噁心。」這個專制政府指的是梅特涅。九月十一日，巴黎的詹姆斯寫信給他在倫敦的姪子，接著十二月二十五日再次寫信。帕默斯頓也提出類似的論點，反對維利爾斯要求的這類擔保貸款：『人們會說，如果女王派的人只是缺錢，那麼一筆貸款或許能讓他們站起身來，但是羅斯柴爾德家族的合約上不會提供軍事技巧、戰鬥意願和誠實目的，還有常識，若沒有這一切，這筆貸款只會多落入幾位將領的口袋。」

羅斯柴爾德的此番策略是提供西班牙政府充足的金援，幾乎就像是幫他們發行債券一樣，代價卻惹得奧地利十分不快。雖然羅斯柴爾德家族極力隱藏，卻也不會以為他們的打算能夠瞞過梅特涅（也是此時他們開始意識到克許納根本就是在監視他們），但是後果並不是很嚴重，原本詹姆斯害怕萊昂內爾可能會丟掉奧地利領事一職，結果也是空穴來風。在一八四〇年代早期經過一連串的革命、政變及軍事政變，羅斯柴爾德的策略一直不變：要抓住阿爾馬登（儘管獲利比較少）、擴大他們在古巴及菲律賓貿易的參與程度，不過要避免發行債券。他們在政治上的立場依舊保持模糊：即使在埃斯巴特羅推翻了瑪麗亞·克里斯蒂娜的攝政後，他們明顯繼續擔任太后的銀行家，同時也讓魏斯威勒維持正常的服務，先是跟埃斯特巴羅，後來則是跟溫和派的繼任者納爾瓦埃斯。結果證明，唯有如此才能夠調解倫敦、巴黎及維也納公司之間激烈衝突的利益，他們在一八四三年跟奧地利政府簽約進口一千兩百萬哈瓦納雪茄，或許可以看作羅斯柴爾德求和的禮物，希望拉攏梅特涅好繼續跟西班牙及其殖民地進行這樣的生意。

一八四〇年代中期出現了一場相當不同的外交困局，列強開始熱烈討論伊莎貝拉女王的婚事問題。法國希望將伊莎貝拉嫁給她神經兮兮（他們也希望是無能）的堂哥法蘭西斯科·德·亞西西（Francisco de Asis），然後讓女王的妹妹嫁給路易·菲利普的兒子蒙彭西爾公爵（Duc de Montpensier）。帕默斯頓知道此舉可能有朝一日會讓路易·菲利普的孫兒坐上西班牙王位，於是偏好一定會出現在名單上的科堡家族；同時，梅特涅則認為應該讓伊莎貝拉跟卡洛斯的兒子蒙特莫林（Montemolin）成婚，好象徵性地修補王位繼承權的紛爭。同樣，其中也有經濟層面的潛在考量，法國和英國都希望和西班牙締結貿易合約和經常談到的國際擔保貸款，而英國的債券持有人也再度試圖拿回自己未支付的利息。當時這件事吵得沸沸揚揚，馬德里還出現了異想天開的謠言，說在伊莎貝拉生下兒子解決繼承權的問題之前，詹姆斯都會拒絕借錢給西班牙。然而，羅斯柴爾德家族在這整件事當中不過是無關緊要的旁觀者，偶爾幫忙傳遞消息。他們只是更堅決放棄西班牙債券，基佐和他在馬德里的大使認為，詹姆斯拒絕支持向納爾瓦埃斯及孟恩貸款就是對他們的婚事計畫投下不信任票，其實是他們不了解詹姆斯只是維持羅斯柴爾德這十年間的一貫策略。再一次，列強之間的利益衝突可能會衝擊到羅斯柴爾德家族的利益，但這次他們比較容易保持中立，因為女王的配偶人選中並沒有人會威脅到他們獨占阿爾馬登的經營。羅斯柴爾德在西班牙策略地唯一目標仍然是控制汞礦，這也不是他們最後一次脫離「純粹的」金融與商務貿易，轉而進入非常不同的採礦業（後來還涉足精煉業務）。

但是羅斯柴爾德家族對阿爾馬登的投資並非毫無條件，相反地，當汞礦合約在一八四七年需要續約時，他們便非常不滿意西班牙政府打算提出的條件，開始考慮退出，這也部分反映出他們對世界汞礦市場的評估。萊昂內爾．戴維森（Lionel Davidson）於一八四五年證實在墨西哥有大量汞礦，讓人認為在新世界其他地方可能還會有所發現。（羅斯柴爾德家族為了獨占汞礦付出的價錢，從一開始的一千零九十比塞塔幣到一八五〇年漸漸提高到一千四百比塞塔幣，同時將汞礦賣到海外的價格卻在這些發現之後開始下滑。）一八四七年經濟條件衰退時，需求下跌得更低，羅斯柴爾德自然希望政府會開出較好的條件。對於一個陷入財政困境的政府而言，他們的選擇一是讓汞礦的收益最大化，另一個則是從羅斯柴爾德家族拿到更多預付現金，結果首相選擇了前者，他提出自己的條件，基本上也排除了進一步討價還價的可能。結果談判陷入僵局，西班牙要求六十萬英鎊的預付金，但是羅斯柴爾德在汞礦合約談不到更好條件的情況下堅定拒絕了，如詹姆斯所說：「如果可以賺到百分之二十，那我完全贊成接受這份交易，但是目前的情況是我們只能賺到蠅頭小利……我看不出來這份合約能夠讓我們賺到什麼大錢，也不懂如今我們為何還要將錢投資在這種風險上。」我們之後會提到，這時的詹姆斯已經找到了獲利更豐厚的金融機會。

「那個該死的國家」：美國

羅斯柴爾德家族對西班牙的興趣不只讓他們與古巴、菲律賓及墨西哥等地建立起新的連結，更多的是讓他們在無意間於大西洋彼岸即將崛起的強國——美國成立了常設代理辦公室。然而，雖然美國具有無窮的經濟潛力，一八二〇年後的發展步調也十分快速，但不妨這麼說，打從一開始羅斯柴爾德家族就不太想接下這項挑戰。

過去並未解釋過其中原因。當然，美國很遠，而且其商業文化就許多方面來說都和歐洲相當不同，新廷就曾經用「相當尖銳而奇特」這樣的詞彙來形容，狄更斯的小說《馬丁查叟威》（*Martin Chuzzlewit*）中同樣反映出了類似的觀點，也因而變得根深柢固。若要這樣說的話，那麼巴西的情況也不遑多讓，但是羅斯柴爾德卻和巴西建立了長遠的關係。有人認為美國市場在羅斯柴爾德進場以前便已經是巴爾林家族的囊中物，後來又培養出像是摩根（J. P. Morgan）這樣的本土銀行家，最終摩根不只吃掉了羅斯柴爾德在美國的版圖，更是全世界的市場。但是這也不能完全解釋清楚，因為羅斯柴爾德家族在十九世紀期間多次證明了，只要是他們想要的生意，憑藉他們的金融實力也足以驅逐最為強勁的對手。那麼為什麼他們在美國沒有這麼做？需要更好的解釋。

事實上，答案或許有一部分在於美國民主制度的特性。我們已經見到，羅斯柴爾德家族的營運總是優先處理公共財政，很少在沒有借貸給一國政府的情形下於該國進行商業貿易，但是這種策略在美國很難執行。聯邦制度代表中央政府的財政需求相當有限，而有幾個州卻是整個十九世紀中最不可靠的債權人。第二個且結果更為嚴重的障礙便是美國對大銀行抱持疑心的傳統，羅斯柴爾德家族通常喜歡在國際營運中尋找可靠的當地合夥人，一般是類似英格蘭銀行或者法蘭西銀行這樣的國家或中央銀行，在西班牙扮演這個角色的是聖費南多銀行，不過美國在政治上來說不可能建立足夠長久經營的類似機構。一七九一年由亞歷山大・漢彌爾頓（Alexander Hamilton）設立了美國第一銀行（First Bank of the United States），簡稱為BUS，不過二十年後由共和黨主導的國會認定特許違憲，便拒絕繼續給予特許。美國第二銀行（second BUS）以兩千五百萬美元的資本額於一八一六年創立，成為對抗「金錢權力」的政治選戰焦點，許多人將接下來幾年間通貨緊縮的壓力歸咎於這股權力。雖然熬過了馬里蘭州的法律訴訟，這家設立於費城的銀行仍淪為民粹主義總統安德魯・傑克遜（Andrew Jackson）的犧牲品，他認為攻擊「巨獸」對自己的選戰有利，同時也認為BUS支持的是對手亨利・克萊（Henry Clay）。一八三二年，BUS主席尼可拉斯・畢多（Nicholas Biddle）申請特許更新（比必須申請的期限早了四年），傑克遜否決了，並發誓說：「這家銀行想要殺了我，但我會殺了它。」雖然畢多試圖煽動一場金融恐慌以報復，但外號叫「老山核桃」的傑克遜卻占上風，而該銀行在一八三六年失去了公共財政上的地位，不過在賓夕法尼亞州仍然是州立銀行。我們之後會看到，羅斯柴爾德家族的直覺是要跟BUS做生意，但傑克遜的致命攻擊卻削弱了其地位。同時也應該說明，美國對於大銀行的疑心也衍生出對外國銀行的疑心，尤其是猶太人的銀行。羅斯柴爾德家族一出現在美國市場上，密西西比州的州長麥可納特（Alexander McNutt）便聲討「羅斯柴爾德男爵」，說他的「血管裡流著猶大及薛洛克（Shylock）[27]的血，而且……綜合了他這兩位族人的特質」。

羅斯柴爾德對美國的興趣最早可追溯至一八三〇年代早期，當時有機會能安排為法國虧欠華盛頓財政部的一百萬英鎊付款，羅斯柴爾德家族搶下了這筆生意，讓他們取代巴爾林家族成為聯邦政府在倫敦的代理人。同時，納坦和詹姆斯首次開始對美國各州貸款及商業金融產生興趣。美國向歐洲出口棉花及菸草的數量迅速成長，到了一八三〇年代中期，倫敦及巴黎公司都透過這些交易經手了相當大量的票據生意，預支大額款項給好幾位美國銀行家，尤其是J・L・喬瑟夫（J. L. Joseph）及S・I・喬瑟夫（S. I. Joseph）。在美國一八三六至三七年爆發金融危機時，這兩家以及其他所有與羅斯柴爾德有往來的公司都陷入嚴重困境，也就在這個時候，羅斯柴爾德被迫要決定他們未來該如何處理美國業務，而且最重要的是他們在當地的形象本質。

羅斯柴爾德「任命」奧古斯特・貝爾蒙（原為荀伯格〔Schönberg〕）為駐紐約的代理人純屬意外。貝爾蒙在十五歲時便進入法蘭克福公司實習，並且迅速晉升，他每天早上五點就起床精進法文、英文及算術，到了

27 譯注：薛洛克是莎士比亞劇作《威尼斯商人》中的角色，這位猶太人專門放高利貸。

一八三四年便已經擔任某位合夥人的秘書，造訪巴黎、那不勒斯及羅馬；一八三七年，公司決定派他到大西洋彼岸。但是，儘管《猶太大眾報》（*Allgemeine Zeitung des Judenthums*）上的報導言之鑿鑿，公司原本的意圖絕對不是希望貝爾蒙待在紐約擔任銀行的代理人，他收到的命令是評估當地的金融危機（「讓我們知道發生了什麼事，這樣我們才能依此決定怎麼做」），然後繼續前往哈瓦納。這樣的行程規劃顯示出，詹姆斯認為重要的是在古巴的家族利益，如他所言，除了那裡已經存在著大約十萬英鎊的承諾，「西班牙的所有收入都來自那塊土地，那是獲利最豐厚的一項商業投資。」相較之下，他和姪子在四月底便想辦法將他們在美國的投資減少到只剩九千英鎊，而詹姆斯也準備將剩下的款項當成「沒有指望的生意」註銷。不過在紐約成立羅斯柴爾德辦公室的可能性並未完全排除，因為詹姆斯知道美國市場有潛力，也相信在銀行危機過後留下的「殘骸」中還能挖出不錯的生意，但是他顯然認為這項工作已經遠遠超過貝爾蒙的能力。貝爾蒙的美洲之旅原本只是短期出差，事實上，他們甚至沒有討論過要讓他接手哈瓦納的辦公室，詹姆斯真正想要的是派一名羅斯柴爾德成員去美洲。

但要派誰呢？這個問題的討論說明了在未來幾十年間荼毒著羅斯柴爾德美國經營策略的基本問題：沒有人想去。我們可以看看詹姆斯如何試圖說服姪子接下這份任務，卻毫無結果。他稱安東尼「老早就說了他想去美洲，也很樂意利用這次機會」：

我強烈建議他不要猶豫、趕快行動，我們在那個國家和哈瓦納有許多利益可圖，我們其中一人應該馬上過去。但是我想，我親愛的安謝姆，你應該不會想去，這次該輪到安東尼了。我很清楚這趟旅程不會輕鬆，但是總得有人去照看生意，而你，我親愛的安謝姆，你不能去。第一，因為我哥哥阿姆謝爾的身體欠佳，接下來的夏天就無法跟我哥哥卡爾繼續留在法蘭克福，而卡爾也想去泡溫泉……第三，你已經成婚了，而安東尼還是單身漢，所以我實在看不出有什麼理由不派安東尼、反而要叫你去。唉，我這裡沒有懂英文的人……我想確實有可能在美國大發利市，可以在倫敦出售的美國基金在當地幾乎要不了多少錢就能買到，因為那裡的家族企業都沒什麼信用……可以賺到相當不錯的利潤。好了，等你到了美國就能派貝爾蒙先你一步過去哈瓦納……總之，親愛的姪子，我懇求你非常謹慎考慮，但不管你決定下一步怎麼進行主要計畫，不能再耽誤了。

不知道出於什麼原因，這項提案遭到擱置或者否決，有可能是安東尼的母親反對。但是一個月後（貝爾蒙抵達紐約也已經過了一週半），詹姆斯再次嘗試。「你們不覺得，」他有點口是心非地問姪子們，「我們應該讓貝爾蒙離開美國去哈瓦納嗎？畢竟我們在美國已經沒什麼利潤可圖。我這裡無人可用，如果你們真的想的話，那麼我可以去美國，貝爾蒙就能去哈瓦納，反正到美國一趟也沒什麼大不了的，就是小孩子的遊戲。」如果他這封信是想要挑釁他的姪子們，從詹姆斯的下一封信看來幾乎是成功了：

我親愛的納特，你問我說「要是我再年輕一點就會去哈瓦納」這話是什麼意思，我是不是想要偷偷暗示你什麼，因此我必須相當坦白告訴你我對這件事是怎麼想的。我當然願意親自去哈瓦納……我自己絕對很樂意走這一趟，但是如果我有哪個姪子想去，那麼我會用盡一切力量和關愛來阻止這項計畫，我絕對不允許，因為（哈瓦納）太遠了，而且炎熱的天氣也太危險，再說就算是為了我們的生意，也沒有重要到必須讓人暴露在這樣的風險下。

當然這只是討好之詞，詹姆斯現在才進入重點。

但是美國就完全是另一回事了，因為到那裡的旅程還算安全，不會比從加萊到多佛還差，還能預先估算旅程要花多少天。不過我就問你一件事，我們到底想不想參與美國政府的商業規劃？如果答案是「不想」，那麼我也會說誰都不需要去那裡，因為我們無法彌補喬瑟夫和菲利普斯造成的損失，而那裡的誰都無能為力。但是，如果（答案是「想」）這樣的話，那麼我就會說我們必須仔細瞧瞧那個地方，看看能不能或者要怎麼在那裡做生意……坦白說，為什麼不能派安東尼過去呢？假如走這一趟對我們有所用處及好處，或許安謝姆也能跟他一起。要是，願神保佑不會如此，好心而正直的漢娜不同意，那麼我們就連想都不能想了，可是要全部託付給陌生人之手也很困難……我並不完全反對為美國生意設立公司的想法，但是這樣的計畫可行嗎？要跟其實並不可靠的合夥人共同創業嗎？人家難道不會優先選擇在那邊已經有根基的家族企業嗎？而且或許那些同意加入我們的人，可能只是想刮走最豐厚的利益留給自己，難道我們就不能效仿拿到最精華的部分？

針對這些問題，羅斯柴爾德家族從來就沒有拿出令人滿意的答覆。即使詹姆斯不斷保證他們只需要停留「三至六個月」，但是納特、安東尼或邁爾都沒有去紐約。雖然幾年後，詹姆斯的兒子阿爾豐斯及薩羅蒙去了美國，卻也沒有留下。基本的問題在於，雖然詹姆斯對美國興致勃勃，但是家族跟美國做的大多數生意都由他的姪子負責，而英國一直都比法國購買更多美國的棉花及菸草，所以詹姆斯也只能聽從更熟悉美國市場的姪子，即使他認為他們錯過了重要的商機。他經常承認道：「美國市場更適合英國而非法國。」（倫敦與巴黎公司之間的不平衡也造成兩方在利潤分配和損失上紛爭不斷。）

結果，在這個世紀剩餘的年月中，決定羅斯柴爾德在美國營運的形象決策都交到了在場的那個人手上。雖然詹姆斯不斷下達命令，但貝爾蒙並未前往古巴，儘管他的雇主表達了強烈但無能為力的氣惱之意，他還是在華爾街七十八號租下一處辦公室，宣布成立奧古斯特貝爾蒙公司（August Belmont & Co.），打算在那裡以羅斯柴爾德代理人的身分活動。「我們收到了貝爾蒙的信，」憤怒的詹姆斯寫道，「但我沒耐心細讀」：

他是個愚蠢的年輕人……我們也不急著想要做新的生意，只是想處理好那裡的舊生意，所以不需要有人去美國。若說到要我們依賴一個像是貝爾蒙這樣的無賴，這就是，也一直都是我們的想法。他不去費城跟科恩收取那三十萬法郎，反而說：「我要留在紐約。」這種混蛋就該留在身邊緊緊看著。

雖說如此，詹姆斯卻發現自己不得不回信，於是在九月開始了定期書信往來。貝爾蒙要求貼現票據的權利（大概是以羅斯柴爾德的名義）時，詹姆斯無法拒絕：「他每天都寫信來說他想要拿到貼現的授權，我很能理解他的想法也覺得很有道理，如果有人說『A』那麼就得跟著說『B』（這是詹姆斯最愛掛在嘴邊的一句話），只是這麼做總是很危險。」下個月，詹姆斯同意幫他加薪到五百英鎊，由倫敦及巴黎公司共同支付。到了一八四〇年代，他在倫敦公司擁有一萬英鎊的信用額度，貝爾蒙想要提高額度時便會威脅說要開始為其他家族做生意。

羅斯柴爾德一直沒有完全原諒貝爾蒙邁出了影響如此深遠的第一步，而且一直都認為他不可靠（尤其他在一八四一年涉入了一起決鬥，還改信基督教，顯然是為了提高自己的社會地位，讓家族對他更加反感）。「我們今天收到貝爾蒙的信，」安東尼在一八三八年八月寫道，「我們實在嚇壞了，這人怎能如此膽大包天，居然會想到去做他正在做的這些事……我絕對不介意親自過去……如果你認為我到了那裡會有用，那麼我就會去，然後我可以寫信給安謝姆讓他過來……我認為任何人像他那樣自作主張都實在不合理。」兩個月後，詹姆斯指控貝爾蒙故意挑撥倫敦及巴黎公司之間反目，「今天偏好……英國公司，明天又偏好巴黎公司。」「我覺得貝爾蒙是個大混蛋，」納特在一八四〇年講明了，「他做生意時太過輕忽，我一點都不喜歡讓他做代理人。」他要是「離開紐約就沒什麼用處，只要是他經營過的一切生意，我們總是運氣不佳」。詹姆斯也有同感，他評論道：「我對那個貝爾蒙沒有太多信心，因為……他只為自己談生意。」他們陸續試過幾次想要換掉他，或者安謝姆也建議過，至少再派一名代理人以好好控制他（當時有報告顯示貝爾蒙出現了自殺傾向）。一八三九年，他們派出萊昂內爾．戴維森到紐約，可能就是為此而去。「他看起來是個精明的聰明傢伙，」納特評論道，暗示跟貝爾蒙比起來更偏好他，「若能管得住他，表現會非常好。」這句話讓我們了解了羅斯柴爾德對代理人的態度。不過派戴維森前往墨西哥及美國西部似乎更合理，然後在一八四三年派出的哈瑙則去了紐奧良，貝爾蒙仍然安穩地待在紐約，他很快就踏入政壇，日後成為民主黨中舉足輕重的人物。

因此，關於美國辦公室的紛爭暴露出倫敦及巴黎公司之間利益的固有衝突，也顯示出詹姆斯對自己姪子的影響力有限。哪一方是對的？這點幾乎無庸置疑：英國的羅斯柴爾德家族拒絕在紐約成立分公司，絕對是這家銀行歷史上最大的一次決策錯誤。另一方面，很容易看出他們為何遲疑，因為即使他們勉強承認貝爾蒙的代理人身分，透過他在美國市場的經營也只是有限度的參與，但還是很快就讓羅斯柴爾德損失慘重，而且就算是讓安東尼或納特來做貝爾蒙的工作，也很難說他們是否能夠避免在前方等待著的災難。

早在貝爾蒙抵達紐約之前便已經出現一個令人難以抗拒的大好機會，讓羅斯柴爾德家族有機會搶占因亞歷山大·巴爾林離開而空出的利基。美國銀行原本雇用霸菱銀行作為歐洲的代理人，但是他們於一八三六至三七年間拆夥了，羅斯柴爾德家族便急忙表明願意提供服務。畢多提出了聽來極具抱負的計畫，包括「一筆保證有兩百萬英鎊的生意，為貨品及股票提供預付金」，還有一套能近乎壟斷棉花出口的計畫。在詹姆斯看來，這似乎就是金融界的天作之合：他興匆匆地說，這些都是「美國最有錢的人」，而且與法蘭西銀行相比「也同樣根基穩固」。他馬上開始想像自己帶著西班牙的汞礦「大舉流入美國市場，在六個月內我們就能主宰市場」。

一開始，他們和BUS的合夥關係非常順利，羅斯柴爾德發現自己接收了大量來自美國各州的公債，不只是紐約，還有如印地安納州、阿拉巴馬州、密蘇里州甚至是密西根州等剛受到聯邦承認、比較新的州，另外還有好幾家新銀行以及一家運河公司的股份。但是到了一八三九年九月，詹姆斯和姪子們開始明白為什麼霸菱銀行當初會跟BUS拆夥了。失去特許與政府生意的BUS相當脆弱，美國棉花產量不足的時候就會出現嚴重透支的跡象，而資本又和各種長期投資綁在一起，經理人都仰賴銷售高獲利憑證、遠期票據（以六個月為期的本票）及外國匯票來賺錢。為了確保能拿到羅斯柴爾德的錢，BUS的歐洲代理人山謬爾·喬登（Samuel Jaudon）便警告說他可能無法兌現承諾，詹姆斯和姪子們此時不安地驚覺他們預支給他的錢總額已經大約有三十萬英鎊，「錢都壓在最難拋售的股票上」，因此他們別無選擇，只能紓解喬登的困境。他們勉強同意接手法國銀行家侯廷古耶價值五百五十萬法郎的BUS匯票（約二十二萬英鎊），不過希望能藉由銷售BUS信用債券將責任轉嫁給其他投資人。詹姆斯反對這麼做，認為若是BUS垮了，羅斯柴爾德的信譽也會受損。「你們大家實在是杞人憂天，」萊昂內爾安撫他說：

> 大家都知道發行這些信用債券是以什麼做擔保，若是未能支付，那也不是我們的錯——我覺得提供道德保證是這世界上最誇張的事情，若要求一支利息百分之十至二十的股票能夠準時支付，那購買的人自己必須賭一把，也必須知道自己要承擔風險……（就算）我們往最壞處想……我還是一樣認為我們相當順利擺脫了一件麻煩事，而且能夠這麼容易把錢拿回來就應該高興。

這席話透露出一絲冷酷無情的味道，有人認為他父親或許也會贊同，而且正如納特點出的，一開始就是詹姆斯鼓勵他們跟BUS來往：

> 您似乎忘記了，是巴黎公司接受（喬登的）五百五十萬法郎，此舉直接違背我們在信中表達的意願；您也忘記了，是巴黎公司、不是我們，鼓勵貝爾蒙去做生意做到這種程度，現在我們想要發行能夠在市場上販售的證券好將錢拿回來，已經是費盡九牛二虎之力……您在信中告訴我們的是，彷彿您發行類似的信用債券，若是無法償還這筆錢就是冒著名譽受損的風險。

從這件事中最能說明因美國問題而暴露出來的利益衝突與態度歧異，而這樣的紛爭一直持續到了隔年。

但是詹姆斯的悲觀其來有自，因為BUS在一八三九年十月終止付款，並且在一八四一年終於倒閉，而其經營不善又正好遇上了各州大舉拖欠款項，其中正好包括許多喬登提出作為擔保的債券。面對這樣一團混亂，倫敦及巴黎公司背上了一大票徹底的呆帳，羅斯柴爾德相當樂意將聯邦政府銀行家的位置交還給巴爾林家族，據說詹姆斯這樣告訴美國財政部的代表：「你可以告訴你們的政府，你們見到了統領歐洲金融的人，而他告訴你們，你們借不了一塊錢，一塊錢都不行。」和BUS來往的經驗讓詹姆斯希望自己「從來沒跟（美國）

扯上關係」。他總結道，在未來，除非聯邦政府「打算為所有州政府做擔保並且支付我們的款項」，還必須設有官方支持的中央銀行，否則他會敬而遠之。他的姪子對這個觀點再同意不過。一八四二年，安東尼寫信給他的兄弟，催促他們賣掉「會付利息的紐約及所有（美國）股票」：

> 你們或許認定跟所有州政府打交道都一樣……沒一個會付半點利息，所以就聽我的，咱們就盡可能擺脫掉這些東西，至於我們丟不掉的也必須下定決心，但要聽我的話，咱們再也別管那個該死的國家，能賺多少都認了。這是世界上最該死、最破爛的國家，我們一定要擺脫掉，交易時也順便加上那個討厭的貝爾蒙。

當然，他們並未真的如此極端地跟美國脫鉤。即使是正在收拾BUS貸款的殘局時，羅斯柴爾德家族正恢復了美國棉花及菸草的生意（所以才需要派哈瑙去紐奧良），而且我們之後會提到，在一八四八年他們再次討論起要派一位羅斯柴爾德親自前往美國的計畫。不過BUS生意所留下的傷痕是我們能想到最好的解釋，為什麼後來羅斯柴爾德的經營策略中總對美國經濟抱持著揮之不去的疑心。

針線街的麻煩

但是，美國危機造成的負面影響並未就此終結，因為一八三六至三九年的金融危機也將羅斯柴爾德家族與英格蘭銀行之間的關係繃到了斷裂點。至少可以說，這段時間是英格蘭銀行的困頓時期。在英國，自從一八二五年市場崩盤後便持續傾向經濟緊縮，而這股態勢未曾消滅。銀行紙幣的流通在一八二五至四〇年之間不斷減少，幾乎沒有消停，一部分也反映出在沒有重大的金礦發現的情況下，貴金屬經濟體系的影響有限。與此同時，美國的金融危機不斷將金塊、銀塊吸引到大西洋彼岸，又讓國際支付體系的處境雪上加霜。羅斯柴爾德家族一方面需要維持在美國的新投資，一方面又要面對英格蘭銀行及法蘭西銀行要求維持歐洲市場流通性的緊繃壓力，陷入左右為難。

麻煩就從五兄弟於一八三六年在法蘭克福的命運高峰會開始。從美國市場開始出現危機時，詹姆斯及病重的納坦便催促著納特，「別讓人把你耍得團團轉，只因為行長不同意這樣的理由就說服你不要將黃金送出去。你應該永遠記著，只要是你不做的事情，別人便不會猶豫地去做，難道巴爾林會嚇到不敢把黃金運出美國嗎？」「只要有需求就送出黃金，」萊昂內爾也附和道，「別煩惱銀行行長的事情，拿錢打發他就好。」這裡指的是倫敦公司還欠英格蘭銀行至少三十萬英鎊，這筆錢在一八三五年十二月借出，還款期限在十月，同時還在六月一日協商了一筆短期預支十二萬英鎊「以因應貨幣市場的壓力」。詹姆斯回到巴黎時，馬上著手提供銀子給法蘭西銀行，同時嚴詞批評倫敦的行長居然將自己的黃金儲備量降得這麼低，直到十一月底他才打算把黃金運送到倫敦，因為不久前他聽到一個謠言而相當緊張：

你們的行長正試著以銀本位制來取代金本位制，我認為這對歐洲來說是大大的不幸……如果英國要照做，（黃金就會）從這裡流向那裡，會在各地引發危機。我想我們必須盡自己一切所能避免這件事。

當然，他的意思是，如果英國開始跟法國競爭搶奪作為儲備金屬的銀，那麼對**法國**就是大大的不幸。而英格蘭銀行在一八三七年夏天確實開始購買銀塊，詹姆斯馬上威脅要停止送黃金到倫敦。另一方面，英格蘭銀行並未馬上接受詹姆斯提供的黃金（訂了高價）時，他又怪罪銀行舉棋不定，抱怨行長「每天都在改變心意，明天可能又有不同想法了」。更糟的是，他似乎不理會詹姆斯的建議說「無論在任何情況下，他都不能讓美國哪個家族倒下」。銀行前任行長提莫西．寇帝斯（Timothy Curtis）寫了一封息事寧人的信，向詹姆斯保證自己「誠摯希望能夠和您的姪子在一切和外匯相關的事務上合作」，並且「盡我們所能與您的家族共同行動」，不過也堅持「銀行應該持有相當分量的銀塊，這不僅對您也對我們有利」。傷害已經造成：到了隔年三月，詹姆斯相信「你們的英格蘭銀行已經出手要毀了我們的生意」，即使銀行接下來在十二月以銀圓借給倫敦公司二十萬英鎊，彼此的關係也未能修復。

這場仇怨至一八三九年累積到最高點，英格蘭銀行向法蘭西銀行求援要補充儲備金，因為美國危機如今減到只剩下三百七十萬英鎊。詹姆斯聽說法蘭西銀行行長達亞古伯爵（comte d'Argout）要提供協助，一開始是完全反對的：

法國銀行很早以前就努力想跟英國的銀行達成共識，純粹是出於一種榮譽感，他們希望能夠聲稱英國欠他們的債，但是萬一，但願不會如此，爆發戰爭又會如何呢？如果法國需要用錢的時候會發生什麼事？到時候英國銀行會打開保險箱來援助法國嗎？我在報紙上讀到這兩家銀行正打算達成共識，所以才會寫信給你們討論這件事，這項計畫若成功對我們自己相當不利，因此我們必須盡一切所能阻止此事。

雖然法蘭西銀行的副行長不斷懇求，說「像我們這樣已經為英格蘭銀行提供優質服務的家族，應該參與這項計畫的營運」，但是詹姆斯和安謝姆並未讓步。而且安謝姆為了穩固倫敦堂親的決心，還加了一條嚇人的後記：

不要倉促行事參與大筆交易，你們的母親告訴我，何瑞斯在她面前告訴你們的好父親要注意，也不要在沒有擔保的情況下信任銀行……因為銀行遇到困難後可能會突然止付。注意，你們不是你們的好父親，沒有他的影響力，他才有辦法以不顧審慎選擇的途徑行事。

幾天後，漢娜自己也附和了同樣的論點：「若是沒有國庫券或其他政府證券擔保，我絕對不會預支任何東西給銀行，因為我們絕對有必要準備好，手邊要有足夠可用的資產。我不會忘記上一次，何瑞斯還很擔心銀行會停止運作。」

羅斯柴爾德家族真的相信英格蘭銀行可能會中止付款嗎？似乎不太可能。真正的問題在於，法蘭西銀行及英格蘭銀行之間能否在不求助羅斯柴爾德的情況下解決貨幣危機。但是，如果詹姆斯認為羅斯柴爾德的抵制足以破壞寇帝斯及達亞古之間達成的協議，那可就大錯特錯。他明白這筆交易已經勢不可擋而且會有可觀獲利時，態度不得不馬上轉變，這時決定「要盡我所能參與英格蘭銀行的這筆生意」。不過太遲了，這筆生意已經交託給了霸菱銀行以及幾個巴黎家族組成的聯盟。❺這成了壓垮詹姆斯的最後一根稻草：

（一八二五年）我們安排運送了這麼大量的黃金，因此拯救了英格蘭銀行，結果現在卻讓霸菱銀行坐享其成。銀行至少應該（將生意）分享出去……這樣這筆生意就能適當分配……在銀行除了寇帝斯沒有其他能為你講話的人，而他是個兩面討好的無賴……如果黃金要流出去，而且對巴黎來說也沒什麼差別的話，那麼我絕對比較想要黃金，而（這一次）我不會說：「因為是英格蘭銀行所以我不想做。」不！一方面，我會說清楚，如果這筆交易對我們有利可圖，那麼我們會盡一切所能服務銀行；但另一方面，他們也要尊重我們……我們只有積極參與各種推銷與交易才能維持在大眾心中的地位，並且讓人懼怕我們，巴爾林就不會說：「我不會給羅斯柴爾德任何東西。」

不過這只是虛張聲勢。雖然詹姆斯提過要毀掉倫敦霸菱銀行必須購買的票據市場，不過他心裡也很清楚，霸菱有了英格蘭銀行這個客戶，「因此所有人都會猛拍他們的馬屁以拿到生意。」沒有什麼實際方法可以「跟英格蘭銀行開戰，至少目前不行」，因為正如他必須承認的，「他們比我們還強。」他所能做的就只有抱著悔恨，衡量情況是怎麼出錯的，並幻想著報復：

就英格蘭銀行這件事而言，待時機成熟且我們有能力大展身手時，我們就能讓他們知道，跟我們保持友

❺ 因為法蘭西銀行不能直接借錢，所以必須間接操作：霸菱銀行為了侯廷古耶、德萊瑟、德希塔、佩里埃和達亞古等人組成的集團開出價值四千八百萬法郎的三個月票據，然後貼現這些票據，接著霸菱銀行就能拿出現金給英格蘭銀行。

好的關係要好太多了。我不知道自己是不是應該寫信給寇帝斯，說我們可能下一次就不會再繼續那五千英鎊的約定了（可能是指給寇帝斯的私人貸款），這件事必須非常慎重考量，畢竟這麼做一定會讓他對我們深惡痛絕。其實，從他過去這段日子的表現來看，他不算是我們的好朋友，而且要不是為了英國公司，我也根本不想跟他交朋友……或許當時我們應該將英格蘭銀行的佣金分一小部分給他，這麼做會更聰明，而且比其他什麼都好得多。這個人跟我們一樣是個生意人，而且單純就交朋友來說，人們不一定都會選擇我們。

儘管他們在年底前也勉強試過重建關係，但傷害已經造成。「我可不打算追著副行長跑、拍他的馬屁。」隨著BUS的協商不斷延宕，詹姆斯這麼說道。一八四三年，經過一段差不多接近冷凍的關係之後，萊昂內爾關閉了羅斯柴爾德在英格蘭銀行的帳戶。

事實上，這一爭鬥大可不必演變到如此無法收拾的地步，納特在事件過後便相當明理地分析道：「我認為（中央）銀行唯一的好處就是隨時想把錢拿出來就能拿出來，而且去在乎人們怎麼說也實在是太蠢了。」詹姆斯一心想壓倒霸菱銀行並且讓羅斯柴爾德在美國站穩領先群雄的地位，結果忽略了這一點。他對美洲的熱忱從來就沒有完全感染他的姪子們，最終的結果只是從失能的美國銀行拿到一大堆呆帳，還惹得英格蘭銀行同樣不快。

十四、縮減與重整之間（一八四〇）

羅斯柴爾德先生認識歐洲每一位親王貴冑、熟悉每一位金融財政大臣，他頭腦裡熟記所有人的帳戶收支，除了大臣們還有君王們的；他不必先查看帳簿就能說出他們的財務狀況，他曾這樣對人說：「若是您任命那位官員，您的帳戶就要赤字了。」

——米榭勒

一八三〇年革命之後馬上就迎來一段動盪的年月，詹姆斯和哥哥們經常敦請列強避免戰爭，不過正如我們先前所述，若說他們這番努力獲得成功，那就是誇大了他們對列強外交政策的影響力。儘管如此，事實是羅斯柴爾德家族仍然得到了他們想要的「和平」。然而，羅斯柴爾德抱持的和平主義核心卻有個根本上的矛盾，因為國家政府聽從他們的建議避免國際衝突後，自然會縮減軍事開銷，也就不再需要新的借貸了。這表示在一八三三年之後幾年間，所有強權基本上都不再是羅斯柴爾德的客戶，和平似乎讓這五家公司失去了必要性。

這點在普魯士尤其明顯，該國差不多完全消除了新貸款的需求。一九三四年成立的新關稅同盟（德意志關稅同盟〔Zollverein〕）帶來了收益，開銷則持平或有降低，普魯士因此能將總支出中靠借貸彌補的比例減半，從一八二一年的百分之二十二到一八五〇年降到百分之十一。國家公債原本是年度總收入的三倍有餘，到了世紀中期便縮減到只有兩倍。因此，普魯士與羅斯柴爾德於一八四四年再次協商完成轉換債券的過程中，將一八一八年舊有的英鎊貸款轉換成以塔勒幣為面值的低利債券，羅斯柴爾德希望此舉或許有助於他們談成新貸款，但結果沒有成功。他們的老朋友羅特再也不需要他們了。

在英國也是如此，一八四八年以前那段期間的政府借貸幾乎縮減為零，一八三五年為了彌補西印度群島奴隸主人而借的貸款是英國政府在克里米亞戰爭前發行的最後一筆重大債券。這點最重要的是反映出了英國公共財政的自由派改革成果，這和羅伯．皮爾爵士開始領導保守黨有關。在一八三五年以後的那段時間，輝格黨政府面臨了皮爾的嚴厲抨擊，以一八三〇年代中期的經濟情況而言，當時的政府造成的赤字問題其實非常小。從一八三六年至四一年這五年期間，政府的淨借貸額來到約四百萬英鎊，不過這點錢僅能勉強填補缺口，而這件事只是強化了皮爾的論點，事實上開銷超過收入的大部分都應該歸咎於各種海外「探險」。一八三九年的資金操作包括一批五百萬英鎊的國庫券，倫敦的羅斯柴爾德家族相當樂意獨占這筆生意，這便是一個很好的例子。皮爾在一八四一年的選舉中大獲全勝進而掌權，他的解決方法是他這二十年來反覆思考自由派教義對財政及貨幣意涵的結果，其中包含四個面向。第一，也是最傳統的方式，便是進行轉換操作，將兩億五千萬英鎊的股票利息從百分之三．五減到百分之三．二五。第二則是史無前例的，他堅持重新徵收所得稅（採定額制，收入超過一百五十英鎊的每一英鎊要繳七便士），在這之前所得稅一直被視為戰爭時期的權宜之計。第三，他發展出一套貨幣政策規劃，這可以回溯到一八一九年他主持的委員會，他重擬了英格蘭銀行的特許，希望能夠改善貴金屬系統的運作。最後是依循著一八二〇年代赫斯基森提出的方法，並且按照古典經濟學家的放任原則，他加快了貿易自由化的步調，減少進口的稅賦名目，在一八四二至四六年間總共廢除了六百零五項進口稅，還有一千零三十五項有所降低。這一連串措施發展到最後的高潮應該就是廢除穀物法，而這一步對於皮爾同黨、積極為農民爭取利益的後座議員來說，皮爾背叛了一八四一年選戰期間對鄉間選區選民的承諾。

事後看來，這套改革計畫並不如皮爾當時看來那麼連貫。撇開其政治上自我毀滅的性質不談（在十九世紀的英國歷史上絕對獨一無二），經濟後果也是一點都不好受，即使以所謂「贖罪年代」（Age of Atonement）的標準來衡量也是如此。理論上來說，藉由提升貿易數量並降低進口稅應該能夠帶來額外的收入，但是這在一八四〇年代的蕭條環境當中不太可能發生，而且銀行特許狀法令（Bank Charter Act）會在英格蘭銀行的黃金儲備量減少時限縮國內的紙鈔流通，情況更是雪上加霜。結果，原本只是暫時施行的所得稅很快就變成永遠無法改變的事實，不過承繼皮爾意識形態的接班人格萊斯頓卻一直沒有放棄，希望能夠將之廢除。另外，皮爾也無法如預期讓國家走上債務清償的道路：政府一直到一八四四至四五年才終於消除了赤字，而且似乎連續三年都有盈餘，結果一八四七至四八年發生危機又讓政府陷入赤字。儘管如此，不可否認的是，皮爾政府的財政在當時看來相當「健全」，事實上還為十九世紀後半設下了財政及貨幣正統的基準。一八四一年十月，百分之三債券的價格是八十七，僅僅三年多後就升高到了一百零一，代表倫敦市內顯然相當贊同。

另一方面，銀行家即使知道這樣做對國家金融有好處，還是可能對自己拿到的藥方有所抱怨。在這個情境下，最值得注意的是，皮爾早在一八三〇年便已經認為恢復所得稅能夠「找到像是巴爾林、他（皮爾）的父親、羅斯柴爾德和其他人，還有（來自）愛爾蘭的不在籍地主……讓較低與較高的階級之間和解，並且消除窮人的稅賦重擔」。一八四二年，羅斯柴爾德家族還是被找上了，他們一點也不高興。當然，他們還有其他對皮爾政府抱持敵意的理由，不只是因為保守派的托利黨反對猶太人解放運動，而且托利黨政府的出現讓英國與俄國之間再度有機會結盟對抗自由派的法國。不過，羅斯柴爾德從一開始便直言反對皮爾的財政政策，主要原因似乎就是所得稅。

雖然納特也看出了平衡預算的好處，也正確預測接下來債券將會上漲，但他並不喜歡皮爾採取的方法，例如說他認為實際在估價上會有困難。「這怎麼可能，」皮爾的財政大臣古爾本公布自己第一份預算後不久，納特便沉思道，「收稅的人怎麼確定商人及銀行家的真正收入？在他們做出損益平衡表之前，基本上也不知道什麼能算是自己的收入。」一年後他們在準備退稅時，他也坦白詢問自己的兄弟：「你們是將所有股票以市價估算，然後把上漲的價格算成自己的收益呢？或者是將未兌現的股票以去年的估價計算，然後只付已兌現利潤及實際收入的稅？」這個問題透露出要對羅斯柴爾德家族這樣的人徵稅，本身就存在著困難，畢竟這類人的會計方式一直都相當隨興。「跟你們那些討厭的稅務員來往真的是最麻煩的一件事，」他在一八四四年初寫道，

「尤其是如果還得把帳本給這些官員看的時候。讓我知道你們的損益表是如何，我建議你們在帳務中不要算入未售出股票的利潤。」

這番話的意思並不是說羅斯柴爾德家族考慮要逃稅，正好相反，納特建議他的兄弟們「絕對要給（所得稅的負責官員）利潤的確切數字……多收或少收幾百英鎊都沒什麼差別，但是如果讓官員們罰款或甚至怪罪，那就糟糕透頂了」，他們對於「討論的這個數字」會是「稅務局相當大的一筆進帳」再清楚不過。相對地，他們的焦慮其實跟這筆新稅賦可能帶來意外的副作用有關，他們最擔心的是，如果國外投資的收益要徵稅，債券持有人就會轉往國內投資，這對擅長資金出口的銀行來說很令人憂心。「我認為，親愛的萊昂內爾，」納特從巴黎捎來懇求，「你應該就所有在倫敦支付的外國債券票據要徵收所得稅這件事，向政府強力遊說……這件事實在相當可惜，而且非常有可能會中止生意。」至少，英國投資人（但外國的沒有）此後需要為外國債券繳稅一事，似乎可能讓某些透過羅斯柴爾德做生意的客戶選擇使用假造的外國名稱。所得稅的出現（詹姆斯害怕其他國家很快就會跟進）似乎預示了黃金時代的結束，過去政府會向羅斯柴爾德家族及其客戶等資本家借貸，而不是向他們徵稅。

甚至是在奧地利及法國這樣應該要等到很久以後才有可能大肆改革財政體系的國家，在一八三四至四一年間對羅斯柴爾德家族而言也沒什麼生意可做。奧地利的公共支出還算穩定，沒有新的借貸需求，甚至有可能償還一八三一年以日耳曼邦聯名義向羅斯柴爾德借的「堡壘資金」。法國也是一樣的情形，雖然七月王朝嘗試過公共工程計畫，不過在一八四一年之前卻是透過徵稅來籌措資金。事實上，一八三九年的總支出還比一八三一年略低，國家公債減少了一億六千九百萬法郎，莫萊能提供的最多就是再進行一次轉換，有鑑於過去的經驗，詹姆斯對這項操作並沒有太多熱忱。

俄羅斯的財政處境完全不同，儘管從羅斯柴爾德的觀點來看，最後的效果基本上都一樣。俄羅斯的公共開支名目金額從一八三三年一直到三九年都持續上升，但在某個程度上是一種貨幣現象，因為政府以印刷盧布紙鈔來挹注不斷出現的赤字。在一八三九年及四三年，康克林部長進行貨幣改革後阻止了其造成的通貨膨脹（雖然只是暫時的），他的改革便是以新的「硬」盧布來取代盧布紙鈔，以儲備黃金和白銀做作為支持，這項改革有可能讓政府需要借貸來穩定市場，好建立新貨幣的儲備黃金。詹姆斯急切地表明自己願意同時在倫敦及巴黎借出這筆錢，「要讓俄羅斯政府認知到其中的好處應該不會太困難，」他明白寫道，

> 不只是因為此舉能夠提升他們的信用額度，而且能夠確保（英國及法國）所有有錢人都在俄羅斯進行相當大量的投資，如果有人起了什麼不幸的念頭，意圖進軍俄羅斯、向俄羅斯宣戰或者懲罰俄羅斯邦，就會蒙受金融損失，對他們而言是最有利的……我非常希望這項交易能夠成功，而且不是因為想到可能賺進的利潤，而是因為我希望家族恢復過去跟俄羅斯的關係。

薩羅蒙完全同意，他認為貸款給俄羅斯「非常理想……甚至是筆十分高明的交易」：「先不提這筆生意可能帶來的利潤……這樣的貸款對我們來說十分重要，跟俄羅斯建立起緊密的新關係能夠讓我們重返歐洲所有（強權？）的頂峰，而且跟俄羅斯的貸款生意對我們家族的士氣總是有好處。」阿姆謝爾也應和這樣的感覺。不過聖彼得堡傳統上的金融龍頭一直都是霍普銀行，而這也不是羅斯柴爾德第一次嘗試取而代之結果無功而返。年輕一輩的羅斯柴爾德（尤其是在倫敦的年輕人）顯然對這項計畫抱有疑慮，而薩羅蒙認為他們提出的條件實在過於嚴苛：

> 俄羅斯百分之三的票據你們提出七十，佣金較低的百分之二只有六十吧！你們想想，這樣的價格合理嗎？……畢竟奧地利的百分之三（價格）是八十一，比利時的百分之三則是七十一。這個國家幾乎沒有發生革命的危機，卻用這樣的價格來評估這批債券？我們必須戒慎恐懼，也應該恐懼，羅斯柴爾德家族提出這樣的提案可能會淪為笑柄。除了這個實在太低的價格，你們提議自己（只）拿一百萬（英鎊），其他的只收佣

金，甚至在（合約簽署的）六週內，若是歐洲或美洲任二強權之間爆發戰爭，也不會影響這份合約。

即使在一八四一至四二年間局勢較為安定的時候，又再次討論起四千萬盧布的俄羅斯貸款生意可能性，協商依然破局了。這次輪到薩羅蒙提出警告，他顯然聽取了梅特涅的簡報，認為康克林表明自己打算將這筆錢投資在鐵路上只是為了掩飾不斷增加的軍隊開銷。同時他也附和阿姆謝爾的論點，認為俄羅斯貸款和借貸給其他強權不同：「如果借貸給英國、法國或奧地利，錢仍會流通，而且很快就會從政府國庫中回到大眾手上；若是在俄羅斯，流入的錢會被埋起來，流出到廣大的歐洲甚至帝國的亞洲（領地？）。」

再一次，羅斯柴爾德家族提出的條件太低，不足以破壞霍普的獨占，只願意買進一小部分固定的提議債券（以現代用語來說就是「定額」），再多也不要，而不是賣出以收取佣金（並能夠選擇返還未售出的債券）。之後他們在一八四四年及一八四六年又跟聖彼得堡陸續談過幾次，但是都沒什麼確切結果。曾經，看似羅斯柴爾德家族已經不再需要強權；如今，彷彿是強權不再需要羅斯柴爾德家族。

擴大網絡

我們之後會提到，為了因應政府生意減少，其中一個方法（詹姆斯和薩羅蒙尤其積極）就是參與工業金融，尤其是鐵路公司的籌組；另一個方法則是跟較小的國家建立新的生意，法蘭克福公司就是採取這項策略。從伯格霍弗這時期的清單中引述最為重要的幾筆交易：他們在一八三七至四二年間為薩克森－科堡－哥達公國發行了總額三百五十萬荷蘭盾的債券，為拿騷公國發行了九百九十萬荷蘭盾，一八四五年則為家族最老的客戶黑森－卡塞爾發行了六百七十萬帝國元的抽籤貸款，也借錢給其鄰居黑森－達姆斯塔特，同年還有一筆一千四百萬荷蘭盾的貸款給巴登。在一八三五年還有一筆給巴伐利亞的貸款，讓卡爾及阿姆謝爾被任命為「宮廷銀行家」，還授予他們其他榮銜（包括讓安謝姆擔任巴伐利亞駐法蘭克福領事）。在一八四〇年代中期，還包括借給符騰堡及法蘭克福自身的款項。他們也找上漢諾威，不過交易在最後一刻破局了。羅斯柴爾德家族不只活躍於西德，他們在一八三五年曾經試圖恢復公司與丹麥王國的舊有關係，發行了一筆三百萬英鎊的債券。若是其他德國邦國都像普魯士那樣吝嗇，這些生意就不可能成功，不過在前三月時期[28]，除了普魯士之外，幾乎其他所有德國邦國債務都不斷增加，漢諾威、符騰堡、巴登和巴伐利亞在一八二五至五〇年間的債務及收益比率都上揚，只有普魯士下降。（如此差異的最好解釋或許是西德邦國在這段期間參與越來越多鐵路建設，而一八一九年公布的公債法令〔State Debt Decree〕限制了普魯士的借貸行為。）

從羅斯柴爾德的角度來看，即使這類借貸生意的對象是中等規模的德國邦國，仍是相對較小的交易，不過他們仍是費心安排，就像為強國安排貸款一樣（其中有些情況是因為過去比較具有自主性的金融官僚代表施壓力道越來越強）。另一方面，這些生意的數量顯然能夠彌補他們投入的心力，看看這時期法蘭克福公司的獲利率就知道了。阿姆謝爾與在法蘭克福協助他的姪子們顯然不在乎跟他們做生意的各個德國邦國的政治性格：（例如）巴登屬於「典範的」君主立憲國家，而漢諾威在一八三七年恩尼斯特．奧古斯特國王（Ernst August I）廢除其憲法之後，成為整個德國最為保守的政權之一。

從德國邦國的角度來看，要不找羅斯柴爾德而自行籌得貸款變得越來越難，畢竟這個家族在德國資本市場的占比實在龐大，在西南歐地區尤其如此。不只是在法蘭克福，在其他如科隆等商業中心，羅斯柴爾德家族都能發揮中央銀行的所有影響力，當地人總談論著「羅斯柴爾德船運」的硬幣以及「羅斯柴爾德錢」。這種主導局勢不免會引發議論，大部分都充滿敵意。在一八二〇年代，自由派認為羅斯柴爾德家族支持反動政權。「許多較小的德國邦國政府，」一名奧地利外交官回報道，「只會向羅斯柴爾德家族求助，而且……不會因為人民表達不滿而受到影響。」在幾年之間，這股不滿的情緒就瀕臨爆發的緊要關頭，例如漢諾威的自由派政治

28 譯注：前三月時期（Vormärz）指的是德國一八四八年三月革命之前的那段時期。

人物約翰・史圖夫（Johann Stüve）在一八四八年掌權，便希望避免跟梅特涅時代有關的「和羅斯柴爾德的骯髒交易」。

除了為規模中等的德國邦國發行債券，法蘭克福公司還透過借錢給較小的德國親王賺了不少錢，例如馮・本特海姆－特克倫堡親王（Prince von Bentheim-Tecklenburg）以及維克多・祖・伊森堡親王（Prince Viktor zu Isenburg）就是其中兩位。另外，他們也會借錢給像雨果・漢可爾・馮・杜能斯馬克伯爵（Count Hugo Henckel von Donnersmarck）等貴族大地主。在許多方面來說，這代表他們仍持續進行著可回溯至邁爾・阿姆謝爾時期的生意。一八四〇年代的新創舉是，他們將這類生意延伸到哈布斯堡帝國中非德國的區域。在一八四三至四五年間，薩羅蒙和他在維也納的同事發行了一批價值一千兩百三十萬荷蘭盾的債券，借錢給一群奧匈貴族，他們的產業規模及政治影響力觸及範圍都相當值得注意，其中除了哈布斯堡大公卡爾・路德維希（Karl Ludwig）以外都是匈牙利人。最大的一筆貸款是給保羅・埃施特哈齊親王（Prince Paul Esterházy），這自然不是羅斯柴爾德第一次借錢給權貴家族，但他們突然大量貸款給其他匈牙利權貴卻是相當驚人，對象諸如莫里茨・桑鐸爾伯爵（Count Móric Sándor）、約瑟夫・匈亞迪伯爵（Count Joseph Hunyady）以及拉約斯・塞切尼伯爵（Count Lajos Széchényi，他正是多才多藝的馬札爾改革者伊斯特萬・塞切尼〔István Széchényi〕的長兄）等人都是匈牙利社會的菁英。原則上，這些交易跟庫茨銀行（Coutts & Co.）這類西區銀行能借款給英國貴族的功能沒什麼差別。（其實，埃施特哈齊跟白金漢公爵十分相似，都是擁有大片土地但沒什麼現金的大人物。）但是跟這群馬札爾菁英新形成的來往關係結果無論在政治上、金融上，後來都讓羅斯柴爾德陷入尷尬的處境，因為短短幾年後，匈牙利就跟奧地利掀起了一場分裂戰爭。

在義大利，羅斯柴爾德同樣尋求多元化的經營策略，他們仍然在統治兩個西西里的波旁政權財務中扮演領導角色，只是詹姆斯和他的姪子們擔心當地的銀行家遲早會挑戰卡爾的主導地位。這裡就像在西班牙一樣，一八三〇年代的金融發展逐漸脫離了傳統發行債券的模式，例如國營的西西里硫磺礦，雖然要支付政府權利金，但還是保證收益的可能來源。另一個可能性則是抽籤貸款，不過詹姆斯並不喜歡這個想法，因為巴黎證交所已經禁止這類債券交易。從羅斯柴爾德的私人書信中可以明顯看出，他們對那不勒斯政府的評價很低（最有名的就是一八五〇年被格萊斯頓狠狠批評了一頓）。另一方面，他們對於繼續跟「通心粉陛下」做生意這件事並無顧忌。「你們的財政部長不是值得信任、依靠的人，」詹姆斯在一八三九年造訪那不勒斯後告訴卡爾，「他真的是個無賴，還害怕跟國王說話，若有人想在那不勒斯成就什麼事業，唯一能做到的就只有國王自己和那個內政部長了，那個傢伙可聰明了。」

他們與教宗的關係也有類似性質，對於羅馬政府的輕蔑並不阻礙與其建立可獲利的商業關係。至於那不勒斯的情形，在一八三〇年代中期有競爭對手試圖打破羅斯柴爾德龍斷教宗金融操作的地位，這是他們在一八三〇年之後建立起來的，不過他們成功擊退了這些對手，教宗債務的管理仍牢牢掌握在他們的羅馬合夥人托隆尼亞手中，並藉此獲利。這讓羅斯柴爾德對於教宗政府有了某種影響力，薩羅蒙至少兩次透過梅特涅抗議羅馬苛待猶太社群，如此更強化了許多人心中的認知（以詩人阿爾弗雷德·德·維尼的話來說）：「一名猶太人如今制宰著教宗與基督教。」但是也不應該誇大雙方關係的這個面向，因為羅斯柴爾德主要關心的還是從教宗政權所能賺取的利潤，而非其改革。

事實證明，比較困難的反而是要跟另一個國家締結金融關係，而這個國家在義大利最有實力挑戰哈布斯堡的統治權力：皮埃蒙特－薩丁尼亞王國（the Kingdom of Piedmont-Sardinia）。一八三四年，義大利杜林（Turin）政府邀請巴黎公司參與競標，爭取經營該政府打算進行的一百萬英鎊貸款，這項生意的競爭從一開始便相當激烈，萊昂內爾被派往杜林，希望能夠談定這筆交易。他和詹姆斯叔叔在任務期間的通信不只能夠讓人一窺羅斯柴爾德的談判技巧，同時也讓我們知道要跟一個本質上屬於君主專制的政權來往有多麼困難。萊昂內爾發現皮埃蒙特的財政部長簡直愚鈍到無可救藥，於是打算跟他的秘書達成檯面下的交易，但是國王已經對於貸款如何安排有了既定想法，萊昂內爾也很難克服這點。「假如，」詹姆斯建議道，我們的對手**來找你（畢竟你無論如何都不能自己去找他們）**，說他們打算為了這筆貸款跟你合作，我們懇求你接受他們的請求，跟他們擬定合約，讓出四分之一或者一半的生意給他們，他們想要怎麼處置都可以……但若是如此，這筆生意一定只能由你**以我們的名義**進行，因為你是第一個親自過去的人，我們絕對不能退居幕後或者跟別人聯手合作。

但是，如果他們不接受這樣的提案，萊昂內爾就應該提出更好的條件，因為「我們希望拿下這筆生意，雖然還不到不惜一切代價的地步，但至少要讓其他人知道，如果想提出超過我們的條件肯定會付出慘重代價……**如果這筆生意完全行不通也要做，就算賺不了半毛錢，就算我們得損失兩、三萬法郎才能向那幾位先生證明，若是我們想阻止他們便不怕犧牲**」。詹姆斯謹慎地指示了萊昂內爾該如何與政府應對以在競標中奪勝：

（他寫道）你的主要目標必須放在好好抓住部長的心，而且清楚向他證明要跟我們而非其他人合作，對他才有利，絕對不要對他下最後通牒，要讓他知道你的能力，他要是想跟其他人達成什麼協議之前都必須讓你能夠贏過他們的條件。若是你必須下達最後通牒，也必須堅持這確實就是最後一次，讓他必須馬上毫不猶豫地接受你的條件。

若是這幾位先生更聰明，居然能夠讓自己在這件生意上和你勢均力敵或甚至更勝一籌……那麼你的計畫就必須讓他們盡量付出慘重的代價，就算要放棄，也必須預先設下種種難關與荊棘，讓他們除了雜草什麼也得不到。若是如此，我們很容易就能得到慰藉……有時候，勝利的代價要比謹慎的撤退高多了……

這段敘述讓我們知道，若是詹姆斯自己在杜林會如何操作，而且或許他還能成功，但是最後經驗不足的萊昂內爾還是遭對手智取（或者是輸了競標），敗給了由哈格曼（Hagermann）領軍的法國銀行家，他稱他們為「暗黑幫派」（Bande Noire）。直到一八四三年，羅斯柴爾德才又開始試圖與杜林有生意往來，而且雙方的關係到了一八四八年之後才穩定下來。

這番擴張版圖的行動可以解釋，為什麼到了一八四〇年代早期，許多觀察者開始認為羅斯柴爾德家族並不僅僅是歐洲各國的盟友。他們如今顯然已經獲得了獨特的權力，獨立於各強權之外，而且幾乎遍及各地。當時有許多猶太裔作家深受羅斯柴爾德現象所迷，亞歷山卓．維爾便是其中之一，在他的文章〈羅斯柴爾德與歐洲金融〉（一八四四年）當中便簡潔立論：雖然「羅斯柴爾德」過去需要各個國家才能成就「羅斯柴爾德」，如今卻不再需要了。一八四二年，自由派歷史學家朱爾．米榭勒在他的文章中宣稱詹姆斯認識「歐洲每一位親王貴胄、熟悉每一位金融財政大臣」（參見本章的引文），這完全不是誇大其詞。除了羅斯柴爾德兩大最明顯的失敗，也就是葡萄牙及美國，還有西班牙的特例，他們在這個國家認為汞礦的控制權比起借貸生意更加重要，而在一八四八年以前的大約十年間，羅斯柴爾德為其籌措資金的國家名單長到令人咋舌。保守國家借貸是為了避免國會影響財政政策，這通常是稅制改革後的必然結果；比較進步的國家借貸則是為了支付公共工程，尤其是鐵路，因為私人企業似乎無法或者不願意資助這項投資。而這些國家幾乎都傾向，或至少是考慮，雇用羅斯柴爾德家族為其操作金融及承諾支付款項，這張金融網絡便越擴越大，利益也是顯而易見，而風險一直到了一八四八年才開始浮出檯面。

「肯定是這個國家的金融大師」：比利時

或許最能解釋羅斯柴爾德家族在一八四八年之前那段時間的策略，便是他們如何參與新建立的比利時王國的金融事務。一八三〇年，比利時才剛脫離荷蘭的統治而建國，詹姆斯和他的哥哥們迅速在布魯塞爾建立起金融基地，讓新政府在建國前三年的風雨飄搖中擁有一條信貸的生命線。一八三三年中至三八年間的情勢相對穩定，詹姆斯積極地想要保衛並持續發展他和興業銀行在布魯塞爾建立起的主導地位，並透過各種形式的交易幫助維持羅斯柴爾德的利益，而最重要的是發行公債以資助比利時國王利奧波德一世（Leopold I of

Belgium）的經濟發展政策，其中的核心便是建造鐵路網。

比利時政府直接涉入建造鐵路（與運河），在某個程度上算是破壞了英國既定的行事方式，亦即鐵路融資的生意最初大致上完全留給私人企業。但是比利時開了如此先例，其他國家很快就會跟上。比利時人重視的是擁有鐵路網的策略重要性，這樣的先見之明很大一部分歸因於他們與荷蘭的緊繃關係，尤其是必須避免依賴低地國已經發展完成的運河及河道網，這部分是由荷蘭控制的。從羅斯柴爾德的角度來看，這種政策顯然有其優勢，因為他們一直都認為發行政府公債的風險比私人鐵路股份要來得更低。更重要的是，比利時鐵路網絡的發展包含在巴黎和比利時之間建造鐵路的連接，這完全吻合詹姆斯已經表示有興趣的計畫。另一方面，若是比利時擬定工業發展策略的同時，沒有一起發展國家自己的銀行體系，那麼就沒什麼意義了。詹姆斯與興業銀行一同創立了三個新機構（布魯塞爾貿易銀行〔Société de Commerce de Bruxelles〕、國家工商產業銀行〔Société nationale pour entreprises industrielles et commerciales〕與土地銀行〔Banque foncière〕），拚盡全力維持自己的主導地位，但是比利時國家銀行（Banque de Belgique，成立於一八三五年，資本大多來自法國）卻是個強勁的對手，於是詹姆斯必須決定是要對抗這股挑戰他地位的勢力，或者要與之合作。在一八三〇年代中的繁盛時期，巴黎公司一直跟興業銀行緊密合作，為好幾家比利時礦業公司在巴黎證交所發行了一系列股票；但是在政府金融這一塊，從一八三七年關於一次轉換債券操作的協商未果中能夠看出，即使是興業銀行也必須被視為對手而非盟友。羅斯柴爾德家族雖然和利奧波德國王的關係親密，卻從來無法坐穩獨立金融家的寶座，尤其比利時部分國會議員及媒體對他們仍抱持懷疑。此外，比利時政府未來還是有可能會將鐵路網用於軍事用途，或者將為了鐵路而借貸的款項用在軍事上。在一八三〇年代，政府便花了比鐵路建設開銷多三倍左右的經費來成立軍隊。

一八三八至三九年，荷蘭及比利時的問題又回到歐洲外交的談判桌上，必須考慮到所有這些互相衝突的因素。基本上，現在的問題是比利時政府是否願意遵照一八三二年的協約條件，撤出盧森堡及林堡來換取荷蘭承認比利時獨立。除了必須放棄領土之外，一八三二年的協約也包括了經濟損失，因為他們打算將荷蘭在一八三〇年以前的債務讓這兩個國家大約平均分攤。正巧在重啟協商的時候，比利時剛好提出三千六百萬法郎的借貸要求（荷蘭也同時提出要求），讓羅斯柴爾德握有超乎尋常的外交影響力。雖然其中牽涉的金額不大，但詹姆斯還是非常急切想要將這筆新貸款生意拿到手，一部分是因為他認為這批債券的發行相對容易，但更主要是因為這是納坦過世後羅斯柴爾德的第一筆重要債券發行，也就是說，這次機會不只能夠讓羅斯柴爾德家族在債券市場持續占據主導地位，同時也能讓詹姆斯接手領導公司。如果條件恰當，他在一八三八年五月宣布：「我會馬上同意，不去理會所有政治問題，因為不會有戰爭。比利時將會讓步，而全世界都急著要做生意，我們真的必須加緊腳步。」詹姆斯推想，比利時人可能會大聲抱怨，但若沒有法國的幫忙他們什麼也做不了。

普魯士占領盧森堡想逼迫比利時政府投降時，詹姆斯一時心生猶豫，「炮火聲」對巴黎證交所會有所影響。不過後來情勢明朗，他知道即使如此，法國也不會為布魯塞爾出手干預，於是便馬上著手進行貸款，希望能夠盡快在倫敦、巴黎及布魯塞爾發行，以免外交情勢又惡化。雖然推銷這批債券比詹姆斯預期的稍微不容易一些，還是順利進行了。一八三八年，比利時的煤礦泡泡破裂，或許也強化了詹姆斯的地位，因為工業股票突然下跌，差一點就擊垮了比利時國家銀行，而興業銀行本身更是面臨壓力。現在輪到詹姆斯介入為這兩家銀行紓困了。

詹姆斯沒有料錯，協商遲早會遇到困難，不過對他來說幸運的是，直到新一批比利時債券大多已經存入之後才出現障礙。比利時（與法國）的政壇強烈反對重新施行一八三二年的協定，然而不變的事實是比利時仍缺乏反抗的必要資金，因為雖然新貸款的債券如今都已經售出，但羅斯柴爾德還未完全支付債券所籌得的錢。詹姆斯為了明確表明自己的立場，在一八三八年十二月便要求於貸款合約中加入一項條款，明定「如果戰爭爆發或者出現任何爭端，我們有廢止合約的自由」。比利時人還是相當樂觀，持續與羅斯柴爾德家族協商，希望能夠以預支國庫券的方式獲得額外的資金。「唉，比利時人真是混蛋，」詹姆斯人聽到布魯塞爾正在籌備軍隊時的消息這樣評論道，「看到軍隊集結我一點都不高興，而且他們很有可能把一句笑話變成一場嚴重事件，雖然只要強權都反對戰爭，他們就什麼事都不能做，但我還是不樂見。」於是他們直接拒絕了預支金的要求。薩羅蒙於危機期間正在巴黎，他一如往常利用梅特涅對「革命」政權的敵意，對羅斯柴爾德於布魯塞爾的代理人里希騰伯格下達指示，也寄了一份給亞龐尼：

（比利時）政府對於我們拒絕國庫券一事會有些生氣，而我們對此一點也不氣惱。這些先生應該理解，只要他們打算實施明智且溫和的政策就可以信任我們的服務，這樣也不完全是件壞事。我們自然已經充分證明了我們願意支持並協助比利時政府的意圖，但是若我們提供的鞭子最後會打在自己身上，這樣的好意就必須馬上停止，也就是說，提供他們想要的資金讓他們開戰，結果將會摧毀我們費盡心力及資源所要維護的信用額度。你大可以坦白告訴這些先生我寫了什麼，不必有所保留。

為了避免奧地利懷疑羅斯柴爾德的經營策略，他在這封信之後又寫了一封信給維也納辦公室「好讓梅特涅親王知曉」，內容詳述了里希騰伯格與比利時政府的對話：

除非他們讓步，否則我一個子兒都不會給，在我離開之前也會給我弟弟詹姆斯留下類似的指示……我希望現在比利時會願意簽署這二十四條條約，特別是他們缺乏「行事的膽量」，只要比利時政府不接受條約，就別想從我們這裡拿到半毛錢，就算他們已經哀求我們借錢求了好幾個月也休想。雖然我（已經）覺得一直拒絕他們也很困難，但是只有比利時讓步並恢復和平，我才會感覺自己有所補償，認為自己也盡力協助促成這樣的結果。

當然，並不只是因為缺少羅斯柴爾德的四百萬法郎，也因為少了支持比利時的巴黎政府，迫使比利時不得不讓步。不過羅斯柴爾德在布魯塞爾能發揮的影響力還是相當大，而且這似乎也是鞏固羅斯柴爾德在比利時金融界主導地位的絕佳時機。早在協約簽署之前，詹姆斯便敦促他的姪子說「比利時的證券在市場上一直都很看好，我會建議你們其中一人……應該去布魯塞爾認識新任部長，好跟他建立緊密的關係，告訴他你們（現在）準備好提供所有借貸和接受國庫券」，而這件事先前曾遭到拒絕。詹姆斯現在的目標就是想壟斷市場，他說得相當直接：「決定了比利時問題的處置方式之後就會需要用錢，我們應該利用這個時機讓自己成為這個國家金融界的絕對霸主。」即使以羅斯柴爾德的標準來看，這句話的語氣也很強烈。不過從許多方面來看，雖然要和興業銀行合夥生意，但他們後來達到的地位確實也主宰了政府的公債。一八四〇年初，詹姆斯造訪布魯塞爾去討論一筆六千至八千萬法郎的新貸款條件，他發現該國政府「相當友善」：「那裡所有人都對我的來訪感到無比喜悅，而我教導他們該如何將根基扎得更穩，至少能維持一段時間，他們相當樂意讓我們來引導，畢竟我已經指出他們打算撇開我們行動時所犯的所有錯誤。」

經過曠日費時的討論之後，他們終於在十一月談成一筆貸款，兩年後又有另一筆（兩千八百六十萬法郎）。無論是要賠款給荷蘭或者發展新的鐵路計畫，比利時政府似乎借錢借上癮了，幾乎完全倚賴羅斯柴爾德為其債券找買家。自然，詹姆斯在一八四二年跟一位比利時部長鬧翻之後，他要求萊昂內爾「星期天到溫莎城堡去見比利時國王」：

> 你很快就會收到康斯坦丁的信，信中解釋了布魯塞爾的情況，你就能告訴國王，如果……現任的部長要繼續待著，那麼比利時債券就再也賣不出去，也不可能再進行大筆的金融操作。你一定要小心，不要說（那位部長的）壞話，只要讓陛下聽明白你的想法就好。

在一八三〇至四四年間，比利時總共借了五筆重要貸款，加總起來的名目價值將近三億法郎，幾乎所有貸款都由羅斯柴爾德承諾支付。

如今羅斯柴爾德想要控制的不只是比利時的財政。一八四〇年十月，安謝姆造訪海牙，荷蘭政府正要求比利時將款項一次付清（而非他們在一八三九年同意的一年支付五百萬法郎）。荷蘭將財政赤字怪罪在比利時延遲付款上，安謝姆便提議先支付一部分。兩年後雙方達成共識，讓比利時以債券的形式提供這筆資金，這批債券便由羅斯柴爾德為荷蘭政府兌現（打了相當大的折扣）。這完全就是羅斯柴爾德在這種國際交易中為雙方服務時的典型操作。

在比利時及荷蘭都有相當多人反對羅斯柴爾德在公共財政上扮演的角色。例如，法國政府曾試圖跟比利時合組關稅聯盟，但失敗了。許多人認為羅斯柴爾德與這項計畫脫不了關係，布魯塞爾的保護主義者察覺法國想藉此進行經濟兼併的邪惡計畫，但事實上並無證據顯示羅斯柴爾德支持這項計畫。當一八四一年有機會將比利時付給荷蘭的債券進行轉換時，安謝姆便擔心荷蘭的自由派媒體也會提出類似的攻擊。他抱怨道，荷蘭的財政部長

> 已經盡可能對我們保持友善，但是輿論和報紙給他的壓力實在太大，媒體說他被賣給我們了，說到那個人都沒有勇氣跟我們訂合約了，但他也非常清楚沒有其他人擁有我們的手段、信用及影響力，也無法像我們有可能做到大幅提升這個國家的公共信用……說真的，報紙上每一篇愚蠢的文章都說他把自己賣給我們，把他嚇壞了，他對我說：「我真誠地希望能夠只跟你們做生意，只是我也得挽救自己正直的聲譽，或者要向其他人證明他們都不可能做得像你們一樣好。」

部長的憂心是對的，三個月後在反對聲浪下，他被迫遞出辭呈。

比利時仍虧欠荷蘭四千萬荷蘭盾，雖然安謝姆能夠維持羅斯柴爾德對這筆轉帳的控制權，但荷蘭及比利時政府如今都想要脫離羅斯柴爾德的股掌，畢竟他們現在已經有承諾支付能力，可以透過公開認購來銷售比利時債券。不消說，羅斯柴爾德對這樣的發展抱著極大敵意，擔心此例一開（就像英國的所得稅），其他政府可能就會跟進。納特的反應是典型的宿命論者：「我擔心各地的人們都變得太聰明，各國政府要是有辦法擺脫我

們，就不會再付佣金了。」「如果政府成功了，」他悶悶不樂地對兄弟們說，「這也很有可能，他們現在、未來就能夠不倚靠我們做事，而且我們還不能公開反對他們。」但他的詹姆斯叔叔從來不會不戰而降，放棄生意。「男爵希望這件事不會成功，」納特報告，「也因此避免出手幫助部長。自然，若是政府能夠公開借貸，這對我們相當不利，若是我們可以避免他們這麼做，就必須見機行事。」

看起來詹姆斯的積極觀點似乎勝出了。「比利時財政部長會發現要透過認購來擺脫債務不是那麼容易的事，」幾天後納特寫道，「我想他終究還是得回來向我們求助，那麼我們會非常高興。試試看為聯合帳戶賣掉一些一八四〇或四二年的債券讓比利時陷入蕭條，要是各個地方都寫信說布魯塞爾市場蕭條，那會是好事一樁。」這是典型的羅斯柴爾德策略：賣掉債券讓頑固的政府難堪。此舉目標是逼迫比利時政府回頭來找手中有資金的羅斯柴爾德，似乎也發揮了效果，雖然比利時政府還是公開銷售百分之四．五債券，但很快又回頭來找羅斯柴爾德。同時，安謝姆在海牙努力不懈地進行協商，也讓新任荷蘭財政部長改觀，認為還是應該讓羅斯柴爾德處理他想要兌現的比利時百分之二．五債券銷售業務，這批債券價值有六百萬英鎊。一八四五年，比利時政府懊悔地回來向羅斯柴爾德求助，於是詹姆斯藉此在一八四六年和四七年分別以相對微薄的預支金談成了嚴苛的條件。法國駐布魯塞爾的大使回報，若是沒有羅斯柴爾德，比利時政府已經「明白，他們在任何證交所都不可能拿到一毛錢，無論是在國內或國外」。這句話只是稍微誇張了　點。無論從哪個角度來看，羅斯柴爾德都已經完全壟斷了比利時公共財政，不過政府打算直接向大眾銷售債券而未果的舉動還是有所威嚇，暗示龍頭地位在未來還是可能遭遇挑戰。

通往大馬士革之路

從許多方面來說，一八三八至三九年的比利時危機中最重要的面向在於對法國的影響。隨著奧爾良派政權在西班牙及瑞士的所謂外交政策失敗，他們不願意為比利時的利益起身辯護而飽受批評，他們被認為甘於安撫法國的古老仇敵，即保守的奧地利與不義的英國。自一八三〇年革命之後，羅斯柴爾德便一直擔心法國可能回復到過去的老樣子，內有激進主義、外有敵人進犯，這樣的情勢在一七九〇年代讓歐洲陷入一片火海。在另一波國際危機尚未發生（這一次在中東地區）、讓法國面臨外交孤立的困境之前，那樣的可能性一直有變成現實的危險性。這是羅斯柴爾德家族必須捱過的第一波「東方危機」（Eastern Crises），後續還有許多次，這一次的結果讓好戰的提也爾政府垮台，法國則蒙受外交羞辱，標示著羅斯柴爾德政治權力的高峰之一。

事實上，詹姆斯一直以來都非常擔憂國際情勢的發展可能會讓巴黎政府變天。「債券會下跌是因為提也爾偏好（在西班牙）干預政策。」一八三七年四月有謠言說提也爾可能即將重返執政，詹姆斯便這樣警告道，回想起他前一年試圖派軍隊越過庇里牛斯山。事實上，光是想到提也爾可能再次主政就足以讓詹姆斯相信有必要「脫手（法國）基金，畢竟不會有好結果。」根據詹姆斯的定義，「一個好的政府」本質上會在國外尋求和平策略，並平衡國內的預算，他喜歡最後在四月勝出的莫萊政府，正是因為他們「很弱」。當莫萊於隨後在十一月舉行的選舉中留了下來，詹姆斯認為他們「進展順利」。一八三八年十二月，提也爾再次提出挑戰時，詹姆斯敦促政府「保持團結，並且說服自己相信他們很強大」，並承諾會提供「堅定而穩固的支持」。

莫萊的地位於一八三九年三月的選舉之後終於垮台，羅斯柴爾德對此相當緊張，擔心政府的「組成都是提也爾的黨派」以及**固守教條**的自由派。「在我看來，這件事實在太糟了。」安東尼不安地寫道，「國王肯定會讓步去做一切提也爾想要他做的事。我可以告訴你，我們有點害怕了。」結果，提也爾堅持想實施更加激進的外交政策，對路易．菲利普來說還是難以接受，因此便由蘇爾特元帥另外籌組比較溫和的政府，但這個政府相當短命。提也爾終於還是在一八四〇年三月一日恢復首相職位，他的崛起似乎已經勢不可擋，讓詹姆斯很是悲觀：

新政府組成之後，沒有人對這件事再多做思考，在這年夏天尤甚。不過長期來看，我很遺憾必須這麼說，法國只有透過戰爭才能擺脫眼下的困境。只要路易・菲利普，願上天庇佑他，繼續待在（王位上），我想就能維持和平，但是我相信他的兒子除了開戰沒有其他選擇。唉，即使如此，我親愛的姪兒，我仍想要堅持我先前說出的意見，賣掉我們的百分之三債券，可以慢慢賣，但一定要做……若是無法組成政府也太不像樣，不論最後會是誰領導政府……我們可以想見內閣的各個黨派將掐住彼此的脖子，但若是證券下跌，就可以再買進來，因為法國人就和西班牙人一樣，今天打來打去，明天又是好朋友了。

提也爾擔任首相期間，詹姆斯警告姪子，他「對基本情勢也就是國內事務不是太高興」，這個政權正漸漸「失去那些最為忠誠的朋友」。雖然詹姆斯很快（一如他往常迅速適應的態度）就開始討論起「與（提也爾）建立友好關係」，結果卻是不切實際。

讓羅斯柴爾德家族與提也爾公然開戰的問題通常被稱為「近東問題」：隨著鄂圖曼帝國逐漸壯大，名義上涵蓋了北非大部分地區、大部分巴爾幹半島，以及幾乎整個中東地區，如此有可能保持完整嗎？若是不行，該由什麼取而代之？經濟退步、宗教分裂、行政官署脆弱再加上政治專制，這些問題鄂圖曼帝國都有。當然，羅曼諾夫及哈布斯堡帝國也是如此，但沒那麼嚴重，而且後兩者是基督教國家，所以當代可以有效將土耳其排除在歐洲強權的「五大牧首區」之外。此時，這「五大牧首區」當中有四個在鄂圖曼統治勢力看來逐漸衰弱的地區有利益存在，奧地利和俄羅斯顯然基於地理位置長久以來跟南邊的鄰居有領土衝突；而英國和法國則基於商業性、策略性及宗教性因素對該區域越來越感興趣。

在整個十九世紀期間，鄂圖曼帝國的未來就取決於這些強權的互動關係：在各種東方危機中都存在著一個不斷出現的主題，雖然各國都有各自特殊的目的，卻沒有一個國家能夠獨自達成目的。羅斯柴爾德家族在近東問題的外交場域上扮演關鍵角色的主因在於，無論要保持現狀或者創造新秩序都需要用錢，因為管理這片區域的其中一個基本問題就是課稅基礎正逐漸縮小。然而，羅斯柴爾德家族對鄂圖曼事務有興趣還有第二個而且非常不同的原因，即他們「同信仰者」的地位。

我們先前已經提過，希臘成功爭取獨立的事件讓羅斯柴爾德家族首度涉入近東問題。在希臘這個國家的領土範圍與憲法的外交爭論結束之後，羅斯柴爾德家族相當樂意提供他們所需要的資金，用來賠償土耳其人並且幫助雅典的新政府站穩腳跟。這筆貸款乍看之下是相對直接的生意，畢竟希臘債券有來自英國、法國及俄羅斯三個涉及利益的國家擔保，但是詹姆斯在巴黎奮力爭取才得以從阿瓜多及德希塔等人手上拿到令他滿意的股份，其中德希塔因為和新任希臘國王一樣是巴伐利亞人，這層緊密的關係讓他能夠主導這次交易。此外，後來發現這筆交易的執行比原先預期的還要困難許多。基本上應該要發行價值六千萬法郎的債券，由三個強權各擔保三分之一，籌得的資金中有一千一百萬法郎要透過羅斯柴爾德支付給土耳其，剩下的則透過德希塔交給希臘政府。

然而這個區域再次陷入緊張，幾乎馬上破壞了這些安排。一八三二年十一月，埃及的主政帕夏穆哈默特·阿里反叛對抗蘇丹馬哈穆德二世（Mahmud II），認為蘇丹對於自己在巴爾幹半島與希臘軍隊作戰時的軍功獎賞不足。阿里自己是阿爾巴尼亞出身，派自己的兒子易卜拉辛入侵他最渴望的領土——敘利亞，短短幾個月之內便拿下加薩、耶路撒冷以及大馬士革。蘇丹最初向英國求助以對抗反叛的部屬，於是找上帕默斯頓在君士坦丁堡的屬下史特拉福·坎寧（Stratford Canning），但帕默斯頓拒絕了坎寧的提議也不願協助，反而希望調解雙方互相讓步。因此蘇丹轉向俄羅斯求助，在一八三三年二月接受了沙皇提供的軍事協助。五個月後，讓英國和法國同感沮喪的是土耳其和俄羅斯之前談定了一份互助條約（Treaty of Hünkâr skelesi），其中包含了一條祕密條款，也就蘇丹必須「在必要時」關閉黑海海峽，禁止所有國家的戰船出入。而所謂的「必要」其實就是俄羅斯要求的時候，隨後奧地利和普魯士又在慕尼黑城堡（Münchengrätz）為這份條約背書，成就了俄羅斯這項外交勝利。

對羅斯柴爾德家族而言，這一切在最初只是眾多可能破壞歐洲和平的威脅之一。薩羅蒙馬上代表梅特涅警告詹姆斯，法國不能支持穆哈默特・阿里來進行報復，巴黎有許多人將阿里比喻為拿破崙，而他採取國家專賣的進步經濟政策更進一步強化了這樣的形象。但是並不清楚這場危機會對金融產生什麼影響，因為法國對希臘貸款的擔保尚未批准，而給土耳其的賠償款項也尚未到支付期限。在緊繃的外交情勢下，可以想見這些交易都會受到（表面上的）技術問題所阻撓，例如希臘延後將所需的債券送到倫敦；而土耳其人表示，若希臘代表團要搭乘戰船到君士坦丁堡便不得進入。納特動身前往君士坦丁堡，幻想著若他能執行賠款的支付，蘇丹便會送上各種異國飾品為回禮；但是他離開的時候卻是「對土耳其人以及他們可恥的兩面手法感到噁心又厭煩，我居然還過來這裡做生意，實在讓我後悔極了……這個可憎的地方」。

一八三六至三七年又出現更多困難，當時希臘政府威脅要拖欠債券該支付的利息，這場危機考驗著國際間的擔保，而最後驚險過關了。大約同一時間，羅斯柴爾德在一次類似的操作中必須為葡萄牙服務，他們發行了新債券來籌錢支付現有債券的利息；但是金融市場很快就學到了不同的希臘債券有不同的價值，市場上比較喜歡由英國而非由法國及俄羅斯擔保的債券。這樣的問題一直持續到了一八四〇年代，負責擔保的強國試圖只支付到期的利息，而不付羅斯柴爾德的佣金。

就在這個時候，法國與英國對於近東問題的政策開始出現分歧。一八三六至三七年間，法國恢復對阿爾及利亞的殖民行動（這是一個曾經屬於鄂圖曼帝國的領地），起初這項計畫是在波旁政權即將滅亡的那段日子裡進行，如今則透過成功的軍事行動完成。另一方面，這時的帕默斯頓將英國政策引導到比較支持土耳其的方向，希望能夠壓制俄羅斯在君士坦丁堡的主導地位。一八三九年四月，蘇丹和穆哈默特・阿里雙方再次開戰，支持後者的法國政府漸漸發現自己陷入孤立。經過一連串迂迴的外交運作之後，英國與俄羅斯之間談定協議，以黑海通行權的國際合約來取代互助條約，同時穆哈默特・阿里必須放棄敘利亞，但被允許保留阿卡（Acre）的堡壘。一八三九年十月，蘇丹政府拒絕了這項提案，但是他們實在也無能為力，就像巴黎公司對新廷報告的，蘇丹政府「處在相當尷尬的處境。實際上……法國政府若是不勉強接受（帕默斯頓閣下的提案），很可能就會發現他們在東方事務的觀點上孤立無援」。先前政府在比利時危機中的反應遲鈍，不久之後就出現了這番外交情勢逆轉，這似乎形成相當具有說服力的論點，讓提也爾有機會實施比較激進的外交政策。

直至目前為止，羅斯柴爾德除了密切注意外交情勢發展之外並沒有太多行動。然後，在一八四〇年二月五日，埃及占領的大馬士革發生了一件事，徹底改變了這場危機的面貌。在情勢仍不明朗的狀況下，一位名叫托馬索神父（Father Tommaso）的薩丁尼亞籍天主教嘉布遣修士與他的僕人易卜拉辛（Ibrahim）莫名失蹤了，因為他們最後出現在城內的猶太區，很快就出現他們在那裡遭人殺害的傳言。當時的法國領事哈提－蒙頓伯爵（comte de Ratti-Menton）希望主張法國有處理大馬士革的天主教事務的責任，於是慫恿埃及總督逮捕了幾名猶太人並對他們嚴刑拷打。一名猶太人指稱曾在穆斯林市場上見過托馬索，他被逮捕後便被刑求至死，而他的僕人也是一樣；一名猶太理髮師在挨了五百下鞭打後，才勉強說出自己曾經看到托馬索和兩位拉比一起，另外還有猶太社群中的七位領導人物，包括大衛．亞拉利（David Arari）。這些人全部遭到逮捕，還多抓了第三位拉比，而他們為自己的清白辯駁時，那位可憐的理髮師再次遭到鞭打，為了祈求赦免，他便聲稱這些嫌疑犯給他錢，要他殺了那名修士，這樣就能用他的血來製作踰越節的無酵麵包，雖然理髮師拒絕了他們，但他稱自己還是在亞拉利家中目睹了托馬索的「獻祭」。

亞拉利的僕人遭到刑求並獲得赦免的保證後，坦承自己殺害了修士，然後果然在一處水溝裡「找到了」想必是托馬索的遺體，同時那七名嫌疑犯也被刑求直到「坦承」罪孽為止。其中一人（他改信伊斯蘭教以保護自己和家人）證實了獻祭的故事，他說托馬索的僕人也是被同樣的方式殺死的。就像早期的現代獵巫一樣，故事說得越古怪，受牽連的人數就越多。最後總共有七十多人被捕，同時被關押為人質的孩童數量也差不多，要藉此逼迫那些已經逃離大馬士革的「嫌疑犯」來自首。從頭到尾，法國領事扮演的就是尋找女巫的指揮官，不只利用了天主教社群的反猶太主義，還利用了猶太社群當中的社會分歧。

最後逮捕了一名叫做伊薩克．德．皮契奧托（Isaac de Picciotto）猶太商人，結果他正好是奧地利的子民，於是這場獵巫行動演變成了重大的國際事件。奧地利領事卡斯帕・吉奧凡尼・莫拉托（Caspar Giovanne Merlatto）決心要保護自己的人民，不要讓他遭遇到與哈提－蒙頓的其他受害者相同命運，於是他向大馬士革的政府高層抗議，並且要求他於埃及的上級總領事安東・羅林（Anton Laurin）在亞歷山大港（Alexandria）也這麼做。羅林認為這整起所謂的獻祭事件根本是假的，於是在三月二十一日不只向穆哈默特・阿里抱怨此事，也求助於他在亞歷山大港的法國同僚去阻止哈提－蒙頓，而且羅林同時採取了有些不尋常的行動，他將自己的報告以及從莫拉托那裡收到的幾份報告副本直接寄給巴黎的奧地利總領事，羅林認為總領事應該向法國政府施壓，要他們「發布強力的命令……嚴正訓斥大馬士革的領事」並且「向當地政府究責……（免得）非猶太人民的敵意發展成為對猶太人的實質迫害」。

巴黎的奧地利總領事以及上述所引用的書信作者當然就是詹姆斯・德・羅斯柴爾德，而且不只羅林寄信給他，還有些人同時寫信給羅斯柴爾德家族的其他成員，希望他們支援大馬士革的猶太人以及在羅德斯島（Rhodes）面臨類似迫害的猶太人。三月十五日，一名來自黎巴嫩貝魯特（Beirut）的猶太人將描述這件事的信件交到荷蘭猶太人領袖赫希・勒倫（Hirsch Lehren）手上，懇求他將信件轉交給羅斯柴爾德，這樣他們或許能「跟國王及官員們談談」。兩天後，一個在中東做生意的英國商人也寫信來，敦促勒倫寫信給詹姆斯，認為只有「大名鼎鼎的羅斯柴爾德家族……才有能力拯救遭受迫害的同胞」。三月二十七日，君士坦丁堡社群從大馬士革及羅德斯島寫信給薩羅蒙、卡爾及萊昂內爾，懇求「緊緊維繫著整個猶太社群的羈絆」。

詹姆斯照著羅林的建議做了。然而法國外交部只是命令他們在亞歷山大港的副領事調查哈提－蒙頓的行為，正如詹姆斯預言的那樣，這「只是妥協的措施，因為副領事的職位在領事之下，所以他沒有權力要求領事解釋自己的行為」。「在這樣的情形下，」他在四月七日告知薩羅蒙，

> 我們現在唯一剩下的最強大手段便是召集報紙來幫助我們，我們如今有了（大馬士革的）奧地利領事報

告，自然得到了詳細的解釋，就發送給《辯論（日報）》及其他報紙，同時也安排讓類似這篇報導的細節刊登在奧格斯堡的《大眾報》上。

將媒體拉進來的決定有一部分也是為了回應在《日報》與《環球報》（*Univers*）等法國報紙上，不斷散播支持所謂獻祭的理論。詹姆斯一心想盡可能有效反擊這個論點，於是找上亞道夫．克雷米爾，他自一八三四年起便擔任法國猶太人協會（Consistory of French Jews）的副主席，他的法庭辯論口才和新聞報導的能力一樣出名。克雷米爾為這件事撰寫了一封長信，隔天就刊登在《法庭日報》（*Gazette des Tribunaux*）與《辯論日報》上。接下來展開的媒體辯論當中，詹姆斯也授權克雷米爾發表羅林寄給他的文件，這點讓梅特涅相當惱怒，雖然他也同情猶太人的遭遇，卻很討厭牽涉到（以奧地利標準而言）暢所欲言的媒體。

這只是羅斯柴爾德參與談判的第一步，目的是要確保大馬士革的囚犯獲釋。在倫敦，代理人委員會於四月二十日開會討論此事的時候，萊昂內爾便在場（克雷米爾也出席），同時他也是九天後帕默斯頓接見的代表團成員之一。六週後，輪到納特建議克雷米爾寫一封正式信函給萊昂內爾及英國代理人委員會，「這樣你就有機會向帕默斯頓閣下報告這件事」；同時也是納特建議萊昂內爾「募集一筆相當的費用，可以支付盡快送克雷米爾到那裡（中東地區）的費用」，這直接促成了克雷米爾與摩西．蒙提費歐里先生動身前往亞歷山大港，這趟行程也宣傳得沸沸揚揚，旅程的目的便是要證明囚犯的清白並確保他們獲釋。羅斯柴爾德家族為這趟行程的花費貢獻了相當大一筆錢，至少有兩千五百英鎊，同時也擔任大馬士革猶太人資金的司庫。此時，在維也納的薩羅蒙也勸說梅特涅向梵蒂岡施壓，散布謠言說托馬索其實還活著並藏身於一處修道院中（並不是）。在那不勒斯，卡爾在蒙提費歐里的船上裝滿了物資，教了他一些談判技巧，後來也幫助他勸說天主教教堂，將托馬索神父可能會用到的墓碑上關於遭到謀殺的指控刮除，但這件事沒有成功。在巴黎，安謝姆經常收到羅林的信，詳述蒙提費歐里在亞歷山大港的協商進度。

一般認為，羅斯柴爾德家族為大馬士革猶太人奔走是因為他們對猶太人同胞遭受的待遇實在太憤怒了，海涅（他便是詹姆斯透露消息的記者之一）便將詹姆斯的利他主義拿來與法國其他猶太人的冷漠相比，尤其是和詹姆斯在鐵路金融這一方面競爭的貝諾瓦．富爾德，海涅發現詹姆斯「比起他學識淵博的對手，在同情以色列同族這一方面展現出更高貴的情操」。自然，羅斯柴爾德所有人都真心同情著與他們抱著同樣信仰的人。納特說，這是一件「不簡單的事情，不過必須有人出面避免其他人這樣詆毀我們的宗教，還在我們東方的不幸同胞身上實施這樣可怕的刑求」，他幾天後又說，目的就是「讓大多數人知道，貶低任何宗教教派而不會受罰的日子已經過去了」。法國政府試圖為哈提－蒙頓的行為辯護，此舉惹怒了納特：「法國首相對內閣宣稱，他認為是猶太人為了將基督徒的血用在希伯來宗教儀式上而下手謀殺……我認為不只應該駁斥這種對所有體內流著猶太血液的人的誹謗，更應該證明這番話是錯的。」蒙提費歐里成功達成任務，不只拿到了穆哈默特．阿里親自頒布的嚴正敕令，否認有猶太人進行獻祭這件事（八月二十八日），同時一週後讓囚犯「無罪釋放」。聽到消息後，納特和其他家人都和各地猶太人一樣歡天喜地。在一八三〇年代，一直有謠言說羅斯柴爾德家族並不在乎其他猶太人的命運，這件事正好能夠駁斥這樣的指控並非實情。「誰能上前來，」《猶太大眾報》的編輯路德維希．菲力普森（Ludwig Philippson）於一八三九年曾振振有詞地問道，「說說這些人為猶太人做了什麼了不起的事情？無論是外在或內在的解放，為了提升其公民地位或者精神層次？」還有一位美國作家也曾經聲稱詹姆斯根本不「在乎巴勒斯坦那片貧瘠的海岸」，不過經過大馬士革一事之後，他們兩人都得乖乖認錯，或者還有一個方法，就是表示自己遭人誤導。

但另一方面，我們也不該誇大羅斯柴爾德對中東猶太社群的熱心程度。即使在一八四〇年以前，媒體及其他地方也經常爭論羅斯柴爾德家族有所圖謀，想要為猶太人拿回聖地。最早在一八三〇年，一份美國期刊（《奈爾斯焦點週刊》〔*Niles Weekly Register*〕）便指出「蘇丹的財務煩惱」可能會讓他將耶路撒冷賣給羅斯柴爾德：

> 他們富裕到超過任何人的欲望，或許甚至超過貪婪的想像；而且他們又處於這樣的位置，可以相當合理地假設他們或許會尋求其他什麼來滿足他們的野心……若是確實能夠擁有，用錢就有機會買到，或許他們會馬上召集成立一個大國，很快就能夠保衛自己，並且對於東方的商業及情勢擁有強大的影響力——讓猶大王國再次存放「古代世界」中一大部分的財富。對於蘇丹來說，這個國家沒有多大價值，但是落在猶太人手裡，由羅斯柴爾德這樣的人領導，有什麼是他們在短期之內做不到的？

大約同一時間，有名記者直接問納坦：「您的家族如此神通廣大，為什麼沒有試過向統治埃及的蘇丹宮廷以及歐洲列強拿回巴勒斯坦，那是您先人的土地吧？」正如前面提過，這個問題於一八三六年在小冊子《希伯來法寶》中已經以傳說的形式回答了。同一年，一名「原始猶太復國主義」的猶太作家則正式提議，阿姆謝爾應該在巴勒斯坦購買土地。早期的法國社會學家傅立葉也認為：「重建希伯來對於羅斯柴爾德家族的先生們來說會是一場華麗的加冕儀式，就像以斯拉（Ezra）與所羅巴伯（Zerubbabel）他們帶領希伯來人回到耶路撒冷，再次立起大衛及所羅門的寶座，藉此建立起羅斯柴爾德王朝。」一八四〇年十月，處在政治光譜另一頭的《環球報》描繪出了幾乎一模一樣的景象[1]，而英國福音派人士也對此深信不疑。就像帕默斯頓夫人在大馬士革事件剛發生時這麼評論道：「狂熱及宗教的因素……在這個國家中……已經完全認定耶路撒冷以及整個巴勒斯坦都應當保留給猶太人，讓他們回來。這是他們唯一的想望（重建猶太人的國度）。」十一年後，迪斯瑞利向史丹利伯爵（Edward George Stanley）說起這件事時[2]，雖然伯爵相當驚訝，但這不是什麼新奇的想法。確實，或許可能將這類評論視為基督教千禧年主義所表達的願望，認為羅斯柴爾德家族加速了耶穌再臨。[3]但是並沒有證據顯示羅斯柴爾德家族懷有這樣的意圖，而且家族個別成員參與所謂的猶太復國主義是很後來才出現的發展。

而且，家族中有好幾位成員甚至對於為了釋放大馬士革囚犯的行動有所保留。從納特的書信中可以看出，萊昂內爾對於克雷米爾與幾名比較激動的英國猶太人所製造出的「紛亂」很是不安，他覺得他們表現得「未免太過熱切了」。事實上，提議讓蒙提費歐里陪克雷米爾到亞歷山大港的其中一個原因就是為了「緩和（後者的）熱忱」。另外，無論是納特或安謝姆，似乎也都不認為這趟旅程能夠達成目的；而他們確實成功後，安謝姆「堅決反對任何公開表揚」，並且嚴詞譴責克雷米爾在法蘭克福和其他地方所受到的英雄式歡迎。

大馬士革的騷亂讓整個西歐的猶太人都激動不已，於是出現了各種改善聖地猶太人生活條件的計畫，尤其是菲利普森策劃在耶路撒冷建造猶太醫院的計畫，而蒙提費歐里也相當支持。起初，法國羅斯柴爾德家族似乎願意跟隨蒙提費歐里的領導，但是他們的捐助有條件，希望能夠在醫院旁邊蓋一所公立學校。巴勒斯坦的猶太社群否決了這項提議，羅斯柴爾德便退出，直到一八五三至五四年，建造醫院的計畫才又死灰復燃。❹羅斯柴爾德持續努力運用自己的影響力改善其他地方猶太社群的生活條件（例如在由俄羅斯控制的波蘭），就像他們過去所做的一樣。不過比較激進的猶太人總對他們的作為抱持懷疑，因為他們的目標不僅僅是改善經濟條件。

對羅斯柴爾德而言，大馬士革事件的真正意義只有放在外交情境下才能理解。雖然他們無疑對大馬士革的囚犯深感同情，不過詹姆斯和薩羅蒙更重視他們苦難造成的外交分歧，提也爾在托馬索神父所謂「遭到殺害」的幾週後成為首相，而詹姆斯認為這是能夠壓制其地位的大好機會。基本上，這件事能夠凸顯出法國陷入外交孤立的問題，而外交孤立卻正是讓提也爾掌權的關鍵。英國政府支持釋放猶太人的訴求也有自己的原因，帕默斯頓已經決定要擊垮穆哈默特·阿里的勢力並孤立法國，對於將敘利亞的埃及政權描繪成野蠻人實在再樂

---

❶「重建大衛的王座之後，坐在其上的將會是金融王朝，歐洲各國皆認識，也將服從……」

❷「他跟我提起讓猶太人回到自己的土地上重建國度的這件事，顯然非常熱切……他說，這個國家擁有豐富的自然發展潛力，缺的就是勞力以及保護勞工的能力，關於後者，土地的擁有者或許能夠花錢向土耳其買，而且錢馬上就能要到，羅斯柴爾德家族與重要的希伯來資本家都會幫忙。如今土耳其帝國已經分崩離析，土耳其政府為了錢什麼都願意。」

❸感謝大衛·藍迪斯教授提供這個論點。

❹值得注意的是，當時建造的邁爾德羅斯柴爾德醫院完全由羅斯柴爾德家族主導，並且是在詹姆斯的兒子古斯塔夫監督下成立。

意不過。梅特涅也基於類似原因，相當高興有機會挑戰法國維護天主教在聖地利益的地位。另一方面，提也爾幾乎沒有公開批評敘利亞的穆哈默特．阿里政權，更沒有斥責他的領事，反而為之辯護。五月初他告訴詹姆斯：「這件案子是基於事實，所以我們最好不要再討論這件事……（畢竟）在東方的猶太人仍然懷有這樣的迷信……」他對克雷米爾也說了差不多的話。六月二日，為了回應富爾德在代理人委員會發表的演說，提也爾以諷刺的語氣質問起法國猶太人的愛國心：

> 你們以猶太人之名抗議，但我，可是以法國之名抗議。若能容許我說一句，猶太人當中正發生一件極端高尚的事情，這個故事鬧得眾所皆知之後，歐洲各地都能明顯看到他們的焦急，而他們處理這件事情的熱切與誠懇，在我眼中看來實在高尚無比。若能容許我這麼說，他們在這世界上的權力比他們假裝的還要大，而此時此刻，他們正在各個外國政府官邸中提出抱怨。而他們如此熱切，其熱心超出了所有想像，身為首相必須挺身而出，為自己遭受如此攻擊的代理人辯護。

此舉引發了一連串攻擊，針對「在拉菲特路上擁有華麗豪宅的那個人……不惜一切代價也要發起政變攻擊……我們在大馬士革的領事」，以及「羅斯柴爾德先生」身上「無與倫比的傲慢」。（《日報》）

當然，人們大可以對這類評論嗤之以鼻，將之視為整個十九世紀在法國政壇不時浮現的反猶太主義思想，但是其中也透露出提也爾可以說別無選擇，只能為哈提－蒙頓說話。羅斯柴爾德家族（尤其是詹姆斯）決心要壓制提也爾的地位，比起他對於大馬士革猶太人（更不用提法國猶太人）所形成的威脅，他們更擔心他對國際局勢穩定造成的威脅。

若說羅斯柴爾德推翻了提也爾的勢力，那麼就過於簡化了。除了大馬士革的事件之外，法國的處境在一八四〇年夏天逐漸惡化。提也爾並沒有接受英國與俄羅斯提出針對穆哈默特．阿里問題的解決方案，反而想要促成阿里和新任蘇丹之間達成雙方協議。但是此舉只是刺激其他強權（在七月十五日）簽署合約，約定若有必要就使用武力逼迫穆哈默特・阿里接受他們的條件。阿里能夠成為埃及世襲的帕夏，並授予他阿卡帕夏的頭銜，但是交付給他的僅有終身治理南敘利亞的行政權。如今無庸置疑的是，帕默斯頓已經將保留英國在君士坦丁堡的影響力視為優先，更勝於保留幾乎名存實亡的英法協約（Entente Cordiale）。讓提也爾更加無助的是，路易・拿破崙（Louis Napoleon，即拿破崙三世）在八月嘗試登陸未遂，下一個月在巴黎又爆發騷亂。無論如何，納特在危機升溫到最高點時表示，「要推翻他幾乎是不可能的，絕對會相當危險，而且一點都不明智」；另一方面，納特猛烈抨擊「不負責任……民族主義農民的冥頑不靈」，以及「在所有暴發戶中最為傲慢之人」的那份「偽自由主義」。他心中所謂「更幸福的未來」的模樣顯而易見，問題是羅斯柴爾德家族對於加速提也爾的垮台能夠做到什麼程度。

表面上看來，在一八四〇年八月至九月這段瘋狂的日子中，他們唯一的目標便是透過他們可靠並可信的外交溝通管道來促進和平。萊昂內爾向克拉倫登伯爵（George Villiers, Earl of Clarendon）保證法國不會反抗；詹姆斯向梅特涅通報路易・菲利普還在不斷請求奧地利能派來天降神兵；萊昂內爾打算將比利時國王拉進來，詹姆斯則拜訪了好戰的奧爾良公爵；萊昂內爾將納特的警告轉達給帕默斯頓，也就是不要把法國逼得太緊，諸如此類。不過這些外交活動都有潛在的金融操作，一切算計都是為了壓制提也爾的權力，關鍵便是這場危機對債券價格的影響。八月三日，「債券價格劇烈地大幅下跌」，讓納特和詹姆斯急忙趕回巴黎協助安謝姆，此時市場便開始緩步下滑。隨著英國海軍艦隊逼近易卜拉辛帕夏，帕默斯頓也毫不留情拒絕了提也爾想要挽回顏面的妥協提議，因此債券價格便無情地下跌，百分之三債券從七月最高的八十七下滑到八月初的七十九，十月初更是接近七十三・五的低點。自然，若說羅斯柴爾德一手造成了這股下跌之勢並不正確，這是巴黎證交所普遍陷入恐慌的結果。不過話說回來，羅斯柴爾德並沒有試著阻止，更重要的是，他們也沒有理由這麼做，因為這和一八三〇年代早期規模相當的危機不一樣，他們毫無損失。我們從納特於八月二日的評論中能略知一二：「感謝上天，我們家幾乎沒有買多少（債券）。」很簡單，他們在危機之前就已經賣光所有法國公債以求自保，然而此時在倫敦擔任法國大使的基佐並沒有意識到這一點。「您認為他正向上天祈禱保全他的錢嗎？」他在九月九日拜訪過萊昂內爾之後，這樣詢問里文王妃。海涅看見詹姆斯眉頭深鎖便上當了：「債券一開市就降了百分之二，之後又跌了百分之二。據說，德．羅斯柴爾德先生昨天鬧牙疼，其他人說他哭鬧不止。這代表什麼？風暴越來越近了，近到都能聽見女武神坐騎的翅膀在空中拍動了。」事實上，詹姆斯只是為了取信海涅的讀者才演這齣戲。納特唯一後悔的就是他手上沒有更多流動資金能夠投資，他開玩笑地說：「我可能會大賺一筆。」

提也爾反擊了。十月十二日，支持政府的《憲法報》（*Constitutionnel*）強力開砲，抨擊「德．羅斯柴爾德先生及他的操弄」：

（根據泰晤士報）德．羅斯柴爾德先生從事金融也不想開戰。沒有什麼比這更容易理解的。德．羅斯柴爾德先生是奧地利子民，並且是駐巴黎的奧地利領事，因此他並不是太在乎法國的名譽及利益。這也可以理解。但請您明示，德．羅斯柴爾德先生，您是領導證交所的男人也是梅特涅的代理人，您與我們的代理人委員會和大多數民眾有什麼關係？您這位金融之王有何權利、又有何權力干預我們的事務？我們的名譽難道由他評斷？他的金錢利益應當勝過我們的國家利益嗎？我們說的是金錢利益，但相當令人意外的是，如果我們可以相信這些高度可靠的報告，這位猶太銀行家能夠用來對付內閣的並不只有財務損失……似乎還是為了滿足他受傷的虛榮心。德．羅斯柴爾德先生答應了與他同信仰的同胞，會將我們在大馬士革的總領事拉下台，只因為他在大馬士革猶太人審判中所採取的立場。多虧了委員會主席（提也爾）的堅定不移，這位偉大銀行家不斷提出的這些要求都遭到拒絕，而哈提－蒙頓先生也挺住了，因此這位偉大銀行家惱怒不已，而他只是一頭熱地栽進了這場與他無關的陰謀中。

如此長篇大論的批評其實忽略了一個事實，就某個基本面向來說，「金融之王」**確實**有辦法「干涉」政府政策。如果提也爾真的打算進行軍事準備，最後甚至要開戰，那麼不免會出現一個問題：這一切的錢從哪裡來？考慮到法國政府的預算已經捉襟見肘，唯一能夠想到的答案就是借錢，但是隨著債券價格下滑，政府便無法借貸。不只是羅斯柴爾德家族，整個金融市場都是如此，他們就是這樣對自己不認可的政府施加壓力。金融危機狠狠摧毀了提也爾外交政策的可靠度，讓他不可能再進行借貸。詹姆斯在回應《憲法報》的文章時，他也隱約帶著威脅指出了這一點：

> 無論是什麼時候，我從來都沒有鼓勵反對政府的想法，理由很簡單，我從來不想涉足政治職位。就如您所說，我是從事金融的人，若我渴望和平，也是懷抱高尚的情操，不只是為了法國，而是為了全歐洲。**金融家在任何情況下都有機會為國家服務，我想，就這個角度而言，我從來不曾猶豫過**。

重點是這一次詹姆斯不會提供服務了。不到一週後，十月二十日，「小黑衛兵」辭職了。十天後，蘇爾特和基佐共同組成新政府，納特對此相當滿意地贊同道：「交易所投資人的信心再強不過了。」

當然，經過好幾個月漫長的協商之後，終於為中東地區談定了可長久維持的和平，這段時間流行的「戰爭熱」不只在法國可見，就連在德國也有。不過對羅斯柴爾德而言，提也爾的垮台就是這場危機的轉捩點，海涅在一八四一年三月便寫道：

> 身體似乎已經不適好一段時間的德．羅斯柴爾德先生如今已然康復，看起來精神奕奕且健康。股票交易所的占兆官最擅長的就是解讀這位崇高男爵的面相，向我們保證在他的笑容中棲息著代表和平的燕子，他的臉上已經看不見對於可能開戰的焦慮，眼中也沒有預見風暴來臨的閃電火花，因此威脅著全世界即將開戰的暴風雨、可能降下砲火的雷雨，已經完全消散。這幾位占兆官告訴我們，就連他打個噴嚏都預示著和平。

耶利哥城牆

東方危機過後的餘波蕩漾顯示出，國際之間的緊張情勢可能如何裨益羅斯柴爾德家族，只要不斷增加的國防開銷不會導致全面開戰即可。確實，在整個一八三〇年代，羅斯柴爾德一直在運用自己的金融力量來促進和平，但是隨著強國的外交政策完全收斂，正如我們所見，新貸款的生意來源也就開始乾涸。相較之下，強國在一八四〇年以後開始採取重新武裝的政策，也不見得會損害羅斯柴爾德的利益。

提也爾垮台後，詹姆斯幾乎馬上就有新生意可做。提也爾任內增加了武裝開銷，尤其是在巴黎四周新建城牆堡壘系統的費用高昂，讓新上任的蘇爾特元帥必須在一八四一年發行大筆新債券。羅斯柴爾德家族完全有理由不喜歡新築城牆的計畫，他們除了擔心會鼓吹歐洲各地的好戰情緒之外，此舉也有可能害薩羅蒙的敘雷納別墅貶值，這棟房子相當接近預計的防線。儘管如此，他們還是馬上解決了政府的需求。新任財務部長席奧多・余曼又是一個銀行家轉行參政的例子，詹姆斯私底下認為他是個「無賴」、「流氓」，也對於政府打算發行的債券量頗有微詞。事實上，雙方的協商充滿了邊緣政策的色彩，就連詹姆斯看來都覺得手段很是極端。余曼要求他們到巴黎會面時，詹姆斯正在加斯泰因和維也納探望薩羅蒙，他便斷然拒絕縮短自己的行程，而且還不止一次考慮，若合約的條件無法改得更好，就要把這筆生意讓給其他人。但事實上他一點都不想這麼做，正如他所說：「我們想要，事實上是必須促成這筆貸款。」而他也相當有自信，知道余曼不會撇開他去拚命談價格。最後，這筆一億五千萬法郎的公債在十月發行，差不多按照詹姆斯的條件簽約。

對當時的人而言，這件事只是確認了詹姆斯在法國金融界無人能挑戰的主導地位。但是，這筆貸款真正的重要性可能在於「武裝和平」（這是基佐的說法）的特殊性質而必須發行這樣的公債，最驚人的一點是，詹姆斯和納特在過去提也爾主政時期都反對重新武裝的政策，如今他們不僅願意合理化這件事，還願意提供資金。他們向倫敦和維也納公司保證，新上任的法國政府進行武裝只是為了安撫輿論，「過去十年來，沒有哪個內閣比十月九日成立的這個內閣更加努力推行更和平的政策，不過他們有必須考慮的事情、要克服的敏感問題、必須處理的衝動敵人。」只要感受到增加軍費的代價，大眾就會變得比較傾向和平。三月八日，詹姆斯終於回報「勝利」的消息：「負責處理預算的委員會拒絕核准成立三十六支新軍團的費用，一心想要擴編軍隊陣容的提也爾如今被賞了一記耳光。此舉將能省下四千萬，而且確實能夠降低武裝程度，恰恰證明了他們想要維護和平。我買了公債……」

一八四一年的貸款表示羅斯柴爾德與法國財政部之間恢復了「正常的服務」，後來在一八四二年及一八四四年也有借貸來往（分別借了兩億法郎），不過侯廷古耶、巴爾林及拉菲特等銀行家都試圖挑戰羅斯柴爾德的龍頭地位。國際情勢緊張也讓德國各邦必須增加軍備開銷，「只要法國持續加強武裝，」安謝姆推論道，「德國就一定會跟進。」這一次又讓羅斯柴爾德有新生意可做了。就這樣經過七年風平浪靜的日子，奧地利政府於一八四一年新借了一筆三千八百五十萬荷蘭盾的貸款，跟過去一樣和辛納、阿爾斯坦與艾斯可里斯銀行合作；兩年後，同樣的銀行集團又發行了一筆四千萬荷蘭盾的債券。在過去，羅斯柴爾德家族認為和平就是維護金融穩定的必要條件，但如今，武裝和平所能取得的利益更高。

也難怪涅謝爾羅德伯爵夫人會認為詹姆斯是這個時代的「總督，甚至是君王」。他曾告訴她，自己認識所有法國官員，每天都與他們見面，而且若是他們施行的政策「違背了政府的利益」還會直接向國王抱怨，這話並非誇大，「因為他知道我有**太多不能失去的東西**，而且我只想要和平，所以他完全信任我，總是會聽我說話，認真考慮我告訴他的一切事情。」這樣一句話，其中隱約提醒著政府對羅斯柴爾德家族的財務依賴，也藏著詹姆斯能夠掌控「七月王朝」的權力關鍵。海涅將詹姆斯形容為「風向儀」，其實是低估了詹姆斯能夠影響風向的能力。在一八四〇至四七年期間，羅斯柴爾德對基佐的金援完全取決於他是否能夠避免與英國的正面衝突，並且逐步提升花費在建設鐵路上的利潤比例，而非建造堡壘。有時候，甚至納特與他的兄弟們都對他們叔叔在巴黎的影響力有多大而感到意外。一八四四年，英法之間為了太平洋上的小島大溪地（Tahiti）爆發爭執，但很快又結束，納特評論道：「國王陛下親切有禮得十分驚人，龍心大悅的他差一點就要親吻叔叔了。」國王讚賞著（只是他搞錯了），認為羅斯柴爾德在倫敦完全控制住了皮爾。

儘管如此，詹姆斯的權力還是有限，就像羅斯柴爾德的權力在一八三〇年代同樣有極限一樣。一八四六至四七年，英法兩國對於西班牙事務產生了更加嚴重的爭端，確實把詹姆斯嚇壞了，路易．菲利普決意要讓兒子迎娶西班牙女王的妹妹，此舉在帕默斯頓眼中可能形同開戰的理由。詹姆斯急忙地來回奔波，想要讓法國同意一份英西貿易協約作為蒙彭西爾公爵大婚的某種補償，但是基佐這一次堅守立場。詹姆斯在九月二十六日寄到倫敦的信函中明顯透露出他的不安：

> 我們焦慮得不得了……英國的大臣（諾曼比勛爵〔Lord Normanby〕）告訴我們，他非常擔心他們可能會採取相當強硬的手段。我不敢猜測他們會馬上宣戰，不過事實是蒙彭西爾預計在週一就要出發（前往西班牙）。基佐跟我說，如果英國要開戰，那麼婚禮（還是）會舉行……好了，我親愛的姪兒，這裡可以感受到強烈的敵意。我並不認為情況會有這麼糟，但要告訴你們，我們必須謹慎行事，因為到頭來總會發生些什麼事。（英國）大臣對我說：「我們不能靜靜坐在一旁看著事情一發不可收拾。」或許他是刻意這麼說，好讓我能把話傳出去，只有上天才知道……我習慣以比較悲觀的態度看待未來。

詹姆斯甚至向基佐提議，要蒙彭西爾放棄讓他的子嗣繼承西班牙王位的權利，不過安東尼的信中透露出緊張：「基佐認為我們在密謀對付他，你們不曉得我們必須多麼謹慎……我可以告訴你們，我真的非常焦慮，法國不想要戰爭也不能開戰，但是他們讓事情糟糕到也跟開戰差不多了。」事實上，納特還拒絕將萊昂內爾的一封信轉交給路易．菲利普，其中顯然寫著對帕默斯頓派相當有利的事情：

> 我們可敬的叔叔支持英法結盟的論點相當明確，但是我的帕默斯頓子爵有太多猜測，若是西班牙女王遭

到毒害、若是她沒有生下任何子嗣，還有若是王太后認為不讓女兒生育更有利，那麼現任的西班牙國王和蒙（彭西爾）公爵就會交戰，而天曉得還會發生什麼，這對我們的政治人物會有不好的影響，進而讓他們相信帕默斯頓子爵……跟你說了許多無稽之談——要是我送去了那樣的信函，一定會後悔。

到了一八四六年十月，詹姆斯憂心忡忡，認為法國和奧地利隨時都會派遣部隊到西班牙，聽到英國海軍擴編消息時也擔心不已。他在二十九日去見基佐時聽到了強硬的表態，說法國不會排除未來蒙彭西爾的子嗣登上西班牙王位的可能性。後來蒙彭西爾從西班牙回來之後安排了一場接見，但諾曼比決定不出席，詹姆斯想要為其辯護時，雙方關係降到最低點，納特回報說，基佐「非常生氣……告訴他以他這樣的身分，有什麼話最好留在自己心裡就好」。詹姆斯下了顯而易見的結論：「恐怕這下我們這裡和英國之間的所有外交聯繫都要斷了，而這裡的政府已經準備好應對可能發生的任何事情。我過去從來沒看過政府如此強硬又頑固的樣子，我想就算這麼做會導致戰爭爆發，願上天保佑不會，他們還是不會改變立場。」即使他向老朋友比利時國王求援，得到的反應卻也相當「冷淡」。

法國與英國之間的這種公開衝突不免讓英吉利海峽兩端的羅斯柴爾德家族之間關係緊張，阿爾豐斯顯然相當厭惡帕默斯頓處處挑釁的外交政策，萊昂內爾於一八四七年初造訪巴黎期間曾為英國辯護，阿爾豐斯聽了便挖苦地問他，法國的政策是不是應該「謙卑地親吻英國雄獅的腳掌」。漢娜差不多也在同個時間造訪法蘭克福，發現安謝姆和卡爾都站在法國那一邊時也有些尷尬。「我跟我們的朋友談話時，氣氛不時會變得相當緊繃，」她寫信告訴萊昂內爾，「尤其安謝姆更是熱切支持著基佐。」安謝姆對於詹姆斯不太願意居中斡旋的態度也很有意見，他給叔叔的建議很簡單：「不要讓自己涉入重大歷史事件的演進。」

不過一八三〇和一八四〇年代的外交情勢經常如此，最終大家都害怕的戰爭沒有爆發。到了一八四七年二月底，詹姆斯終於能夠報告西班牙事件算是解決了：「亞龐尼現在就在我這裡，說現在完全不必去擔心什麼戰爭了。諾曼比邀請他和基佐這週二去拜訪他，只要一瓶香檳就能維持和平，若是上天眷顧，我和親愛的妻子將會在場見證。」但是香檳酒瓶的軟木塞都還沒拔開，帕默斯頓又找到一個新的爭議點：希臘未能償付英國持有的債券。這讓英法之間再度陷入口水戰，羅斯柴爾德再一次成為不情願的傳話筒。「基佐告訴男爵，」納特在一八四七年無奈地轉達，「英國得自己對抗希臘了……假如英國要為了這件蠢事大吵大鬧……（基佐）就能夠一報還一報，並且將他的國家扯進這樣的狀態，讓大家都陷入水深火熱——這些話無論如何都不能傳出去，或者不能從我們這裡傳出去。」

即使強國之間沒有爆發戰爭，也還是存在著第二個風險，而羅斯柴爾德傾向忽略這一點。因為在一八四〇年代有眾多歐洲國家很容易陷入預算赤字，這對他們的銀行家來說並不僅是一筆好生意，同時也意味這些國家存在著基本的政治疲弱。事實上，軍事開銷並不是一八四〇年代中期赤字的唯一原因，我們之後就會提到，國家補貼鐵路建設也是相當重要的因素，再加上稅收遲滯或下滑，但是很少有人注意到經濟成長趨緩會導致這樣的副作用。羅斯柴爾德家族喜孜孜地將一個又一個國家加入他們的客戶名單，慶幸這份名單賦予他們外交的影響力。從比利時與敘利亞的危機中似乎確實能夠看出，只要謹慎操控著歐洲各國的錢袋就能夠避免戰爭。但是金融力量並非絕對，最重要的是，還必須仰賴歐洲各國國內的局勢穩定，若是這一點不再能夠持續下去，那麼即使羅斯柴爾德家族握著王公高官的錢袋，卻也和這些人同樣脆弱。到最後，讓七月王朝的抵禦城牆垮下的並非戰爭，而是革命；面對這樣的威脅，圍繞著巴黎的堡壘也無用武之地。

十五、「馴服撒旦」：操控鐵路（一八三〇－一八四六）

他們控制了魔鬼！

——約瑟夫・馮・艾興多夫（**Joseph von Eichendorff**），《無名氏》（***Das Incognito***）

我完全清楚這些銀行家是怎麼想的，他們追求的是能夠馬上獲利的機會，而不是必須埋在投資組合裡十八個月的事情，不管那件事有多好都不會。

——卡希米爾・勒貢特（**Casimir Lecomte**），一八四一年十二月

一八三六年，作曲家羅西尼第一次搭乘火車旅行，他要從巴黎前往法蘭克福，便利用了比利時最近剛完工的鐵路來加速旅程。他非常討厭這次經驗，因此拒絕再搭火車旅行，不過他還是從中得到啟發。為了向新型態的交通方式致上諷刺的敬意，他譜寫了一首鋼琴獨奏短曲，標題是〈歡樂小列車（諧仿）〉（Un Petit train de Plaisir [Comico Imitati]），這首幽默的樂曲讓人想起火車旅行的經驗，最後的高潮卻是造成兩名乘客死亡的出軌意外，他們的旅程也就來到了天堂與地獄。樂曲的尾聲則讓人聯想到比較有錢的那名死者的繼承人如何慶祝，相當諷刺。

當然，災難總是能引起人們的興趣，而十九世紀不乏大自然及人為的災難，讓眾人忍不住有諸多揣測，尤其在一八三〇及四〇年代出現了一連串作物歉收、大火及流行病，於是在一八四八年之前，許多相信千禧盛

世的理想主義及唯物主義者都更加堅信世界末日即將來臨。然而鐵路意外卻是一種全新型態的災難，亦成為一種獨特的藝術靈感來源。如果說建造鐵路的工程師與金融家談起鐵路時總稱之為現代的最高成就，疑心較重的旁觀者則更著迷於鐵路容易出軌及造成其他驚人事故的特性。畢竟鐵路意外就許多方面來說是資本主義危機的完美象徵，這正是左派與右派兩方心懷不滿的人士一直在等待的。例如，浪漫派德國劇作家約瑟夫·馮·艾興多夫在他的喜劇《無名氏》中，在舞台上搬演了一段鐵路意外作為整齣劇的吵鬧高潮：

警衛拉響了火災警報，四處奔逃的農民突然衝到台上。

某人：救命啊！失火啦！

其他人：他們控制了魔鬼！

其他人：到處都是死人和濃煙！

遠方的**聲音**：嗚呼！火車頭發狂了！

第一位僕人：不，實在太無禮了，火車撞上了城牆。

劇烈的撞擊之後冒出一大片灰塵。隨著塵埃散去，可以看見傾倒的火車頭以及損毀的車廂……

當時的觀眾除了欣賞這一幕場景中出現的煙火表演之外，也相當喜愛如同來自地獄的火車頭背叛了整列列車，撞進古老德國城鎮垛牆這震撼的一幕。因為艾興多夫寫下《無名氏》這齣劇時，大多數人都已經很明白鐵路的政治潛力。對於像弗德里希·利斯特這樣的國家主義經濟學家來說，鐵路是「國家精神的補藥」，也能「緊緊勒住德國各邦的褲腰帶」，再加上一八三四年建立的普魯士關稅聯盟能帶來德國老早就該實現的「內部統一」。為此，也為了其他原因，鐵路讓梅特涅這派保守人士相當不安，他認為鐵路必會造成「政治及社會條件的轉變」，並無助於他捍衛中歐的現狀。

羅斯柴爾德家族在歐洲鐵路網的發展中扮演了領導者的角色，乍看之下似乎是自然而然的事。事實上正是萊昂內爾說服羅西尼搭上他第一次也是唯一一次火車之旅，而阿姆謝爾（據說）是《無名氏》中一個主要角色的靈感來源，也就是王室顧問帕帕納修斯（Paphnatius）。到了一八四〇年代晚期，羅斯柴爾德家族身為歐洲大陸鐵路建設中最重要的私人金融業者，這樣的地位已然穩固，但是這一切絕非必然，事實上他們從商業及公共金融轉而涉足工業金融就許多方面說來都是很不尋常的舉動，其他根基穩固的銀行家幾乎沒幾人嘗試，更別說成功。

最能清楚說明這一點的證據就是納坦在英國幾乎沒有涉入工業金融。從許多方面來說，他應該是所有羅斯柴爾德家族成員中最積極想參與十九世紀初正興起的新工業領域的人，畢竟他過去近十年都是個棉布商人，（一度）還當起成衣製造商。但是，除了一八二五年他曾投資北威爾斯礦業，結果顯然失敗收場之外，在他搬到倫敦並站穩腳跟成為銀行家之後，基本上就沒有參與過工業金融。尤其在一八三〇年，利物浦和曼徹斯特之間第一條發展完全的客運及貨運鐵路開通之後，英國掀起了一股強大的鐵路「狂熱」，但他卻絲毫沒有參與其中。詹姆斯在一八四三年造訪英格蘭北部，這條鐵路交通讓他深深折服：「有了鐵路，這裡的發展實在令人相當吃驚，若是我早一點來到這裡，那麼絕對就會由我們來建造這條鐵路，這必定能夠帶來龐大的收入，我從來沒有見過有這麼多人在利物浦和曼徹斯特之間（來去）。」

但是在整個英國鐵路的開拓階段中，他的哥哥卻未有所行動。一年後，納坦的妻子漢娜寫信給長子表達了類似的想法，彷彿尚未有人說服他相信這種新型態交通的實用性：

> 搭火車旅行為社會各個階級都帶來了充分及普遍的好處，讓我們相當感恩這項科學發明。為此我們要感激最早到來的訊息，我們能夠經常從最遠方的朋友收到最即時的通信，有了這項發明也減少了社會的損失，如此快速的通信往來實在太美好了，大大慰藉了我們，也為生活增添許多樂趣。

漢娜對此是滿腔熱忱，確實也是眼光獨到。一八四六年，她寫信給長女夏洛特時又提起這件事情，同樣滿懷熱情：

乘坐馬車、讓馬拉著走確實也很享受，但是多耽誤的時間再加上其他不便讓我們絕對比較傾向鐵路旅行……（雖然）許多人有所抗拒，尤其是上流階級，但我個人是偏好觀賞窗外景色的樂趣，想要看見景色快速變化就只能……透過這種旅行方式。

這些信件的驚人之處在於她覺得自己有必要詳述鐵路的好處，尤其是對那些可能將之視為理所當然的年輕一代。顯然他們並不這麼想。事實上，漢娜還得為自己在信上說個沒完而向萊昂內爾表示歉意，她最後寫道：「我覺得我在考驗你的耐性，你會說我對鐵路太狂熱了。」我們很肯定他弟弟納特的態度正好相反：一八四八年，他拒絕到加萊去見萊昂內爾，因為「鐵路旅行總讓我頭痛欲裂，我實在無法下定決心忍受那三十小時的顛簸」。

這樣看來，漢娜似乎是英國羅斯柴爾德家族中唯一對鐵路「懷抱熱情之人」，為什麼？迪斯瑞利在納坦這位銀行家過世超過四十年之後寫道，他認為納坦（以「紐沙特先生」的身分掩人耳目）預期到鐵路發展不可避免的失敗，而讓第一波鐵路熱潮戛然而止。但是納坦這麼想並不是為了避險，似乎更可能是因為他傾向專注在自己最了解的生意上，也就是政府及商業金融。他為此事向湯瑪斯．福威爾．巴克斯頓的兒子提出了建言，值得在此重述：

「若是我要認真聽取所有向我提案的計畫，那我很快就會搞壞自己的身體了。守住一門生意就好，年輕人，」他對愛德華說，「守住你的啤酒廠，或許就能成為倫敦最大的啤酒商。既要釀啤酒，還要管銀行事務、經商、製造業，你很快就會出現在報紙上。」

雖然無法證實，不過有可能是納坦在一八二五年考慮投資採礦公司時大多意外失敗收場，因而讓他心存忌憚。也有可能是他太晚才發現自己避開國內鐵路建設的生意其實是錯失大好良機，但這種推測不太可能。事實上，或許也不需要這樣特地解釋，因為英國羅斯柴爾德家族對國內工業興趣缺缺在十九世紀中期的倫敦並非完全的異類，簡言之，當時倫敦幾家大銀行都將主要重心放在商業金融以及海外發展（只有一家格林銀行〔Glyn's〕除外），所以大都不願涉足鐵路的生意。同時，鐵路公司很輕易就能直接向大眾出售股票及憑證，有時甚至還沒確定拿到議會合作的決議時就已經開始，因此銀行的中介角色似乎就有些多餘了。我們從萊昂內爾擔任奧地利領事的報告中得知，他會關注英國鐵路系統的發展，同時注意蒸汽動力為航運帶來幾乎同樣革命性的影響，不過從這類通信中也明顯看出，他和弟弟們的主要興趣在於讓這些科技在英國試驗過之後，再出口這類革新技術。若是英國工業真的需要銀行的協助，他們也傾向找在一八三〇及四〇年代如雨後春筍冒出的地方性合資銀行，而非倫敦市內的銀行。

相較之下，法國巴黎的商人銀行（haute banque）不像倫敦那樣對工業投資戰戰兢兢。自一八二〇年代起，不斷有人努力想要組織起新類型的金融機構，不僅規模要大，也要有足夠的野心能夠承攬重大的基礎建設投資，其中最值得注意的就是挖掘運河。不過正如拉菲特在一八二五年曾發起的計畫，眾多計畫（工業資助銀行〔Société Commanditaire de l'Industrie〕）都因為政府的反對而失敗了。尤其法蘭西銀行極度懷疑其他人試圖創立合資銀行的舉動，因此需要用到「銀行集團」（caisse）一詞。詹姆斯也有這樣的懷疑。十二年後，拉菲特又重啟自己一八二五年的計畫，提議以高達兩億五千萬法郎的資本額創立銀行集團，透過出售股票以集資，此時的詹姆斯便抱持著懷疑態度；後來在一八五〇年代，佩雷爾銀行也試圖籌組類似的機構（不過時機抓得比較好），意圖挑戰巴黎的傳統銀行結構時，詹姆斯同樣有所懷疑。在一八三五年以前並無跡象指出詹姆斯比納坦更有興趣拓展金融操作的範疇。

然而，在一八三〇年代中期可以發現羅斯柴爾德家族的策略隱約有所轉變。我們已經看到，為了讓西班牙政府貸款有更妥善的擔保，納坦與詹姆斯取得了阿爾馬登汞礦的權利。當然，這並不表示羅斯柴爾德是自己直接經營礦業生意，他們買下的只是壟斷西班牙汞礦開採出來之後的**銷售**權利。儘管如此，這項投資的成功讓五兄弟大為振奮（尤其是薩羅蒙），進而和其他國家的政府尋求類似的安排。例如，經過阿爾馬登的交易之後，他們自然也買下了由奧地利控制的伊斯特里亞（Istria）與達爾馬提亞（Dalmatia）的汞礦壟斷權以補足版圖。同時，他們更直接涉入提煉金銀與鑄幣的生意，此舉也很合理，不過羅斯柴爾德家族仍是直到一八四〇年代（在法國）與一八五〇年代（在英國）才正式涉足這門產業。

作為銀行家，羅斯柴爾德自然對於錢幣的製造過程有興趣也有經驗；同理，或許也可以說，考慮到他們長久以來熱衷於快速傳遞金融及政治消息，自然對任何能加速歐洲內陸通信傳播的科技革新有興趣。鐵路無疑代表著通信的革命性突破，但是從某些層面看來，羅斯柴爾德家族對此或許並沒有一開始設想的那麼熱衷。從一八三〇年代的事後諸葛來看，顯然還要等上很長一段時間才能鋪設好足夠的鐵軌，以大幅縮短書信從法蘭克福寄到倫敦的運送時間。並且主要希望運送的大多是書信及財務文件，因此與希望運送大量貨品如煤炭及穀物的商人與實業家、經常來往各地而希望鐵路能讓自己更輕鬆移動的人們相比，鐵路發展為他們帶來的好處沒有那麼多。無論如何，即使等到火車確實開始運送郵件之後，羅斯柴爾德家族也並未得到什麼好處，因為羅斯柴爾德能使用的，他們的對手也能使用。

出於這個原因，羅斯柴爾德家族對鐵路發展的興趣必須主要從金融而非發展的角度來解析。讓納坦的兄弟興奮不已的（確切來說是薩羅蒙和詹姆斯相當興奮）其實不是從巴黎到布魯塞爾更加快速、更加舒服的旅程，不過他們當然也期望如此。經濟歷史學家回顧這段過往時，認為鐵路的貢獻在於大量的「社會儲蓄」，不過這並非羅斯柴爾德家族所關心的，他們自然樂見鐵路不只能提升對煤炭、鐵礦與蒸汽引擎的需求，同時能夠整合區域貨品市場並促進勞動力流動，但鐵路一開始吸引他們的特質是鐵路金融的短期利益，尤其是向大眾發行鐵路股票所能賺取的利潤。

基本上，在歐洲政府發行的新債券逐年減少的這個時候（一八三〇年代中期），羅斯柴爾德家族傾向將鐵路股票視為公債的替代品。而且歐陸的情況與英國不同，各國政府都在相當早期就間接或者直接涉入鐵路建設，因此這樣的想法也頗合理。事實上，以比利時與幾個德國南部的邦國來看，全國鐵路系統的建設其實就是以出售公債的方式籌資並由政府執行。羅斯柴爾德家族非常願意承諾支付這些貸款，畢竟公債就是公債，這是相對安全的資產，不管籌得的錢要用在哪裡都一樣。當然，若是國家並非直接涉入鐵路建設，而是願意授權並補助私人公司進行，那麼在這些國家（如法國）的情況就不太一樣。無論如何，只要有國家介入就代表羅斯柴爾德比較容易將他們傳統的承保技巧運用在出售鐵路股票上，說起來，這就是維也納與巴黎公司涉足鐵路金融生意的方式。然而，鐵路建設的實際情況讓薩羅蒙和詹姆斯難以維持最初想像的不過度涉入。確保鐵路經營的特許權需要時間，買下需要的土地需要時間，建造鐵軌與車站同樣需要時間，而且通常會超過預期的時程。即使在路線開通之後，也要花時間才能建立起穩定的貨運量及客運量，而且這些數字很少能夠達到原本的預期，畢竟預估數字大部分都是推測而得。因此，鐵路股票的投資者跟債券投資者不一樣，投資債券可以指望國家在預期的時間穩定支付利息，避免某些未預料到的革命或軍事災難；但購買股票的鐵路投資者則是買進了風險，可能要到未來才開始支付不定額的利息，所以兜售這類股票的銀行家基本上不可能對相關公司的未來獲利性不聞不問。就像羅斯柴爾德家族要出售某國家的公債時不會忽視該國的政治局勢，他們也不能忽視自己出售股票的鐵路公司營運狀況，於是鐵路金融的短期吸引力反而讓羅斯柴爾德兄弟付出了長期心力。

此外，這些投入隨後讓羅斯柴爾德家族暴露在新一波且不受歡迎的公眾注意力之下，因為鐵路在許多方面都比名義上統治人民的政府更直接且更有感地影響一般百姓的生活，而羅斯柴爾德作為鐵路金融家比起過往身為政府金融家更容易吸引公眾目光。理論上，一般人可能會抱怨他們購買消耗品而支付的間接稅部分用於支付羅斯柴爾德的佣金，以及他們自己持有的債券利息；但實際上，在前三月時期中很少有人做此聯想。相較之下，鐵路公司對日常生活的影響更為明顯，尤其是出了差錯時，若是發生鐵路意外更是格外顯眼。羅斯柴爾德涉入鐵路金融帶來的意外結果便是他們要面對攻擊力更強的新一波批評，其中不只將他們當成反動政權的金主，更是名副其實的剝削資本家。有趣的是，就是在鐵路時代早期出現的這些批評中，第一次有人開始將這家族的猶太裔身分不視為信仰的認同，反而是以種族的角度來解釋他們剝削之舉的指控。❶

薩羅蒙的鐵路：北方鐵路

鑑於鐵路建設有革命的意涵，而第一條羅斯柴爾德鐵路卻是在哈布斯堡領土設計並建造的，因此這或許讓人感到意外。薩羅蒙在羅斯柴爾德五兄弟中並不是最有生意頭腦的一個，事實上就某個程度而言，他只是安於擔任梅特涅的「宮廷猶太人」這個相對傳統的角色，他也越來越認同梅特涅的政治目標。而且他自己也不太喜歡火車旅行的經驗，直到一八四六年，他要從法蘭克福前往巴黎時仍然不願意利用通過比利時的鐵路網。再者，哈布斯堡王朝就整體而言並非在歐洲經濟最為活躍的國家，而且其政府官僚對任何創新科技總是抱持懷疑的態度可謂惡名昭彰，可能會對社會產生無法預測的副作用。不過在一八三〇年，卻是薩羅蒙成為羅斯柴爾德家族中第一位與鐵路計畫直接扯上利益關係的人。這不是他自己的主意，而是維也納理工學院（Vienna Polytechnic Institute）一位叫做法蘭茲·賽維爾·里普爾（Franz Xaver Riepl）的教授的想法，他是一位採礦專家。他認為鐵路的新技術能夠連結加利西亞（Galicia）的維利奇卡（Wieliczka）鹽礦，以及摩拉維亞奧斯托（Moravian Ostrau，即奧斯特拉瓦〔Ostrava〕）的鐵礦與煤礦，並將之運到西南方三百二十多公里處的帝國首都。儘管如此，多虧薩羅蒙的眼光長遠，又或是因為他在金融操作上越來越魯莽，他認為這個計畫可行。至少可以說，在當時要建造如此長的鐵路算是相當有野心。甚至更值得一提的是，薩羅蒙似乎從早期就已經預想這條路線會往南延伸，從維也納通往亞得里亞海（Adriatic）上的里雅斯特。這樣的工程可以在英格蘭做到，於是薩羅蒙派遣里普爾（由利奧波德·馮·韋特海姆斯坦陪同）去學習建造與營運鐵路的一些實際經驗。但是在哈布斯堡領土上建造如此長的鐵路真的可行嗎？

一開始，這項計畫的最大障礙就是維也納本身的政治惰性。里普爾造訪英國之後草擬了一份報告，薩羅蒙便根據這份報告向皇帝提出請願，希望能夠取得計畫所需的土地。可以想見這份訴願遭到擱置，王儲對這件事情的看法完全符合哈布斯堡的作風：「就連到卡格蘭（Kagran）的車廂也不見得能坐滿。」郵政官署的官員也因為擔心會威脅到自己的壟斷地位而持保留態度。薩羅蒙並未卻步，而是持續推動。他從一位無力償債的法國工程師左拉（François Zola，也就是小說家左拉的父親）手上買下了連接多瑙河及格蒙登湖（Gmündensee）的馬車鐵路路線，並委託里普爾調查連接摩拉維亞與加利西亞之間最有可能成功的最佳路線。最後，在一八三五年四月（法蘭茲皇帝駕崩六週後），薩羅蒙覺得時機成熟可以再次尋求帝國及王室的支持。這一次他成功了，這個結果或許更該歸功於梅特涅與柯羅瓦特決定要支持這項計畫，而不是因為薩羅蒙提出的可靠論點，「這項重大交通方式的成就對於國家及公眾福利都有益處，更別提參與工程的人」，並且這項提案「強烈主張……為了大眾福祉的利益著想」，也是基於「完全愛國」的動機。

薩羅蒙等人同意成立一家合股公司來建造維也納與博赫尼亞（Bochnia，於波蘭克拉科夫〔Cracow〕的東南方）之間的路線。保險起見，為了確保王室不會改變心意，薩羅蒙提議將這條路線命名為「斐迪南皇帝北方鐵路」（Kaiser-Ferdinands-Nordbahn），而滿足王室虛榮心的措施奏效了。除此之外，正如他向梅特涅所說的，他也想要「採取適當的手法，勸說這些有榮譽頭銜的政治人物在這項全國性任務中擔任贊助人」，他尤其想要招攬梅特涅、柯羅瓦特以及王室財庫主管米特羅夫斯基伯爵（Count Mittrowsky）擔任董事會成員。利用貴族的名字讓新成立的公司也能受人敬重，藉此取得額外的金融津貼，這種手法在英格蘭及其他地方經常使用；以奧地利的情況來說，若要克服王室及政府官僚的反對便必須這麼做。

這條鐵路經常簡稱為北方鐵路，事實上北方鐵路的益處最終可能真的對「公眾福祉」更大，而非那些實

❶ 當然，猶太裔身分這種偽科學的種族定義主要是反猶太主義者發明的，目的是用來對付改宗者或處理「混種婚姻」的問題。因為羅斯柴爾德家族仍信奉猶太教，所以也會受到傳統方式的攻擊。

際投資了金錢的人。這條鐵路原本預計花十年建造，結果連接到博赫尼亞的最後一段一直到一八五八年才完工；原本預計花費一千兩百萬荷蘭盾（一百萬英鎊），大約是一公里花費一萬零三百七十五荷蘭盾，結果實際的數字是一公里將近一萬七千三百四十四荷蘭盾。不過如同鐵路史上經常出現的情形，亦即投資人在短期獲取的利益通常能彌補（或至少讓投資人忘懷）這種長期成本超支，只要拿到特許，對公司股票的需求就會瘋狂超過供給。公司的一萬兩千張股票中（一張價值一千荷蘭盾），薩羅蒙保留了八千張，因此只有四千張開放大眾認購，結果總共來了兩萬七千四百九十份申請，推動股價大幅上漲超過原價。

這些短期的資本獲利有助於解釋，為什麼其他奧地利銀行家即使比薩羅蒙更清楚其中牽涉到十分艱鉅的實際執行問題，還是急忙加入競爭。薩羅蒙一得到北方鐵路的特許之後，辛納馬上也提出訴願要求取得從維也納到的里雅斯特的路線特許，而這份訴願得到了一些官員的支持，理由是辛納和薩羅蒙不一樣，他是奧地利出身，因此是哈布斯堡的子民。維也納主要的幾家大銀行過去多年在奧地利債券的發行上能夠合作無間，在鐵路投資上卻無法合作，原因我們並不清楚。但是薩羅蒙也沒有開第一槍，事實上，他讓辛納和阿爾斯坦與艾斯可里斯等銀行在北方鐵路持有大量股票，並且讓他們在公司暫時成立的理事會上擁有一定的影響力，一直都只有他在遷就其他人。不幸的是，其他銀行家顯然打算想辦法要破壞鐵路的營運。在北方鐵路第二次全體大會上，路德維希·馮·佩萊拉（Ludwig von Pereira，他是阿爾斯坦與艾斯可里斯的合夥人之一）提出了一份研究詳細的報告，從技術層面批評公司的工程計畫與財務前景，此舉成功引起皇帝心中原本潛藏的憂慮。薩羅蒙和里普爾煞費苦心才駁回佩萊拉的批評，不過必須說，至少其中有些懷疑最後證明相當合理。這場可以說是現代董事會之爭的原型在一八三六年十月來到高潮，薩羅蒙提出動議要求開始建造鐵路，否則便要清算公司。他在八十三票當中取得七十六張同意票，便藉此逼辛納與艾斯可里斯辭職。

從一開始，薩羅蒙就打算以北方鐵路為基礎，繼續發展支線延伸到兩邊的大城市裡，他原本的提案中便特別提到通往布爾諾（Brünn）、歐洛慕茨（Olmütz）與特拉波的次要路線。即使是他正與佩萊拉鬥得不可開交時，而且此時連一條軌道都還沒鋪下，他便已經著手向政府要求取得後續補上的特許，讓他能夠加上更多支線到普雷斯堡、比爾列茲（Bielitz）、德意志瓦格拉姆（Deutsch-Wagram）等等。一八三七年，第一條從維也納往北延伸的路線終於開始動工，到了隔年年底，火車便已經在德意志瓦格拉姆以及弗洛里茨多夫（Florisdorf）之間的第一區段跑動，但是一直要到一八三九年才開始載運貨物與乘客來往維也納和布爾諾之間，因此公司有兩年多的時間一直往原料和人力上投注資金（總共約有一萬四千）而沒有收益，僅能靠著羅斯柴爾德公司預支的大約八百萬荷蘭盾才能維持經營。難怪萊昂內爾認為自己應該讓梅特涅安心，向他保證英國的大部分鐵路「都能產生百分之八至十的利潤」，在這個階段還看不出來奧地利鐵路是否也能如此，且股價也漸漸落到面值以下。就像薩羅蒙後來回憶起的，北方鐵路需要「高額的金錢開銷，還有……耐心等待；我不得不做出犧牲，損失了總共好幾十萬」。

但是自一八四一年起，薩羅蒙的資深經理葛舒密特每週到主要的終點站視察交通流量時，開始察覺到有所進展，就像英國鐵路的情況一樣，突如其來的大量載客量（尤其是週日時全家出遊的一日遊客）有助於增加收入。早在一八四一年，最多有一萬人經常使用最早從維也納延伸出到維也納新城（Vienna-Neustadt）郊區的路線❷；一八四三年，公司股票自發行以來第一次上漲到超過面值來到一〇三，一年後更達到一二九；到了一八四五年，價格一直都沒有低於一二八。這番資本獲利雖然晚了些，但是對原始投資人來說相當巨大，尤其是對薩羅蒙本人而言。

不過若說薩羅蒙只考慮短期的投資獲利就太不公平了。相反地，他似乎確實是以企業家的觀點來看待統整奧地利交通系統，他不只從一開始就預見了一條能夠連結加利西亞與摩拉維亞到帝國首都並且南進義大利的鐵路，同時也希望將鐵路網擴大進入匈牙利。在這段期間，薩羅蒙認為自己在哈布斯堡土地上扮演著非比尋

❷ 這裡也很能看出奧地利政府的惰性，原本計劃拆掉維也納的城牆以紓解城中心與郊區之間日益增加的交通流量，但是失敗了。

常、幾乎可謂救世主的角色，最能說明這點的是一份警方報告，描述他在一八四四年六月到普雷斯堡參加中央匈牙利鐵路公司（Central Hungarian Railway Company）的會議，這一趟旅程幾乎就像王室訪問一般。多瑙河上的蒸汽船特別行經不在路線上的國王廣場（Königsplatz）並停靠讓他下船，而他留宿的太陽酒店（Hotel zur Sonne）也不客氣地將其他住宿旅客趕走，好將他們的房間留給羅斯柴爾德一行人，不過其實他們計劃當晚就要搭車回到維也納。八面玲瓏的匈牙利改革家伊斯特萬・塞切尼當時已經在經營自己的多瑙河蒸汽船公司，這時有謠言指出他有意支持辛納挑戰薩羅蒙在中央匈牙利董事會的主導地位，於是他們便匆忙改變了會議地點。更糟的是，卡爾・埃施特哈齊（Carl Esterházy）、久洛・安德拉希（Guyla Andrássy）與其他支持羅斯柴爾德的大人物在那晚的聚會中向薩羅蒙敬酒，恭維之語不絕，薩羅蒙便說了一段浮誇的演講作為回應，最後提到他會仿效學校校長告誡學生：「我要走了，但我會把外套留在這裡，之後外套就會告訴我每個人表現如何、我不在的時候大家聽不聽話。」當天稍早，當地猶太社群也同樣熱烈歡迎薩羅蒙的到來，更是讓他感覺自己無比重要，這一群人就聚集在河岸邊等著歡迎他。「埃施特哈齊伯爵，」警方的人在報告中描述，

> 對於他們要特別熱烈歡迎男爵的意圖感到相當困擾，因為他不願意同意讓猶太人打算發射四十發煙火的計畫遂行，他們甚至被禁止大聲呼喊歡迎之語。這裡的市民與猶太人之間的關係並不和睦，有鑑於此，這樣的行動很可能造成和平的表象破裂。

埃施特哈齊或許願意奉承這位奧地利鐵路之王，但一點也不想讓薩羅蒙那群貧窮的同信仰者沐浴在他反射出的榮光中。

薩羅蒙並不滿足於主導哈布斯堡鐵路路網的發展，同時還尋求施行「垂直整合」的策略（將特定經濟過程中的不同階段整合在同一企業底下）。早在一八三二年，他便發現奧地利需要掌握獨立的鐵礦與鋼鐵供給，這樣帝國鐵路的發展才不需仰賴英國鑄造廠進口的原料。他第一次嘗試買下在奧斯特拉瓦煤礦上的威科維茲

鐵工公司（Witkowitz Ironworks），結果失敗了（因為他身為猶太人不得擁有土地），儘管如此，他在一八四一年先與銀行家蓋謬勒合夥設立公司，還是能夠間接透過歐洛慕茨大主教丘泰克伯爵（Archbishop Olmütz, Count Chotek）租用這間工廠。不久後蓋謬勒破產，薩羅蒙再次請願希望能獲准買下這間公司，這次他成功了。威科維茲鐵工廠（這是哈布斯堡帝國中第一家使用攪拌精煉法的公司，這是生產鐵軌的必要方法）從此便成為羅斯柴爾德奧地利公司的主要工業資產，並維持了將近一個世紀。於此同時，薩羅蒙開始對採煤礦產生興趣。

最後，薩羅蒙對於以鐵路連接維也納到的里雅斯特的願景讓他拓展了羅斯柴爾德的興趣，從陸地運輸更進一步接觸船運，並在奧地利輪船公司（Austrian Steamship Company）或稱奧地利勞伊德船運公司（Austrian Lloyd）於一八三五年創立過程中主導。這家公司在一八三〇年代中陷入困境時，薩羅蒙也投注了一筆救命的資金，就像他在同一時間給予北方鐵路的協助一樣，投資形式是一筆五十萬荷蘭盾的貸款，而公司則以七艘輪船來抵押貸款。就像北方鐵路一樣，結果證明這筆投資相當值得，在一八四一至四七年之間，利潤從大約八萬兩千荷蘭盾提升至將近三十七萬荷蘭盾。大約在這個時候，薩羅蒙決定投資一家在威尼斯的製鹽工廠，這個決定被視為拓展亞得里亞地區業務策略的一部分。

如今還有待回答的問題是，這項大膽的生意策略在財務上是否確實能夠長久維持。如前所述，薩羅蒙想要整合在一起的各項業務不時會出現需要挹注資金的情況，垂直整合的策略雖然看似很合理，整合之後能提升效率與經濟規模，卻不一定能夠產生同等的內部獲利。此外，他正在打造的這種連結鬆散的商業帝國通常相當脆弱，往往特別容易受到經濟情勢惡化的影響。對薩羅蒙來說，不幸的是這樣的惡化很快就要來臨。

法蘭克福：陶努斯鐵路

與維也納分公司比較起來，法蘭克福公司在一八四八年之前對於鐵路金融的參與相對保守。這可能是風氣的問題，更有可能是反映出在德國南方前三月時期的政治環境不同。雖然（像英國一樣）奧地利政府除了給予特許之外，對於鐵路的建設並無太多促進之舉，不過至少還是單一個體，所以最遠延伸至北方鐵路的路線協商都可以在帝國之內執行。相較之下，在德國南方，就連相對較短的鐵路路線都可能經過好幾個邦國疆界，而特殊主義者彼此之間的妒忌意味著這種相互合作幾乎不可能。事實上，比較大的邦國在制定鐵路政策時，會自覺地試圖將內部的凝聚力提升至最大限度，結果卻犧牲了邦國之間的交通往來。在巴伐利亞（這裡開通了第一條德國鐵路，將紐倫堡連接到不到六．四公里以外的福爾特）、巴登、符騰堡與漢諾威等地，鐵路的建設都是由各國政府自己以比利時為範本進行，因此羅斯柴爾德家族在這些地方能做的頂多就是承諾支付為了挹注鐵路建設資金而發行的公債。相較之下，離這些國家最近的黑森－卡塞爾就允許部分鐵路由私人建造，像普魯士和薩克森邦的模式。結果這導致了一定程度的混亂，排除了薩羅蒙在維也納採用的那種宏大策略。總部設在萊比錫（Leipzig）的《猶太大眾報》於一八三七年認為：「羅斯柴爾德家族無疑將會在一波行動中居於領導地位，此舉將會完全重塑歐洲的貨幣系統：摧毀紙面上的交易（意指股票投資），並將資本注入工業。」不過這樣的希望終究只能失望收場。

最早在一八三六年一月，阿姆謝爾打算為法蘭克福（自由市）以及美茵（位於黑森－達姆斯塔特）之間的路線取得特許，而這條鐵路自然會經過黑森－卡塞爾，結果遭遇了困難。因為不到三十三公里的鐵路就有三個不同的管轄國家，光是要確保能夠在黑森－卡塞爾強制購買土地的法律通過，就花了十七個月。一八三八年，法蘭克福議會針對所謂的陶努斯鐵路（Taunusbahn）發放了特許，阿姆謝爾和貝特曼還得買下一家競爭對手的公司，因為該公司獲得卡塞爾官方的許可，能夠沿著這條鐵路建造一條平行的路線。還有另外一次類似的衝突發生，當時為了建造一條通過亞琛的路線，支持者（以大衛．漢澤曼〔David Hansemann〕為首）與反對者（以魯多夫．康普豪森〔Ludolf Camphausen〕為首）之間對於連接科隆到比利時鐵路網的計畫意見分歧，最後在康普豪森退出之後，才讓兩家公司合併組成了萊茵鐵路公司（Rheinische Eisenbahn-

Gesellschaft）。

這一切都能解釋為什麼阿姆謝爾和姪子安謝姆傾向讓這個區域內的其他銀行來主導這類協商，正如一八三八年安謝姆曾解釋過：「在德國這裡不先耗費好一番努力是鋪不成鐵路的。」而黑森－卡塞爾選帝侯的兒子還希望阿姆謝爾能為了取得法蘭克福至卡塞爾鐵路特許的公司向他行賄，這點倒是不令人意外。阿姆謝爾抱怨道，除了協商過程曠日費時之外，法蘭克福的鐵路股票也因為延遲而受到不利的影響，例如萊茵蘭公司的股票在一八三八年就因為成本超支而下跌了大約百分之二十，讓他們必須再發行六千張新股票。因此在德國西南部主導私人鐵路建設的並非羅斯柴爾德家族，而是歐本海姆及貝特曼家族，不過阿姆謝爾也很樂意以匿名合夥人的方式參與。領導萊茵蘭財團的是歐本海姆，在總共三百萬塔勒幣的資本額當中占了大約百分之二十五，相較之下，羅斯柴爾德巴黎及法蘭克福公司的持有加總起來也只占四十分之一；類似地，資本額二十萬英鎊的陶努斯財團中也是以貝特曼為首。與這些活動比較起來，發行巴登政府的鐵路公債更容易獲利，只是這筆生意也必須和其他人分享；或者是扮演經紀人的角色，將英國火車頭機械工程師帶到德國來，其中最重要的人物便是喬治．史蒂文生（George Stephenson）。到了一八四〇年代中期，法蘭克福公司只有涉足特別為了鐵路而發行的公債（例如在一八四五年為黑森－卡塞爾發行），並拒絕了同一年提出的私人建設計畫，例如萊比錫到法蘭克福之間的路線。安東尼於一八四四年造訪法蘭克福時，對於這裡鐵路股票的「大量投資操作」感到相當佩服，不過看待這樣的現象時也保持明顯的距離。

政治碎片化（與企業差異）也解釋了羅斯柴爾德家族在一八四八年之前對義大利的鐵路建設參與相當有限。雖然有些證據顯示倫敦與巴黎公司購買了在一八三〇年代中期建設的米蘭鐵路股票，不過這波興致很快就消退了。隔年有一家義大利公司計劃建設佛羅倫斯與雷杭（Leghorn）之間的鐵路，他們找上詹姆斯之後卻遭到禮貌拒絕，正如詹姆斯所說：「我們自己（在法國）的鐵路已經夠多了，不需要連義大利的鐵路都參與。」一八四〇年代也有人討論在兩西西里王國（the Two Sicilies）及教宗國鋪設鐵路的計畫，雖然梅特涅（有些令人意外地）相當鼓勵後者的計畫，不過都僅止於紙上談兵。

「巴黎右岸的大拉比」

海涅想要奉承詹姆斯的時候，總是會讓人以為詹姆斯就是法國鐵路網的來源與起源❸，「馮・羅斯柴爾德先生獨立發掘了埃米爾・佩雷爾（Emile Pereire），這位正是鐵路發展的大祭司，而羅斯柴爾德先生馬上就讓他成為自己的首席工程師……」但事實正好相反，是佩雷爾「發掘了」羅斯柴爾德，意即是佩雷爾勸說詹姆斯將自己龐大的金融資源投注到鐵路上。這種合夥關係難能可貴，也能反映出詹姆斯對聰明文人的疑心正如他對金融發展的嗅覺一樣敏銳。沒錯，埃米爾和他的弟弟伊薩克（Isaac）和詹姆斯一樣都是猶太人，不過雙方的共通點也僅只於此。詹姆斯是來自德國的移民，但佩雷爾家族是賽法迪猶太人（Sephardic Jews），他們的祖父離開西班牙後在波爾多定居；而且詹姆斯在政治或思想方面並無特定的傾向，佩雷爾家族則是哲學家亨利・德・聖西門伯爵（comte Henri de Saint-Simon）的徒弟，這位抱持著烏托邦空想的思想家預言未來會是一個以技術官僚、社團主義者為主的工業社會，其中「有生產力的」階級將會取代遊手好閒者，並且在「新基督教」的影響之下實施良善的統治。

對這樣的人來說，跟羅斯柴爾德家族合夥代表著危險的妥協，甚至可以說是浮士德的交易，佩雷爾兄弟的朋友波斯珀・安凡丹（Prosper Enfantin）便不太願意與「羅斯柴爾德這樣受到詛咒的傢伙」扯上關係。但是埃米爾・佩雷爾還是相當實際，明白他若是真的想要讓他的計畫「在土地上」實施，而非像《國家》那樣紙上談兵，就不能缺少羅斯柴爾德的金援，畢竟他和弟弟加起來也只能調動到不超過三萬法郎，然而他們想在聖日耳曼風光明媚的郊區建造一條從巴黎到貝克（Pecq）的鐵路作為測試，預估就要花費一百倍以上的費用才能建造。正如埃米爾在一八三五年五月所說：「羅斯柴爾德銀行參與從巴黎到聖日耳曼的鐵路不只是對這一項投資特別舉足輕重，必定也會對日後實現所有重大工業工程有決定性的影響力。」

不過佩雷爾兄弟也很聰明，並未將所有希望寄託在詹姆斯身上。他們取得了橋路局局長（Director-General of the Ponts et Chaussées，基本上就是交通局）埃米爾・勒格朗（Emile Legrand）以及比較多疑的提也爾（他將鐵路斥為「玩具」）等人的支持，同時找上阿道夫・德希塔與奧古斯特・圖尼森（Auguste Thurneyssen）取得所需的二十萬法郎以拿下初期特許，然後又招募了達維耶（J. C. Davillier）和詹姆斯來當股東。事實上，德希塔的股份占比跟詹姆斯的差不多，在原本五百萬法郎的資本額中占了百分之二十三・五。聖日耳曼路線作為招攬未來鐵路投資人的廣告也算得上成功，這條將近二十公里的鐵路建造花費比預期還要高出許多（結果花了一千一百萬法郎，而非三百九十萬），而且乘客載運量的增減幅度也比預期的高出許多，在夏天週日飆升，到了冬天平日則直線下跌。另一方面，鐵路在一八三七年八月建造完成與開通的時間比預期得更早，在營運的前三年間，佩雷爾兄弟成功將經營成本從總收入的百分之五十二縮減到百分之四十四，確保股東不會失望。詹姆斯的心意便改變了。他在前往法蘭克福的路上搭乘了通過比利時的火車之後，在一八三六年六月寫信給姪子安東尼：

> 我會建議目前不要出售任何聖日耳曼的股票，因為我相信這批股票未來會大幅上漲。我十分相信法國的人們只是還不知道這樣旅行有多麼輕鬆……我想告訴你，價格訂得越便宜，就會有越多乘客，那麼能夠賺取的利潤就越多。看到在安特衛普的情況，我便越來越相信這是一門獲利甚豐又成功的生意。我能肯定，在二十年內世界上就不會再有什麼郵政局長，而且人們只會搭火車旅行……我已經愛上鐵路了。

❸ 與英國一樣，嚴格說來法國的第一條鐵路是為了將煤礦從採礦地區運出而建：一八三〇年代初建造的聖埃提安鐵路（Saint-Etienne line）類似十年前建造的斯托克頓－達靈頓鐵路（Stockton-Darlington line）。但是要說鐵路網的完整發展，意即能夠同時提供貨運與客運，並且仰賴蒸汽火車頭而非由馬匹拉動，則應該從建造巴黎－聖日耳曼鐵路（Paris-Saint-Germain line）開始算起。

佩雷爾兄弟一直將聖日耳曼鐵路視為核心，要由此發展出更廣大的鐵路路網，希望將進出巴黎的交通盡可能集中在聖日耳曼鐵路上，並且進入他們在聖拉查車站（Gare Saint-Lazare）建造的終點站。同時，他們一直希望能夠避免在財務上依賴單一位銀行家，這點很容易做到，畢竟法國的鐵路從早期開始便是由財團共同投注資金，強化了組成鬆散的商業「團體」傾向，這一點的影響已經在巴黎債券市場上顯現出來。但是以佩雷爾為首壟斷進出巴黎鐵路交通的計畫不免會引來金融界的競爭與政壇上的反對，因此當這對兄弟著手進行計畫的下一階段時（沿著塞納河右岸鋪設的巴黎與凡爾賽之間的鐵路），也不是毫無阻礙。「右岸」不只在財務上，在地理上也是從原本的聖日耳曼鐵路延伸出來的路線：德羅斯柴爾德兄弟公司是最大的股東，在一千一百萬法郎的資本額中占了約略少於三分之一的股份；其他的主要股東同樣包括德希塔、達維耶與圖尼森，另外百分之十六由勒費弗爾公司（J. Lefebvre & Cie）的家族提供。

起初詹姆斯對自己的投資相當樂觀，聖日耳曼以及右岸鐵路的股票都迅速上漲，前者發行時的價格為五百法郎，最高曾達到九百五十。「利潤好得讓人微笑，」詹姆斯賣掉幾百張之後開心寫道，「能從五百漲到九百五十實在很不錯。」但是他後來又憂心起來，因為聽說「那位心懷怨懟的富爾德正組織起來，打算認購我們已經辛苦如此長時間的鐵路」。富爾德兄弟及其合夥人在代議院中進行「詭計宣傳」之後，拿到了一份競爭性的特許，可以沿著塞納河左岸建造一條通往凡爾賽的平行鐵路。「好啊，這樣一切都要完了，」詹姆斯怨嘆道，「這世上也沒人能再想出什麼辦法了。」當時候的人顯然都看出雙方隨後的競爭關係有多麼荒謬，海涅嘲弄著「右岸大拉比羅斯柴爾德男爵」以及「左岸大拉比」：

對法國的猶太人而言，也是對所有法國人而言，黃金就是我們這個時代的神，工業則是最盛行的宗教。由此看來，或許可以將這個國家的猶太人分成兩派：右岸派與左岸派。這些名稱代指通往凡爾賽的兩條鐵路，一條沿著塞納河右岸，另一條則沿著左岸，分別由兩位最負盛名的金融拉比經營，雙方無意間都惹惱了對方，就像古代巴比倫城中的煞買拉比（Rabbi Shammai）與希勒爾拉比（Rabbi Hillel）一般。

不過這對於相關投資人而言可不是開玩笑的。巴黎與凡爾賽之間的交通量還不足以需要同時存在兩條鐵路，而新公司股票實際能夠收到的收益與股利也相對微薄（尤其是因為在建造期間的成本還超支）。❹聖日耳曼鐵路為了提升運量以容納來自凡爾賽鐵路與其他提案支線的交通量，成本同樣不斷上升，股票便開始受到影響，讓銀行家必須發行一系列總共三筆貸款，總額大約是一千萬法郎。更廣泛地說，不斷出現的新工業公司也讓市場對新股票開始失去胃口，譬如詹姆斯在一八三七年九月便冷冷警告道：「總有一天會開始發臭的……因為有太多股票入場了。」幾乎就在整整一年後，市場突然暴跌，逼得對手的凡爾賽鐵路必須討論某種合併的可能性，就詹姆斯看來，他的主要目標就是要完全除掉左岸鐵路好提升右岸的股票。到最後，羅斯柴爾德公司實際上拿下了富爾德公司，後來兩家公司在一八五一年整合併入了西線鐵路（Ouest line）。

這些問題能夠解釋佩雷爾要展開下一階段活動之際遭遇到何等困難。他們從很早就開始規劃長程鐵路，比原先連接聖日耳曼和凡爾賽的鐵路還要長得多。在他們考慮的眾多計畫之中，野心最大的就是要建造連接法國與比利時的鐵路，這個地區已經有第一條國家挹注資金的鐵路在營運。這項計畫對法國政府來說具有相當的政治吸引力，正如我們先前提到的，法國政府非常積極想要對這個才剛獨立的鄰國施加影響力。這對詹姆斯來說同樣很有吸引力，他前往法蘭克福時所搭乘的比利時鐵路讓他相當驚艷，另外還引來了不少英國鐵路企業家的興趣，例如喬治．史蒂文生以及在比利時經營的約翰．科克里爾（John Cockerill）。然而看似羅斯柴爾德金融夥伴的比利時的興業銀行對這件事的反應卻不冷不熱。經過一番含糊其詞後，興業銀行行長米厄斯（Ferdinand de Meeûs）表示他「不想讓自己的名字與比利時鐵路牽連在一起」，因為這樣「太過冒險」，而

❹ 右岸鐵路建造成本為一千六百八十萬法郎，原本預估的成本是一千一百萬，不過還是比左岸鐵路的成本便宜相當多。

且他認為「名譽勝過一切，其次才是金錢」。對此，詹姆斯從一開始就認為，「如果（米厄斯）不準備……加入，那麼我們就得跟這項計畫保持距離，因為我們不想與他們為敵。」但是，詹姆斯決定放棄不只是因為米厄斯對這項計畫態度保留，而是另外還受到來自法蘭克福公司的壓力，以安姆謝的話來說，這條計畫中的路線實在「太長了」。

雖說一部分也是受到比利時在一八三八至三九年外交危機的影響，不過連接巴黎至布魯塞爾的鐵路計畫之所以拖延良久，主要還是反映出歐陸銀行家的信心不足，他們不認為自己能夠在沒有國家協助的情況下投資重大的鐵路路線（又或者是他們想要賺取補貼）。最早在一八三六年十二月，詹姆斯便盤算著想拿到某種國家補助，好讓他提出的北方鐵路（簡稱「北鐵」）對投資人來說更具吸引力。「這門生意不容易，」他告訴倫敦的姪子們，「因為這裡（巴黎）的銀行家都不願意支持。假如法國政府（打算）保證支付百分之三的利息，你們不覺得（就有）可能在倫敦賣出很多嗎？」但是詹姆斯也知道這樣的安排有多麼困難。「如果我們選擇為了利息而行動，」他幾天後又說，「那麼所有無賴流氓都會冒出來，各懷鬼胎，在我們的路上安排障礙。第二，我相信這樣的行動結果會對（政府的）信用造成極大損害，因為其他部門也會要求相同條件。」另一方面，他也明白，若是得不到某種國家的支持，北鐵就永遠蓋不成。此時他還考慮了另一種補助的方式，就是直接「贈與」預估成本的三分之一：「我們估計鐵路的成本是七千五百萬，政府將會給予兩千五百萬，同時不會期待收到任何東西為交換，只為鼓勵這些孩子作為回報。」詹姆斯認為，如果沒有補助，不管大眾「對於鐵路的狂熱」有多麼誇張，都不可能賣出足夠的股票；又或者，股票能賣得出去，但是漲不到投資人期待的百分之十五或二十。不過，米厄斯似乎對此無法接受，或許也有可能像萊昂．佛雪（Léon Faucher）所懷疑的那樣，法國政府對於這樣的參與相當謹慎。詹姆斯認為「我們非常需要勒格朗的協助……但他卻不是我們的好朋友」。

在此之前，政府的動作僅限於設計大膽的計畫，規劃以巴黎為中心往外輻射出主要鐵路路線，組成全國鐵路網。例如莫萊政府於一八三七年五月便設想出六條主要鐵路，從巴黎往北連接到比利時、往南到奧爾良、往西北到羅恩、往東則是到米盧斯（Mulhouse），然後另外有兩條鐵路連接到更南方的里昂（Lyon）與馬賽（Marseille）。一年後，勒格朗則是規劃出共九條主要鐵路，加上往西連接到南特（Nantes）、往西南到波爾多的路線，還有一條從里昂到巴塞爾的路線。但是計畫中的特許制度遭遇反彈，且這樣的計畫在一八四〇年以前仍僅止於建議，這讓私人企業或多或少能夠自由發揮。

詹姆斯很快就開始認為：「必須將各家鐵路視為互有關聯，當一者（的股價）上漲，其他的都將跟隨。」不過，此時也有不只一「家」鐵路金融家開始崛起。例如，詹姆斯就很樂意金援工程師出身的保林・塔拉博（Paulin Talabot），塔拉博是拉格朗孔布鐵路背後的推動者，這條鐵路的目的是連接拉格朗孔布（La Grande Combe，靠近阿萊〔Alès〕）的煤礦到博凱爾（Beaucaire），最後抵達馬賽。詹姆斯於一八三八年造訪法國南部之後，似乎就確信這塊地區非常適合發展鐵路，因此在一八三九年末便毫不遲疑地預支了六百萬法郎讓這項計畫繼續進行。相較之下，他對於往波爾多的路線就比較謹慎，而且在為了建設從巴黎到奧爾良所成立的公司中，他的參與也僅限於小部分持股，這個決定相當聰明，因為這家公司在一八三九年八月就倒閉了。這份特許後來交給一家英法合夥的公司，由查爾斯・拉菲特（Charles Laffitte）與英國金融家愛德華・布朗特（Edward Blount）合作，同時他們也拿下經由亞眠（Amiens）連接巴黎和布洛涅的鐵路特許。雖然奧爾良路線必須使用由聖日耳曼公司控制的聖拉查車站，但拉菲特與布朗特集團以及羅斯柴爾德集團之間很快就發展出了激烈的競爭關係。

一八三九年的危機讓詹姆斯更想要將政府拉進鐵路的資金挹注中，就算只是為了穩定聖日耳曼與右岸鐵路股票的表現也好。他同樣運用了處理國際事務時的方式，明目張膽地欺壓法國的政治人物。「若是政府不打算參與右岸鐵路的事務，」他在一八三九年六月告訴姪子們，「那麼我保證會讓所有報紙群起攻之。」兩個月後他做得更過火了：

如果他們真的讓你們這樣寸步難行，那麼你應該告訴他們，我寫信告訴你，我要辭去（在右岸鐵路公司的）管理職務，同時我將會在報紙上公告，基於來自現任政府無法抵抗的反對聲浪，我們被迫放棄自己的職位，並向普羅大眾保證，只要商業部仍由現任政府控制，我們將完全退出任何與工業相關的生意。如果你這樣對蘇爾特元帥說，我可以跟你保證，杜福爾先生（Jean Dufour）就會改變態度。若是不能成為某人的朋友，那麼就必須讓對方懼怕你。

從這些評論看來，詹姆斯在法國各個媒體的影響力之於他的鐵路政策上是相當重要的武器。

但是真正的問題出在通往比利時的路線，這才是法國政府屈服於羅斯柴爾德金融力量最為惡名昭彰的例子。一八三九年與四〇年發生了不少外交風暴，即使在這些風波平息之前，詹姆斯就已經回頭考慮起北方鐵路這件事，比過去還更相信這會是「一門好生意」。他如今提給官員們的主意是，政府應該保證在一段特定時間內為鐵路**債券**（百分之四）支付利息。這是埃米爾．佩雷爾的建議，有些比較謹慎的投資人認為投資私人企業股票的風險太大，若是如此就能吸引他們。現在政府確實比較願意聽從提議，勒格朗在一八四二年頒布的法律中便明定規則，國家會買下通行權並建造鐵路與相關建築物，然後將路線租給鐵路公司，由他們提供鐵路機車車輛並經營一定時間。不過這意味著在實務上必須花許多年才能解決，尤其比利時的路線更是如此。

在詹姆斯看來，從巴黎向北通往里爾（Lille）與瓦朗謝訥（Valenciennes）的路線絕對是法國各主要鐵路中利潤最高的，因為這條路線不只能夠將法國市場連接到比利時，而且（經由前往加萊與敦克爾克的支線）還能連接到英格蘭，再加上未來可能拿到的政府補貼，讓這條路線成了「黃金商機」。不過正是因為如此，政壇上必定有人反對讓羅斯柴爾德拿到特許。「唉呀，我親愛的納特，」詹姆斯知道政府似乎有意拒絕他時便這樣抱怨道，「我們的鐵路生意完全行不通啊，全世界都在反對我們。人們說我們做的是獨占生意，想要拿下所有鐵路，因為就他們看來，沒有我們就不可能蓋好比利時（鐵路）。」詹姆斯說得對。雖然雙方直到一八四五年才順利達成最終協定，但政府最終似乎還是別無選擇，只能和羅斯柴爾德做生意，其中的關鍵因素是政府本身為了勒格朗計畫的資金就需要借貸，而發行公債的生意大多由詹姆斯壟斷，讓他在協商中握有非常寶貴的王牌，最終得到了北鐵的特許。他在一八四二年十二月相當滿意地說道：「如果我們拿到貸款的生意，那麼就能成為鐵路的主人。今天財政部長對我說：『沒有你我什麼也做不成，而且財政部上下都和我有同感。從比利時鋪設的鐵路一定會優先考慮交給你。』」

或許會有人認為，詹姆斯必須在兩個方面讓步才能獲勝。首先，佩雷爾兄弟必須放棄讓路線以聖拉查車站為終點站的夢想，儘管如此會對聖日耳曼公司的股票造成負面影響；第二，詹姆斯的競爭對手能夠參與成立這家公司的集團，因為米厄斯仍然不願意讓興業銀行成為公司的大股東，於是詹姆斯別無選擇，只能分配相當大的股份給拉菲特－布朗特、侯廷古耶與其他較小的對手。不過這些實際上都只是小小讓步，詹姆斯似乎沒有像佩雷爾那麼在意不能讓聖拉查成為終點站；至於對其他投資人而言，他們也沒有人會以為自己不只是小合夥人而已。拉菲特長久以來都抱持野心，打算發行單一一筆龐大的債券來建設勒格朗設計的整個鐵路網，他希望能夠重啟這項計畫，但是如今他不過算是個匿名合夥人，實際上就是再一次承認了失敗。

一八四五年九月終於簽訂了合約，羅斯柴爾德的巴黎與倫敦公司是最大股東，在兩億法郎的資本額占了百分之二十五．七，而侯廷古耶持有百分之二十．一五，拉菲特－布朗特則是百分之十九．五，此外羅斯柴爾德也握有重要的經營職位。羅斯柴爾德唯一真正要妥協的部分與合約中的特定條款有關：補貼是按照鐵路建設的里程數來支付、公司能夠營運鐵路的時間長短、三個級別載客車廂的各級收取車費、火車服務的頻率。不過這些讓步主要是出於政治而非商業考量，這意味著他們必須克服代議院內部的反對（有一群有影響力的議員傾向完全由政府建造並控制鐵路）。基於類似的情況，詹姆斯在三個月後決定完全退出競爭從巴黎到里昂路線特許的集團，以確保自己能夠針對同時競標的克雷伊（Creil）至聖康坦（Saint-Quentin）的路線特許提出最有競爭力的報價。

贏得北鐵特許這件事必須視為大致瓜分主要法國鐵路網行動的一部分，羅斯柴爾德家族在這個過程中扮演著領導角色。雖然北鐵是詹姆斯最明顯表現出興趣的一條路線，卻絕對不是唯一。我們先前已經提過，他曾經考慮在巴黎至里昂路線中占有相當的股份，同時也想過參與往波爾多路線的生意，在一八四四年也成立集團以競標特許。雖然後來這條路線被另一家公司贏走，但詹姆斯很快就尋求跟這家公司建立某種合夥關係，資助了從波爾多到塞特（Cette，後來更名為同音的「Sète」）的路線。至於另一家贏得巴黎至史特拉斯堡路線特許的公司，羅斯柴爾德也在該公司占有相當大的股份，而且在里昂至亞維儂（Avignon）路線特許中也持有少量股份。規模較小的公司互相競爭，看誰能贏得「神通廣大的羅斯柴爾德家族之名」的支持。諸如安凡丹等聖西門主義者一直希望能促成讓法國鐵路產業內的所有權集中，這一切便是往這個方向發展的初步行動。事實上，雖然銀行家缺乏安凡丹那樣遠大的願景，卻也不需要多加勸進。早在一八四四年，侯廷古耶、布朗（Louis Blanc）和德希塔等人便向詹姆斯提議，「考慮到從加萊到亞維儂的鐵路是件大事……我們應該一同簽約並努力爭取整條路線，如此才能避免競爭。我們應該考慮到各家不同公司的利益，以及我們所有人共同的利益。」到了一八四五年十一月，對於「融合」（即鐵路公司之間的整併）的熱潮如火如荼展開。「你不知道會計室裡來了多少人想討論里昂的克雷伊與聖康坦融合一事，」安謝姆回報，「融合造成了諸多混亂，我們的辦公室簡直成了瑞士的旅館，遊客們在山區遊玩了好長一段時間之後就蜂擁而至。」為了特許而耗時的競爭開始變得索然無味，合作似乎逐漸變得比競爭更合理。

地理上的集中也開始成形，為了確保自己持有北方路線的最大股份，同時在克雷伊至聖康坦路線的資本額也能占多數（同樣與侯廷古耶和拉菲特－布朗特合夥），詹姆斯確切知道自己掌控著北往比利時的兩大鐵路，更不用說還有兩條在巴黎市內的重要路線，路線總長將近有六百二十四．五公里，這代表詹姆斯開始夢想建立的泛歐洲鐵路帝國擁有多麼龐大的地理根基。

英國的連結

詹姆斯在英國的姪子對這一切計畫的態度最初至少可以說是相當矛盾。詹姆斯分配了許多與鐵路金融相關的細節工作給他們，尤其是安東尼，因此讓他變得比自己的叔叔更專精於此。但是安東尼和他的兄弟們在新廷對於工業金融產生疑慮，而且一直沒有完全消弭。「這裡完全沒有新意，只有鐵路公司了，」安東尼在一八三八年五月抱怨道，「而且多到讓人相當厭煩，而其他公司對此眼紅……（讓人？）有點憂心。」納特便坦白說巴黎公司「在這些（鐵路）事務上並未為我們可憐的倫敦公司多加思慮」，但是他卻總是不厭其煩指出北鐵計畫的缺點，「這些討厭的鐵路占據了我們所有的注意力，就我自己而言，我希望……陛下能全部拿走，這些鐵路只會給我們帶來麻煩和憂心而毫無報酬……我一點都不焦急盼望公司要大舉投入鐵路事業。」「我們已經深陷在蒸汽火車的業務裡，」他幾週後嘀咕道，「費了這麼多心思和麻煩卻什麼都得不到。」有時他不認為鐵路會有利可圖：「人們都害怕持有股票、害怕坐火車旅行。」其他時候，他反對的是隨之而來的風險：

> 就我來說，我希望也相信我們不應該再跟比（利時）鐵路有任何關係，除了買下一大堆股票，等待適當時機就能賣出——我一點也不想投入一條討厭的鐵路，要是最不想要的事情發生了，真的（拉屎？）髒了褲子，而且其他人全都知道了，等到我們想要了解發生的狀況時就必須親自找上佩雷爾，更別提還有跟政府的那些麻煩和費心事……

不過他最常批評的是涉入鐵路經營（而非單純操作股票），因為此舉會將資本綁死在一處，潛藏著很大的風險：

> 我反對（比利時鐵路）這件事是因為我很害怕它必然會不時讓我們陷入焦慮、憂心和煩惱，還有將完全落在我們肩上的道德責任，再說涉入這樣規模龐大的業務、又不可能妥當照顧，我寧可將這些股票可能帶來的

利潤讓給其他人。這是我的想法，而且我也實在真心相信男爵能滿足於純粹的金融事務，因為這是我們了解的，也能在適當的時機脫身。

北鐵的特許看來就要無望時，納特相當高興，但最終拿到時又警戒了起來。雖然安東尼的態度沒有哥哥那麼反對，卻同樣提不起勁。「關於鐵路的事，」他在一八四二年六月告訴萊昂內爾，「我覺得最好就是……不要跟鐵路扯上關係。」

這顯示出倫敦與巴黎公司態度的根本差異，只是這究竟是世代差異或是環境造成的差異就很難說了。事實上，安謝姆的工作大部分都是在巴黎或法蘭克福進行，他同樣也反對過度涉入鐵路業務，表示這或許是某種代溝。納特坦言：「在這樣的時候，保守的想法勝過了想要拿到生意的念頭，至少我是如此。」這番話是所有年輕一代羅斯柴爾德的想法。就像《辯論日報》所言，他們都擔心詹姆斯爭取北鐵特許的行為其實是爭取「毀掉自己的特權」。如納特所言，他正思索著他們所投入的程度，

> 無論用什麼方法，我們都會在市場上持有相當大量的股票，而且或許跟所有股票有相當緊密的關聯。我相信如果事情維持現況，那麼所有跟股票相關的問題最後都會有出奇的優秀表現，但願上天保佑不要出現什麼政治或金融危機，但只要有一點小危機，這一堆股票又會如何呢？

然而，「男爵」深陷於「推銷與交易」大量在市場冒出的新票據與股票，實在無法考慮到未來會有什麼可怕的後果。

有鑑於此，納特描述詹姆斯的矛盾心情所透露出的訊息尤其清楚：

> 男爵有些一頭熱，他認為這是門好生意又很害怕，他幻想著競爭對手的公司會拿到這筆生意，然後又會加倍懊悔；另一方面他一想到必須領導這樣重要的一家鐵路公司就從頭到腳都在發抖，若是他沒有像德希塔與

佩雷爾這樣的經紀人就不可能做到。

換句話說，詹姆斯知道有風險，但是又無法接受將生意拱手讓給對手。他姪子的好勝心沒有那麼強烈，納特的觀點是「在鐵路這件事上不要太貪心，也不要期望扮演重要的角色，我們可以參與也可以是大股東，藉此賺取我們的利潤，但不要承擔比別人更多的責任」。相較之下，詹姆斯就忍不住想要扮演「重要的角色」。他並不是想法天真而不顧慮到「想要一次做太多事情」所牽涉到的風險與困難，卻還是勸告姪子們要「認真投入」：

> 我懇求你們多找幾位新經紀人，這樣我們就能和其他人以相等的條件來做生意，你們還要努力在鐵路生意上多用點心。我覺得這世界每年都想找些新東西來忙，此時此刻，「工業」似乎就是最時興的東西，若是如此，而我們又決定要趁隙而入，那麼就必須認真投入生意，就算無利可圖也要埋首在生意中，這樣才能保持忙碌。

安凡丹認為在詹姆斯最熱衷的事情當中，「操作鐵路生意」已經取代了操作政治，這話並沒說錯：「跟提也爾、基佐或莫萊等人操弄輿論的遊戲也是路易．菲利普很擅長的，這對羅斯柴爾德來說只是小孩子的遊戲，也不是他一心想玩的；他在鐵路的利潤有起有落，但卻對此十分認真……那才是最適合強人的遊戲。」但是詹姆斯的計畫最終還是要仰賴倫敦公司，因為即使有政府補助，還是需要倫敦資本市場的資源才能夠滿足計畫路線的需求。就納特看來，「最重要的問題在於我們能不能找到倫敦的一些好人投入大筆資金」，「我們不可能吃下如此龐大的路線，除非有英國資本家的支持」，他這樣建議萊昂內爾，納特尤其敦促萊昂內爾要將格林銀行拉進來，倫敦市內只有這個家族對鐵路生意表現出認真的興趣，還有喬治．史蒂文生，因為他的工程專業非常寶貴。考慮到從北鐵延伸到海峽岸邊的支線顯然也很重要，其他英國生意人便紛紛加入，只是他們並非歡迎所有人：例如大衛・薩洛門斯試圖強硬擠掉其他人以參與這筆生意，羅斯柴爾德家族就覺得十分討厭。事實上，這條路線對英國來說也十分有利，這或許可以解釋為什麼納特反對參與的聲音在一八四三年間漸漸消失了。姑且不論其他問題，他也開始相信鐵路的股票將會飆漲到「舉世皆知的高價」，而且一發行就會「搶購一空」。確實是如此，法國鐵路的股票表現在倫敦股市非常成功。邁爾便回報道：

> 這裡的人看起來是打定主意要參與貴國發起的每一項任務，不管是鐵路或貸款都好……既然這裡的股票經紀人都發了大財，實在不必懷疑，不管提出的計畫看起來有多麼龐大，都能組成非常強大的團體。

雖然倫敦公司的兄弟們對於法國鐵路的長期獲利率有所保留，他們還是忍不住對英國市場的卓越購買能力感到自豪。「我希望你們已經賣出一大批北鐵股票，」安東尼在一八四五年九月敦促萊昂內爾，「讓我親愛的拉比看看英國人能夠買下多少股票，數量絲毫不遜於那些討厭的法國蛙。」他最年幼的弟弟在隔年也表達同樣的看法：「我越是觀察就越相信世界上沒有像我們新廷這樣的地方，若是沒有我們的支持，那一大批垃圾法國股票該何去何從？我想我們大可擺起架子，和其他人一樣當個大人物。」這種沙文主義性格又是羅斯柴爾德家族代溝的另一個重要面向。

有了詹姆斯的企業經營眼光與倫敦市場的能力，加在一起便能成就成功。隨著北鐵股價從五百法郎飆漲到七百六十法郎，詹姆斯對這條鐵路的放手一搏似乎完全合理，就連他的倫敦姪兒都承認前景看起來是一片大好：鐵路一開通後的每日收入便超過兩萬法郎，只是這條鐵路根本還不算完工，而且公司也缺乏有能力的火車機頭駕駛。雖然這個數字大約只是預期收入的一半，但對經營者來說仍有機會達到相當漂亮的收益，只要稍加微調，就能賺取更多。詹姆斯很快便追隨哥哥薩羅蒙的腳步，打算進一步投資比利時的煤礦，藉此試驗「垂直整合」的可能性。「大家都認為煤炭就像金子一樣。」他興致勃勃地說，而這個觀點就連謹慎的安謝姆也無法反駁。巴黎公司在煤礦上投資了三百萬法郎（與塔拉博兄弟合資），詹姆斯很有自信地認為這筆投資「再過一段時間就會成為最重要的考量，因為歐陸上有這麼多鐵路要建設，還有工業的發展，讓煤炭的需求用量一天天增加……」北鐵能夠以具有競爭力的價格取得煤炭，同理，運送比利時煤礦也成為這條鐵路路線的主要收益。

那些指控他只對發行鐵路股票賺取短期收益有興趣的批評聲浪，如今也得撤銷這樣的說法：詹姆斯就和薩羅蒙一樣逐漸累積起相當大量的長期工業投資組合，其中的核心就是他在北鐵的股份。這番起步的重要性影響十分深遠，尤其是因為倫敦公司選擇不跟進。這在短期看來是比較安全的選項，而且在鐵路股票市場在一八四七至四八年下滑時，無疑也避免了讓新廷成為明顯的箭靶；不過長期來看，這表示在十九世紀下半葉工業投資人所賺取的龐大資金利潤只有巴黎公司能夠獨享。

鐵路的影響

鐵路的經濟重要性能夠在某種程度上精確量化。一八二八至四八年間，法國總共大約鋪設了長約兩千零一十一公里的鐵軌，在一八四一年、四三年及一八四六至四七年都出現了投資熱潮。第一次的鐵路建設是由許多小公司共同挹注資金，在一八二六至三八年間成立了約五百家股份有限合資公司，名目資本就有五億兩千萬法郎。光是在一八四五年就成立了二十八家公司，資本額幾乎都是這麼多。這段過程中，羅斯柴爾德家族無疑是最主要的推力，事實上在一八三五至四六年間所批准的三十二份特許中，他們的名號只出現在其中四份，但是法國銀行在同樣這段時間內投入到鐵路資本形成的兩億兩千五百萬法郎中，羅斯柴爾德就占了八千四百六十萬，相當於總額的百分之三十八，在所有的認繳資本中也占了將近十分之一。

這樣的主導地位在許多方面看來也很自然，德羅斯柴爾德兄弟公司的資源比起法國的競爭對手要優渥許多，除此之外，詹姆斯還擁有一項獨特優勢，便是與倫敦市場有直接的親屬連結。這點至關重要，畢竟若沒有英國的資本（及技術），法國鐵路建設的進展必然會緩慢許多。據粗略估計，到了一八四七年，投入法國鐵路的資本有一半都來自英國，只有四分之一的火車頭是在法國國內製造。國家在這波鐵路熱潮中的角色也可以量化討論。從一八四〇年起，新成立的公共工程部（Ministry of Public Works）開始支付國家補貼，至一八四九年為止，國家每年大約要在鐵路上花費七百二十萬法郎，占每年平均總投資額的五分之一至四分之一。整體說來，現代經濟歷史學家普遍認為這筆錢算是用得其所，不過問題是要計算到鐵路究竟產生了多少「社會儲蓄」（不只是更有效率的內部及外部通行，還要考慮到與煤礦、鐵礦與鋼鐵等工業的「後向連結」），但無疑的是，法國若是沒有鐵路，情況絕對會更糟糕。

但是當時的人不會用這樣平淡、總體經濟學的名詞來評估羅斯柴爾德在鐵路發展的角色。大致說來，他們更關心的是鐵路潮帶來的利潤如何分配，而不是其發展性影響，同時他們也比現代經濟歷史學家更關心鐵路帶來的社會成本。這就能夠解釋為什麼鐵路引起的文化與政治迴響與其總體經濟影響是如此天差地遠。

確實，當時不乏有作家做足準備願意「吹捧」火車旅遊，認為這是當代的奇蹟。在一八三〇及四〇年代出現了眾多稱讚鐵路的頌歌與詩歌，這裡舉一個典型的例子，作者胡格曼（Hugelmann）是一位籍籍無名的三流詩人，他寫這首詩是為了紀念一八四六年六月十四日北鐵路線的開通，簡單明瞭地命名為〈獻給羅斯柴爾德〉（To Rothschild）：

在空間中飛馳的巨龍，
一路上投擲焰火；
掩蓋住面容的英才；
強力的雙手纏著鎖鏈；
轉向我們的世界而來
他捲起重重沙塵
冒著黑煙的巨獸受他奴役

牢牢掌控著運輸西東；
接著身披鎖鏈的巨人現身
在等待著的百萬人前
他說：「我要為你們造韁繩；
做我的奴隸吧；這裡是我的黃金……」
他一開口便讓山坡讓步，
紛紛崩落而崖頂低陷；
巨龍穿越了田野，
土地在其束縛下震動；
日耳曼人與高盧人聯手，
他們為此力量也放下防禦
起死回生的力量讓人想起
皇帝過去放棄的堡壘，
其甕一傾斜
便撒出神聖的種子
落在鋪著白鼬毛皮的踏板
以及工人們簡陋的村莊。

即使是一向尖酸刻薄的海涅也曾一度受到感動，寫下的作品也表達出類似的情感，只是可能沒那麼誇張。「所有人的眼睛現在都看向了羅斯柴爾德家族，」大眾最早知道詹姆斯打算爭取北鐵特許權的時候，他這樣報導道，「這代表為了建造北方法國鐵路系統而成立的團體不僅財務健全，也值得社會稱許。羅斯柴爾德家族在過去都將他們的才華與資源獨供給政府需求，如今則投身領導重大的國家建設，將自己龐大的資金與無可衡量的信用額度獻給了產業進步及人民繁榮所用。」通往奧爾良和羅恩的路線於一八四三年五月開通時，海涅便相當正面地表達出自己的熱忱，他感覺到在巴黎

有一波震動，除了遭到獨自囚禁的人以外，眾人都感覺到了。此時此刻，巴黎所有的人串連起來，將這波觸電般的衝擊從一個人傳給下一個人。大多數人看見這些龐大動力的奇妙外觀都倒抽一口氣，感到無比震撼而目瞪口呆，不過哲學家卻感到一股奇異的恐懼，就像發生了最為可怕、前所未聞的事情時我們也會有這樣的感覺，這樣的後果令人無法預期也無法估算。就這樣說吧，我們整個的存在都撕成了碎片被拋上新的軌道，全新的關係、歡樂與痛苦等著我們，未知散發出一股詭異的魅力，令人無法抵抗的同時卻又令人懼怕。我們的先賢想必也有過相同的感受，在發現美洲的時候、發明火藥後發射出第一槍的時候、印刷術將第一版印刷完成的上帝之語傳播到全世界的時候，而鐵路又會是如此命運般的事件……

不過，海涅的語調已經透露出一種典型的警告口氣，因為他認為鐵路會賦予其建造者政治影響力，「主導的金錢貴族」所施加的「掌控權，日復一日影響著這個國家的領航者」。「很快地，那些人不只會組成鐵路公司的督導董事會，還會形成我們整個公民社會的督導董事會。」對海涅而言，鐵路熱潮最耐人尋味的一個面向就是貴族和高階軍官（就連上將也是）都紛紛湧入想參與其中，他們掛名成為不管事的董事並拿自己的儲蓄來投資，甚至紆尊降貴只求拿到如北鐵這類新公司的認股權：

（羅斯柴爾德）這個家族成員應允給個人的每一張股票真的都是極大的恩惠，我應該坦白直言，這些股票事實上就是德．羅斯柴爾德先生送給朋友的金錢餽贈。最終所發行的股票……從一開始的價值就高於牌面幾

百法郎。無論是誰想求詹姆斯・德・羅斯柴爾德男爵以牌面價格賣出這樣的股票，真的就必須求他，正是字面意義上的求。但話說回來，全世界都在求他，他所收到的懇求信函足以將他淹沒，而既然最高貴的貴族都做出了如此高貴的示範，求人也不再是什麼丟臉的事了。

海涅並不是唯一以輕鬆自在的方式描繪詹姆斯搖身一變成為鐵路大亨的人。羅斯柴爾德鐵路的笑話是當時另一個常見的副產品，例如在一八四六年一月，法國作家普羅斯佩・梅里美（Prosper Mérimée）便以法文「action」（也有股票之意）一字的雙重涵義，對法國的末代皇后歐珍妮・德・蒙提荷夫人（Eugénie de Montijo）說了一個經典笑話：

拉比正在向德・羅斯柴爾德先生的孩子講課，拉比問其中一個只有七歲的小男孩說，他知不知道好行動與壞行動之間的差別。「無庸置疑，」孩子回答，「好行動就是買北鐵的股票，壞行動就是買左岸鐵路的股票。」相信我，那男孩未來不會敗掉他父親的百萬家產。

七年後，涅謝爾羅德伯爵告訴他的堂親，「羅斯柴爾德說的一句話」可能甚至比經典之語還真確。「塔茨羅・費許特提曲伯爵（Count Tasziló Festetics）向他諮詢該如何投資一筆為數不小的錢，『伯爵先生，』羅斯柴爾德告訴他，『如果您只要保住資本而不要利息，買土地；如果您想要利息而不要資本，買股票。』」「在巴黎是如此，」涅謝爾羅德補充說，「不過放諸四海皆準。」這樣的軼聞很容易被認為是杜撰的故事，不過從羅斯柴爾德私下的通信可以證實至少其中一個故事離事實不遠。一八四八年十一月，貝蒂告訴兒子阿爾豐斯，說他四歲大的弟弟埃德蒙已經「養成在敬拜時拿我的祈禱書的習慣，昨天他滿心虔誠時脫口高喊，竟然說：『我向我們良善的上帝祈禱，庇佑爸爸（以及）庇佑**北方鐵路**！』」

不過，並非每個人都對此興高采烈。在一八四〇年代期間，越來越多新聞記者開始顯露敵意，他們認為私人寡占事業既危險又腐敗。最重要的是，有些比較極端的批評者認為，北鐵特許權已經成為七月王朝基礎中腐朽的象徵。這些評論開始出現在《法國郵報》、《改革報》（*Réforme*）、《環球報》和《日報》等報刊上，最為嚴苛的評論則是出現在低成本的反論書刊上，例如阿爾豐斯・圖斯內爾的《當代之王猶太人：金融封建制度史》。

就某些方面而言，圖斯內爾是依循著可回溯至一八二〇年代的傳統，這些極端的批評者在謾罵政治腐敗的言語中還參雜著強烈的反猶太主義。他的論點就正對著北鐵特許權中所獲得的金融條件來攻擊（而且這樣的攻擊能輕易避開詹姆斯的猶太人身分不談）。根據圖斯內爾所言，政府完全放棄了鐵路的所有利潤，全數交給由羅斯柴爾德領導的公司經營四十年，同時還要自己負擔所有開銷，而這都是「為了國家」。國家要為建造鐵路所需的所有土地支付預估一億法郎，而公司只需要預支鐵軌和鐵路車輛的成本（大約六千萬法郎）給國家，而且等到特許過期之後，國家還會補償這筆費用。圖斯內爾認為，基本上這家公司就是借給國家六千萬，藉此換取從鐵路一年能夠賺取的大約一千四百萬法郎，更不用說他們向大眾發行股票能夠賺到的投資利潤。他問道，國家自己去借這筆錢（這樣一年的利息只需花費兩千四百萬法郎），以國營企業的方式來建造並營運鐵路不是比較合理嗎？為什麼要付出五倍的錢在未來四十年後才取得鐵路呢？

就某個層面而言，依據比利時的模式讓公部門掌控鐵路網的論點也並非難以置信，大約在此時，德國也開始有人提倡類似的經濟國家主義。而圖斯內爾在書中批評政府政策的分配結果，聽在如傅立葉等早期社會主義思想家耳中便成了債務。鐵路帶來的「龐大獲利」有一部分來自於「法國勞工與工匠的勞力」，「是誰付給投資人千百萬的獎勵呢？是工人，是人民。是誰要承受當權者無知而懦弱所造成的結果呢？是人民。」

但是圖斯內爾的經濟論點卻免不了與固有的反猶太主義相關，他氣憤地譴責「那群叛徒、雇傭文人、議員與官員，他們把法國賣給了猶太人……就在這樣紛擾不斷又政權衰弱的時期」。如果要將鐵路公司和單一宗教群體認同為一體，需要相當刻意擴大其定義，畢竟這些公司中的主導人物顯然都來自英國與瑞士的非猶太投資人。但是圖斯內爾立定了一個榜樣，讓未來數個世代的反猶太主義者都依循於此。他這番立論完全信手捻來，不假思索列出了一連串各家不同的鐵路公司及其主要股東，將他們描繪成猶太商人銀行家世界這個單一大都會的衛星城市，擬人化之後的形象就是「羅斯柴爾德男爵，他是金融之王，由基督徒的國王封為貴族的猶太人」。在一八四〇年代，「猶太人」不再只是一種宗教分類，也成了大肆剝削人民資本家的同義詞。

圖斯內爾的書具有深遠的影響力，啟發了後續眾多人群起效仿，這些人通常非常樂意逐字引用他的指控，然後再加上一些罪名。這本書的初版發行後不到一年，又有人出版了言詞更加激烈的小冊子，作者是一位名不見經傳的作家喬治斯・達恩維爾，他使用「撒旦」這個假名所出版的書名為《啟發人心又有趣的歷史：猶太人之王羅斯柴爾德一世》。根據達恩維爾所言，羅斯柴爾德家族以貪腐的手段取得了北鐵合約，分了一萬五千張股票給議員，而且接著又欺騙了這一群股東，在未授權的情形下發行股票讓原本的股票價值下滑。詹姆斯就是「羅斯柴爾德一世……風險投資的君王……這位資本家不斷為自己賺取財富，讓其他孩子的父親失去了一切，手上只剩最後一塊麵包皮」。後來在一八八〇及一八九〇年代又興起一波反猶太新聞熱潮，再次出現了類似的指控。例如席哈克聲稱詹姆斯將北鐵股票分給跟他關係友善的報紙，例如《憲法報》與《辯論日報》，甚至還往特定晚宴賓客的餐巾紙裡塞了好幾張股票！杜魯蒙也重述了圖斯內爾的指控，薛伯更只是翻譯了達恩維爾書中的相關段落。甚至到了一九四五年之後，同樣的故事還不斷重複上演。

這些攻擊有任何真憑實據嗎？一位現代歷史學家認為「（鐵路）金融的系統……似乎保證了國家會付出最大的成本，以及股東獲得最大的收益」。大眾對於北鐵股票的胃口人好，為此找上詹姆斯與萊昂內爾的都是有頭有臉的人物。當時有一個人開玩笑說，詹姆斯肯定擁有一份「相當珍貴的名人簽名收藏」，等到申購的截止日期過後，上頭都會是巴黎社會菁英的簽名。史托克瑪男爵便是法國鐵路的早期投資人，想必是代表亞伯特親王。第一代艾爾斯伯里侯爵的寡婦艾爾斯伯里夫人也是投資人之一。迪斯瑞利在一八四五年購買了巴黎至史特拉斯堡路線的股票有一百五十張，不過這筆其實是「相當無關緊要的」投資，幾個月後他便賣出了；萊昂內爾也「給了」他幾張北鐵的股票。另一個投資北鐵股票的人是巴爾札克，不過他得自己付錢買下那一百五十張股票，不像另一位名氣較小的作家朱爾斯·雅寧（Jules Janin），他後來寫道：「德·羅斯柴爾德先生……用幾張北鐵股票拯救了我和我的小說（《克萊麗絲哈洛》〔*Clarisse Harlowe*〕）。」不過並沒有證據顯示他們將股票分給有需要的作家是特別為了影響特許權的准許。事實上，一位當時的人還認為大部分股票都是「隨意」分配，這似乎有可能，畢竟涉入其中的股東實在太多了。公共工程部部長杜蒙（Dumon）就指出，北鐵股票的認購者就有一萬兩千四百六十一人，史特拉斯堡路線有三萬一千人，而通往里昂的路線也有兩萬四千人。同時值得一問的是，如果沒有政府的補貼，是否還會出現如此大量的認購者？似乎不太可能。即使有補貼，始終持有北鐵股票的人也只是暫時有資本獲利（更別提獲利好不好）。在發給特許權一直到路線開通這段期間，股票的交易價格都在七百五十法郎以上，但名目價格只有五百法郎。不過是路線開通後的幾天內就發生了一場不完全是意料之外的悲劇事件，提醒了人們，無論有沒有政府補助，鐵路都是一門高風險的生意。有鑑於一八四六至四八年的事件發生，必須對羅斯柴爾德靠著北鐵特許權賺取龐大不當獲利的指控存疑。

意外發生

一八四六年六月十四日，詹姆斯·德·羅斯柴爾德邀請了一千七百名賓客前來慶祝北鐵路線開通，賓客們搭乘著北方鐵路公司列車的頭等車廂旅行，在里爾用午餐，到布魯塞爾用晚餐，然後隔天再回到巴黎。白遼士和朱爾斯·雅寧特地為此譜寫了一組清唱套曲，而且為了確保媒體盡可能正面報導，北鐵公司還邀請了雨果、大仲馬（Alexandre Dumas）、普羅斯佩·梅里美和提奧菲爾·戈蒂耶等名流，戈蒂耶便在《報導報》（*La Presse*）上撰文描寫開通典禮。以達恩維爾的話來說，那一天是「羅斯柴爾德一世的王室身分正式受到認可的時候」，宣告詹姆斯·羅斯柴爾德成為「**歐洲**、**亞洲**、**非洲**、**美洲**、**大洋洲及其他地方之王**，而且更是**猶太人之王**」。就在二十四天過後，七月八日下午三點，一輛火車在同一路線上往北行駛時在法國北部的方普

（Fampoux）出軌，一段鐵軌的土堤正好沿著一座湖泊旁的濕軟土地修築，結果崩塌了。根據目擊者的描述，第一輛機車頭牽引的二十九節車廂列車仍持續前行，但第二輛機車頭突然停止，扯斷了後面車廂之間的連接處。十三節車廂脫離軌道，其中一節受此影響而被壓扁，還有另外三節車廂沉入湖泊。雖然鄰近車廂的乘客紛紛英勇協助救難，但還是有十四至三十九人死亡。

死亡人數之所以有如此矛盾的估算結果，是因為後續鐵路公司與一群敵對新聞記者展開激烈的公開辯論，帶頭的記者便是喬治斯．達恩維爾，他認為這場意外似乎概括代表了一種邪惡，不只是鐵路公司的邪惡，更是給予特許權的政治體系、猶太人，以及最重要的便是羅斯柴爾德家族的邪惡。當然，先前也曾發生過鐵路意外，在凡爾賽鐵路發生火災之後，海涅便曾為此寫下苦澀的評論：

> 說起來，凡爾賽鐵路大火是多麼可怕的災難！我現在要說的不是週日那群在大火中遭遇燒灼或熱沸的群眾，而是說這家在安息日運行列車的公司，他們的股票已經下跌了許多個百分點，因為這場災難也面臨法律訴訟，如今只能滿懷恐懼而顫抖著等待結果。這家公司的發起人或創立者是否會被迫拿出一筆錢來補償受害者？這些人都是因為他們狂熱追求利潤而失去親人或殘廢。這樣一來會多麼糟糕！這些百萬富翁實在不值得同情……

但是達恩維爾的責怪之語說得更加過分。他指控北鐵公司忽視關於其鐵軌品質不良的警告，並且在意外發生後，信號燈還無法正常運作時仍照常營運。同時，公司董事還趁著意外消息尚未外傳之前賣掉自己的股份以獲利，這件事本身就已經夠糟了。但事實上，達恩維爾認為這只是「羅斯柴爾德」與猶太人如何對待法國人民的最新例子，因此他利用北鐵意外為立論基礎，刻薄敘述著羅斯柴爾德家族在法國站穩根基的「歷史」，從滑鐵盧戰役開始一直講到方普意外為高潮：

他們利用我們的貧窮與災難而致富……他們依附著我們就像水蛭依附著人類血管一樣……（就像是）商業交易的吸血鬼，是所有國家的禍害……羅斯柴爾德家族只會從我們的災難中獲利，而法國勝利之時就是羅斯柴爾德的損失。這個家族是我們國家中的邪惡天才。

達恩維爾的指控引發了一場非比尋常且曠日費時的出版之戰，在接下來幾個月內至少出現了七本不同的出版品，有些以類似的語言譴責詹姆斯，其他的則為詹姆斯說話，還有一些聲稱自己公正地評斷了雙方。一本書冊一般被稱為《詹姆斯羅斯柴爾德男爵先生的第一次官方回覆》（*First Official Response of M. Baron James Rothschild*），當中稱達恩維爾比起黑函勒索者也好不到哪裡去，他向詹姆斯要求五千法郎以換取不發表他的《啟發人心又有趣的歷史》，當詹姆斯只願意給他一千法郎時，他便逕自印行書冊。❺另外還有一本書冊也對達恩維爾提出類似攻擊，書名為《回應猶太人之王羅斯柴爾德一世，針對冒牌者之王最後一位撒旦》（*Response of Rothschild I, King of the Jews, to Satan the Last, King of the Impostors*）。而很快就有三本反羅斯柴爾德的書冊出版作為回應：《向騙子宣戰》（*War on the Swindlers*，由達恩維爾自己撰寫）❻、《羅斯柴爾德一世，其隨從與人民》（*Rothschild I, his Valets and his People*）以及《猶太人之王羅斯柴爾德一世統治下的十天》（*Ten Days in the Reign of Rothschild I, King of the Jews*），後面兩本皆為匿名出版。最後，也有人試圖裁判責任。《致德羅斯柴爾德男爵先生信函》（*Letter to M. Baron de Rothschild*）當中反駁了達恩維爾的歷史控訴，不過結論認為「羅斯柴爾德兄弟對（全世界的）人民並無貢獻，因此對人類並無貢獻……德．羅斯柴爾德先生……渴求金錢，他們的罪過僅此而已」。比較明顯對詹姆斯有敵意的論述則是《猶太人之王羅斯柴爾德一世對上最後的冒牌者之王撒旦大事記》（*Grand Process between Rothschild I, King of the Jews, and Satan, last King of the Impostors*），當中形容詹姆斯是「猶太人之王，有時也是歐洲宮廷的查封官，為了法國、德國、英國等地的公共工程徵收稅賦，更是貼現、高利貸、典當與投資等行為的君王」。

在這一些口誅筆伐的作品當中，或許立論最純熟的該屬匿名出版的《對於羅斯柴爾德與喬治斯達恩維爾的評論》（*Grand Process between Rothschild I, King of the Jews, and Satan, last King of the Impostors*），其中反駁了對方普災難的有罪控訴，不過認為「無產階級」去攻擊那些「口袋裝滿鈔票與股票」的「百萬富翁」確實有理。這本書的作者和圖斯內爾一樣，基本上認為猶太主義就是資本主義，詹姆斯是「猶太人的羅斯柴爾德，他是世界之王，因為今日整個世界都屬於猶太人」。羅斯柴爾德這個名號「代表整個族群，象徵了伸出手臂掌控住整片歐洲的權力」，但是羅斯柴爾德家族並無犯法，他們運用他們的資本「投資獲利而再投資獲利」，並且「利用了所有能夠利用的資源」，他們只是「所有中產階級與商業價值的模範」。整體說來，是中產階級「在猶太金牛犢面前卑躬屈膝」，並且接受了「猶太人如此無窮無盡剝削產業的異端教條」。簡言之，羅斯柴爾德便是以人的形象呈現出「一套造成百萬人民悲慘絕望的體系」。羅斯柴爾德建造鐵路是為了工業與商業利益，並非為了促進「全人類的親密交流與融合」，藉此完成了「中產階級的發展」。在未來的歲月裡，這樣結合了反猶太主義與社會主義的情緒，確實對羅斯柴爾德家族的地位產生最為危險的威脅。

或許可以想見，羅斯柴爾德家族對於這般全面、普遍語帶誹謗的媒體曝光感到相當震驚，安謝姆在寫信給普魯士政府時便哀嘆道，他將之稱為「最為惡意、毫無根據的歸咎之舉，詆毀我們公司的品格與道德」。不過因為在法國並沒有針對媒體言論的監管行動，所以也無能為力；只是在普魯士也出現類似的書冊時，羅斯柴爾德家族還能遊說一番以壓制下來，他們挑明了提醒柏林的政府自己過去為普魯士提供了什麼「重要的服務」，還有其中影射的「特別論點」。詹姆斯的震怒並無多大力量，他指控媒體是無腦的盧德主義[29]：「這個

❺ 雖然這本書冊不太可能經過授權，而且後來安謝姆也表示這些針對詹姆斯而來的「粗魯攻擊」，「主要都來自一名卑鄙之人，我們的巴黎公司確實拒絕貸款給他。」

❻ 這本書基本上就是進一步發展他的指控，說詹姆斯賄賂政治人物與媒體以確保能拿到北鐵特許權，另外也更全面地針對鐵路金融攻擊。

世界再也不能沒有鐵路，要回應《國家》最好的答案就是，如果法國選擇將自己排除在鐵路發展之外，並且希望能夠藉此嚇阻世界都不要使用鐵路的話，結果就會是所有旅行之人都去使用其他鐵路的路線。」

> 在一篇文章中，我要問問這些報紙，他們是否想看到法國……將文明發展的疆界向後推，他們是否試圖阻止鐵路完工？因為他們似乎正全力往那個方向運作，這樣剩下的款項就無法支付，（然後）他們就可以便宜再買回。同時，人人都可以看見其他地方的鐵路如何有長足的進展。但是，我深信反對者的目的不會得逞，最好就放任他們扯開嗓子高談闊論……因此我不贊成發起法律訴訟，如此只會讓這個議題長久成為眾人討論的話題，畢竟那該死的奧格斯堡和科隆的報紙向來是反對我們的。最好把這些東西當成閱讀消遣就好。

看著達恩維爾這些小書冊作家的惡毒文字，現代讀者多半傾向理解詹姆斯的態度。但不可否認的是，羅斯柴爾德的私人書信中顯示，他們對於方普意外中的受害者的態度確實有些冷酷無情。當然，事故很令人遺憾，但主要是因為受到牽連的鐵路公司蒙受了負面的財務影響。這種態度的發展可以回溯至一八三〇年代在聖日耳曼路線最早發生的幾起小意外，這些意外導致公司股價急遽下滑時，詹姆斯便責怪報紙：

> 報紙看見所有股票價格都在下跌時還瞠目結舌，這完全是他們自己造成的。英國的報紙都不會討論這類意外，而是會提供數據顯示鐵路發生意外多麼罕見，當然啦，赫斯基森[30]在曼徹斯特遇難身亡時的輿論很……但也不是說他們就要怪罪鐵路。而在巴黎，他們的做法完全相反。只要發生意外，每家報紙都在問：「現在誰還想（搭火車）旅行？為什麼警察不處理這件事？」……我認為，如果你能透過佩雷爾安排發表一篇文章來反駁這些報導，好好跟這些報紙解釋我們遭遇股市下跌背後真正的原因，你就沒事了。我發現聖日耳曼鐵路的收入有明顯下滑，大概就是因為如此。

一八四二年，另一條路線又發生意外讓詹姆斯不得不延後北鐵特許權的進一步協商。納特回報道，他們決定「按兵不動，先看看那些傷者及死者家屬有獲得什麼損害賠償，然後再進行這類的新業務，你也知道在巴黎，陪審團對那些直接或甚至只是間接造成意外的人有多嚴苛」。後來「工程師開會」，他們居然「愚蠢到提出建議採取各種愚蠢的計畫以避免意外再度發生」，詹姆斯馬上「拜訪了好幾位官員並告訴他們，除非他們按照自己承諾過的配合鐵路發展方向行事，否則他就要辭去自己的管理職務」。同樣地，詹姆斯會關注從羅恩到勒阿弗爾（Le Havre）路線上的高架橋倒塌意外，主要也是因為這可能會影響到股價。

若是說羅斯柴爾德家族對方普意外的回應全然沒有同情心，那也不對。「可憐的人們。」這場意外的消息「走漏風聲」一傳回巴黎，安東尼便這樣寫道。他後來又說：「雖說千百個同情這時候也絕對沒幫助，不過確實讓我十分難過。」據說詹姆斯「大受震撼」，還說自己「兩天前」才搭著到維爾德巴特泡溫泉。不過他們煩惱背後真正的本質要在安東尼接下來送到新廷的快報中才顯露出來：

實在是太可惜了，偏偏就在一切都如此順利的時候。過去四天以來，他們一天就拿走了兩萬七千法（郎），而且每一天都更多。鐵路的工程還未中止，而且人數就和先前一樣多，只需要非常謹慎小心。我不能告訴你們意外發生的原因，你們必須有點耐心。同時，這裡的情況非常令人不悅，讓我們頭疼不已……他們除了這件意外之外什麼也不談，你們也知道巴黎對此有什麼感想。股價已經掉到了七一二，就算繼續下跌我也完全不驚訝……我們才剛收到佩雷爾的報告，他說總共只有十四人（死亡），而且意外根本沒有報導說的那麼糟。過一、兩天人們就會忘記，但是他們會想辦法壓低股價。

29 譯注：十九世紀工業革命後，機器取代大量人力而造成失業問題，因此工人群起抗議，後來衍生將所有反對新科技的人都稱為盧德主義（Luddism）。

30 譯注：這位英國政壇的重要人物在一八三〇年遭到火車輾斃，而他的名氣讓這起事故備受媒體矚目。

薩羅蒙的反應也能看出端倪，他表示這是「因為運氣好，高層中沒有人在這場災難中遇害，否則相關的警戒就會更加強烈」。

平心而論，羅斯柴爾德家族確實就如達恩維爾所指控的，他們的行為並不恰當。詹姆斯抗議說在意外幾天前，他才「讓（火車）停在每一站，檢查車廂後再讓火車上路」，而他也很高興看到德國報紙引述了他的話。政府馬上開始調查意外發生的原因，駕駛員收到「就算經過只有一點危險的地方也要盡量放慢速度」的指示，但無可否認的是，安東尼和他的兄弟們最關心的是介入巴黎股市來限制北鐵股價受到的損害，並且要盡快恢復鐵路的正常營運。安東尼在七月寫給萊昂內爾的信中讓人一窺災難發生後他的先後順序為何：

> 有許多股票操作正在發生，男爵賺了許多錢，所以他們正用盡一切方法要讓股價下跌。他們散播了各種謊言、故事，天知道還有什麼，而這條路線實在長得不得了，又很新，當然所有新路線都需要很多時間才能讓一切都步上軌道，總不可能在一分鐘內就讓法國蛙組成兵團吧。然後他們都滿腔國家主義，認為他們什麼事情都能做得比別人好，真希望他們能聽進道理，而且還有幾個人是從英國來的。他們今天晚上會寫信給你，想找來**十二名最第一流的機頭機師**參與……他們已經決定要在許多地方拓寬路線，設置更多（軌枕？）來支撐軌道，讓鐵路能再度運行。這場意外十分不幸，股票絕對會是八百法（郎）……過去這幾天的收據已經跌了好多。我是不太在乎，畢竟這整件事可以整頓得更好，等到火車又開始跑了，收據很快又會上漲。

股價持續朝著六百五十的標記點下跌，收據也下跌了百分之四十，羅斯柴爾德自然想找個代罪羔羊。七月二十一日，安東尼聲稱「這場意外是刻意為之，是某些人為了讓股價下跌而策劃的」，這番話的根據是指有二、三十個讓軌道固定在軌枕上的軌夾顯然遭人動過手腳。有人懷疑這是他一廂情願的說法。「我希望我們可以發現。」他告訴在倫敦的兄弟，「但是為了讓股價下跌而操作的那些人實在是這世界裡的一群流氓，我幾乎都要認為是他們做的……若是如此，那麼對公司來說就是世界上最棒的一件事了。」

結果證明並不需要繼續發展這番陰謀論。幾個星期過去，北鐵路線上的運量開始恢復（從三級車廂的乘客開始），每日的收益也隨之恢復。到了八月底，第一輛貨運火車開始運行，北鐵列車時刻表也首次（象徵性地）刊登在布拉德蕭手冊（*Bradshaw's Guide*）上，這本手冊是鐵路旅客的聖經。三個月後，乘客對公司的信心已經大大回升，因此漢娜向兒子提議要「小小投資（一百張）北方鐵路的股票」，這樣的提議也不無合理，畢竟詹姆斯可以預估鐵路的總利潤為三百二十萬法郎。「如今的情況妙極，」邁爾的語氣帶著豪爽地輕率，「奧地利鐵路在第一天就發生了可怕的意外，但如今的股價卻漲了足足一倍，我相信法國的北鐵也會是如此。」

這番話聽來實在狂妄，而且鑑於他們對方普意外的反應只考慮到經濟層面的理性，便不難發現正聚積成形的革命風暴不到兩年後就要在羅斯柴爾德家族的頭頂上爆發，讓他們飽嘗仇恨之苦。（或許更恰當的復仇是出現在十八年後，萊昂內爾的兒子納弟與他姐姐艾芙琳娜搭著快車從巴黎前往加萊，結果火車撞上了另一列載貨的列車，兩人差點就受了重傷。）❼為了改變如此戲劇化的形象，維也納公司與巴黎公司決定他們不只要投資鐵路，還要建設並經營鐵路，他們便和當時的民眾訂下了浮士德式的約定。就如艾興多夫所說，他們馴服了撒旦；但是「撒旦」（即達恩維爾這個人）如今背叛了浮士德，鐵路讓羅斯柴爾德家族成為舉足輕重的公眾人物，因此醞釀中的新一波社會革命自然把他們當成了目標。

---

❼ 自然，他們的母親認為他們能倖存下來是「天意」。不過根據一份資料，艾芙琳娜和她未出世的兒子兩年後仍在一場火車碰撞意外中死亡。

十六、一八四八

整個歐洲就只有一個危機：
打倒惡名昭彰的羅斯柴爾德家族
復仇女神
人民當為自己討回公道！
人民想要的不是他們損失的金錢……而是想剝了這群臭名昭著猶太人的皮。

——寄至新廷的匿名信，一八四八年三月

我們必須專注的目標只有一個，那就是維護自己的名譽，為此，各家必須用盡一切所能來互相支持，因為一家受辱則全族受辱。

——安謝姆寫給倫敦堂親的信，一八四八年四月

班傑明．迪斯瑞利在一八四四年寫道：「再也沒有比這更粗鄙的錯誤了，居然會相信革命是肇因於經濟問題。確實，經濟問題通常會加劇災難程度，不過鮮少引發災禍。」不過接下來這四年證明他錯得離譜。一八三〇年的革命發生之前並無經濟危機的預兆，對羅斯柴爾德家族而言有如晴天霹靂般意外；相較之下，一八四八年的革命發生之前經歷了一段耗時頗久的經濟蕭條，他們一直等著風暴來臨，等得又累又煩也沒

盼來，或許甚至還暗自想像著不會發生什麼風暴。如果說羅斯柴爾德最終沒能做好萬全準備來應付這場十九世紀歐洲最大的政治危機，原因或許出在革命發生的時機。一八四〇年代的經濟最低點其實出現在一八四七年，到了一八四八年春天，最糟的情況已經過去了。歷史學家事後推論，此時民眾的期望漸高，而政治動盪最有可能在這種時候發生；但是對當時的銀行家而言，一點也看不出這樣的態勢。

一八三〇年和一八四八年還有一項差異，那就是羅斯柴爾德家族自身對於成為革命行動目標的立場。一八三〇年時，詹姆斯一直和查理十世政府保持相當的距離，因此可以相對容易地轉換到奧爾良派陣營；十八年後，他和他的兄弟們不只和法國執政政府的關係更加緊密，在全歐洲各地皆然。他們不僅僅是奧地利王室政府的銀行家，也為德國與義大利各地數個小邦國服務，一般人看待他們，尤其在參與革命行動的那些國家主義份子眼裡，他們就像梅特涅政權的金主，甚至可以說是主人。艾杜華．奎茲舒默（Eduard Kretschmer）在一八四八年的諷刺卡通漫畫《讚揚崇拜我們當代的偶像》（*Apotheosis and Adoration of the Idol of our Time*）中，便畫著「羅斯柴爾德」坐在由錢幣堆成的王座上，四周圍繞著朝他跪拜的各國君主，這是當時相當流行的形象。同時，政治國家主義的第一條原則是政治與種族或語言的結構應為一致，暗指要徹底重劃歐洲各國疆界，考慮到羅斯柴爾德家族跟各個國家的金融約定往來，自然很難接受這點。奧地利詩人卡爾．貝克（Karl Beck）在一八四六年的詩作中便哀嘆道，「羅斯柴爾德」不願意用自己的金融影響力為「人民」效力，尤其是日耳曼的人民，反而是服務他們厭惡的親王。

對羅斯柴爾德家族而言，要考慮投向革命陣營也不容易，畢竟那代表著共和政體，而不僅僅是改朝換代。也不只是共和體制而已。因為一八四八年的革命跟先前的革命不同，不只關心社會議題，也關心憲政議題，這是首次在革命中同時提及反對經濟自由主義的社會主義論點（亦即極端保守派的論點），而不只是談論政治自由主義與民主體制等舊有論調（有時甚至互相矛盾）。另外，革命人士不只關心權利議題（言論自由、集會自由與新聞自由）以及在憲法保障的立法機關中有民意代表，其中有些人還討論著要對抗早期工業時代中不斷擴大的物質不平等。從許多方面來說，羅斯柴爾德家族就是這份不平等的具體化身，最好的例子便是北鐵鐵路意外發生時爆發出反對羅斯柴爾德的情緒。評論家認為，三等車廂的乘客都沒命了，「羅斯柴爾德一世」還冷血無情地數著國家補助的利潤。一八四八年發表的另一幅卡通漫畫中所描繪的羅斯柴爾德是王室（與教廷）崇敬的對象，同時畫面前方還跪著衣衫襤褸、飢腸轆轆的一家人，而背景則是一群學生舉著自由的旗幟遊行。一八四七年，俄國革命家亞歷山大・赫爾岑（Alexander Herzen）想要定義何為資產階級，他稱之為「一個穩固的階層，其限制為可參與選舉的財產資格以下、羅斯柴爾德男爵以上」。對赫爾岑而言，自由主義就是在散播一種「惡意的嘲諷」，聲稱「貧困的人也與羅斯柴爾德享有相同的公民權利」，或者說「飽足者是……飢餓者的同志」。

與一八二〇及三〇年代一樣，撰文抨擊羅斯柴爾德家族身為資本家的人總忍不住要扯上他們的猶太人身分，卡爾・貝克自然也忍不住提起「羅斯柴爾德家族……錙銖必較的同胞」，「只為了裝滿他們自己與親人那口永不饜足的錢袋！」像貝克這樣的小人物會這麼做一點也不令人意外，畢竟終將成為當代革命份子中最有影響力的人也在做同樣的事，那個人在一八四四年二月發表了一篇名為〈關於猶太人的問題〉（On the Jewish Question）的文章（不過當然在那時有眾多文人猛烈攻訐羅斯柴爾德家族，並產出許多反對論述，卡爾・馬克思在其中還不算特別出眾）：

> 猶太教的世俗基礎是什麼？**實務**需求、**自利**。猶太人的世俗信仰是什麼？**叫賣**。猶太人的世俗神明是什麼？**金錢**……因此我們在猶太信仰中看見一種普遍存在於**當下**的**反社會**元素……最後分析起來，**解放猶太人**就是讓人類脫離**猶太主義**。

當然，馬克思並未指名道姓，只是以黑格爾主義般的抽象說明包裝自己的論述，但是顯然他心中所想的就是羅斯柴爾德家族，證據是他引述了自己（表面上）評論布魯諾・鮑爾小冊子中的一個段落：

「例如在維也納的猶太人之所以讓人容忍，只是因為他手握金融大權，可以決定整個帝國的命運。這個猶太人或許在最小的日耳曼邦國中沒什麼權利可言，卻主宰了歐洲的命運。」這並非獨有的特例（馬克思繼續說），那個猶太人能夠以猶太人的方式解放自己，不只是因為他獲得了金融大權，還因為……金錢已經成為統治世界的強權，而實務至上的猶太精神也成為基督教國家的實務精神，可以說到了此時，猶太人已經解放了自己，因為基督徒如今也成了猶太人。

除非社會已經「成功廢除了猶太主義的**實證**本質，也就是叫賣行徑及其前提」，那麼「猶太人……才會**變得不可能**」。事實上，社會主義的論點就算沒有種族偏見的支持也能成立，正如馬克思後來也意識到了這點（畢竟他自己同樣是猶太人出身，卡爾・貝克亦然）；反而是一八四八年的其他革命份子如理察・華格納之流後來才進一步發展，並使這一派的論點更加完善。無論如何，面對財富重新分配、對擁有財富的資本家／猶太人必須施加更嚴格規範的激進呼籲，羅斯柴爾德家族的地位極度脆弱，這讓一八四八年革命之於他們比一八三〇年的革命更危險得多。

雖然海涅在一八四八年革命時的政治立場傾向馬克思，後來卻也取笑了早期社會主義者的動機，他在最後的筆記中寫道：

> 敵視羅斯柴爾德家族的大軍是由窮人組成，他們都想著：「我們沒有的，羅斯柴爾德都有。」另外，那些失去財富者組成的主力也加入這支軍隊，他們並不認為自己的損失是因為自身的愚蠢，反而怪罪那些想辦法保住自家財產之人耍詐。一個人只要一沒了錢，就會成為羅斯柴爾德的敵人。

他改編了一段傳統的猶太故事好讓詹姆斯有辦法回應社會主義份子的威脅：「共產主義份子……要羅斯柴爾德拿出三億法郎的財產來分享，羅斯柴爾德將屬於他的那份給了他，正好是九枚法國硬幣，然後說：『好了別來吵我！』」然而，實際上要揮別財產徵收的威脅並沒有那麼容易。在他第一封留存下來的信函（寫於一八四三年）中，一名叫做威廉・馬爾的年輕激進份子提出的論點正好是海涅曾挖苦過的論點。「時機已經成熟，」他告訴他父親，「應該將羅斯柴爾德的財產平均分配給三百三十三萬三千三百三十三・三（原文有錯照引）位貧苦的織工，這錢能讓他們溫飽一整年。」馬爾後來成立反猶太聯盟（Anti-Semitic League）的根基便是源於一八四〇年代。

正如我們所見，也有少數人發聲捍衛羅斯柴爾德家族。一位妙筆生花的作家於一八四六年在巴黎《全球》（*Globe*）上指出，「今時今日，在十九世紀沒有人比德・羅斯柴爾德男爵先生更能體現平等與勞動的勝利」：

> 說起來他到底是什麼？他一出生便是男爵嗎？不，他出生時甚至不是公民，只是一介賤民。在他出生的時候，猶太人根本無法享有公民自由，在政治上的自由就更少了。身為猶太人，地位不如奴隸，甚至還不如人而更像一條狗，孩童在大街上一邊追逐著一邊朝之投以侮辱字句與石頭。多虧了平等的神聖法則，猶太人成為了人，猶太人成為了公民，只要他的才智（與）活動……允許，社會地位便能爬升。還有什麼比這個更好、更無可辯駁的證據能夠顯示出平等法則已然勝出？然而卻是民主運動份子封閉了自己的心靈與眼睛，忽視這樣的奇蹟！顯然這些人只是名義上支持民主。真心支持民主的人應當稱頌這位猶太人，他從社會階層的最底層開始，因為平等的美德而爬升到最高階。這位猶太人一出生就是百萬富翁嗎？不，他生來貧窮，若是你能知道要建立起羅斯柴爾德家族這樣的歐洲豪門需要耗費多少才智、耐心與努力，那麼你只會心生欽羨，而非唾棄……你肆意引述了費加洛，卻不知道費加洛跟德・羅斯柴爾德先生比起來其實是權貴，因為費加洛只需要出生就能看到眼前那廣大而毫無限制的勞動戰場，然而德・羅斯柴爾德先生出生時卻發現自己無法進入這片戰場，但他還是在自由的協助下進來了，還爬得比你高。羞辱德・羅斯柴爾德先生就是褻瀆了平等。

然而，在一八四〇年代很少有人會提醒眾人羅斯柴爾德其實出身自猶太巷。只有在英國，讓猶太人進入國會擔任議員的議題在整個革命期間扮演如此關鍵的角色，似乎才真的有所相關。歐陸的革命人士不會想到羅斯柴爾德在猶太巷中委靡不振的樣子，而是想像他們在敘雷納和綠堡等地的城堡中奢靡度日。例如在約瑟夫・艾興多夫的寓言式喜劇《自由女神與她的救星》（*Liberty and her Liberators*）當中，阿姆謝爾再度被戲仿描寫成平庫斯（Pinkus）這個角色，他是一位白手起家的「世界主義者」（cosmopolitan，一名小廝誤聽成「宮廷息肉」〔Großhofpolyp〕），不但受封男爵還獲得一座城堡及花園。平庫斯不聽從自然之神的話，想要在花園中實行嚴格的統一性（最後加上蒸汽引擎才算完成），自由女神卻希望能夠放縱植物、鳥兒與動物自由自在。當她試圖這麼做的時候，平庫斯便命令他的「武裝部隊」逮捕她，但是原始森林的精靈前來救援，把平庫斯規定有序的花園搞得一團混亂。

羅斯柴爾德家族對於自己招致的敵意當然不是毫無察覺，事實上可以說他們採取了正面手段來應對，意即表現出慷慨（還有炫耀意味的）慈善之舉。一八三五年夏季遭逢大旱，薩羅蒙便拿出兩萬五千荷蘭盾用於建設從多瑙河接水到維也納郊區的輸水道；三年後，匈牙利的佩斯（Pesth）與布達（Buda）[31]等地發生嚴重洪水，他也立刻為受災戶提供金融援助。他捐助了四萬荷蘭盾在布爾諾建造科學研究機構，接著漢堡於一八四二年飽受大火摧殘，他和詹姆斯便捐出大筆金錢給專為協助災民而成立的基金。在一八三〇年代之前，羅斯柴爾德兄弟的善行大部分都侷限於法蘭克福、倫敦與巴黎的猶太人社群，如今薩羅蒙也藉由捐助哈布斯堡權貴認為是好事的善舉上來表態。庫貝克男爵在自己的日記中寫下權貴階級的反應。一八三八年在為了柯羅瓦特伯爵舉辦的晚宴上，薩羅蒙一派愉悅地宣稱，他的賓客前來赴宴，

31 譯注：這兩個地區於一八七三年正式合併，即布達佩斯（Budapest）。

「今日帶給我的歡樂就彷彿是給了我一千荷蘭盾，又或者是將這筆錢給了窮人。」聽到這番話，柯羅瓦特伯爵回答：「好吧，給我那一千荷蘭盾，那錢是要交給需要幫助的窮人，那人向我申請了。」羅斯柴爾德應允，晚宴之後，柯羅瓦特伯爵就拿到了一千荷蘭盾。

薩羅蒙經常做這樣的舉動，結果在一八五〇年代有一本抒情小說可能將他描繪地如維也納聖誕老人一般：故事中有一位富有木匠的女兒想要嫁給父親手下一位才華洋溢但貧窮的學徒，而慈祥的薩羅蒙支持少女的想法。這波俗氣作品的高潮是有人描述起薩羅蒙在列恩巷住家前廳外圍著的一群乞兒：有人聲稱自己是上帝的小舅子（他被趕走了）、有個男人想要讓薩羅蒙成為他孩子的教父（他得到五十荷蘭盾），還有一個女人的五歲女兒能夠默背出七十二首詩（她得到的獎賞沒有紀錄）。這些人之所以想親近羅斯柴爾德家族的原因不只是他的財富，更是因為舉世皆知他富有智慧又慷慨。曾有一次，和藹的老羅斯柴爾德甚至還勸勉一位年輕的法蘭克福銀行家，要他知道富有的人必須行為慷慨。

很有可能這是薩羅蒙希望別人這樣看待自己，但並不是每個與他往來的人都認同這樣的性格。莫里茲．葛舒密特的兒子赫曼在一八四〇年代還只是個孩子，他記得薩羅蒙是個暴躁且沒有耐心的暴君：「他是個殘忍的自大狂，這人既無智慧也無教養，討厭身邊的所有人，並利用機會無情地對待他人，（就只是）因為他有錢。」他暴飲暴食，習慣粗魯對待每一個人，從他的理髮師乃至於俄羅斯大使皆然，而且身邊盡是諂媚小人。他貪淫好色，尤其喜歡「非常年輕的少女」，而他跟這些女子的「冒險」消息都被警方壓了下來。最重要的是，薩羅蒙揮霍無度，經常穿著一套鑲著黃金鈕扣的藍色套裝，搭配淡黃色或白色長襪；若是他需要新的西裝或帽子，便會一次買下十二套。他搭乘著豪華馬車在維也納四處兜風，由穿著制服的僕人伺候。一八四七年正是經濟低迷最不振的時候，他耗費巨資在列恩巷興建新的住宅與辦公室。確實，葛舒密特是帶著怒氣回憶寫下這些事，不過他對薩羅蒙的敵意大概也無異於當時其他政治立場更激進的許多人。

法蘭克福的羅斯柴爾德家族也試圖透過在大眾面前表現仁慈之心來和緩眾人的敵意。一八四七年五月在法蘭克福城內突然發生食物短缺問題，阿姆謝爾便發放麵包配給卡給窮人，雖然他收到了來自法蘭克福議會「一致投票通過致謝」，卻似乎未能改善太多他在人民心中的形象。阿姆謝爾提議或許可以購買英國穀物進入德國市場時，他的姪子安謝姆就說：「我們在德國處理穀物交易必須非常小心，各地都發生許多針對穀物商人的暴動，若是大眾知道我們在穀物交易中能間接受惠，或許會爆發針對我們的暴動。」

或許這段期間最成功的公益之舉是來自英國的羅斯柴爾德家族。一八四〇年代，愛爾蘭發生史無前例的災難性馬鈴薯歉收與饑荒問題，造成大約七十七萬五千人死亡，還有多達兩百萬人被迫遷徙他方，而羅斯柴爾德伸出了援手。羅斯柴爾德家族在愛爾蘭的生意往來並不多，但是最早於一八二一年，納坦一聽說那裡可能即將發生饑荒，便提醒利物浦伯爵要準備購買「美國及東印度的米，趕在風險投資人進入市場之前進行，這些穀物的價格目前還很低而且庫存充裕，若是馬鈴薯出現短缺，就能供應足夠的食物給該國內眾多窮人以度過冬天」。二十五年後，皮爾利用愛爾蘭饑荒來合理化穀物法的廢除（藉此開放進口穀物進入不列顛群島，卻也拉垮了自己的政府）時，羅斯柴爾德的立場就很矛盾。阿爾豐斯對於皮爾轉而支持自由貿易的態度「不表讚賞」，認為這「根本就是革命」，但是他父親「非常惋惜」皮爾倒台，但可能他更不喜歡的只是，以外交觀點來看代表帕默斯頓要重返執政了。

相較之下，萊昂內爾就是徹頭徹尾的自由貿易主義者，不過他也明白光靠自由貿易並無法解決愛爾蘭的饑荒，因為歐洲各地普遍都有穀物短缺問題。在沒有官員更願意盡心處理救災問題的情況下，萊昂內爾便身先士卒，在新廷成立了英國愛爾蘭與蘇格蘭偏遠教區極端苦難救助協會（British Association for the Relief of the Extreme Distress in the Remote Parishes of Ireland and Scotland），在運作期間籌得了約四十七萬英鎊，就連討厭愛爾蘭人、同時抱持保護主義的迪斯瑞利都熱心捐助了不少！羅斯柴爾德自己則捐助了一千英鎊投入基金，僅次於女王捐助的兩千英鎊，與德文郡公爵捐的數目相當。在這種情況下，當時的人都衷心佩服羅斯柴爾德家族的努力，未來將成為愛爾蘭大臣的自由黨黨員福斯特（W. E. Forster）就曾對他朋友說，他真心「歡喜」見到「羅斯柴爾德、金納德勛爵（Kinnaird）和其他十幾位城內坐擁百萬的權貴每天見面並努力工作，比起單單贈與金錢，他們此舉的犧牲更是重大」。萊昂內爾親自處理「管理購買及運送食物到愛爾蘭等事宜，並且在沿岸地區與國內各地建造穀倉」。雖然這個行為有可能一部分是為了在一八四七年的選舉中贏得天主教徒的選票（萊昂內爾是自由黨的候選人），但是他的母親在談論此事的信件中證實了家族是真心想協助處理愛爾蘭的災難。

英國與巴黎公司的對比相當明顯。當然，法國的食物危機遠沒有愛爾蘭的那麼嚴重，正如納特於一八四七年寫道：「他們把法國各省窮苦人家的苦難講得十分可憐，但是我不相信有愛爾蘭那麼可憐，根本不能比較。」儘管如此，一八四六年的小麥收穫特別糟糕，比起前十年的平均值低了百分之十五，是自一八三一年以來最糟的一次。詹姆斯早在一八四六年一月便提早開始購買穀物，他預期歐洲各地的收穫情況都會不佳。一年後，他敦促法國政府購買俄羅斯穀物，然後在一八四七年春天，他表示願意「從海外購買價值五百萬法郎的穀物與麵粉以供巴黎消費使用，相關風險自負，過程中累積的損失由我們承擔，利潤則以麵包券的方式分配給窮人」。除了熱心公益，詹姆斯也是真的害怕食物短缺導致的社會與政治後果，正如他在一八四六年十一月告訴姪子們：「我們穀物的情況實在不妙，著實讓我非常害怕。」為此，他無疑希望能讓人看見他在協助救難，薩羅蒙便明確寫道要透過提供便宜的麵包和鹽，「讓我們的名字受到眾人歡迎。」

不過，詹姆斯的意思是，購買穀物不為了賺錢，但不希望真的賠錢。例如他在一八四七年初預估穀物仍會維持高價，但當年的收成情況改善之後多少打亂了預期，他和納特也藏不住自己的惱怒。「從來就沒有像這次穀物買賣如此愚蠢的操作，」納特咕噥道，「買光了世界上的所有穀物，結果買到的時候遇到收成，我們肯定會損失一大筆錢，未來必須更加謹慎。」大概是因為如此，巴黎的一般消費者對此並無什麼感謝之情，就算有也很少歸功於詹姆斯。正如納特所預測的：「我猜想我們的好叔叔那股樂善好施之情得花點錢才能解決了。」

如果人們對這件事的動機沒有錯誤揣測，那自然很好、也是做善事，但是在巴黎沒有人能想像有誰會無私去做某件事，假如有人說我們這麼做是為了脫手自己高價時買進的穀物，我也不會意外。」一八四七年五月在聖安托萬（Saint-Antoine）城郊爆發了這類暴亂，一部分就是衝著穀物商人而來，許多人都認為詹姆斯的角色也差不多。事實上，有謠傳說羅斯柴爾德發送的麵包裡混雜著碎玻璃與砒霜，這或許就是海涅想像中的羅斯柴爾德的夢魘：「他夢到他拿出十萬法郎給窮人，結果自己卻生病了。」

農業危機讓羅斯柴爾德家族加倍憂心的是其對歐洲銀行系統的影響。許多國家都發現自己必須從如俄羅斯和美洲這些相對偏遠的市場進口穀物，結果各國都耗盡了金子與銀子，直接影響到他們的貨幣體系。差距最明顯的例子就是英國，轉移到自由貿易模式的影響便是大量增加了進口到英國的穀物，從一八四三年的二十五萬一千公噸，到一八四七年成長至一百七十四萬九千公噸。因此，皮爾政策的成功並不在於降低麵包價格，而是避免價格大幅上升（若是穀物法仍有效便會造成此結果）。但是這項政策有個意外的副作用，影響了皮爾其他重大的立法成就，該政策迫使一八四四年的銀行特許法令宣告終止。因為銀行特許法令加強了英格蘭銀行的黃金儲備與英國貨幣供應的連結，隨著穀物大量湧入而黃金流出，儲備便開始縮減：一八四四年還有一千五百八十萬英鎊，四年後只剩下九百八十萬英鎊。銀行必須逐步調升利率，從百分之二・五（一八四五年三月）來到百分之十的最高點（一八四七年十月），因此造成劇烈的貨幣緊縮，最終迫使中止現金交易。沒有其他歐洲經濟體允許如此大量的貨幣外流，但是這個時期的英國掌控著歐陸的金融主導權，於是各地都一定能感受到緊縮。只有穀物出口商倖免於難，這一部分也能解釋俄羅斯在此一時期截然不同的經驗。

首先遭難的是法蘭克福。早在一八四六年四月，安謝姆就報告道：「法蘭克福的業務量縮減得越來越多了，若是天上不下點黃金下來，我不知道這個地方該怎麼恢復。」詹姆斯於七月造訪此地時也呼應了這個判斷。很快就出現了無可避免的消亡，這一次的損失跟羅斯柴爾德近到令人不安。一八四七年，哈伯家族（the Habers）倒下，差點拉著拜弗斯兄弟的銀行一起倒閉。因為邁爾・阿姆謝爾有兩個女兒（芭貝特和茱莉）嫁至拜弗斯家，所以羅斯柴爾德家族認為有必要出錢解救他們，總額達到一百五十萬荷蘭盾，只是他們非常心不甘情不願才拿出這筆錢。倫敦與巴黎的年輕一代就沒什麼餘裕去理會「瘋狂的老拜弗斯」，「如果我們付錢是因為他們選擇欺詐，」納特抱怨道，「天曉得他們要從我們的錢庫裡汲取多少利息……我唯一感覺到的遺憾就是我們高尚的親戚還認為我們應該去幫助他們。」事實上，似乎是詹姆斯堅持要拯救「如此親近的親人」，而不顧阿姆謝爾、薩羅蒙及卡爾的抱怨連連，這點相當能夠解釋他在這個時期確實在家族問題上擁有最後的決定權。但是哈伯家族的垮台（拜弗斯家族與他們也是姻親）比起拜弗斯家族的存活更加引人注目，報紙上再次出現了許多文章「將德國產業……的崩壞歸咎於我們」。「這些攻擊如此猛烈，」安謝姆寫道，「我們發現自己不得不回應這些誹謗，必須簽署一份聲明刊登在德國各大報紙上。」在巴登的議會裡，一名自由派議員便譴責羅斯柴爾德家族，安謝姆表示這個人的「目的無非就是動員大眾對我們家族發起信仰的聖戰，將我們描寫成卑劣的金融力量……管制著……所有君王、所有人民」。甚至有人指控萊昂內爾同意讓南德國的工業破產，藉此換取帕默斯頓承諾讓他能夠進入下議院。

銀行危機會造成骨牌效應。維也納主要銀行之一的阿爾斯坦與艾斯可里斯銀行已經遭逢困境，而哈伯的問題讓情況雪上加霜。從一八四七年初開始，維也納市場便一直醞釀著麻煩，梅特涅不得不要求薩羅蒙馬上從巴黎回來，「規劃出什麼計畫好阻擋市場危機」。到了九月底，他似乎已經成功「避免了一場無法估量的災難」。但是哈伯還欠艾斯可里斯一百萬荷蘭盾，如今倒閉之後顯然也會讓艾斯可里斯大難臨頭。或許因為薩羅蒙跟艾斯可里斯有密切往來，畢竟多年來雙方在發行奧地利公債生意上都是關係緊密的夥伴，又或者是他覺得自己有道德責任要為之說情，無論如何，他在十二月二十三日通知法蘭克福公司，艾斯可里斯

> 幾個小時前來拜訪我，非常明白告訴我目前他什麼都不需要，但若是他有需要，就必須完全轉移手上的房貸作為擔保。我的投資組合中，艾斯可里斯的匯票價值是一百五十二萬荷蘭盾，哈伯匯票則有一百一十八萬

五千荷蘭盾，剩下的則都有背書。

事實上，薩羅蒙和辛納已經同意要為艾斯可里斯紓困，就像他在六年前也想要拯救蓋謬勒銀行，但是這一次薩羅蒙在行動前並未徵詢兄弟們的意見（或許是還記得他們不同意拯救蓋謬勒）。自然，他急忙向他們一再保證這麼做不會有風險，而且辛納「自己很謹慎」，他要求安謝姆保持「冷靜」：「只要上天幫忙，我們仍然會是羅斯柴爾德。」即使他的兄弟（與兒子）擔心他會鑄下大錯，薩羅蒙也絲毫沒有察覺，而他這次錯誤帶來的影響將在這個月趨於明朗。

在巴黎，法蘭西銀行最早從一八四六年十月就面臨「貨幣供應危機」（詹姆斯），之前幾次（在一八二五年以及一八三六至三九年）都是法蘭西銀行出面協助英格蘭銀行，這次英格蘭銀行便出售了價值兩千五百萬法郎的銀條來償還債務。正如一八三〇年代時，羅斯柴爾德原本打算參與這筆交易，結果無功而返，即使詹姆斯在十二月親自拜訪倫敦，這筆生意最終還是由侯廷古耶安排，而詹姆斯後來提出另外一筆五百萬法郎的生意也遭到銀行行長達亞古伯爵拒絕。自從納坦過世後，新廷與針線街之間的恩怨仍未消解。

萊昂內爾試圖在聖彼得堡（因為俄羅斯穀物出口而擁有大量金條）和法蘭西銀行之間居中牽線，結果也沒能成功。他們派出班傑明．戴維森帶著好幾輛馬車載運的金子經由里加前往俄羅斯首都，顯然打算設立新的辦公室，但是這次的任務宣告失敗。戴維森在覆滿冰雪的俄羅斯道路上經歷了一段飽受折磨的旅程後，結果發現自己身為外國猶太人根本就無法在此做生意。後來俄羅斯政府出手拯救法蘭西銀行，從其儲備證券中買下了五千萬法郎的債券，但羅斯柴爾德家族只能垂手旁觀。事實上，一八四六至四八年的危機顯然是法蘭西銀行加強掌控法國貨幣體系的大好機會，見到拉菲特野心勃勃創立的工商業基金銀行（La Caisse Générale du commerce et de l'industrie）倒閉，以及拉菲特擔任行長期間鼓勵設立的眾多地方銀行歇業，他們並不感到惋惜。納特簡單總結了羅斯柴爾德此時對法蘭西銀行的感覺：「他們就是一群爛人，盡一切所能苛待我們，但跟他們爭執對我們沒好處。」

倫敦的情形也差不多。英格蘭銀行的匯率於一八四七年四月毫不留情地往上飆漲，詹姆斯便說：「你們的銀行就是這情況的主人與主導者，英格蘭銀行能對全世界施加自己的意志，這樣黃金就得回流。」但是財政大臣查爾斯·伍德子爵（Sir Charles Wood）卻沒有自信認為銀行能夠在不違反黃金儲備合法需求量的前提下克服危機，他和首相詢問萊昂內爾對這件事的看法，聽了之後十分不贊同，伍德向自己的親信山謬爾·瓊斯·洛伊德（Samuel Jones Lloyd）說：「我今天早上在約翰（·羅素）勛爵家中見了萊昂內爾·羅斯柴爾德與（巴爾林家族的喬舒華·）貝茲（Joshua Bates），（小聲說）我實在無法理解他們居然表現地那般無知，我還以為倫敦市內的每位商人一定都知道眼前的事實與情況，他們自己真的沒什麼意見可說，還坦白說事情的發展十分迅速。」如果納特的觀點透露出萊昂內爾所說的內容，那麼羅斯柴爾德家族的立場或許會讓伍德認為他們在政治上太過天真。他寫道，英格蘭銀行的政策是「不自由開放的，我必須說我不理解他們的政策，他們用盡全力阻止貿易，而國家確實會為他們的黃金付出沉重代價」。伍德早就知道這點，他想知道的是如何終止一八四四年的法令，而不會讓他背上范西塔特那樣的罵名。當他找上一手催生銀行特許狀法令的人請益（並且粉飾太平），皮爾同樣認為萊昂內爾並非「真的了解貨幣問題，而且他的偏見讓他傾向支持創立銀行法的原則，也偏好銀行法本身」，皮爾告訴他，不是「羅斯柴爾德、馬斯特曼（John Masterman）、葛林與城市內的大人物——而是……那些他私底下與之協商的人才是……他在這件事最應該信任的人，包括瓊斯·洛伊德、科頓（W. Cotton）、諾曼（Norman）以及英格蘭銀行行長」。兩大黨派都對萊昂內爾的專業不甚信賴，證明了羅斯柴爾德家族自納坦死後便失去了貨幣政策的影響力。

通貨緊縮的貨幣政策對歐洲工業產生了直接影響，對羅斯柴爾德家族而言，法國鐵路公司受到的影響最為棘手。問題不是鐵路投資與建設中止了，這些主要在危機發生之前就透過政治與商業決策預先安排好，更嚴重的問題是在於很難停止❶，因此壓力落到了鐵路公司的銀行家與投資人身上。隨著工程進行，銀行發現自己收到貸款要求以資助不可避免的成本超支，同時投資人只能陰鬱地看著貨幣緊縮壓低了鐵路股票的價格。事實上，詹姆斯就像他的英國姪兒害怕的那樣過於樂觀了，在危機爆發前夕，他和他兒子滿懷自信地向親戚們保證，除了經濟利益之外，鐵路還可能讓人們在政治上「傾向保守並支持政府」。「法國的一切都風平浪靜，」阿爾豐斯在一八四六年一月告訴邁爾·卡爾，「政府握有強大的優勢，工業化和鐵路吸引了眾人的心思，使他們不去理會政治。願上天保佑，我們未來多年都能享有這樣令人欣喜的和平。」短短幾個月內，風向就轉變了。「唉呀，」那年八月詹姆斯對安謝姆坦承道，「我必須承認，只要一想到世界上這麼多人做出願意支付建設鐵路各處用度的承諾，而這些錢不會那麼快就回到生意人的手中時，我就發現自己顫抖不已。」到了十月，他便不得不重新安排支付北鐵特許權款項給政府的時間，並且插手干預以炒高股價。

納特過去的意見終於得到平反，不過就在他享受其中時，詹姆斯對這場危機的反應則是要讓羅斯柴爾德公司專心經營北鐵，同時從另一條利益關係較小的鐵路中抽身。「如果，」他告訴姪子們，「我們無法確定日後一定能賺回鐵路從我們身上掏走的錢，那我認為這個情況可能就非常危險了。」因此，當「塔拉博那個無賴傢伙」要求更多資金好投入亞維儂到馬賽的鐵路，便遭到斷然拒絕。同時，他們還賣光了其他公司的股票。詹姆斯也不願意拿出更多自己的錢投資北鐵，當公司需要新一筆資金來建設鐵路時，他直接求助於股東們。正如一八四七年眾多不滿之人，羅斯柴爾德也把自己的問題怪罪到政府頭上，「政府必須改變他們做生意的方法，」安東尼抱怨道，「他們對待鐵路公司的態度完全毀了自己的信用，你實在想不到大家是怎麼哀號自己損失了多少金錢，而他們全都怪罪政府，政府當然也是罪魁禍首。」這樣的怨憤不平加乘千倍，革命於焉而生。

矛盾的是，即使羅斯柴爾德家族對歐洲各國政府的經濟政策越來越不滿，仍然會第一時間借錢給他們，

❶ 從建設與投資的鐵路長度數據來看，直到一八五一年才達到低點，亦即金融危機的四年後；用一個貼切的比喻來說，這就是「煞不住的火車頭」效應。

就像反射動作一樣。一八四七年的經濟危機在隔年轉變為政治危機，其中的連結就是財政問題，整個歐洲都出現開支增加（先是為了鐵路，然後是為了安撫社會，最後則是反革命措施的花費）與收益減少（因為人民收入與消費都下滑）的問題，加在一起不免就會造成政府赤字。例如在一八四二至四七年間，奧地利的預算便增加了百分之三十，而薩羅蒙借貸給政府的習慣已經根深柢固，因此在一八四七年二月政府找上他要求一筆八千萬荷蘭盾的新貸款時，他「感謝上天」帶來了「天大的好生意」。結果完全不是這麼一回事。薩羅蒙和辛納以及日漸衰落的艾斯可里斯合作，他拿下了（名目）價值八千萬荷蘭盾的百分之二・五及百分之五債券，銀行家藉此必須分五年分期支付政府八千四百萬現金。這原本是一樁好生意，但前提是至少要可能維持五年和平繁榮的日子。

表面上來看，政府需要這筆貸款來挹注新鐵路，薩羅蒙想要將這批新債券的「大部分」賣給現金充裕的沙皇時是這樣告訴加瑟的。但是到了一八四七年十一月，奧地利卻整軍準備干預倫巴底（Lombardy）和威尼西亞（Venetia）地區，那裡的起義似乎已經迫在眉睫。薩羅蒙從梅特涅那裡得知這則消息，但他並不認為這是警告，甚至主動提出更多金融上的協助。令人意想不到的是，他同意再借出三百七十萬荷蘭盾以交換百分之四債券，而且還保證不會在市場已經緊繃的當下售出。他答應庫貝克，這批債券會留在「他自己的保險庫中」以賺取百分之四・六的利息，此時倫敦的短期利率落在百分之五・八五，而百分之五的金屬債券價格已經比三年前低了十個百分點，這個決定可說非比尋常（還說不上自尋死路）。即使在討論薩羅蒙的提議時，庫貝克也警告說干預義大利事務會導致「我們金融的全面崩盤」。「我們已經如臨深淵，」他很有先見之明地告訴梅特涅，「但國庫日漸增加的需求卻是因為對抗外國革命份子而採取的必要措施法，這導致國內騷亂加劇，從各省領主的態度也能看出來，鄰國的報紙上也已經出現許多報導了。」梅特涅毫不畏懼。當薩羅蒙在一月時開始退縮時，梅特涅憤怒地告訴他：「政治上一切安好，交易所裡卻不然。我做好我該做的，你卻沒盡本分。」

就像援助艾斯可里斯一事，薩羅蒙對政府的承諾並未問過羅斯柴爾德其他公司的意見。「我們從維也納收到非常有趣的信件，」大約同一時間，納特寫信到新廷，「我們的好伯伯手上都是奧地利百分之二（・五）及百分之五的金屬債券，天曉得他打算如何在這樣的市場上操作。梅特涅親王招攬了我們的好伯伯好讓他繼續金融操作，我猜法蘭克福公司下次擬定收支平衡表的時候就會發現有一點不同了。」這麼說可是嚴重低估了。一八四八年二月，公司首次嘗試計算薩羅蒙所做的承諾時，發現總額達到四百三十五萬荷蘭盾（約六十一萬英鎊），這已經是維也納公司在一八四四年資本的兩倍以上。如納特所言，從概念上來說，法蘭克福公司仍然要負責自己的維也納分支，但是在一八四〇年代期間，他們也累積了不少其他日耳曼邦國政府債券，尤其是符騰堡與漢諾威，而且最晚在一八四八年三月都還在討論要借一筆新貸款給普魯士！最後，安謝姆從法蘭克福前往整頓維也納公司時，他完全沒有尊敬父親的心情，而他和父親的關係也是羅斯柴爾德家族於一八四八年的一筆損失。

法國的開支也在逐漸上升。到了一八四七年，預算比起十二年前高出了百分之五十五，還不完全是因為政府對鐵路公司的眾多補貼。早在一八四六年秋天，就有人提起要貸款以挹注政府赤字；隔年夏天，因為貨幣市場情況艱困而很難出售國庫券，於是不得不發行新一批的債券。不消說，儘管詹姆斯的姪子們不時會擔心法國金融的穩定性，羅斯柴爾德並不打算將這筆生意拱手他人。巴黎的情況跟維也納差不多，無論經濟條件如何，政府貸款已經是習慣成自然的生意。確實，詹姆斯似乎極力討價還價，最後談成的條件看起來也很慷慨：名目上要籌措的三億五千萬法郎中，羅斯柴爾德家族以百分之三債券的形式拿下兩億五千萬，價格只有七十五・二五，比起市場價格低了約兩個百分點。確實，他的競爭對手大可抱怨這種雙面手法，財政部長很可能對這批新債券的競標動了手腳，讓詹姆斯的投標價格恰恰等於部長設定好的祕密底標。納特事先就坦白告訴兄弟，杜蒙已經「露出馬腳」：「（他）說他不能透露自己的底價，否則他就不能對內閣澄清說自己密封的信函對眾人來說一直是祕密，但我們**有了大概的共識**。」

然而，納特認為這筆貸款「是個極度危險又引人憂心的問題」，他基本上還是說對了。詹姆斯沒有薩羅蒙那麼草率行事，不過即使姪子們都看衰市場，他也沒有聽他們的建議「將我們的債券全數脫手」，有一些賣給了如沙皇和海涅等投資人，不過卻不是全部。根據好幾份敘述，一開始他決定只賣出三分之一到市場，剩下的一億七千萬法郎留著，因為他認為百分之三債券的價格會漲到七十七以上。當然，同一時間詹姆斯自己也必須在兩年內分期支付國庫兩億五千萬法郎，結果這又是一次昂貴的失算。

在英國的風暴前夕也出現一筆判斷失準的貸款。一八四七年三月，所謂的愛爾蘭饑荒貸款價值八百萬英鎊，表面上是為了援助愛爾蘭的開銷而籌措資金，卻也能合理假設這段時期的政府赤字還有其他原因。投資人很清楚英國獨特的信用評等制度，再加上這筆錢是為了做善事而籌募，因此平分承諾支付這筆貸款的羅斯柴爾德與巴爾林很容易就找到了買家，事實上詹姆斯還抱怨自己只拿到二十五萬英鎊。然而，股價很快就從發行時的八十九．五跌到八十五，這讓投資大眾驚愕不已，承諾支付的銀行也很難堪。

就連在可以說革命已經開始的義大利，羅斯柴爾德家族也在一八四六至四七年盤算著發行公債的可能性。在那不勒斯，卡爾顯然急著想同意一筆給政府的貸款，結果因為波旁政權自己老是舉棋不定才沒有談成。在羅馬也有關於貸款的討論。羅馬教廷的金融狀況自一八三〇年代以羅斯柴爾德貸款為基礎而有所進展之後，再一次陷入混亂：一八四七年的赤字是前一年的兩倍，而羅馬的百分之五債券則是自一八三四年以來首度跌到名目價格以下。不過詹姆斯對於一八四六年庇護九世（Pius IX）獲選為教宗相當有興趣，「應該是個自由派」，他的判斷相當一針見血，交代停止賣出羅馬債券，並認為應該會出現「相當正面的變化」。這裡或許指的是羅馬猶太人社群的地位，此時薩羅蒙再次著手為他們爭取更好的待遇，只是他們在義大利的新代理人赫克特（Hecht）提出嚴正警告，赫克特「十分熟悉教宗國的狀態，認為革命即將就要爆發」，阻止了羅斯柴爾德接受托隆尼亞的新貸款提議。卡爾的兒子阿道夫在一八四八年一月造訪梵蒂岡城，發現當地的政治辯論與軍事整備都讓他不安，而倫敦公司居然在一八四八年一月建議要貸款給皮埃蒙特，這時機簡直糟得不能再糟了！於是阿爾豐斯基於同樣的原因駁回，他委婉指出這個「國家可以說……已經處於全面革命狀態了」。唯一在此時要求貸款而遭到拒絕的另一個國家是比利時，諷刺的是，比利時在這波即將開始的革命動盪中卻是少數未受到太多影響的國家之一。

「史上最糟糕的革命」

嚴格說起來，一八四八年多起革命始於義大利的說法或許並不正確：加利西亞與瑞士等地的內戰都預示了大禍將至，同時包括一八四七年腓特烈．威廉四世（Frederick William IV）打算依照一八一九年的公債法令召開聯合議會（United Diet/Landtag）未果，以及德國南部的自由派也蠢蠢欲動。但是，雖然羅斯柴爾德家族一直密切注意這些事件，卻不感到憂心。確實，奧地利併吞克拉科夫看起來就像是重演瓜分波蘭，就像先前的事件一樣，「可憐的波蘭人」確實「非常值得同情」。「我想他們有很多人要挨槍。」納特淡然評論道，而他的薩羅蒙伯伯只關心外國政府不該質疑奧地利的舉動。接著在一八四八年一月，西西里爆發工人反抗運動，而兩西西里王國的費迪南多二世（Ferdinand II）答應要實施自由派的憲法，這件事才讓羅斯柴爾德第一次感到害怕，納特評論道，這真是個「討厭的消息」（一如往常，羅斯柴爾德家族是最早聽見消息的人）。

然而，他和家族內其他人仍然主要從外交層面來考量，思忖著那不勒斯的危機是否會強化奧地利想要干預的決心（薩羅蒙急忙否認了這件事）。安謝姆在寫給萊昂內爾與阿爾豐斯的信中開玩笑說，阿道夫在寫信時手都在發抖，表示他和他父親卡爾一樣緊張，更不用提父子同樣怯懦的脾性，不過這只是開開玩笑。卡爾一開始的反應其實很冷靜，早在二月十九日就又討論起借貸給波旁政權的可能性。安謝姆在評論自由派抨擊路德維希一世（Ludwig I）於慕尼黑的政府時，絲毫沒有意識到自己的判斷很快就能夠套用到全歐洲：「唉，事情就是如此。無論是政治的最高殿堂或者最低階的社會關係皆然，人民將強加自己的意願向權位更高者指揮律法。」他可能還希望「那裡的不安」能夠「很快消弭」，如此一來羅斯柴爾德家族的「低利貸款」價格暴跌也能消停。

正如一八三〇年，法國革命的爆發讓不安變成驚慌。當然，羅斯柴爾德對七月王朝從來沒有抱持過於樂觀的信心，而路易．菲利普的長子在一八四二年過世一事讓他們對未來更加悲觀：國王自己都坦言「在他死後……一八三〇年革命將會再起」。「我告訴你們，我真的想到就胃痛，」安東尼不安地評論道，「只要現在的國王還活著，我想就不會有危險，但天曉得在他駕崩後會是什麼取而代之，所以我向上帝祈求這位老好人能夠長命百歲，這樣一切就能非常順利，無論如何我們都必須謹慎。」這點能夠解釋為什麼羅斯柴爾德家族會害怕有人成功暗殺國王。詹姆斯在一八四六年收到死亡威脅時將信件交給政府，並且說：「想開槍殺我的人很可能也會對國王開槍，反之亦然。」接下來的四月，路易．菲利普又逃過一次暗殺，納特便稱他是「有史以來最讓人敬佩的一個人」。

然而在一八四七年間，議會以外的勢力不斷要求選舉改革的聲音越來越大，即使路易．菲利普還活著也有可能重演一八三〇年。納特在一八四八年一月及二月從巴黎捎來的報告中顯示，他也看見危機正在接近：「好多人說的話完全就像他們在一八三〇年革命之前所說的話。」這是他在二月二十日的評論，就在那場即將改變歷史的改革宴會預定要舉行的兩天前，而那場宴會是為了反抗政府的禁令。

> 我想政府換人做或許可以挽救惡行，但同時也不可能知道將來會發生什麼事，沒有人知道法國暴民要怎麼乖乖聽話，而議會（主席？）跟平民來往的時候，要說他們會做到什麼程度、什麼時候才會安靜下來，沒人說得準。我們必須樂觀期待，同時，我親愛的兄弟們，我真的非常強烈建議你們賣掉各種類型的股票與公開證券。

不過隔天他就比較樂觀了：

> 大家還在為那場討厭的宴會興奮不已……真的跟一八三〇年的時候差不多就是同樣的東西，儘管如此我

還是忍不住想著這一切可能都會平息，不再困擾我們。這個國家的生活一直都很優渥，大致說來人們都非常希望能夠保持現狀，所以我相信革命行動不會發生……最終會是政府換人領導，基佐很可能會提出國會改革的問題。若能發生我會很高興，這樣會讓我們的債券上漲，讓事情再次步上正軌。

「但是我深信等到這場宴會的相關事務結束，我們就會看到很大的進展，」他在另一封信上又說，「我們的所有朋友都保證不需要擔心左派議員這邊會出現什麼革命示威，在我看來，他們的宴會一定會一敗塗地。」「對人民而言，維持秩序對他們有利太多，所以不會鬧事，」他在宴會日期訂下之前的最後一封信上寫了結論，「而且我認為暴亂不會再次成為今日的問題，至少當下不會——」這位喜怒無常的悲觀主義者偏偏在此時選擇看向光明面，時機不能再糟了。

即使到了二月二十三日，此時街道上已經築起路障，國民兵也出現叛變的跡象，納特此時在信上依舊低估了情況的嚴重性，還緊張地期望改朝換代就足以平息紛亂：

> 政府換人了，基佐剛剛在議會中宣布他已經向國王請辭，而陛下目前正和莫萊單獨商談，我們必須期盼他們兩人能籌組出一個好政府，但是要向少數派系的願望以及紛擾不安的國民兵妥協，這樣的實驗相當危險——最大的錯誤就是沒有早點趕走基佐，人民已經發出要求改革的呼籲，現在無論哪裡都不可能抵擋與論壓力。暴亂本身並不是非常嚴重，很少出現真正的打鬥，根本也沒死幾個人，但是真正讓國王感到焦慮的是國民兵表現出支持改革並反對基佐的意向……無論怎麼說，暴亂已經結束，現在他們已經得到想要的改革，我看不出來他們還想爭什麼，我想我們會聽到什麼啟示，天曉得還有什麼。我只知道一件事，那就是這位謙卑的僕人未來不會持有太多法國股票了……對國民（兵）煽動的暴民讓步，實在太危險了。

這封信肯定是在衝突的幾小時前才寫的，因為不久後在嘉布遣路（rue des Capucines）便發生了改變一切的衝突：有五十名示威抗議者遭到保衛外交部的士兵射殺死亡。第二天，路易・菲利普面對他所謂的「道德起義」宣布退位，他傳位給他的孫子，然後逃到英國，交由各個互相對立的政黨去組成臨時政府，參與者包括律師亞歷山大・勒得盧–侯朗（Alexandre Ledru-Rollin）、詩人艾爾豐斯・德・拉馬丁（Alphonse de Lamartine）、社會學家路易・布朗，還有一位名叫艾伯特（Albert）的鑄幣工人。隔天，為了因應失業的建築工人要求他們的「工作權」便成立了委員會。納特的下一封信言簡意賅：「我們正處於史上最糟糕的革命，或許這封信送到（你們手上）後不久就會看到我們了。」他和詹姆斯已經將妻小都送到勒阿弗爾，準備搭乘下一艘前往英國的船。

最重要的是，過去革命的記憶影響了法國的事件。有些人記得一八三〇年的革命根本沒達成多少目的，於是決心要在更確實民主的基礎上建立共和國；而那些仍為一七九〇年代革命記憶擔心受怕的人，則決心不讓權力落入新雅各賓黨人的手中。問題一直懸而未決，最早要等到六月底才有解答。雖然制憲議會（Constitutional Assembly）的選舉結果顯示，巴黎以外的地區對激進共和主義的支持有限，但是也不能排除在巴黎內可能發生「紅色」政變。五月，社會主義者拉斯佩爾（François-Vincent Raspail）、布朗奇（Louis Auguste Blanqui）與巴貝（Armand Barbès）等人意圖發動政變未果；六月，國家工廠[32]的關閉讓希望破滅的工人和國民衛兵之間發生衝突。最晚在一八四九年六月，所謂的山嶽派（La Montagne）走上街頭，想賭上最後一把重燃雅各賓黨的精神，但仍以失敗告終。

幾乎爆發革命的每個地方都依循著類似的模式。雖然確實因為革命而遭廢黜的君主相對無幾，卻有不少君主被逼得逃離首都，而且因為街頭爆發的暴動暴露出平民警力的不足（或不可靠），大部分君主都必須做出立憲上的讓步。這種集體讓步代表實現各種制憲革新的可能，從法國的共和制（在羅馬和威尼斯也有嘗試）到議會制（在許多德國邦國實施）。尼德蘭是一八三〇的革命中心，荷蘭與比利時的君主面倉促地屈服於自由派的壓力，允許實施憲法改革；丹麥的情況也是一樣。德國的革命從巴登開始，在巴黎事件過後，巴登大公幾乎立刻就被迫同意接受自由派的憲法，隨後黑森－卡塞爾、黑森－達姆斯塔特和符騰堡也跟進照辦。巴伐利亞的國王路德維希一世被迫退位，而他和舞者蘿拉．蒙泰茲（Lola Montez）的親密關係讓他的聲望受到無可彌補的傷害。然而，君主體制內的這些變化並未讓比較激進的共和派人士滿意，他們四月在巴登又試圖發起政變。甚至在羅斯柴爾德的家鄉也能感受到這波動盪，與安謝姆的期望正好相反，一八四八年也威脅到了像法蘭克福這樣的古老共和政體，因為他們對公民的定義過於狹隘，而且政府結構也過時了。三月初在城鎮中心便發生了第一波暴動。

似乎每個地方都有兩場（可能是連續發生的）革命：一場是針對憲法改革，另一場基本上是為了經濟目標。雖然兩者之間有相當複雜的重疊，卻也有相當明顯的社會差異，當受過教育的學者、律師、專家在發表演講及起草憲法時，卻是工匠、學徒和工人出力築起路障並挨槍中彈。

或許一八四八年和一八三〇年之間最大的差異在於，這次革命的流行病也傳染到了奧地利。梅特涅透過羅斯柴爾德的信差收到巴黎革命的消息，「啊，很好，親愛的，一切都完了。」據說他這樣評論道，不過隨後他對薩羅蒙所說的話比較樂觀看待。確實一切都完了。三月十三日，一群示威遊行者和軍隊在下奧地利州議會（Lower Austrian Estates）的會堂外發生衝突。次日梅特涅便辭去職務，喬裝打扮後在歐洲各地繞路逃走，身上也只帶著應急的錢（他忠誠的銀行家薩羅蒙給他的信用票據）好讓他的家人能逃到英國。奧地利皇帝費迪南一世（Ferdinand I of Austria）任命他的死敵柯羅瓦特來取代他，並且答應制憲。就像在其他地方一樣，新政府選擇實行像英國模式的兩院制議會時，在下議院的資格加上了財產條件，此舉引發激進派的民主人士（主要是學生，例如赫曼．葛舒密特那位特立獨行的表親伯恩哈德．鮑爾〔Bernhard Bauer〕）走上街頭抗議（五月

32 譯注：一八四八年革命後，因為路易．菲利普退位而引發經濟危機，工商業都陷入困境而導致嚴重的失業問題，於是革命政府成立國家工廠為失業民眾提供工作機會。

十五日），迫使皇帝本人逃往因斯布魯克（Innsbruck）。當制憲會議後來趨於保守（農民代表只要廢除農奴制就滿足了），而革命政府又打算縮減公共工程開支，便引發了更多混亂：工人在七月發起罷工，而學生也在十月試圖放手一搏再次發動政變。

中央的哈布斯堡政府垮台後在整個中歐地區引發了連鎖效應。普魯士的萊茵蘭已經開始出現騷動，不過最後是來自維也納的消息改變了柏林的氛圍。三月十七日，經過數日的公眾示威活動，腓特烈．威廉四世顯然只能退讓同意制憲，但他同時又調動軍隊以恢復秩序。就像在巴黎一樣，市中心有緊張的士兵意外對著示威群眾開槍，將改革示威變成了革命。激烈的抗爭持續超過二十四小時，然後國王投降了，對柏林人、普魯士人以及（最值得注意的是）「日耳曼國度」頒布一系列公告。如同在巴登、符騰堡和漢諾威一樣，由自由派掌權，只是所有接受公職的人很快就發現，他們希望進行的經濟與政治自由化與工匠、學生及勞工主張的更激進訴求，兩者之間實在難以調和。有一段時間，團結統一的最大希望似乎就是國家主義，因此德國的革命從一開始就不僅是在各邦國內進行制憲改革，而是有望同步改革日耳曼邦聯本身。

哈布斯堡王朝分支的垮台並不僅限於德國。在布拉格，如法蘭提塞克．帕拉茲基（František Palacký）的溫和自由派人士便不斷要求根據資產特許條件來籌組現代議會，以取代過時的波希米亞議會（Bohemian Diet）。在匈牙利、克羅埃西亞（Croatia）和外西凡尼亞（Transylvania）等地也有類似的分離主義傾向，加上程度不等的自由主義。義大利的情況亦然，只是時機稍有不同。我們先前已經提過，兩西西里王國的革命很早就開始了：三月六日，費迪南多二世便准許在西西里另外成立議會，不久之後便棄置在當地；兩個月後，他也准許那不勒斯籌組議會。在皮埃蒙特及教宗國中，薩丁尼亞國王卡洛．艾爾伯托（Carlo Alberto）與庇護九世做出了類似的讓步，兩人都在三月同意制憲。威尼斯及米蘭的革命則是以反抗奧地利統治的叛亂進行，就像在德國一樣（不過規模較小），有些革命份子認為這次有機會讓義大利不再只是個地理名詞。

為什麼一八四八年對羅斯柴爾德家族而言似乎是「史上最糟糕的革命」？重點是要注意，他們的反應並不是因為人民的意識形態統一轉變為傾向自由化或共和化的政府。家族內各個成員對於革命的態度大不相同，在一邊的極端上，薩羅蒙似乎完全無法理解自己所面臨的災禍，因而只能從宗教角度來解讀，他在寫給兄弟及姪兒的信件中幾乎語無倫次，雖然沒有試圖合理化自己錯誤的金融決策，但他認為這場革命是能夠避免的政治意外，一切都要歸咎於路易．菲利普的無能、梅特涅王妃的虛榮奢華以及帕默斯頓的不負責任，而這樣在世界歷史上留名的動亂不僅與一七八九年齊名，更與德意志農民戰爭（German Peasants' War）、十字軍東征以及聖經上的蝗災比肩。無論如何，他都將其視為對宗教信仰的神聖試驗。

他的姪子納特就不會這樣安慰自己。他原本在政治上就比自己在倫敦的兄弟更趨保守，個性上也更謹慎，革命讓他深受創傷，甚至導致某種生理上或精神上的崩潰。在他前往埃姆斯（Ems）泡溫泉療養前，他哀嘆道，這是一場更糟糕的「政治霍亂，過去從未在世上肆虐過」，「而我擔心這世上沒有醫生能夠治療這場霍亂，必定要先流失相當多血。」基本上，他在這段革命年月中寫給兄弟的每一封信結論都是警告，要他們賣掉所有股票和股份。

家族中沒有其他人對革命如此悲觀。阿姆謝爾和卡爾似乎沒有對這件事思考太多，對他們而言，革命就像自然災害，雖然令人費解，但有上天的庇佑就能生存下來。革命的念頭完全超出他們能理解的範圍，卡爾將義大利國家認同的論調斥為「幾個瘋子提出的愚蠢計畫」，而他和阿姆謝爾都希望盡可能跟政治辯論保持距離。類似的情況也出現在宣揚國家主義的華麗手法上，包括三色旗與愛國歌曲等等都無法打動老一輩的羅斯柴爾德。當時有一幅卡通諷刺漫畫描繪著面露困惑的阿姆謝爾，他詢問在一八四八年夏天由法蘭克福議會任命的「帝國貿易部長」亞諾．達克維茨（Arnold Duckwitz）（顯然是比較樂觀假設即將成立新帝國）：「部長先生，還沒有可以交易的東西嗎？」（參見圖16.i）這或許暗示了阿姆謝爾對議會中曠日費時而無結論的辯論感到不解。相較之下，詹姆斯很清楚革命人士想要的是什麼，他越來越相信所有政權馬上會變得不再可靠，而財務上也有可趁之機，因此在這場風暴過後，無論旗竿上升起哪一面旗了他都準備對之致敬。例如，他拒絕讓阿爾豐斯進入國民兵部隊服役，與其說是明確的反共和態度，不如說是他認為家族利益高於任何政治考量。詹姆斯對路易・菲利普沒有絲毫同情。

在某個程度上，包括安謝姆、萊昂內爾、邁爾・卡爾及阿爾豐斯這四名長子都抱持著這樣的實用主義，對於政治上的發展傾向採取類似的冷靜觀點，不過他們和詹姆斯的不同之處在於，他們偶爾會對自由派改革表示同情，不過會與激進民主派、社會主義及共產主義等思想做出區隔。安謝姆對於德國發展的評論中可以看出，他看著各個君王、親王和大公必須向「人民的意志」低頭也不覺得同情，對法蘭克福議會中那群「戴假髮的老頭」也相當沒有耐心。他在離開法蘭克福前往維也納之前，還有意願參加德國「前議會」的第一階段辯論，不過他對這件事的興趣與自身無關，不像他們在倫敦的堂親萊昂內爾，他和邁爾・卡爾都從來沒想過要競選。一八四九年三月頒布了奧地利憲法，其中的條款其實相當偏向自由派，安謝姆對此也真心歡迎。相較之下，各個弟弟的反應就各有千秋。那不勒斯的阿道夫根本嚇壞了；另一方面，安東尼認為日耳曼的各個親王是「一群笨驢」，而且對於法蘭克福議會計畫建立統一的德國「有相當正面的意見」，他認為這件事「**正確**且合理」。至於十九歲的古斯塔夫則心癢難耐，想要回到巴黎親眼見證革命行動，結果他在那裡看見的只有「悲傷」，勞工階級的動亂不大，共和派政治人物的

圖16.i：「W・V」，男爵：「部長先生，還沒有可以交易的東西嗎？」（1848）

能力也不足，讓他相當失望。

羅斯柴爾德家族對革命的矛盾情感最能從女性成員的書信與日記中彰顯出來。詹姆斯的妻子貝蒂對革命表現出明顯的敵意，她四歲的孫子詹姆斯・愛德華（James Edouard）向眾人說：「如果我有錢，我就要買一把槍打死共和國和共和黨人。」她聽了便讚賞不已。她期待法國共和憲法「很快就和其他姊妹憲法一樣，老早被埋沒在時間的迷霧中而遭人遺忘」，並且將國民議會中的議員斥為「我們這巴黎大動物園裡的一群野獸」，她同樣蔑視德國革命，並告訴自己的長子，法蘭克福議會就是「虛假法條和無政府狀態的施行者」。德國民主政治家羅伯特・布魯姆（Robert Blum）在維也納遭槍決時她相當高興，說「終於消滅了他那挑撥是非的聲音」，也只遺憾在巴黎沒有發生同樣的事。奇怪的是，對於一個父母都出生於法蘭克福的貧民窟的人來說，貝蒂甚至表示自己懷念著十八世紀時的**舊制度**：「那個世紀的心靈是一片沃土，而且人人都知道如何有尊嚴地為自己的階級帶來榮耀，而非奪取，也不會因為自己服從更高的權威就覺得低人一等。」她認為十九世紀是個「邪惡的年代」。

不過她的堂親，也就是萊昂內爾的妻子夏洛特卻有非常不同的觀點。當然，她也擔心家族的金融業未來，不過同時也在這場危機中生出某種道德的滿足，認為這是自我否定及自我改進的機會。她從親戚的書信與報紙中密切注意歐陸上的政治活動，看著歷史這樣加速推進讓她相當興奮，在日記中寫道：「事實上……就是鐵路時代，過去六週以來幾乎就像過了六年一樣緊湊，我們見證了路易十六的死、恐怖統治、簽訂公約以及拿破崙崛起。」最重要的是，她對於法蘭克福出現日耳曼統一的可能性而雀躍不已：

> 至於日耳曼，有望迅速變得繁榮、強盛、統一而自由。普魯士也由人民打敗軍隊獲得勝利，君王被迫答應子民他們所要求的一切改革與權利，政府變天了，普魯士親王逃走了，媒體也自由了，而法院的程序都公開了……所有信念和信仰都擁有平等權利。日耳曼再次成為偉大而統一的帝國，強大而欣喜、昇華而驕傲，將能

夠戰勝俄羅斯的風暴、哥薩克的入侵，以及法國那群好戰之徒。

確實，夏洛特對於日耳曼統一的理想完全是君主制，她也和安謝姆一樣拒絕共和主義。不過在法國的情境下，夏洛特也能找到共和派正面的優點，她認為

那群負責為國家運作掌舵的人想要為國家打下繁榮幸福的基礎，即使他們為了達成目的而採取的方法有誤……勒得盧—侯朗……對法國的立意良善，在這段四處動盪不安的時期中，顯然政府中的所有成員裡也只有他能夠擔起領導的責任。

夏洛特的弟妹露易莎也在「這場美好的革命」中看見有利的面向。只要「我們家族能平安度過這場風暴」，她認為應當可以承受「任何損失，無論多麼嚴重皆然」。「我不能說，」她坦言道，「這件事對我們財產的影響會讓我有一點不安，這不是思想問題，只是淡然，或者應該說我不喜歡小題大作、明白表現出來……」

簡單來說，家族根本無法針對革命組成統一的對抗陣線，這點可以從垮台的君主及政府官員逃亡到英國時，個別羅斯柴爾德如何對待他們就能知曉。貝蒂聽說路易．菲利普和他的家人在里奇蒙（Richmond）一天的生活費只有一百法郎，感到十分震驚，不過路易．菲利普從英國羅斯柴爾德家族拿到的似乎只有一箱上好的波爾多紅酒。革命也讓梅特涅失勢又貧窮，正如夏洛特所說：

他在約翰尼斯伯格的城堡被拿去抵押了，因為過去九年他都沒有繳稅……親王擁有的財產也一直都不多。他年輕時過著揮霍的生活，後來又得擺平他兒子的債務，現在他有一大家子要教養，薩羅蒙伯伯最近才幫他整理好他的財務問題。

她對親王的困境不抱同情，也和法蘭克福的同伴一樣不願意給予更多的財務協助。不過萊昂內爾卻覺得對「伯伯」有一種家族責任感。六月，梅特涅收到一筆三十二萬三千荷蘭盾的預支金，以他（嚴重貶值的）鐵路股份作為擔保，接著在一八四八年十一月維也納公司的帳簿上又出現一筆借貸給梅蘭妮王妃的五千五百荷蘭盾，隔年梅特涅家族的債務總和達到二十一萬六千五百荷蘭盾。另外，一八二七年貸款的第二部分也重新調整償還時間（原先應該於一八五九年還清），因此到了一八七〇年代末依然有很大一筆未付清的款項。

梅特涅寫過兩封長信給薩羅蒙，一封是在他隱姓埋名經過荷蘭阿納姆（Arnhem）期間，另一封則是從英國的安全住所寄出，信中他滔滔不絕地向自己忠實的銀行家表達歉意，透露出兩人關係之間的有趣之處：

世界陷入了何等混亂！過去你總問我是否會發生戰爭，你總聽到我一再保證不會如此，只要**我**手中握著韁繩就能夠擔保政治上的平和。當下的危險不在於政壇上的紛爭，而是**社會**上的爭鬥，在這方面我也同樣盡一個人所能緊握著韁繩。當這件事已經不再可能的那一天，我退下了駕駛座，因為讓人推翻有違我的本性，若是有人問我，如果我接受那群天真的烏托邦份子要求的改革是否可能避免這件事，我的回答會是明確的**不**——合理的解釋是這個方法在今日會稱為改革，而在某些情況下或許也有促進改善的價值，但是考慮到當下的社會情境，那麼做毫無價值，就好比拿著火炬在火藥桶上跳舞……親愛的薩羅蒙，這麼多年你一直很懂我，許多其他人則不懂。

巴黎的事件只是開端，過去從未出現如此嚴重、如此深層的混亂。

或許這番話只是為了討好薩羅蒙，希望他能資助自己新的「中產階級生活」。不過這樣公開宣示彼此理解的關係，相當適合作為兩人夥伴關係的墓誌銘，自從三十年前他們在艾克斯第一次見面，這段關係在整個歐洲都具有舉足輕重的影響力。最後抱持著懷疑態度的安謝姆指出，這些「理論對現在的世界沒多大用處」。

財產遭遇威脅

羅斯柴爾德家族最擔心的並不是革命對他們人身安全造成的威脅，雖然在危機發生的當下，男性成員（大部分人在這段期間至少都遭遇過幾次生命威脅）很快就打包行李，將妻子和年幼的孩子送到安全的地方，不過當子彈飛掠、磚瓦四散時，他們卻異常冷靜。二月二十四日，年輕的費多（當時在國民兵中服役）就看到詹姆斯現身，跟一位不知名的男性同伴手挽著手從和平街走出來，朝著遭人劫掠的杜樂麗宮走去，即使槍聲不斷從其他地方發出也沒有停下腳步。

「男爵先生，」我對他說，「今天似乎不是去散步的好日子，我認為您還是回家比較好，不要讓自己暴露在城鎮上子彈呼嘯的地方。」

「年輕的朋友，」他回答時還帶著德語腔調，「謝謝你的建議，不過告訴我你為什麼在這裡？是為了履行職責，對嗎？那好，我也是一樣，羅斯柴爾德男爵也是為了同樣的事情而來。你的工作是拿著武器站崗並確保善良人民的安全，而我的工作是前往財政部，看看他們是否需要我的經驗和建議。」

他說完就走了。

早在三月四日，詹姆斯便準備讓妻小回到巴黎，不過他同意貝蒂要求的同時也提出警告：

我只要求妳以不同的名字拿到護照好準備回程，如果妳要帶阿爾豐斯來，他也必須準備一本不同名字的備用護照，萬一妳決定回去倫敦，我不想讓報紙頭條寫著「羅斯柴爾德夫人回到倫敦」，那會引人閒話的……回來吧，帶著阿爾豐斯來，只是我不知道我們應不應該讓他遠離政治，如果他們看見他就會要求他加入國民兵。若是他低調行事就可以過來。

五月，巴貝與其同黨的政變失敗之時，人們開始談論起協和廣場（place de la Concorde）上的斷頭台，詹姆斯再次準備將兒子送往國外避難，自己也短暫造訪倫敦。不過他在六月初的那幾天也只打算短暫逃離巴黎一陣子，與他滿心焦慮的姪兒相比簡直天差地遠。甚至連看見新上任的警察局長馬克·考西迪耶赫（Marc Caussidière）派人來保護拉菲特路，納特都會心生警戒：「這群披著紅色肩帶的先生看起來兇猛無比，獨自一人在深夜沒帶武器就出門時，絕對不會希望碰見他們，他們會把你生吞活剝。」雖然納特在革命最為動盪的幾個月都待在巴黎，但他仍然很慶幸能在十一月底撤退到英國。詹姆斯相當不齒於他的懦弱。正如貝蒂滿心驕傲地告訴阿爾豐斯，「這場可怕的風暴摧毀了許多人的勇氣與健全心智」，不過她的丈夫是少數幾個「英勇對抗之人」。

薩羅蒙也守在維也納的住所，只是幾乎沒有出門。雖然三月十三日之後的那幾週他經常聽見「街道上轟隆轟隆」的聲響，卻一直到六月才離開這座城市，然後又選擇跟阿姆謝爾一同待在並不平靜的法蘭克福。安謝姆一直堅持到十月六日、七日，在拉圖爾伯爵（Theodor Franz, Ccunt Baillet von Latour）於戰爭部外遭處私刑而身亡，又有人洗劫了軍械庫之後，武裝革命份子占據了羅斯柴爾德辦公室的屋頂，「距離我們家只隔了一間房子」。此時城市已經變得十分危險，莫里茲·葛舒密特回來搶救銀行文件時還得偽裝成送牛奶的人；但安謝姆則認為自己應該在國內待一個月。

儘管在法蘭克福也發生了好幾起令人緊張的群眾示威，阿姆謝爾還是一直沒有離開。一八四八年三月某個晚上，有一群人聚集在他家門外，但他「老早就已經上床睡覺，到了隔天才聽說這件事」；最後他在窗外掛起宣揚國家主義的旗幟，希望能夠相安無事。九月，即使法蘭克福的辦公室四周圍起路障還被四發子彈擊中，生意仍照常繼續。當時一幅木刻版畫便描繪出阿姆謝爾的冷靜態度，圖中的他朝著兩位帶著步槍的革命份子抗議。「我家是怎麼回事？」這位「馮·羅茲崔姆男爵」指著釘在他家前門上的告示牌質問道，而「製作路障的人」回答：「既然已經開始了，男爵先生，那麼現在一切事物都要平等分配，不過私人財產仍是神聖不受侵犯。」聽到這裡，阿姆謝爾怒斥：「什麼開始了？你們快滾！財產神聖？平等分配？你們說這是什麼話？我的財產對我來說一直都是神聖不受侵犯，不需要你們在我家門上寫這個。平等分配？等普魯士人來之後，你們都要被分屍。」（參見圖16.ii）

家族中只有納特與那不勒斯的卡爾與阿道夫對此「緊張不已」，其他家族成員也認為他們是例外。❷雖然其他男性成員經常討論在中歐部分地區伴隨革命而來的反猶太主義，但他們似乎從來不覺得自己的安全受到威脅。事實上，若是爆發戰爭，詹姆斯更擔心自己可能會被當成德國間諜而遭逮捕，他的妻子似乎也認為詹姆斯的名聲和他的生命一樣重要，她告訴夏洛特，法國新任內政部長路易・安托萬・嘉尼耶－帕傑斯（Louis Antoine Garnier-Pagès）「稱呼我們的叔叔時，總是只稱『羅斯柴爾德』而不加頭銜」（也就是沒有頭銜「男爵」或「德」），顯示這位部長的態度不敬，不像過去如拉馬丁這些革命份子還懂得尊敬詹姆斯，口氣十分傲慢。家族其他成員則發現這場革命的自我意識（通常偏向保守）象徵有些可笑，不只有馬克思懷疑這是歷史重演，而且更像一場鬧劇而非悲劇，例如巴黎市內沒完沒了的照明儀式、如宗教儀式般的植樹活動，其中最值得注意的還有大張旗鼓的新古典風格儀式，包括一身白袍的處女，這一切似乎都很荒謬，尤其在英國的羅斯

圖16.ii：無名氏，《九月十八日的阻擋情景：「我家是怎麼回事？」》（1848年9月18日）

柴爾德成員看來更是如此。

事實上，比起自己的人身安全，羅斯柴爾德家族更擔心革命對他們財產的威脅。有幾間特定的獨棟住宅被做了記號，薩羅蒙在敘雷納的別墅（還有路易・菲利普在納伊〔Neuilly〕的別墅）遭到搜刮劫掠，都只是這波威脅中最早出現的明確證據。❸另外，屬於北鐵公司的幾座火車站與橋梁也遭人縱火攻擊。復活節舉行的制憲會議選舉所選出的議員向納特擔保，之後不會再發生「**血腥革命**」，但是他還是認為「我們的**錢包**」會「失血」。一直到四月都還有謠傳說拉菲特路可能遭暴民劫掠，而下一個月就在決定性的「六月起義」前夕，古斯塔夫表示在城市內牆面上出現了「要劫掠的目標名單，而上面提到我們有六億法郎」。法蘭克福也是一樣，雖然比較溫和的革命人士保證不會如此，但卻唯獨羅斯柴爾德的資產遭到攻擊。阿姆謝爾住家的窗戶在三次不同的時間點遭人砸破，他提前做好了準備，把「大部分可移置的財產」送到布魯塞爾及阿姆斯特丹，等到他確信「私人財產不受侵犯」後才送回來。在維也納，五月時在街上建築路障的工人衝進葛舒密特家中搶劫；這也難怪安謝姆和納特會事先採取預防措施，將銀器與瓷器都送到倫敦保管。

羅斯柴爾德財產面臨的第二項威脅是革命政府的官方沒收，無論是以徵收或者沉重的直接徵稅形式皆然。三月十八日，他們的夥伴布萊希羅德從柏林捎來這類保證，表示：「絕對不必擔心自己的私人財產。」不過眼看著像康普豪森與漢澤曼等溫和派人士顯然有可能被更激進的政治人物取代，羅斯柴爾德自然無法真的相信這種保證，正如詹姆斯在四月所說：「他們不會碰你頭上一根頭髮，但還是會不斷奪取，直到你沒東西可吃為止。」在維也納的報紙上出現抨擊羅斯柴爾德的文章，似乎也暗示著若不改善其工廠的工資與工作條件，工

---

❷ 納特在革命後見到阿道夫，發現他「完全變了一個人，成為自己所見過最穩重的人，不抽菸、不亂搞男女關係也不跳舞」。

❸ 根據共和派領袖嘉尼耶－帕傑斯所言，敘雷納的攻擊是由當地一位禽肉商人路易・弗雷澤（Louis Frazier）發起，眾人搶掠了雉雞雞舍與馬廄，偷走馬匹，而且「手持斧頭、鐵棒和木棍，將家具、鏡子和畫作都砸爛」，後來這群犯人被判監禁五年至二十年不等。

廠就可能被沒收。在威尼斯，薩羅蒙的製鹽工廠在曼寧（Daniele Manin）的共和政府下看起來十分脆弱。

然而，最認真提出正式徵收資產的要求卻出現在巴黎。早在三月，政府就開始討論將鐵路網國有化的計畫，如此重大的要求甚至在革命之前就提出了。政府認為，鐵路公司並未遵守一八四二年計畫中的承諾，低估了鐵路建設的成本，而且將重點都放在不正當的股票操作投資，這些公司甚至無法支付為了特許權而該給政府的款項。一八四八年春天，鐵路公司的財務狀況無疑是岌岌可危，例如北鐵公司就虧欠政府七千兩百萬至八千七百萬法郎之間的金額，幾乎無力支付，而這些債務輕易讓政府有了接收公司的正當理由。必須提及的是，納特不見得不喜歡國有化，畢竟他一直都對鐵路事業不太有熱忱，此時公司股價低到兩百一十二，鐵路工人又不斷挑戰工頭和主管的權威，甚至堅持要在主要車站前種植「自由樹」，因此納特急於擺脫這些。不過詹姆斯根本沒有做好這樣的心理準備，他還不想交出自己才剛萌芽的工業帝國骨幹，其他鐵路公司還有尚未完工的路線，但北鐵卻已經開始從貨運和客運賺錢，而且革命對此並無多大影響。

其中對羅斯柴爾德財富最嚴重的威脅在於政府證券，這批證券價格在新共和國成立的頭幾週大幅下滑，表格16a顯示出革命對五家羅斯柴爾德公司持有的主要證券造成了多大的重傷害。雖然證券價格在一八四六年的經濟危機開始時就已經普遍下跌，或許可能更早，但是一八四八年二月至四月期間的下跌幅度簡直是一場災難。

表格16a：1846－1848年間的金融危機

證券	最高價格	日期	低價	日期	差異百分比
奧地利百分之五金屬債券	112.25	1845年12月	58.00	1848年3月	-48
法國百分之三債券	84.25	1845年2月	32.00	1848年4月	-62
法國百分之五債券	121.00	1846年7月	50.75	1848年4月	-58
羅馬百分之五	105.60	1843年	71.80	1848年	-32
英國百分之三債券	100.88	1845年1月	78.75	1847年10月	-22

注：英國及法國的價格參考倫敦公布的每週收盤價格，奧地利價格參考法蘭克福公布的每月收盤價格，羅馬價格則參考巴黎公布的平均價格。

來源：Spectator, Heyn, “Private banking”；Felisini, Finanze pontificie。

我們先前已經提到，前一年發行了一批新的百分之三債券，而詹姆斯持有的價值約有一億七千萬法郎，到了四月，這些債券的市場價值已經跌到只剩他付出的一半不到，但是他在形式上仍必須於十一月支付該給法國財政部的分期付款（一個月約一千萬法郎，分兩年支付）。除了這些嚴重虧損，票據帳戶上也可能出現赤字，如納特所言：「我們有一千六百萬法郎的票據，但天曉得有多少能兌現。」當德希塔等重要銀行家紛紛陷入困境的時候，前景實在一片黯淡。同時，巴黎公司還欠鐵路公司大約一千萬法郎，包括北鐵、史特拉斯堡路線以及拉格朗孔布路線。他們有太多資產是不斷貶值的股票、股份與票據，而如今有許多債務都到了該償還現金的時候。一八四八年的一幅卡通諷刺漫畫畫著有如巨怪般的羅斯柴爾德，讓證交所的秤倒向對自己有利的一邊，而在他上方是一群學生舉著橫幅在遊行，要求廢除「除了學生以外」的一切（參見圖16.iii）。事實上，羅斯柴爾德家族在這場崩盤中損失慘重。

在這樣的情境下，許多旁觀者都以為詹姆斯會宣布自己已經沒有償付能力，或許還會跟著家人逃離巴黎。奧地利大使亞龐尼在三、四月期間一直密切注意著他，認為這家銀行隨時會關門大吉。例如在二月二十七日，他就發現詹姆斯和其他銀行家的「處境糟糕」，因為他們的債券已經跌到變成「一堆廢紙，什麼也代表不了」。考西迪耶赫當

圖16.iii：「亞歷山大」，《暴風請願：股市的漲跌》（1848）

然會懷疑詹姆斯計劃離開巴黎，謠傳他偷偷將黃金藏在運肥車中運出巴黎，因此（除了要緊盯著他，也是為了保護他家不受劫掠）便派出警察監視著詹姆斯。整個三月過去又進入四月，人們說德羅斯柴爾德兄弟銀行就會是下一家轟然倒下的銀行，亞龐尼覺得詹姆斯已經「命懸一線」，而他的朋友萊昂．佛雪則描述他已經「面無血色」。這話並不誇張：詹姆斯的儲備現金在四月曾一度只剩下略高於一百萬法郎，而且因為記帳錯誤讓數字看起來更少了，他還一時陷入恐慌，接著開玩笑說要「放棄生意，到鄉間靠馬鈴薯過活」。

若真要說起來，維也納公司的處境更加惡劣。薩羅蒙不只被相當大量的金屬債券套牢，而我們先前也提到，他解救艾斯可里斯之後必須支付相當繁重的款項。總的來說，他估計自己不久後便要向第三方支付約三百萬荷蘭盾。事實上，安謝姆很快就發現情況比這還要更糟，因為為了紓困艾斯可里斯所籌措的款項，是將價值兩百七十五萬荷蘭盾的三個月期金融票據存入國家銀行，而票據的延期條件在革命發生前一直沒有正式協定。另外還要加上價值兩百萬荷蘭盾的一批票據，大部分都是薩羅蒙為了預先支付給北鐵的款項而發行的。總之，他的待付債務總額將近八百萬荷蘭盾，薩羅蒙在到期之後根本付不出這麼多錢，因為他的資產有大部分是工業股票，而革命讓這些股票完全滯銷。後來安謝姆擬出了薩羅蒙的資產負債平衡表，從中完全能夠看出他無法償付的程度，他的資產中有整整百分之二十七是屬於他在威科維茲鐵工、北鐵以及奧地利勞伊德船運公司的股份，更別提還有幾項作為貸款擔保而獲得的較小型工業資產。這一切都無法輕易兌現。也難怪他會「羨慕自己蒙福的弟弟納坦」，正如他告訴兄弟們的那樣，他正「處在有史以來最為痛苦的處境中」。這正是他的英國姪兒們最害怕的情況，所以當初才會建議詹姆斯不要把錢都投到鐵路上。

結果，維也納公司的困境也危及了法蘭克福公司的地位。三月份新估算出的結果指出，薩羅蒙積欠其他羅斯柴爾德公司（主要是法蘭克福）大約一百七十萬英鎊（是他總負債的一半）。薩羅蒙隨後試圖為自己辯解，說法蘭克福公司多年來都在壓榨維也納公司，但是頂多也只能責怪阿姆謝爾放任他積累如此龐大的債務。因為法蘭克福公司本身的問題也夠多了，主要是要支付給符騰堡邦國貸款的款項、該支付給黑森－卡塞爾的錢，還有日耳曼邦聯在銀行存入了一筆相當大的金額（所謂的「保壘費用」），現在他們也擔心邦聯會提出這筆錢。加總起來，安謝姆算出公司的短期債務有八百萬荷蘭盾，並且認為很有必要終止對拜弗斯家族的援助，以藉此註銷預支給拜弗斯維持生計的一百三十萬荷蘭盾。另一個焦慮來源是普魯士積欠法蘭克福公司的鉅額債務（一百二十萬荷蘭盾），而他們已經不指望普魯士能夠償還了。諷刺的是，阿姆謝爾在三月前幾週找上薩羅蒙幫忙，同一時間，詹姆斯也急切找上法蘭克福尋求協助，敦促安謝姆賣掉證券，「任何價格都可以！」羅斯柴爾德每家公司都認為其他公司欠自己錢，卻沒有一家還得了。薩羅蒙將自己所有房屋和土地都當成自己積欠法蘭克福公司款項的擔保，不過因為這些資產都無法兌現，因此他報給他們的價格完全是名目價值（五百萬荷蘭盾）。

五家羅斯柴爾德公司中有三家即將陷入無力償付的境地，整個家族的未來顯然開始出現不確定性。在倫敦，夏洛特開始從外交使節口中聽見一種陌生的輕蔑語調，例如奧地利大使迪特里希史坦伯爵（Count Dietrichstein），她在日記中如此寫道：

> 他說了些不甚中聽的誇讚之詞：「看看妳，顯然妳在這世上已經不再那麼高高在上了，過去要是有人稱讚妳的美麗，妳大概會因為這種挖苦大笑不止，但如今只怕是要感激涕零了。」我回答：「為什麼說我不再那麼高高在上了呢？是因為我已經不再用錢袋當成自己的王座或腳凳了嗎？或者是因為我自己不再是錢袋了呢？」「錢袋還在，只是革命已經消耗泰半了。」「閣下，這世界不會為此而煩惱，只要我們不延遲付款也不為此索賠即可。」

她懷疑連迪斯瑞利家族「也相信我們的權力已經削弱」，只是她又倔強地否決了這點：「權力並非只存在於我們的財富，而全能的上帝不會抽走他庇護我們的手，阿們！」只是她私底下也承認：「不過兩個月前，羅斯柴爾德家族的財富還超過英格蘭銀行的儲備金，如今卻也失去大半了。」

存活

那麼，他們是如何存活下來的？顯然答案正是革命本身並未能持續。到頭來，在主要城市以外的人民對自由派與共和派憲法改革的支持程度很有限，而在城市內，各行各業之間對於經濟議題的意見也有很深的分歧。心懷不滿的工匠希望能夠復興公會組織，但自由派的銀行家對此卻不甚贊同，這樣的分歧讓法國的共和派與德國的自由派有了很大區別。第二，比起一八三〇年，這時強權之間比較沒有開戰的風險，戰爭就許多方面來說都是羅斯柴爾德最大的噩夢，尤其是因為他們還記得戰爭可能會加劇革命的程度。詹姆斯不只一次提過，若是爆發大型戰爭他就會離開巴黎，不過拉馬丁領導下的法國（再一次）拒絕在史書上扮演點燃他國革命的角色，同時帕默斯頓的英國也無法決定究竟要不要支持革命，畢竟革命的某些層面似乎違背了英國的利益（尤其是什勒斯維希－霍爾斯坦成為日耳曼邦聯中的公國）。[4]確實，普魯士和皮埃蒙特開戰了，但是目標十分狹隘，而且決心又更小。第三，革命人士將大部分精力都分散到國家問題上，意即重新劃分國家疆界及重新制憲，而「人民之春」在這裡表現出來的比較多是其矛盾的本質，而非輔助的性質。

就像在一八三〇年一樣，波蘭人雖然有來自普魯士不甚上心的些許支持（早在五月的波森〔Posen〕就遍地開花），卻仍因為俄羅斯堅持反對而無法遂願。哈布斯堡帝國內的少數斯拉夫民族完全有理由懼怕馬札爾人（Magyar）成功分裂出去，畢竟創造出更強大的德國對他們沒有好處，而彼此自身之間也沒什麼共通點，尤其是語言。在法蘭克福孵化的德國計畫表面上是失敗了，因為議會的規模太過龐大又人多嘴雜，對於自由派制憲後的新邦聯該由哪位王室成員當虛位元首的意見分歧，事實上是因為根本無法協調奧地利和普魯士之間對日耳曼邦聯該如何改革的意見。除了皮埃蒙特、米蘭與倫巴底在一八四八年五月成立了「上義大利王國」（Kingdom of Upper Italy）之外，有鑑於在半島上下爆發了諸多原因各不相同的起義，其實是在事後諸葛的情況下才提起了統一義大利的想法，因此互相對立的國家主義之間都傾向除掉彼此。最後，哈布斯堡的軍隊在溫迪施格雷茨（Alfred I. zu Windischgrätz）、耶拉契奇（Josip Jelačić）與拉德茲基（Joseph Radetzky）等人的領導下重整旗鼓，很快就鎮壓了革命份子。布拉格於一八四八年六月淪陷，而隔月（七月二十五日）卡洛·艾爾貝托的皮埃蒙特軍隊也在庫斯托札（Custoza）遭敗，維也納則是於十一月投降。

但是沒有人能準確預測這一切。從許多方面來看，革命在一八四八年十月之後的這段時間最為激烈，而且直到一八四九年夏天才確定革命運動在義大利、德國南部及匈牙利的失敗。在一八四八年三月的情況下，詹姆斯和薩羅蒙就算跟著路易·菲利普、基佐和梅特涅逃亡也是情有可原，畢竟他們和這些遭逐出的君王與官員都十分親近，但是他們卻留下來了，而他們的存活之於一八四八年是相當重要的一個面向，從馬克思主義的角度來看，這是革命早就注定失敗的典型症狀之一。

羅斯柴爾德家族能夠存活的**必要條件**就是他們本身的「和諧」。邁爾·阿姆謝爾臨終前對男性後代告誡要維護家族的團結，這一點從來沒有如此重要過，因為最後決定存續與否的關鍵正是倫敦公司（那不勒斯和法蘭克福公司提供的協助稍少）能夠解救陷入困境的巴黎與維也納公司。另外，在西西里如此成功的革命運動到了那不勒斯卻是全面挫敗，這也有助於羅斯柴爾德家族生存。那邊的羅斯柴爾德家族公司帳簿顯示，一八四八年的表現不佳但還不致悽慘：一八四八年上半的收益下滑到只有兩千七百零九杜卡特幣，不過下半年就回彈到五萬八千兩百二十九杜卡特幣，以整年度來看，他們在一八四七年只下滑了略超過百分之四十。損益平衡表顯示出那不勒斯公司的表現停滯，在一八四五至五〇年間的資產組成也沒有重大變化，因此卡爾在四月初是有可

❹ 丹麥正式地擁有什勒斯維希與霍爾斯坦的宗主權，前者由英國、俄羅斯與法國根據一七二〇年的一份條約作擔保。然而，薩利克繼承法只適用於公國而不適用於丹麥，因此丹麥沒有男性子嗣可以繼承似乎讓各公國的未來出現了問題。德國宣示主權的主張是民族性考量，霍爾斯坦已經是日耳曼邦聯的一部分，什勒斯維希的南部也都說德語。丹麥在三月二十一日將什勒斯維希整併入丹麥，藉此逼出一個解決方法。國家主義的前議會（pre-parliament）鼓勵在法蘭克福召開邦聯議會，而議會的回應是派出普魯士軍隊到什勒斯維希。只是，讓法蘭克福的國家主義者失望的是，八月二十六日普魯士因為英國與俄羅斯的壓力而低頭，並接受停戰要求，接著在公國內成立丹麥與普魯士的聯合政府。

能送錢到法蘭克福。

更好的是（引述夏洛特的話），「摧毀了不公舊制的革命動盪之風並未吹到英國」，這很大程度上要歸功於在一八四七年廢除了穀物法以及擱置銀行特許狀法令。四月十日，憲章派在肯寧頓公園（Kennington Common）的示威遊行讓家族十分緊張，不過只是雷聲大雨點小。納特也曾警告萊昂內爾：「你會發現跟亞伯特親王的關係會讓你們落入與我們和路易．菲利普同樣的處境。」不過這話證明是太過悲觀了。❺愛爾蘭的收成情況也沒有原先擔心的那麼悲慘。這表示倫敦公司經過一八四七年貨幣危機的最糟糕情況之後（該年度的損失高達六十六萬零七百零二英鎊，相當於資本額的百分之三十），能夠在一八四八至四九年間算是相當順利地重建自己的地位，讓利潤恢復到十三萬兩千零五十八英鎊及三十三萬四千五百二十四英鎊。因此，夏洛特坦白向迪特里希史坦說的話並不假，羅斯柴爾德家族確實沒有過去那般富有，但是他們的「錢袋」可還算不上半空，這從夏洛特為了維持家計必須做出的選擇可以看出來。「我們原本有三位保母，遣走了兩位，」她坦言，「只留下一個去做比較髒、比較粗重的活。我們可以自己為孩子穿衣服，過程中我們的雙手不免會失去些點白皙和美麗，但希望還是派得上用場。」她女兒里歐諾拉的鋼琴教師只能接受一小時十先令的酬勞，當蕭邦告訴她的祖母說自己一場表演「要價」二十幾尼時，她「回答說，當然我的演奏非常優美，不過她建議我收費低一些，畢竟這一季的人們都得更加『儉遜』一些。我從這話就知道他們手頭並不寬裕，而各個地方都在緊縮用度」。

不過這些開銷與巴黎、法蘭克福以及維也納公司所需要的鉅額資金之間可是天差地遠。二月底萊昂內爾匆匆造訪巴黎，似乎讓他相信詹姆斯的處境還有轉圜餘地，不過對於薩羅蒙和阿姆謝爾就遲疑許多，儘管兩位叔伯都提起對父親的回憶來打溫情牌，卻仍得焦急等待著姪子的援助（而且要付出代價）。確實，萊昂內爾收到薩羅蒙懇求援助（以接受辛納部分票據的形式）時，第一時間的反應是要拒絕，當他確實回應了法蘭克福公司的要求而送出銀子（第一批在四月十四日送達）時，也決心要讓倫敦公司能在這趟運送中獲利。他的叔伯們雖然斥責他，但畢竟有求於他也只能吞忍。安謝姆也加入了萊昂內爾的強硬陣線，他在四月十日抵達維也納要處理父親多年來的財務狀況，動手時顯然毫不顧念父子親情。當安謝姆聽到要給予阿爾斯坦與艾斯可里斯銀行更多協助（還有另一個維也納家族海因里希與韋特海姆斯坦）時，他

> 馬上以盡可能最清楚的文字告知我父親，基於我身為（五家）公司代表的職權，我要禁止更多財務犧牲……無論這個地方的商務往來與情況會有什麼後果。如果還想為了這件事有所堅持，那麼我會馬上離開以示抗議……相信我，親愛的叔叔，我在這裡的工作十分有害……他們會咒罵我是我父親的邪惡天使……不幸的是，眼下的情況讓我父親已然不顧道德又忍氣吞聲，讓他繼續留在這裡只會對他的健康有負面影響……若是他三個月前就能離開維也納，情況會好得多。

維也納公司陷入的財務泥沼讓父子之間互相指責，這件事從許多方面來看都象徵了第二代的主導已然結束。就某方面而言，這就是羅斯柴爾德家族**內部**的一八四八年革命。

但事實上，倫敦公司完全不是萬不得已之下才找上的借貸者，因為新廷協助巴黎與維也納的能力非常仰賴羅斯柴爾德在美國的代理人，要看他們是否能夠將資金匯回給新廷。一八四八年從許多方面來說都是貝爾蒙代理能力的終極考驗，若是這套制度失敗了，羅斯柴爾德家族將會面臨嚴重的風險。自一八四七年夏季起，貝爾蒙投注大量資源來操作菸草投資，並且金援美國在前一年五月爆發的戰爭中對抗墨西哥，最晚在一八四八年二月，詹姆斯便禁止貝爾蒙以國庫券預支美國政府大量金錢，因為美國在瓜達盧佩－伊達爾戈條約（Treaty of Guadalupe Hidalgo）下獲得領土而必須支付墨西哥賠款。自然，羅斯柴爾德家族同時在墨西哥也有人手，也

❺ 亞伯特親王的叔叔是比利時的利奧波德一世，利奧波德對政治局勢十分焦慮，甚至還在羅斯柴爾德銀行存放了五百萬法郎作為應急之用，以免自己失去王位。

就是萊昂內爾・戴維森，他多年來一直從西班牙進口羅斯柴爾德的汞礦賣給墨西哥的銀礦，而他也著手負責賠款的支付。他們在古巴的代理人夏芬伯格（Scharfenberg）與在紐奧良的哈瑙也分別在歐洲危機的前夕為了菸草和棉花支付大額預付金。這些都是重大承諾；就像詹姆斯自己也不安地評論道：「我們受到這些人太多控制了。」確實，要知道貝爾蒙在此時的重要性，最好的證明就是倫敦及巴黎公司寄給他的書信語氣都相當驚慌，責怪他參與墨西哥的賠款生意，並指控他踰越了自己的職權。最後在一八四八年底，羅斯柴爾德家族派出成員阿爾豐斯親自前往紐約，似乎就是要讓這位出錯的代理人乖乖聽話。

這件事發揮了影響。貝爾蒙擔心阿爾豐斯是被派來取代他的，於是急忙送出大批銀子到倫敦，結果這筆銀子成了一八四八年穩定歐洲金融情勢最為重要的一股力量，若是沒有這些銀子，萊昂內爾要協助歐陸上的親戚就會感到左支右絀。不過貝爾蒙希望羅斯柴爾德知道自己是施恩於他們，而不是遵守命令。阿爾豐斯在紐約被冷淡地接待之後，回報說貝爾蒙的角色很「特殊」：「這份職責半是依賴、半是獨立，他同時是代理人也是特派員。」長久以來，羅斯柴爾德都在討論要讓一位家族成員取代他，不過面對貝爾蒙的固執，再加上年輕一代的羅斯柴爾德沒有人願意永遠定居於美國，這項計畫又一次失敗。簡言之，貝爾蒙替阿爾豐斯打包好行李，將他送到紐奧良之後，便恢復了先前的運作模式，繼續向墨西哥支付賠償金。

羅斯柴爾德家族能夠存活的第二項因素是歐洲中央銀行的貨幣政策放鬆，這點無疑有助於中止證券價格崩盤。英格蘭銀行在一八四七年十月立下中止黃金儲備規範的先例，但是要勸說歐陸的央行比照辦理並不容易。當然，法蘭克福並沒有中央銀行，還是花了一番時間說服城鎮議會建立起某種緊急信用機構。巴黎的情況稍微好一些，只要等待民眾不再害怕共和派把法蘭西銀行當成義務公債的乳牛即可。除了中止黃金的可兌換性，政府還在全國各地成立貼現銀行與通用倉庫，提供公司行號可流通的新資源，只是這些機構存在的時間很短，而革命的後續影響除去了能夠發行貨幣的地方性銀行，讓法蘭西銀行的權力更大。在維也納，國家銀行禁止出口金子與銀子，並在五月也中止以貨幣兌換黃金。當然，每個國家都存在紙幣發行過量的風險，而且擔心中歐地區會迅速陷入通貨膨脹（沒有人會忘記指券的前例）的不只安謝姆。再一次，羅斯柴爾德因為能夠從美國和英國供應銀子而成為關鍵角色，因為他們藉此能夠補充歐陸中央銀行的儲備。最早在四月，法蘭西銀行便透過新廷訂購大批銀子，未來或許還能進行類似的交易也就讓安謝姆有了重要的籌碼能用來討論他父親在法蘭西銀行累積的大量到期票據，結果他成功地將支付日期延長了兩年。即使如此，他還是得赤裸裸地威脅以談定這筆交易：「要不是延長票據的付款期限，要不就是等著讓艾斯可里斯和魏特海默家族倒下，這不只會造成這裡及地方上的其他許多家族倒下，還會嚴重損害國家銀行本身的投資組合。」

這便是拯救維也納公司過程中的關鍵時刻之一。不過對於巴黎公司而言，更重要的是針對政府財務而談定的交易。一八四七年談定的政府貸款是羅斯柴爾德最麻煩的其中一項責任，唯一能夠減輕壓力的方法就是盡可能討價還價。因此安謝姆在與國家銀行協商的同時，也想安排稍微調整他父親付款給奧地利國庫的時間。在法蘭克福，邁爾．卡爾同樣想跟卡塞爾與邦聯達成交易，就連在那不勒斯也必須針對那不勒斯公債到期的利息和政府談成合約。然而，巴黎的羅斯柴爾德家族最為脆弱，詹姆斯如今握有價值大約一億七千萬法郎的百分之三債券，現在的價值只剩下他當初同意出價給政府買下的一半左右，但是他並沒有賣出債券吞下嚴重損失（也有人說他確實這麼做了），反倒試圖讓自己從一八四七年的合約條款中脫身，而他的方法是處在弱勢地位進行協商時的教學典範。

這絕非易事。正如我們所見，詹姆斯在二月二十四日造訪財政部，可能是因為前任政府承諾支付的希臘債券已經到期了（通常他自己會支付），他希望改由新政府支付。這裡有個交換條件：隔天有公告說詹姆斯打算慷慨解囊，捐助五萬法郎給在街巷戰鬥中受傷者來成立基金，而他打算「與如此良善正直的革命政府合作」。接著他在二月二十六日前往地方警察局，考西迪耶赫詳細說明了詹姆斯遭到指控的罪名，說他為了準備逃到國外而偷偷將錢運出巴黎，詹姆斯斷然否認，並且巧妙迂迴地解釋，一下子承認自己快要破產，一下子又暗示自己手邊還有幾百萬可用：

人們以為我是金錢做的，但我只有文件，我的財富和現金都換成證券了，而且在此時毫無價值。我一點也不希望宣告破產，若我終須一死，那麼我便會決定這麼宣布，但我認為逃跑乃懦夫之舉。我甚至寫了信給我的家人，要求他們寄資金給我，這樣我才能完成承諾。然後他又說，如果您願意，我明天就可以介紹您認識我的姪子。

金錢再次易手：考西迪耶赫要求詹姆斯為一家印刷廠開設信用帳戶，好讓這家工廠的一百五十名員工保住工作，隔天詹姆斯帶著萊昂內爾回來時便答應了這個要求（考西迪耶赫收到兩千法郎，「隨他使用」）。這對詹姆斯來說只是小意思，但是四月初時風險變得更高，因為政府突然要求五十萬法郎，這是革命前他們與路易·菲利普談好的房貸貸款結餘。同時，政府又提醒他，他的鐵路公司還欠政府一大筆錢。

詹姆斯對這些要求的回覆既有威脅也有奉承，就像夏洛特在日記中所記述的：

> 羅斯柴爾德家族的失敗對法國而言會是可怕的災難，就好比一擊殺死了鵝好取金蛋，並永遠放棄使其提供公共或私人服務的機會。政府無法拍賣掉家族的黃金屋：費律耶不能賣掉、聖弗羅倫汀路上的旅館依然空無一人，而且在目前的情況下也租不出去。但是，如果他們放我們的叔叔一條活路，我的意思是他的金融之路，那麼他不只能夠為國家服務，還能幫助政府的個別成員……他們說，在英國沒有人感激自己受到的恩惠，我們當然也不期待，但我想人總該知道未來還有受惠的時候。我們的叔叔才剛幫助了拉馬丁、考西迪耶赫與克雷米爾等先生。

同時，如果立刻要求北鐵公司償還虧欠的款項，那麼「政府擔保的那三、四萬名工人就會馬上失業，而國庫針對失業救濟的開銷將大幅增加」。

並非人人都相信詹姆斯抗議自己的「金融生命」正面臨危險。有個很好的例子可以說明「社會主義」如何發揮影響力，就連金融界也不例外，那就是詹姆斯打算讓德羅斯柴爾德兄弟銀行的員工減薪，理由是「我的生意減少了」，員工紛紛抗議。「是啊，但你可一點都沒損失，」其中一人說道，「你比誰都有錢，所以我們不要（接受減薪）。」但是姑且不論其他，詹姆斯至少為自己掙得了寶貴的時間，等到政府委員會決定支持國家向鐵路公司買回特許權時，已經是五月的第三週。僅僅一個月後，巴黎的政府立場又因為強力鎮壓「工人六月起義」（六月二十二日至二十八日）而改變，這場起義顯然是工人階級自主發起的暴動，而政府派出尤任·卡汎亞克將軍（General Eugène Cavaignac）指揮部隊鎮壓。

馬克思對「六月起義」及其後續影響的評價相當憤恨，認為整個「中產階級」都倒向了專制政權與軍事主義，藉此壓垮無產階級革命。但是相較於一八三〇年革命，羅斯柴爾德家族幾乎沒有採取什麼措施來促進恢復「秩序」（就像他們也不太幫忙解決革命引發的各國外交衝突），除了（謹慎）歡迎卡汎亞克到來以外什麼也沒做。事實上，他們的確避免直接協助卡汎亞克的行動：詹姆斯幫阿爾豐斯打包行李將他送到法蘭克福，確保他不會參與戰鬥，畢竟若阿爾豐斯留下來就會這麼做。因此，軍隊恢復「秩序」有一點**天降救星**的感覺。那不勒斯的情況亦然，費迪南多除掉議會勢力之後便在八月成功拿回西西里；而在維也納，溫迪施格雷茨強力砲轟革命份子，讓他們在十一月初投降。

羅斯柴爾德仍然知道該如何順著多變的政治潮流泅泳。為了重建由卡汎亞克主導的共和政府便是羅斯柴爾德的大好機會，不只能夠壓下鐵路的國有化計畫，還能重新協調北鐵虧欠國家債務的償付時間，並且解決一八四七年貸款的問題。後來有人指控政府趁這次機會讓巴黎公司能夠「再度借貸」，這話讓詹姆斯的孫子十分憤怒，他們極力否認自己的銀行曾經仰賴過政府介入。「再度借貸」這樣的詞彙有誤導之嫌，不過就像有人對政府提出相關的指控，認為政府太過慷慨，這話也不是毫無真實之處。基本上，詹姆斯站上了巴爾札克數年前就預測到的位置：成為負債累累的必要債務人，但他欠債權人的太多，以至於他們不敢讓他倒下。政府擔心若不幫助詹姆斯，他可能就無法繼續向國庫償付，於是認為有必要重新協商一八四七年貸款的條件。這個決定也可以理解為詹姆斯以「黃金鵝」的死亡來威脅他們，也就是明確威脅著法國金融體系的崩盤。正如梅里美當時所暗示的那樣，政府的金融狀況糟糕透頂，而德羅斯柴爾德兄弟銀行的垮台將會讓事情雪上加霜。

比較簡單的做法就是和「男爵」合夥，因此萊昂內爾在七月造訪巴黎時，發現詹姆斯（如往昔）正和財政部長密會，他「如今正得寵，而且沒有其他銀行家或者其他有錢、有權的人願意站出來，他自然倍受期待」。但是新任財政部長古德修（Michel Goudchaux）提出的權宜之計可能過於慷慨，也就是將一八四七年的百分之三債券兌換成百分之五債券，因為如此能夠將原本兩千五百萬法郎的損失轉換成一千一百萬法郎的利潤。古德修是猶太人（就像另一位與詹姆斯有關的溫和派共和政府人士克雷米爾一樣），這一事實只是往支持羅斯柴爾德家族的陰謀論上更添強烈的疑心。事實上，詹姆斯或許誇大了自己金融崩盤會造成的危險，藉此盡量壓低他在一八四七年貸款上的損失，但羅斯柴爾德家族和古德修之間毫無勾結，他們甚至認為這位部長「不管怎麼看都不是個實事求是的人」，而且「對證交所一無所知，就像人類不了解月亮一樣」。

事實上，至少在「六月起義」的一個月之前，羅斯柴爾德家族的處境就已經慢慢穩定下來。早在五月的最後一週，夏洛特就能夠確定自己所相信的「充滿光明的歐洲與羅斯柴爾德的未來」。納特於六月抵達法蘭克福時，發現阿姆謝爾仍對萊昂內爾十分氣憤，不過他們的金融狀況相當安全，損益平衡表上至少有兩千六百萬荷蘭盾與價值四十萬英鎊的金塊儲備。事實上，英國羅斯柴爾德發現阿姆謝爾幾週前還將自己從倫敦公司收到的銀子賣給維也納公司，讓他們相當意外。另一個恢復正常的跡象則是他們又恢復了積極協商的態度，要跟西班牙簽訂新的汞礦合約（霸菱銀行在此形成嚴重的威脅）。此時正好戴維森又傳來令人興奮的報告，表示在智利與祕魯都發現新的銀礦，很有可能讓汞礦市場看漲。到了八月，事態發展對詹姆斯、萊昂內爾與安謝姆（這三人此時儼然已是家族的三巨頭）而言，已經進展到足以讓他們在敦克爾克會面盤點總和帳務，不過家族**以外**的人還需要過一段時間才知道羅斯柴爾德已經倖免於難了。激進派的刊物《工人警鐘》（*Le Tocsin des Travailleurs*）為八月的主題找個主導人物時，報導的語氣帶著諷刺，但是文字中無疑隱藏著真正的欽慕，向詹姆斯懇求將他奇蹟般的金融力量借給共和派的目的所用。

先生，您實在了不起。雖然路易．菲利普在法理上占了優勢，卻仍然垮台；基佐消失，而君主立憲和議會制度都遭到拋棄；但是您卻屹立不搖！……亞拉戈（François Arago）和拉馬丁如今何在？他們都完了，但您卻存活了下來。銀行界的君主都遭到清算、辦公室也關閉，工業與鐵路公司的重要領導人物都跌跌撞撞。股東、商人、製造商和銀行家完全崩潰，大人物和小人物都同樣飽受衝擊，在這一片廢墟之中卻只有您絲毫不受影響。雖然您的家族在巴黎感受到衝擊的第一波力道，雖然革命的影響力追著您，讓您從那不勒斯跑到維也納再到柏林，但是您面對這波撼動整個歐洲的運動卻不為所動。財富消失、光榮黯淡，而統治也毀壞，但是這位猶太人，我們這個時代的君王仍安坐王位之上。還不僅如此，您大可以逃離這個國家，去到聖經上所說如公羊般跳躍的崇山峻嶺中，但是您留了下來，宣告自己的力量不受古老王朝的影響，您勇敢地向年輕的共和派伸出雙手。您毫不灰心地堅持留在法國……您不只是位政治家，更是信用的象徵。如今，銀行身為中產階級的強大工具，難道不正該協助成就人民的命運嗎？不必進入政府為官，您仍然是我們這個時代最偉大的商人，不過您的成就或許還能更大，您的名聲（而您淡泊名利）或許會更加光榮。戴上了金錢之冠以後，您將成為神一般的存在，您難道不心動嗎？老實說，若有一天法國共和國要讓您在萬神殿中有一席之地，那也是名副其實。

甚至這段文字對有些人來說仍是言之過早，直到十一月都還有謠言流傳詹姆斯其實要清算公司。但是羅斯柴爾德公司確實活了下來。我們現在知道他們是如何做到，也可以看出為何他們當時能逃過一劫簡直如奇蹟一般。

平靜與秩序

一八三〇年與一八四八年之間還有一項重要差異，那就是羅斯柴爾德家族缺乏外交影響力。雖然他們一直擔心歐洲會全面開戰，不過他們在一八四八年多半都只煩惱著自己的財務問題，根本無暇像往常一般在強權政府之間斡旋。奧地利政府曾經要求薩羅蒙派出「家族幾個人，好以奧地利政府的名義展開協商」來「結束義大利的困境」，但是年輕一代的羅斯柴爾德都不願意參與。邁爾・卡爾便這樣說：

我認為我們不應該攪和進政治裡，因為無論事情最後會如何發展，遭到打擊的都是那個丑角，而丑角就是我們。而且我不相信倫巴底會付半毛錢給奧地利，義大利問題已經激起太多同情，如今不管怎麼解決都會損害奧地利的利益。還有，大家都會說我們從中不知能賺多少錢，人們已經慣於假設羅斯柴爾德不做無利可圖的事。

拉德茲基在庫斯托札「大敗」皮埃蒙德軍隊時，安謝姆和他的堂親都相當開心，不過他們對奧地利的外交意圖所知甚少，還認為奧地利會放棄大部分的義大利領土。雖然詹姆斯後來知道法國的新任外交部長巴斯蒂德（Jules Bastide）對於北義大利統一並不關心，因此帕默斯頓要往那個方向運作的努力就不可能成功，但他的姪子仍然深信過一段時間，倫巴底和威尼西亞就能夠買下自己的獨立。安東尼寫道，這「只是錢的問題」。他們在德國的訊息來源也沒有比較好，例如邁爾・卡爾似乎以為法蘭克福國會在三月決定將德國王位交給腓特烈・威廉四世時他會接受，而此舉更可能有助於讓奧地利與普魯士「齊心協力」。（事實上腓特烈・威廉四世輕蔑地拒絕了，他稱這是「以革命、不忠與叛國帶來的塵土殘渣所鑄成的王冠」。）一直到一八四九年二月底，安謝姆才開始收到這類奧地利外交政治的內部資訊，而這是他父親一直以來習以為常的。他很快就追隨著薩羅蒙的腳步，在與皮埃蒙特的第二次戰爭中熱烈支持施瓦岑貝格親王（Felix zu Schwarzenberg），而他父親在四月歸來或許也加強了這份支持。

當然，如果羅斯柴爾德家族本身實際上的金融力量薄弱，自然不可能指望施加政治影響力，畢竟傳統上羅斯柴爾德擁有的力量主要都是來自給予貸款。不過在一八四八年間，英國的羅斯柴爾德運用自己對歐陸公司的新優勢，否決了多筆貸款提議，對象都是在奧地利、匈牙利、羅馬、倫巴底、普魯士、巴登與其他地方在革命之後的政權。（令人意外的是，薩羅蒙似乎還建議要借錢給匈牙利人讓他們在英國買槍，此時的他甚至還哀嘆著哈布斯堡王朝的覆滅！）直到九月底，他們才開始考慮起其他「照常做生意」的操作，只是此時討論要貸款給奧地利顯然還太早。麻煩的是，革命的火花並不願意就此落下而熄滅，巴黎、維也納和柏林等地的「紅色共和主義」一經打倒，革命便再次於義大利爆發，在義大利遭敗之後又馬上在德國南部死灰復燃。

只要政治的不確定性仍存在，羅斯柴爾德家族便有所保留。奧地利政府在三月時找上安謝姆，提出一筆六千萬荷蘭盾的貸款提案，他對此十分謹慎，斥之為「一派胡言」以及「愚蠢的計畫」。隔月，巴黎市詢問詹姆斯是否能提供兩千五百萬法郎的貸款，他「拒絕了，並三度表示他不想做任何生意」。這樣的猶豫尤其反映出要決定如何處理維也納公司有多麼困難，即使經過安謝姆熟練的操作挽救，維也納公司仍積欠法蘭克福公司高達一百七十萬英鎊，另外也欠巴黎公司一筆較少的款項。一直到了夏天，主要合夥人之間開了一連串會議（包括春季在法蘭克福召開全體「代表大會」）之後，眾人才決定要註銷大部分債務以保全維也納公司，而倫敦合夥人非常希望能夠控制叔伯的操作，正如阿爾豐斯評論這場「代表大會」的「真正目標」就是：

> 修正我們家族的基礎，就倫敦公司的部分，要讓他們從與第一代政治活動和熱情經營精神並不相容的團結中解脫出來。我們的好伯伯（阿姆謝爾）無法忍受我們的財富縮減，而且希望能以過去的基礎來重建，他會毫不猶豫就把我們推入危險的企業中。

這是一八四八年危機導致的家族不信任感。倫敦的合夥人開始區分書信，有些可以讓叔伯們看，有些只保留給自己這一代看。畢竟直到目前為止，私人書信的流通就是合夥關係的生命線，此舉可謂顛覆了過往傳統。只是我們也無法確認倫敦合夥人在這一方面進行到什麼程度，因為他們的書信大多佚失或銷毀了。

還有兩個因素可能削弱了羅斯柴爾德的政治影響力。第一，他們與帕默斯頓的關係仍一如既往脆弱，夏洛特就譴責帕默斯頓在一八四八年的政策相當「可笑」，而且似乎也能假設萊昂內爾與妻子有同感，此時的羅斯柴爾德家族與帕默斯頓之間顯然沒有什麼來往。在納特看來，「外交事務的任何變革對帕（默斯頓）大人來說都是進步」，而他的叔叔詹姆斯也「真心」支持這個看法。貝蒂認為帕默斯頓就是「壞心的精靈，四處吹燃火星，他知道如何把政治傀儡擺在自家前門，自己就這樣躲在背後」。事實上，羅斯柴爾德家族對英國政策的評估似乎更倚賴國防預估，而非第一手的政府情報，這點或許反映了萊昂內爾此時都在關心國會中猶太人代表的問題。第二，他們錯估了法國的政局未來。詹姆斯高估了「可敬而溫和的」共和主義耐力，他以為卡汎亞克和同袍將領尼可拉斯·尚加尼爾（Nicolas Changarnier，負責指揮國民兵與巴黎的軍隊行政職務）在新政府中仍會是關鍵人物，於是開始經營與他們的友好關係，也經常和卡汎亞克及其他部長會面討論法國的外交政策。「我們的小朋友」尚加尼爾受邀至費律耶打獵，而且經常是羅斯柴爾德晚宴的座上賓，他們之間的關係變得十分親密，甚至奧地利駐巴黎大使還講起八卦說尚加尼爾對貝蒂「懷有好感」。結果證明，詹姆斯支持的是個輸家，不過他這麼做的原因也可以理解，因為這些將領之外的另一個選擇是路易·拿破崙·波拿巴，也就是前任皇帝的姪子。

綜觀十九世紀，路易·拿破崙可以說令羅斯柴爾德家族最存疑的重要政治人物，甚至可能還帶著輕蔑。這部分是基於他不甚光彩的過去，包括一八三六年在布洛涅、一八四〇年在史特拉斯堡的叛亂之舉，出版過標新立異的書冊，還有英國情婦，再加上他一直沒有完全放棄荒唐的生活方式。例如在一八四九年四月，安東尼就表示他的叔叔嬸嬸「非常厭惡路易·拿破崙，他們說他每晚都喝得爛醉，天曉得他還做了什麼」。他與霍華夫人（Harriet Howard）的關係也引人議論，以安東尼的話來說，路易·拿破崙想要的一切就是「許多（錢），這樣他就能舒舒服服亂搞，想喝醉就喝醉」。詹姆斯認為他是個「愚蠢的混蛋」，但是仍如往常務實地將個人的厭惡放一邊，早在一月十六日就與之共進晚餐，此時距離路易·拿破崙宣誓成為共和國總統只過了十八天，「我不能拒絕他的邀請。」他懷著歉意地向姪子們解釋。事實上，他似乎有所預防，在選舉前不久就借給路易・拿破崙兩萬法郎。儘管如此，這次並非一八三〇年政權更迭的劇情重演，當時詹姆斯和路易・菲利普幾乎是一夜之間就將原本私底下的財務來往關係轉換成公開的政治關係。不過在路易・拿破崙能夠動用公共基金之後，詹姆斯便切斷了他的信用額度，命令安東尼「不要再給拿破崙錢了，他在我們這裡沒有額度……在他的預算案通過之前我答應借他兩萬法郎，不過現在他可以從政府拿錢了，我就不想浪費我們的錢，所以一毛錢也不再給他」。

他的妻子更不喜歡他，一部分是因為她多少對遭廢黜的奧爾良工室懷抱忠誠。迪斯瑞利回憶起貝蒂曾經向麥考利嚴詞批評「她所厭惡的」拿破崙，麥考利原本試圖說服她，若拿破崙是凱撒，那麼路易・拿破崙或許就是繼任的明君奧古斯都，不過這番遊說並未成功，她絲毫不為所動：法國正「一敗又敗，先是來了個無名小卒，然後又來了一個被意欲顛覆國家的無用少數之人給勒住脖子的長官」。如果卡汎亞克贏了就會是「一場災難」，因為他的表現說明他「既不坦誠，也不懂如何運用權力」；不過若是路易・拿破崙贏了，那就是「恥辱」，因為他代表著「來自美好過往的荒謬旗幟，這個政治廢物除了反對的力量之外毫無其他價值，這個表面光彩的社會主義者只是將自己的粗鄙隱藏在溫文儒雅的偽裝下」。她預測道，法國與他的「戀情可能就像小說一開始那種幸福快樂的關係，不過這種情況下的情侶到最後必定互相憎恨，或者遭人強硬分開」，他的勝利是「求救信號，讓各種不同且互相反對的意見集結起來抗議這個國家的上流階層」。從一開始她便假設這個國家會恢復成「戲仿的帝國樣貌」，而且在一八四九年四月之前都不願意接受總統的邀請。

但是讓羅斯柴爾德家族更加擔心的是，路易・拿破崙可能會像在他之前的伯父一樣採取擴張主義的外交政策，此舉可能讓歐洲再次陷入全面開戰。一八四八年，波拿巴選上了代議院的議員，擦亮了他的星星，這件事讓羅斯柴爾德更加確信自己的判斷，將他視為「混亂與不安之友」的同盟，而他們認為他受到人民的歡迎正預言了戰爭。如詹姆斯所說，路易・拿破崙會花好一筆錢來確保他們會讓他當總統，在我看來，畢竟我是從來不相信戰爭的人，我認為情況現在看來更加黑暗了，因為現在人們必須……開戰。在證交所裡，每個人都愁雲慘霧，因為他們說勞工階級應該會支持他，他是社會主義者，而且得到最普通的普通人支持……我想要清算帳務了。

儘管在接下來幾個月裡，隨著路易・拿破崙在總統選舉勝利的可能性日益升高，他們逐漸改變了這份觀感，不過對這個可能性還是一點都開心不起來，認為卡汎亞克「絕對好多了」。雙方陣營都直接找上詹姆斯尋求支持，不過他告訴他們「自己並非法國人，所以在這件重要大事上要保留自己的影響力，兩位候選人都不支持，他會等待全國人民做出決定，無論多數人偏好哪位當總統他都不反對」。私底下，他認為路易・拿破崙會打敗卡汎亞克，不過他發現這位新總統「既無趣也毫無個人魅力」，只是總統仍盛情邀約，希望詹姆斯應該「經常拜訪他並共進早餐」。十二月，波拿巴贏得勝利之後那段時間，詹姆斯和貝蒂一直緊張等待著「六月起義」捲土重來，甚至認為法國和普魯士可能開戰。

這份恐懼之後又更加深了，尤其早在一八四九年一月就有跡象顯示，路易・拿破崙可能「要當上皇帝才會罷休，而軍隊與農民的票加起來就足以確保他能成功」，詹姆斯毫不懷疑這個決定是「大錯特錯」。在一八四九年的頭幾個月內，他一直焦慮注意著法國外交政策是否會出現「更進一步」的跡象，或許會更強化這樣的假設，尤其是義大利的情勢持續不穩，似乎也讓法國有了某種可以介入的藉口，以詹姆斯的話來說：「這是我們最感興趣的問題：我們到底能不能擁有和平？」只要巴黎出現一丁點騷動似乎都讓新政府更可能選擇戰爭，「最後的結果就是戰爭，」詹姆斯在六月九日預測說，「我們只能信任上帝了，我們（不只）有亞洲來的霍亂，（還）有政治上與金融上的霍亂……我認為債券的價格不會再上漲了。」

因此，後來在十一月教宗被迫逃離羅馬時，羅斯柴爾德發現拿破崙打算為了教宗介入義大利事務，而非站在羅馬共和國這一邊，這讓他們鬆了一口氣。只是安東尼一開始也不懂，「如果羅馬已經有共和國了，他們要怎麼進入再讓教宗坐上權位。」事實上，對這件事展開的長期辯論意味著此事最終成為最後一次有外國勢力介入反對共和主義，革命時代終於落幕。他們在三月面臨第一波打擊，奧地利第二度在皮埃蒙特贏得決定性勝利，接著共和派的托斯卡納（Tuscany）在五月遭到占領。四月，最後一波人民暴亂掃過德國南部時，又輪到法蘭克福的羅斯柴爾德家族打包起值錢物品，不過這波暴動最後在普魯士、薩克森邦與漢諾威的聯合行動下以失敗告終。一如以往，羅斯柴爾德家族除了站在旁邊歡呼之外什麼也不能做，安謝姆也熱烈歡迎著俄羅斯介入匈牙利，因為他很清楚光靠溫迪施格雷茨是贏不了的。

一直等到各個遭到圍堵的革命勢力都確定遭到軍隊殲滅後，羅斯柴爾德才開始認真考慮恢復自己傳統的貸款生意。七月四日，安謝姆開始更積極地談起奧地利貸款事宜，同時敦促巴黎公司以自己為媒介向匈牙利的俄羅斯軍隊提供財務援助，另外他自己還開始參與穩定奧地利匯率的操作，此前匯率因為戰爭和暫停兌換銀塊而嚴重下滑。到了九月中，他已經安排了一筆給奧地利的小貸款，發行價值七千一百萬荷蘭盾的國庫券，只是這批公債大多都由維也納市場吸收，大約有兩千兩百萬由安謝姆持有並在法蘭克福出售。

自然，這些交易隱含著對君主反動力量的明確支持，而這股力量對於在法國及倫敦的家族成員造成了某種程度的不安，因為這些地方普遍都支持匈牙利。海涅寫了一首支持馬札爾人的詩〈一八四九年十月的德國〉（Germany in October 1849），還寄了一份給貝蒂，她對於詩中表露的忿忿不平實在無法視若無睹。但是安謝姆卻沒時間去管他的英國堂兄弟對於支持匈牙利情感的「不安」表述，建議「你們的英國好朋友只要守住愛爾蘭和馬鈴薯田，讓他們去討論自己的問題就好」。卡爾建議可以向教宗提供貸款，此舉也可以視為對反革命勢力提供養分。對失望的一八四八年革命運動人士來說（尤其是馬克思），其中的教訓非常明確：「因此我們發現每位暴君的背後都有猶太人的支持，正如每位教宗背後都有耶穌會士。事實上，假如沒有耶穌會士組成的軍團來扼殺思想以及一群猶太人來劫掠人民口袋，壓迫者的渴望將無法遂願，戰爭也就根本不可能實現。」

然而，將羅斯柴爾德家族描述成反動力量的金援者是一種誤導，正如他們過去也經常背負這種形象。一來，萊昂內爾在八月自維爾德巴特捎來報告，革命讓過去的自由派愈趨保守：「德國的自由黨和英國的自由派人士非常不同，所有擁有資產或者在做生意的人都傾向支持舊制。」詹姆斯最關心的是恢復公司的正常營運，他便提醒倫敦的姪兒自己是「生意之友」，並且想要「讓輪子繼續轉動」，只要能確定國際情勢穩定，相對之下他就不太在乎自己借貸的政權局勢有多複雜。例如，在尚未確定教宗能夠再次得到法國的支持以前，詹姆斯就已經相當願意跟羅馬共和國做生意，事實上，共和國在一八四九年三月便派出代表找上他表示要存入一小筆錢，同時詢問他「是否願意做他們的生意」，他接受了，並說「既然我（現在）是共和派」，這話實在諷刺，畢竟這個人在其他時候總是稱之為「該死的共和國」。接著在六月底教宗復位，詹姆斯告知卡爾說他並不想「追著」梵蒂岡求生意，卡爾的兒子阿道夫也對教宗沒多少敬重，說「這虔誠的老傢伙滿口胡言亂語」。他的法國堂親則堅持，如果要貸款，條件必須要他答應給羅馬猶太人公民權，畢竟就如安謝姆所說：

> 過去教宗十分開明，但他的改革操之過急，也為義大利帶來諸多不幸，如今他不但完全反對動亂，而且還遵循了黑暗中世紀教宗的先例，不寬容的程度達到最高點，我甚至都要認為他完全沒人性了。如果教宗可以跟其他家族做生意，當然就會跟我們斷絕往來，所以根本不必稱頌這群聖職人員。

詹姆斯和萊昂內爾也都不願意讓維也納公司走回頭路，多少成為哈布斯堡政權忠心不二的支持者。十二月時，兩人都強烈反對薩羅蒙想要支持奧地利貨幣的舉動，畢竟他們的競爭對手正藉由投資操作讓奧地利貨幣下跌以獲利。

這樣的政治中立性在皮埃蒙特事件中尤為明顯，這也是一八四八年最主要的麻煩來源之一。正如安謝姆指出的那樣，皮埃蒙特要支付給奧地利的賠款必定能夠產生「漂亮又安全的生意」，能夠貸款給皮埃蒙特並且將一部分收益轉移給維也納。納特最初還持懷疑態度，夏洛特也注意到了，她說家族中「比較敏感」的人並未忘記前一年那段「擔心害怕的時間」，不過就連納特也看出這一筆交易的吸引力。至於詹姆斯，他對皮埃蒙特十分有興趣，安謝姆擔心杜林政府可能會覺得他「熱切過頭」。不過這可低估了詹姆斯的協商能力，他在與奧地利簽署和平協定之前就已經開始探詢政府的意向，只是他並未表示自己願意參與。接著他和幾位希望能自己發行債券的義大利銀行家做生意，並向他們有所暗示，藉此擊退巴黎與維也納的競爭對手。九月，他親自去了維也納和米蘭，表示願意預支一千五百萬法郎讓皮埃蒙特支付該付給奧地利政府的賠款，最後皮埃蒙特的貸款有七千六百萬法郎，詹姆斯便成功地在杜林掌控住半數，只留下八百萬給義大利銀行家，其餘的則公開發售。

這並不是因為他希望看到奧地利能收到賠款。他曾經向年輕而野心勃勃的金融家卡米羅．迪．加富爾（Camillo di Cavour）保證，他「非常急切地想跟這個國家做生意，他不斷告訴我，他認為皮埃蒙特的基礎比奧地利更加穩固」。卡富爾則對詹姆斯如何「哄騙」皮埃蒙特財政部長尼格拉（Costantino Nigra）感到十分驚訝，加富爾深信皮埃蒙特不該讓自己依賴起「羅斯柴爾德這個狡猾的老無賴」，未來他也成為羅斯柴爾德在義大利發展野心的道路上十分難對付的障礙。❻不過就目前而言，詹姆斯顯然已經鋪設好了重要的基石，如他所說，此舉有可能讓羅斯柴爾德與整個義大利締結金融「婚姻」。法蘭克福公司大約在此時也進行類似的交涉，他們找上如符騰堡與漢諾威（一直在一八五〇年十一月之前都由約翰．史圖夫領導下的自由派政府掌權）等日耳曼邦國，只是這些生意都遭到拒絕。

詹姆斯在杜林的成功讓這一年中因革命而引發的動盪不安終於停歇，萊昂內爾與兄弟們現在也準備好投入新生意了，不過比起中歐，他們還是對沒有革命的西班牙及美洲更有興趣：汞礦、棉花、黃金與菸草，甚至是尼加拉瓜的運河及非洲花生，看起來都比借貸給政局不安的國家要安全多了。

就連在巴黎，羅斯柴爾德家族的態度也有些許放鬆。公債價格一直都是評估金融情勢的主要氣壓計，顯

❻ 詹姆斯試圖安撫加富爾，於是派自己的代理人藍道爾（Landauer）向他提供「以現今價格購買公債，我想要多少就買多少」，不過加富爾拒絕了，「但這多少讓我了解在大多數歐洲政府內閣中都是怎麼做生意的」。

示市場在一八四九年對現任總統政府的信心越來越強（這也算相當合理）。在一八四八年十二月後的那一年，百分之五債券價格從七十四漲到九十三，納特的心情也隨之飛揚。這一部分反映出拿破崙的保守外交政策，納特便指出，最初傳出要揮軍羅馬時，「一般來說，只要軍隊開始移動，債券持有人就會感到害怕；不過這一次或許是為了重建秩序，而我也相信這次會帶來好的影響」。金融信心恢復的同時也反映出，越來越多人發現路易・拿破崙根本就不是激進左派的盟友。雖然納特依然認為這位總統是個「醜陋的小個子」，但一天晚上他在總統的宮殿中親眼見證了社會恢復正常的證據，還是讓他相當敬佩：「女士們都佩戴著華麗的珠寶，馬車的主人下車時，來人通報的時候**並未**抹去頭銜。」「若是我們保持**安靜**，」他抱著希望又說，「那麼共和制與君主制之間毫無差別。」這點是過於樂觀了。以嚴格的金融角度來看，公債價格在共和制之下一直沒有恢復到革命戰前的水準，表示人民對於政權的穩定性仍有疑慮。此時安東尼反向提出警告，認為路易・拿破崙會走上路易・菲利普的老路，或者共和派人士會屈服於波拿巴派的政變。但是羅斯柴爾德家族已經有了足夠的信心，不免提起要借貸一筆新款項給法國一事。

同時也出現跡象顯示一八四〇年代的鐵路熱潮復興（尤其是萊昂・佛雪被任命為公共工程部長更是振奮人心）。一八四九年二月，佩雷爾兄弟公布了他們目前為止最有野心的計畫：一條連接巴黎、里昂及亞維儂的鐵路，然後整合從亞維儂到馬賽的路線（即巴黎－里昂－馬賽鐵路的前身）。他們的目標是重振過去北鐵立基發展的路網，並且由國家投資一億四千七百萬法郎興建巴黎至里昂路線的初期工程，同時保證鐵路公司會有百分之五的利潤，而公司則拿出兩億四千萬法郎以取得九十九年經營的特許權。實際上，佩雷爾兄弟看起來現在是打算與羅斯柴爾德家族脫鉤，他們為了籌措新公司的資金，一開始找上了德萊瑟，然後透過他再找上巴爾林家族，而這正是未來出現裂痕的第一個線索。詹姆斯非常清楚發生了什麼事，於是在五月開了第一槍反擊，逼迫伊薩克・佩雷爾退出北鐵董事會，沒有人可以認為「佩雷爾兄弟就是（如同）羅斯柴爾德」，他告訴安東尼，「你不知道這幾個小毛頭有多麼無賴，總是想要利用我們的名聲」，但是「當這些人不需要你了，就會朝你的屁股踢一腳」。

詹姆斯為了表現出自己身為鐵路之王的地位象徵，在七月北鐵開通新支線時刻意與拿破崙和尚加尼爾一同出現。十一月，他試圖強勢介入巴黎－里昂－亞維儂路線特許權協商，便在晚宴上攔住路易．拿破崙跟他討論這件事，之後又與新任的財政部長艾許勒．富爾德（Achille Fould）討價還價，毫不退讓。但是從佩雷爾的角度來看，這可能會讓人想起他們與「羅斯柴爾德一世」的關係而帶來麻煩，他們的計畫遭遇到強烈反彈，一名批評者警告此舉將導致「佩雷爾與羅斯柴爾德組成龐大的聯盟，主導整個國家的交通路網，從馬賽至敦克爾克、從巴黎至南特，控制著地中海及英吉利海峽沿岸，還有幾乎整個大西洋，成為法國地峽的主宰」。相較之下，由塔拉博與巴托羅尼（François Bartholony）等競爭對手提出連接巴黎與里昂的規模較小提案，看起來就沒什麼壟斷之勢。另外，佩雷爾還打算建造鐵路連接巴黎與在西邊的雷恩（Rennes），希望藉此連接上自己的右岸終點站，這項計畫也遭到反對。不過，既然詹姆斯還能努力爭取這樣的「鐵路霸權」，便證明了羅斯柴爾德家族恢復到何等程度，正如詹姆斯在信中對安東尼所言：「最重要的是，人們會意識到沒有我們，事情便無法順利進行；而我們要求什麼的時候，就該給羅斯柴爾德所想要的一切。」

這樣恢復如常的自信恰恰證明了局勢復原的狀況有多好，唯一的例外大概就是詹姆斯在一八四九年與亞歷山大．赫爾岑建立起埋著深深矛盾的友誼。赫爾岑是俄羅斯社會主義的創始人之一，正是這個人創造出「土地與自由」一詞，他在一八四七年一月離開俄羅斯前往巴黎，短暫出遊到義大利之後又在一八四八年五月革命的最高潮時回到巴黎。他年輕時因為自身自由派的傾向而在國內遭到流放邊疆，但是等到他抵達巴黎時，觀點已經越來越趨近於如米哈伊爾．巴枯寧（Mikhail Bakunin）與皮耶－約瑟夫．普魯東（Pierre-Joseph Proudhon）等革命社會主義學者。（普魯東在當時說了一句流傳後世的格言：「財產就是竊盜。」）事實上，赫爾岑還自掏腰包，總共拿出兩萬四千法郎資助普魯東創辦的短命雜誌《人民之聲》（*Voix du Peuple*），當時普魯東正身陷囹圄。在受到羅斯柴爾德恩惠的客戶當中，大概沒有比他更令人難以想像的。不過他確實能讓人一窺詹姆斯的政治觀點，或許也證實了海涅先前的主張，他認為詹姆斯在內心其實更偏向革命派而非反動派。

赫爾岑雖然是私生子，卻從貴族父親那裡繼承了龐大財富，因此羅斯柴爾德願意為他在義大利時提供簡單的銀行服務，同時在他開始賣掉俄羅斯資產時幫他投資了大約一萬盧布，這點也不算太奇怪。赫爾岑後來回想道自己如何

與羅斯柴爾德成為朋友，提議讓他為我兌換兩批莫斯科儲蓄銀行（Moscow Savings Bank）的債券。當然，那時的市場並不熱絡，匯率非常差，所以他的條件也不好，不過我馬上就接受了，也很滿意看見羅斯柴爾德的嘴唇揚起淡淡的同情微笑。他以為我是那群在巴黎被債務纏身的無數俄羅斯王子其中之一，於是便稱我伯爵先生……在羅斯柴爾德的建議下，我自己買了一些美洲股票、一些法國的，還在阿姆斯特丹路上買了一棟房子，租給了哈弗爾旅館。

後來赫爾岑打算抵押他母親在科莫斯塔拉（Komostra）的房產以籌得更多現金時，俄羅斯政府試圖從中阻撓，於是他便需要比較不正統的金融協助。根據赫爾岑自己的描述，詹姆斯同意接受與他想借貸款項等值的票據，當俄羅斯官員拒絕核准這筆房貸時，他「非常生氣，走出房間時還說著：『不行，我不能忍受自己被耍，我要對付這家銀行，我要向財政部長要個確切的說法！』」雖然俄羅斯大使基賽列夫伯爵（Count Pavel Kiselev）警告詹姆斯要小心這位新客戶，詹姆斯卻已經堅決捍衛起赫爾岑，寫了一封言詞嚴苛的書信給聖彼得堡的加瑟，信中威脅俄羅斯政府說自己將訴諸法律行動，並要在媒體上揭發此事。

為什麼他要這麼做？畢竟基賽列夫已經向詹姆斯透露自己對赫爾岑「相當不利的意見」，詹姆斯不可能繼續誤解赫爾岑的政治立場。赫爾岑自己也說，詹姆斯現在「猜到我不是俄羅斯的王子」，因此答案似乎是詹姆斯在開玩笑，赫爾岑自己也相當困惑，因為詹姆斯「現在已經習慣稱我為男爵」，而且更讓他疑惑的是，詹

姆斯不願意將自己的信寄給加瑟，除非赫爾岑將他在這筆轉帳上的佣金從百分之〇．五增加到百分之五。這般「如惡魔梅菲斯特的戲弄」的意圖是要測試赫爾岑，因為他只願意給出再多百分之〇．五的佣金：

半個小時後，我正爬上拉菲特路上的金融冬宮階梯，（沙皇）尼古拉的對手就走下來了。……陛下揚起親切的笑容並一派威嚴地伸出他堅定的手（說）：「那封信已經署名送出去了，你會知道他們怎麼回心轉意，我要讓他們知道耍弄我的代價。」

「但是不願意只收百分之〇．五。」我心想著，覺得自己應該跪下並滿心感激地宣誓效忠，但我忍住了，只是說出：「若是您十分肯定，就讓我開個帳戶吧，只有總額的一半也好。」

「樂意為之。」皇帝陛下回答，然後便走向拉菲特路。

我朝他敬禮示意。

六週後款項就付清了。「自那以後，」赫爾岑回想，「我和羅斯柴爾德的關係就非常好，他看見我就會想起自己打敗了尼古拉的那一仗，對他而言就像是馬倫哥戰役或奧斯特利茨戰役，而他數度在我面前詳述這件事的細節，淡淡微笑著，不過寬宏大度地饒過了遭他擊敗的對手。」波拿巴政權將赫爾岑驅逐出巴黎之後，詹姆斯仍然照顧著他在美洲及其他債券的投資（他出現在巴黎公司一八五一年的損益平衡表上，積欠公司五萬法郎），並且在他想要造訪巴黎時為他弄來許可證。同時，詹姆斯也推薦他去找倫敦公司，在他漫長的英國流亡生活中接手他的帳務。

赫爾岑從叛亂份子轉而成為投資者，從羅斯柴爾德的批評者轉為他們的客戶，在許多方面來說都象徵著整個歐洲的心境轉變。正如詹姆斯願意跟一位惡名昭彰的革命份子玩這樣的遊戲，他知道自己交到赫爾岑手上的錢會用在資助《人民之聲》嗎？假如他知道，可能也不擔心。到了一八四九年底，革命已經結束，接著經濟的發展步調更加快速、穩定，也就大大降低了重演一八四八年的可能性。以赫爾岑來說，他認為羅斯柴爾德家族就代表了這股偏離革命政治的轉變：

羅斯柴爾德……早上必定待在辦公室裡開始賺進自己的第一億元資本。巴西有瘟疫肆虐、義大利有戰爭，而美國也四分五裂，一切的發展都如此令人眼花撩亂；若是此時有人告訴他要卸下他這份責任、一種不同的財富分配方式，他自然不會聽進去。

當然，畢竟眼前正展開一個新的時代：衝突發生在資本主義內部，而非反抗之；抗爭也發生在國與國之間，而非階級之間。

附錄一：價錢與購買力

不消多說，英鎊在十九世紀的價值比現在高得更多，主要是因為自一九五〇年代以來的經濟情勢有長期通貨膨脹的問題。確切說來，在一八〇〇年，英鎊的價值大約是今日的二十五倍；由於價格在十九世紀趨於下跌，所以在一九〇〇年的實際價值其實更高，將近五十倍之多。換句話說，英鎊的購買力在過去這一世紀以來下跌了大約百分之九十八，今日的一英鎊價值在一九〇〇年只有兩分錢（一分錢相當於百分之一英鎊）。

為了讓現代讀者理解歷史價格，歷史學家經常會使用物價指數來計算十九世紀的金額對比今日的英鎊是什麼「意思」，這做起來很簡單。我們就以納坦・邁爾・羅斯柴爾德在他一八三六年過世時的總資產為例，我估計是三百五十萬英鎊左右（參見第十一章）。根據常用的系統，為了將這個數字「換算」成一九九五年的英鎊，考量到過去一百六十年以來的通貨膨脹，讀者需要做的就是將這個數字乘以三十五・五，結果會得到一億兩千四百二十五萬英鎊。

這麼做的問題在於，它並未考慮到過去兩百年來在經濟架構與相對價格上發生的劇烈變化。長時間來看，生活開銷其實是個相當沒有意義的概念，因為生活的**本質**（也就是我們用錢買什麼）在兩百年來改變了相當多，正如詹姆斯・德・羅斯柴爾德的傳記作者所述：「財富……基本上就是購買多畝土地、雇用諸多工人、擁有眾多居所的能力。」一百五十年前的歐洲勞力相比現在便宜太多了（因此有大量人力受雇作為僕人），稅賦也微不足道；相較之下，許多現今視為「必需品」的東西在當時則是昂貴的奢侈品。用於計算這類長期以來使用的物價指數也有定義改變的問題，也就是所謂具代表性的消費籃內容物。

更準確的方法是將金錢價值與當前的國內生產毛額（gross domestic product, GDP）相比，這麼做的好處是能夠傳達出特定數額金錢的購買能力，也就可以讓我們大致了解當年的經濟總產出以現在的價格能買到多少東西。英國的ＧＤＰ在一八三六年是五億六千兩百萬英鎊，比例上來說，納坦過世時的總資產相當於百分之○．六二；而英國在一九九五年的ＧＤＰ是六千零五十一億英鎊，百分之○．六二就是三十七億五千兩百萬英鎊，比起用通貨膨脹加乘的粗略估算要高太多了！

另一種傳達出原始數字有多驚人的方法就是跟人均ＧＤＰ比較，這麼做的好處是能夠考慮到人口變化的因素。因此，納坦的三百五十萬英鎊應該拿來跟同時期的人均ＧＤＰ二十二英鎊相比，意思是納坦累積的財富是全國人均收入的大約十六萬倍，而一九九五年人均ＧＤＰ（大約一萬零四百三十英鎊）的十六萬倍是十六億六千九百萬英鎊。因此以我們這個時代的標準來看，納坦顯然可以說是雙倍的億萬富翁。

不過即使是這種衡量標準也有誤導之嫌，因為此舉排除了十九世紀更嚴重的不平等情形。在沒有稅收漸進式再分配以及福利政策的狀態下，收入乃至於較小範圍的財富分配也就比今時今日更加不公，當時極度富裕的個人與家族與今日相比更為稀少，而且將羅斯柴爾德家族與英國幾乎其他所有人隔開的鴻溝也更巨大。最晚到了一九一一至一三年，英格蘭與威爾斯二十五歲以上的人民至少有百分之八十七（相當於一千六百萬人）的總財富不到一百英鎊，相較之下則有百分之○．二（大約三萬兩千人）的財富超過兩萬五千英鎊，而羅斯柴爾德家族一直都處於這群富人菁英的最高層。納坦的孫子納弟、利奧與阿爾弗烈德於一九一五年、一七年及一八年相繼過世時，身後留下了六百四十九萬四千英鎊，幾乎就是英格蘭及威爾斯所有成人擁有的總資產的百分之○．一。換句話說，他們的遺產總額相當於底層百分之八十七．四人口中的十九萬一千人所留下的總額。

羅斯柴爾德家族是十九世紀最有錢的家族嗎？魯賓斯坦的英國百萬富翁數據中，並沒有提供一八五八年以前財產超過一百萬英鎊的確切人數，不過在一八一○至五六年間名列榜上的其他十一位富翁之中，似乎不可能有人留給繼承人的財產能像納坦一樣多。最接近的是銀行家威廉．丹尼森，他在一八四九年留下兩百三十萬英鎊（包括價值六十萬英鎊的房地產）。直到一八五七年才有人留給繼承人的遺產多過納坦，也就是成衣商出身的盎格魯美洲銀行家詹姆斯．莫瑞森，他死後留下的金額約四百至六百萬英鎊之間。納坦過世時不僅比鐵器製造商理查德．克勞謝以及棉花製造商羅伯．皮爾與理查德．亞克瑞特更有錢，留下的遺產更超過昆斯伯里公爵、薩瑟蘭公爵以及克里夫蘭公爵。綜觀一八六〇至九九年期間，只有二十三個人死後留下價值一百八十萬英鎊或以上的資產，而其中有四人是羅斯柴爾德（納坦的兒子萊昂內爾、安東尼、納特與邁爾）。雖然個別來看他們並不是當時最有錢的人（魯賓斯坦就指出只有兩人的個人資產超過三百萬英鎊），但是沒有其他家族能比得上他們加總起來的財富。總和起來，這四兄弟留下了八百四十萬英鎊，如果納坦跟其他貴族百萬富翁一樣將財富留給單一繼承人，萊昂內爾無疑就會是英國最富有的人。事實上，世界上最有錢的人大概是他的叔叔詹姆斯，詹姆斯在一八六八年過世時據說留下大約十一億法郎（四千四百萬英鎊）給子嗣，不過更符合現實的數字應該是一億九千三百萬法郎（七百七十萬英鎊）左右（參見第二冊）。

一九〇〇年以後，英國的百萬富翁便不再由羅斯柴爾德家族一枝獨秀。納弟是他這一代英國羅斯柴爾德中最有錢的人（遺產有兩百五十萬英鎊），不過在一九〇〇至三九年間至少有四十六位英國的百萬富翁留下的遺產與他相當，甚至更多。然而，應該再次一提，法國與奧地利家族的合夥人也明顯比英國堂親更加富有。一九〇五年，愛德華（Edouard）、古斯塔夫和埃德蒙在羅斯柴爾德共同的合夥關係中分別有價值五百八十萬英鎊的個人的股份，負責領導維也納公司的艾伯特（Albert）所擁有的股份總共價值五百九十萬英鎊。這個數字已經排除了合夥關係以外相當大量的資產。魯賓斯坦列出一九四〇年以前的百萬富翁當中，只有七人能與之比擬，如果將南非的「蘭德羅德家族（the Randlords）」算進來則有九人。若在家族資產最高峰的一八九九年十二月將之加總計算，羅斯柴爾德各公司的總資產為四千一百四十萬英鎊，分別由十名合夥人持有。同樣地，這些數字並未計入私人財產，其中大部分都是以昂貴的藝術收藏與黃金地段房地產的形式持有。幾乎無法想像還有其他家族能富有到這個程度。

將近一百年後，現代有哪個相當於羅斯柴爾德家族的集團嗎？答案是沒有，就連沙烏地阿拉伯王室家族在今日擁有的世界資源也無法與之比擬。即使是世界上最富裕的商人在自己擁有最多財富時過世，也沒有資格稱自己的富有程度堪比納坦・羅斯柴爾德。在寫作本書時，比爾・蓋茲（電腦軟體公司微軟創辦人）的個人財富估計是三百六十四億美元（兩百一十七億英鎊），足以稱之為世界首富。若是將其資產與目前美國GDP（七萬四千八百七十六億美元）相比，會發現蓋茲先生的財富相當於美國GDP的百分之〇・四九，這個數字還小於納坦在一八三六年擁有相當於英國GDP百分之〇・六二的財富，不過蓋茲先生已經迎頭趕上了。我們必須將蓋茲的財富與美國人均GDP（兩萬七千七百三十美元）比較，他才能勝過納坦：蓋茲的財富超過美國人均GDP的一百三十萬倍，而納坦的財富只超過英國人均GDP十六萬倍。然而，其中的差異主要反映出十九世紀初以來人口大幅增長，也就限制了美國人均收入的成長。

附錄二・匯率與精選金融數據

十八世紀末至十九世紀初的歐洲貨幣匯率會根據硬幣中的金屬含量有所差異，而一種貨幣要兌換成另一種也不見得容易。在法蘭克福，荷蘭盾是最常使用的面值，不過有時數據會以帝國塔勒幣為單位，一帝國塔勒幣相當於大約一・七九至一・八九荷蘭盾，而一英鎊則相當於十・二至十一・二荷蘭盾。英鎊恢復了可兌換黃金之後，對荷蘭盾的匯率就比較強勢，十九世紀之後的匯率都是十二荷蘭盾換一英鎊（參見表格a）。

但是單純將荷蘭盾換算成英鎊可能有誤導之嫌，因為沒有考慮到購買力的差異。一般認為英國的生活開銷成本比在歐陸上更高，尤其是倫敦，但是在殖民化與工業化的幫助下，此時有特定商品（如棉花製品）在英國越來越便宜。出於這個原因，在比較有助於理解的情況下，我才會將文中的荷蘭盾數字轉換成英鎊。

在這段期間，羅斯柴爾德五家公司之間形成的私人合夥關係並沒有任何製作損益平衡表或者損益帳戶的責任。NM羅斯柴爾德集團於一八二九年才開始根據彙總來製作損益帳目（其目的未知），帳戶內容很簡單：一邊列出整年度銷售的商品、股票與股份；另一邊則列出整年度的購買和其他開支，其中的差額就記錄為年度的利潤或虧損。

表格a：英鎊兌換法蘭克福荷蘭盾的匯率，1789－1836

	每英鎊換荷蘭盾
（£）	
1798	11.25
1807	10.16
1809	11.24
1828	12.00
1836	12.00

來源：羅斯柴爾德書信。

表格b列出的是「盈利」數字以及各合夥人的淨分撥（提款與新增資產）數字。

十九世紀的銀行並沒有以標準方式製作平衡表或損益帳戶，因此在與其他銀行數據兩相比較時必須非常謹慎。

表格b：NM羅斯柴爾德集團：損益帳戶，1829－1848（£）。

	損益	淨分配	資產（曆年底）
1829			1,123,897
1830	-56,361		1,067,536
1831	56,324		1,123,860
1832	58,919		1,182,779
1833	75,294		1,258,073
1834	303,939*		1,562,011
1835	69,732*		1,733,404
1836	-72,018		1,661,386
1837	87,353		1,747,169
1838	83,124*		1,820,706
1839	52,845*		1,773,941
1840	30,937*		1,804,878
1841	-49,769*		1,755,109
1842	40,451		1,795,560
1843	23,766*		1,819,326
1844	170,977		1,990,303
1845	82,755		2,073,058
1846	73,080		2,146,138
1847	-660,702		1,485,436
1848	132,058		1,617,494

注：損益數字按總支出與總收入之間的差異計算。

* 從帳簿中無法完全了解。例如，一八三四年的利潤資本帳戶數字（此處列出）跟實際帳務得出的數字不同；而一八三九年底的資本數字則與利潤數字不符。

來源：RAL, RFamFD/13F; RFamFD/13E。

致謝

本書有幸得到女王陛下的恩准，能夠引用溫莎城堡皇家檔案庫的文件。最初由NM羅斯柴爾德集團（N. M. Rothschild & Sons）董事長伊夫林·德·羅斯柴爾德爵士（Sir Evelyn de Rothschild）建議寫下這家公司發展的歷史，以紀念他的高祖父納坦·邁爾·羅斯柴爾德（Nathan Mayer Rothschild）在兩百年前來到英國，我要特別感謝他同意讓我進入羅斯柴爾德檔案庫。阿姆謝爾·羅斯柴爾德（Amschel Rothschild）也對這本書的計畫有著極大的熱忱，可惜他不幸於一九九六年過世。第四代羅斯柴爾德勛爵（Lord Rothschild）[33]、埃德蒙·德·羅斯柴爾德（Edmund de Rothschild）、利奧波德·德·羅斯柴爾德（Leopold de Rothschild）以及大衛·德·羅斯柴爾德男爵（Baron David de Rothschild）都相當友善地同意接受訪問，他們與其他人不厭其煩地閱讀了本書的大部分內容，並給予意見。我很感謝米利安·羅斯柴爾德（Miriam Rothschild）幫忙修改了結語的初稿版本，也感謝蓋伊·德·羅斯柴爾德男爵（Baron Guy de Rothschild）協助看過與法國銀行及家族近代歷史相關的段落。艾瑪·羅斯柴爾德（Emma Rothschild）閱讀了整本書的初稿並給予意見，這耗費了她自己研究與寫作以外的極大心力，對此我表示感謝。萊昂內爾·德·羅斯柴爾德（Lionel de Rothschild）閱讀了初稿並留下詳細的注解，讓我免於犯下無數錯誤，在這篇謝詞中對他聊表心意完全不足以感激他的貢獻。我也要感謝羅斯伯里伯爵夫婦（Earl and Countess Rosebery）願意讓我閱讀第五代伯爵的私人文件，並且在澳洲的達爾梅尼（Dalmeny）對我親切款待。

NM羅斯柴爾德集團的幾位董事與員工也為我提供了眾多協助，尤其要感謝東尼·查普曼（Tony Chapman）、羅素·艾迪（Russell Edey）、葛蘭特·曼漢（Grant Manheim）、伯納德·邁爾斯（Bernard

位於法蘭克福猶太巷的羅斯柴爾德住宅「綠盾」。照片拍攝於1869年，當時大部分的街道都被拆除。邁爾．阿姆謝爾於1785年收購了中央山牆建築的左半邊。

黑森－卡爾選帝侯將他的寶物託付給邁爾·阿姆謝爾·羅斯柴爾德、古蒂勒與他們的女兒漢莉耶塔。這是莫里茲·丹尼爾·歐本海姆於1861年的作品的小型複製品。

黑森－卡爾選帝侯從羅斯柴爾德五兄弟那裡收回他的寶藏。這是莫里茲·丹尼爾·歐本海姆於1861年的作品的小型複製品。在委託創作這些繪畫的同時，羅斯柴爾德家族政也在宣傳自己的神話，這兩幅作品的場景都是虛構的，不過和選帝侯之間的財務關係倒是千真萬確。

阿姆謝爾・馮・羅斯柴爾德，莫里茲・丹尼爾・歐本海姆繪，約1836年。

薩羅蒙・馮・羅斯柴爾德，莫里茲・丹尼爾・歐本海姆繪，約1836年。

納坦・羅斯柴爾德，莫里茲・丹尼爾・歐本海姆繪，約1836年。與他的兄弟們不同，納坦幾乎從未使用過「德」或「馮」的前綴詞。

卡爾・馮・羅斯柴爾德，莫里茲・丹尼爾・歐本海姆繪，約1836年。

詹姆斯・馮・羅斯柴爾德，莫里茲・丹尼爾・歐本海姆繪，約1836年。

祈禱中的羅斯柴爾德家族，莫里茲・丹尼爾・歐本海姆繪。

漢娜・羅斯柴爾德，舊姓科恩，納坦的妻子。威廉・比奇爵士繪，1823年。

納坦・羅斯柴爾德在他有著古典背景的辦公桌前，透過經常措詞嚴厲的信件展現他的權力。

安謝姆、夏洛特與他們的孩子納坦尼爾與茱莉，以及他們的保母在夏洛特的工作室裡。夏洛特的作品，1823年。

薩羅蒙・馮・羅斯柴爾德的「羅馬皇帝旅館」，維也納。

貝蒂．德．羅斯柴爾德，安格爾繪，1848年。

詹姆斯．德．羅斯柴爾德的巴黎旅館，拉菲特路十九號。1816年，詹姆斯在倫敦的住所與銀行是分開的，在巴黎則是在同一棟建築裡。

安東尼、納特與邁爾．德．羅斯柴爾德在艾爾斯伯里谷騎馬打獵，法蘭西斯．葛蘭特爵士繪，約1841年。

Myers）與大衛·蘇利文（David Sullivan），另外還有蘿娜·林賽（Lorna Lindsay）、海瑟·馬修斯（Hazel Matthews）與歐列格·薛科（Oleg Sheiko）。

像這樣的寫書計畫非常仰賴檔案管理員與圖書館員的專業及努力，我要特別感謝羅斯柴爾德檔案庫的工作人員：維克多·格雷（Victor Gray）與梅蘭妮·艾斯彼（Melanie Aspey），以及他們的助理塔姆辛·布萊克（Tamsin Black）與曼蒂·貝爾（Mandy Bell），謝謝他們願意忍受我漫無章法的工作方式與不時天外飛來一筆的要求，並且毫無怨言。我也要感謝在他們之前任職於檔案庫的席夢·梅斯（Simone Mace）與安·安德洛（Ann Andlaw），以及溫莎城堡皇家檔案庫的紀錄官席拉·德·貝萊格（Sheila de Bellaigue），她簡直是效率模範；同時還有英格蘭銀行（Bank of England）的亨利·吉列特（Henry Gillett）和莎拉·米拉德（Sarah Millard），與哈特菲爾德莊園的羅賓·哈寇特－威廉斯（Robin Harcourt-Williams）。我還要感謝莫斯科歷史紀錄收藏保存中心的穆查梅捷諾夫博士（Dr. M. M. Mechamedjanov）及其助理。另外，我和研究助理們還受到各地檔案管理員及圖書館員提供無價的協助，包括：南安普敦大學（University of Southampton）的英國猶太人檔案庫（Anglo-Jewish Archives）、巴黎的國家檔案館（Archives Nationales）、慕尼黑的巴伐利亞中央檔案庫（Bayerisches Hauptstaatsarchiv）、伯明罕大學圖書館（Birmingham University Library）、牛津大學的博德利圖書館（Bodleian Library）、大英圖書館（British Library）、劍橋大學圖書館（Cambridge University Library）、柏林達勒姆（Dahlem）的普魯士祕密國家檔案館（Geheime Staatsarchiv Preußischer Kulturbesitz）、馬爾堡（Marburg）的赫塞國家檔案庫（Hessische Staatsarchiv）、英國議會檔案庫（House of Lords Record Office）、法蘭克福的城市歷史博物館（Institut für Stadtgeschichte）、法蘭克福的猶太博物館（Jewish Museum）、紐約的里歐貝伊克研究所（The Leo Baeck Institute）、蘇格蘭國家圖書館（National

33 譯注：全名為雅各·羅斯柴爾德（Jacob Rothschild, 4th Baron Rothschild），頭銜承繼自父親。

Library of Scotland）、牛津大學羅德樓（Rhodes House）、泰晤士報檔案庫（The Times Archive），以及威瑪（Weimar）的圖林根國家檔案庫（Thüringische Hauptstaatsarchiv）。

韋登菲爾德勛爵（Lord Weidenfeld）為我牽線，建議我或許會想要寫這本書，為此（以及其他許多善意之舉）我永遠欠他一份情。我也對獵戶座出版（Orion）的安東尼・奇塔姆（Anthony Cheetham）虧欠良多，他在我身上投注甚多，即使截稿日已過、手稿也遠超過了說好的長度，他仍只會給我鼓勵。艾恩・特雷溫（Ion Trewin）從過去到現在都是一位極優秀的編輯，我的校對編輯彼得・詹姆斯（Peter James）亦然。同時我也要謝謝瑞秋・雷遜（Rachel Leyshon）、法蘭西斯・葛托（Francis Gotto）與卡爾・史塔特（Carl Stott）所做出的貢獻。

我的兩位經紀人依先後次序為吉兒・柯立芝（Gill Coleridge）與喬治娜・凱珀（Georgina Capel），她們提供的絕佳建議及不屈不撓的協商手段正是作者最需要的。

若是沒有無數人在研究上提供協助，這本書不可能在五年內寫成，說真的，可能根本寫不出來。我必須特別提到莫德凱・札克（Mordechai Zucker），只有他能夠破譯第一及第二代羅斯柴爾德家族所使用的古老希伯來文文獻。多虧他在我開始寫書的多年前就持續進行翻譯，透過他朗讀原始的古意第緒語（*Judendeutsch*）的錄音文件，莫德凱就像我的另一雙眼睛，幫助我閱讀這本書考究依據的所有最重要文件。另外，若是沒有艾碧蓋兒・格林（Abigail Green）的寶貴協助，我與法國的羅斯柴爾德家族通信來往就不可能這麼順利；有些文學作品中都指涉了羅斯柴爾德家族，也靠她追溯出早已佚失的證據。愛德華・利普曼（Edward Lipman）提供了許多金融領域問題的協助，而雷納・立德克（Rainer Liedtke）則為猶太歷史提供重要的專業知識。哈利・席金斯（Harry Seekings）與葛倫・歐哈瑞（Glen O'Hara）勞心勞力地爬梳過十九世紀的金融數據，安德魯・維瑞克（Andrew Vereker）也努力追出了納坦・羅斯柴爾德（小名「納弟」〔Natty〕）分散各處的政壇友人。同時我還要感謝凱薩琳・艾斯提爾（Katherine Astill）、伊莉莎白・艾默森（Elizabeth Emerson）、伯恩哈德・傅達（Bernhard Fulda）、托拜亞斯・瓊斯（Tobias Jones）與蘇珊・尼可拉斯（Suzanne Nicholas）。

書稿最後得以完成都要感謝其他歷史學家對早期草稿的批評指教。大衛・藍迪斯（David Landes）代表羅斯柴爾德家族，他就像這本書的編輯兼博士論文導師，能夠讓現代經濟史最負盛名的一位大師如此認真閱讀草稿，實在是罕有的榮幸。我也必須感謝這個領域中的另一位大師貝瑞・薩波（Barry Supple）撥冗讀過初稿，同時還有我的老朋友強納坦・史坦伯格（Jonathan Steinberg），即使在他最不方便的時候仍慷慨答應閱讀我早先寫好的章節。法蘭克福猶太博物館的弗里茲・巴克豪斯（Fritz Backhaus）與赫嘉・克洛恩（Helga Krohn）提供了無比珍貴的資料，這些都是他們蒐集而來放在館內的傑出陳列品，我也要對他們以及他們的助萊納・舒洛特（Rainer Schlott）致上最誠摯的謝意。還有其他閱讀過個別章節並給予評論的人，包括羅伯特・艾凡斯（Robert Evans）、傑瑞・費爾德曼（Gerry Feldman）、約翰・葛里格（John Grigg）、希爾海德的詹金斯男爵（Lord Jenkins of Hillhead）、雷納・立德克、雷恩哈德・里爾（Reinhard Liehr）、沃夫岡・芒姆森（Wolfgang Mommsen）、蘇珊娜・莫里斯（Susannah Morris）、奧柏芮・紐曼（Aubrey Newman）、約翰・普倫布爵士（Sir John Plumb）、哈穆特・波格・馮・史傳曼（Hartmut Pogge von Strandmann）與安德魯・羅伯茲（Andrew Roberts）。感謝他們所有人的好心協助，同時要謝謝所有在我針對羅斯柴爾德家族歷史發表的座談會及研討會論文給予意見的人們，我也要感謝阿莫斯・伊隆（Amos Elon）與我在莫斯科一起進行學術研究的情誼。

謝謝牛津大學耶穌學院（Jesus College, Oxford）的院長及同僚，在這本書寫作的五年間容忍我的缺席或者心不在焉，牛津大學現代歷史的其他教職員同僚亦然。我要特別感謝我的同僚費莉斯蒂・希爾（Felicity Heal），她經常必須一肩擔起原本該由我們兩人共同承擔的責任，同樣的還有黛芙娜・克里佛（Dafna Clifford）、唐恩・傅勒（Don Fowler）和派崔克・麥吉尼斯（Patrick McGuinness）。我也得到學院裡的教職員們的間接幫助，希望其他人能原諒我在此只提到薇薇恩・鮑伊爾（Vivien Bowyer）與羅伯特・海因斯

（Robert Haynes），他們經常做得比自己職責所在還要多。我也要感謝任職於現代語言學院的多芮絲・克里夫頓（Doris Clifton），當然也不能不提亞曼達・霍爾（Amanda Hall）的功勞。

最後我要謝謝蘇珊、菲利克斯和芙蕾雅，我是為了他們寫這本書，也將本書獻給他們。

說明：關於身為「得到授權的」作者

或許應該明確說明，羅斯柴爾德家族中曾讀過部分初稿的成員**並非**為了審查內容。從一開始便有明言約定，我有權自由引述倫敦羅斯柴爾德檔案庫中一九一五年三月（第一代羅斯柴爾德男爵逝世的日期）以前的所有資料；當然，只要得到管理員的准許，我也能自由引述其他檔案庫和私人收藏文件的資料。我們雙方也有共識，NM羅斯柴爾德集團有權對書稿提供意見，這樣的安排實際運作起來的效果比我所預期中的還要好太多了。為了避免讀者有所懷疑，我在整個寫作過程中都恪守蘭克原則[33]，盡量按照歷史「確實發生的樣貌」來描寫，而家族成員給予我的建議都只是幫助我更能朝這個目標邁進，他們盡可能希望維持歷史正確性的心意令我深深感動。如果最後的結果無法達成蘭克的理想，我希望只是因為我沒有足夠時間一一讀過相關的文件，也可能相關文件未能留存下來或根本不存在。當然，如有錯誤也只是我一個人的錯誤。

尼爾・弗格森

33 譯注：德國史學家利奧波德・馮・蘭克主張在研究歷史時必須客觀地蒐集資料並如實敘述，這樣的主張便被稱為蘭克原則或蘭克史學。

注釋

平裝版的原註數量已大幅減少。若希望尋求詳細參考資料的學者可以參閱原文之精裝版，其中包含完整的參考書目。

圖片來源

- 1.i: Anonymous early-eighteenth-century print of Simon of Trent and the Judensau. Source: German wikipedia, original upload 18 June 2005 by de:Benutzer:Finanzer
- 5.i: George or Robert Cruikshank, *The JEW and the DOCTOR, or SECRET INFLUENCE BEHIND THE CURTAIN!! (Vide Times Feby. 19th 1828). Source: ©Philadelphia Museum of Art: The William H. Helfand Collection, 2002, 2002-158-20*)
- 7.i: Ernst Schalk and Philipp Herrlich, *Baron Moritz von Bethmann and Baron Amschel von Rothschild, Bilder aus Frankfurt,* Nr. 1 (1848). Source: Historisches Museum Frankfurt, no. C00337
- 10.i: H. Delius (Drucker), A. Schepeler (Verlag), *„Die Generalpumpe.“* (Karikatur auf Amschel Meyer Rothschild und die Aktivitäten des Hauses Rothschild während der Revolution 1848), (Wien Museum Inv.-Nr. 88211, CC0)
- 10.ii: Richard Dighton, *A View from the Royal Exchange (1817).* (*Source: Rubens, "Rothschilds in caricature," plate I, no. 1. Digitized by the University Library J.C. Senckenberg Frankfurt am Main [2011 of digitization]:*

[urn:nbn:de:hebis:30:1-300155])

- 10.iii: Thomas Jones, *A PILLAR of the EXCHANGE (1829). (Source: Rubens, "Rothschilds in caricature," plate IX. Digitized by the University Library J.C. Senckenberg Frankfurt am Main [2011 of digitization]: [urn:nbn:de:hebis:30:1-302920]*
- 10.v: I. Nussgieg, after G. Geissler, *Der Musterreiter* (1825). Source: Herding, "Rothschilds in der Karikatur," p. 52. Digitized by the University Library J.C. Senckenberg Frankfurt am Main [2011 of digitization]: [urn:nbn:de:hebis:30:1-302917]
- 10.vi: "A Sharpshooter," The Man Wot Knows How to Drive a Bargain (July 14, 1829). Source: Rubens, "Rothschilds in caricature," plate X.(United States Holocaust Memorial Museum Archives, Washington, DC.)
- 16.i: "W.V.," *Baron: "Noch niks zu handele, Harr Minister?*" (1848). Source: Herding, "Rothschilds in der Karikatur," p. 30. Digitized by the University Library J.C. Senckenberg Frankfurt am Main [2011 of digitization]: [urn:nbn:de:hebis:30:1-300011]
- 16.ii: Anon., *Barrikaten-Scene am 18. September: "Was geht vor in mein Haus?*" (September 18, 1848). Source: Herding, "Rothschilds in der Karikatur," p. 28. Digitized by the University Library J.C. Senckenberg Frankfurt am Main [2011 of digitization]: [urn:nbn:de:hebis:30:1-303060]
- 16.iii: "Alexander," *Eine Sturmpetition: Das Steigen und Fallen auf der Borse* (1848). Source: Herding, "Rothschilds in der Karikatur," p. 35. (Wien Museum Inv.-Nr. 20446/22, CC0)

亞當斯密 019

羅斯柴爾德家族：歐洲金融帝國橫跨三世紀的神祕傳奇（金錢預言家）

The House of Rothschild: Money's Prophets 1798-1848

作者　尼爾・弗格森（Niall Ferguson）
譯者　徐立妍

堡壘文化有限公司
總 編 輯　簡欣彥
副總編輯　簡伯儒
責任編輯　張詠翔
行銷企劃　許凱棣、曾羽彤、游佳霓
封面設計　萬勝安
內頁排版　家思編輯排版工作室
內文校對　魏秋綢

讀書共和國出版集團
社長　郭重興
發行人　曾大福
業務平台總經理　李雪麗
業務平台副總經理　李復民
版權部　黃知涵
印務部　江域平、黃禮賢、李孟儒

出版　堡壘文化有限公司
發行　遠足文化事業股份有限公司
地址　231新北市新店區民權路108-2號9樓
電話　02-22181417
傳真　02-22188057
Email　service@bookrep.com.tw
郵撥帳號　19504465 遠足文化事業股份有限公司
客服專線　0800-221-029
網址　http://www.bookrep.com.tw
法律顧問　華洋法律事務所　蘇文生律師
印製　呈靖彩印有限公司
初版1刷　2023年1月
初版2刷　2023年4月
定價　新臺幣1600元
ISBN　978-626-7092-90-3
EISBN　9786267092897（EPUB）
EISBN　9786267092880（PDF）

國家圖書館出版品預行編目（CIP）資料

羅斯柴爾德家族：歐洲金融帝國橫跨三世紀的神祕傳奇 / 尼爾・弗格森（Niall Ferguson）作 ; 徐立妍, 辛亞蓓譯. -- 初版. -- 新北市：堡壘文化有限公司出版：遠足文化事業股份有限公司發行, 2023.01
　冊；　公分
譯自：The house of Rothschild.
ISBN 978-626-7092-90-3（全套：平裝）

1. CST: 羅斯柴爾德家族（Rothschild, family） 2.CST: 銀行家　3.CST: 金融業　4.CST: 家族史

562　　111015983